K/3

（第3版）

金蝶ERP-K3培训教程

财务/供应链/生产制造

齐晓磊　何　亮　编著

人民邮电出版社
北　京

图书在版编目（CIP）数据

金蝶ERP-K3培训教程 : 财务供应链生产制造 / 齐晓磊，何亮编著. -- 3版. -- 北京 : 人民邮电出版社，2021.6
ISBN 978-7-115-50448-7

Ⅰ. ①金… Ⅱ. ①齐… ②何… Ⅲ. ①财务软件—教材 Ⅳ. ①F232

中国版本图书馆CIP数据核字(2018)第294029号

内 容 提 要

本书以 Windows 7 操作系统下的金蝶 ERP-K/3（V14.X）为基础，对财务、供应链以及生产制造所涉及的模块进行详细详解。本书通过实例讲述操作方法，读者能快速、轻松地学会软件应用。本书内容包括金蝶软件概述，账套管理，公共资料设置，销售管理，生产数据管理，物料需求计划，采购管理，仓存管理，应收款、应付款管理，存货核算，固定资产管理，工资管理，总账，现金管理，报表等。

本书适合工程人员、物控员（PMC）、销售人员、采购人员、仓存人员和财务人员学习参考，也适合有意学习金蝶 ERP 系统的读者自学使用。

◆ 编　著　齐晓磊　何　亮
责任编辑　李永涛
责任印制　王　郁　彭志环
◆ 人民邮电出版社出版发行　　北京市丰台区成寿寺路 11 号
邮编　100164　　电子邮件　315@ptpress.com.cn
网址　https://www.ptpress.com.cn
北京天宇星印刷厂印刷
◆ 开本：787×1092　1/16
印张：29
字数：768 千字　　2021 年 6 月第 3 版
印数：1 – 2 500 册　　2021 年 6 月北京第 1 次印刷

定价：119.90 元

读者服务热线：(010)81055410　印装质量热线：(010)81055316
反盗版热线：(010)81055315
广告经营许可证：京东市监广登字 20170147 号

前　言

金蝶 K/3 软件系统是金蝶软件（中国）有限公司开发的一套 ERP 产品，是 ERP 市场主流产品之一，包括财务管理、物流管理、生产制造管理和人力资源管理等系统功能。

为帮助广大读者尽快熟悉金蝶 K/3（V14.X）生产数据管理系统、供应链系统和财务会计系统，作者模拟“兴旺实业有限公司”的业务数据，详细讲述金蝶 K/3 系统的安装、账套管理、初始化设置和日常业务处理等操作。本书主要内容如下。

第 1 章是金蝶软件概述。

第 2 章讲述账套管理，包括建立账套、备份账套、恢复账套、删除账套和用户管理等。

第 3 章讲述公共资料设置，包括科目、部门、职员、客户、供应商等设置方法。

第 4 章讲述销售管理，讲述销售管理系统的使用方法，包含销售合同、销售报价单和销售订单等内容。

第 5 章讲述生产数据管理，讲述物料清单（BOM）档案的建立和管理方法。

第 6 章讲述物料需求计划，讲述物料需求的计算过程、各种计划单据的下达过程。

第 7 章讲述采购管理，讲述采购订单的处理方法，以及各种采购报表的查询。

第 8 章讲述仓存管理，包含仓库日常业务中的单据处理方法和报表查询方法。

第 9 章介绍应收款、应付款管理，包括合同处理、发票处理、收款单处理、结算处理和各种报表查询等。

第 10 章讲述存货核算，包含材料成本的核算方法等。

第 11 章讲述固定资产管理，包括日常处理，报表及期末管理等。

第 12 章讲述工资管理，包括工资类别设置、工资项目设置、工资录入和各种报表的查询等。

第 13 章讲述总账，包括不同会计科目属性的凭证录入、凭证审核、凭证过账和各种财务账簿查询等。

第 14 章讲述现金管理，包括现金日记账、银行存款日记账的新增，现金日记账与总账的对账，以及各种报表查询等。

第 15 章讲述报表。以资产负债表为例，讲述报表的查看、公式修正、打印以及根据需要自定义报表等。

在学习过程中，作者建议读者根据自身情况合理安排时间，根据书中实例，先学习操作方法，以对软件有所认识。然后再学习书中具体内容，以理解其中的理论知识和具体功能应用。

由于作者水平有限，书中难免存在不足，殷切希望读者批评指正，可发邮件至 liyongtao@ptpress.com.cn。

本书配套资源包括金蝶 ERP-K/3 演示版软件、数据库、配书账套（扫描封底二维码，输入关键词“50448”获取下载链接）。在此对金蝶软件（中国）有限公司的大力支持表示深深的感谢！

作者

目　录

第1章　金蝶软件概述

本章重点

- 金蝶 ERP 功能介绍和数据流程
- 安装金蝶 ERP 所需要的硬件、软件环境及其方法

1.1　金蝶 ERP-K/3（V14.X）简介

金蝶 ERP-K/3（版本号 V14.X，以下简称“金蝶 K/3”）包含财务会计、供应链、成本管理、计划管理、生产管理、精益管理、人力资源和企业绩效等系统模块，几乎覆盖了企业管理的各个方面。其主界面如图 1-1 所示。

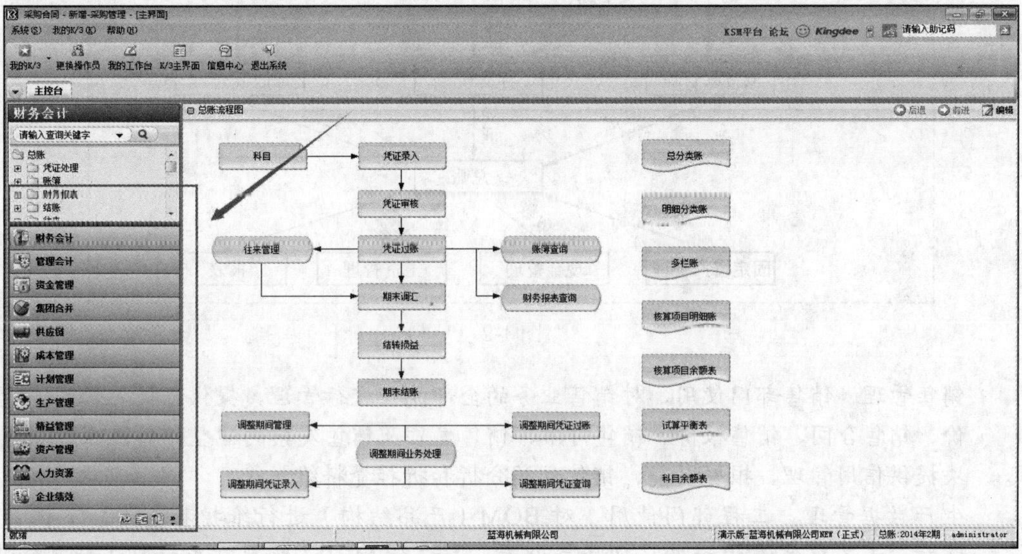

图 1-1

金蝶 K/3 支持 Windows XP、Windows 2000、Windows 2003、Windows 2008、Windows 7 和 Windows 8 等操作系统，后台使用的数据库是微软公司的 SQL Server 2005 及以上版本。

金蝶 K/3 不仅减少了企业人员在处理业务过程中的手工劳动，而且实现了企业信息共享，在业务执行过程中体现出事前计划、事中控制、事后分析的业务特点。

本书主要介绍精益管理模块（生产数据管理、物料需求计划）、供应链模块（销售管理、采购管理、仓存管理、存货核算）和财务会计模块（总账、应收款管理、应付款管理、报表、固定资产管理、现金管理）和人力资源模块（工资管理）。

1.2 金蝶 ERP-K/3（V14.X）数据流程

理解各功能模块的基本功能和数据传递流程是学习金蝶 K/3 的前提条件。之后，读者可结合企业的业务需求来决定需要使用的功能模块（如行政单位因无销售业务，则不必启用销售管理系统），并将企业数据导入系统以充分发挥其作用。

金蝶 K/3（V14.X）的数据传递流程如图 1-2 所示（图中只列出了本书中要讲述的功能模块）。

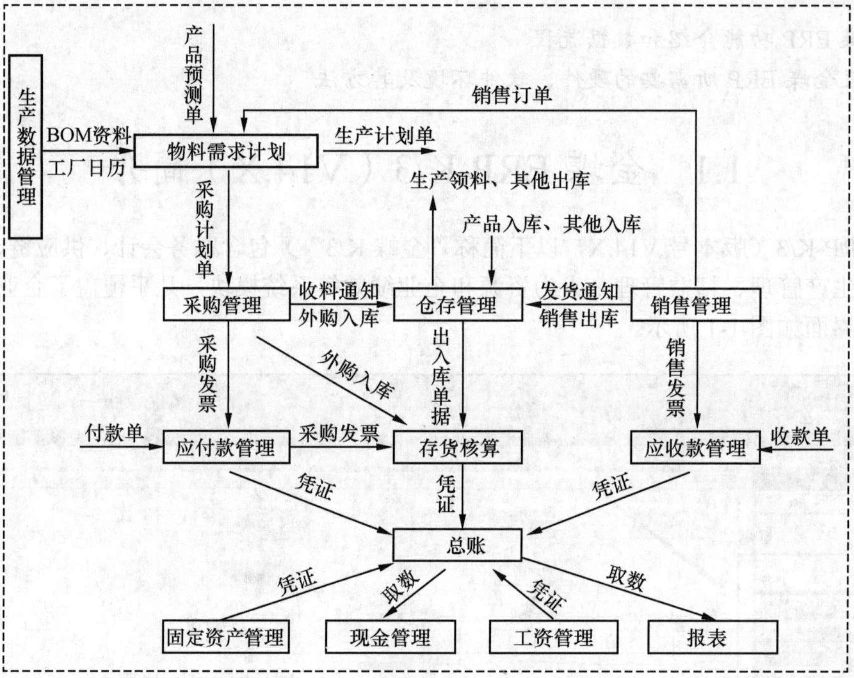

图 1-2

- 销售管理。销售部门使用，对销售业务的全部流程进行管理，提供可视化管理、模拟报价、销售合同、销售报价、销售订单、销售发货及销售发票的完整销售流程管理。该模块提供信用管理、报警功能、销售利润分析和折扣资料维护等。
- 生产数据管理。工程部门使用，对 BOM（产品结构）进行维护和查询、工程变更单维护、工艺路线维护和工厂日历等设置，是进行 MRP（物料需求计划）计算的基础。
- 物料需求计划。计划部门使用，可根据所设置好的 MRP 计算方案和 BOM 档案，编制出各种计划单据，为生产车间提供生产计划单，为采购部门提供采购计划单，为委外提供委外计划单。该模块解决生产什么、生产多少、什么时候生产、什么时候完工、采购什么、采购多少、什么时候采购和什么时候到货等问题。
- 采购管理。采购部门使用，对采购业务的全部流程进行管理，提供合同、采购申请、采购订单、收料通知、退货、采购入库、采购发票及采购结算的完整采购流程。用户可根据实际情况进行采购流程的定制。该模块提供采购报表和采购分析报表。
- 仓存管理。仓库部门使用。处理由采购部门传递过来的采购到货通知单，经检验通过后执行采购入库业务，检验不过关则退货；处理销售部门传递过来的销售发货通知单；处理生产车间材料领用，半成品、产成品入库，调拨和盘点等工作；查询各种库存账表（如库存台账、出入库流水账、收发存汇总表等），提供最高库存、最低库存和安全库存报警等。

- 应付款管理。应付会计使用，处理供应商应付账款。录入应付单据，审核应付单据；填制付款单据，并进行审核；核销应付账款；生成凭证传递到总账中；提供应付款的账龄分析、付款分析和付款预测；提供合同管理和担保处理功能。
- 应收款管理。应收会计使用，处理客户应收账款。录入应收单据，审核应收单据；填制收款单，审核收款单；核销应收账款；生成凭证传递到总账中；提供应收账龄分析、周转分析、坏账分析等统计分析；根据客户信用设置，系统提供信用预警功能。
- 存货核算。材料会计使用，处理存货会计信息。接收采购管理系统的外购入库单、应付款管理系统的采购发票和仓存管理系统的各种出入库单据，进行各类入库成本核算（如外购入库核算、估价核算等）；根据物料预先定义好的成本计价方法（如先进先出法、移动平均法等）自动计算材料出库成本；各种核算单据可生成凭证传递到总账中。
- 工资管理。财务部门使用（人事部门也可以使用）。核算职员薪资，可以做到简单的人事档案管理，生成各种工资报表；处理计价工资业务，提供工资的现金发放清单或银行代发工资功能；可以处理员工工资中代扣个人所得税业务，月底生成工资凭证传递到总账中。
- 固定资产管理。财务部门使用（行政部门也可以使用），管理固定资产业务。将固定资产以卡片形式登记；处理固定资产的新增、变动、自动提折旧等业务；生成固定资产的相关凭证（如固定资产新增、折旧、清理等），并将其传递到总账中。
- 总账。财务部门使用。处理由各模块传递过来的凭证，也可以自己填制凭证，审核、过账后生成财务账簿，在期末进行自动转账、结转损益和结账等工作。

注　如果只使用总账系统，而没有使用其他系统，则企业的所有业务处理都在总账系统中以填制凭证的方式完成。这是金蝶管理系统最简单的使用方式，适合于企业会计信息核算业务简单的单位使用。

- 现金管理。出纳使用，处理现金和银行存款各项业务，有日记账录入（也可从总账引入日记账）、银行对账单录入，提供资金日报表等各种报表。
- 报表。提供资产负债表、损益表等常用报表模板，也可以自定义所需要的报表。

1.3　安装金蝶 ERP-K/3（V14.X）

金蝶 K/3 有两种使用方式。

（1）在局域网环境下，如果多用户使用金蝶软件，则可以指定一台机器作为数据库服务器和中间层服务器，其他机器作为客户机。服务器兼有计算、保存数据、响应客户端请求等功能，因此配置应该高一些。在服务器上应先安装 SQL Server 2005/2008/2012 标准版/企业版，然后再安装金蝶软件。客户端计算机只需安装金蝶软件客户端即可。

（2）单机环境下，它既是服务器又是客户端计算机，同样先安装 SQL Server 2005/2008，然后再安装金蝶软件。

1.3.1　金蝶 ERP-K/3（V14.X）对硬件和软件环境的要求

金蝶 K/3 的安装和使用对计算机（俗称“电脑”）的配置有所要求，包括硬件配置和软件配置。下面介绍安装金蝶 K/3 的最低配置，也就是系统运行的基本条件。为了能更好地完成工作任务，金蝶公司会提供一个推荐配置。

1．硬件环境

金蝶 K/3 是 3 层结构的客户端/服务器端数据库应用系统，包括数据服务器端、中间层服务器端和客户端。

（1）数据服务器端。

最低配置：CPU 双核 2.0 GHz、2GB 内存、20GB 硬盘空间，适合单机用户使用。

建议配置：采用专业服务器，配置双路或四路 CPU、8GB 内存、40GB 硬盘空间、网卡 1000Mbit/s，适合网络版使用。

（2）中间层服务器端。

最低配置：CPU 双核 2.0 GHz、2GB 内存、20GB 硬盘空间，适合单机用户使用。

建议配置：采用专业服务器，配置双路或四路 CPU、8GB 内存、40GB 硬盘空间，网卡 1000Mbit/s，适合网络版使用。

（3）客户端。

最低配置：CPU 双核 2.0 GHz、1GB 内存、10GB 剩余硬盘空间。

建议配置：CPU 双核 2.4 GHz 或更快、2GB 内存、20GB 剩余硬盘空间。

说明　如果使用金蝶 K/3 网络版，站点数很少时，数据服务器端和中间层服务器端可以使用高配置的计算机，而且数据服务器端与中间层服务器端也可以使用同一台计算机。为保证软件运行速度，建议采用高配置的硬件，并且将数据服务器端、中间层服务器端和客户端安装在不同的计算机上。

2．软件环境

（1）数据服务器端。数据服务器端需要安装的软件有数据库系统（SQL Server 2005/2008/2012 标准版/企业版）和 Windows 操作系统（2000/2003/2008/2012/Windows7）。

（2）中间层服务器端需要安装 Windows 操作系统（2000/2003/2008/2012/Windows7）。

（3）客户端需要安装 Windows 操作系统（2000/XP/Windows7/Windows8）。

1.3.2　安装金蝶 K/3

安装金蝶 K/3 分两步，首先要安装数据库软件 SQL Server 2000/2005/2008/2012 标准版/企业版，然后再安装金蝶 K/3。

金蝶 K/3 的安装方法同其他软件安装方法基本相同，只需按照安装向导安装即可。本书讲述单机 Windows 7 环境下安装金蝶 K/3 的方法，数据库软件选择的是 SQL Server 2008。在其他操作系统上的安装方法基本类似，可参照本节。

1．安装 SQL Server 2008

金蝶 K/3 的后台数据库是 SQL Server，该数据库由微软公司开发，是比较流行的数据库，在安装金蝶 K/3 之前需先安装该软件。

（1）打开 SQL Server 2008 安装光盘，双击运行“SETUP.EXE”安装程序，系统检测后进入 SQL Server 安装中心后跳过“计划”内容，直接选择界面左侧列表中的“安装”，选择“安装”下的“全新安装或向现有安装添加功能”，如图 1-3 所示。

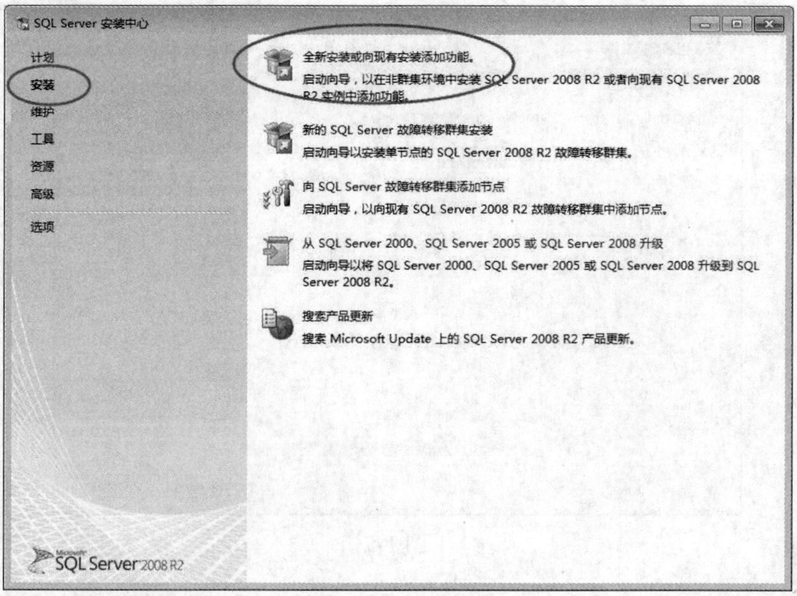

图 1-3

（2）在弹出的产品密钥界面中，选择 SQL Server 2008 R2 的版本和填写密钥。本书以“Evaluation”为例介绍安装过程，密钥可以向微软官方购买，如图 1-4 所示。

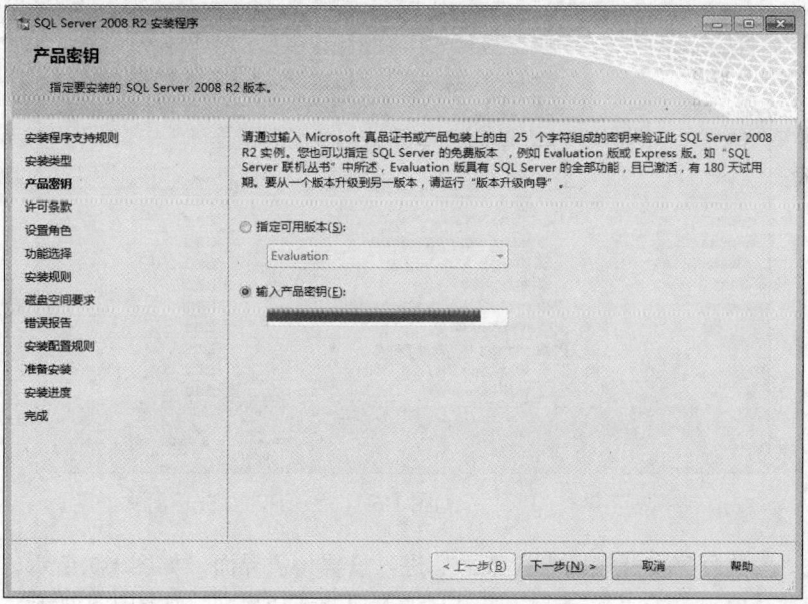

图 1-4

（3）填写密钥后，单击“下一步”按钮进入许可条款界面，选择“我接受许可条款”，单击“下一步”按钮，接下来将进行安装程序支持文件检查，如图 1-5 所示。

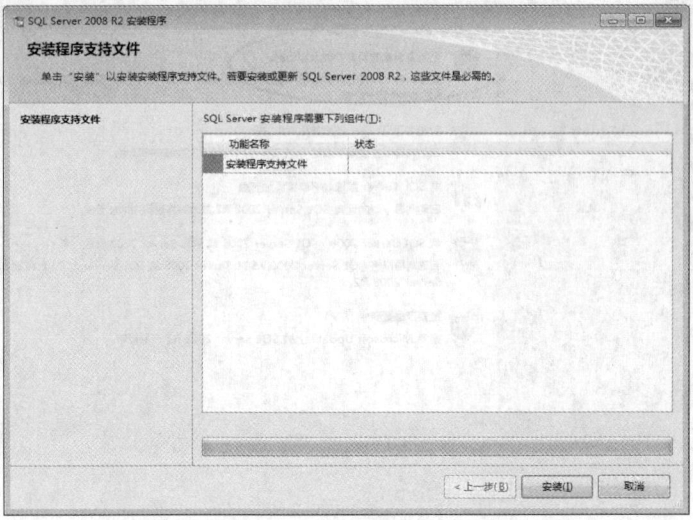

图 1-5

（4）单击“安装”按钮继续安装，当所有检测都通过之后才能继续下面的安装。如果出现错误，需要更正所有错误后才能安装，如图 1-6 所示。

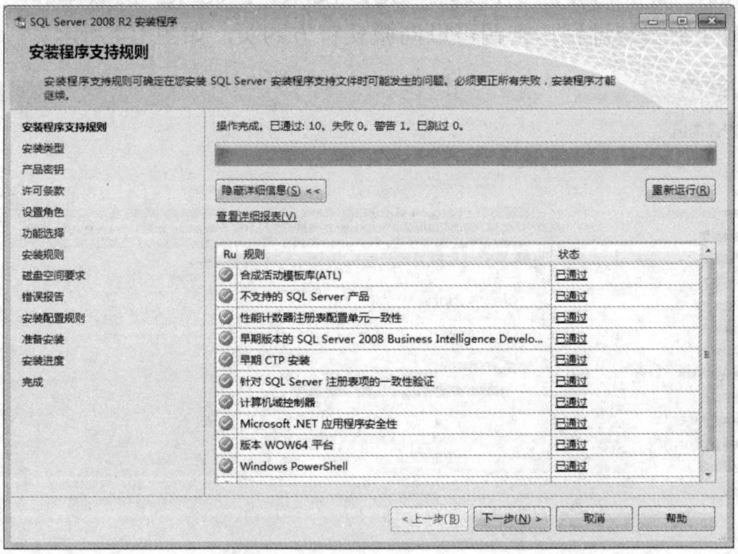

图 1-6

（5）通过“安装程序支持规则”检查之后进入设置角色界面，如图 1-7 所示。

（6）保持默认值，单击“下一步”按钮，进入功能选择界面，如图 1-8 所示。这里选择需要安装的 SQL Server 的功能，以及安装路径。

（7）单击“下一步”按钮，进入安装类型界面进行实例配置，这里选择默认的 ID 和路径，如图 1-9 所示。

（8）在完成安装内容选择之后会显示硬盘使用情况，可根据硬盘空间自行调整，单击“下一步”按钮进入服务器配置界面，需要为各种服务指定合法的账户，如图 1-10 所示。

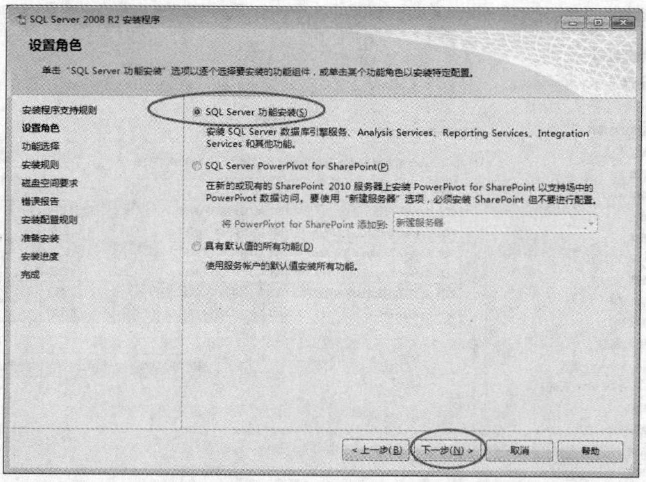

SQL Server 2008 R2 安装程序
设置角色
单击“SQL Server 功能安装”选项以逐个选择要安装的功能组件，或单击某个功能角色以安装特定配置。
安装程序支持规则
设置角色
功能选择
安装规则
磁盘空间要求
错误报告
安装配置规则
准备安装
安装进度
完成
SQL Server 功能安装(S)
安装 SQL Server 数据库引擎服务、Analysis Services、Reporting Services、Integration Services 和其他功能。
SQL Server PowerPivot for SharePoint(P)
在新的或现有的 SharePoint 2010 服务器上安装 PowerPivot for SharePoint 以支持场中的 PowerPivot 数据访问。要使用“新建服务器”选项，必须安装 SharePoint 但不要进行配置。
将 PowerPivot for SharePoint 添加到:
新建服务器
具有默认值的所有功能(D)
使用服务帐户的默认值安装所有功能。
< 上一步(B)
下一步(N) >
取消
帮助

图 1-7

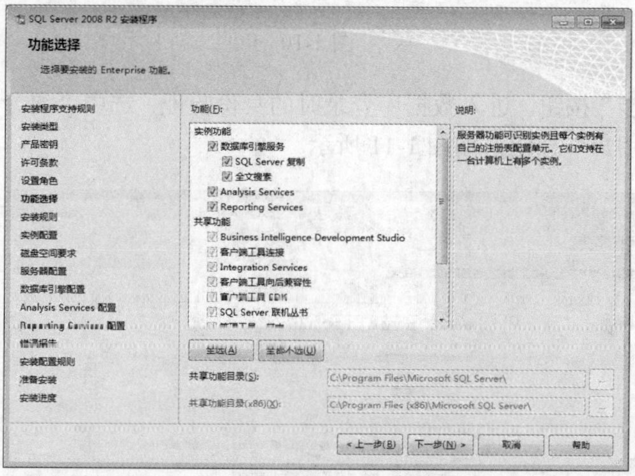

SQL Server 2008 R2 安装程序
功能选择
选择要安装的 Enterprise 功能。
安装程序支持规则
安装类型
产品密钥
许可条款
设置角色
功能选择
安装规则
实例配置
磁盘空间要求
服务器配置
数据库引擎配置
Analysis Services 配置
Reporting Services 配置
错误报告
安装配置规则
准备安装
安装进度
功能(F):
实例功能
数据库引擎服务
SQL Server 复制
全文搜索
Analysis Services
Reporting Services
共享功能
Business Intelligence Development Studio
客户端工具连接
Integration Services
客户端工具向后兼容性
客户端工具 SDK
SQL Server 联机丛书
说明:
服务器功能可识别实例且每个实例有自己的注册表配置单元。它们支持在一台计算机上有多个实例。
全选(A)
全部不选(U)
共享功能目录(S):
C:\Program Files\Microsoft SQL Server\
共享功能目录(x86)(X):
C:\Program Files (x86)\Microsoft SQL Server\
< 上一步(B)
下一步(N) >
取消
帮助

图 1-8

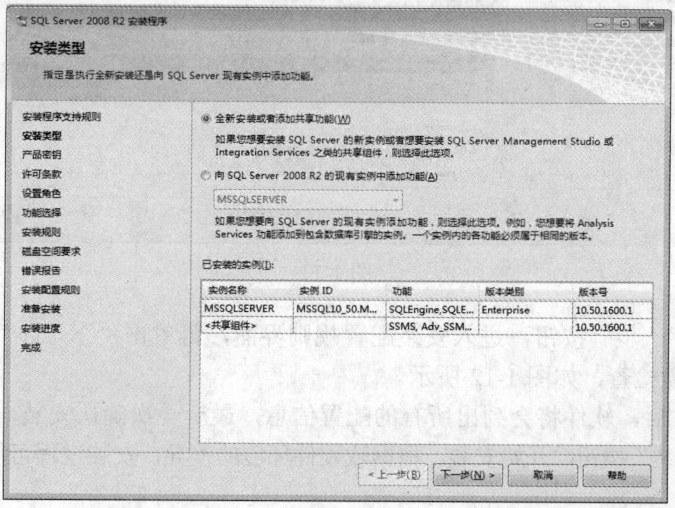

SQL Server 2008 R2 安装程序
安装类型
指定是执行全新安装还是向 SQL Server 现有实例中添加功能。
安装程序支持规则
安装类型
产品密钥
许可条款
设置角色
功能选择
安装规则
磁盘空间要求
错误报告
安装配置规则
准备安装
安装进度
完成
全新安装或添加共享功能(W)
如果您想要安装 SQL Server 的新实例或想要安装 SQL Server Management Studio 或 Integration Services 之类的共享组件，则选择此选项。
向 SQL Server 2008 R2 的现有实例中添加功能(A)
MSSQLSERVER
如果您想要向 SQL Server 的现有实例添加功能，则选择此选项。例如，您想要将 Analysis Services 功能添加到包含数据库引擎的实例。一个实例内的各功能必须属于相同的版本。
已安装的实例(I):
实例名称
实例 ID
功能
版本类别
版本号
MSSQLSERVER
MSSQL10_50.M...
SQLEngine,SQLE...
Enterprise
10.50.1600.1
<共享组件>
SSMS, Adv_SSM...
10.50.1600.1
< 上一步(B)
下一步(N) >
取消
帮助

图 1-9

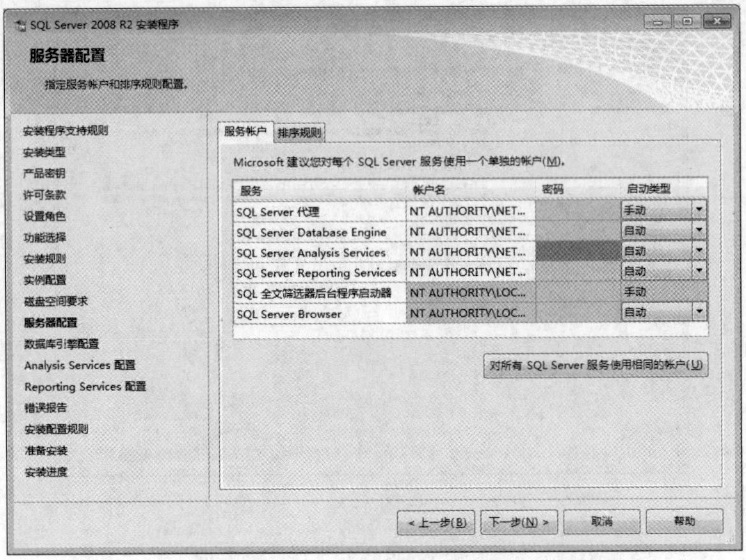

图 1-10

（9）单击“下一步”按钮，进入数据库登录时的身份验证，选中“混合模式”，并录入密码，然后单击“添加当前用户”按钮，如图 1-11 所示。

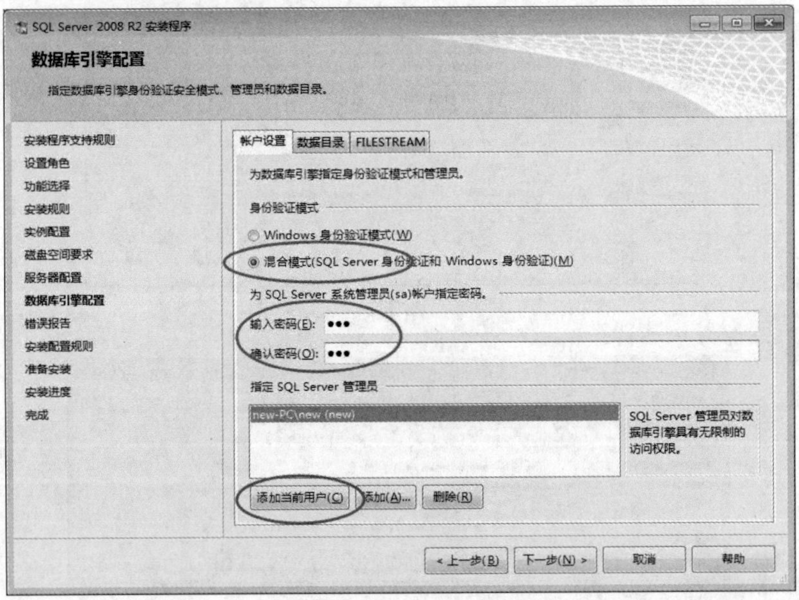

图 1-11

（10）单击“下一步”按钮，进入安装配置规则界面，再单击“下一步”按钮，根据功能配置选择再次进行环境检查，如图 1-12 所示。

（11）检查通过后，软件将会列出所有的配置信息，最后一次确认安装，如图 1-13 所示。

（12）单击“安装”按钮，开始安装，根据软硬件环境的差异，安装过程可能持续 15~30min，如图 1-14 所示。

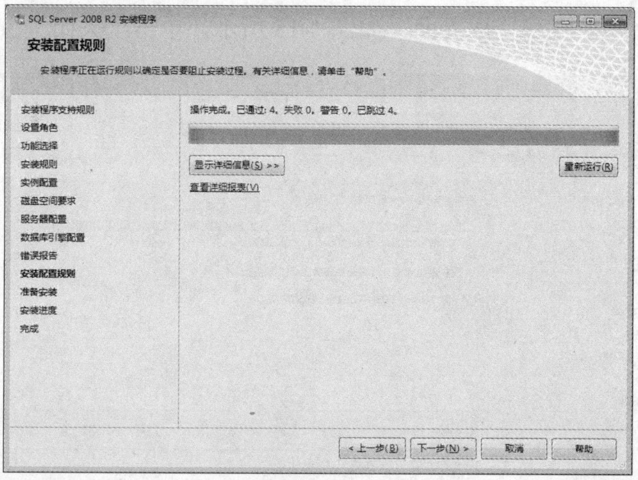

图 1-12

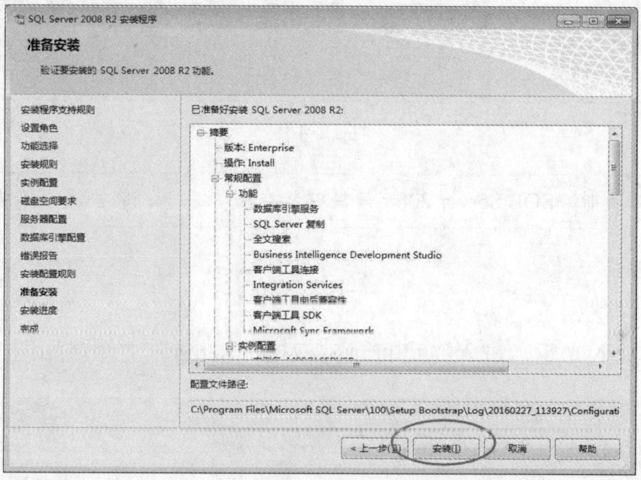

图 1-13

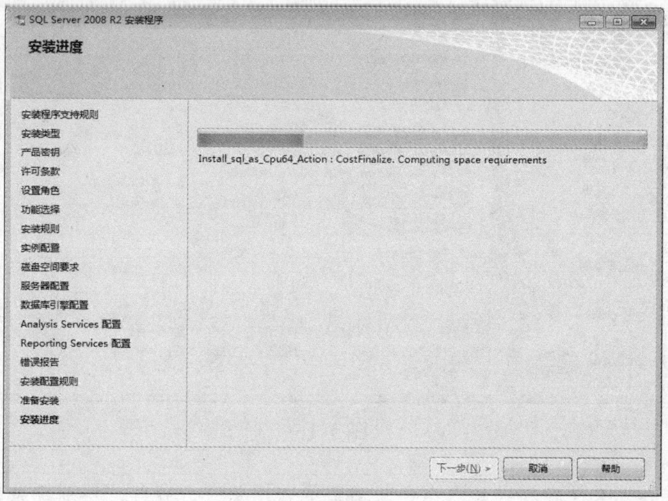

图 1-14

（13）安装完成之后，显示完成界面，如图1-15所示，单击“关闭”按钮，结束安装。

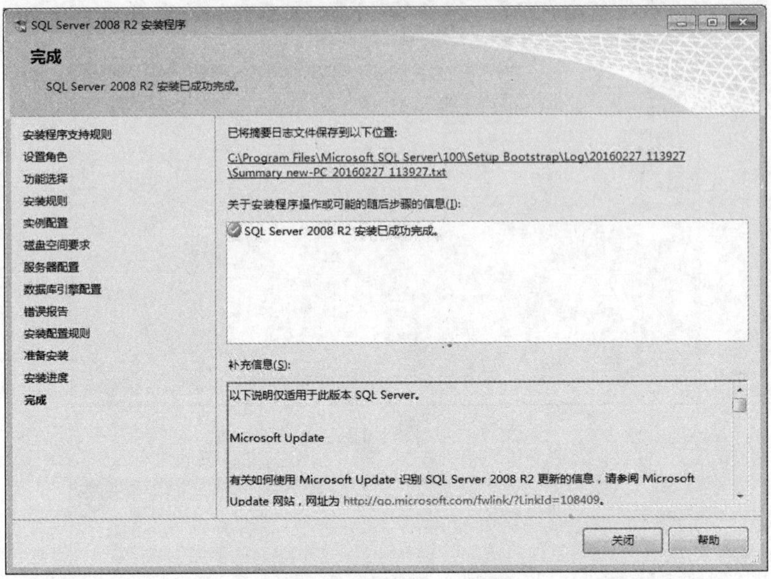

图1-15

注　使用网络版时，SQL Server 2008只需安装在服务器上，客户端不用安装。

2．安装金蝶K/3

金蝶K/3的安装方法如下。

（1）将安装光盘放入光驱，进入光盘目录，双击“Setup”文件，如图1-16所示。

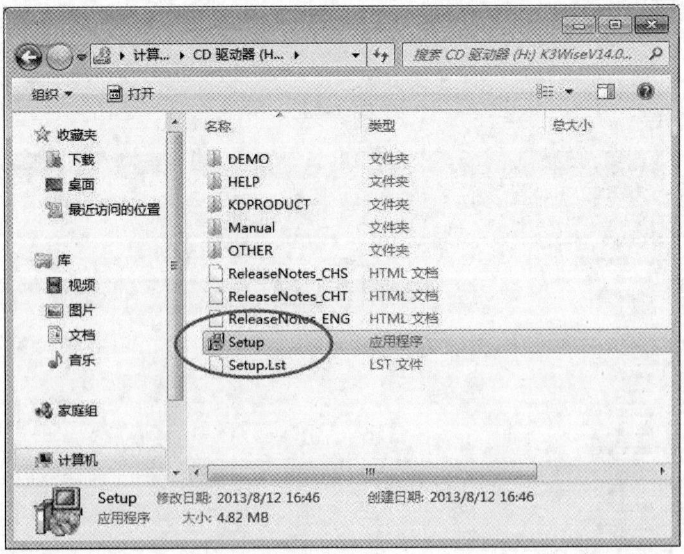

图1-16

说明　为保证金蝶K/3顺利安装，在安装前需先退出第三方软件，特别是杀毒软件和防火墙，然后再进行K/3安装，安装完成后再启用第三方软件。

（2）系统弹出“金蝶 K/3 安装程序”对话框，如图 1-17 所示。

（3）选择“环境检测”，系统弹出“金蝶 K/3 环境检测”对话框，如图 1-18 所示。

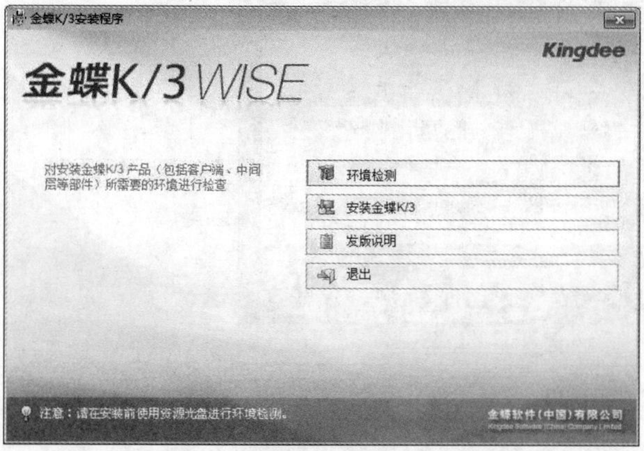

图 1-17

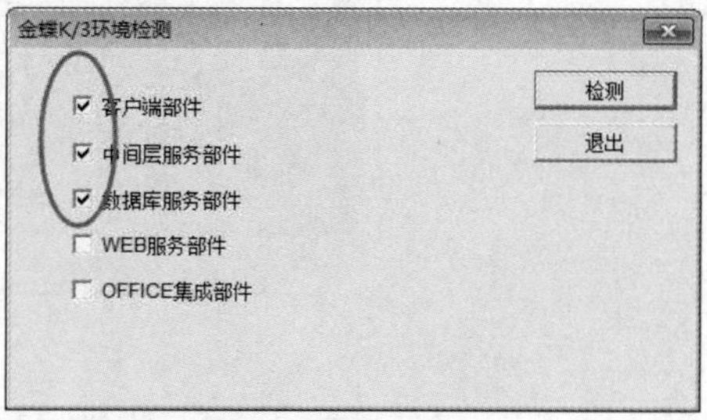

图 1-18

选中“客户端部件”“中间层服务部件”“数据库服务部件”，单击“检测”按钮，系统开始检测，弹出“问题”对话框，单击“确定”按钮，继续检测进程，系统弹出检测到缺少的组件，单击“确定”按钮，系统会将检测出缺少的组件进行安装。根据系统弹出的提示，放入资源光盘即可完成缺少组件的安装工作，组件安装成功后，会弹出“环境更新完毕”对话框。

说明　经测试，不用安装资源盘内容也可以顺利进行本书的学习。

（4）返回“金蝶 K/3 安装程序”对话框，如图 1-17 所示，再选择“安装金蝶 K/3”，系统经过检测后进入安装向导界面，如图 1-19 所示。

图 1-19

（5）单击“下一步”按钮，系统进入许可证协议界面，如图 1-20 所示。

（6）单击“是”按钮，系统进入自述文件界面；再单击“下一步”按钮，系统进入客户信息界面，在此界面录入用户名和公司名称；继续单击“下一步”按钮，系统进入选择目的地位置界面；保持默认位置，继续单击“下一步”按钮，系统进入安装类型界面，如图 1-21 所示。

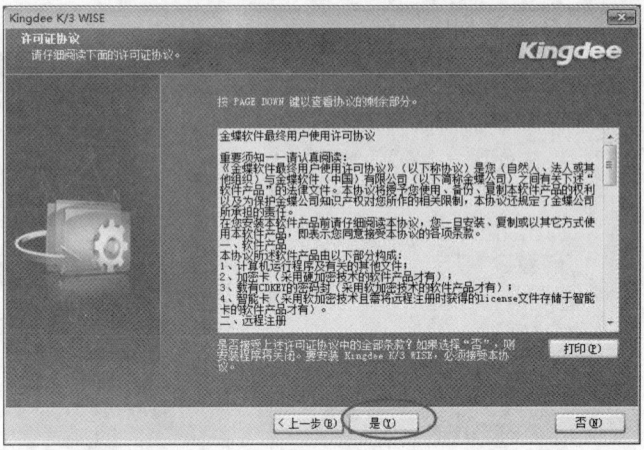

图 1-20

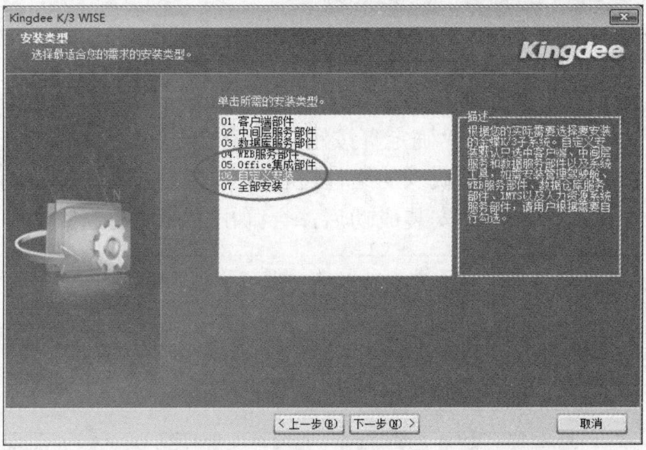

图 1-21

（7）在此选择“自定义安装”类型，单击“下一步”按钮，系统进入选择功能界面，如图 1-22 所示。打“ √ ”表示选中，单击“+”按钮可以展开更多明细功能进行选择。

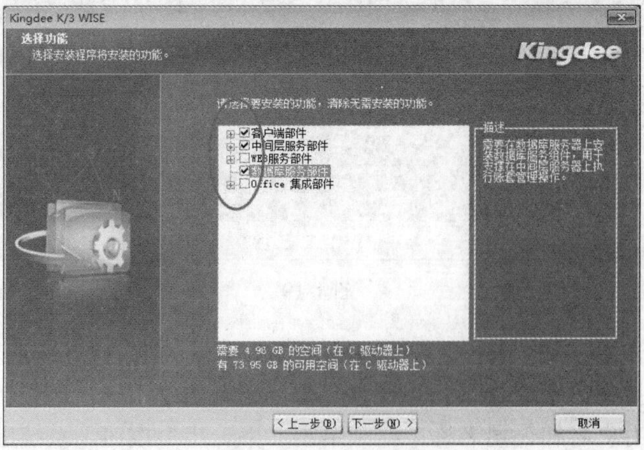

图 1-22

（8）选中“客户端部件”“中间层服务部件”“数据库服务部件”，单击“下一步”按钮，系统进入安装状态。安装完成后，弹出“完成”对话框，单击“完成”按钮，系统进入“金蝶 K/3 系统-中间层组件安装”对话框，如图 1-23 所示。

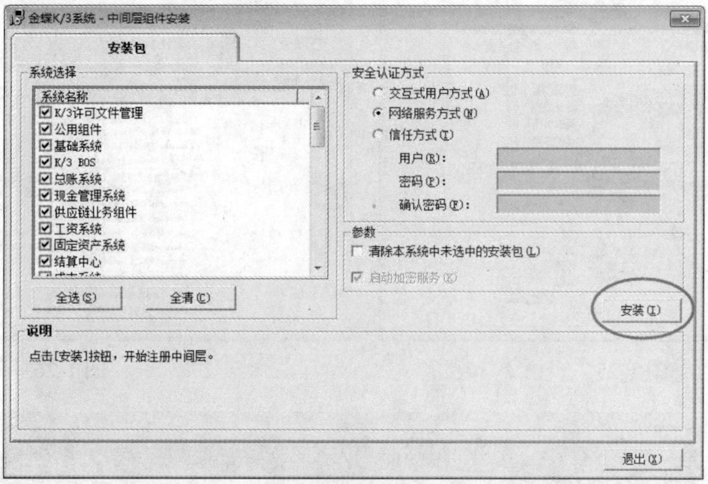

图 1-23

（9）单击“安装”按钮，开始中间层组件安装工作。中间层组件安装完成后，自动隐藏进度条，稍后弹出“Web 系统配置工具”窗口，保持默认选择项目，单击“完成”按钮，结束金蝶 K/3 安装。安装成功后会在桌面上显示“金蝶 K3 WISE”图标，如图 1-24 所示。

图 1-24

1.3.3　金蝶 K/3 的修改、修复或删除

因为某种原因需要修改、修复或删除金蝶 K/3 时，可按以下方法操作。

（1）单击“开始”→“控制面板”，系统弹出“控制面板”窗口，如图 1-25 所示。

（2）单击“卸载程序”，系统弹出“卸载或更改程序”窗口，如图 1-26 所示。

（3）选中需要修改、修复、删除的程序名，再单击“卸载/更改”按钮，系统弹出修改、修复或删除程序界面，如图 1-27 所示。

图 1-25

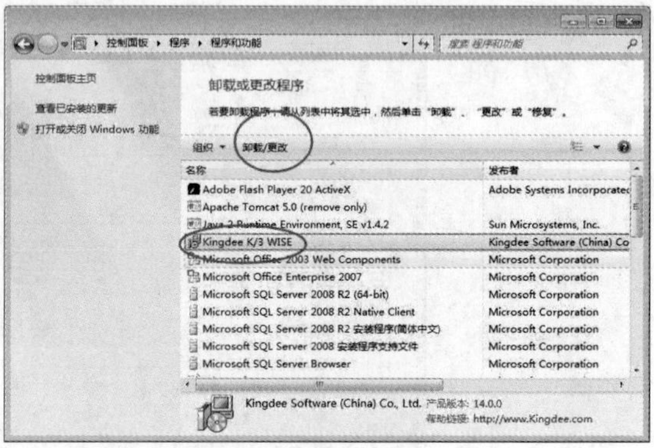

图 1-26

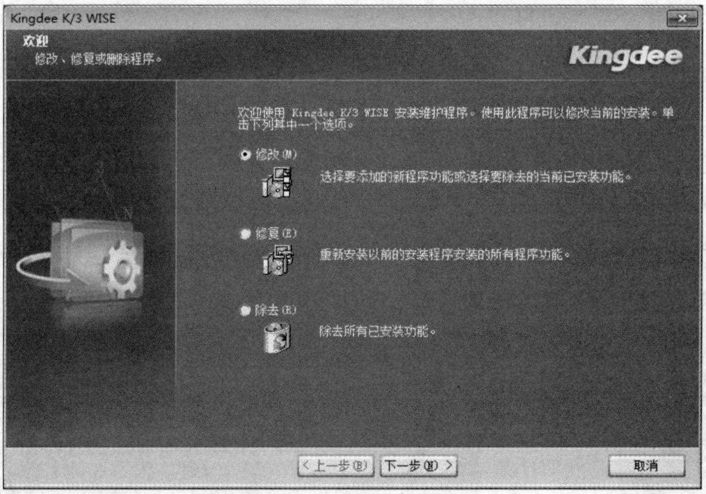

图 1-27

（4）根据实际需要选中“修改”“修复”“删除”，单击“下一步”按钮，再根据向导对话框提示即可完成操作。

注　在做修改、修复、删除时，一定先备份好所需的账套，以免造成麻烦。

1.4　课后习题

（1）安装金蝶 K/3 的硬件和软件要求是什么？

（2）金蝶 K/3 的后台数据库是什么？

（3）使用网络版金蝶 K/3 时，各客户端计算机是否需要安装数据库？

（4）在对金蝶 K/3 做修改、修复、删除时，需要注意什么？

第 2 章　系统管理基础

本 章 重 点

- 金蝶 K/3 操作流程
- 账套建立、启用、备份、恢复与删除
- 用户设置
- 引入金蝶 ERP 演示账套

2.1　金蝶 K/3 操作流程图

在使用金蝶 K/3 之前，用户首先需要了解它的操作流程，流程如图 2-1 所示。

如果是初次使用金蝶 K/3 进行业务处理，首先要建立账套。账套建立成功后进行系统设置，系统设置包含系统参数设置、基础资料设置和初始数据录入。系统参数是与账套有关的信息，如账套的公司名称、地址、记账本位币等；基础资料是录入业务单据时要获取的基础数据，如会计科目、客户资料和物料资料等；初始数据是账套启用会计期间的数据，如会计科目的期初数据、累计数据和物料初始数据。然后检查数据是否正确，是否符合启用要求。如果符合，则可以结束初始化并启用账套。之后，可以进行日常的业务处理，如销售订单录入、MRP 计算计划单据、采购部门根据计划单据下达相应采购单据，最后所有数据都归纳到总账系统，系统根据已保存的单据数据可生成相应的报表。每个月的业务工作处理完成后，可以进行月末结账，然后进入下一会计期间继续处理业务。

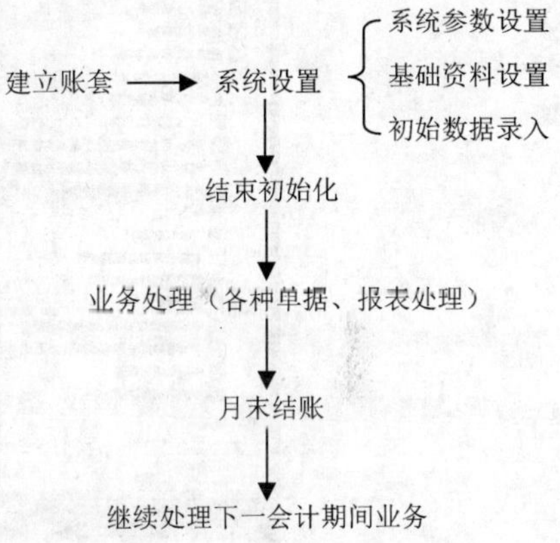

图 2-1

如果已经在正常使用金蝶 K/3，则不用建立账套、进行系统设置和初始化工作，只需继续日常业务处理即可。

2.2　账套管理

会计电算化是指用计算机代替人工进行账务、业务处理等工作。因此用户必须建立一个账套，存放公司的财务和业务资料，以便使用计算机进行处理。

账套是一个数据库文件，用于存放所有的业务数据资料，包含会计科目、凭证、账簿、报表和出入库单据等内容，所有工作都需要打开账套后才能进行操作。一个账套只能做一个会计主体（公司）的业务。金蝶 K/3 对账套的数量没有限制，也就是说一套金蝶 K/3 可以做多家公司的账。

账套管理在金蝶 K/3 应用中占有重要的地位。只有建立正确的账套，才能保证账套的正常使用。

2.2.1 建立账套

建立账套之前需要确定以下内容：公司名称，要使用什么模块，启用账套时间，以及核算时的记账本位币采用何种币别。

例 2-1 兴旺实业有限公司是一家生产文具用品的企业。该公司于 2017 年 2 月使用金蝶 K/3（V14.X）系统，主要使用物料需求计划、进销存和标准财务功能，记账本位币为“人民币”。

操作步骤如下。

（1）单击“开始”→“所有程序”→“金蝶 K3 WISE”→“金蝶 K3 服务器配置工具”→“账套管理”，如图 2-2 所示。

图 2-2

（2）单击后系统弹出“金蝶提示”对话框，如图 2-3 所示。第一次使用“账套管理”功能时，要设置数据库的配置情况，配置完成后不再有此提示对话框出现。

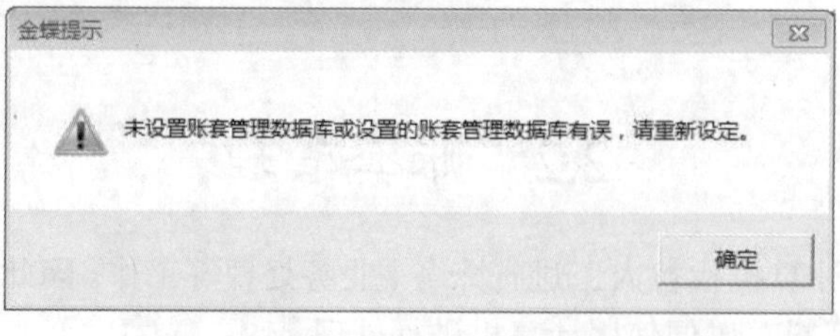

图 2-3

（3）单击“确定”按钮，系统弹出“账套管理数据库设置”对话框，如图 2-4 所示。

（4）单击“数据库文件路径”右侧的“>”按钮，系统弹出“选择数据库文件路径”对话框，如图 2-5 所示。

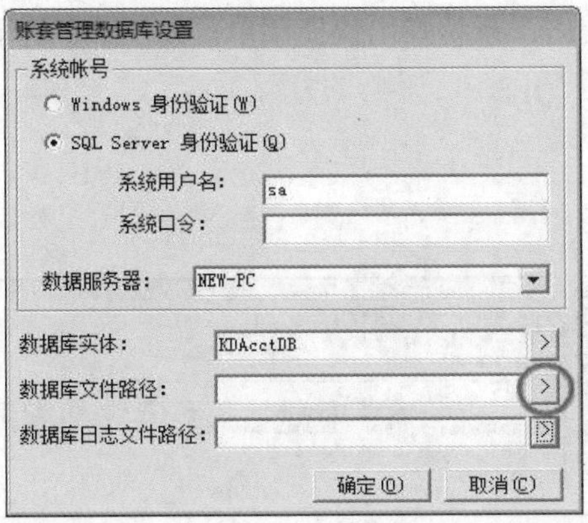

图 2-4

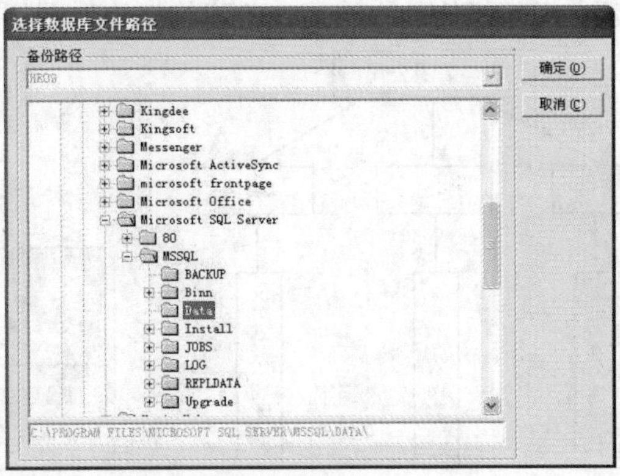

图 2-5

（5）保持默认目录，单击“确定”按钮，返回设置对话框。此时“数据库文件路径”处显示刚才选择的路径，并且“数据库日志文件路径”也会同时显示。单击“确定”按钮结束配置，将弹出“金蝶 K/3 系统登录”对话框，如图 2-6 所示。

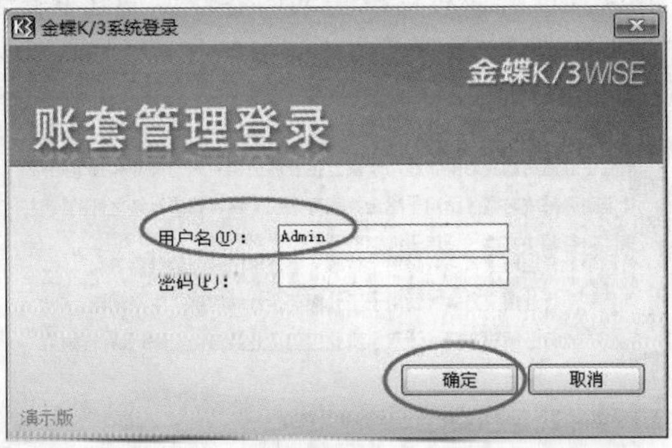

图 2-6

（6）用户名“Admin”是系统默认的账套管理员名称，“密码”默认为空，单击“确定”按钮，系统进入“金蝶 K/3 账套管理”窗口，如图 2-7 所示。

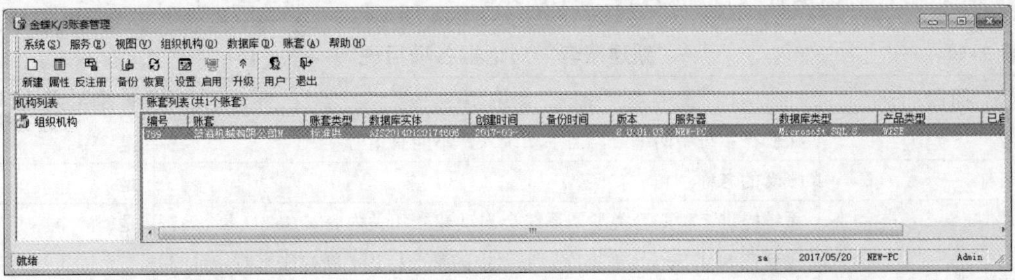

图 2-7

在“金蝶 K/3 账套管理”窗口中有两个列表——机构列表和账套列表。

- 机构列表。很多集团性、连锁性公司下的各分公司既需要财务数据独立核算，又需要汇总。为了便于分类管理可以将其结构分层，在相应的组织结构下建立账套，如图 2-8 所示。
- 账套列表。显示当前计算机中已有的账套信息。

建立组织机构的方法是在“组织机构”图标上右击，系统弹出快捷菜单，如图 2-9 所示。

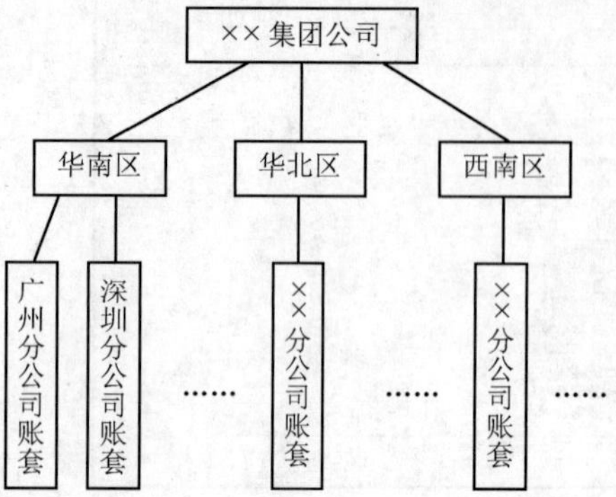

图 2-8

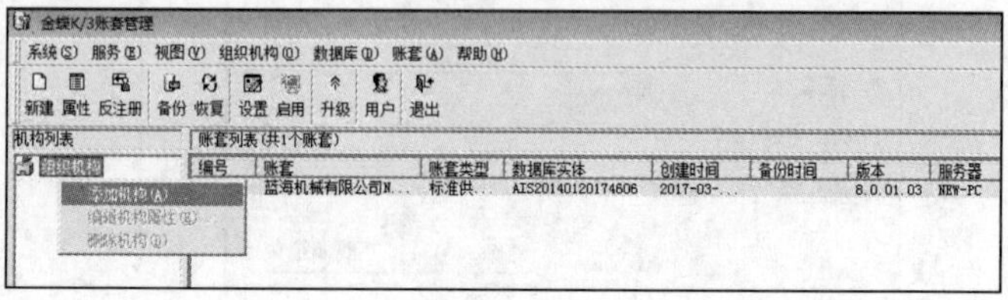

图 2-9

选择“添加机构”，系统弹出“添加机构”窗口，在窗口中填写相应内容即可。因本例中的“兴旺实业有限公司”没有上级公司，所以暂不设置机构，读者可自行练习。

（7）单击“数据库”→“建立账套”，或单击工具栏上的“新建”按钮，系统弹出“信息”对话框，如图 2-10 所示。请认真理解该对话框中的内容，以便建立账套时选择相应的类型。

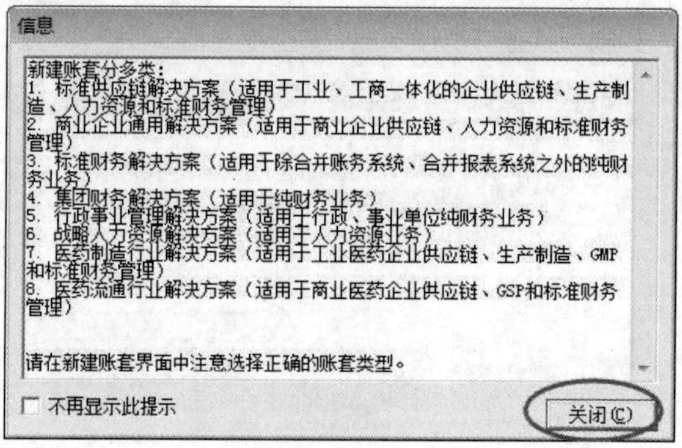

图 2-10

（8）单击“关闭”按钮，系统弹出“新建账套”对话框，如图 2-11 所示。

“新建账套”对话框各项目说明如表 2-1 所示。

表 2-1　　“新建账套”对话框各项目说明

项目	说明	是否为必填项
账套号	账套在系统中的编号，需手动录入，不能有重号	是
账套名称	账套的名称	是
账套类型	系统提供 7 种账套类型，系统会自动建立相关内容	是
数据库实体	账套在 SQL Server 数据库服务器中的唯一标识。新建账套时，系统会自动产生一个数据库实体，可以手工修改	是
数据库文件路径	账套保存的路径	是
数据库日志文件路径	账套操作日志保存的路径	是
系统帐号	新建账套所要登录的数据库服务器名称、登录数据库服务器方式、登录用户名和密码	是

（9）在“账套号”中录入“001”，在“账套名称”中录入“兴旺实业有限公司”，在“账套类型”处选择“标准供应链解决方案”，数据库实体保持不变，如图 2-12 所示。

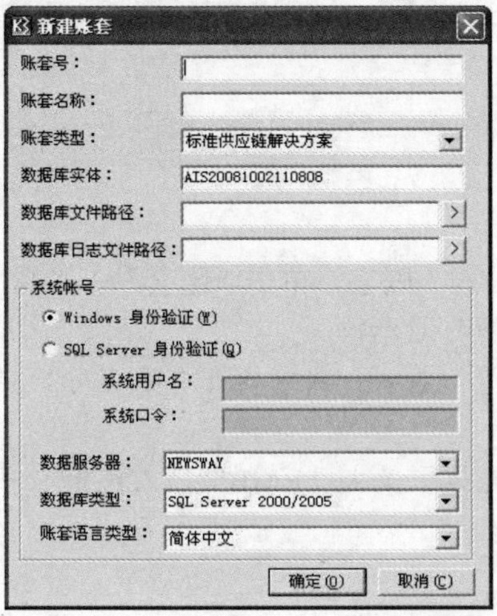

图 2-11

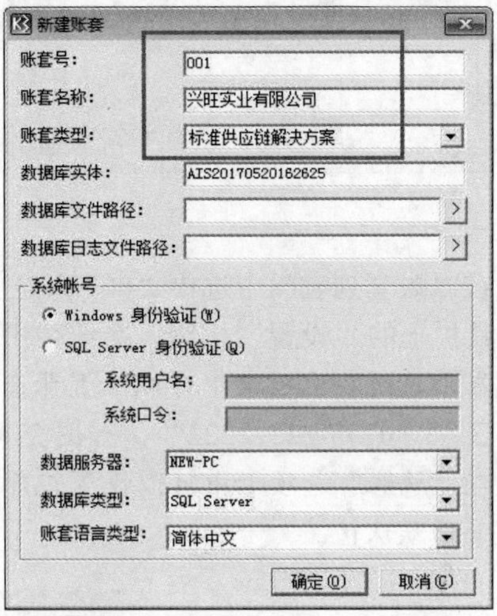

图 2-12

（10）设置“数据库文件路径”。单击“数据库文件路径”右侧“>”按钮（浏览），系统弹出“选择数据库文件路径”对话框。用同样的方法设置“数据库日志文件路径”，然后选中系统帐号为“SQL Server 身份验证”模式，录入系统用户名“sa”和系统口令，设置完成后的对话框如图 2-13 所示。单击“确定”按钮，系统开始建账。

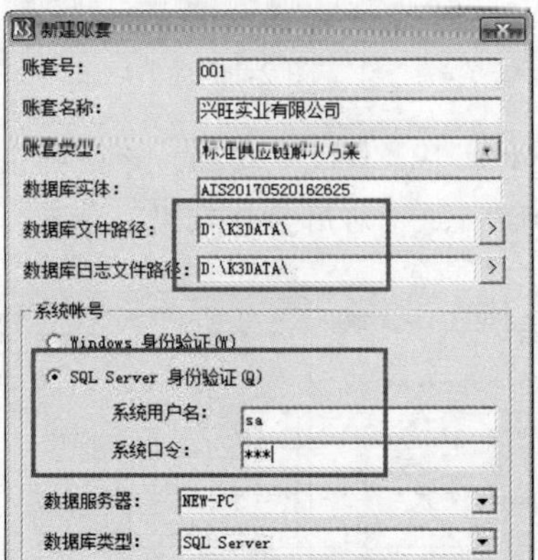

图 2-13

（11）账套建立成功后，账套信息会显示在“账套列表”中，如图 2-14 所示。

2.2.2　属性设置和启用账套

属性包括账套的机构名称、记账本位币和启用会计期间等内容。属性设置完成后才可以启用账套，设置步骤如下。

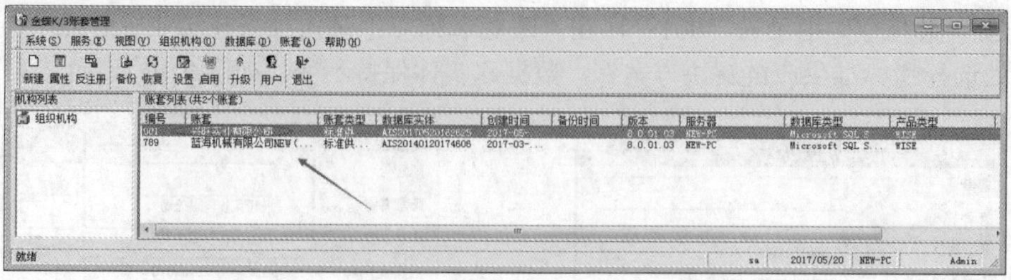

图 2-14

（1）在“账套列表”中选中“001 兴旺实业有限公司”账套，单击“账套”→“属性设置”，或单击工具栏上的“设置”按钮，系统弹出“属性设置”对话框。

- 在“系统”选项卡中可以设置账套的基本信息。录入“兴旺实业有限公司”“深圳福田区”“0755-22222222”，如图 2-15 所示。
- 在“总账”选项卡中可以设置记账时的基本信息。录入“RMB”“人民币”，其他选项采用默认值。

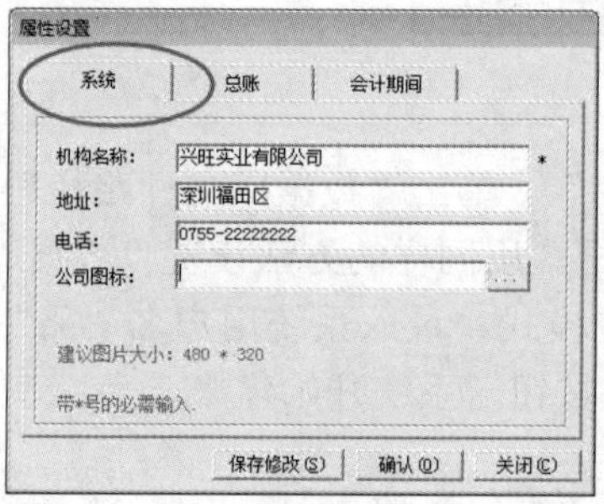

图 2-15

- 在“会计期间”选项卡中单击“更改”按钮，系统弹出“会计期间”对话框，在“启用会计年度”中录入“2017”、“启用会计期间”录入“2”，如图 2-16 所示。

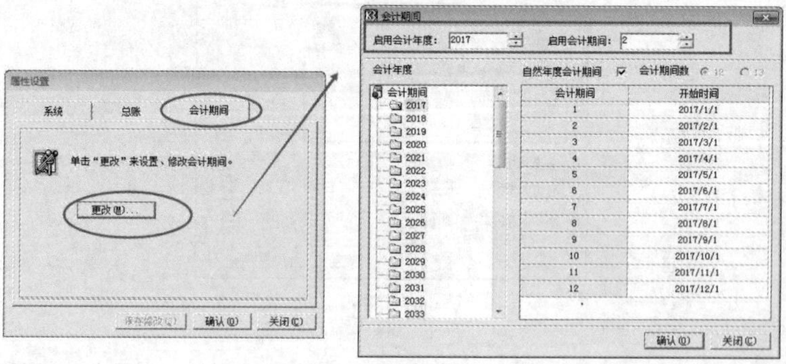

图 2-16

注

（1）“启用会计年度”为“2017”，“启用会计期间”为“2”，表示初始设置中的期初数据是 2017 年 1 月的期末数。读者在启用账套时一定要注意账套的启用期间，以便准备初始数据。

（2）如果会计期间需要特殊设置，可以取消选中“自然年度会计期间”，这样读者可以设置会计期间，如 12 或 13 个，并且期间的开始时间可以自由修改。

（2）单击“确认”按钮保存会计期间设置，并返回“属性设置”对话框，单击“确认”按钮，系统弹出“金蝶提示”对话框，如图2-17所示。

（3）如果属性设置完成，单击“是”按钮；如果还需要修改，单击“否”按钮。在此单击“是”按钮，稍后系统弹出“金蝶提示”对话框，如图2-18所示。

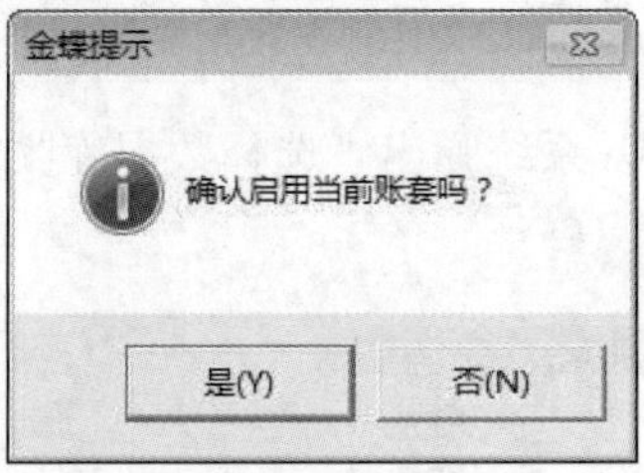

图2-17

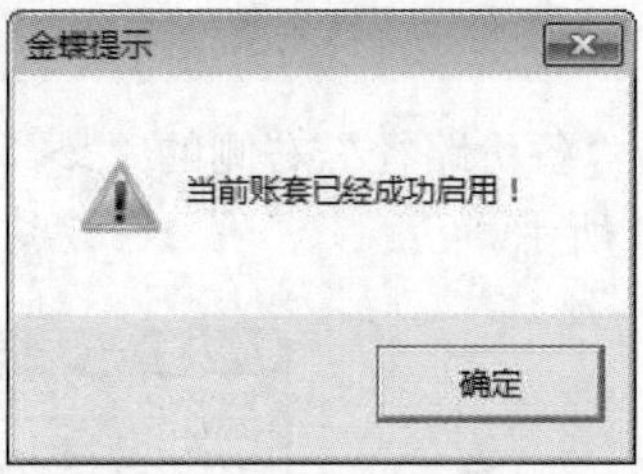

图2-18

（4）单击“确定”按钮，完成属性设置和账套启用工作。

注　该处的账套启用是指建立账套文件工作完成，而不是启用后可以录入业务单据。因初始数据还未录入，所以录入业务单据后的数据会与实际数据有出入。

2.2.3　备份账套

操作软件时，为预防数据出错或发生意外（如硬盘损坏、计算机中毒），需要随时备份数据，以便恢复时使用。

备份工作可以随时进行，建议每周备份一次。在下列情况下必须做备份。

（1）每月结账前和账务处理结束后。

（2）更新软件版本前。

（3）进行会计年度结账时。

金蝶K/3提供两种备份方法——单次备份和自动批量备份（即一次备份多个账套，而且备份工作在后台定时执行，不用人工操作）。

1．单次备份

下面以备份“兴旺实业有限公司”账套为例，介绍单次备份的具体步骤。

（1）在“账套列表”中选中“兴旺实业有限公司”账套，单击“数据库”→“备份账套”，或单击工具栏中的“备份”按钮，系统弹出“账套备份”对话框，如图2-19所示。

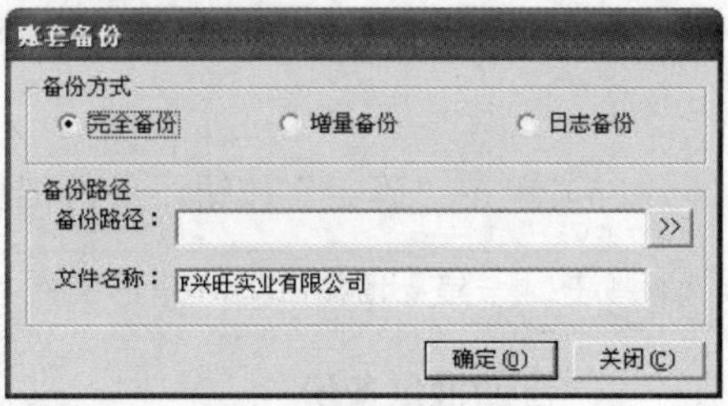

图2-19

- 完全备份。执行完整数据库的备份，也就是为账套中的所有数据建立一个副本。备份后，生成完全备份文件。
- 增量备份。记录自上次完整数据库备份后对数据库所做的更改，也就是为上次完整数据库备份后发生变动的数据建立一个副本。备份后，生成增量备份文件。
  增量备份比完全备份工作量小，而且备份速度快，因此可以经常备份，以减小丢失数据的危险。
- 日志备份。事务日志是上次备份事务日志后，对数据库执行的所有操作的记录。一般情况下，事务日志备份比数据库备份使用的资源少，因此可以经常创建事务日志备份。经常备份将减小丢失数据的危险。

- 备份路径。备份所生成的*.dbb和*.bak文件的保存位置，应尽量采用默认值。
- 文件名称。备份时生成的文件名称，可更改。

注　第一次备份一定要用完全备份，备份生成的*.dbb和*.bak文件，要定期复制到外部存储设备上。

（2）单击“备份路径”右侧的“≫”按钮（浏览），系统弹出“选择数据库文件路径”对话框，如图2-20所示。

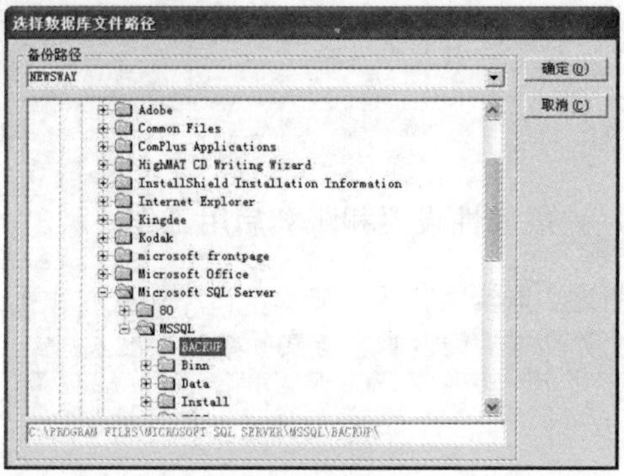

图2-20

（3）采用默认保存路径，单击“确定”按钮返回“账套备份”对话框。

（4）单击“确定”按钮，系统开始备份数据，稍后系统弹出“金蝶提示”对话框，如图2-21所示。

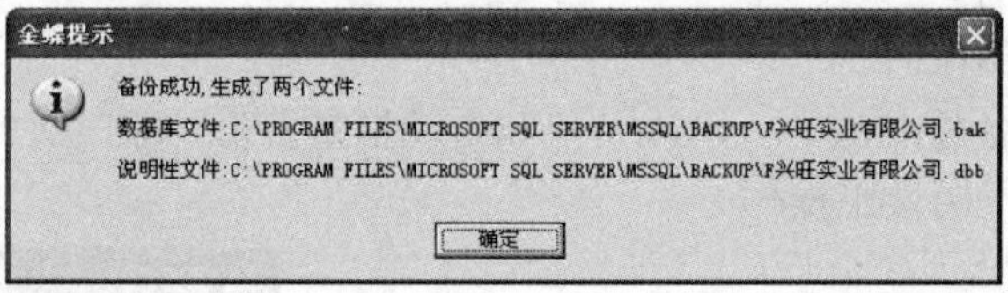

图2-21

（5）单击“确定”按钮，备份工作完成。

注　一定要记住图2-21中的文件名和保存位置，这是要复制到外部存储设备上的文件。

2．自动批量备份

当系统中有多个账套时，一次备份一个账套会比较麻烦。金蝶K/3提供账套自动批量备份工具。账套自动批量备份的设置步骤如下。

（1）单击“数据库”→“账套自动批量备份”，系统弹出“账套批量自动备份工具”窗口，如图2-22所示。

（2）单击“方案”→“新建”，将“备份开始时间”设置为当前计算机的系统时间，“备份结束时间”设置为“无限期”，“增量备份时间间隔（小时）”设为“5”，“完全备份时间间隔”设为“100”，选中“是否备份”，如图2-23所示。

（3）设置“备份路径”时单击右侧的“…”按钮，系统弹出“选择数据库文件路径”窗口。

保存路径采用系统默认值，如图 2-24 所示。单击“确定”按钮返回工具窗口。

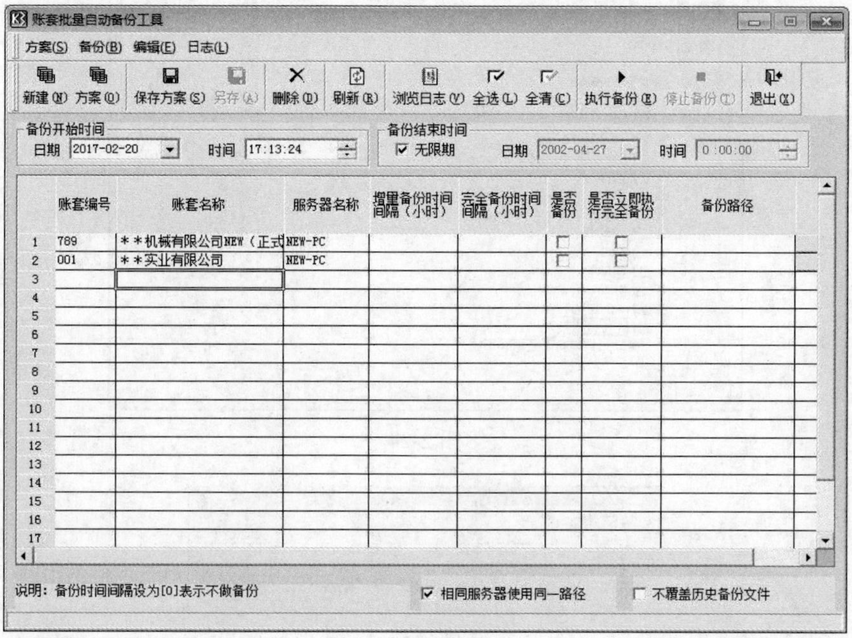

图 2-22

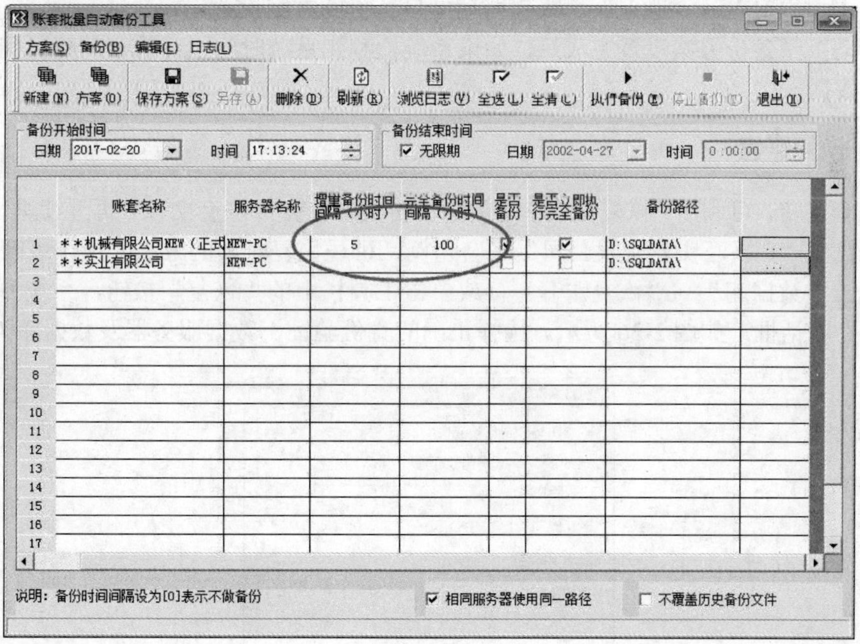

图 2-23

（4）单击“方案”→“保存方案”，系统弹出“方案保存”对话框，录入“兴旺”，如图 2-25 所示。

（5）单击“确定”按钮，保存方案。

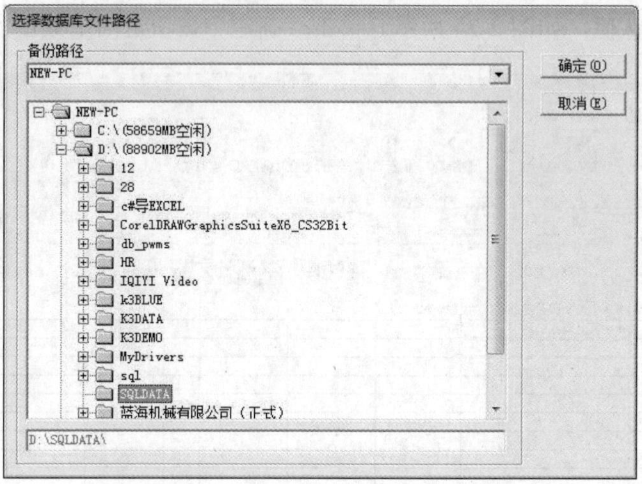

图 2-24

图 2-25

（6）单击“方案”→“退出”，账套自动批量备份的方案设置完成。

账套自动批量备份方案设置完成后，如果系统检测到系统时间已经符合间隔时间，则会自动在后台备份数据。

2.2.4 恢复账套

如果账套出错，可利用“恢复账套”功能将备份文件恢复成账套文件，再继续进行账套处理。

下面以恢复“F 兴旺实业有限公司”账套为例，讲述恢复账套的方法，操作步骤如下。

（1）单击“数据库”→“恢复账套”，或单击工具栏上的“恢复”按钮，系统弹出“选择数据库服务器”对话框，如图 2-26 所示。选择正确的身份验证、数据服务器及数据库类型。

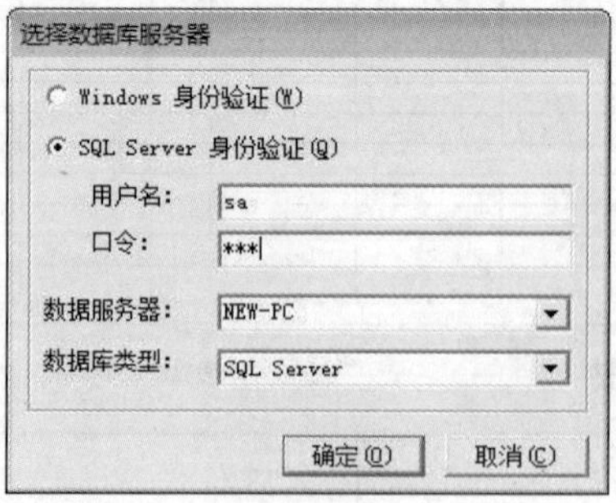

图 2-26

（2）选中“SQL Server 身份验证”，录入用户名和口令，单击“确定”按钮进入“恢复账套”对话框，如图 2-27 所示。

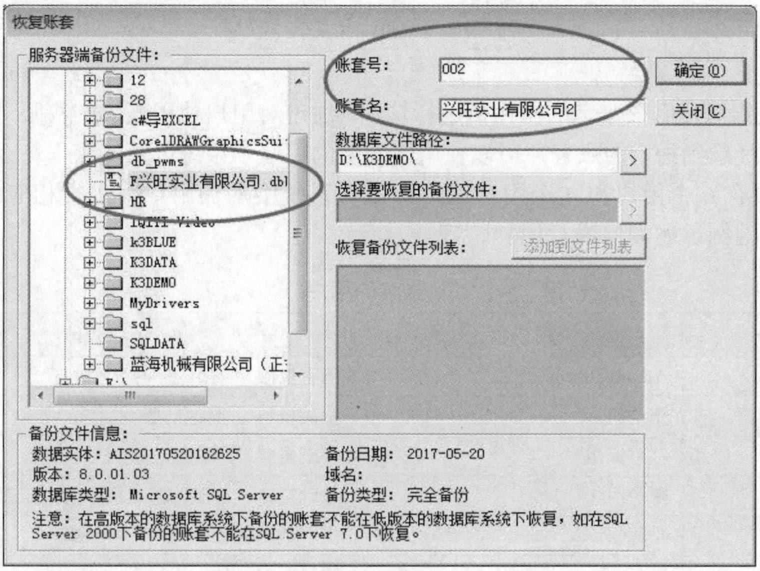

图 2-27

（3）在“服务器端备份文件”列表下选择备份文件所保存的位置，如选择所备份的“F 兴旺实业有限公司”文件，录入账套号“002”，将“账套名”改为“兴旺实业有限公司 2”，单击“确定”按钮，稍后系统弹出“金蝶提示”对话框，如图 2-28 所示。

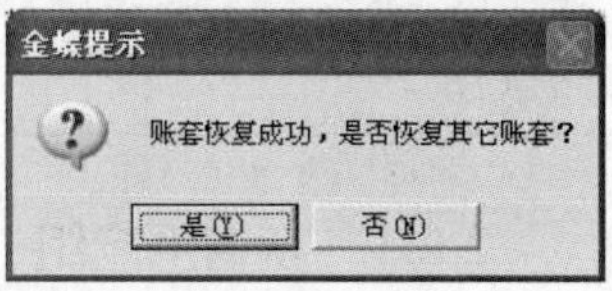

图 2-28

（4）单击“否”按钮完成恢复工作。这时在“账套列表”中可以看到已经恢复成功的“兴旺实业有限公司 2”账套。

注　恢复账套时，账套号、账套名不能与系统内已存有的账套号、账套名相同。

2.2.5　删除账套

用户可以将不再使用的账套从系统中删除，以节约硬盘空间。下面以删除“002”账套为例，讲述删除账套的操作步骤。

（1）选中“002”账套，单击“数据库”→“删除账套”，系统弹出“金蝶提示”对话框，如图 2-29 所示。

（2）单击“是”按钮，系统弹出“金蝶提示”对话框，如图 2-30 所示。

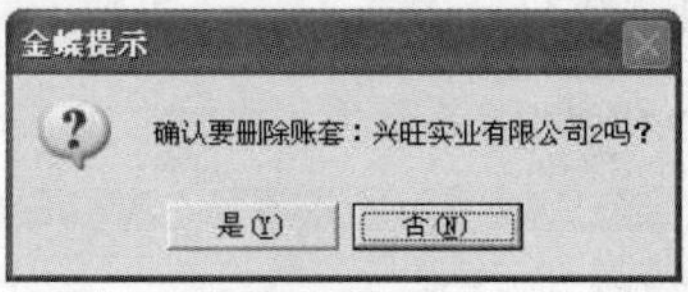

图 2-29

图 2-30

（3）根据实际情况单击提示对话框上的按钮。单击“否”按钮，不备份该账套。如果稍后在“账套列表”中没有看到“002”账套，则表示删除成功。

2.3 用户管理

用户管理是指对使用该账套的操作员进行管理。通过对用户使用账套的权限进行控制，我们可以控制哪些用户登录到指定的账套，可以使用账套中的哪些子系统以及能操作什么功能等的管理。

系统中预设有 6 个用户和 4 个用户组，可以在系统中增加用户并进行相应的授权。下面以表 2-2 中的数据为例讲述如何进行用户管理。

表 2-2 本账套的用户

用户名	用户组	权限
陈静	Administrator	所有权限
张春	出纳组	基础资料、现金管理
王丽	往来账组	基础资料，应收款、应付款管理
吴晓英	账务组	基础资料、总账、固定资产管理、工资管理
张工程	工程组	生产数据管理
游计划	PMC 组	物料需求计划
郝销售	销售组	销售管理
郑采购	采购组	采购管理
易保管	仓存组	仓存管理
南计算	材料会计	存货核算

2.3.1 新增用户组

为了方便管理用户信息，可以将具有类似权限的用户分组。下面以新增表 2-2 中“出纳组”数据为例讲解，操作步骤如下。

（1）单击“账套”→“用户管理”，或单击工具栏上的“用户”按钮，系统弹出“用户管理”窗口，如图 2-31 所示。

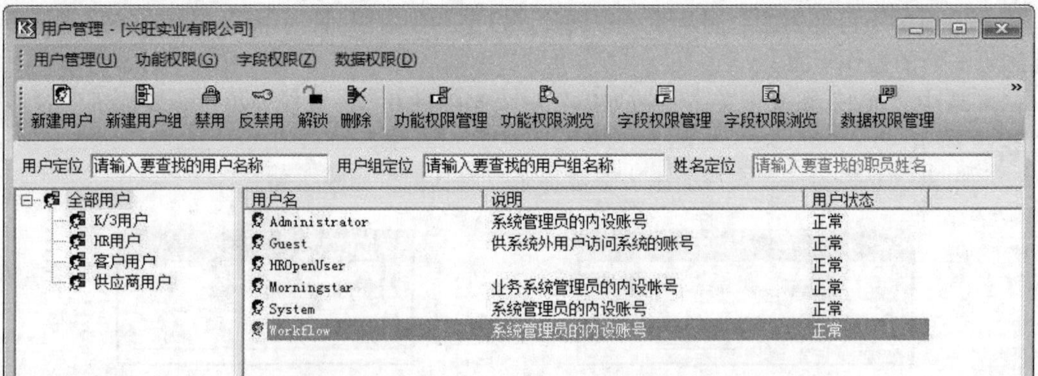

图 2-31

（2）单击“用户管理”→“新建用户组”，系统弹出“新增用户组”对话框，录入“出纳组”“管理现金银行账”，如图 2-32 所示。

（3）设置完成后单击“确定”按钮，进行保存。这时在用户管理界面可以看到已经新增好的“出纳组”内容。

（4）其他组别，请读者自行添加。

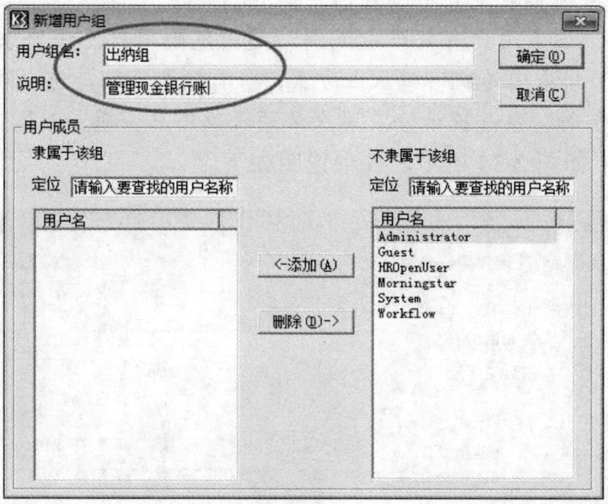

图 2-32

2.3.2　新增用户

下面以新增用户“张春”为例，讲解新增用户的具体操作步骤。

（1）单击“用户管理”→“新建用户”，系统弹出“新增用户”对话框，如图 2-33 所示。

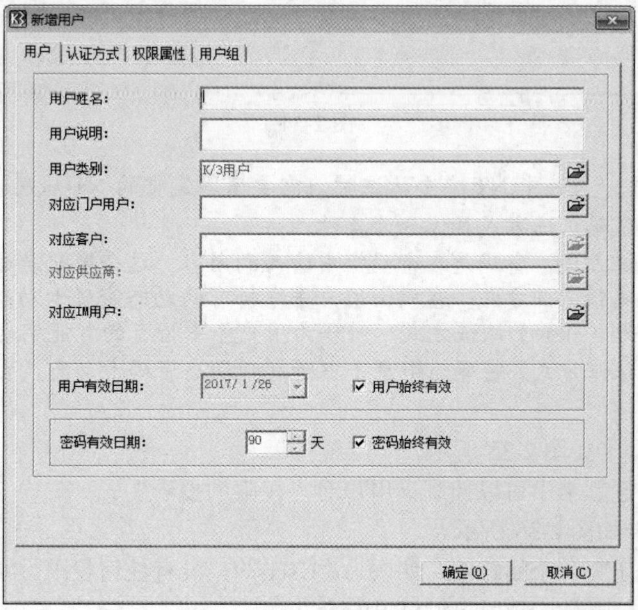

图 2-33

“用户”选项卡各项说明如下。

- 用户姓名。用户姓名是指登录账套时的用户名称，用户名称在同一个账套中应该是唯一的。
- 用户类别。选择用户所属的用户类别。
- 对应门户用户。选择用户所关联门户用户的用户名，实现用户与门户用户的关联操作。当关联门户用户后，可以在主控台登录界面采用单点登录方式登录该账套。使用该项目的前提是先在系统参数设置中设置门户站点。
- 用户有效日期。设置用户有效日期范围，超出范围用户无法登录金蝶 K/3 系统。
- 密码有效日期。当采用传统密码认证方式，当前登录日期与前次修改密码日期之间超过密码有效期（天）时，系统提示登录用户必须修改用户密码，以增强数据的安全性。

“认证方式”选项卡如图 2-34 所示，各项说明如下。

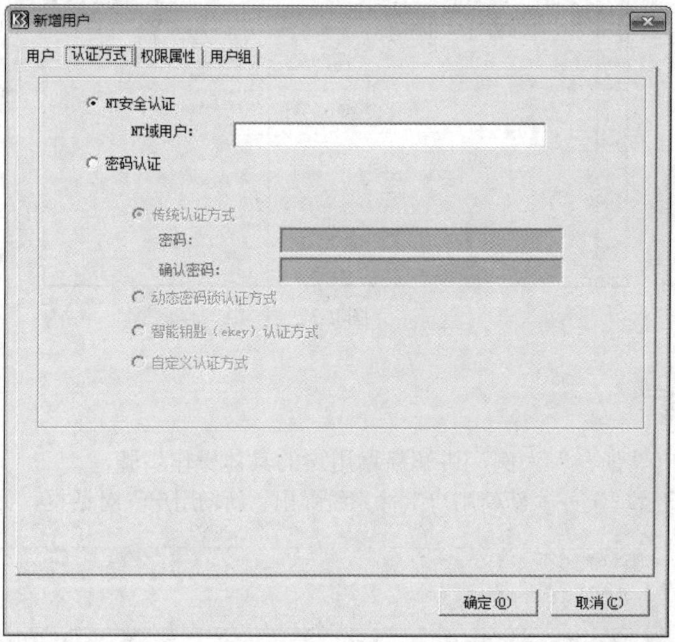

图 2-34

- NT 安全认证。当选中 NT 安全认证时，需要填写完整的 NT 域用户账号。
- 密码认证。密码认证方式具体分为 4 种。
  - 传统认证方式。密码是在密码框中输入的内容，这个密码是固定的。
  - 动态密码锁认证方式。密码由用户手中持有的动态密码卡动态产生。
  - 智能钥匙（ekey）认证方式。密码为用户手中持有的智能钥匙的密码。
  - 自定义认证方式。密码为用户手中持有的动态密码卡动态产生或者持有的智能钥匙的密码。

“权限属性”选项卡如图 2-35 所示。

在“权限属性”选项卡中可以控制该用户对“权限的授予”。

“用户组”选项卡如图 2-36 所示。

设置用户具体属于哪一个用户组，默认为“Users”，没有任何权限。如果用户属于多个用户组，那么用户的默认权限是这些用户组权限的合并。

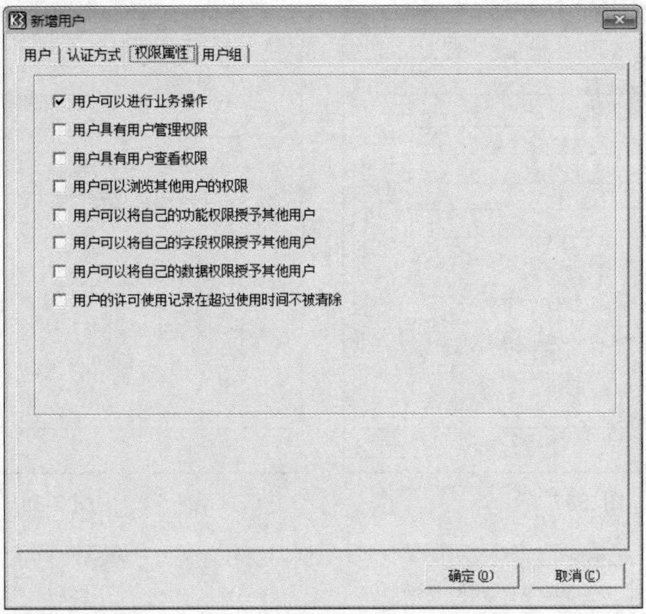

图 2-35

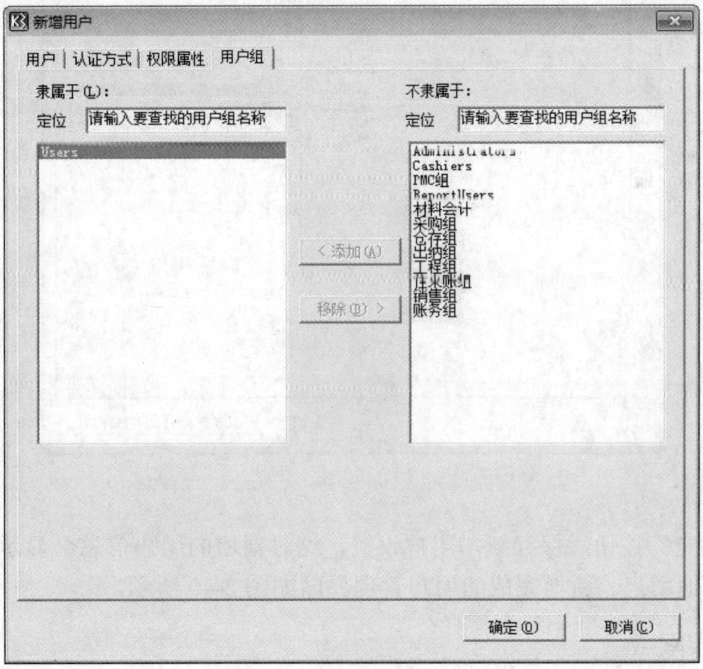

图 2-36

（2）在“用户姓名”中录入“张春”，其他项目保持默认值，如图 2-37 所示。

（3）切换到“认证方式”选项卡，选中“密码认证”中的“传统认证方式”，密码为空值，由用户自行修改，如图 2-38 所示。

（4）“权限属性”选项卡保持默认值。切换到“用户组”选项卡，选择“隶属于”下的“出纳组”，单击“添加”按钮，“张春”即隶属于“出纳组”，如图 2-39 所示。

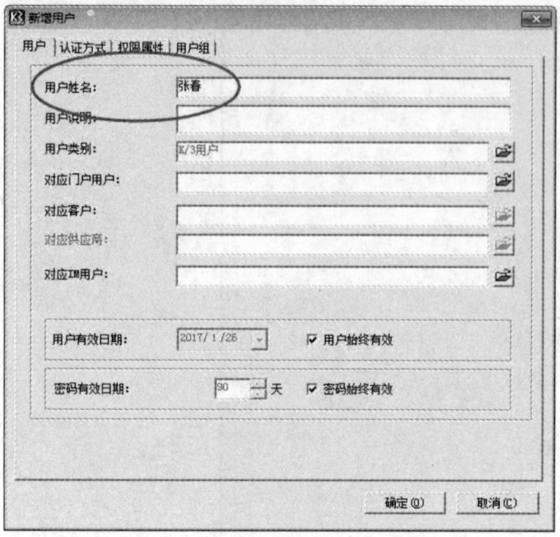

图 2-37

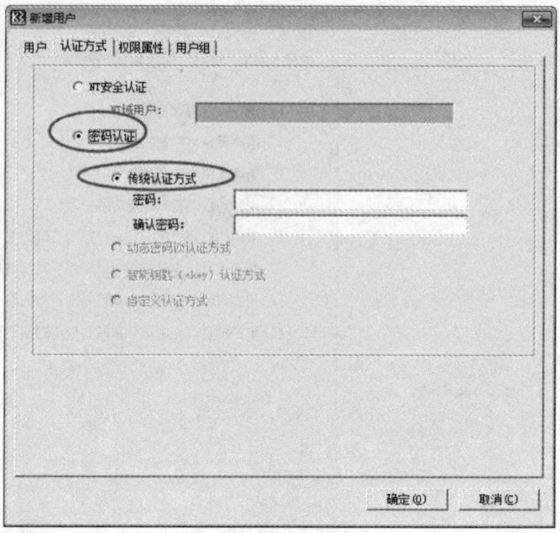

图 2-38

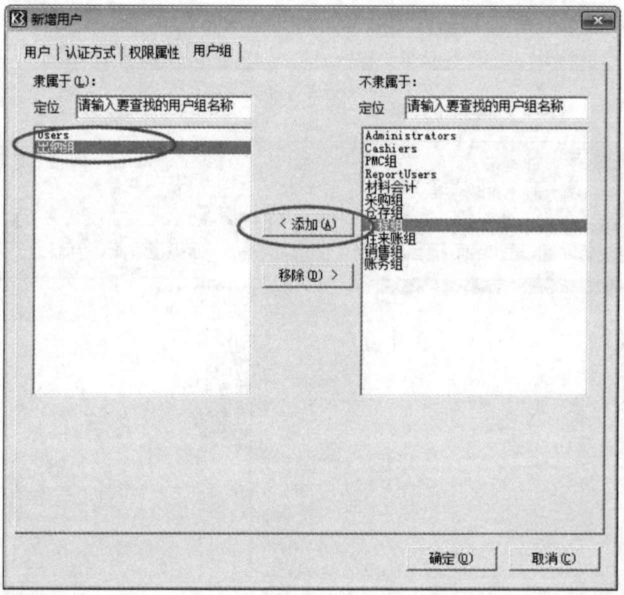

图 2-39

（5）单击“确定”按钮，保存新增用户设置，这时新增的用户信息会显示在用户管理界面。请读者自行增加其他用户。新增完成的用户管理界面如图 2-40 所示。

2.3.3 设置权限

权限设置在金蝶 K/3 占有非常重要的位置，系统管理员通过权限设置可以有效控制 ERP 资料的保密，如管理现金银行账的用户不能查看往来业务资料。金蝶 K/3 为用户提供了三大权限设置，即功能权限、字段权限和数据权限。

- 功能权限。功能权限是对各子系统中功能模块的功能的管理权和查询权，用户拥有该子系统的功能模块的功能权限，才能进行对应功能模块的功能操作。
- 字段权限。字段权限是指对各子系统中某数据类别的字段的操作权限，只有当用户拥有了该字段的字段权限时，才能对该字段进行对应的操作。例如对应收款管理中的“金额”进行字段权限控制时，当该用户具有该字段权限时，则可以进行对应操作，如查询到金额数据，反之，则查询不到金额，可以看到其他信息。

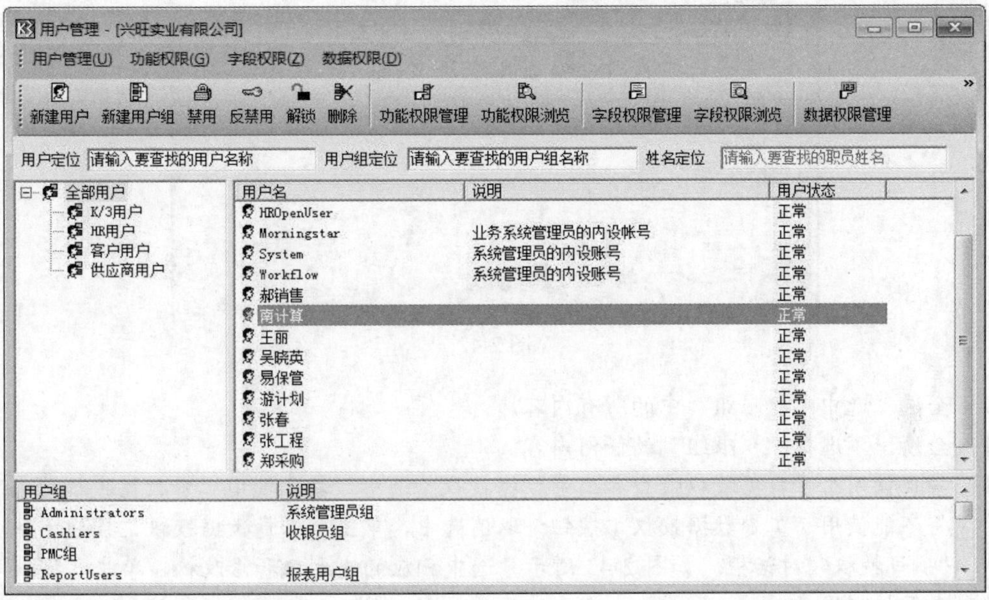

图 2-40

- 数据权限。数据权限是指对系统中具体数据的操作权限。例如对“客户”数据进行权限控制时，A 业务员只能看到 A 本人的客户资料，B 业务员只能看到 B 本人的客户资料，业务经理则可以设置为可以同时看到所有人的客户资料。

下面以设置“张春”的“功能权限”为例，介绍用户权限设置的具体操作步骤。

（1）选中用户“张春”，单击“功能权限”→“功能权限管理”，系统弹出“用户管理_权限管理［张春］”对话框，如图 2-41 所示。

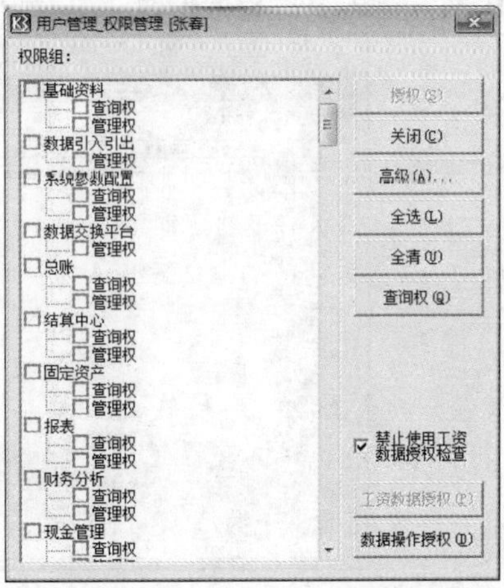

图 2-41

- 权限组。权限组是系统中所涉及的权限内容列表，在方框中打钩表示选中。查询权表示只能查看，管理权表示可以修改、删除等。
- 授权。选中相应权限，单击该按钮表示授予所选中的权限。
- 关闭。退出“用户管理_权限管理［张春］”对话框。
- 高级。高级是详细设置用户的权限。单击“高级”按钮，系统弹出“用户权限”窗口，如图 2-42 所示。

在“用户权限”窗口中可以详细设置用户的权限，打钩表示选中。单击“授权”按钮对所选中的功能进行授权，单击“关闭”按钮返回“用户管理_权限管理［张春］”对话框。

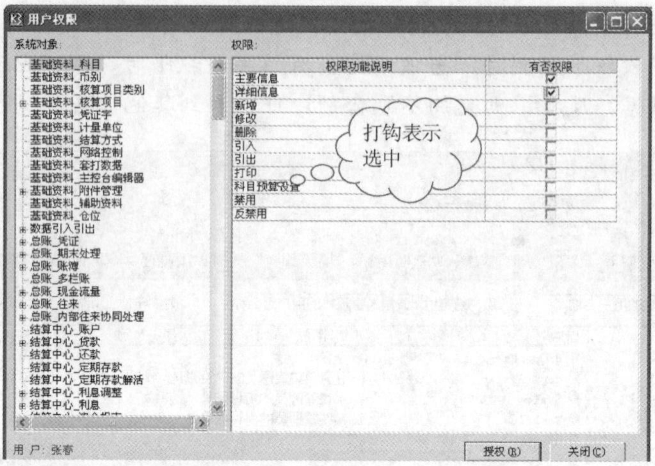

图 2-42

- 全选。选中“权限组”中的所有内容。
- 全清。不选择“权限组”的任何内容。
- 禁止使用工资数据授权检查和工资数据授权。选中“禁止使用工资数据授权检查”项，将不能使用“工资数据授权”按钮；取消选中，单击“工资数据授权”按钮，系统弹出“项目授权”对话框，如图 2-43 所示。选中相应的查看权和修改权，单击“授权”按钮表示授权保存。

（2）在“用户管理_权限管理［张春］”对话框选中“基础资料”和“现金管理”，如图 2-44 所示。单击“授权”按钮，保存权限功能。

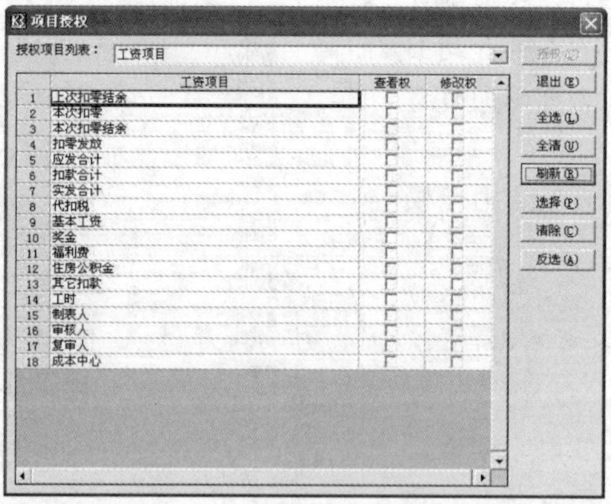

图 2-43

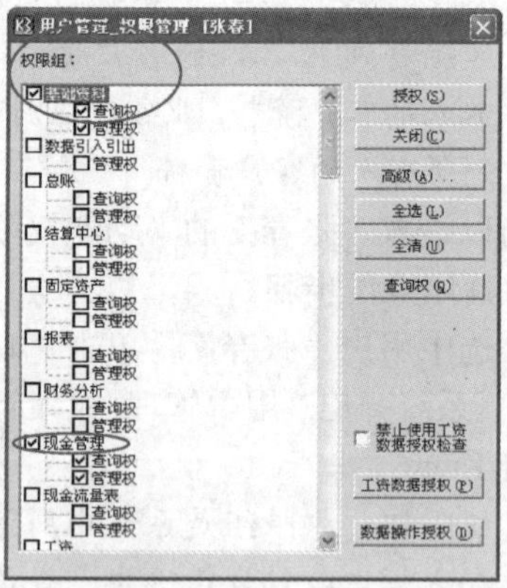

图 2-44

（3）其余用户的权限请读者自行设置。

注　为不影响读者的练习进程，建议读者将所有操作员都加入“Administrators”组，以授予所有权限进行本书中的实例练习。

2.3.4 修改、删除用户

用户可以在用户属性中修改用户信息。用户删除是指将未使用本账套的用户从系统中删除，已发生业务的用户不能删除，但可利用“用户属性”设置功能，选中“此账号禁止使用”，则不能再使用该账号登录本账套。

单击“用户管理”→“属性”，系统弹出“用户属性”对话框，如图 2-45 所示。

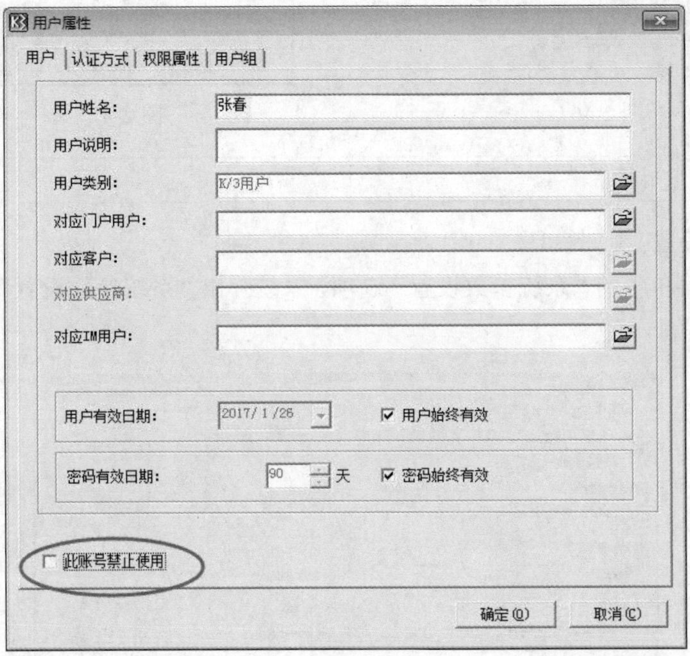

图 2-45

在“用户属性”对话框中，可以修改该用户的名称、密码和隶属的组别以及设置是否禁用。

当某些用户未使用该账套时，为便于管理可以将该用户从系统中删除。其方法是在用户管理界面选中要删除的用户，单击“用户管理”→“删除”。

2.4　常用菜单介绍

2.4.1　系统

系统菜单用于设置“账套管理”中的一些系统参数，如是否检测账套的有效性等。系统菜单如图 2-46 所示。

1．预设连接

在使用新建账套、备份账套、恢复账套和注册账套等功能时，需要指定连接数据库服务器信息（需要选择登录方式，输入连接用户名、密码）。如果每次都手工设置，比较烦琐，因此，系统提供默认“连接”设置功能，以自动进入账套。

2．修改密码

单击“系统”菜单下的“修改密码”选项，系统弹出“更改密码”对话框，如图 2-47 所示。输入“旧密码”“新密码”“确认密码”，单击“确定”按钮保存所做的密码修改。下次登录“账套管理”时“Admin”用户就必须以新密码登录。

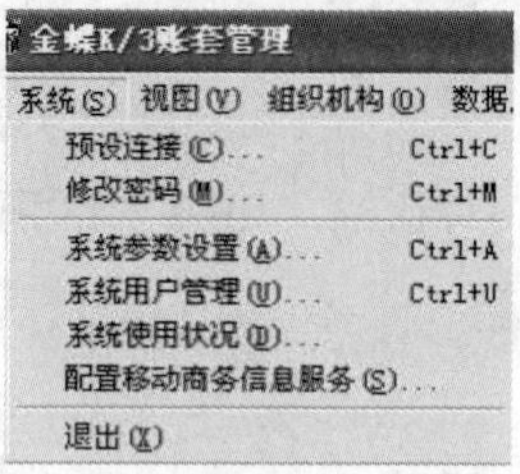

图 2-46

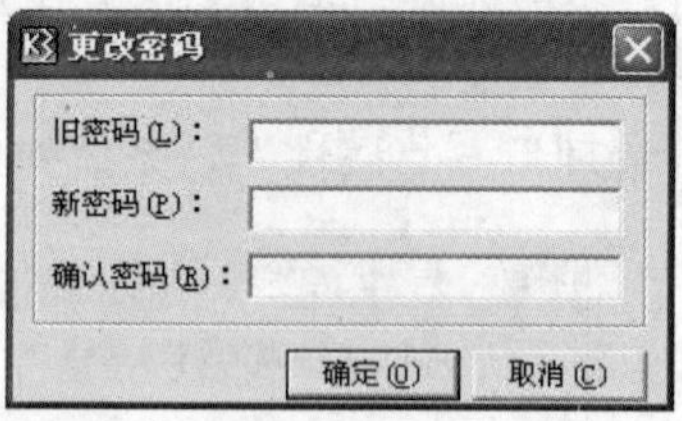

图 2-47

注　旧密码为空时不用输入。

3. 系统参数设置

单击“系统”菜单下的“系统参数设置”选项，系统弹出“系统参数设置”对话框，如图 2-48 所示。

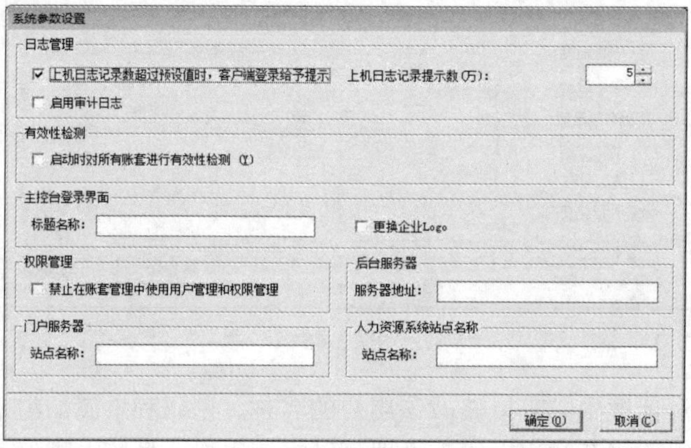

图 2-48

- 日志管理。为确保账套数据的安全，当用户对账套进行新增、删除或修改等操作时，系统都会记录该用户的操作，这就是日志记录。随着账套使用时间的逐渐加长，日志记录会不断增加，若不及时清理，过多的日志信息会影响系统的性能。日志记录默认为 5 万条，用户可以根据实际情况修改。
- 有效性检测。所有的账套实体都保存在数据库服务器中，而账套管理中显示的只是账套的连接信息。即使数据库服务器中的账套实体已经不存在了，在账套管理中账套连接信息可能仍然存在，因此需要对账套连接信息的有效性进行检测，对无效的账套连接信息应及时删除。

选中“启动时对所有账套进行有效性检测”，启动账套管理工具后，将对所有账套的有效性进行检测。有效的账套和账套信息会以正常的黑色显示，无效的账套和账套信息以红色显示。

- 标题名称。提供客户定义本企业主控台登录界面标题。
- 更换企业 Logo。企业可通过自定义此处 Logo 来个性化显示主控台登录界面左上角 Logo，以示亲切及专业。
- 权限管理。可以控制在“账套管理”中能否进行用户管理和权限管理。
- 门户服务器。只有输入门户服务器的 IP 地址才能设置门户关联用户以及使用单点登录功能。

4．系统用户管理

操作方法类似前面的“用户管理”。

5．账套使用状况

账套使用状况用来监控计算机加密狗的使用情况。

2.4.2　数据库

账套在系统中非常重要，它是存放各种数据的载体，财务数据和业务数据都存放在账套中，账套本身就是一个数据库文件。数据库菜单如图 2-49 所示，各项含义解释如下。

（1）新建账套。建立一个新的账套文件。

（2）账套属性。管理账套的属性信息。

（3）删除账套。从系统中删除账套。

（4）恢复账套。将所备份文件恢复生成一个新的账套文件。

（5）备份账套。备份账套数据，生成备份文件，以供恢复之用。

（6）账套批量删除：如果一次性要删除多个账套，则可以使用账套批量删除功能。单击“账套批量删除”选项，系统弹出“账套批量删除工具”窗口，如图 2-50 所示。选中需要删除的账套，在该账套的“是否删除”处打钩。如果被删除的账套还需要进行备份，则在该账套的“是否备份”处打钩，并选择备份路径。单击“删除”按钮，系统将删除选中的账套。

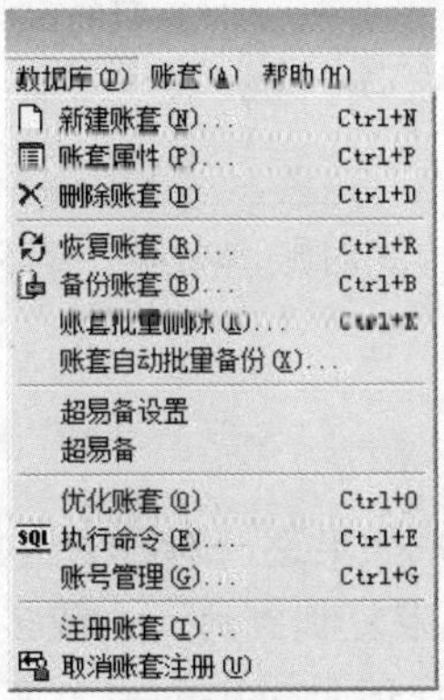

图 2-49

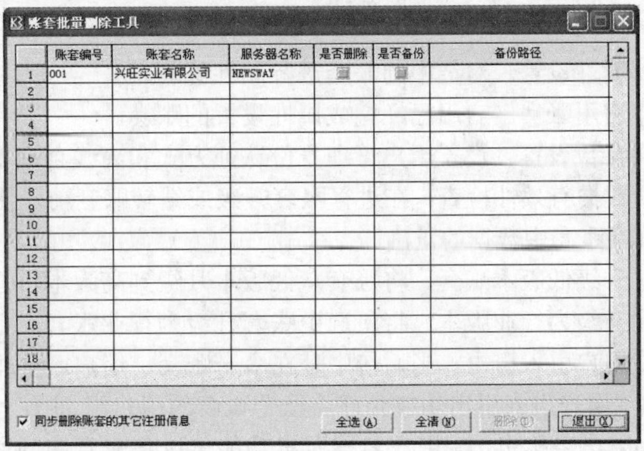

图 2-50

（7）账套自动批量备份。设置账套自动批量备份方案，系统会根据所设置的方案，自动在后台进行账套备份。

（8）优化账套。账套使用时间较长，数据量会增大，系统就会变慢。系统提供了优化账套的功能，可以帮助用户减少这种性能下降的问题。

（9）执行命令。为系统管理员提供一个管理数据库的工具，其语法请参考相关数据库的 SQL 书籍。

（10）注册账套。注册账套的功能是将其他数据库服务器上的金蝶账套，加入当前的账套管理环境中，以实现中间层对多个数据库服务器、多个账套的管理。可以通过此功能连接网络内的其他机器上的金蝶账套，从而方便用户操作。

单击“注册账套”选项，系统弹出“注册账套”对话框，如图 2-51 所示。输入账套号、账套名、数据服务器名称，选择登录数据服务器的登录方式，单击数据库实体旁的“>”按钮，弹出“选择数据库实体”对话框，选择所需要的一个实体，单击“确定”按钮，返回“注册账套”对话框，单击“确定”按钮即可。

（11）取消账套注册。取消账套注册与注册账套的功能相反，它是将当前账套从账套管理工具中去除。

2.4.3 账套

“账套”菜单提供针对选中的账套文件进行管理的命令，“账套”菜单如图 2-52 所示。

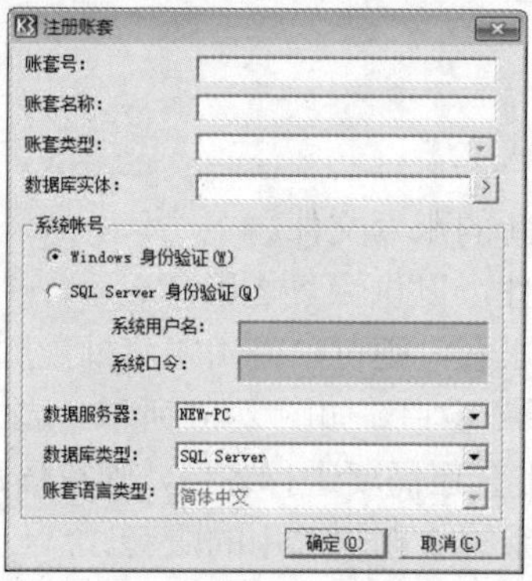

图 2-51

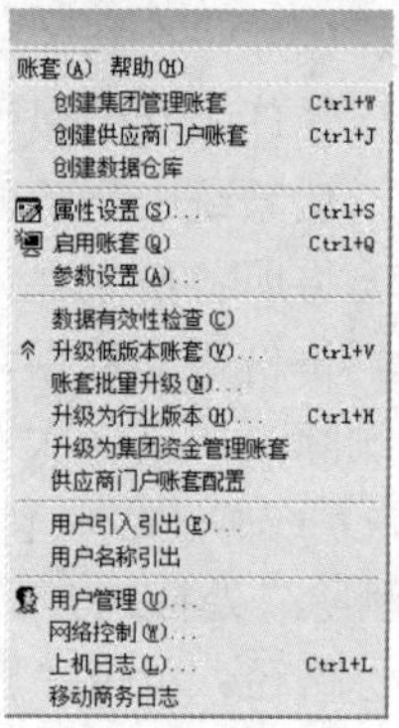

图 2-52

（1）属性设置。对选中的账套进行属性管理。

（2）启用账套。启用已经完成属性设置的账套。

（3）参数设置。设置用户管理身份认证方式和离线查询功能。

（4）数据有效性检查：在进行账套升级或结转账套前，使用该功能对账套数据的有效性进行检查，确保账套中数据的正确。

（5）升级低版本账套。将账套从低版本升级到高版本。

（6）升级为行业版本。将所选中账套升级为行业账套。

（7）用户引入引出。当系统中存在多个账套、用户名称相同时，如果逐一对账套进行授权，费时费力。用户引入引出功能允许将一个账套的用户组、用户及其权限复制到另一个或多个账套。

（8）用户名称引出。用户名称引出功能可以将账套中的所有用户信息引出为一个文本文件。

（9）用户管理。对选中账套的用户信息进行管理。

（10）网络控制。为保证最大限度的网络并发控制和数据一致性，金蝶 K/3 提供了强大的网络控制功能。正常情况下网络并发控制是由程序自动进行的，可以通过网络控制看到正在执行的任务。

（11）上机日志。查看用户选中账套的操作信息，如登录时间、从哪台机器上登录、做了哪些操作等。这样便于对系统的运行情况进行监控，确保数据的安全。

2.5 登录系统

2.5.1 引入演示账套

在本书配套资源中包含多个演示账套，如“蓝海机械有限公司”账套，下面以其为例介绍如何引入账套。

（1）首先将"蓝海机械有限公司"压缩文件解压到某个文件夹下。

（2）单击工具栏上的"恢复"按钮，系统弹出"选择数据库服务器"对话框，保持默认值，单击"确定"按钮，系统弹出"恢复账套"对话框，如图 2-53 所示。在"服务器端备份文件"选择刚才文件解压后的文件夹位置，选择要恢复的文件，账套号录入"005"，账套名保持默认值。

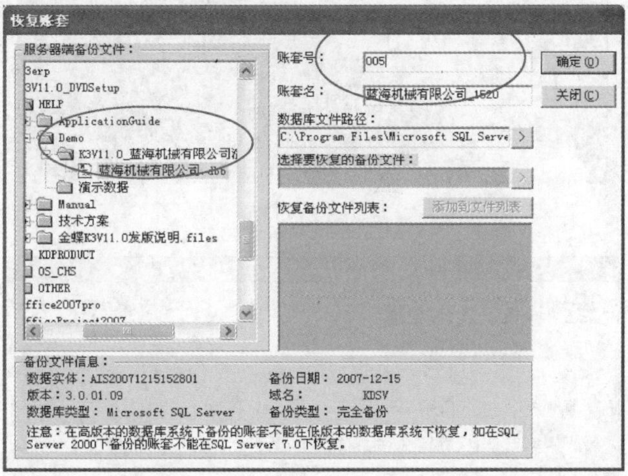

图 2-53

（3）单击"确定"按钮，开始恢复，稍后系统弹出"提示"对话框，单击"否"即可。引入成功后，演示账套如图 2-54 所示。

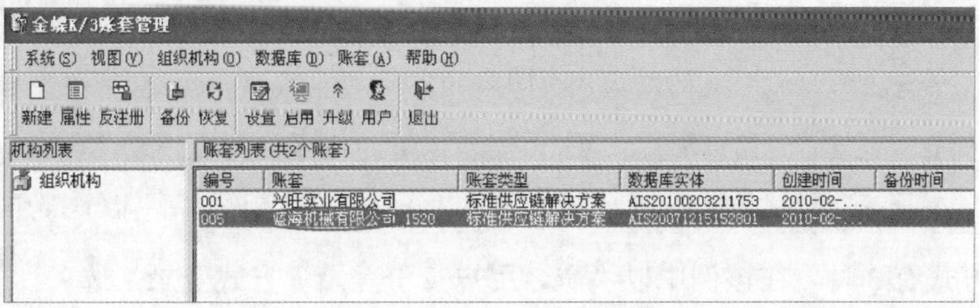

图 2-54

2.5.2　登录金蝶 K/3 系统

用户建立好所需账套后，必须登录金蝶 K/3 系统才能进行业务处理，如进行系统基础设置、单据录入和查询相关报表等。系统确认用户身份的合法性后，用户才能进入系统，处理相关业务。以"Administrator"的身份登录"蓝海机械有限公司"账套，操作步骤如下。

（1）双击桌面上的"金蝶 K3 WISE"图标（如图 2-55 所示），或单击"开始"→"所有程序"→"金蝶 K3 WISE"，系统弹出"金蝶 K/3 系统登录"对话框，如图 2-56 所示。

（2）在登录对话框，单击"中文简体"选项，选择"组织机构"为"无"，选择"当前账套"为"蓝海机械有限公司"账套。

图 2-55

图 2-56

注　本书以后的所有练习都是在中文简体、组织机构为“无”下进行操作，具体要操作某个账套，在“当前账套”处指定即可。单击右上角的“修改密码”选项，可以修改当前用户的登录密码。

（3）登录方式有 3 种，在该例中以“命名用户身份登录”方式登录，选中该项目，在“用户名”处输入“administrator”，“密码”为空。

（4）单击“确定”按钮，用户身份通过系统检测后弹出“金蝶提示”对话框，如图 2-57 所示。

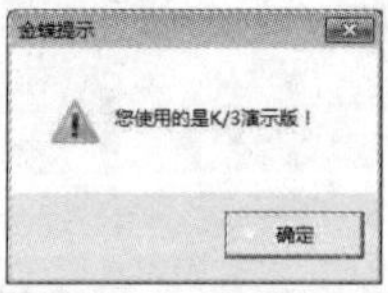

图 2-57

注　只有“演示版”才会出现此提示。当前使用账套的系统未超过两个会计期间，无加密狗时可进入该系统演示状态使用；如超过两期，系统将拒绝登录，不允许进入系统。

（5）单击“确定”按钮，系统进入主界面，如图 2-58 所示。

- 系统大类。金蝶 K/3 ERP 产品按选项卡划分为财务会计、管理会计、资金管理、集团合并、供应链、成本管理、计划管理、生产管理、精益管理、资产管理、人力资源、企业绩效、商业智能、内控管理、电子商务、系统设置和我的 K/3 等系统大类。
- 明细模块。在“系统大类”中选择某一大类选项，则系统明细中会显示所包含的明细模块系统。

- 子功能列表。显示所选择的“明细模块”对应的子功能列表。例如选择仓存管理系统，在子功能列表中会显示该系统下的所有子功能。
- 明细功能列表。子功能下所对应的明细功能，双击各明细功能即可出现相应的处理对话框。

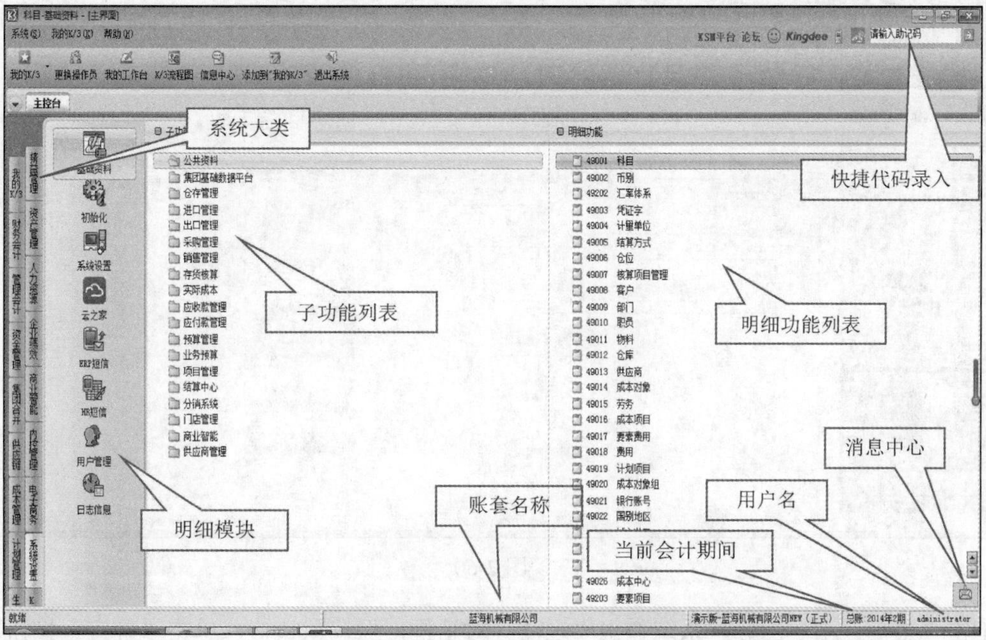

图 2-58

例如需要查询总分类账簿，则单击“财务会计”→“总账”→“账簿”，双击“总分类账”，系统将弹出对话框，录入查询条件后单击“确定”按钮，即可查询账簿。

（6）单击“系统”→“K/3 流程图”，主界面切换到流程图模式，如图 2-59 所示。

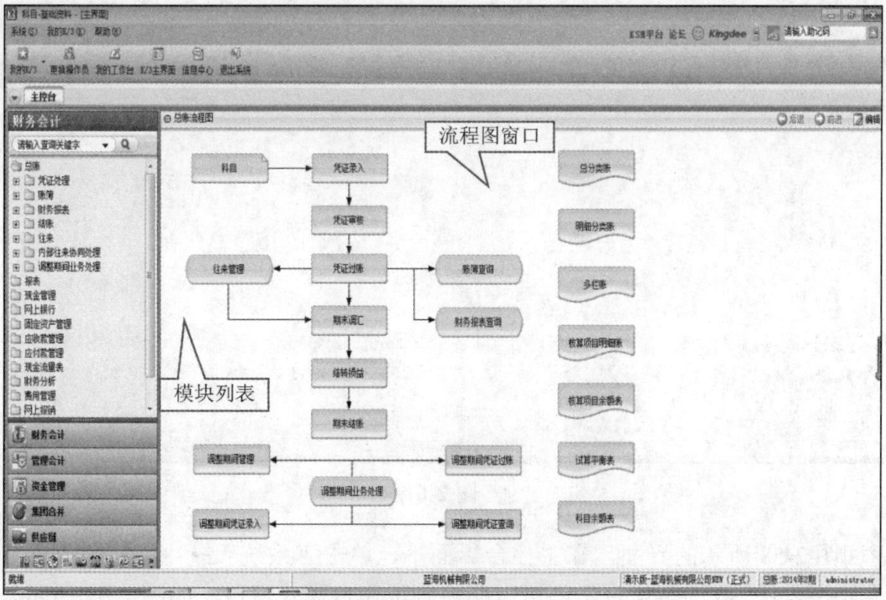

图 2-59

在流程图窗口，双击功能图标可以进入更详细的流程图或者进入操作界面，如双击“采购管理”图标，进入采购管理功能下的流程图，如图2-60所示。

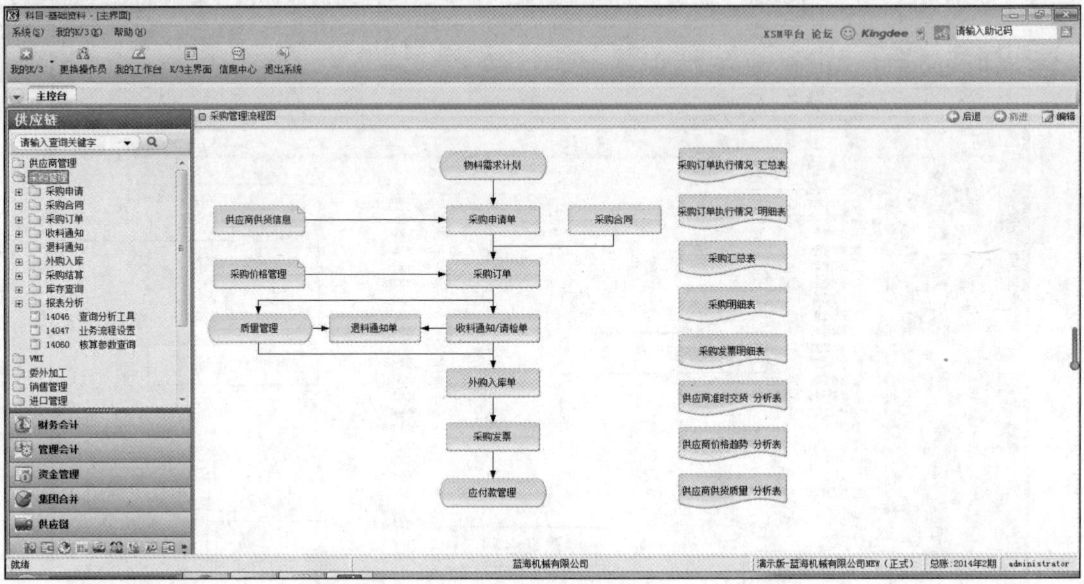

图2-60

单击“采购订单”图标，系统弹出“过滤”对话框，保持默认值，单击“确定”按钮，进入采购订单序时簿界面，如图2-61所示。

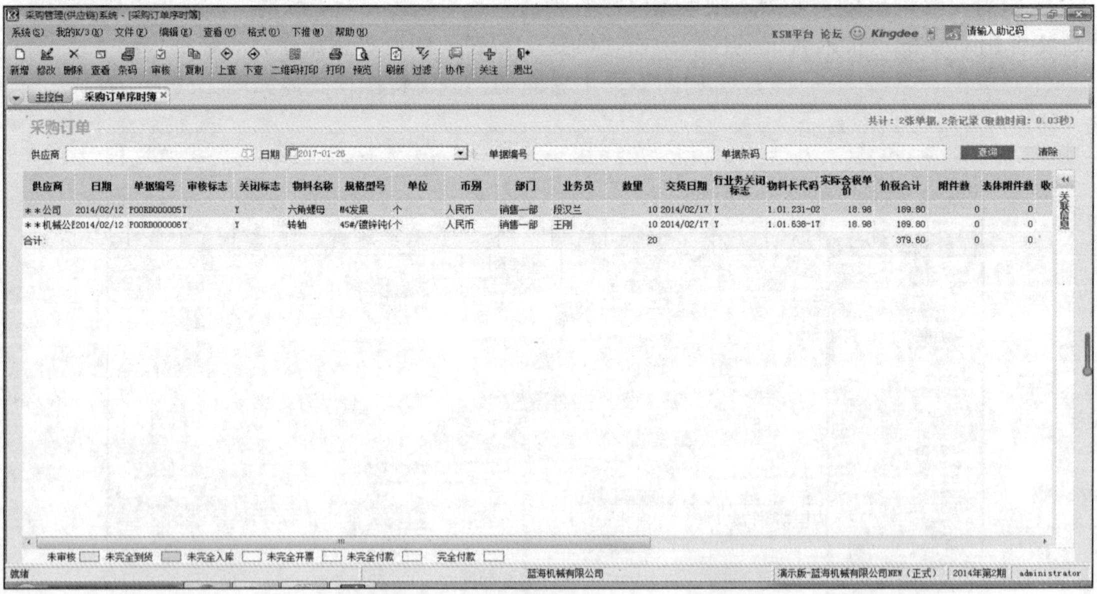

图2-61

若要返回图2-58所示的界面，在主控台界面下，单击“系统”→“K/3主界面”即可。

在主界面中单击“我的工作台”，可以切换到工作台模式窗口，如图2-62所示。

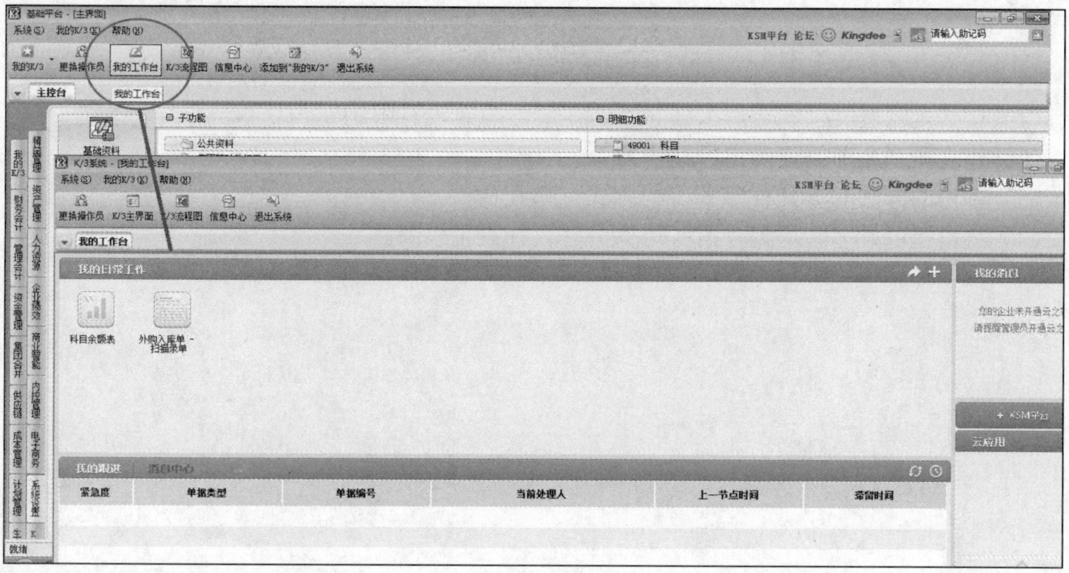

图 2-62

在窗口上部"我的日常工作"，可以把自己常用的功能放在该窗口中。其方法是单击右上角的"+"号，弹出"常用功能管理"对话框，选择要添加的功能，然后再单击右侧的"+"号即可，如图 2-63 所示。

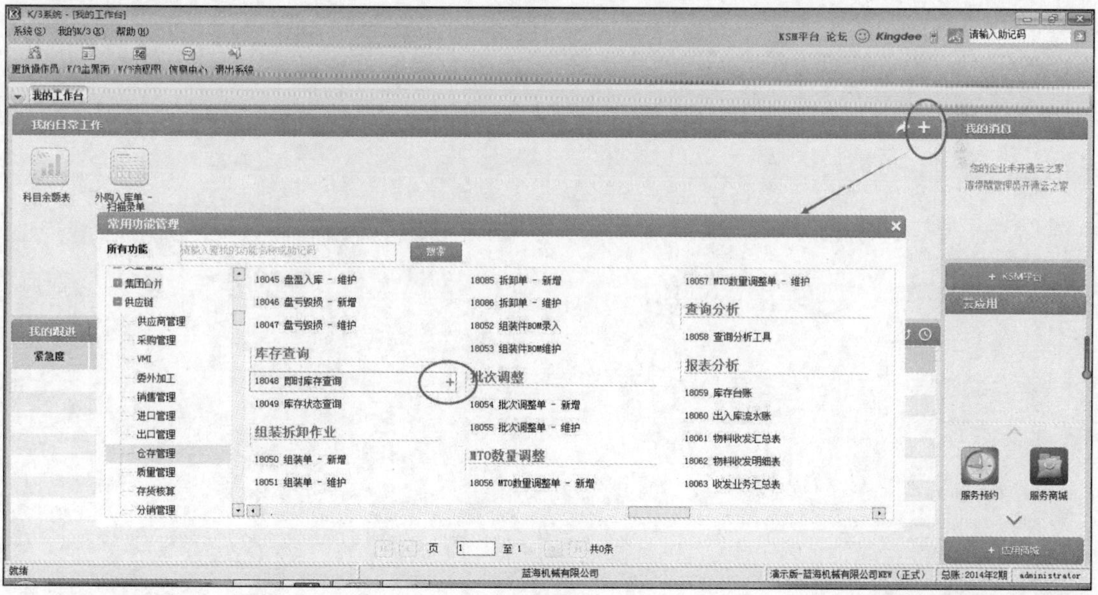

图 2-63

窗口下部是显示跟当前操作员相同的消息提醒，窗口右边是 KSM 平台和云应用，可以联系金蝶并得到技术支持。

2.6 课后习题

（1）什么是账套文件？金蝶 K/3 系统对账套数量有没有限制？

（2）建立账套之前需要确定哪些内容？

（3）备份的方法有哪几种？备份的方式有哪几种？

（4）将自己的姓名新增到“财务组”中并自行设置权限。

第3章 公共资料设置

本章重点

- 科目、凭证字、币别设置方法
- 计量单位、结算方式设置方法
- 核算项目设置方法

公共资料在企业各个模块中都可能使用到，也是整个ERP系统的基础。用户在录入单据或凭证时，通过获取公共资料，如科目、币别、物料、客户等信息，可以快速生成所需要的单据。因此，所有的凭证、单据都是由一些公共资料信息和具体的数量信息组成的。

正确地管理公共资料，是ERP系统顺利上线的基本要求。建立信息的标准（如编码规则、名称等）必须得到各部门的认可，各部门集中在一起开会讨论，定义出公认的数据规范，然后下发相关文档。例如，一种材料在仓库部门和技术部门，由于材料的编码不一致，则系统将会认定这是两种不同的材料，必然无法有效地对企业的业务进行真实处理。

以“陈静”身份登录“兴旺实业有限公司”账套，并切换“K/3流程图”模式。

3.1 科目

会计科目是填制会计凭证、登记会计账簿和编制会计报表的基础。会计科目是对会计对象具体内容分门别类进行核算所规定的项目。会计科目是一个完整的体系，是区别于流水账的标志，是复式记账和分类核算的基础。会计科目设置的完整性影响着会计过程的顺利实施，会计科目设置的层次深度直接影响会计核算的详细、准确程度。除此之外，对电算化系统会计科目的设置还是用户应用系统的基础，它是实施各个会计手段的前提。

会计科目的一级科目设置必须符合会计制度的规定，而对于明细科目，核算单位可以根据实际情况，在满足核算和管理要求及报表数据来源的基础上进行设置。会计科目设置的重点是明细科目和属性的设置。

“科目”公共资料是对财务上使用的“会计科目”进行管理，如新增、修改、删除和科目禁用等操作。正确地对会计科目进行管理，是在以后财务核算中进行有效核算的基础。

3.1.1 引入会计科目

金蝶K/3系统为用户预设有相关行业的一级会计科目和部分二级明细科目，包括新会计准则科目、企业会计制度科目、小企业会计制度科目、商品流通行业和股份制企业等行业的会计科目，需要用户先引入账套。更加详细的明细科目则由用户自行增加。

例3-1 在“兴旺实业有限公司”账套中引入“企业会计制度科目”。

（1）单击“系统设置”→“基础资料”→“公共资料”，双击“科目”，如图3-1所示。

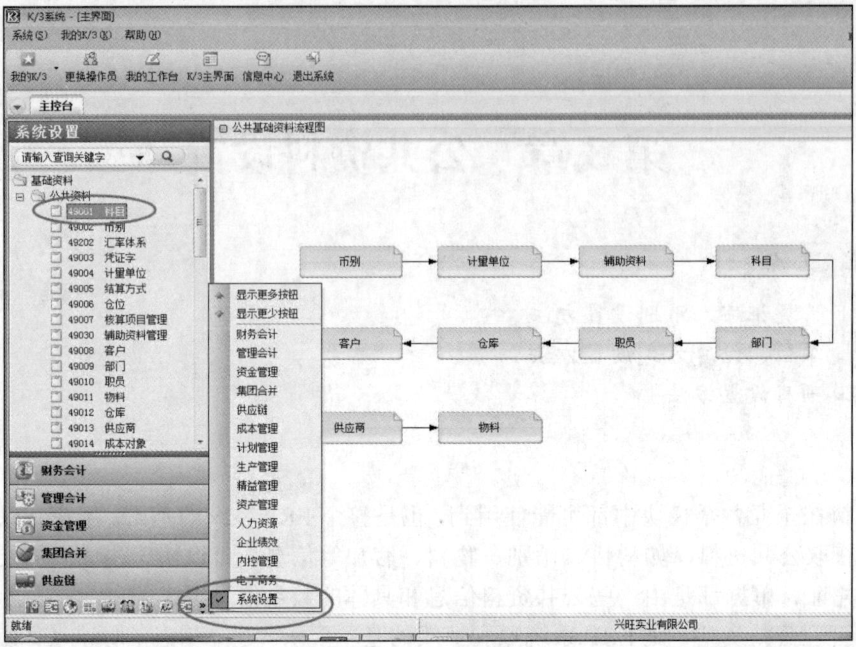

图 3-1

（2）单击“科目”子功能，系统进入会计科目界面，如图 3-2 所示。

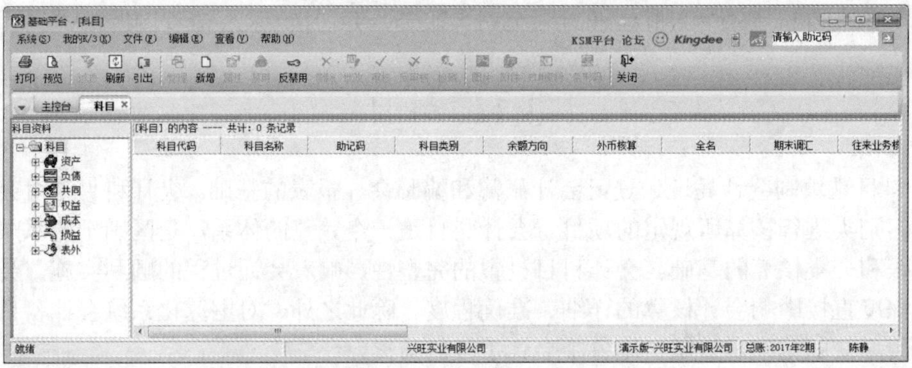

图 3-2

（3）单击“文件”→“从模板引入科目”，系统弹出“科目模板”对话框，如图 3-3 所示。

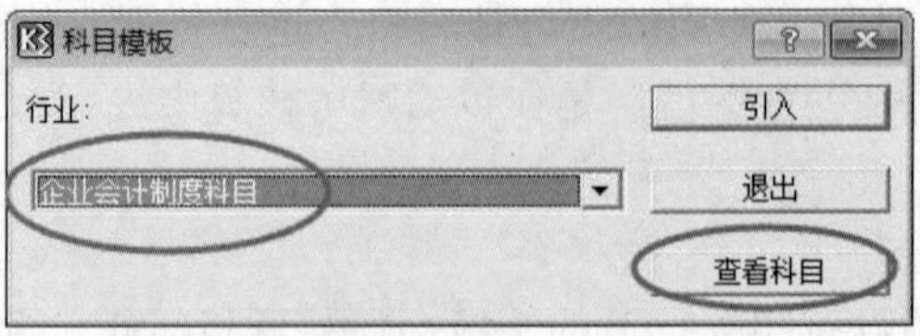

图 3-3

（4）单击“行业”下的下拉按钮，可以自由选择所需要的行业科目，单击“查看科目”按钮，可以查看该行业下预设的会计科目，如图 3-4 所示。

（5）选择“企业会计制度科目”，单击“引入”按钮，系统弹出“引入科目”对话框，如图 3-5 所示。

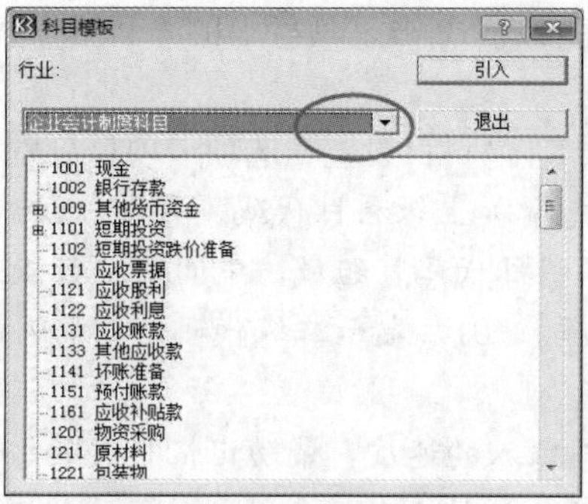

图 3-4

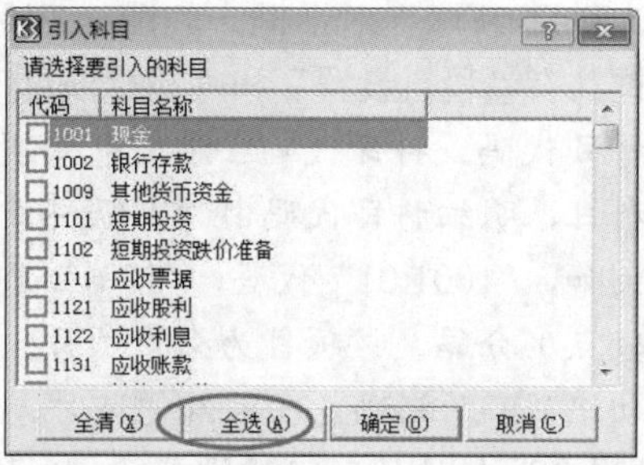

图 3-5

（6）单击“全选”按钮，再单击“确定”按钮，引入所有会计科目。稍后系统弹出引入成功的提示，单击“确定”按钮返回会计科目界面，引入科目后的窗口如图 3-6 所示。

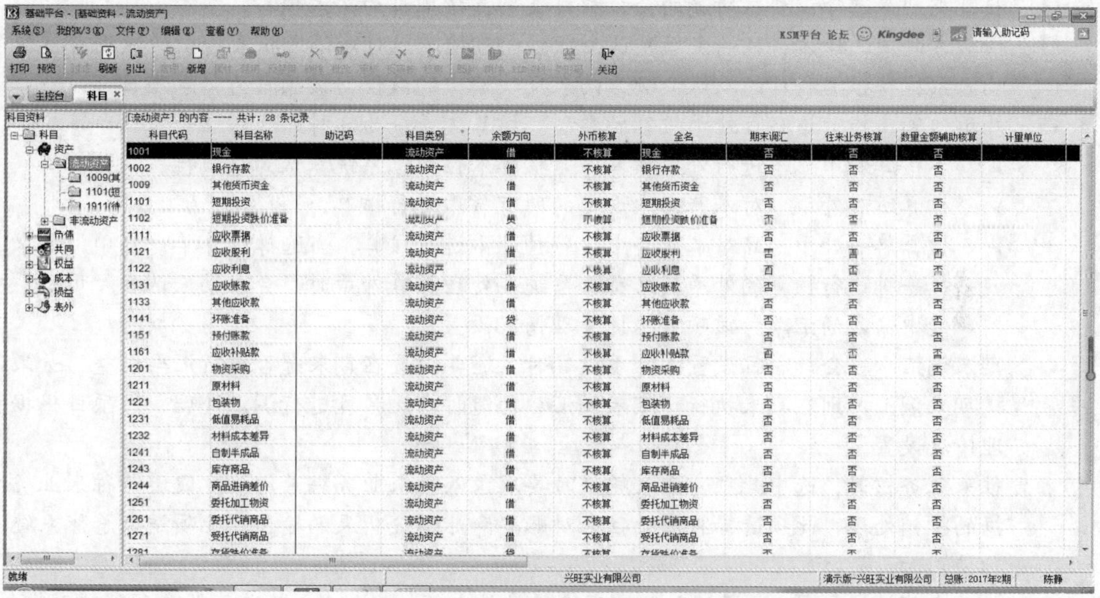

图 3-6

若屏幕上未显示所引入的会计科目，单击工具栏上的“刷新”按钮即可显示。

系统已将会计科目分为“资产”“负债”“共同”“权益”“成本”“损益”“表外”七大类。查看相应类别下科目的方法是单击该类别前的“+”号，单击后可层层展开查看。

注

如果企业使用“新会计准则科目”，可以在行业列表中选择最后一项“新会计准则科目”引入。

在图 3-5 所示的对话框中，如果不需要引入所有科目，可以单独选中需要引入的科目，再单击“确定”按钮。

3.1.2 新增科目

从模板引入的会计科目已经预设有一级会计科目和部分二级明细科目，涉及更明细的核算科目需要由用户自行新增。单击“编辑”→“新增科目”，或者单击工具栏上的“新增”按钮，系统弹出“会计科目-新增”对话框，如图 3-7 所示。

对话框共有“科目设置”和“核算项目”两个选项卡，“科目设置”选项卡项目分别说明如下。

- 科目代码。科目代码在账套中必须唯一，须先增加上级科目代码，再增加该科目的下级科目，明细科目代码由“上级科目代码+本级科目代码”组成，中间用小数点进行分隔。例如，“1001.01”代码，“1001”表示一级代码，“01”表示二级代码是，中间以“.”（小数点）分隔。该项目为必录项目。
- 助记码。助记码是在录入凭证时，为提高科目录入的速度，帮助记忆科目的编码。例如，“现金”科目的助记码设置为“xj”，则在凭证录入时，在“会计科目”项输入“xj”，系统将会自动引用“现金”科目。该项目为非必录项目。
- 科目名称。科目名称是会计科目的文字标识，输入的科目名称一般为汉字和字符。在命名科目名称时只需录入本级科目名称，不必带上级科目名称。该项目为必录项目。
- 科目类别。选择该科目所属的会计科目类别。该项目为必录项目。
- 余额方向。选择该科目的余额默认余额方向。该属性对账簿或报表输出的数据有直接影响，系统将根据科目的默认余额方向来反映输出的数值。该项目为必录项目。
- 外币核算。指定该科目外币核算的类型。核算方式分为 3 种。
  - 不核算外币。不进行外币核算，只核算本位币，系统默认为该属性。
  - 核算所有外币。对本账套中设定的所有货币进行核算。
  - 核算单一外币。只对本账套中某一种外币进行核算。当选择核算单一外币，要求选择一种进行核算的外币的名称，系统在处理核算外币时，会自动默认在“币别”功能中输入的汇率。该项目根据管理情况设置。
- 期末调汇。当会计科目设置了外币核算时，还要设置在期末是否进行汇率调整。如果选择期末调汇，则在期末执行“期末调汇”功能时对此科目进行调汇处理。该项目根据管理情况设置。
- 往来业务核算。选中此项，录入凭证时要求录入往来业务编号，以方便进行往来业务数据的核销处理，此项选择将影响往来对账单和账龄分析表的输出。此项适合总账系统单独使用时设置。
- 数量金额辅助核算。设置该科目是否进行数量金额辅助核算，若进行数量金额辅助核算，要求选择核算的计量单位。该项目根据管理要求设置。
- 计量单位。选择科目的计量单位组及默认的计量单位。只有科目选择了数量金额核算，此项目才可使用。
- 现金科目。选中此选项，指定为现金类科目。在现金日记账和现金流量表中使用。
- 银行科目。选中此选项，指定为银行科目。在银行日记账和现金流量表中使用。
- 出日记账。选中此选项，查询“明细分类账”时，可以按日统计金额。
- 现金等价物。该选项供现金流量表取数使用。
- 预算科目。选中此选项，对该科目进行预算管理。同时单击“科目预算”按钮，系统弹出科目预算界面，可以设置本科目的上年最高预算余额、上年最低预算余额等数据，如图 3-8 所示。

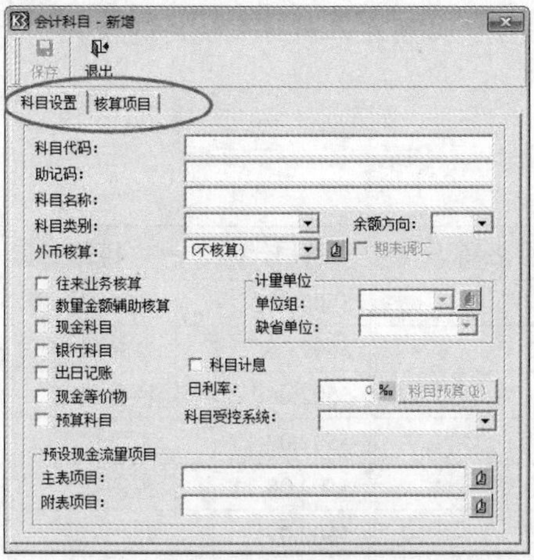

图 3-7

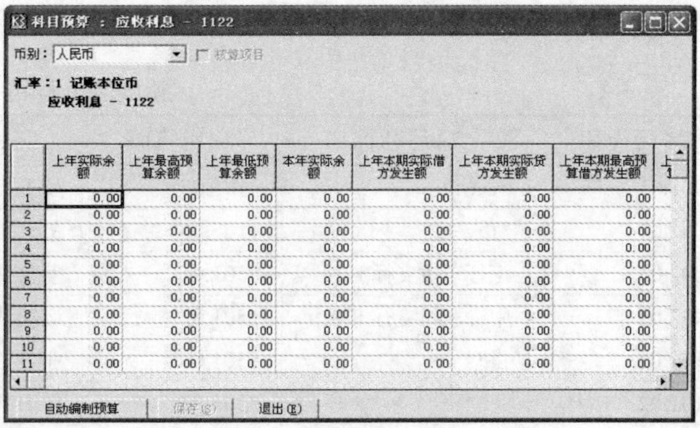

图 3-8

- 科目计息。选中此选项，则该科目参与利息的计算。
- 日利率。输入科目的日利率。只有选中“科目计息”，日利率才可用。
- 科目受控系统。用户可以给明细科目指定一个对应的受控系统。在用户录入应收款、应付款管理模块中的收付款等单据时，系统将只允许使用那些被指定为受控于应收款、应付款管理系统的科目。

金蝶 K/3 系统为用户提供了多项目核算，可全方位、多角度地反映企业的财务信息，并且对科目设置多项目核算比设置明细科目更直观、更简洁、处理速度更快。例如，企业的往来客户单位有 1 000 个以上，如果将往来客户设置成明细科目，那么应收账款的二级明细科目至少达到 1 000 多条；如果将往来客户设置成应收账款的核算项目，那么只要应收账款这个一级科目就可以了。每个科目可实现 1 024 个核算项目的处理。单击“核算项目”选项卡，切换到核算项目界面，如图 3-9 所示。

“核算项目”选项卡各项目分别说明如下。

- 增加核算项目类别。单击该按钮，系统弹出“核算项目类别”对话框，选择要进行核算的项目，如图 3-10 所示。该功能在本科目未使用的情况下才能使用，所以一般在“初始化”时就对科目进行是否项目核算设置。

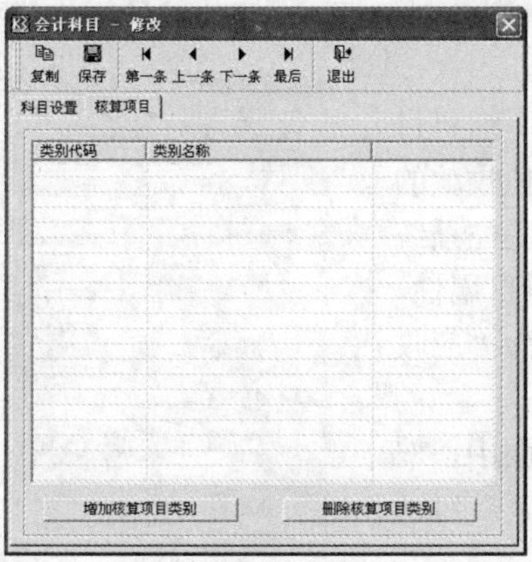

图 3-9

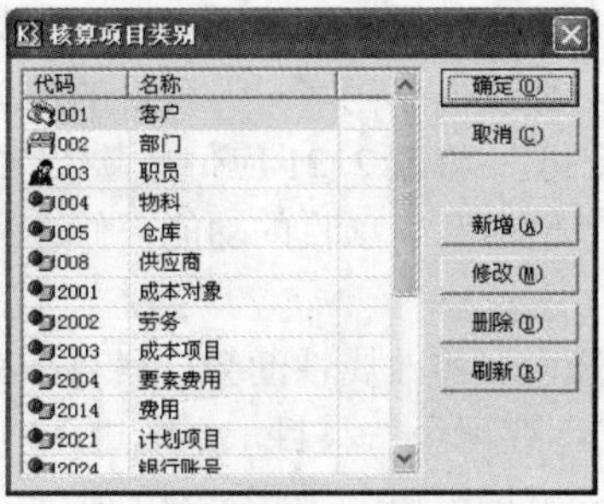

图 3-10

- 删除核算项目类别。将不进行项目核算的项目删除。必须在本科目未使用的情况下才能使用此功能。

例3-2 新增表3-1中所有的会计科目。

表3-1 新增会计科目

科目代码	科目名称	科目代码	科目名称	科目代码	科目名称
1001.01	人民币	4105.05	员工福利费	5502.04	业务招待费
1001.02	*币	4105.06	员工工资	5502.05	办公费
1002.01	工行东桥支行125	5501.01	差旅费	5502.06	伙食费
1002.02	中行东桥支行128	5501.02	运输费	5502.07	工资
3101.01	肖**	5501.03	业务招待费	5502.08	折旧费
3101.02	王**	5501.04	折旧费	5502.09	其他
4101.01.01	直接材料	5501.05	员工工资	5502.10	税金
4101.01.02	直接人工	5501.06	伙食费	5502.11	社会保险费
4101.01.03	制造费用转入	5501.07	水电费	5502.12	福利费
4105.01	伙食费	5501.08	房租	5502.13	坏账损失
4105.02	房租	5502.01	房租	5503.01	利息
4105.03	水电费	5502.02	水电费	5503.02	银行手续费
4105.04	折旧费	5502.03	差旅费	5503.03	调汇

提示

（1）录入“1001.02”科目时，待“币别”管理中新增“*币”后再返回修改科目属性，核算“单一外币”中的“*币”。

（2）当新增“5501.04”科目时，系统会弹出“金蝶提示”对话框，如图3-11所示，根据实际情况选择即可。

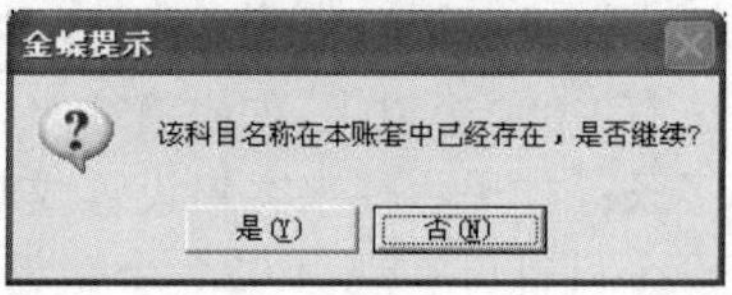

图3-11

3.1.3 修改科目

在日常账务处理过程中，需要对会计科目的属性进行修改，以增强核算功能；或者由于会计科目属性设置错误需要修改，可以利用“修改”功能对会计科目的属性进行修改。在科目资料界面中，选中要修改的会计科目，双击进入“会计科目-修改”对话框，对要修改的属性进行修改后，单击“保存”按钮即可。

例3-3 修改1001库存现金和1002银行存款下明细科目属性，选中“出日记账”；修改1131应收账款、2131预收款的科目属性，修改核算“客户”项目的功能，修改科目受控系统为“应收应付”；修改2121应付账款、1151预付款的科目属性，修改核算“供应商”项目的功能，修改科目受控系统为“应收应付”。

（1）选中要修改属性的会计科目。在科目资料界面中，双击“1001 库存现金”科目，系统进入“会计科目-修改”对话框，选中“出日记账”，如图3-12所示。

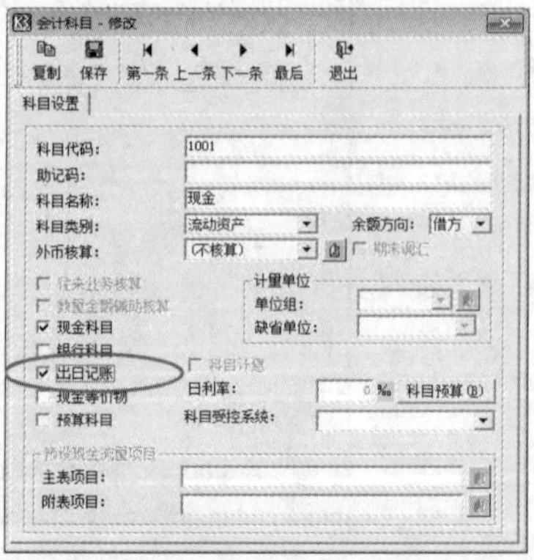

图3-12

（2）单击“保存”按钮保存设置。使用同样的方法设置“1002

银行存款”科目。

（3）在科目资料界面中，选中“1131 应收账款”科目，单击“属性”按钮，系统弹出“会计科目-修改”对话框，在“科目设置”选项卡中将“科目受控系统”修改为“应收应付”，切换到“核算项目”选项卡，单击“增加核算项目类别”按钮，系统弹出“核算项目类别”对话框，如图 3-13 所示。

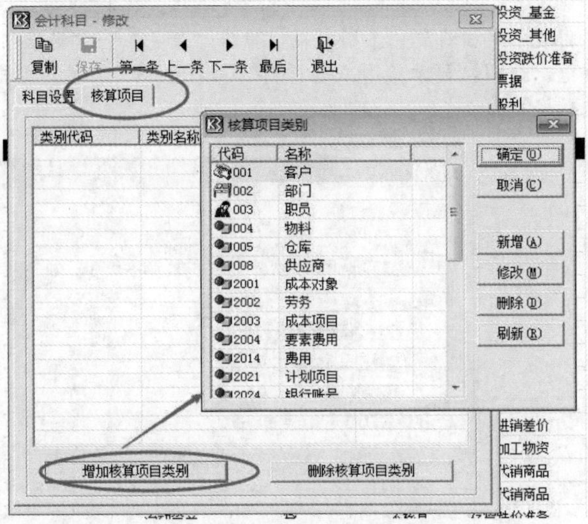

图 3-13

（4）选中“客户”项目，单击“确定”按钮，返回“会计科目-修改”对话框，单击“保存”按钮保存设置。设置成功的对话框如图 3-14 所示。

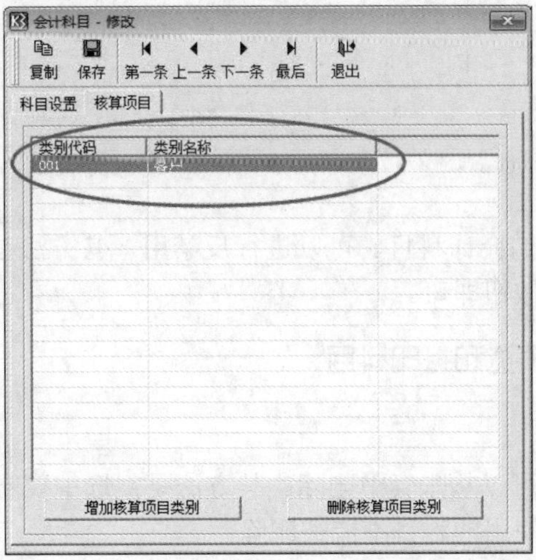

图 3-14

（5）使用同样的方法修改 2131 预收款、2121 应付账款、1151 预付款的科目属性。

注　在步骤（1）中不选择现金下的明细科目修改属性，这是因为当修改上一级科目属性后，该科目下的明细科目会自动继承上级科目的属性。

3.1.4 禁用科目和反禁用科目

1. 禁用科目

当不想使用某个会计科目时，可以禁用该科目，禁用后的科目不能再使用，如不能录入涉及该科目的凭证，其他系统也不能使用该科目，并且该科目不能被修改、删除。要禁用某一科目，先选中该科目，然后单击工具栏上的“禁用”按钮，或右击，系统弹出快捷菜单，选择“禁用”。

提示

如果要在科目资料界面看到已禁用科目，单击“查看”→“选项”，系统弹出“基础资料查询选项”对话框，选中“显示禁用基础资料”，如图3-15所示，单击“确定”按钮，即可看到被禁用的基础资料。

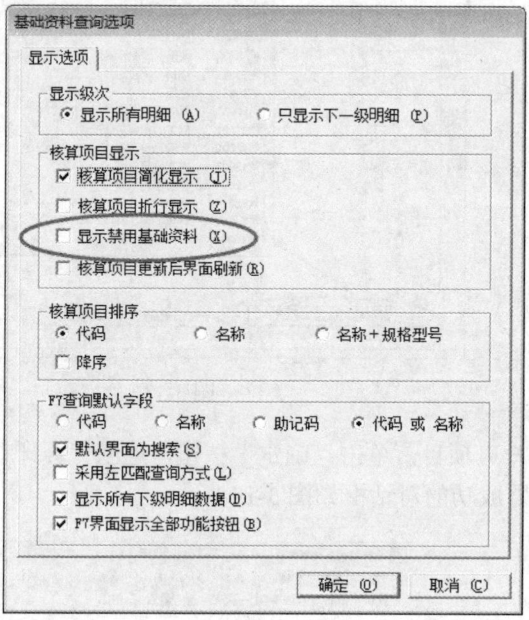

图3-15

2. 反禁用科目

若需要继续使用已禁用的会计科目，可以进行反禁用。其方法是：选中已禁用的会计科目，单击工具栏上的“反禁用”按钮即可。

3.1.5 删除、引出、预览和打印科目

1. 删除科目

当会计科目不使用时，可以从账套中删除。其方法是：选中要删除的会计科目，单击工具栏上的“删除”按钮即可。已使用的科目不能被删除。

建议

系统引入的会计科目不要随意删除，因为这些科目与随后的资产负债表、利润表有关联。删除科目后，可能会在随后的报表中重新设置公式，这样太麻烦。

2. 引出科目

引出功能可以将会计科目资料从系统中引出为其他格式的文件，以供其他软件使用。系统可

以引出的格式有 MS Excel、金蝶报表和 Text 等格式文件。其方法是：单击工具栏上的“引出”按钮，系统弹出引出科目界面，如图 3-16 所示。选中要引出的数据类型，然后根据提示操作即可完成引出工作。

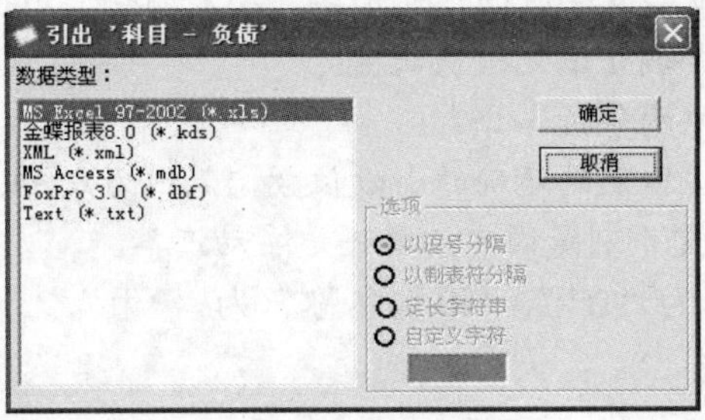

图 3-16

3．预览科目和打印科目

预览是对要打印的会计科目资料预览输出效果，如果不满意，可以随时进行格式和页面调整。打印是按照会计科目资料的预览效果进行输出。

3.2　币别

币别项目是针对企业经营活动中所涉及的币种进行管理，有新增、修改、删除和禁用等功能。当企业经营活动中有涉及本位币以外的币别，则需要新增入系统，以供调用，如*币、美元等币别。

例 3-4　以新增表 3-2 中的数据为例，介绍新增币别的方法。

表 3-2　币别

币别代码	币别名称	记账汇率
H*	*币	0.88

（1）单击“系统设置”→“基础资料”→“公共资料”双击“币别”系统弹出币别界面，如图 3-17 所示。

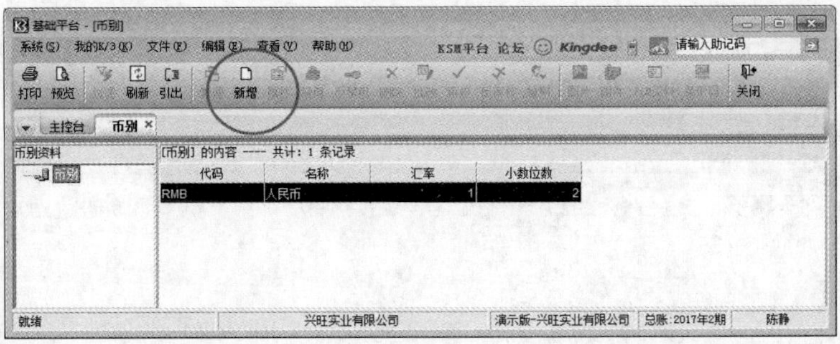

图 3-17

（2）单击工具栏上的“新增”按钮，系统弹出“币别-新增”对话框，如图 3-18 所示。

- 币别代码。货币币别的代码，系统使用 3 个字符表示。建议使用惯例编码，如 RMB 等。

货币代码尽量不要使用“$”符号，因该符号在自定义报表中已有特殊含义，如果使用该符号，在自定义报表中定义取数公式时可能会遇到问题。

- 币别名称。货币的名称，如人民币等。
- 记账汇率。在经济业务发生时的记账汇率，期末调整汇兑损益时，系统自动按对应期间的记账汇率折算，并调整汇兑损益额度。
- 折算方式。系统提供两种折算公式。
- 金额小数位数。指定币别的精确的小数位数，范围为 0～4。
- 固定/浮动汇率。指定币别是固定汇率还是浮动汇率。

（3）录入“币别代码”为“H*”、“币别名称”为“*币”、“记账汇率”为“0.88”，如图 3-19 所示。

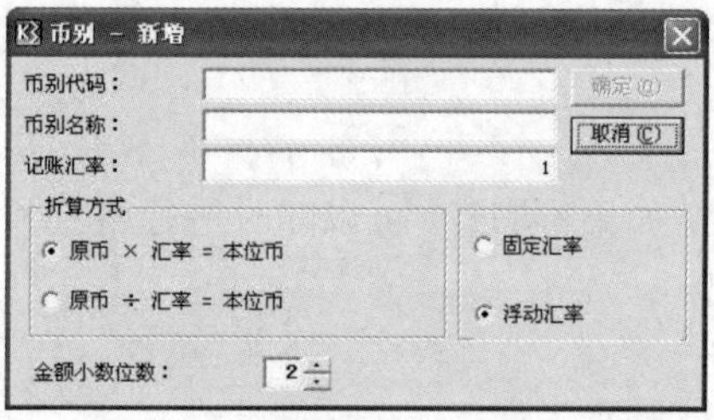

图 3-18

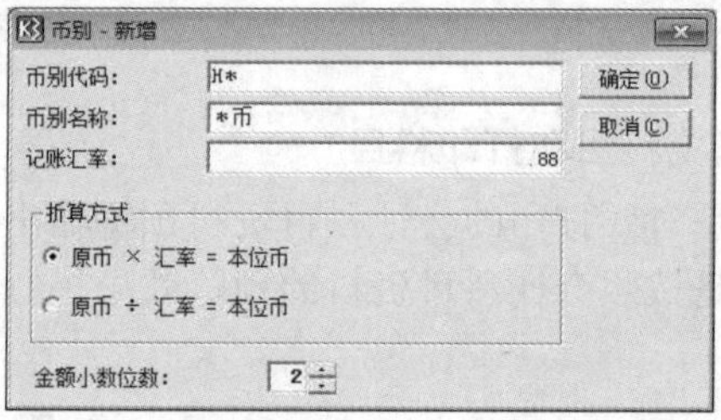

图 3-19

（4）单击“确定”按钮保存设置，这时在币别界面可以看到已经新增的“*币”。

3.3 凭证字

凭证字功能是管理凭证处理时使用的凭证字，如收、付、转、记等，可以对凭证字进行新增、修改、删除等操作。

注　若账套不使用总账模块，凭证字可以不用设置。

例 3-5　新增“记”凭证字。

（1）单击“系统设置”→“基础资料”→“公共资料”双击“凭证字”，系统弹出凭证字界面，如图 3-20 所示。

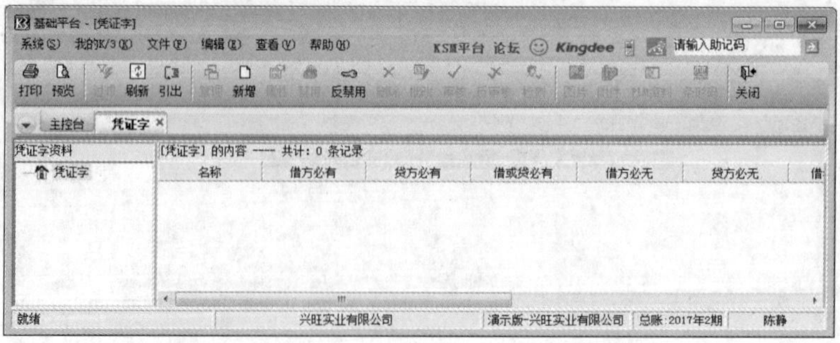

图 3-20

（2）单击工具栏上的“新增”按钮，系统弹出“凭证字-新增”对话框，“凭证字”处录入“记”，其他选项保持默认值，如图 3-21 所示。单击“确定”按钮保存设置。

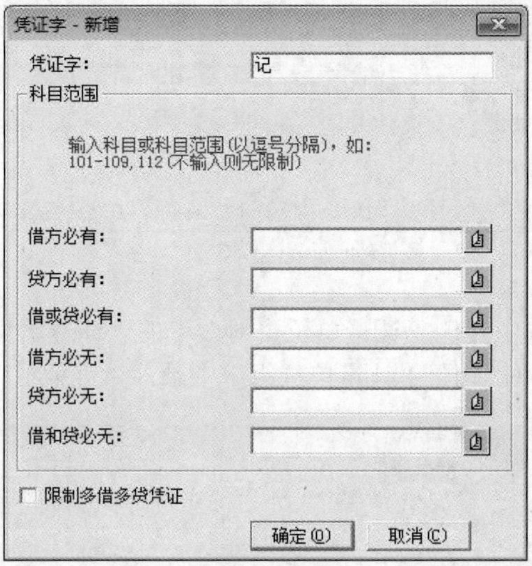

图 3-21

- 科目范围。可以设置该凭证字使用的会计科目范围，借方有某个科目时才能使用该凭证字。
- 限制多借多贷凭证。选中，如是多借多贷凭证，则不允许保存该凭证。但可以保存一借一贷、一借多贷或多借一贷的凭证。

3.4 计量单位

计量单位是在系统进行存货核算和固定资产资料录入时，为不同的存货、固定资产设置的计量标准，如千克、台、张等。

注 若账套不使用固定资产模块和进销存模块，计量单位可以不用设置。

例 **3-6** 以新增表 3-3 中的数据为例，介绍新增计量单位的方法。

表 3-3 计量单位

组别	代码	名称	系数
重量组	01	千克	1
	02	克	0.001
数量组	11	支	1
	12	张	1
固定资产	21	台	1
	22	辆	1

（1）单击“系统设置”→“基础资料”→“公共资料”，双击“计量单位”，系统弹出计量单位界面，如图 3-22 所示。

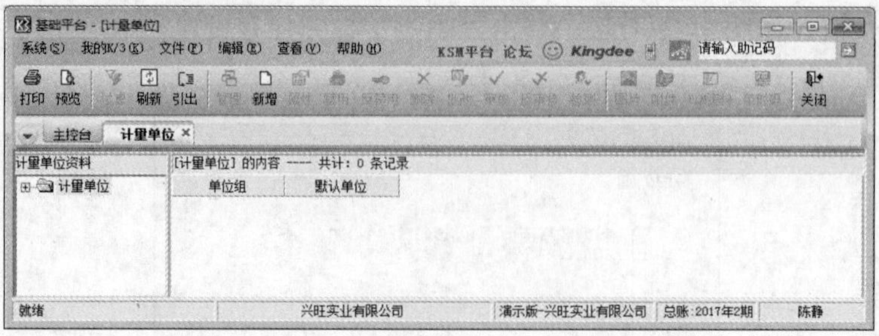

图 3-22

（2）新增一个组别。选中左侧“计量单位资料”下的“计量单位”，单击“新增”按钮，系统弹出“新增计量单位组”对话框，“计量单位组”中录入“重量组”，如图 3-23 所示。

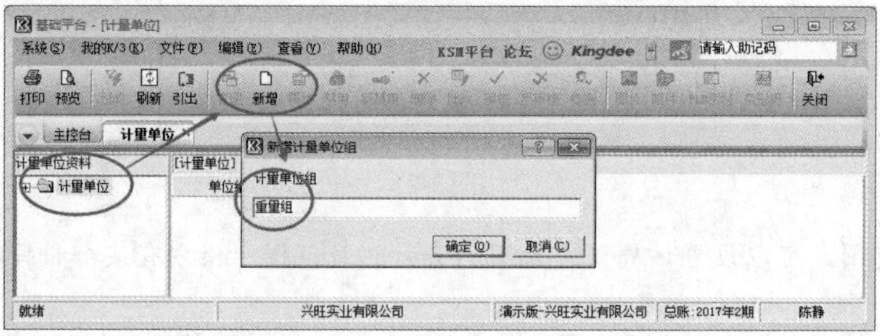

图 3-23

（3）单击“确定”按钮，保存设置并返回计量单位界面，这时可以看到左侧新增的计量单位组资料。

（4）用步骤（2）相同的方法新增“数量组”和“固定资产”组。

（5）选中界面左侧“计量单位”下的“重量组”，然后在界面右侧任意空白处单击，再单击工具栏上的“新增”按钮，系统弹出“计量单位-新增”对话框，设置“代码”为“01”，设置“名称”为“公斤”，“换算率”为“1”，如图 3-24 所示。

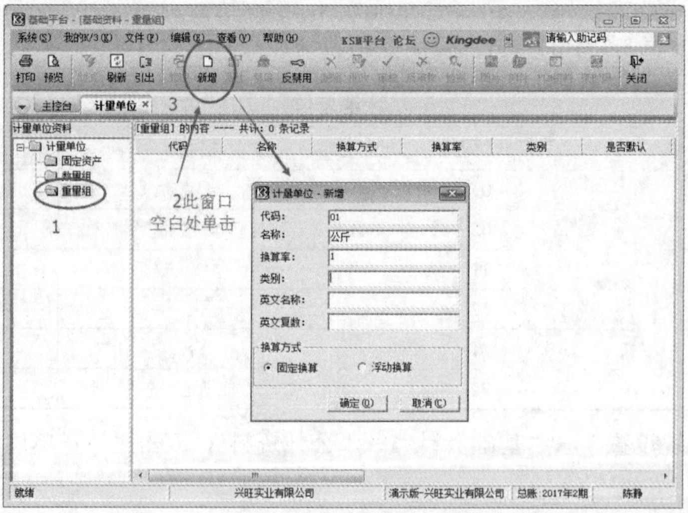

图 3-24

注　（1）换算率是默认计量单位与非默认计量单位的换算系数。非默认计量单位与默认计量单位的系数换算关系为乘的关系，即 1（默认计量单位系数）× 非默认计量单位系数。一个单位组中只能有一个默认计量单位。

（2）英文名称和英文复数可以视管理要求决定是否录入。

（6）单击“确定”按钮，保存设置并返回计量单位界面，这时可以看到新增的计量单位资料。

（7）用步骤（5）的方法新增表中其他数据，新增成功的窗口如图 3-25 所示。

注　新增“克”时注意换算率。新增“张”时注意选择的单位组是“数量组”。

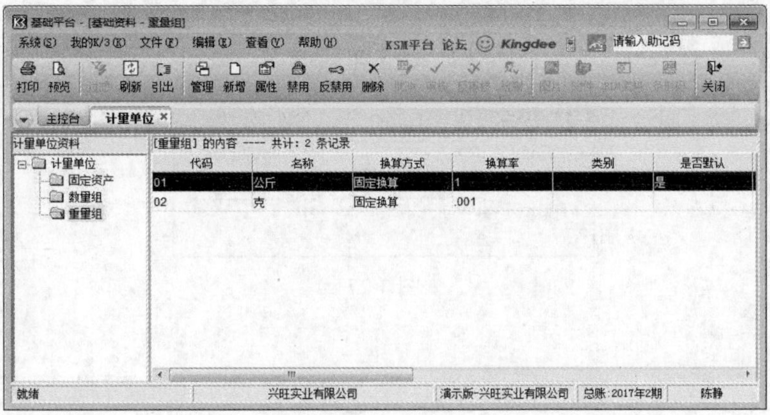

图 3-25

3.5　结算方式

结算方式是指管理往来业务中的结款方式，如现金结算、支票结算等。

例 3-7　以新增表 3-4 中的数据为例，介绍新增结算方式的方法。

表 3-4　　结算方式

代码	名称
JF06	支票

（1）单击“系统设置”→“基础资料”→“公共资料”，双击“结算方式”，系统弹出结算方式界面，如图 3-26 所示。

（2）单击工具栏上的“新增”按钮，系统弹出“结算方式-新增”对话框，录入“代码”为“JF06”，“名称”为“支票”，如图 3-27 所示。

（3）单击“确定”按钮，保存设置并返回结算方式界面，这时可以看到窗口中已经新增的结算方式。

注　“结算方式-新增”对话框中的“代码”表示相应的银行科目才能使用该种结算方式，空值表示任意银行科目都可以使用该结算方式。

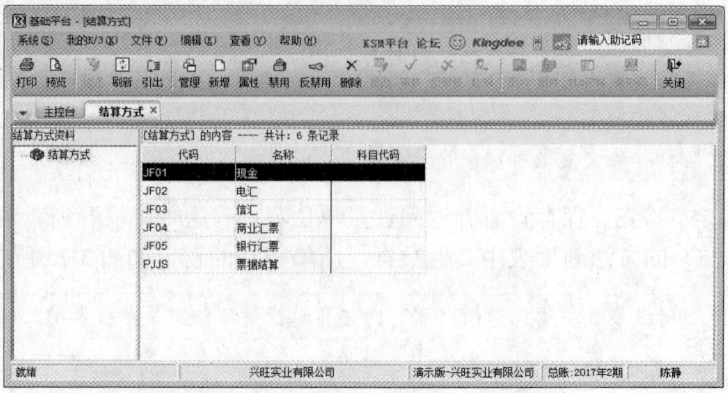

图 3-26

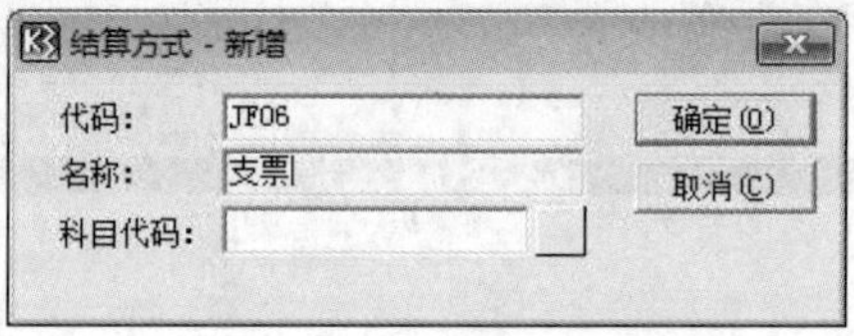

图 3-27

3.6 仓位

仓位档案主要管理物料存放位置，是为了更明细地管理物料，如五金类放在五金仓位、塑胶类放在塑胶仓位。仓位档案与仓库档案不具有相同的意思：仓库档案是管理仓库的具体名称，如原材料仓、半成品仓；仓位档案是管理物料具体存放在某个仓库的位置。

> 注　若账套不使用进销存相关模块，仓位可以不用设置。若公司不想使用“仓位”来管理物料，也可以不用设置。

仓位档案的具体设置方法如下。

（1）在主界面，单击“系统设置”→“基础资料”→“公共资料”，双击“仓位”，系统弹出仓位界面，如图 3-28 所示。

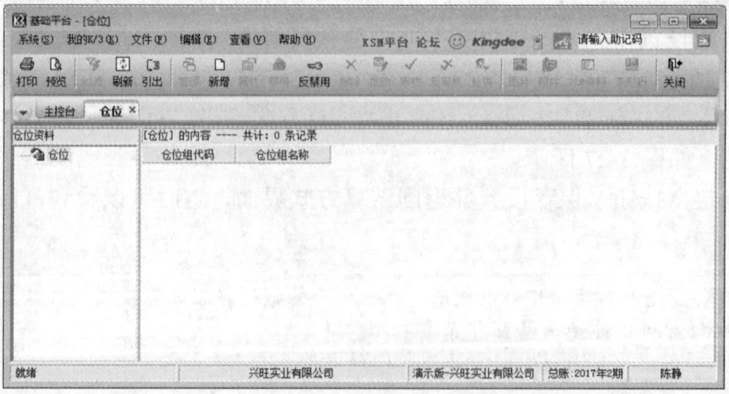

图 3-28

（2）进行仓位档案设置时，需要先设置一个“仓位组”，单击“编辑”→“新增仓位组”，系统弹出“仓位组新增”对话框，录入仓位组代码和仓位组名称。例如，“仓位组代码”录入“01”，“仓位组名称”录入“塑胶位”，如图3-29所示。

（3）单击“确定”按钮保存设置，在界面右侧空白处单击，再单击“编辑”→“新增仓位”，系统弹出“仓位-新增”对话框，如图3-30所示。录入具体详细的仓位信息，录入完成后单击“保存”按钮保存设置。仓位档案的修改、删除等操作方法可参照前面的章节。

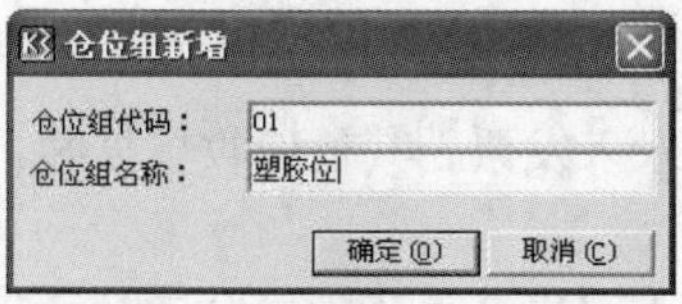

图3-29

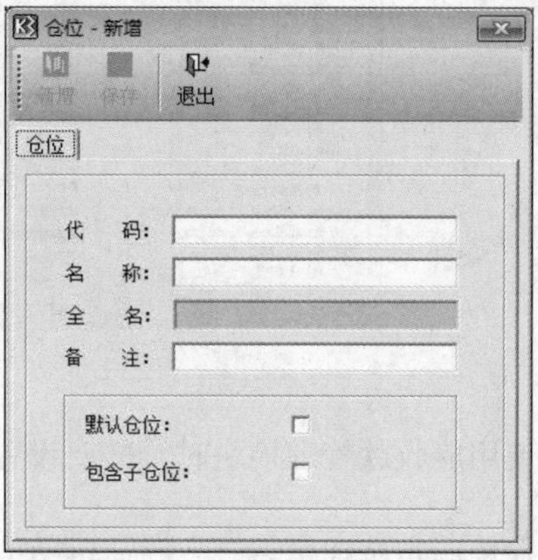

图3-30

3.7　核算项目

在金蝶K/3中，核算项目是指操作相同、作用类似的一类基础数据的统称。将具有这些特征的数据统一归到核算项目中进行管理，这样比较方便，操作也比较容易。

核算项目的特点如下。

（1）具有相同的操作，如新增、删改、禁用、条形码管理、保存附件和审核等，并可以在单据中通过F7键进行调用等。

（2）核算项目是构成单据的必要信息，如录入单据时需要录入客户、供应商、商品、部门和职员等信息。

（3）核算项目本身可以包含多个数据，并且这些数据需要以层级关系保存和显示。

单击“系统设置”→“基础资料”→“公共资料”，双击“核算项目”，系统弹出核算项目界面，如图3-31所示。单击“核算项目”前的“+”号可以查看相应类别下的内容。

系统中预设有多种核算项目类型，有客户、部门、职员、物料、仓库、供应商、成本对象、劳务、成本项目、要素费用、费用、计划项目和现金流量项目等。用户可以根据自身的需要定义所要使用的核算项目类型。核算项目并不是全部都要求设置，用户根据所使用的模块设置相关核算项目即可。

3.7.1　客户

客户是企业生产经营的对象，准确地设置客户信息对往来账务管理非常有利。客户资料在以下情况需要设置。

（1）单独使用总账模块时，或会计科目中的属性有设置“核算项目”为“客户”时，则客户资料需要设置。

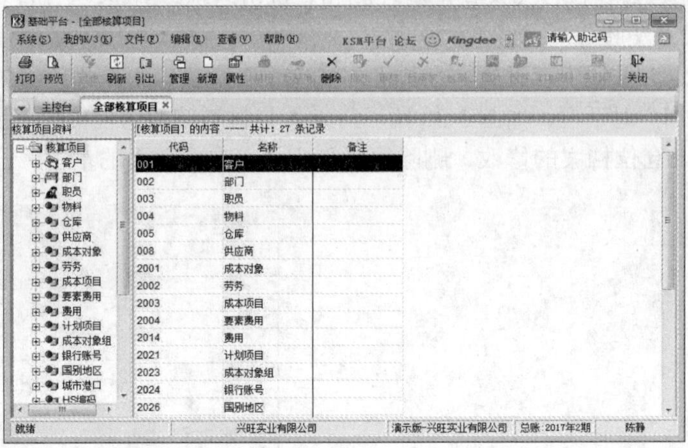

图 3-31

（2）使用应收款管理模块时，需要设置客户资料，在录入发票、其他应收单据时，需要调用客户信息。

（3）使用销售管理模块时，需要设置客户资料，在录入销售订单、销售合同、销售发货等单据时需要调用客户信息。

1. 新增

例3-8 以新增表 3-5 中数据为例，介绍客户资料的新增方法，操作步骤如下。

表 3-5 客户

代码	名称	信用管理	默认运输提前期	应收科目	预收科目	应交税费
01	深圳科林	是	1	1131	2131	2171.01.05
02	东莞丽明	否	2	1131	2131	2171.01.05

（1）在核算项目界面，单击“核算项目”→“客户”，在右侧内容窗口的任意位置单击，再单击工具栏上的“新增”按钮，系统弹出“客户-新增”窗口，如图 3-32 所示。

在“客户-新增”窗口中有“项目属性”和“参数设置”两个选项卡，同时在“项目属性”选项卡下有基本资料、应收应付资料、进出口资料、图片和条形码 5 个选项卡。

“基本资料”选项卡中是客户的一些基本信息，如名称、地址、电话和联系人等。

- 代码。代码是客户编号，金蝶 K/3 系统中一个代码只能标识一个客户。
- 名称/全名。名称/全名都是客户名称，前者是本客户的具体名称，类似短代码，由用户手工录入。后者是包括上级名称在内的客户名称，类似长代码，由系统自动给出。
- 状态。状态有使用、未使用和冻结 3 种选择。对未使用和冻结状态的客户，系统控制不提供业务处理，但如果改变了状态，之前的发生额可以显示在相关查询报表中。
- 是否进行信用管理。是否进行信用管理是销售系统和应收款管理系统信用管理需要控制的属性，选中该选项后，还需单击“基础资料”→“应收款管理”，再双击“信用管理”，进行信用资料的设置。

“应收应付资料”选项卡是设置客户资料在应收系统中需要使用到的一些客户信息，如该客户发现业务时的应收账款科目是什么，预收账款科目是什么等信息。

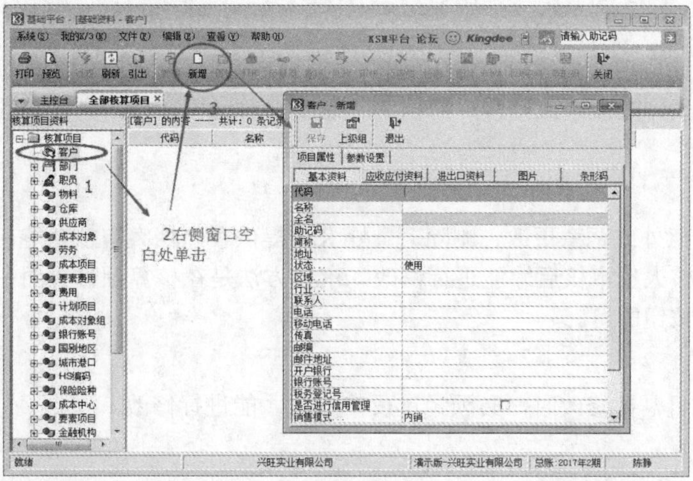

图 3-32

“进出口资料”选项卡是设置进出口系统中需要使用的客户信息。

“图片”选项卡可以将客户的一些图片信息引入系统，如公司照片、为该客户生产的产品照片等。

（2）在“基本资料”选项卡中，录入“代码”为“01”，“名称”为“深圳科林”，选中“是否进行信用管理”，“默认运输提前期”设置为“1”，切换到“应收应付资料”选项卡，根据表 3-5 选择正确的科目。设置完成后单击“保存”按钮进行保存。单击“退出”按钮返回核算项目界面，这时可以看到已经新增的客户资料。

注　（1）若客户还需要分类，如分为大客户、一般客户之类时，则在“客户-新增”窗口单击工具栏上的“上级组”按钮，先建立分类后，再在相应类别中进行客户的新增。

（2）若用户只使用总账系统，则只需输入代码和名称即可。

（3）其他客户资料请读者自行新增加，新增完成后的窗口如图 3-33 所示。

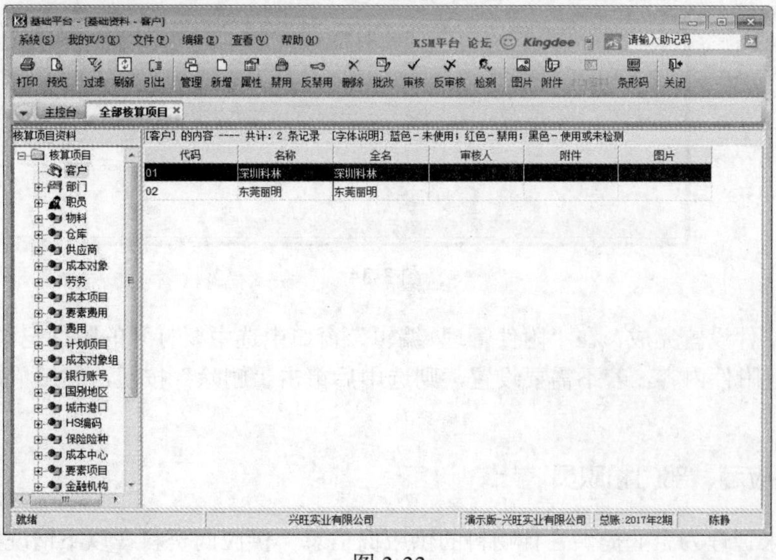

图 3-33

2．修改

客户资料录入完成后，当客户属性中的某个项目内容需要修改时，在核算项目界面中，选中需要修改的客户记录，双击进入该客户的档案“修改”对话框，修改所需要的项目内容，再单击“保存”按钮即可。

3．审核

为预防资料被意外或恶意更改、删除，金蝶 K/3 提供客户档案审核功能，当审核后项目需要修改时必须经过审核人反审核后才能进行修改。审核方法是在核算项目界面中，选中要审核的记录，单击“审核”按钮即可。

4．反审核

当审核后的项目需要修改时，必须经过反审核后才能进行修改。

5．检测

检测该客户是否处于使用状态。

6．附件

附件是金蝶 K/3 的一个突出特点，当项目中的基本属性不能满足表达该项目的要求时，可以通过附件进行解释，如客户属性中没有“工厂照片”，我们可以通过附件形式将该照片文件附在该客户信息上，以供查看。它的功能类似 E-mail 中的“附件”功能。操作方法如下。

（1）在核算项目界面中，选中需要增加附件的客户，如“深圳科林”。单击工具栏上的“附件”按钮，系统弹出“附件管理-编辑”窗口，如图 3-34 所示。

（2）单击“附件说明”，这时系统会自动增加一条项目，并且序号自动增加，在“附件说明”中录入描述，再单击“附件文件名”旁的“获取”按钮，系统弹出“请选择附件文件”对话框，选择附件的正确“存放位置”和“文件名”即可。

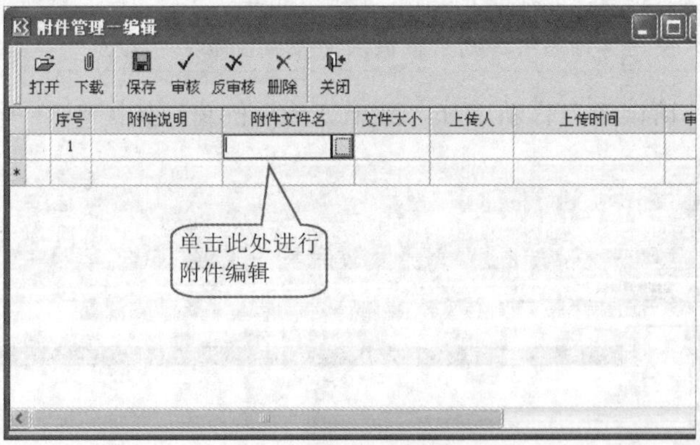

图 3-34

（3）附件文件设置完成，在“附件管理-编辑”窗口中选中要打开的附件记录，单击“打开”按钮，即可查看附件内容，若不需要设置，则选中后单击“删除”按钮，然后单击“确定”按钮保存设置。

3.7.2 供应商、部门和职员

供应商用来管理为企业提供各种物料的供应商信息。供应商资料在以下情况需要设置。

（1）单独使用总账模块时，会计科目中的属性有设置“核算项目”为“供应商”时，则供应商资料需要设置。

（2）使用应付款管理模块时，需要设置供应商资料，在录入发票、其他应付单据时，需要调用供应商信息。

（3）使用采购管理模块时，需要设置供应商资料，在录入采购订单、采购合同等单据时需要调用供应商信息。

部门用来设置企业各个职能部门的信息，部门是指某核算单位下辖的具有分别进行财务核算或业务管理要求的单元体，不一定是实际中的部门机构（也就是说，如果该部门不进行财务核算，则没有必要在系统中设置该部门）。如果需要使用工资、固定资产、供应链等模块时，建议完整录入部门资料，以供录入各种单据时引入部门信息。

职员用来设置企业各职能部门中需要对其进行核算和业务管理的职员信息，不需将公司所有的职员信息都进行设置，如生产部门就只需设置生产部负责人和各生产部文员即可，一般的生产人员在此没必要设置。若需要使用工资系统，建议完整录入职员资料，以供工资系统引入职员信息。

供应商、部门和职员的管理方法与客户资料的管理方法类似，读者可自行将表3-6～表3-8中的资料录入系统。

表3-6　　供应商

代码	名称	应付科目	预付科目	应交税费
01	**实业	2121	1151	2171.01.01
02	**货运	2121	1151	2171.01.01

表3-7　　部门

代码	名称	部门属性	代码	名称	部门属性
01	总经办	非车间	05	仓库	非车间
02	财务部	非车间	06	PMC	非车间
03	销售部	非车间	07	生产部	车间
04	采购部	非车间	08	行政部	非车间

表3-8　　职员

代码	姓名	部门	代码	姓名	部门
01	肖**	总经办	09	游计划	PMC
02	陈*	财务部	10	李**	生产部
03	张*	财务部	11	李**	生产部
04	王*	财务部	12	王**	生产部
05	吴**	财务部	13	李*	行政部
06	郝销售	销售部	14	张工程	生产部
07	郑采购	采购部	15	南计算	财务部
08	易保管	仓库			

3.7.3　物料

物料是指用来设置企业中所涉及的所有物料档案，如原材料、半成品、产成品等物料。单独使用总账模块时根据管理要求确定是否对物料资料进行设置，使用供应链系统时必须设置物料档案，以供各种出、入库单据使用物料信息。

物料管理在生产型企业中处于重要环节，只有正确设置物料属性，才能进行相关处理。如果物料设置为“外购”属性，则系统在进行“物料需求计划”计算时，会生成采购计划单；如果原材料 A 的提前期设置为 3 天，而生产需在 2016 年 3 月 15 日使用该原料，并且没有多余的该原料，则系统展开 MRP 运算时，会自动计算出该物料应该在 2016 年 3 月 12 日下达的采购订单和采购数量，以保证生产的正常进行。系统还提供了最高库存、最低库存控制。

物料管理具有增加、修改、删除、复制、自定义属性、查询、引入/引出和打印等功能，对企业所使用物料的资料进行集中管理。同其他核算项目一样，物料也可以分级设置，用户可以从第一级到最明细级逐级设置。

物料设置窗口含有 11 个选项卡——基本资料、物流资料、计划资料、设计资料、标准数据、质量资料、进出口资料、服务资料、图片、条形码和附件，如图 3-35 所示。每个选项卡同时包含不同的物料属性信息，不必对每一个属性进行设置，应根据用户所使用的模块情况，具体设置对应物料的属性。

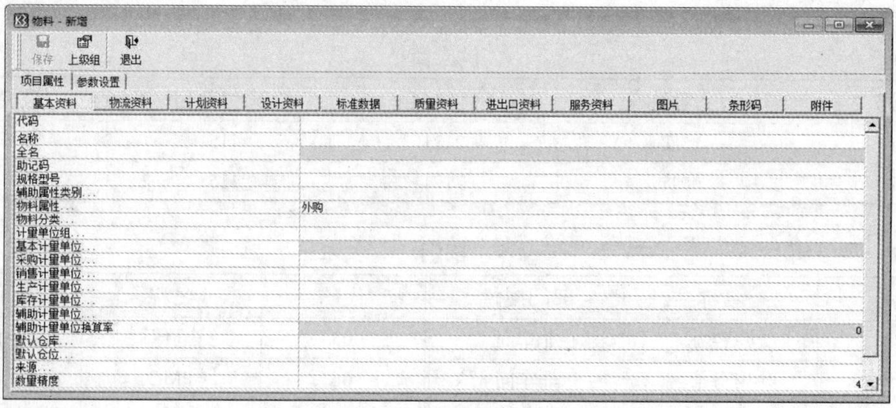

图 3-35

1. 基本资料

“基本资料”选项卡主要是管理物料的一些基本信息，这些基本信息是各个系统都会使用的信息，如物料代码、名称、规格型号和计量单位等信息。

- 代码。代码是物料的编号，在系统中一个代码只能标识一个物料，可以是数字、字母，或者两者组合，建议中间不要带有特殊符号，如+、–、%等。在此录入该物料的长代码，如 1 是原材料，笔芯是原材料下的一种，则代码是“1.001”，代码的上下级以“.”（小数点）间隔。代码在物料资料中是必录项目。
- 名称/全名。两者都是物料名称，前者是该物料的具体名称，由用户手工录入，后者是包括上级名称在内的物料名称，类似长代码，由系统自动给出。名称是一个必录项目。
- 助记码。为了方便记忆，可以为物料设置助记码。助记码为可选录项目。
- 规格型号。录入物料的规格型号。助记码为可选录项目。
- 辅助属性类别。如果需要将物料的特殊属性，如颜色、尺寸加以区分，则先在“辅助资料管理”中进行设置后，才能录入。辅助属性类别为可选录项目。
- 物料属性。物料属性是物料的基本性质和产生状态。用户需要从系统设定的 7 种属性中选择，包括自制、外购、委外加工、虚拟件，规划类配置类和特征类。物料属性是必录项目。如果要使用物料需求计划系统，则属性必须设置正确，否则系统进行 MRP 计算时，计算出来的单据是错误的。

① 自制。自制指物料是由企业自己生产制造出的产成品。在系统中，如果是自制件，可以进行 BOM 设置，在 BOM 中，既可以设置为父项，也可以设置为子项。

② 外购。外购指从供应商处取得的物料，既可以作为原材料用于生产产品，也可以直接用于销售。在 BOM 设置中，不可以作为父项存在。

③ 委外加工。委外加工指该物料需要委托其他单位进行生产加工的物料。

④ 虚拟件。虚拟件指由一组具体物料（实件）组成的、以虚拟形式存在的成套件。例如家具生产行业中，销售的产品为桌子，而实际发出的是拼装成桌子的桌面、桌腿、零件等实件，此时这个“桌子”实际上就是一种虚拟件。

以虚拟属性存在的物料不是一个具体物料，不进行成本核算。当记载有虚拟件的销售订单关联已生成销售出库单时，虚拟件在销售出库单上展开、以子项的形式出库。

⑤ 规划类。规划类是针对一类产品定义的、为预测方便而设的、需要在预测时按类进行计划的一类物料。规划类的物料不是指具体的物料，而是在产品预测时使用的物料虚拟类别。也就是说，对应的物料是产品类，不是具体的产品。

在 BOM 中，规划类的物料既可以是父项，也可以是子项，但在 BOM 中，该类物料只能划在规划类物料下，作为其他规划类物料的子项，而不能作为其他物料属性物料的子项进行定义。在产品预测单中可以录入对规划类物料的预测，在计算过程中会自动按比例分解到具体的物料。

⑥ 配置类。配置类指该物料存在可以配置的项，它是指客户对外形或某个部件有特殊要求的产品，其某部分结构由用户指定。配置类的物料只能作为规划类物料的子项，而不能作为其他物料属性物料的子项进行定义。

⑦ 特征类。特征类物料与配置类物料配合使用，表示可配置的选项的特征，不是实际的物料，在 BOM 中只能是配置类物料下级。特征类物料的下级才是真正由用户选择的物料。例如汽车的颜色作为特征类，颜色本身不是实际的物料，表示颜色是可由用户选择的，其下级可能是黄色、黑色，这才是实际的物料。

- 物料分类。物料分类是物料所属的类别，其内容来源辅助资料中的“物料类别”，为可选录项目。
- 计量单位组。选择物料采用的计量单位所处的计量单位组，为必录项目。
- 基本计量单位。基本计量单位就是每个单位组中作为该物料的标准计量单位，其他计量单位都以它作为计算依据。每个物料必须有一个基本计量单位。
- 采购计量单位。设置后采购系统的单据默认使用该计量单位，为可选录项目。
- 销售计量单位。设置后销售系统的单据默认使用该计量单位，为可选录项目。
- 生产计量单位。设置后生产系统的单据默认使用该计量单位，为可选录项目。
- 库存计量单位。设置后库存系统的单据默认使用该计量单位，为可选录项目。
- 辅助计量单位。系统不会根据计量单位组自动携带浮动换算比例的计量单位，但是可以指定浮动换算比例的计量单位，为可选录项目。
- 辅助计量单位换算率。系统根据辅助计量单位自动携带其浮动换算率，允许修改，在新增单据录入物料代码后系统自动携带此处的换算率内容计算辅助计量单位数量。

- 默认仓库。默认仓库表明当前物料默认存放的仓库。在进行库存类单据的录入时，系统自动携带仓库信息，并且系统会根据仓存管理系统提供的选项“录单时物料的仓库和默认仓库不一致时给予提示”，来判断是否对仓库的确定予以提示，避免用户出现仓库的选择错误，为可选录项目。
- 默认仓位。如果默认仓库是进行仓位管理的，该属性就表明当前物料默认存放仓库所属的最明细级仓位。它同默认仓库一样，都是为用户的方便而设置的，系统自动将默认仓库所属仓位组的默认仓位带出，供用户选择确认；如果不选择默认仓库就不能选择默认仓位，为可选录项目。
- 来源。如果是外购物料，则该物料默认供应商；如果是自制物料，则该物料默认生产部门，是为用户处理业务单据的方便性而设。来源为可选录项目。
- 数量精度。确定物料在单据和报表中数量数据显示的小数位数长度，用户根据需要可随时设定。
- 最低存量、最高存量、安全库存数量。设置物料的最低存量、最高存量、安全库存数量，当系统有设置相关预警参数，在录入各业务单据时，当该物料的现存量与所设置的最低存量、最高存量和安全库存数量有冲突时，系统会弹出提示对话框，起控制企业现存的存货价值目的，为可选录项目。
- 使用状态。使用状态是指物料当前的状态，目前内容包括逐步淘汰、将使用、历史资料、使用。物料使用状态仅供报表统计时使用，并没有在单据中进行相应业务控制，可随时修改。
- 是否为设备。对某些外购类的物料，当企业用于生产用途时就成为设备，需要进入设备管理模块进行维护。系统规定只有外购类的物料才能成为设备。
- 设备编码。设备对应的编码。基础资料处的设备编码信息由设备档案系统反填，不需用户维护。
- 是否为备件。系统规定外购、委外加工和自制的物料都可以设置为备件。
- 批准文号。物料首营的批准文号，只供参考查看。
- 别名。物料的别名称呼，只供参考查看。
- 特性配置来源。物料属性为自制或委外加工时，可以设置特性配置方案。
- 物料对应特性。当物料属性为自制（特性配置）时，可以设置物料对应特性。

2．物流资料

“物流资料”选项卡是管理物料的一些物流信息，如保质期、是否采用业务批次管理和盘点期等设置。

- 采购负责人。采购负责人是当前物料的主要采购责任人员，该属性主要应用于采购报表的汇总选项，为可选录项目。
- 毛利率（%）。毛利率是毛利占销售收入的百分比，该字段目前只是在销售订单预评估时做参考使用，为可选录项目。
- 采购单价。采购单价是物料用于采购时以基本计量单位计算的标准采购单价，单位为本位币货币，为可选录项目。
- 销售单价。销售单价是物料用于销售时以基本计量单位计算的标准销售单价，单位为本位币货币，为可选录项目。
- 是否进行保质期管理。是否进行保质期管理是物料保质期管理的唯一确定依据，是食品、医药等行业的重要需求。

- 保质期（天）。保质期用于确定具体的保质期限，系统要根据该期限确定物料是否到期，并相应提供到期日计算功能。该属性的作用是方便用户日常录入物料时自动带入单据相应字段，用户也可以修改。
- 是否需要库龄管理。选中该选项，可以根据入库日期进行库龄分析，也可以根据库龄输出相关报表。
- 是否采用业务批次管理。选中此选项，则该物料在进行业务单据处理时，必须录入批号，方可保存。
- 是否需要进行订补货计划的运算。选中该选项后，才可以对物料的订补货计划进行运算，否则该物料不能进行订补货计划。
- 失效提前期（天）。失效提前期（天）是物料保质期提前的期限，目前只供参考查看。
- 盘点周期单位、盘点周期、每周/月第几天。设置物料盘点情况，为可选录项目。
- 上次盘点日期。系统根据进行的最近一次盘点操作的日期自动回填。
- 外购超收比例、外购欠收比例。外购超收比例、外购欠收比例是指外购入库时允许超过和低于计划数量的比例。
- 销售超交比例、销售欠交比例。销售超交比例、销售欠交比例是指销售出库时允许超过和低于计划数量的比例。
- 完工超收比例、完工欠收比例。完工超收比例、完工欠收比例是指完工入库时允许超过和低于计划数量的比例。
- 计价方法。计价方法是指存货出库结转存货成本所采用的计价方法，如先进先出法和加权平均法等。系统对日常收发，根据该物料所选定的计价方法，通过存货核算系统进行成本核算、生成凭证等管理，并统一将业务资料按规则自动形成财务信息，传入总账系统，为必录项目。
- 计划单价。计划单价是指采用计划成本法计价时，物料所规定的计划单价。
- 单价精度。确定物料在单据和报表中单价数据所显示的小数位数长度，用户根据需要设定，可随时修改。
- 存货科目代码。物料作为存货对应的最明细会计科目，是物料重要的核算属性。通过设置凭证模板，在自动生成记账凭证时可以将核算类单据的相关采购成本、结转生产等成本直接对应归入该科目，还可以明细到该科目下挂的具体核算项目下，特别应用于库存单据的凭证处理中。存货科目代码为必录项目。
- 销售收入科目代码。销售收入科目代码是当前物料用于销售时所对应的明细会计科目，是物料重要的核算属性。录入后，通过设置凭证模板，在自动生成记账凭证时可以将销售发票的相关销售收入金额直接对应归入该科目，还可以明细到该科目下挂的具体核算项目下销售成本科目代码为必录项目。
- 销售成本科目代码。销售成本科目代码是当前物料用于结转销售成本时所对应的明细会计科目，是物料重要的核算属性。录入后，通过设置凭证模板，在自动生成记账凭证时可以将销售出库单据的相关销售成本直接对应归入该科目，还可以明细到该科目下挂的具体核算项目下。销售成本科目代码为必录项目。
- 成本差异科目代码。成本差异科目代码是当前物料采用计划成本法计算计划差价时所对应的最明细会计科目，为可选录项目。
- 代管物资科目代码。代管物资科目代码是当前物料作为代管物资时所对应的最明细会计科目。

- 税目代码。税目代码是物料核算时所使用的税目代码，从辅助资料中获取。
- 税率（%）。税率指当前物料的税率。
- 成本项目。物料进行成本核算时，所隶属于的成本项目。
- 是否进行序列号管理。是物料进行序列号管理的唯一确定依据，即对当前物料是否实行序列号管理。
- 参与结转式成本还原。参与结转式成本还原适应于具有多层BOM的产品，可以从最上级开始还原至最下一级的原材料，同时，期初库存参与还原。

3．计划资料

“计划资料”选项卡用于管理生产和计划系统需要使用到的信息，如提前期、订货策略、最小订量和最大订量等信息。

- 计划策略。计划策略指明物料以什么方式进行计划，其中“主生产计划”（MPS）类的物料指需求来源为独立需求，要进行主生产计划运算，“物料需求计划”（MRP）和“总装配”（FAS）类目前暂不区分，表示用物料MRP方式进行计划，“无计划”物料表示此物料不进行需求计划计算。
  - 计划策略为MPS类的物料，其需求计算在主生产计划中进行；如果业务流程中不进行主生产计划计算，只运行MRP，则MPS类物料也在MRP中进行计算。
  - 计划策略为MRP类的物料，其需求计算在物料需求计划中进行。但如果其下级物料为MPS类物料，该物料也会在MPS类中计算处理。
  - 可以将完成品、重要的半成品、提前期特别长的物料设为MPS类物料，进行主生产计划运算；将一般的自制件、采购件设为MRP类物料；数量大、金额小的不重要的物料设为“无”。
- 订货策略。系统提供期间订货量（POQ）、批对批（LFL）、固定批量（FOQ）、再订货点（ROP）4个选项，主要用于主生产计划（MPS）或物料需求计划（MRP）运算时对批量调整的不同处理。
- 固定提前期。固定提前期是指生产、采购不受批量调整的提前期部分。若需要使用计划系统，则需要录入本项目。
- 变动提前期。变动提前期是指生产受到需求批量影响的提前期部分，在取数时，表示生产变动提前期批量所需要的总的时间减去固定提前期。若需要使用计划系统，则需要录入本项目。
- 累计提前期。累计提前期表示某物料从采购所有的原材料到成品装配入库的整个过程所需要的时间。该项由在“BOM维护”中计算累计提前期后填写。
- 订货间隔期（天）。物料订货策略为期间订货法时，两次订货的时间间隔，单位为天。
- 最小、最大订货批量。最小订货批量是指每次订货量不能低于此值；最大订货批量是指每次订货量不能大于此值。
- 批量增量。批量增量是指物料的最小包装单位或最少生产数量。
- 固定/经济批量。固定/经济批量是指每次订货最佳的批量。
- 变动提前期批量。变动提前期批量是和变动提前期联合使用的一个参数，用户可以定义为一个最佳生产批量，或者其他比较容易统计的生产量。

- 需求时界和计划时界。需求时界是在 MPS/MRP 计划期间的一个时间点，设定于目前日期与计划时界之间。在目前日期到 DTF（需求时界）之间，包含确认的客户订单。在此期间内，除了经过仔细分析和上级核准修改外，不能修改生产计划。计划时界介于需求时界和计划期间的最后日期之间，在需求时界和计划时界之间包含了实际以及预测的订货，而在计划时界之后则只有预测的客户订单。
- 默认工艺路线。自制类物料生产时默认使用的工艺路线。
- 默认生产类型。自制类物料生产时默认使用的生产类型。在计划系统生成生产任务单时，会取该值作为默认值。
- 生产负责人。用于记录物料的生产负责人。
- 计划员。计划员用于指定物料计划制订人，MPS/MRP 指定计划员时，该计划员负责的物料参与计算。
- 投料自动取整。如果选择“投料自动取整”，则投料时该物料进行取整处理，否则维持原数据。
- 日消耗量。日消耗量表示订货策略为再订货点的物料的每天的使用量。
- MRP 计算是否合并需求。选中此项，表示该物料要进行需求跟踪，计划系统在计算需求的过程中会对每个需求单据计算净需求，并进行跟踪查询；否则会将所有的需求按日期进行合并，再进行净需求的计算。
- MRP 计算是否产生采购申请。选中此项，MRP 计算后自动产生采购申请单；反之，不自动产生采购申请单。

4. 设计资料

“设计资料”选项卡主要是保存物料的设计属性，如长度、宽度、高度等内容。这些内容根据实际情况录入。本选项卡中的项目为可选录项目。

5. 标准数据

“标准数据”选项卡主要是管理物料的标准项目信息，如单位标准成本、单位标准工时等。本选项卡中的项目为可选录项目。

- 单位标准成本。单位标准成本是指生产 1 单位该物料所耗费的成本费用，如物料属性为外购属性，则在订单成本预测中直接作为单位预测成本。
- 单位标准工时。单位标准工时是指生产物料所耗费的单位标准工时。
- 标准工资率。标准工资率是指生产 1 单位该物料耗用 1 单位工时所需的工资费用，可用于订单成本预测。
- 变动制造费用分配率。变动制造费用分配率是指生产 1 单位该物料耗用 1 单位工时所需变动制造费用，可用于订单成本预测。
- 单位标准固定制造分配金额。1 单位物料耗用的固定制造费用金额，可用于订单成本预测。
- 单位委外加工费。1 单位物料委外加工需耗用的委外加工费，可用于订单成本预测。
- 单位计件工资。1 单位物料需耗用的工资，可用于订单成本预测。

6. 质量资料

“质量资料”选项卡主要是管理与质量管理系统有关的信息，如检验方式等。如果要使用质量管理模块，则本选项卡信息为必录项目；反之，为可选录项目。

- 检验方式。检验方式是指当前物料采用的检验方式，包括全检、抽检、免检等 3 种选择。

金蝶 K/3 系统提供了采购检验方式、产品检验方式、委外加工检验方式、发货检验方式、退货检验方式、库存检验方式和其他检验方式等 7 个方式。

- 库存检验周期（天）。库存检验周期（天）是指当前物料相隔多少天进行库存检验。
- 库存周期检验预警提前期（天）。库存周期检验预警提前期（天）是指当前物料提前多少天预警需要进行库存检验。
- 检验方案。如果选择了检验方式为全检或抽检，则该属性为必选项，可从给出的检验方案筛选框中直接选择。选择后，对该物料系统就会采用相应的检验方案进行质量检验。
- 检验员：设置当前物料的主要检验责任人员。

7. 进出口资料

“进出口资料”选项卡主要管理该物料的进出口信息。当要使用进口管理和出口管理系统时，本选项卡的项目需要设置；反之，为可选录项目。

8. 服务资料

“服务资料”选项卡是对该物料是否启用服务管理和一些服务属性进行设置。

9. 图片

图片是将物料的图片引入系统，以供不熟悉本物料的人员查看。单击“图片”选项卡，系统弹出“浏览图片”窗口，单击“引入”按钮，可以选择物料图片的存放位置和文件名，如图 3-36 所示；单击“引出”按钮，可以将图片另存为某个硬盘位置；单击“删除”按钮，可以将图片信息删除。

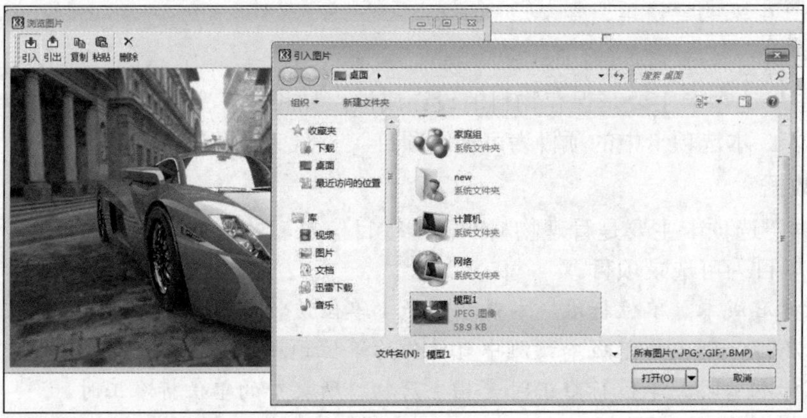

图 3-36

10. 条形码

对物料的条形码信息进行管理，单击“条形码”选项卡，系统弹出“条形码管理”窗口，如图 3-37 所示，在该窗口中可以进行条形码的设置和删除。

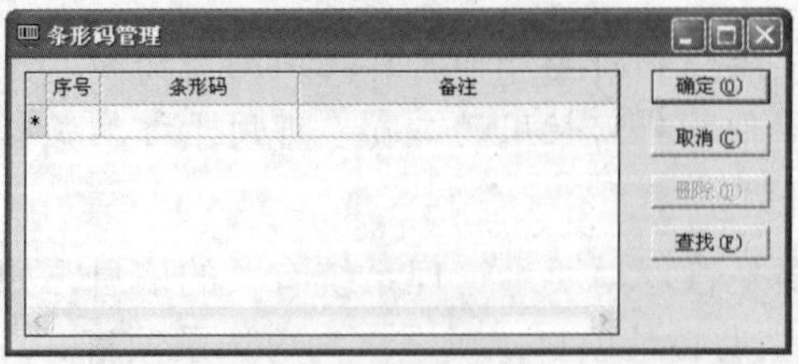

图 3-37

11. 附件

“附件”选项卡是在以上各选项窗口还不能完善表达的情况，以文件作为附件形式补充。

读者可自行新增表 3-9 中的物料资料。

表 3-9　　物料

代码	1	1.01	1.02	1.03	2	2.01	3	3.01
名称	原材料	笔芯	笔壳	笔帽	半成品	笔身	产成品	笔
物料属性	外购				自制			
计量单位组	数量组							
计量单位	支							
计价方法	加权平均法							
存货科目代码	1211			1241			1243	
销售收入科目代码	5101							
销售成本科目代码	5401							
计划策略	物料需求计划（MRP）							
订货策略	批对批（LFL）							
固定提前期		3	4	2		3		3

3.7.4　仓库

仓库档案是管理企业用来存放物料的地方。仓库档案一般使用供应链模块时才进行设置。仓库档案管理方法可以参照 3.7.1 小节“客户”。新建立的账套默认仓库档案为空。

例 3-9　新增表 3-10 中的仓库档案。

表 3-10　　仓库档案

代码	名称	仓库类型	是否 MPS/MRP 可用量
1	原材仓	普通仓	是
2	半成品仓	普通仓	是
3	成品仓	普通仓	是
4	赠品仓	赠品仓	否

（1）选中“仓库”项目，再在右侧任意位置单击，然后单击工具栏上的“新增”按钮，系统弹出“仓库-新增”窗口，如图 3-38 所示。

- 代码。录入仓库代码，必录项目。
- 名称。录入仓库名称，必录项目。
- 仓库管理员、仓库地址、电话。可以根据管理情况视要求录入。
- 仓库属性。选择该存放良品、不良品和在检品中的哪一种。
- 仓库类型。仓库的类型分为 4 种，即实仓、待检仓、代管仓和赠品仓。只有实仓才可以进行仓位管理和选择是否参与 MRP 计算。其他类型不具有仓位和是否参加 MRP 计算功能。
- 是否 MPS/MRP 可用量。选中此项，表明该仓库参与 MRP 计算，即系统进行 MRP 计算时，考虑该仓库的物料情况。反之，不参与 MRP 计算。

- 是否进行仓位管理。即该仓库是否下设仓位管理或称之为仓库结构管理。
- 仓位组。选中“是否进行仓位管理”项目时，则需要选择本项目。

（2）“代码”设置为“1”，“名称”设置为“原材仓”，“仓库类型”设置为“普通仓”，选中“是否 MPS/MRP 可用量”项目，如图 3-39 所示。

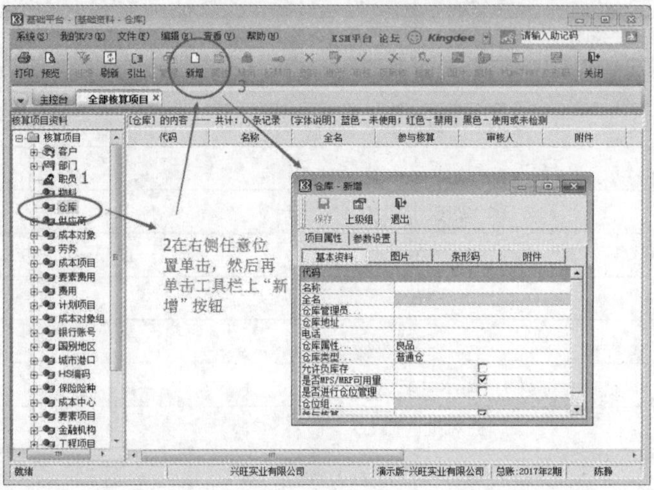

图 3-38

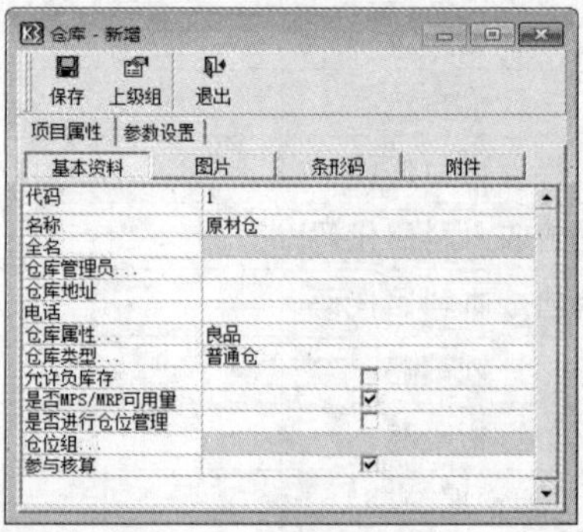

图 3-39

（3）其他项目保持默认值，单击“保存”按钮保存设置，继续新增其他仓库档案。

3.7.5 现金流量项目

现金流量项目是对现金流量资料进行维护和管理，主要是处理项目的新增和修改操作。当使用现金流量表时可以进行设置。现金流量项目如图 3-40 所示。

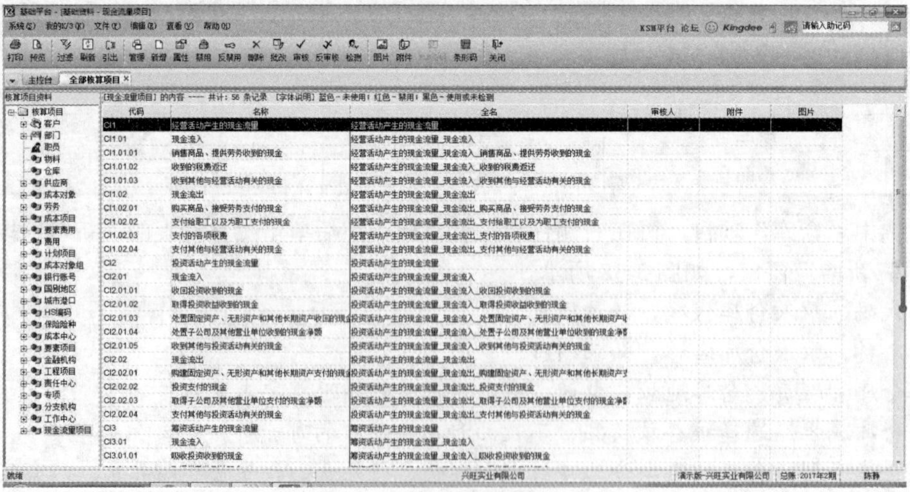

图 3-40

其他核算项目由于本书实例中不会涉及，在此暂不讲解，读者可以通过 F1 功能键来获取帮助进行了解。

3.8　辅助资料

辅助资料是一个具体的核算项目或者在单据中经常使用的一些辅助属性或者信息。这些属性或者信息往往存在着多个属性结果值，这些属性值中有些是一些系统预先定义的固定的可选值，有些不是固定的，可以根据情况随时进行新增。例如，核算项目“职员”下的“职员的性别”属性，该属性定义就在辅助资料类别的“性别”中设置。

单击“系统设置”→“基础资料”→“公共资料”，双击“辅助资料管理”，系统进入辅助资料界面，如图3-41所示。

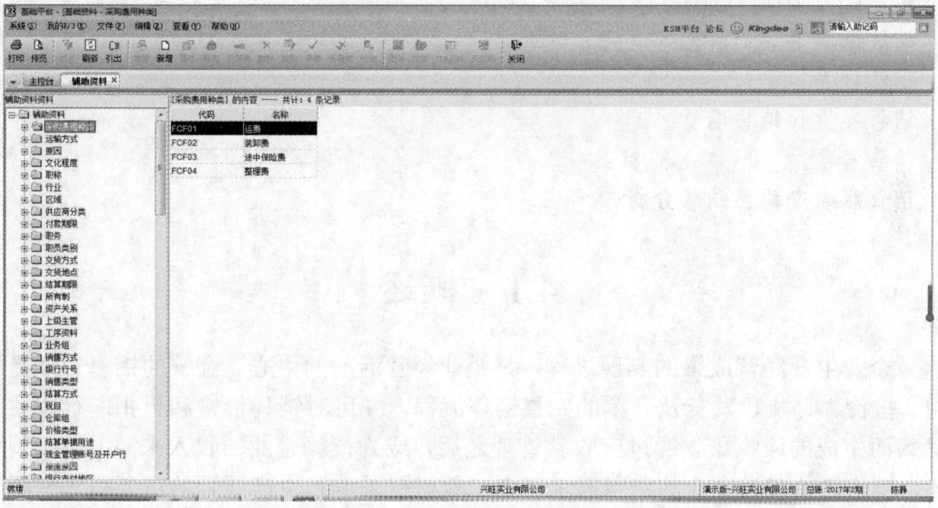

图3-41

辅助资料的管理方法可以参照“核算项目”的管理方法。系统已经为每项辅助资料预设了部分内容，基本可以满足企业需求。如果企业还需要详细化，可以自行新增或修改。

3.9　课后习题

（1）会计科目是操作什么工作的基础？

（2）科目属性中的“科目受控系统”是什么功能？

（3）核算项目有什么特点？

第 4 章　销售管理

本章重点

- 系统参数设置
- 销售合同管理
- 销售报价单
- 销售订单
- 销售发货和销售退货
- 销售发票
- 销售账表查询、销售分析

4.1　概述

销售是企业生产经营成果的实现过程，是企业经营活动的中心。金蝶的销售管理提供模拟报价、合同、报价、订货、发货及开票的完整销售流程，并可对销售价格和折扣进行监控。

由销售而生成的应收账款经过应收款管理之后，成为核算企业的收入来源。对以销订产的生产型企业，销售订单成为企业的物料需求计划、原材料采购和生产计划的重要需求来源。对贸易性企业，销售订单（或销售预测）是采购部门进行采购订单的重要依据。

1. 需要的设置

- 公共资料设置。公共资料包括科目、币别、计量单位、客户、部门、职员、物料及仓库等，公共资料是本系统所涉及的基础资料，必须设置，否则在进行单据处理时会受到相应的限制。
- 销售管理基础资料设置。金蝶 K/3 系统为用户提供“公共资料”的同时，又针对单独模块提供了设置该模块“基础资料”的功能。销售管理基础资料有收款条件、价格资料维护、批号管理维护、信用管理维护、VIP 管理维护、折扣方案维护、客户物料对应表、备注资料、条形码规则、条形码关联、客户 BOM 和批号对应表、物料辅助属性、序列号管理、存量管理、组装件 BOM 录入和组装件 BOM 维护。基础资料可以根据管理要求来确定是否进行设置。
- 初始化。系统进行初始化时，需要设置以下内容，即系统参数设置、初始数据录入、录入启用期间前的未核销销售出库单及启动业务系统。
- 销售管理系统参数详细设置。这是对该模块的参数进行详细设置，包含单据类型、打印控制、系统设置、单据设置、多级审核管理和业务流程设计设置。

公共资料和初始化是必须设置的。销售管理基础资料和系统设置资料可以根据管理要求确定是否需要设置，也可以在以后进行修改。

2．可执行的查询与生成的报表

销售管理系统中可对模拟报价、合同、报价单、销售订单、销售发货单、销售发票和库存进行查询。

- 可查询的报表。可查询的报表有客户销售增长分析表、业务员销售增长分析表、合同金额执行明细表、合同执行情况汇报表、合同金额执行汇总表、合同到期款项列表、销售订单执行情况汇总表、销售订单执行情况明细表、销售订单统计表、销售订单批次跟踪表、销售订单虚拟物料跟踪表、销售订单预评估表、销售出库汇总表和明细表、销售收入统计表、客户单位销售情况明细表、销售退货统计表、费用发票汇总表和费用发票明细表、销售毛利润表、产品销售增长分析、产品销售流向分析、产品销售结构分析、信用数量分析、信用额度分析、信用期限分析、委托代销清单、分期收款清单和利润指标分析。

3．销售管理系统每期的操作流程

销售管理系统每期的操作流程如图 4-1 所示。

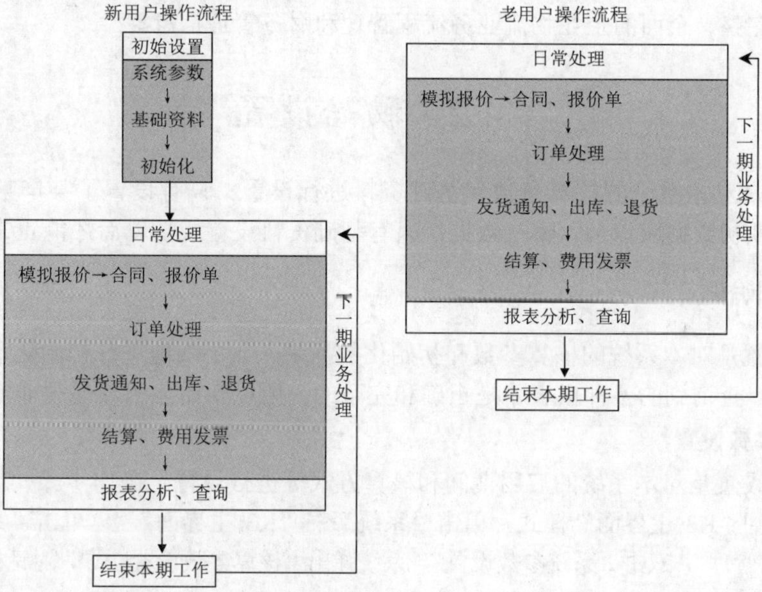

图 4-1

4．销售管理系统与其他系统间的数据流向

销售管理系统与其他系统间的数据流向如图 4-2 所示。

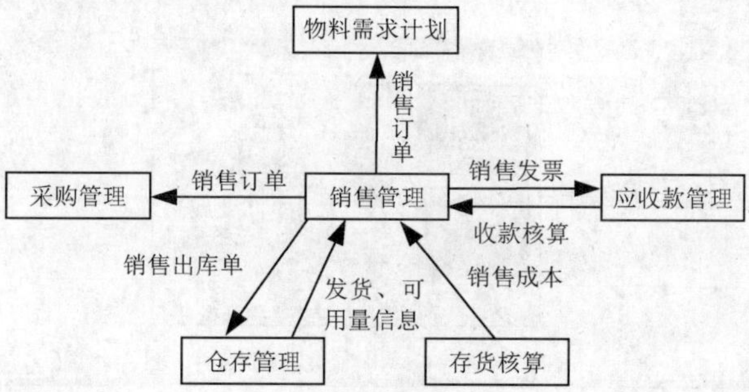

图 4-2

- 物料需求计划系统。销售订单向物料需求计划系统传递，作为主要需求来源之一。
- 采购管理系统。采购管理系统可以参照销售订单生成采购申请单或订单，或者由销售管理系统下推直接生成采购申请单或订单后，传递到采购管理系统，由采购员审核该笔单据。
- 仓存管理系统。销售管理系统填制发货通知单，传递到仓存管理系统，由仓管员审核发货单数据后，再审核该笔发货单，发货单审核信息同时返回销售管理系统，以供销售员查看产品发货情况。仓存管理系统可为销售管理系统提供存货可用量查看。
- 应收款管理系统。由销售管理系统填制销售发票、费用发票，传递到应收款管理系统审核登记应收明细账，并进行制单生成凭证传至总账系统。
- 存货核算系统。销售管理系统中的销售出库单是进行产成品出库核算的原始依据之一，出库核算之后的出库成本将反填到销售出库单的成本单据中，核算完成的销售出库单将根据凭证模板生成相应的凭证。

销售管理系统可以单独使用，但这样只能管理基本的销售业务。销售管理系统也可以与物料需求计划系统、采购管理系统、仓存管理系统、应收款管理系统、存货核算管理系统等结合运用，这样能提供更完整、全面的企业物流业务流程管理和财务管理信息。

4.2 初始设置

初始设置是对本系统的核算参数和基础资料进行设置。只有设置了某年某月开始使用本系统，才能知道期初数据应该录入哪些数据；只有基础资料设置成功以后才能正常进行单据处理。

4.2.1 初始化

初始化设置是对本系统的核算参数和初始化数据录入。正确地进行初始化设置，在随后的日常业务处理中，查询到的各种报表才是正确和完整的，所以初始化工作显得非常重要。

1. 系统参数设置

系统参数设置是对本系统的启用期间和核算方式等进行设置。操作步骤如下。

（1）切换到“K3主界面”模式，单击“系统”→“K3主界面”，再单击“系统设置”→“初始化”→“销售管理”，双击“系统参数设置”，系统弹出“核算参数设置向导”对话框，如图4-3所示。

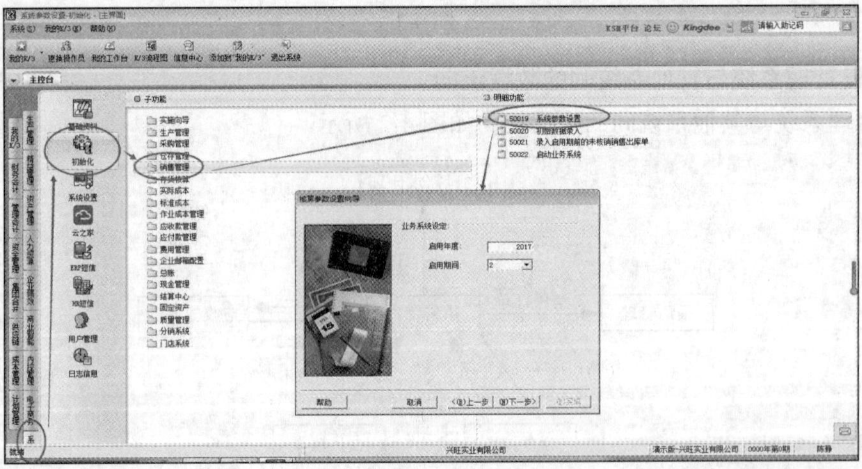

图4-3

- 启用年度和启用期间。设置该系统何年何月开始使用，设置为 2017 年 2 月，表示录入的期初数据是 2017 年 1 期的期末数据。启用期间可以根据实际需要手工修改。

（2）单击“下一步”按钮，系统进入下一个设置对话框，如图 4-4 所示。

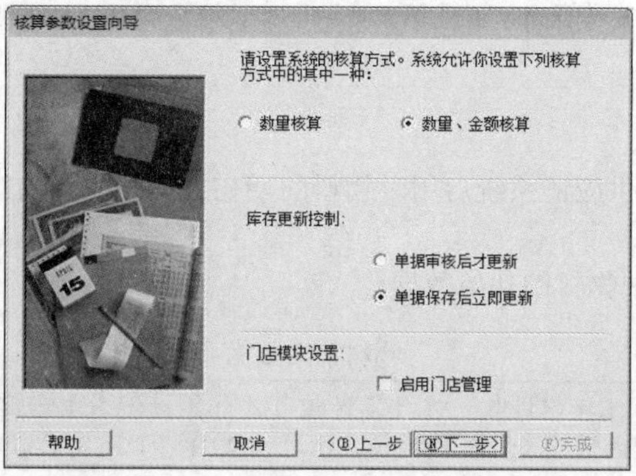

图 4-4

- 核算方式。系统提供两种核算方式。
  - 数量核算。选中该项，则系统以后只核算数量，不核算金额，所显示的金额可能不正确。
  - 数量、金额核算。选中该项，则系统对材料数量和金额都核算。与财务各系统连接使用时，最好选中此项。
- 库存更新控制。系统提供两种选择。
  - 单据审核后才更新。选中该项，则系统将在库存类单据进行业务审核后，才将该单据中物料的库存数量计算到即时库存中。
  - 单据保存后立即更新。选中该项，则系统将在库存类单据保存成功后就将该单据中物料的库存数量计算到即时库存中，并在修改、复制、删除、作废、反作废该库存单据时进行库存调整。
- 启用门店管理。启用门店管理，系统会把门店管理系统和系统设置涉及门店管理之外的菜单屏蔽。该项主要应用于连锁店形式的商业公司。

（3）保持默认值设置，单击“下一步”按钮，系统进入下一个对话框，如图 4-5 所示。

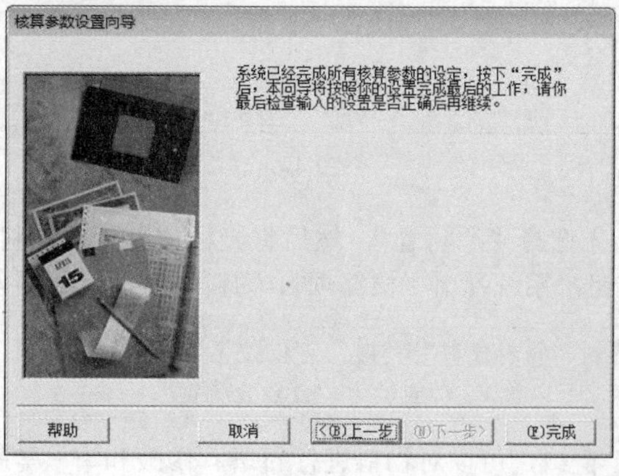

图 4-5

（4）单击“完成”按钮，保存设置，完成核算参数设置工作。

注

（1）只有进行“核算参数设置”后，才能进行日常业务处理和针对本系统的一些系统设置和基础设置。

（2）核算参数设置是针对所有业务系统的，即该参数设置后，采购、仓存和生产模块的核算参数也同时被设置。

2. 初始数据录入

初始数据录入是设置供应链系统启用时物料的期初数据，如某物料的期初数量是多少、金额是多少等。

例 4-1 新增表 4-1 中物料的初始数据。

表 4-1 物料初始数据

仓库名称	物料代码	物料名称	本年累计收入数量（个）	本年累计收入金额（元）	本年累计发出数量（个）	本年累计发出金额（元）	期初数量（个）	期初金额（元）
原材仓	1.01	笔芯	50 000	5 000	40 000	4 000	10 000	1 000
原材仓	1.02	笔壳	50 000	15 000	40 100	12 030	9 900	2 970
成品仓	3.01	笔	40 000	24 000	35 000	21 000	5 000	3 000

（1）单击“系统设置”→“初始化”→“销售管理”，双击“初始数据录入”，系统弹出初始数据录入界面，如图 4-6 所示。

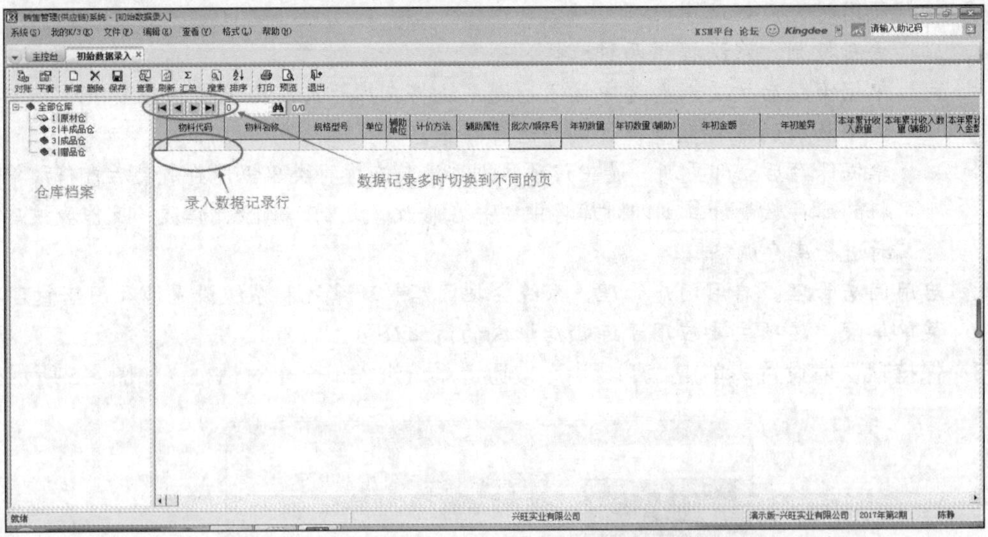

图 4-6

（2）录入初始数据。先选择“原材仓”，然后将光标放置到“物料代码”下方的空栏处，单击工具栏上的“查看”按钮，系统弹出“核算项目-物料”窗口，如图 4-7 所示。

小技巧

将光标放置到“物料代码”处时，可以按下 F7 功能键，系统同样可以弹出“核算项目-物料”窗口，可以称 F7 功能键为“万能查询键”。

在“核算项目-物料”窗口，可以对物料进行新增、修改和审核等操作。

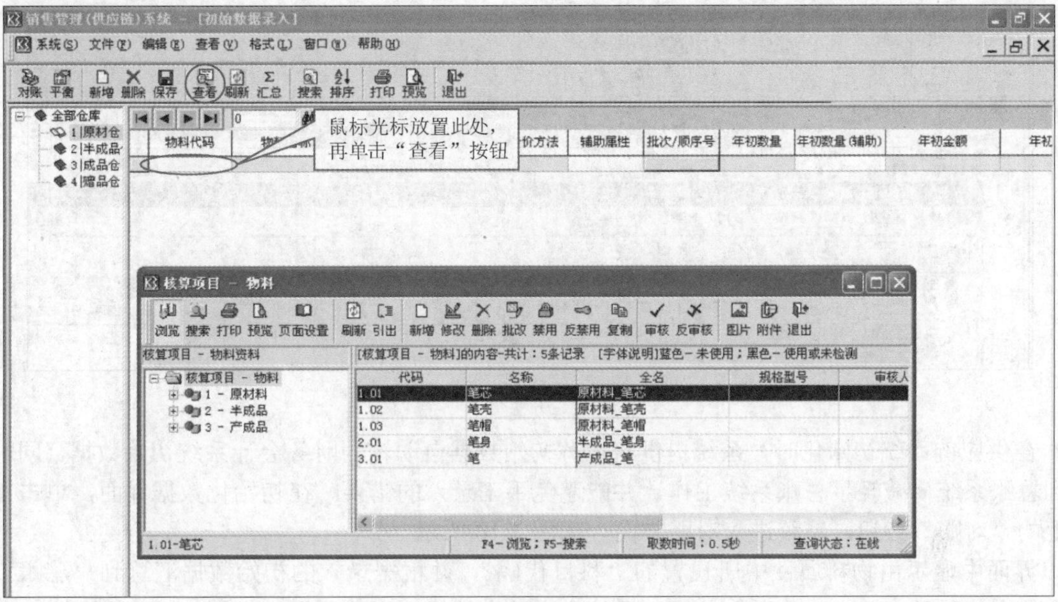

图 4-7

（3）双击“笔芯”物料，将该物料引入初始数据录入界面，按表 4-1 数据录入初始数据，录入成功的窗口如图 4-8 所示。

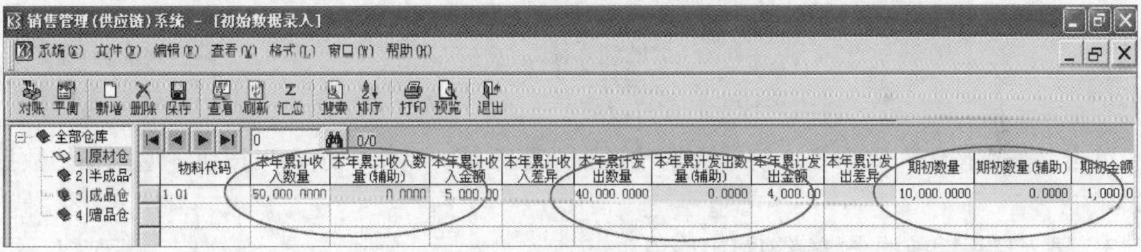

图 4-8

提示

本年累计收入数量和本年累计发出数量，这两项数据是否录入视各企业管理而定。如果销售管理系统与财务会计系统同时启用，则必须录入，否则会导致无法与“总账”数据一致。

年初数量=期初数量+本年累计收入数量−本年累计发出数量

当物料采用的计价方法为分批计价法、先进先出法时，则“批次/顺序号”需要录入。

采用计划成本法的物料，差异金额需要根据实际情况录入。

（4）单击“新增”按钮，继续新增表 4-1 中其他物料的期初数据，新增成功后的窗口如图 4-9 所示。

（5）单击“保存”按钮，保存初始数据录入。

注

此处录入的初始数据是与仓存管理、采购管理系统初始数据共享的，在仓存管理和采购管理的初始数据也可以录入本物料初始数据和修改本数据。所以当用户同时使用仓存管理和采购管理系统时，建议先确定在某个系统下的初始化数据录入窗口录入即可，以免在多个系统下录入时，引起不必要的错误。

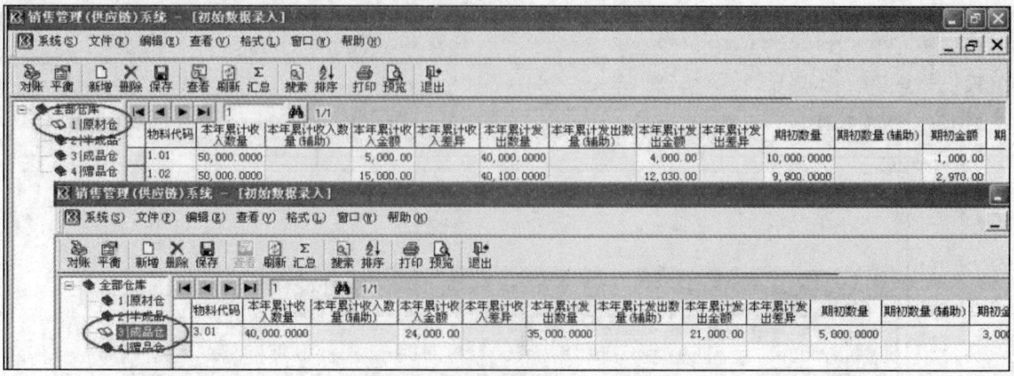

图 4-9

在供应链系统初始化时，系统提供将业务初始数据自动转为财务会计系统初始数据，同时传递到总账系统，减轻了总账系统工作，并能避免手工录入的错误。在初始化数据界面，单击工具栏上的“对账”按钮，系统进入对账界面，如图 4-10 所示。

界面中显示由物料属性中所设置的“科目代码”，并根据录入的初始数据汇总到“总账”系统中的会计科目。单击“传递”按钮，系统弹出“金蝶提示”对话框，如图 4-11 所示。

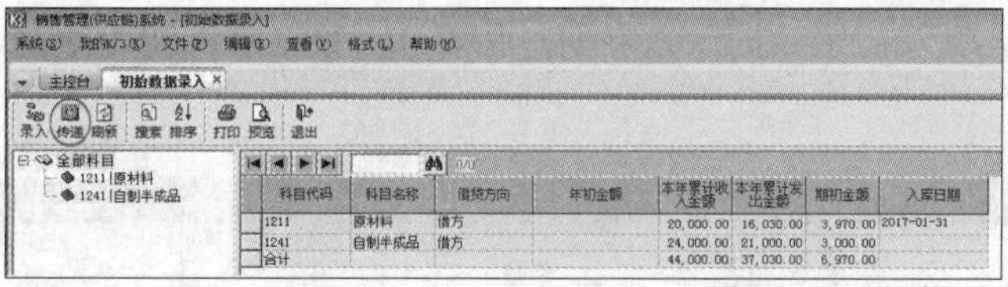

图 4-10

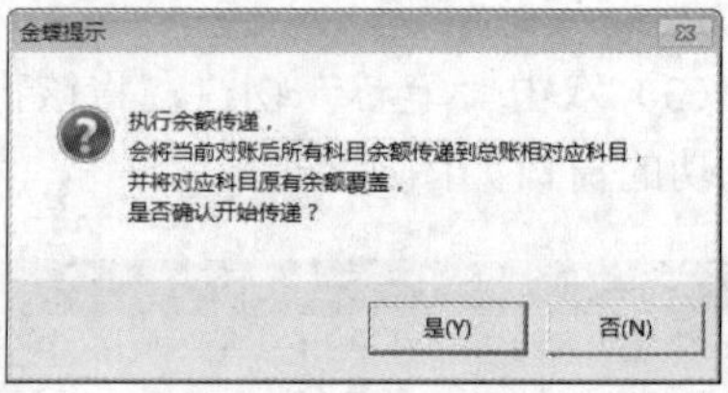

图 4-11

单击“是”按钮，则系统将初始数据传递到总账系统。单击“录入”按钮，返回初始数据录入状态。

3．录入启用期前的未核销销售出库单

此功能是录入销售管理系统启用期间前已经开具销售出库单，但是尚未开出销售发票的单据，录入本单据是为方便以后系统进行发票的核销处理工作。

（1）单击“系统设置”→“初始化”→“销售管理”，双击“录入启用期前的未核销销售出库单”，系统弹出“条件过滤”对话框，如图 4-12 所示。

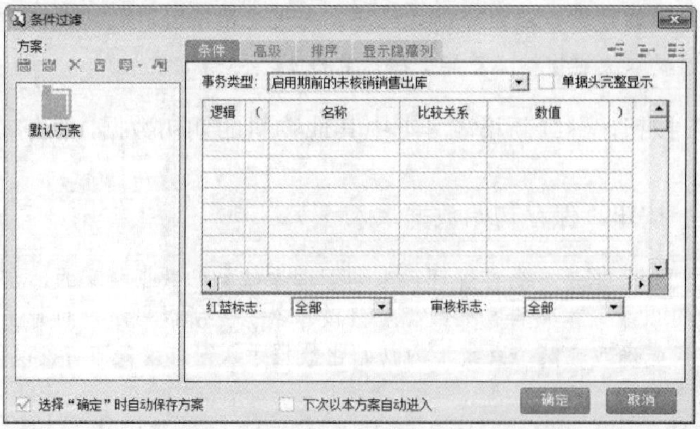

图 4-12

（2）可以设置过滤的单据条件，在此保持默认值，单击“确定”按钮，系统进入启用期前的未核销销售出库单界面，如图 4-13 所示。

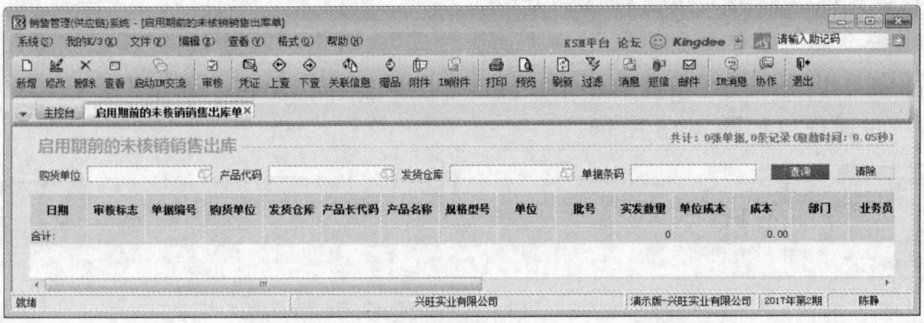

图 4-13

在单据管理界面可以进行“未核销销售出库”的新增、修改和删除等操作。具体操作方法可以参照本章后面的“销售出库单”小节。

4．启动业务系统

此功能是指业务系统的所有初始化数据录入完成，可以结束初始化工作，一经启动业务系统后，不能再进行初始化数据录入工作，只有“反初始化”后才能录入初始化数据。单击“系统设置”→“初始化”→“销售管理”，双击“启动业务系统”，系统弹出“金蝶提示”对话框，如图 4-14 所示。在此单击“是”按钮，启动业务系统。

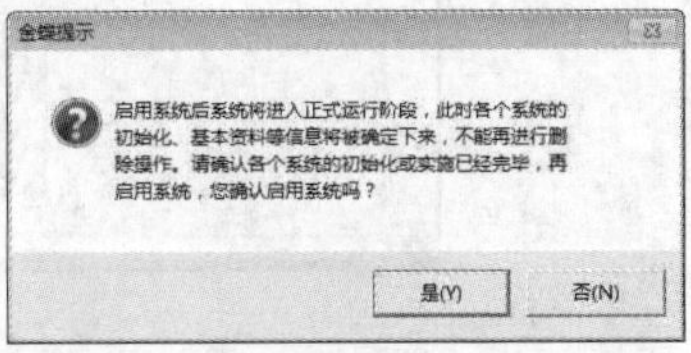

图 4-14

注　此功能是针对所有业务系统的，即销售管理系统与仓存管理和采购管理系统在同一个启用期间使用时，必须在仓存管理和采购管理系统录入正确初始化数据后，才能启动业务系统，否则，在此一经启动后，则仓存管理和采购管理系统的初始化数据无法继续录入。反之，若销售管理系统单独使用，则不受此限制。

4.2.2　基础资料

基础资料是以后系统填制单据和查询报表的重要组成部分，只有正确填制基础资料，在以后系统使用过程中才能顺利引用数据。系统分为公共资料和销售管理基础资料两种，公共资料是必须设置项目，销售管理基础资料则根据管理要求判断是否进行设置。

- 公共资料。科目、币别、计量单位、客户、部门、职员、物料、仓库，公共资料是本系统所涉及的基础资料，必须设置，否则在进行单据处理时会受到相应的限制。公共资料设置方法请参照第 3 章“公共资料设置”。
- 销售管理基础资料。金蝶 K/3 系统为用户提供“公共资料”的同时，又针对单独模块提供了设置该模块“基础资料”的功能。销售管理基础资料有收款条件、价格资料维护、批号管理维护、信用管理维护、VIP 管理维护、折扣方案维护、客户物料对应表、备注资料、条形码规则、条形码关联、客户 BOM 和批号对应表、物料辅助属性、序列号管理、存量管理、组装件 BOM 录入和维护。

1．收款条件

收款条件是进行销售业务时对客户应收款事项的约定，如出货后 15 天、出货后 30 天、月结

15 天等收款条件。当收款条件设置后，在客户档案中的“应收应付”选项卡中关联收款条件，这样在录入销售出库和销售发票时，可以根据预先设置的收款条件计算出该笔业务的应收款日期，从而方便应收款提醒或财务人员进行账龄分析。

单击“系统设置”→“基础资料”→“销售管理”，双击“收款条件”，系统进入收款条件界面，在该界面中可以进行收款条件的新增、修改和删除操作。单击“新增”按钮，系统进入“收款条件-新增”对话框，如图 4-15 所示。

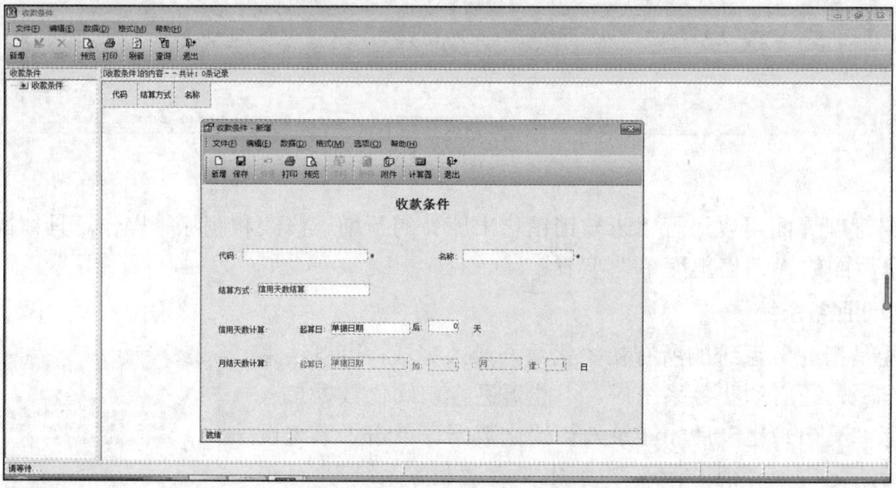

图 4-15

- 代码。代码是录入收款条件编码。
- 名称。名称是收款条件名称，如“出货后 15 天”。
- 结算方式。结算方式是指收款日期的计算方式。选择“信用天数结算”时，只能在“信用天数计算”下设置计算条件；选择“月结天数结算”时，只能在“月结天数计算”下设置计算条件。
- 信用天数计算方式起算日。计算起始日期点，选择单据日期，则起算日期为单据日期；选择单据月末日期，则起算日为单据上日期所在月的最后一天。
- 信用天数计算方式后（ ）天。表示在“起算日”条件下后多少天，可录入大于等于 0 的整数，不能录入其他类型值。默认为 0。
- 月结天数计算方式起算日。计算起始日期点。选择单据日期，则起算日期为单据日期；选择单据月末日期，则起算日为单据上日期所在月的最后一天。
- 月结天数计算方式加（ ）月。表示在起算日基础上加多少月或多少天，日期单位可下拉框选择月或天，默认为月。加（ ）月（或天）可录入大于 0 的整数，系统默认为 1。
- 月结天数计算方式逢（ ）日。录入 1～31 的数字，系统默认为 1；如果录入的日期当月没有这个日期，则默认为当月最后一天。

2. 价格资料维护

价格资料维护是针对不同客户、不同销售订单量的销售单价资料进行维护。例如：深圳科林购买笔时，订单量为 0～1 000 支时，单价是 2 元，1 001～5 000 支时，单价是 1.90 元；而东莞丽明购买笔时，订单量为 0～1 000 支时，单价是 2.10 元，1 001～5 000 支时，单价是 2.05 元。

当价格资料维护好后，在录入销售报价单和销售订单时，系统会根据客户信息和订单量信息，自动从价格资料中提取销售单价。如果系统识别无此客户的价格资料，则单价需要操作员手工录入，这样可省去手工录入单价的麻烦。当同一客户、同一订单量范围的单价经常变化时，不建议使用“价格资料维护”。

（1）单击“系统设置”→“基础资料”→“销售管理”，双击“价格资料维护”，系统弹出条件“过滤”对话框，保持默认过滤条件，单击“确定”按钮，系统进入价格方案序时簿界面，如图 4-16 所示。

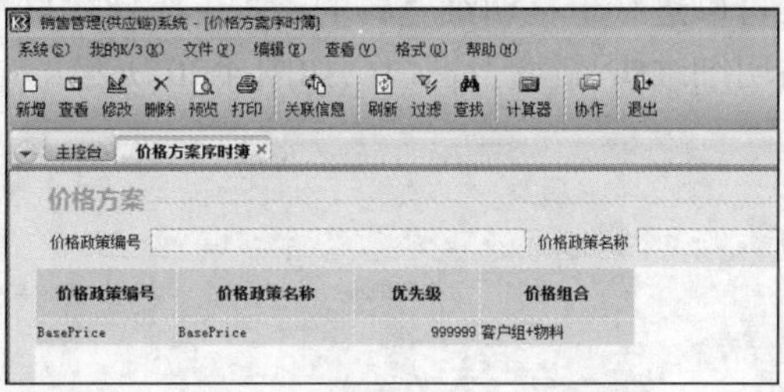

图 4-16

（2）在价格方案序时簿界面，可以进行价格方案的新增、查看和修改等操作。单击“新增”按钮，系统进入“价格方案维护”对话框，如图 4-17 所示。

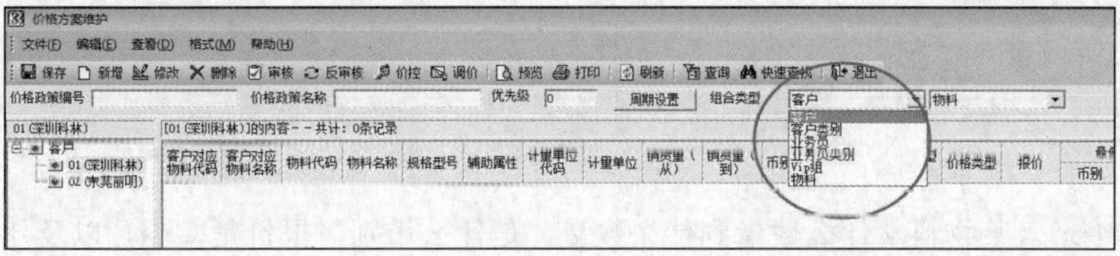

图 4-17

- 价格政策编号。录入新增价格方案的编号。
- 价格政策名称。录入新增价格方案的名称。
- 优先级。设置本价格方案的优先级别。
- 周期设置。如果价格方案需要进行“周期控制”，则单击“周期设置”按钮，系统弹出“周期设置”对话框，如图 4-18 所示。

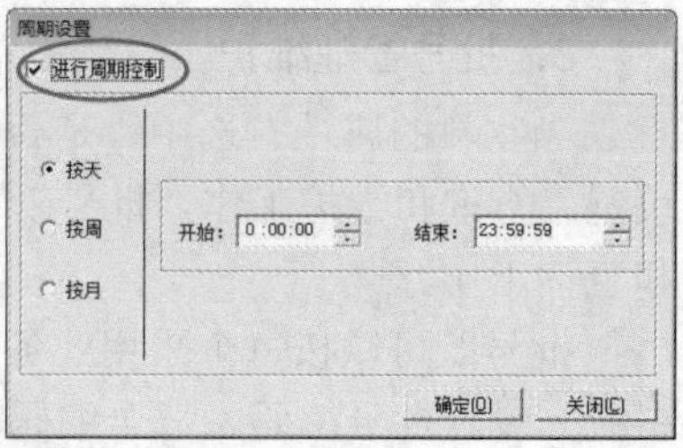

图 4-18

在“周期设置”对话框，可以设置本价格是每天几点开始，几点结束；或者是一周中的某天的几点开始，几点结束；或者是每月的第几天或第几周的几点开始，几点结束。

- 组合类型。可以针对客户与物料、客户类别与物料、业务员与物料等多种组合方式进行价格方案设置。例如选择业务员和物料组合方式，则设置价格方案时要求先选择“业务员”，然后再选择某物料由该业务员销售时的价格是多少。

在进行价格资料维护时，必须对以上项目进行设置后方可录入价格资料。例如，“价格政策编号”录入“01”，“价格政策名称”录入“客户价格”，“优先级”保持默认值，“组合类型”选择“客户”“和物料”，单击“保存”按钮，保存政策信息，如图 4-19 所示。

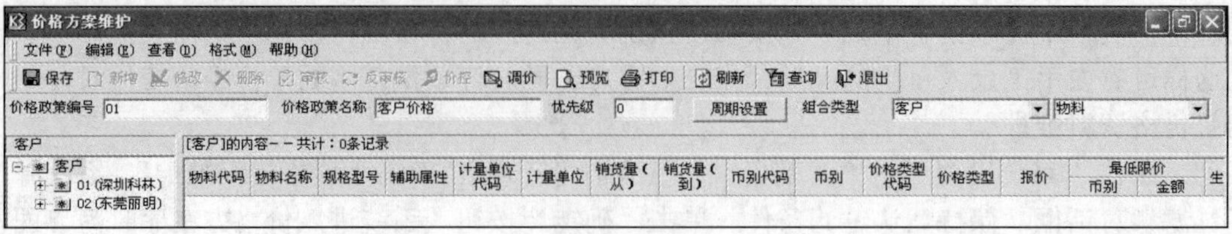

图 4-19

价格政策信息保存后，可以进行价格明细资料的维护。选择客户下的“深圳科林”，单击“新增”按钮，系统进入“价格明细维护-新增”窗口，如图 4-20 所示。

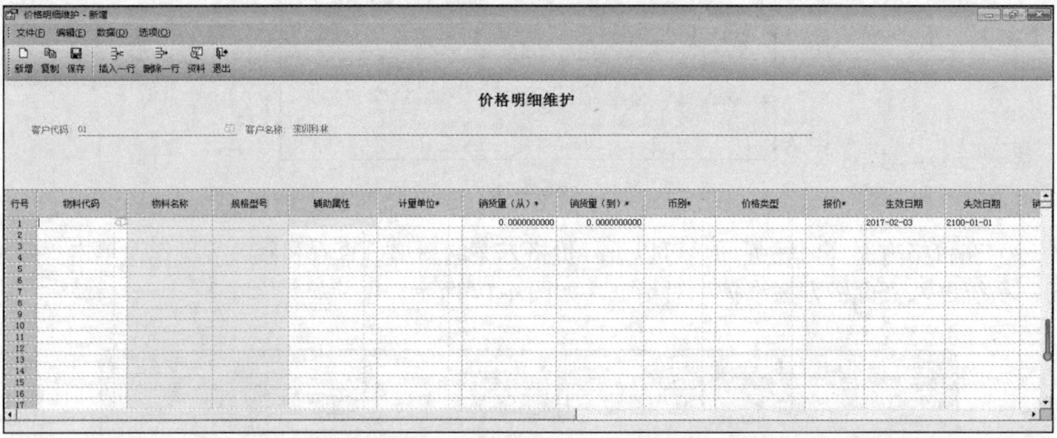

图 4-20

在表单中录入某物料从什么数量到什么数量，是什么币别，报价是多少，以及什么日期生效和什么日期失效等，录入完成单击“保存”按钮即可。一个表单可以录入多个价格明细，即在同一表单中可以同时录入同一物料不同数量段的报价情况。

3．批号管理维护

当物料的属性有选中“是否采用业务批次管理”时，在“批号管理维护”中对其进行批号的设置、查询和维护工作。批号管理在初始化阶段或正常阶段，都可以进行批号规则的设置、维护和查询工作。

批号既可以按每个采用业务批次管理的物料分别设置批号编码，也可以按每组物料或全部物料统一设置批号编码。每个编码设置又可以包括多个属性的确定，如当前往来单位、当前物料、日期等，这样就可以携带单据上多种不同信息，实现了编码的自定义设置。

（1）单击“系统设置”→“基础资料”→“销售管理”，双击“批号管理维护”，系统进入“批号管理”窗口，如图 4-21 所示。

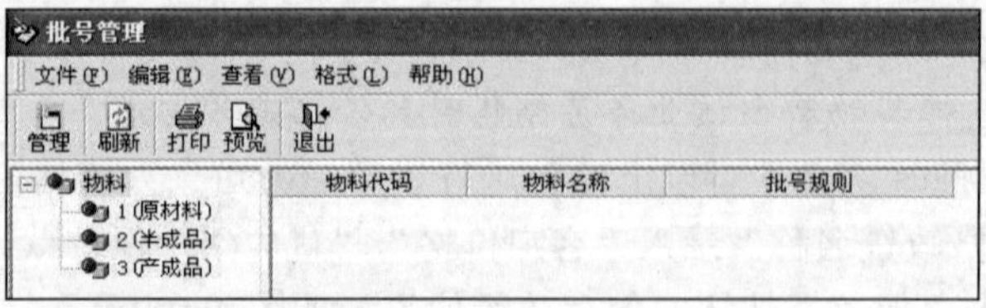

图 4-21

（2）批号设置可以按物料类别和单个物料进行设置，选中要进行设置的物料类别或明细物料，单击工具栏上的“管理”按钮，系统弹出“批号管理—编码设置”对话框，如图 4-22 所示。

（3）设置“编码级次”是几次级别组成，然后再到级次明细中设置每一级次由什么属性组成，以及格式、长度和补位符等内容。设置注意事项请注意对话框下部的提示。

（4）单击“选项”选项卡，切换到选项界面，如图 4-23 所示。

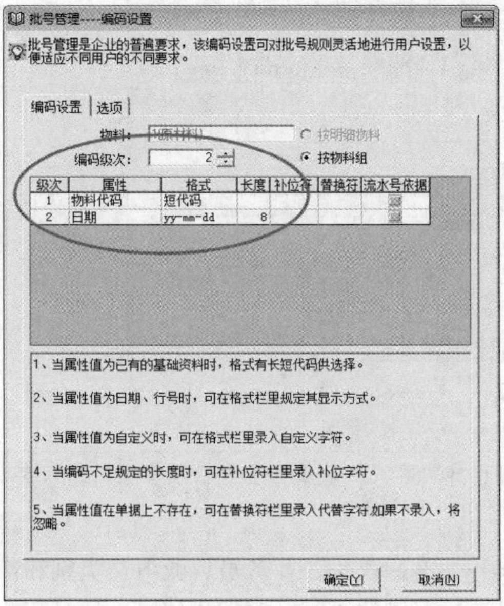

图 4-22

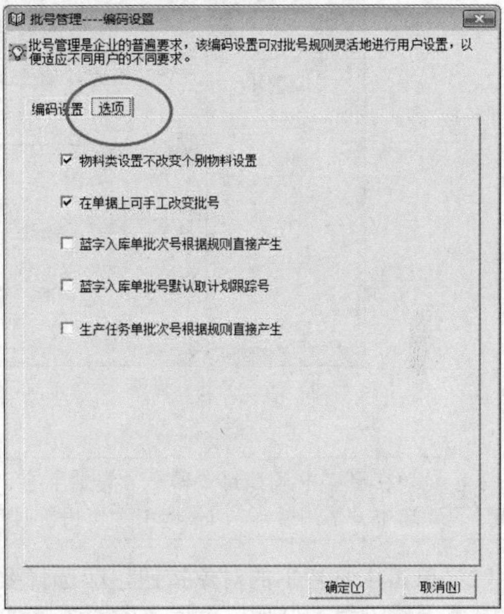

图 4-23

- 物料类设置不改变个别物料设置。选中该选项，进行物料类的编码设置时，系统会检查该类物料中是否有个别设置、不同于其他物料的批号设置，如果有，则保持其个别设置；不选中该选项，则按物料类设置的编码规则更新本类全部物料。
- 在单据上可手工改变批号。选中该选项，在单据有批号规则也可以手工改变批号；反之则不可以。
- 蓝字入库单批次号根据规则直接生成。在选中该选项时，表示在蓝字入库单据（外购入库、委外入库、产品入库、其他入库、虚仓入库、盘盈入库、收料通知单、受托材料入库）上录入物料时、系统将根据批号规则自动直接生成批号信息；不选中该选项时，以上单据录入时则需要先在单据对应字段按 F3 功能键才能触发产生批次信息。

（5）单击“取消”按钮，本账套不需要进行批次管理。

4．信用管理维护

信用管理是针对应收账款的信用时间和额度管理，主要对象包括客户（客户类别）、职员（职员类别）和部门销售进行设置。在日常业务处理时，当所设置信用管理的对象超过设置的信用额度、信用天数时，系统会弹出提示对话框，这样可以达到防止坏账的产生、降低企业风险功能的目的。例如：“深圳科林”客户的信用额设置为 5 万元时，尚有 1 万元余款未收回，当以后该客户发生的业务款加上尚未收回余款超过 5 万元时，系统会弹出提示对话框。

要进行信用管理的前提是，在录入管理对象的基础资料时，一定要选中“启用信用管理”。当在供应链系统中要使用客户信用管理时，应先启用应收款管理系统，当用户使用信用管理时，系统检测应收款管理系统是否结束初始化，并给予如下提示：“应收款、应付款管理系统尚未结束初始化，建议最好在应收款、应付款管理系统结束初始化后再使用信用管理”。

（1）单击“系统设置”→“基础资料”→“销售管理”，双击“信用管理维护”，系统进入信用管理界面，如图 4-24 所示。

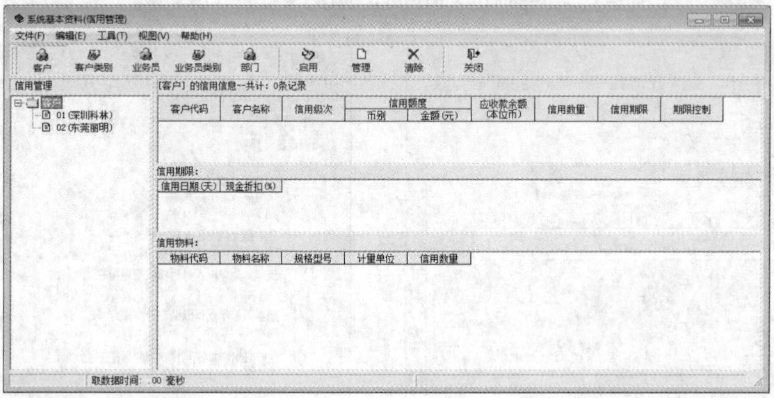

图 4-24

注　如在窗口中只看到“客户”类别下有“深圳科林”客户，表示在客户档案管理时，只有该客户选中“信用管理”，未选中“信用管理”者，在此不会显示。

（2）单击工具栏上的对象按钮，即选择要对客户、客户类别、业务员、业务员类别和部门中某个对象进行设置。例如，单击“客户”按钮，再选择左侧的“01（深圳科林）”，这时右侧会显示该客户的信用设置记录，双击该记录，系统弹出“信用管理”设置窗口，如图 4-25 所示。

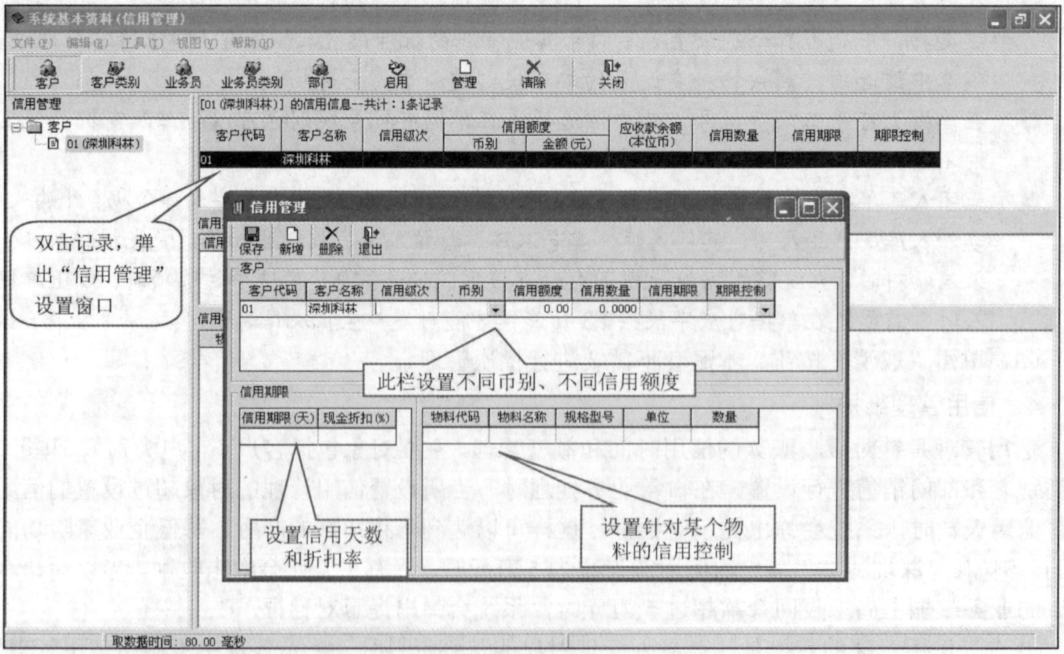

图 4-25

（3）在“信用管理”窗口设置好信用管理信息后，单击“保存”按钮保存设置。单击“退出”按钮返回信用管理界面，选中已设置好信用管理的对象；单击工具栏上的“启用”按钮，将所设置的信用管理进行启用。反之，当该对象不再进行信用管理时，单击“启用”按钮可以禁用信用设置。

5．VIP 管理维护

在商业零售领域中，商业企业经常会通过发行优惠卡、会员卡等方式（即泛指的 VIP）培养消费者的忠诚度和刺激消费者的消费能力，同时提升自己的企业竞争力。持有此类优惠凭证的消费者在购物等各方面会比一般消费者获得更多的实惠和利益，这种业务模式在会员店中表现得尤为突出。而且商家通过分析会员所登记的信息以及消费记录等内容可以很好地了解和把握消费者的消费倾向和趋势，从而灵活调整自己的品类结构和促销政策，有效进行决策，以更好地适应消费者需求和提升市场占有率。

（1）单击“系统设置”→“基础资料”→“销售管理”，双击“VIP 管理维护”，系统进入“VIP 管理”查询窗口，如图 4-26 所示。

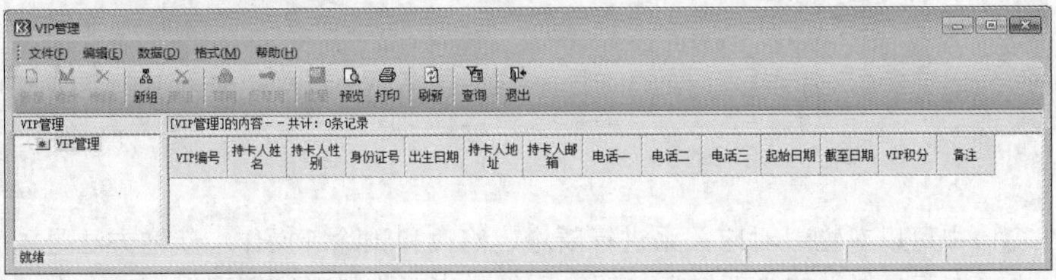

图 4-26

（2）在“VIP 管理”查询窗口可以进行 VIP 信息的新增、查询和删除等操作。第一次使用时必须建立一个组别，单击“新组”按钮，系统弹出“VIP 组”对话框，如图 4-27 所示。在对话框中录入组别编号、名称、有效期间、规则等信息。设置完成单击“确定”按钮保存设置并返回“VIP 管理”查询窗口。

（3）当要新增 VIP 客户信息时，先选择左侧的“组别”，再单击工具栏上的“新增”按钮，系统弹出“VIP 管理-新增”对话框，如图 4-28 所示。在“VIP 管理-新增”对话框中录入 VIP 客户信息后

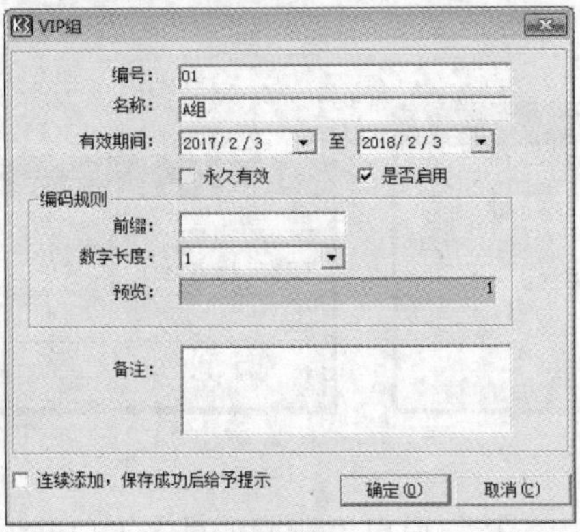

图 4-27

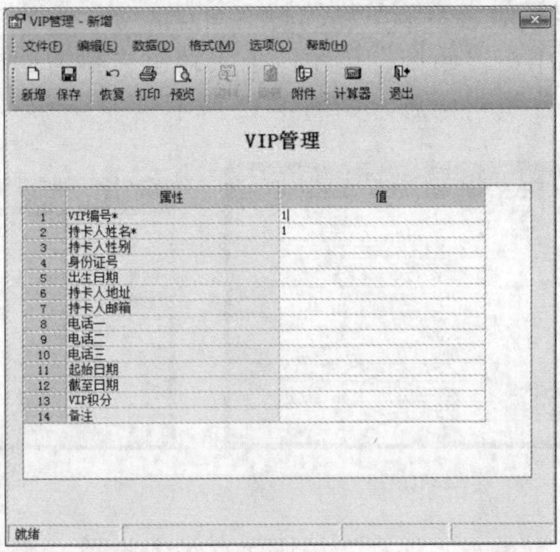

图 4-28

单击“保存”按钮即可。

6．折扣方案维护

折扣方案维护是设置客户订单量在不同数量段时的折扣率，设置方法可以参照“价格资料维护”功能。

7．客户物料对应表

客户物料对应表是设置公司内部产品物料名称与不同客户名称的对应关系，当客户所下达的订单为客户名称时，能快速知道其物料名称与本公司何种物料相对应。例如，“3.01 笔”是公司内容定义，而客户称之为“原子笔”。

（1）单击“系统设置”→“基础资料”→“销售管理”，双击“物料对应表维护”，系统进入“物料对应管理”查询窗口，如图 4-29 所示。

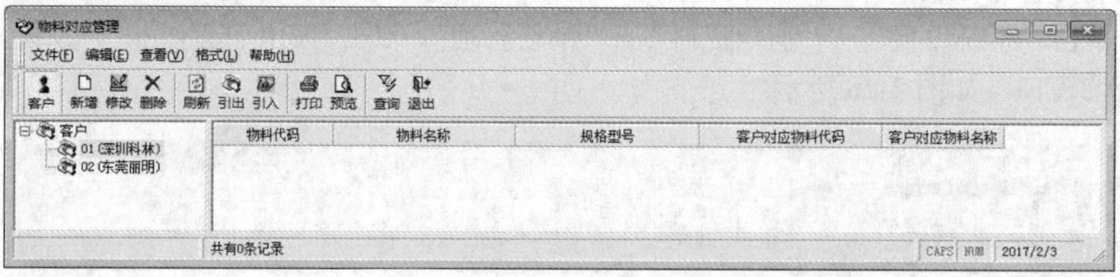

图 4-29

（2）在窗口中可以对物料对应关系进行新增、修改和删除等操作。新增方法是：先选中左侧客户信息，再单击工具栏上的“新增”按钮，系统弹出“物料对应管理”窗口，在“物料代码”处按 F7 功能键获取“3.01 笔”物料信息，然后再录入“客户对应物料代码”和“客户对应物料名称”，如图 4-30 所示。最后单击“保存”按钮保存设置。

8．备注资料

在系统中进行单据处理时，可能需要经常对单据进行备注说明，以增加单据信息的透明度，特别是使用频率较高的同一个备注资料就可以建立一个备注档案，以供录入单据时引用。

（1）单击“系统设置”→“基础资料”→“销售管理”，双击“备注资料”，系统进入“系统基础资料（备注）”管理窗口，如图 4-31 所示。

（2）在“系统基础资料（备注）”管理窗口可以进行备注资料的新增、修改、删除和复制等操作。单击“新增”按钮，系统弹出“新增项目”窗口，在代码处录入备注资料的代码，名称处录入备注资料信息，如图 4-32 所示。

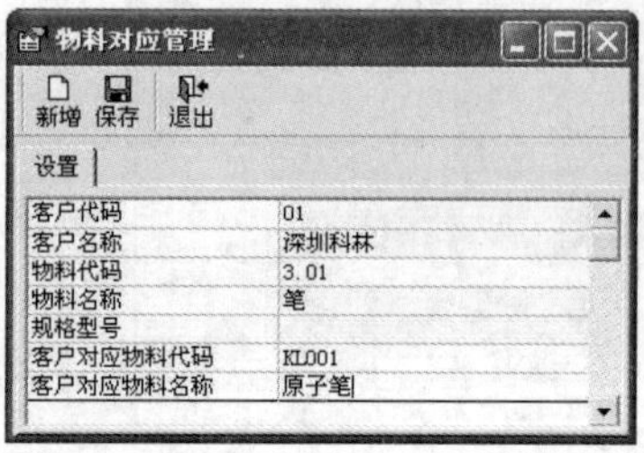

图 4-30

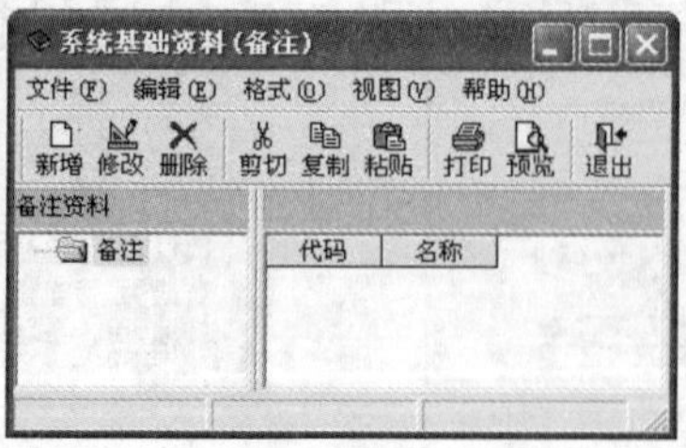

图 4-31

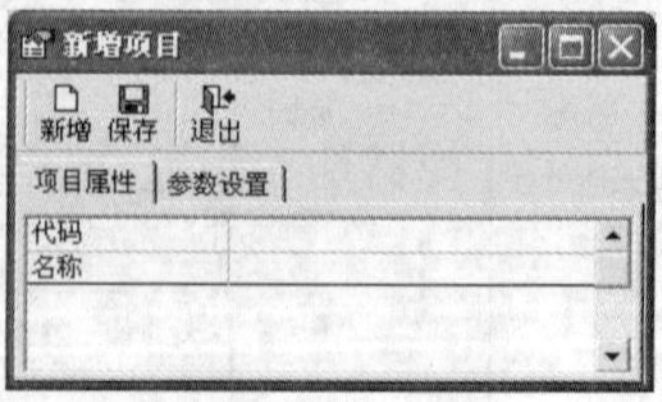

图 4-32

（3）单击“保存”按钮保存录入设置，单击“退出”按钮退出“新增项目”窗口并返回“系统基础资料（备注）”管理窗口，可以查看到刚才所新增的档案。

管理窗口中的修改、删除和复制等按钮，读者可自行练习按钮功能。

9．条形码规则、条形码关联

条形码规则是对系统中的“物料”的条形码进行规则定制。条形码关联是针对什么类型的单据设置使用哪种类型的条形码规则。由于本书账套不涉及条形码，在此有关条形码的功能不详述。

10．客户 BOM 和批号对应表

该功能是设置客户的 BOM 与销售订单和批号的对应关系，使用本功能的前提是：①在系统设置中必须选中“启用订单批次跟踪”功能；②只对配置类物料起作用，不能对其他类型的物料进行设置；③在生产数据管理模块有录入客户 BOM。

（1）在“客户 BOM 和批号对应表”管理窗口，单击“新增”按钮，系统弹出“客户 BOM 批次对应表信息”窗口如图 4-33 所示。

（2）在窗口获取要设置对应关系的物料代码，录入销售订单编号、客户 BOM 编号和批号，并根据情况是否禁用本记录，设置完成单击“保存”按钮保存设置。

修改、删除和禁用等按钮，请读者自行练习。

11．物料辅助属性

在前面章节已经讲述了“物料”属性的管理方法。当企业有特殊需求，在原有物料属性不能满足时，可以进行新增辅助属性，能达到更多的管理要求。

单击“系统设置”→“基础资料”→“销售管理”，双击“物料辅助属性”，系统进入“物料辅助属性管理”窗口，如图 4-34 所示。

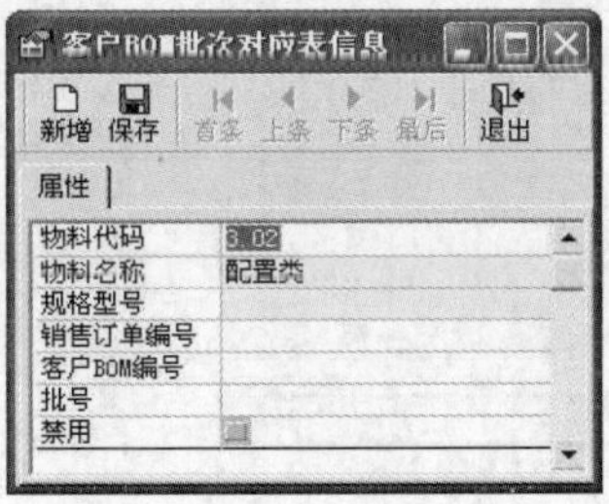

图 4-33

图 4-34

进行辅助属性设置的方法：先在基本类或者组合类中新增辅助属性项目，再对某个物料类别进行属性设置，以设置某个物料类别下的物料要什么类型的辅助属性。

12．序列号管理

在工商业企业特别是某些行业，如汽车、电器、手机、计算机等（一般表现为单件物料价值高、产品的技术含量高以及需要提供较多或较长期的售后服务），从业务操作层面上能够实现每一单品的流动全过程跟踪。作为单品标示的序列号就可以作为切入单品管理的落脚点。通过对序列号的管理，不仅可以实现对于物料的流向跟踪和严密售后体系的维护，增强了每一笔业务的清晰性和透明度，还可以在管理层面上通过序列号实现对企业分销渠道和运作平台的管理控制。

为满足用户对单品管理的要求，金蝶K/3系统实现基于序列号的单品管理功能。在系统中，用户可以根据自己的需要和要求对序列号的形成机制和类别属性进行个性化设置，同时通过对序列号状态的控制，紧密衔接了实际的单品流通业务路径和系统整体应用流程，实现了物流动向的有出必有进，出入相对照原则。

单击“系统设置”→“基础资料”→“销售管理”，双击“序列号管理”，系统进入“序列号管理”管理窗口，如图4-35所示。

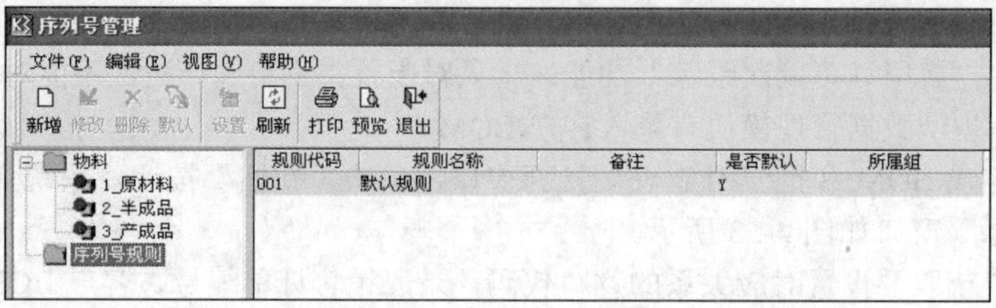

图4-35

序列号管理的方法：先设置“序列号规则”，再设置某物料类别采用何种序列号规则。

13. 存量管理

存量管理是针对某项物料在某个仓库中的存量进行检查，以及时地了解物料的即时存量情况，根据生成的检查表可以生成调拨单和采购申请单。

（1）单击“系统设置”→“基础资料”→“销售管理”，双击“存量管理”，系统进入“存量管理”窗口，如图4-36所示。

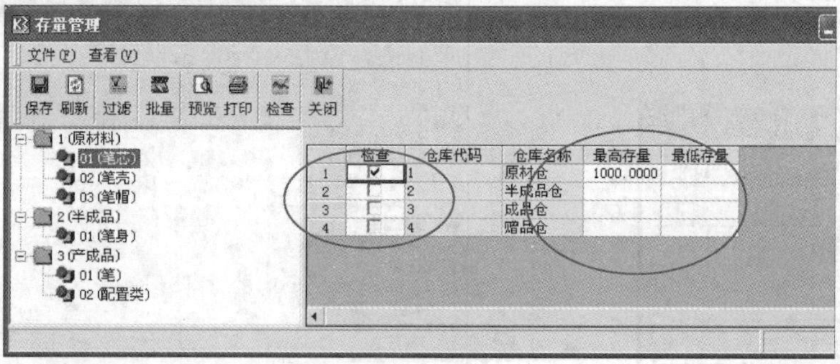

图4-36

（2）在“存量管理”窗口，先在左侧选择要检查的物料名称，再选择要进行检查的仓库名称，并录入每一仓库要检查的最高存量和最低存量，单击“检查”按钮，系统弹出“存量检查”结果窗口，如图4-37所示。

（3）在“存量检查”窗口选择检查结果，单击“生成调拨单”“生成采购申请单”按钮可以进行相应单据处理。

14. 组装件BOM录入和维护

本功能是BOM的建立过程，建立方法参照后面的内容。

4.2.3 销售管理系统设置

销售管理系统设置是针对本系统的一些控制进行设置，如对单据打印是否控制及单据编码的自定义格式等进行设置。

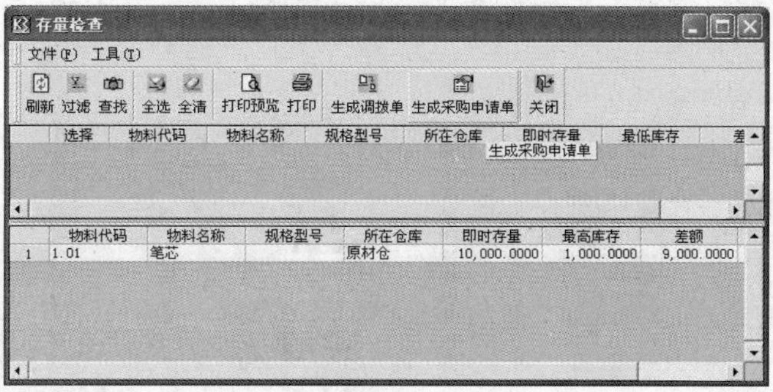

图 4-37

1. 单据类型

单据类型是为对业务单据进行细分类，以最大限度地利用单据来实现实际工作中复杂的业务处理而设置的。目前系统主要应用于对其他入库单和其他出库单的分类管理，因为在企业实际业务中，不属于主要业务处理的货物入库、出库会使用其他入库单和其他出库单来完成。但是，各种业务虽然都非采购或销售的主要业务类别，但它们之间的区别还是比较明显的，“其他”有着非常丰富的含义。为了进一步细分业务处理类型，提高对业务信息的掌握程度，特提供该项设置。

单击“系统设置”→“系统设置”→“销售管理”，双击“单据类型”，系统进入“系统参数维护”窗口，选择左侧“单据类型”项目，系统将显示预设类型，单击“新增”按钮，系统弹出“单据类型”设置窗口，如图 4-38 所示。

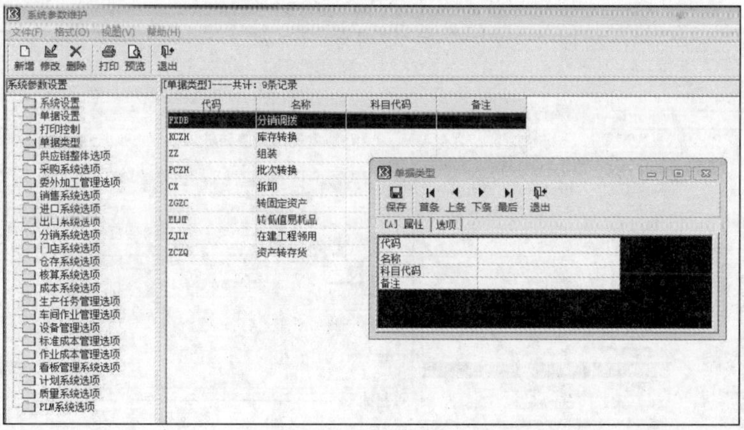

图 4-38

在“单据类型”设置窗口录入代码和名称，并设置该类型所涉及的科目代码和备注，设置完成后单击“保存”按钮即可。

2. 打印控制

打印控制是针对每个单据的打印次数进行限制。这是为了避免单据重复打印，同时限制业务单据的处理范围，将资料取得置于可控范围。

单击“系统设置”→“系统设置”→“销售管理”，双击“打印控制”，系统进入“系统参数维护”窗口，选择左侧“打印控制”项目，系统将显示可以进行打印控制次数的单据，如选中“销售订单”，单击“修改”按钮，系统弹出“修改打印次数限制”设置窗口，如图4-39所示。

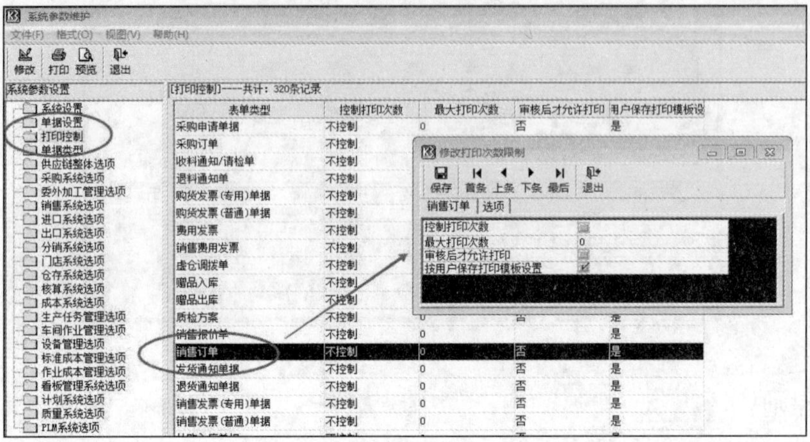

图4-39

选中“控制打印次数”，表示进行控制，反之表示不控制；“最大打印次数”栏录入具体打印次数。设置完成单击“保存”按钮即可。

3．单据设置

单据设置是对系统内单据的编码格式进行设置。

（1）单击“系统设置”→“系统设置→”“销售管理”，双击“单据设置”，系统进入“系统参数维护”窗口，选择左侧“单据设置”项目，系统将显示可以进行单据设置的单据，选中“销售订单”，单击“修改”按钮，系统弹出“修改单据参数设置”窗口，如图4-40所示。

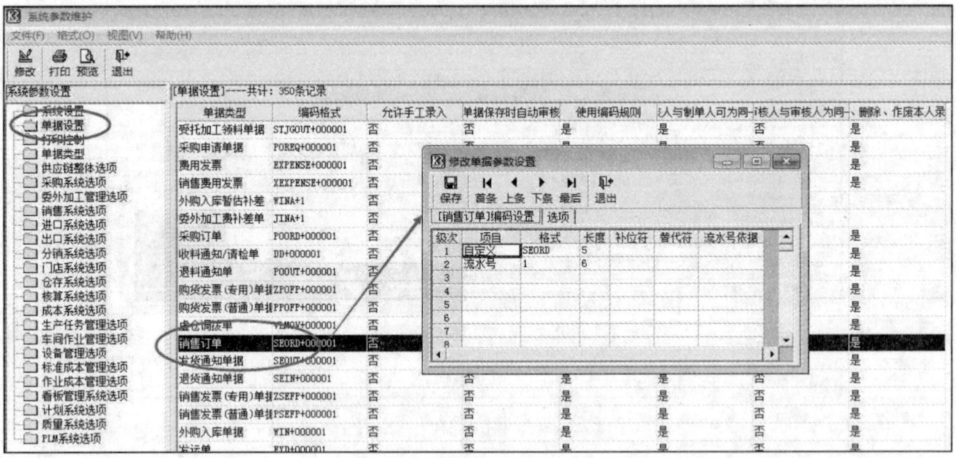

图4-40

在“[销售订单] 编码设置”选项卡中，可以自由设置每一级次的编码格式，单击级次中的“项目”栏，系统提供多种编码定义，可以选择自定义、日期、部门和流水号等多种项目，选择相应项目后，必须录入项目格式、长度、补位符和替代符内容。编码设置成功后，在单据录入时系统会自动代入所设置的编码。

（2）单击“选项”选项卡，切换到选项界面，如图4-41所示。

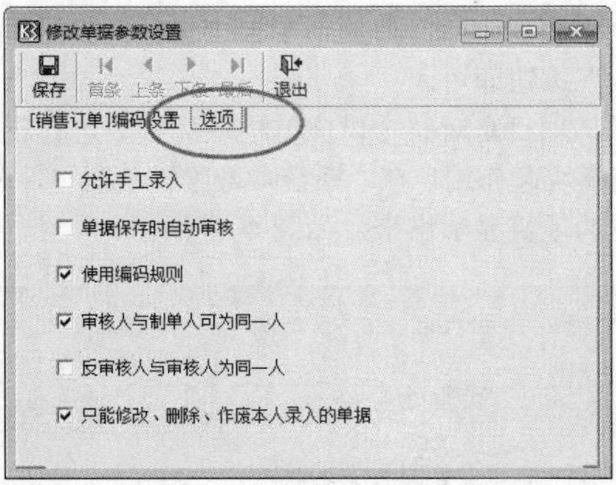

图 4-41

- 允许手工录入。选中该项，则单据编码可以手工自由录入；反之，只能由系统生成。
- 单据保存时自动审核。选中该项，单据一保存就默认自动审核；反之，由手工审核。
- 使用编码规则。选中该项，录入单据时使用设置好的规则进行编码生成；反之，由手工录入编码。

（3）单据参数设置完成，单击“保存”按钮保存设置并返回“系统参数维护”窗口，若继续修改其他单据编码格式，选中右侧相应单据后，单击“修改”按钮即可。

> 注　为保证系统内同一单据类型的编码一致，建议单据参数设置在初始化设置时就设置好，以免已经录入部分单据后，再返回修改单据参数，造成编码格式的混乱。

4．系统设置

系统设置是针对要使用到的模块进行参数设置，以最大限度地满足企业管理要求，如审核人与制单人是否能为同一人、公司名称和专用发票精度等设置。系统设置需要对以下 3 项进行设置。

（1）系统设置。该项目是设置本账套的一些基本信息，如公司名称、地址和专用发票精度等信息。单击“系统设置”→“系统设置”→“销售管理”，双击“系统设置”，系统进入“系统参数维护”窗口，选择左侧“系统设置”项目，系统将可以进行设置的项目显示出来，选中“公司地址”项目，单击“修改”按钮，系统弹出“修改系统参数设置”窗口，如图 4-42 所示。

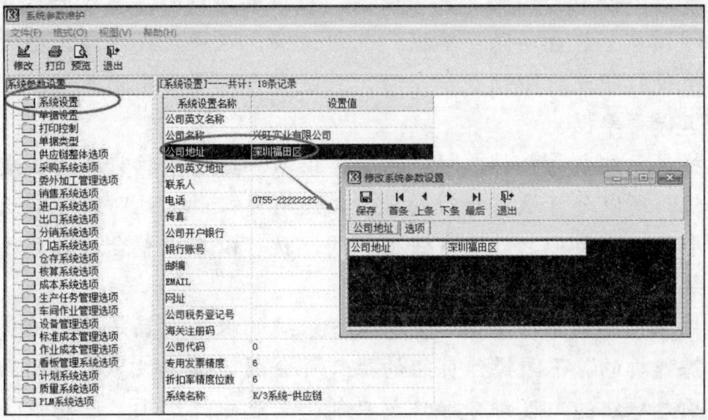

图 4-42

在“修改系统参数设置”窗口中修改好后，单击“保存”按钮保存设置。若要继续修改其他项目，选中后，单击“修改”按钮即可。

（2）供应链整体选项。该项目是对整个供应链模块的参数进行设置，即该设置对销售模块起作用，同时也对其他供应链模块起作用。在“系统参数维护”窗口，选择左侧“供应链整体选项”项目，系统将可以进行设置的项目显示出来，如图 4-43 所示。

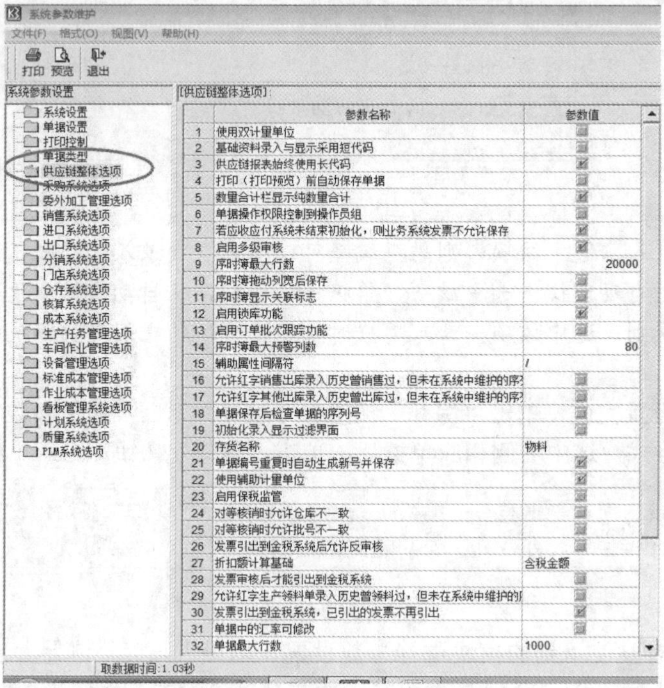

图 4-43

- 使用双计量单位。选中该项，在单据中显示主计量单位和数量，同时显示辅助单位和辅助数量；反之，只显示主计量单位。
- 基础资料录入与显示采用短代码。选中该项，则基础资料录入时显示短代码，如录入“3.01 笔”时，代码处只会显示“01”；反之，代码处只会显示“3.01”长代码。
- 供应链报表始终使用长代码。选中该项，在报表查询时，显示长代码。
- 打印（打印预览）前自动保存单据。选中该项，在录入或修改单据时，若单据处于未保存状态，执行打印或打印预览命令时，系统会自动保存当前单据；反之，打印单据后仍然需要手工保存单据。
- 数量合计栏显示纯数量合计。同一张单据录入和显示的物料因为性质的不同而采用不同的计量单位，所以合计这些物料的数量是没有意义的，此时就不应选中该选项；而有的企业物料质检性质类似、计数方法也相同，就可以在数量合计栏显示纯数量合计，以满足一定的统计需要。
- 单据操作权限控制到操作员组。金蝶 K/3 系统的权限设置是按操作员组来区分不同部门或岗位的操作员的。不同操作员组的操作员会因为工作性质的不同而处理不同的业务单据。该选项是从组的角度细分操作员功能，若选中此选项，则对业务单据的权限控制到操作员组，即系统会在查询序时簿时，对按其他条件已过滤出的单据再进行一次过滤，过滤的条件是只显示当前操作员所在组的所有操作人员的单据，若某操作员隶属于多个组，则包括多个组中所有操作人员所录的单据。系统管理员组的用户不受此选项的限制，仍自动拥有所有的权限。

- 若应收款、应付款管理系统未结束初始化，则业务系统发票不允许保存。当业务模块与财务模块连接使用时，如采购管理系统与应付款系统、销售管理系统与应收款系统都存在着紧密的联系，在发票的处理和客户的管理方面也是完整的整体，若要完整实现这种一致，则必须保证应收款、应付款管理系统已先于业务系统启用。选中该项，则应收款系统和应付款系统不启用，就不允许采购管理系统和销售管理系统保存发票。若不需要与应收款、应付款管理系统保持同步，可不选中该选项。如果应收款、应付款管理系统未结束初始化，则发票即时保存只能保存在供应链系统中，而不能反映到应收应付系统中。
- 启用多级审核。对业务单据进行多级审核管理是很多企业管理用户的要求，如某单据需要部门主管先审核，再由部门经理审核，最后由总经理审核后才能执行。金蝶 K/3 系统提供多级审核功能，选中该项，则可以实现用多级审核管理模块进行操作；反之，则普通审核即可执行。

注　选中“启用多级审核”后，多级审核管理中设置的审核程序才会起作用。

- 序时簿最大行数。设置查询序时簿每一页的最大行数。
- 序时簿拖动列宽后保存。选中该项，当序时簿列宽发生变化时，系统保存列宽变化；反之，对序时簿列宽拖动不进行保存。
- 序时簿显示关联标志。选中该项，在序时簿中可以显示关联标志；反之，不显示。
- 启用锁库功能。选中该项，可以对销售订单和投料单使用的物料进行锁库功能；反之，对物料不进行锁库。

注　当账套存在锁库记录时该选项不能修改，只能选中。只有锁库记录为空时，该选项才能修改。

- 启用订单批次跟踪功能。选中该项，可以对客户 BOM 和批号对应表进行维护，并且在即时库存查询、库存台账和物料收发汇总表中按客户 BOM 进行过滤；当用户不选中该选项时，不能对客户 BOM 和批号对应表进行维护，并且在即时库存查询、库存台账和物料收发汇总表中不提供按客户 BOM 进行过滤。
- 序时簿最大预警列数。用户根据实际情况可以修改序时簿预警的最大列数；当在序时簿显示时，如果序时簿过滤的数据超过设置显示的最大列数，系统将会给予提示。
- 辅助属性间隔符。当物料辅助属性设置组合属性时，当组合属性的名称由系统自动生成时，基本辅助属性值将以此处设置的分隔符分开，分隔符可为“/”“-”“,”“.”，系统默认为“/”。
- 允许红字销售出库录入历史曾销售过，但未在系统中维护的序列号。在不选中该选项的情况下，即严格按序列号进行跟踪的条件，对进行序列号管理的物料，出库只能出在库的序列号，出库后退回入库只能退已出库的序列号，退购出库只能退在库的序列号。在选中该选项的情况下，对进行序列号管理的物料，出库只能出在库的序列号，出库后红字销售出库单可以退已出库的序列号，也可以直接作为新序列号入库，退购出库只能退在库的序列号。
- 允许红字其他出库录入历史曾出库过，但未在系统中维护的序列号。在不选中该选项的情况下，即严格按序列号进行跟踪的条件下，对进行序列号管理的物料，出库只能出在库的序列号，出库后退回入库只能退已出库的序列号，退购出库只能退在库的序列号。

在选中该选项的情况下，对进行序列号管理的物料，出库只能出在库的序列号，出库后红字销售其他出库单可以退已出库的序列号，也可以直接作新序列号入库，退购出库只能退在库的序列号。

- 单据保存后检查单据的序列号。选中该项，当单据保存后检查序列号；反之，不检查。
- 初始化录入显示过滤界面。选中该项，进入初始化录入窗口先显示过滤界面；反之，不显示。
- 存货名称。根据用户录入数据在单据和报表显示存货名称，以满足不同类型用户的需要，建议工业用户录入物料，商业客户录入商品。
- 单据编号重复时自动生成新号并保存。选中该项，当单据号重复时自动生成新的单据号并保存。反之，在单据号重复时，给出提示——该单据号已被另一单据使用，是否继续？选择是，则系统自动生成单据号并且继续保存；选择否，则由用户输入单据号，再进行保存。
- 使用辅助计量单位。选中该项，在单据显示辅助计量单位、换算率、辅助计量单位并可以维护；反之，在单据不显示辅助计量单位、换算率及辅助计量单位。
- 对等核销时允许仓库不一致。选中该项，仓存单据间仓库不同可以核销；反之，不能核销。
- 对等核销时允许批号不一致。选中该项，仓存单据间批号不同可以核销；反之，不能核销。
- 发票引出到金税系统后允许反审核。选中该项，当从系统中引出发票数据到金税系统后，可以再次返回系统反审核并修改发票；反之，不能反审核。
- 折扣额计算基础。设置计算折扣额是在含税金额还是未税金额的基础上计算折扣。
- 单据保存时检查项设置。设置业务单据保存时要检查哪些项目。

（3）销售系统选项。销售系统选项是单独针对销售管理模块的系统参数设置。单击“系统设置”→“系统设置”→“销售管理”，双击“系统设置”，系统进入“系统参数维护”窗口，选择左侧“销售系统选项”项目，系统将可以进行设置的项目显示出来，如图 4-44 所示。

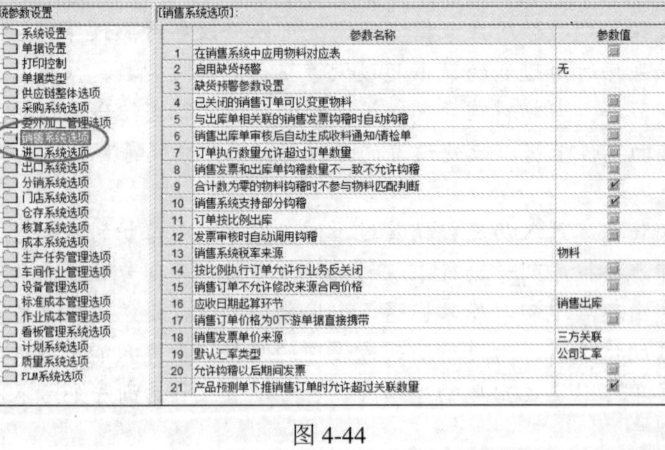

图 4-44

- 在销售系统应用物料对应表。这是金蝶 K/3 系统提供的“供应商和客户对应物料表”功能的一部分。在很多用户的日常业务操作中，客户对其购买的物料、产品称呼与企业内部自身的称呼并不一致，很多情形下甚至有很大的差别，用户接收的单据或对外单据需要反映这些信息。选中该项，则在各销售单据、序时簿中增加“对应代码”“对应名称”显示，即系统自动获取“物料对应表”中客户与物料相对应的代码、名称，用于显示、查询；不选中该项，则相应字段在单据、序时簿和报表中不显示。

- 启用缺货预警。当要缺货预警功能时，选择是新增销售订单还是销售发票时进行预警，默认为不预警。
- 缺货预警参数设置。当选中“启用缺货预警”时，单击“缺货预警参数”选项，即可调出缺货预警参数进行设置，如图 4-45 所示，在“参数设置”对话框设置提前期和预计量参数。

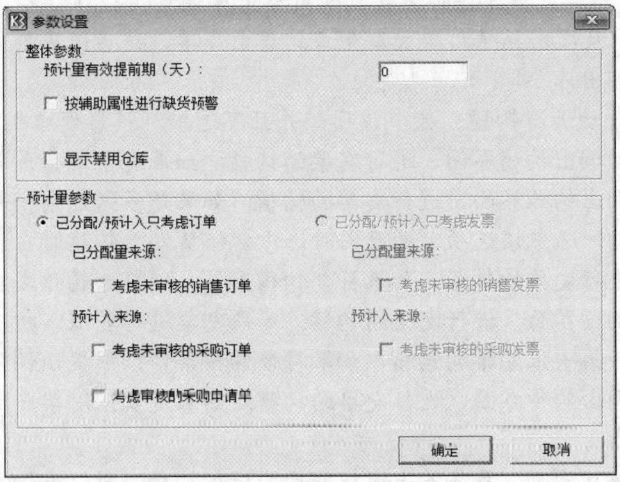

图 4-45

- 已关闭的销售订单可以变更物料。选中该项，则已关闭（包括自动关闭和手工关闭）的订单都可以再进行订单的变更工作；反之，不能再进行变更工作。
- 与出库单相关联的销售发票钩稽时自动钩稽。选中该项，当销售发票与出库单据采用单据关联生成时，系统在发票钩稽时，如果符合钩稽条件，则自动完成钩稽；反之，则需要调出相应的钩稽界面，由用户自行选择单据进行手工钩稽。
- 销售出库单审核后自动生成收料通知/清检单。选中此项，在审核销售出库单后，系统会自动显示收料通知单，由用户补录供应商、代管仓等内容后保存；反之，不生成收料通知单。
  - 发运业务，为分次提货的客户建立代管仓，该仓只进行数量核算，销售出库后，自动生成待检仓收料通知单，进入客户仓库进行发运管理。
  - 销售出库后再确认购进成本，可通过此功能在销售出库单审核后，自动生成实仓收料通知单，进行外购入库处理。
- 订单执行数量允许超过订单数量。选中该项，即①销售出库单选订单超过订单数量时允许保存；②发货通知单关联订单时超过订单数量允许保存；③销售出库单选关联订单生成的发货通知单时，超过订单数量允许保存；反之，不允许保存。
- 销售发票和出库单钩稽数量不一致不允许钩稽。选中该项，如果出库单和发票物料匹配但本次钩稽数量不符，则钩稽不成功。反之，如果出库单和发票物料匹配但与本次钩稽数量不符，则系统会提示有差异，但仍允许用户钩稽成功。

- 合计数为零的物料钩稽时不参与物料匹配判断。选中该项，出库单或发票上数量合计为零的物料在钩稽时不参与物料是否匹配的判断；反之，出库单或发票上数量合计为零的物料在钩稽时参与物料是否匹配的判断。
- 销售系统支持部分钩稽。选中该项，表示销售出库单、销售发票允许部分钩稽，此时销售出库单、销售发票单据以及序时簿中的钩稽人、钩稽期间将不可见；反之，销售出库单和销售发票只允许全部钩稽，此时销售出库单、销售发票单据以及序时簿中的钩稽人、钩稽期间将可见。
- 订单按比例出库。选中该项，在销售订单关联生成销售出库单后（包括直接关联和第三方关联），出库单更新库存时需要判断订单出库数量是否在订单上的出库上下限的百分比范围之内；反之，销售订单关联生成销售出库单，销售出库单更新库存时不会判断订单是否按比例出库。
- 发票审核时自动调用钩稽。选中该项，并且不选中“销售发票钩稽时自动钩稽”，在发票审核时自动调出钩稽界面，进行发票的钩稽；如果发票进行多级审核，则在完成业务级次审核时调出钩稽界面，进行发票的钩稽；如果是多张发票一起审核，则调出第一张发票进行钩稽。选中该选项，并且同时选中“销售发票钩稽时自动钩稽”选项，在发票审核时自动进行发票的钩稽，如果符合钩稽条件，则提示钩稽成功；如果不符合钩稽条件，则调出钩稽界面，进行发票的钩稽；如果发票进行多级审核，则在完成业务级次审核时自动进行第一张发票的钩稽，如果符合钩稽条件，则提示钩稽成功；如果不符合钩稽条件，则调出钩稽界面，进行发票的钩稽；如果是多张发票一起审核，则只对第一张发票进行钩稽。
  - 当使用该功能时，系统首先审核然后才进行钩稽，所以当钩稽不成功时，并不影响审核操作。反之，则在审核时不会调用钩稽。
- 销售系统税率来源。该选项的值可以选择为客户或物料，当选择客户时，则销售订单、销售发票（专用）和销售发票（普通）新增时直接取对应客户属性中的税率，当选择物料时，则销售订单、销售发票（专用）和销售发票（普通）新增时直接取对应物料属性中的税率。
- 按比例执行订单允许行业务反关闭。当订单按比例执行时，对还未达到执行上限但是已经自动执行业务关闭的订单，可以执行反关闭，继续执行订单。
- 销售订单不允许修改来源合同价格。销售订单是由合同参照生成时，不允许修改来源合同价格。
- 应收日期起算环节。选择日期计算依据是从销售出库单还是销售发票的日期为计算标准。
- 销售发票单价来源。选择生成销售发票时的单价来源。
- 产品预测单下推销售订单时允许关联数量。选中该项，允许超数量生成销售订单。

5．多级审核管理

当“供应链整体选项”中选中“启用多级审核”时，在此处所设置的“多级审核”管理才能起到相应的作用。

多级审核设置的权限只授予系统管理员。多级审核管理模块实际上是一个授权工作平台，类似用户管理，是对多级审核、审核人、审核权限及审核效果等进行授权的工作。审核授权之前，最好先在“用户管理”中对所有用户执行授权。

（1）单击“系统设置”→“系统设置”→“销售管理”，双击“多级审核管理”，系统进入多级审核管理界面，如图 4-46 所示。

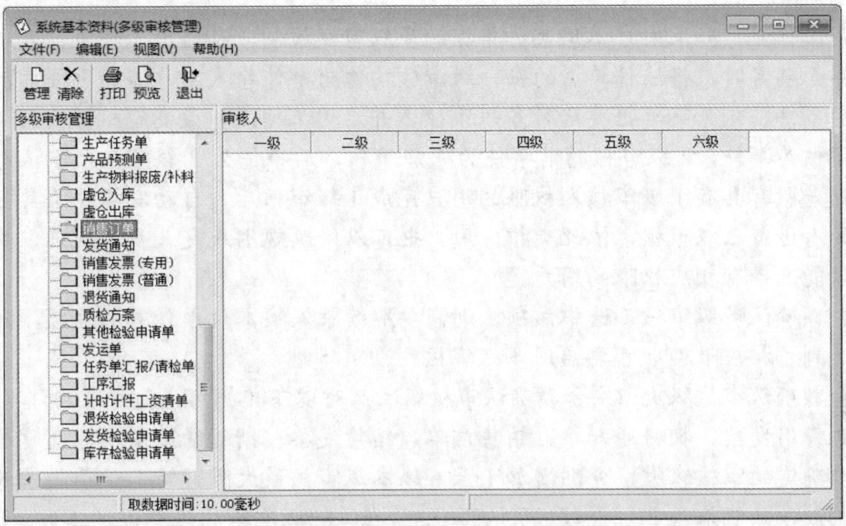

图 4-46

（2）在该界面可以对每一种单据进行管理和清除多级审核。例如选中左侧的“销售订单”，单击“管理”按钮，系统弹出“销售订单多级审核设置”对话框，如图 4-47 所示。

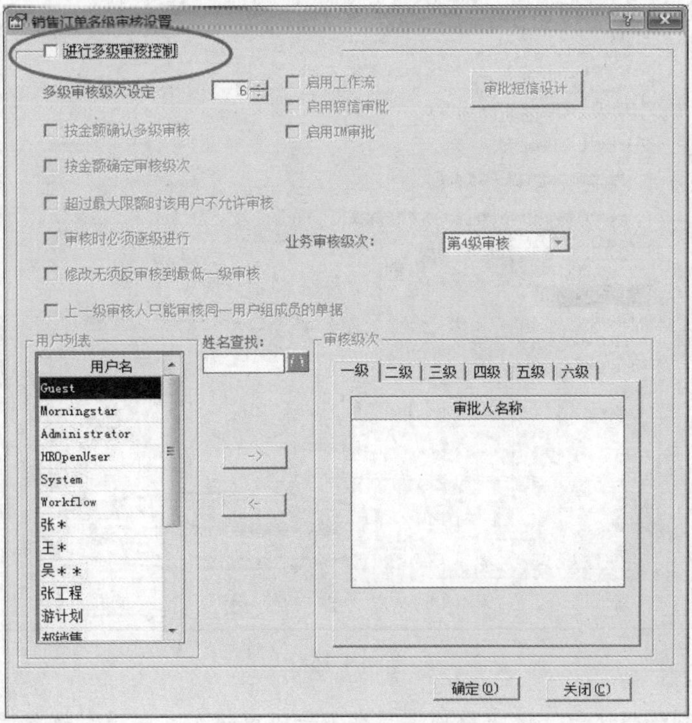

图 4-47

- 进行多级审核控制。选中该项，则可以进行多级审核设置；反之，不能进行多级审核设置。
- 多级审核级次设定。设置可以有多少级次审核人，最大可以6级次。级次越大，则需要更多的审核人审核单据后，该单据才能有效，这样能更好地保证单据的安全性和降低企业的风险。
- 启用工作流。如果用户启用某种单据的多级审核控制，且启用工作流，则在用户单击参数界面确定时，将该种单据的每一级审核均作为事件导入工作流的事件库，并自动设定前后事件。例如某单据要进行多级审核，并启用工作流，最高审核级次为4，则1至4级审核为事件，2级审核的前事件为1级审核，后事件为3级审核。默认形成的工作流规则是所有具有1级审核人权限的用户完成1级审核后，自动发邮件给具备2级审核权限的人进行2级审核，依此类推。用户也可以修改规则或定义多个规则，收件人和发件人只能选择有相应权限的用户。
- 按金额确认多级审核。选中该项，则需要继续录入按本位币计算的金额，只有当业务金额达到了相应限额后才要启用多级审核。
- 按金额确认审核级次。按金额确认审核级次只对以下单据可选，如采购订单、采购发票、采购费用发票、收料通知单、销售订单、销售发票、销售费用发票，发货通知单。根据用户确定的审核级次，分别增加1至6级本级审核最大限额（本位币）录入框，金额应控制最多只能录入2位小数，默认为0。放在每一级次审核人列表的下方。只有选中“按金额确定审核级次”时，该录入项才会在界面出现，如图4-48所示。

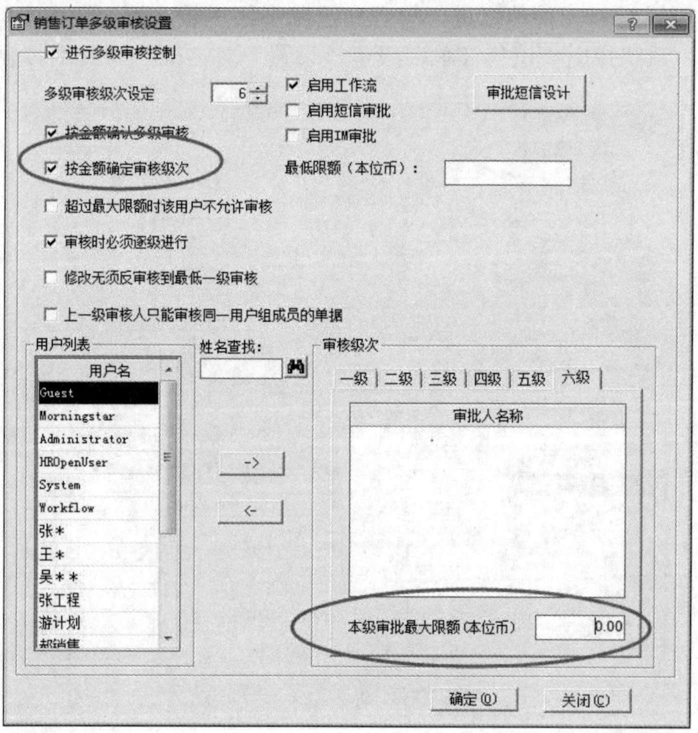

图 4-48

- 审核时必须逐级进行。选中该项，只有下一级审核人完成了审核之后，相对上一级审核人才能继续对该单据执行审核操作；反之，则每个授权审核的操作员都可以随时对该单据进行自己授权级次的审核。

- 修改无须反审核到最低一级审核。选中该项，则表示如果不是业务级次审核通过，在之前均可以进行单据的修改工作；反之，则表示无论该单据审核到何级次，均要求反审核到最低一级才能修改该单据。
- 上一级审核人只能审核同一用户组成员的单据。该选项的作用是前面介绍的系统选项中“单据操作权限控制到操作员组”的细化，明细控制到每种业务单据。如果选中该选项，则表示上一级审核人只能选择在本用户组成员制作的该单据进行上一级审核，而不能审核其他用户组成员的单据。
- 审核级次。审核级次是设定每一级次由哪一位操作员审核，设定方法是先单击级次选项卡，再选择左侧的操作员，然后单击“→”按钮，即设置成功。例如一级设置为“郝销售”审核，先单击“一级”选项卡，然后选择左侧“郝销售”操作员，单击“→”按钮，如图 4-49 所示。

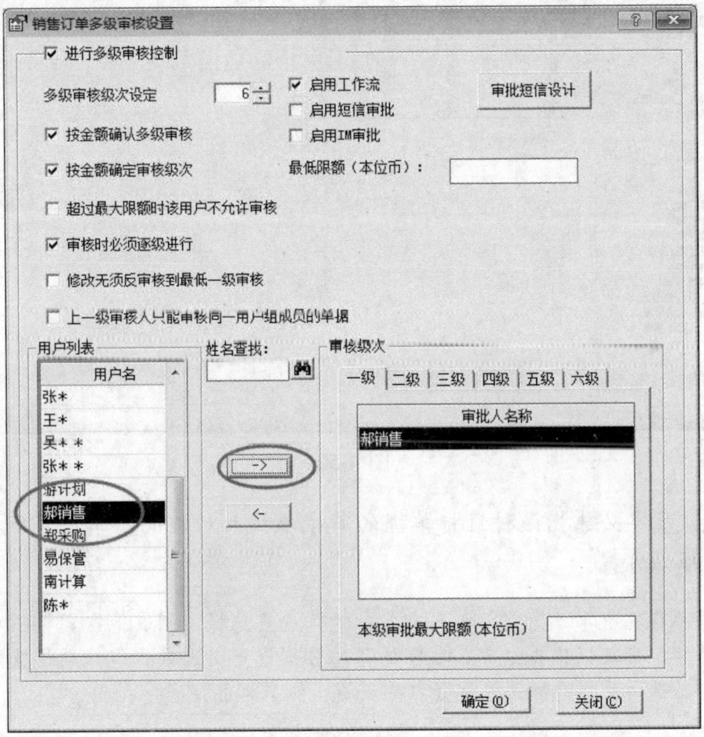

图 4-49

（3）多级审核各项目设置完成，单击“确定”按钮保存设置。由于本书账套暂不采用多级审核控制，所以取消“进行多级审核控制”的选中。

6. 业务流程设计

业务流程设计是针对各单据的源单据进行设置。例如销售订单可以由产品预测单、合同（应收）和销售报价单生成，也可以由其中的某一种源单据生成。单击“系统设置”→“系统设置”→“销售管理”，双击“业务流程设计”，系统进入业务流程自定义界面，如图 4-50 所示。

在窗口左侧选择要进行设置的单据，窗口右侧会显示该单据可以由哪些源单据生成。例如选择“销售订单”项，窗口右侧显示该单据可以由产品预测和销售报价单等单据生成。

- 可选。可选是指该种目标单据和对应的源单据关联所形成的业务路线可以作为选择方案，可选属性之间是共存的，系统将所有的流程和关联关系全部默认设置为可选。
- 红字必选。红字必选是指该种目标的红字单据和对应的源单据关联所形成的业务路线是必须选择的方案。

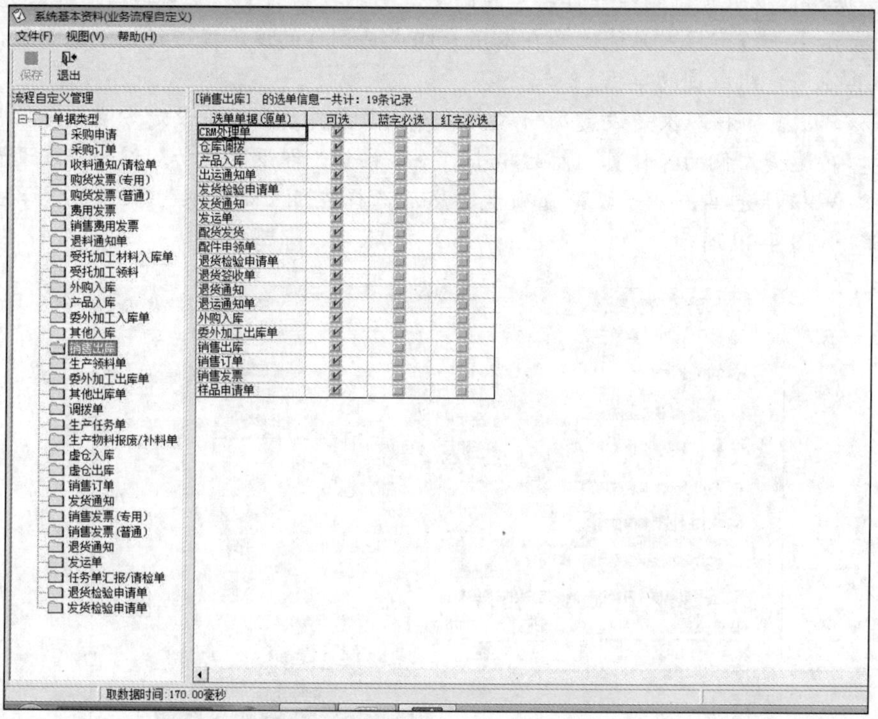

图 4-50

- 蓝字必选。蓝字必选指该种目标单据的蓝字单据和对应的源单据关联所形成的业务路线是必须选择的方案。

注　如果单据不存在红字、蓝字，则具有排他性，一旦选择，则其他方案将不可选；如果单据存在红字、蓝字，则可以根据红字、蓝字的不同分别设置必选项。但如果设置了蓝字必选，则必须指定红字必选；反之，如果设置了红字必选，则只能指定蓝字必选。

4.3　日常业务处理

基础资料、初始化设置和系统设置完成后，可以进行日常的业务处理。日常业务处理包括各种销售单据录入、查询和修改等操作，以及根据录入的各种单据查询相关报表，以对企业的销售状况做出预测和分析处理。

单击“供应链”→“销售管理”，系统切换到销售管理界面，如图4-51所示。

使用某个明细功能的方法：首先选择正确的子功能项，然后双击“子功能”下正确的明细功能相应项目即可。例如要录入销售报价单，操作方法为：先选择“子功能”下的“销售报价”，再双击“销售报价单-手工录入”项目，系统进入“销售报价单”的录入窗口。

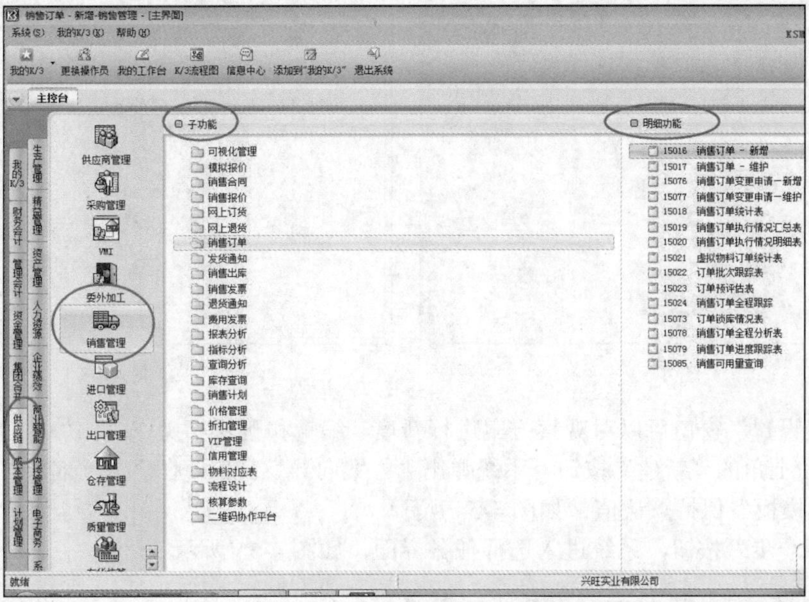

图 4-51

4.3.1 可视化管理

销售订单可视化管理功能以甘特图的形式，计划和跟进订单执行过程中的各个业务处理步骤情况，如开始时间、结束时间、完成状态等。用户通过双击业务名称能够联查到相关业务单据，以便查看单据明细信息。可视化管理功能的应用，分为以下 3 个步骤。

（1）通过“订单图形观察设置”功能定义图形观察的方案，确定要在订单观察过程中需要查询什么业务步骤，以及各步骤的先后顺序和依赖关系。

（2）“订单图形观察”功能为销售订单选定适合的图形观察方案，以建立每个销售订单观察的方式，及计划各个业务步骤开始时间和完成时间。

（3）通过“订单日常监控”功能跟踪每个订单各个业务步骤实际的开始时间、实际的完成时间和完成的状态。

第（1）步是属于基础数据设置，只在订单图形观察功能区启用时或图形观察方案有改变时才需要执行。第（2）（3）步为日常的业务处理工作。

注 本功能通常适用于新产品开发和项目式订单类订单使用。

为更好达到演示效果，本功能演示将在“蓝海机械有限公司”账套下操作。双击桌面“金蝶K3 主控台”图标，系统弹出登录界面，当前账套选择“蓝海机械有限公司”，以“命名用户身份登录”，用户名录入“administrator”，如图 4-52 所示。

单击“确定”按钮，系统进入主界面。

1. 订单图形观察设置

订单图形观察设置是对要观察的对象进行方案设置。单击“供应链”→“销售管理”→“可视化管理”，双击“订单图形观察设置”，系统弹出“方案设置”窗口，如图 4-53 所示。

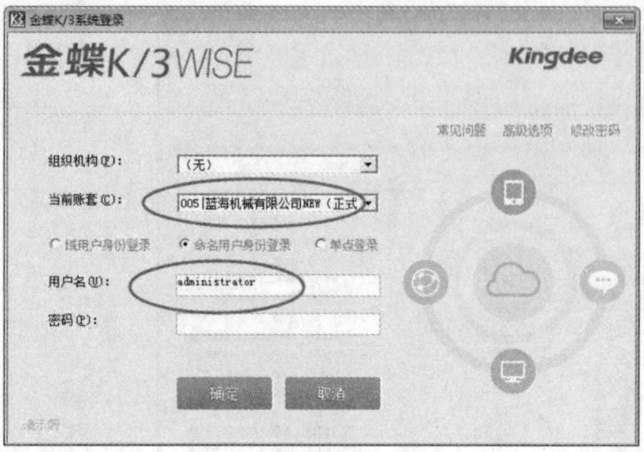

图 4-52

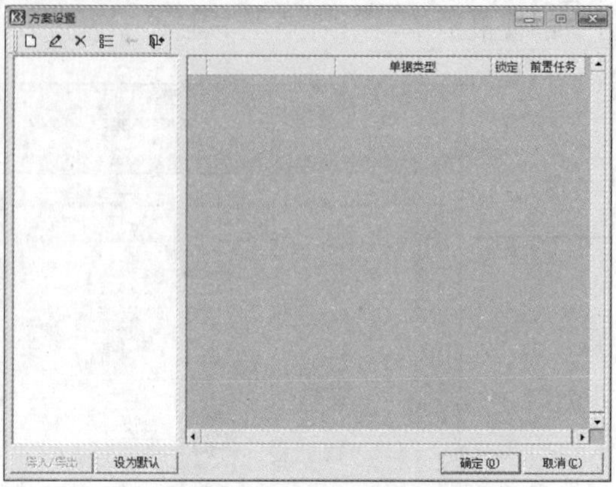

图 4-53

在“方案设置”窗口可以对观察方案进行新增、编辑和删除等操作。例如：建立一个“测试方案”，单击左上角的“新建”按钮，系统弹出“方案向导”窗口，在“方案名称”中录入“测试方案”，“方案模板”保持默认值，如图 4-54 所示。

单击“下一步”按钮，系统进入选择任务界面，如图 4-55 所示。

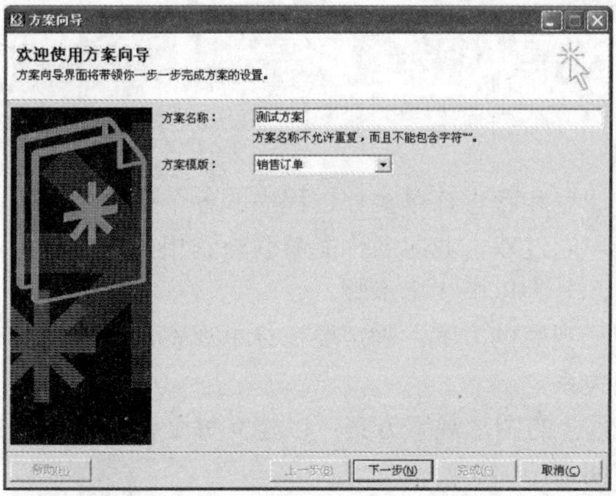

图 4-54

图 4-55

- 任务名称。显示系统中哪些任务过程可以观察。
- 单据类型。与任务名称对应的单据类型。
- 前置任务。前置任务是指当前任务要在何种任务完成后才能执行，该次序可以在后期编辑时修改。
- 选择列（最后一列）。选中，表示要观察该任务；反之，不观察该任务。

单击“全选”按钮，选中所有任务，单击“下一步”按钮，系统进入定制方案界面，如图 4-56 所示。

在定制方案界面，可以新增一些任务，也可以删除不需要的任务，同时可以上、下移动任务位置，单击“编辑”按钮后，可以在窗口下部修改“任务名称”和“前置任务”的序号。

单击“完成”按钮，新建完成，并返回“方案设置”初始窗口，此时，可以看到新增成功的“测试方案”图标，如图 4-57 所示。

图 4-56

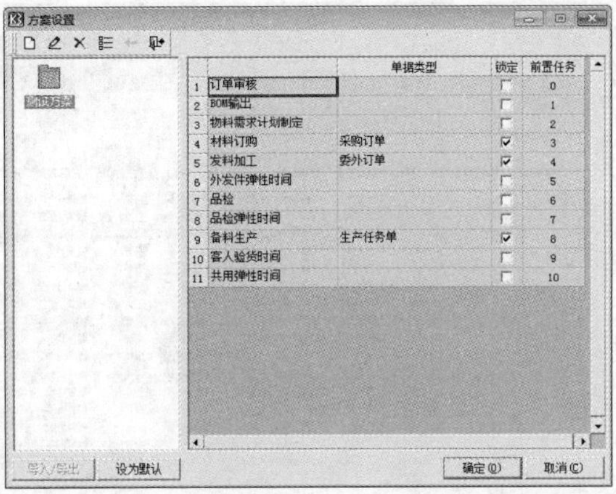

图 4-57

2．订单图形观察

订单图形观察是对要进行观察的销售订单，建立销售订单观察方式，及计划各个业务步骤开始时间和完成时间。订单图形观察操作步骤如下。

（1）单击“供应链”→“销售管理”→“可视化管理”，双击“订单图形观察”，系统进入“销售订单图形跟踪”窗口，如图 4-58 所示。

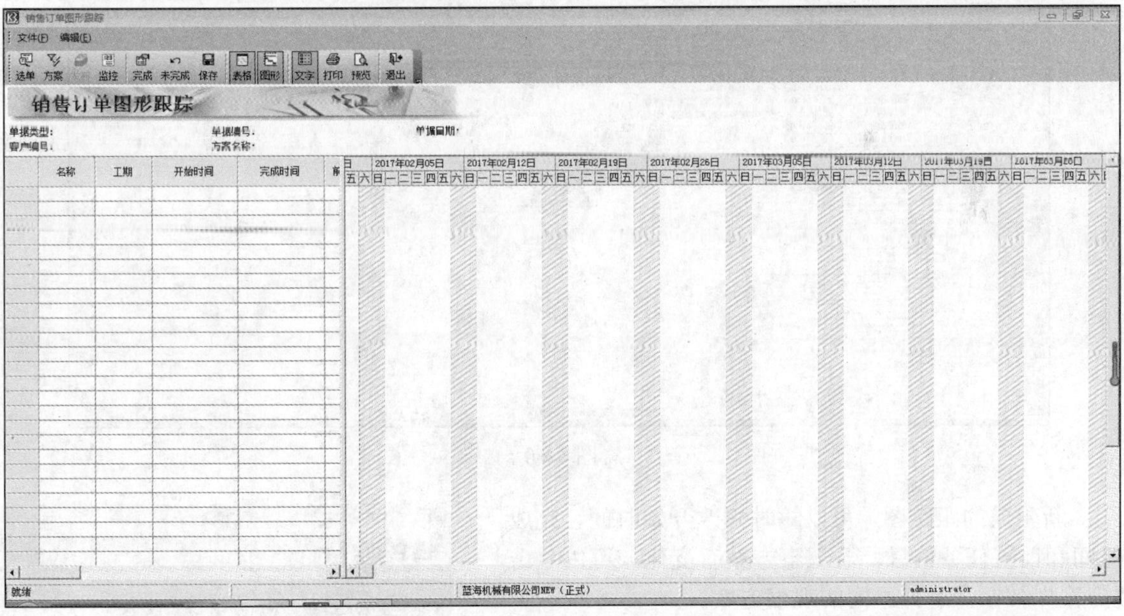

图 4-58

（2）选单。单击“选单”按钮，首先弹出“过滤”对话框，注意对话框中的条件设置，在对话框下部“时间”处选择“全部”，单击“确定”按钮，系统进入“销售订单序时簿”窗口，如图 4-59 所示。

（3）选中要观察的订单，单击“返回”按钮，返回“销售订单图形跟踪”窗口，此时可以看到系统根据方案自动生成表格和图形，如图 4-60 所示。

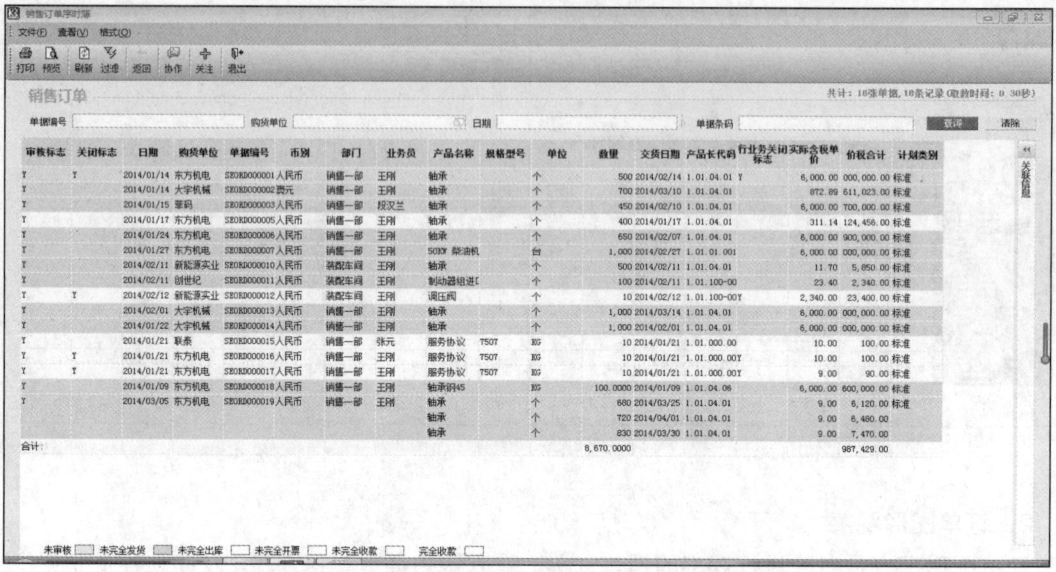

图 4-59

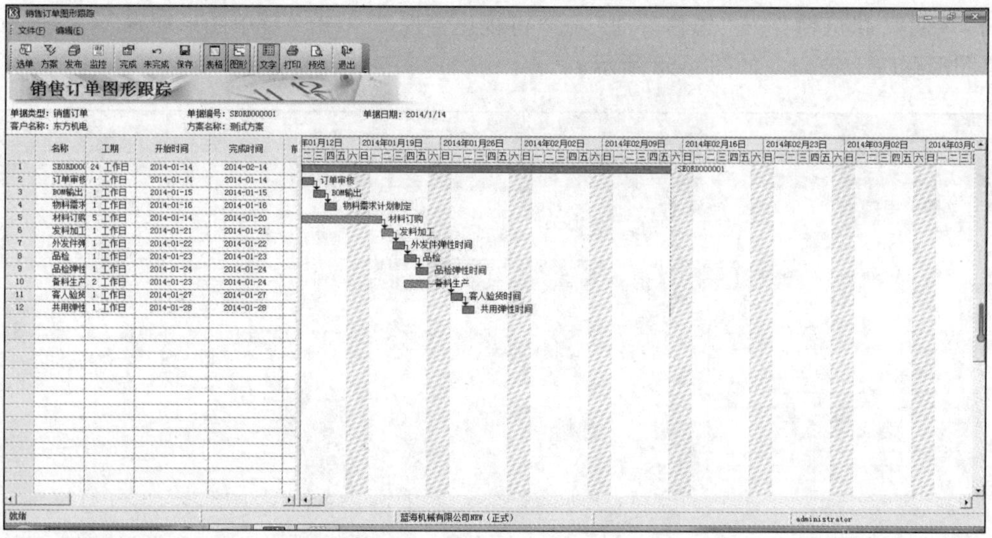

图 4-60

新生成的跟踪图，可以随时修改开始时间、完成时间和前置任务信息。若观察方案有变化，可以单击“方案”按钮，选择不同的观察方案。

（4）单击“发布”按钮，发布该订单的跟踪方案，以供“日常监控”应用。

（5）单击“监控”按钮，系统弹出“销售订单日常监控”对话框，如图 4-61 所示。

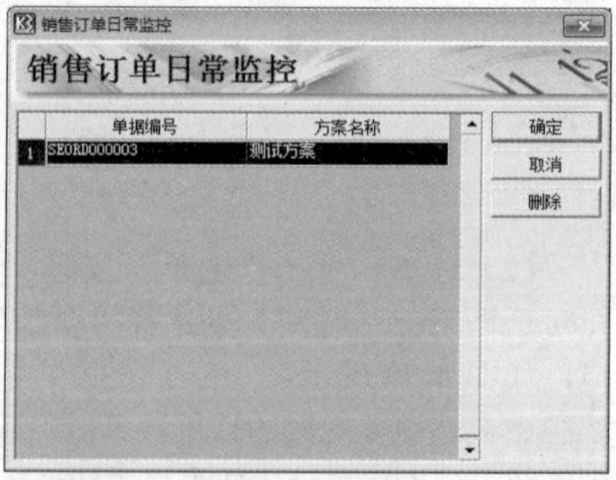

图 4-61

再选择窗口，切换到不同订单下的图形观察窗口。同时可以删除不再使用的监控。

（6）若任务完成，在表格窗口中选中该任务，再单击“完成”按钮，系统弹出时间窗口，要求用户设置实际开始日期与实际完成日期，与计划中的日期进行对比，同时会在右侧图形窗口以黑色时间条显示。

若误把未完成的任务设置为完成状态，可以选中后再单击“未完成”按钮，则该任务处于进行状态。

“表格”“图形”“文字”按钮是用于显示或隐藏相应窗口的按钮。

3. 订单日常监控

本功能跟踪每个订单各个业务步骤实际的开始时间、实际的完成时间和完成的状态。操作方法可以参照前面的小节。

4.3.2 模拟报价

企业通常需要根据产品结构，进行料、工、费的模拟计算，再加上合理利润给客户进行报价。金蝶 K/3 的模拟报价管理功能采用向导方式，通过建立或指定模拟 BOM、设置相关费用，系统生成一张模拟报价单，按用户设置详细计算出产品报价。

模拟报价基本流程是：建立工序资料→建立模拟 BOM→选择要报价的物料→选择报价方式→报价单生成。

以在“兴旺实业有限公司”账套中建立模拟报价单为例，练习模拟报价操作，步骤如下。

（1）以“郝销售”身份登录“兴旺实业有限公司”账套，单击“供应链”→“销售管理”→“模拟报价”，双击“模拟报价”，系统进入模拟报价界面，如图 4-62 所示。

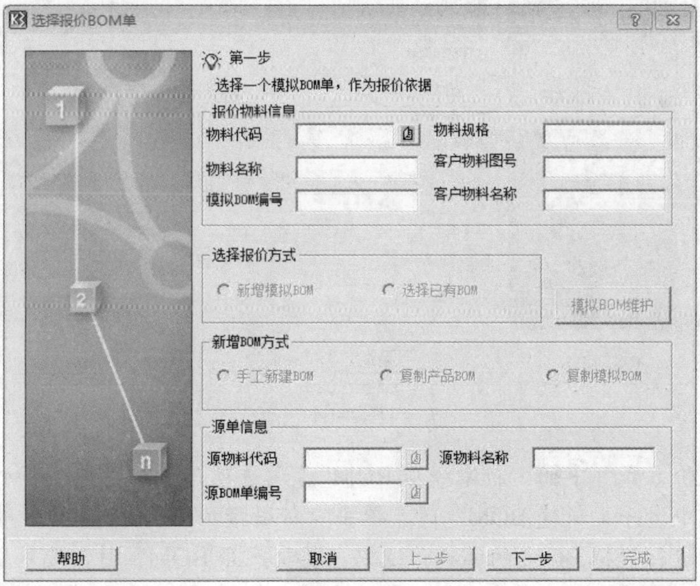

图 4-62

在该界面中，只有录入“物料代码”后，才能建立模拟 BOM 和工序、工价资料。

（2）在“物料代码”处单击“ ”（获取）按钮，或者按 F7 功能键，系统弹出“核算项目-物料”档案管理窗口，如图 4-63 所示。

在“核算项目-物料”档案管理窗口中，可以同时对物料档案进行新增、修改和删除等操作。

（3）双击“产成品”下的“3.01 笔”记录，并返回模拟报价界面，此时“新建模拟 BOM”

功能被激活，如图 4-64 所示。

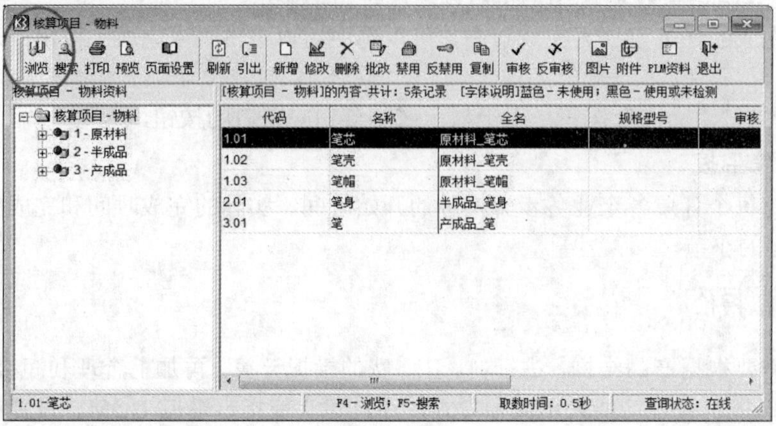

图 4-63

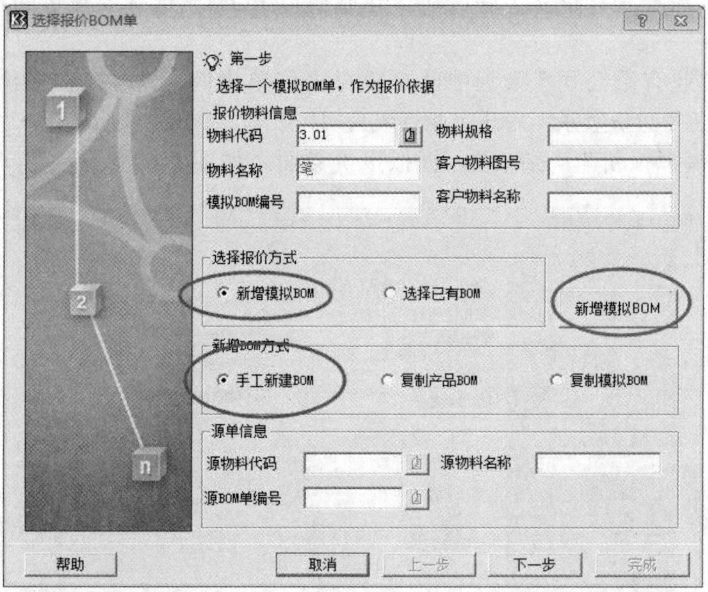

图 4-64

- “选择报价方式”下的“新增模拟 BOM”。该选项与“新增 BOM 方式”下的各项目匹配。当选中“手工新建 BOM”时，单击“新增模拟 BOM”按钮，进入“模拟 BOM 新增”窗口进行模拟 BOM 的编辑；选中“复制产品 BOM”时，要求在“源单信息”下，分别获取源物料代码和其 BOM 档案；选中“复制模拟 BOM”时，要求在“源单信息”下，分别获取源物料代码和其 BOM 档案（该 BOM 档案为模拟 BOM）。
- “选择报价方式”下的“选择已有 BOM”。当选中此项时，“报价物料信息”下的“模拟 BOM 编号”被激活，在此处可获取正确的 BOM 档案。

（4）单击“新增模拟 BOM”按钮，系统进入“模拟 BOM 维护”编辑窗口，如图 4-65 所示。

（5）在窗口中，单击“物料代码”处的“▣”（浏览）按钮，或按 F7 功能键，分别获取“1.01 笔芯”“1.02 笔壳”“1.03 笔帽”物料，“单位用量”录入为“1”，如图 4-66 所示。

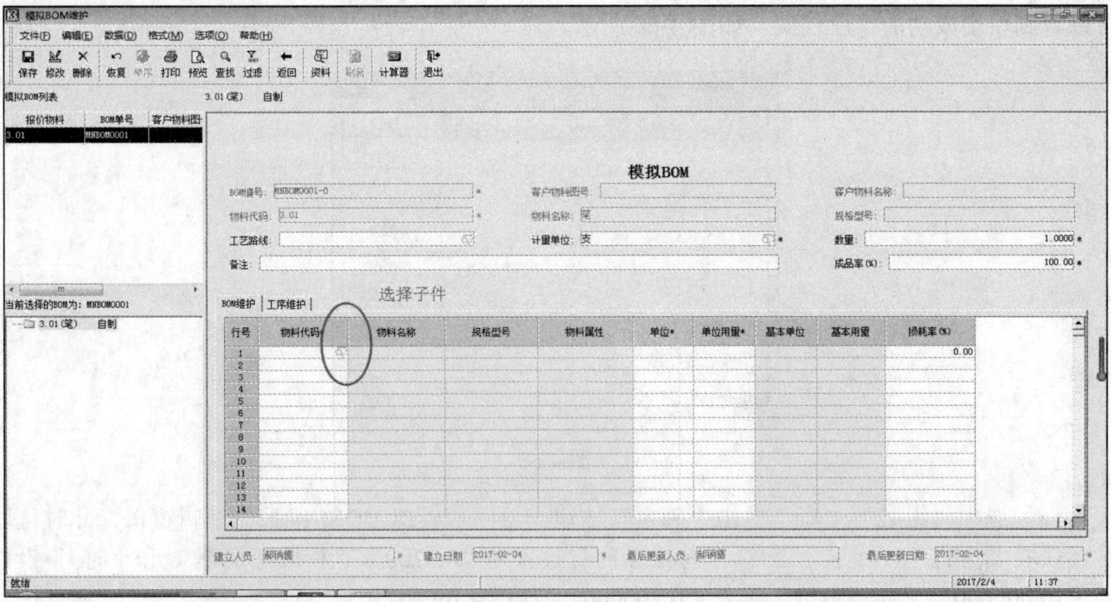

图 4-65

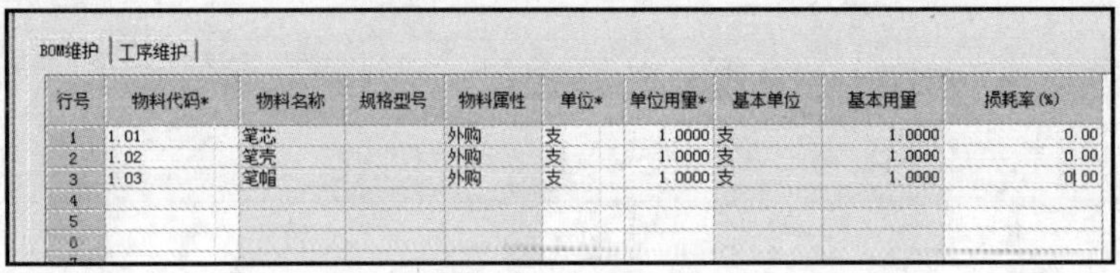

图 4-66

注　BOM 中各项目说明可以参照后面的“生产数据管理”章节。

（6）切换到“工序维护”选项卡，对当前模拟 BOM 要使用的工序进行选择，由于是第一次使用模拟 BOM 功能，所以先要建立工序档案。例如：本 BOM 中只使用一个“组装”工序。在工序维护选项卡中，在“工序代码”处按 F7 功能键，系统弹出“工序资料”对话框，在该对话框中可以进行工序的新增、修改和删除操作，单击“新增”按钮，系统弹出“工序资料-新增”对话框，“代码”录入“01”，“名称”录入“组装”，如图 4-67 所示。

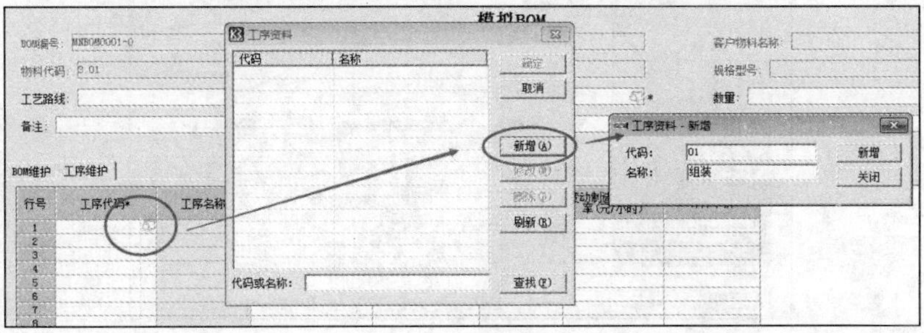

图 4-67

（7）单击“新增”按钮保存工序资料，单击“关闭”按钮并返回“工序资料”对话框，此时可以看到新增成功的工序档案，如图 4-68 所示。

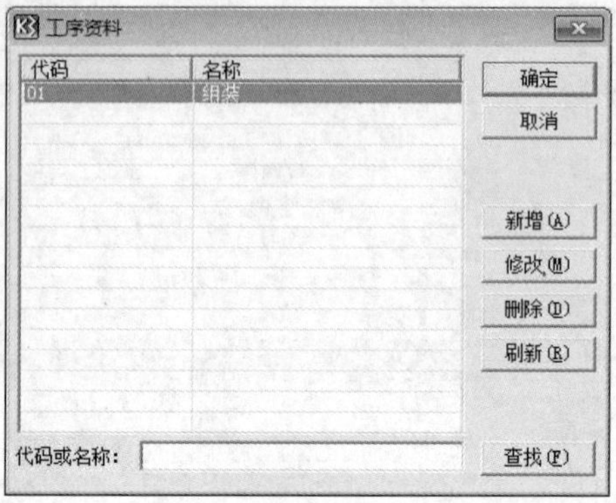

图 4-68

（8）选中“组装”工序，单击“确定”按钮，返回“模拟 BOM 维护”编辑窗口，此时可以看到获取成功的“01 组装”工序，“标准工时”设置为“0.0200”，“标准工资率（元/小时）”设置为“10.000000”，“计件单价”录入“0.200000”，如图 4-69 所示。

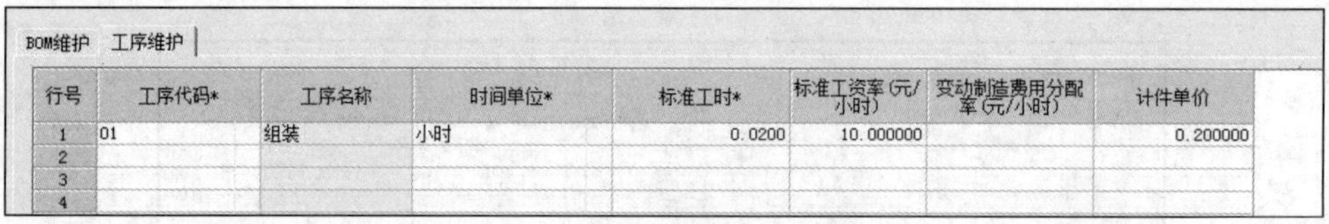
BOM维护 工序维护

行号	工序代码*	工序名称	时间单位*	标准工时*	标准工资率(元/小时)	变动制造费用分配率(元/小时)	计件单价
1	01	组装	小时	0.0200	10.000000		0.200000
2							
3							
4							

图 4-69

（9）单击“保存”按钮保存 BOM 编辑，再单击“返回”按钮，返回模拟报价界面，此时可以看到“模拟 BOM 编号”处有显示，表示获取成功，并且“新增模拟 BOM”按钮切换为“维护模拟 BOM”按钮，如图 4-70 所示。

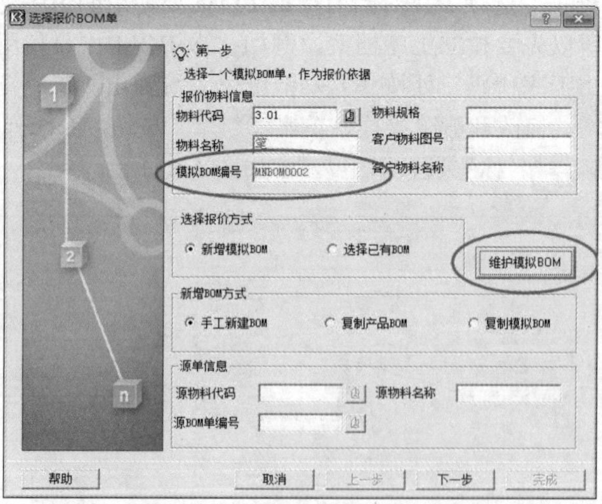

图 4-70

（10）单击“下一步”按钮，系统进入第二步价格取数规则设置界面，如图 4-71 所示。

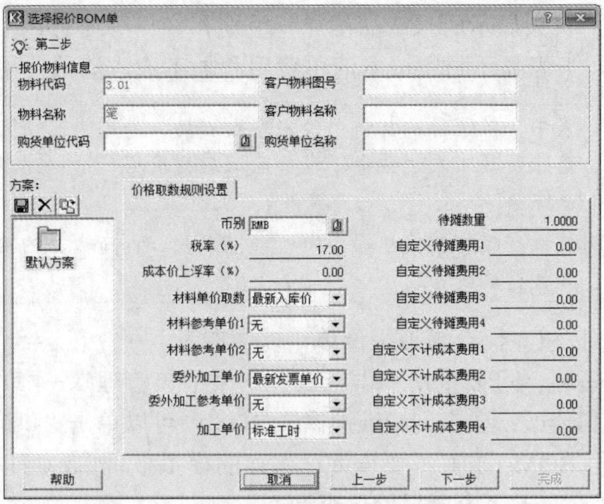

图 4-71

- 成本价上浮率（%）。成本价上浮率（%）是指在实际成本上乘以上浮率后作为报价。
- 材料单价取数。设置 BOM 中各子件的成本价的来源。
- 材料参考单价 1。设置 BOM 中第一个参考单价的来源。
- 材料参考单价 2。设置 BOM 中第二个参考单价的来源。
- 委外加工单价、委外加工参考单价。选择委外加工费用的来源。
- 加工单价。选择加工单价来源。此处与“模拟 BOM”中的工序资料匹配。
- 自定义待摊费用。录入待摊入成本的费用，如工资、固定资产折旧费等。
- 自定义不计成本费用。录入不计成本的费用，以供参考。

（11）价格取数规则设置完成后，单击“下一步”按钮，系统进入模拟报价单界面，如图 4-72 所示。

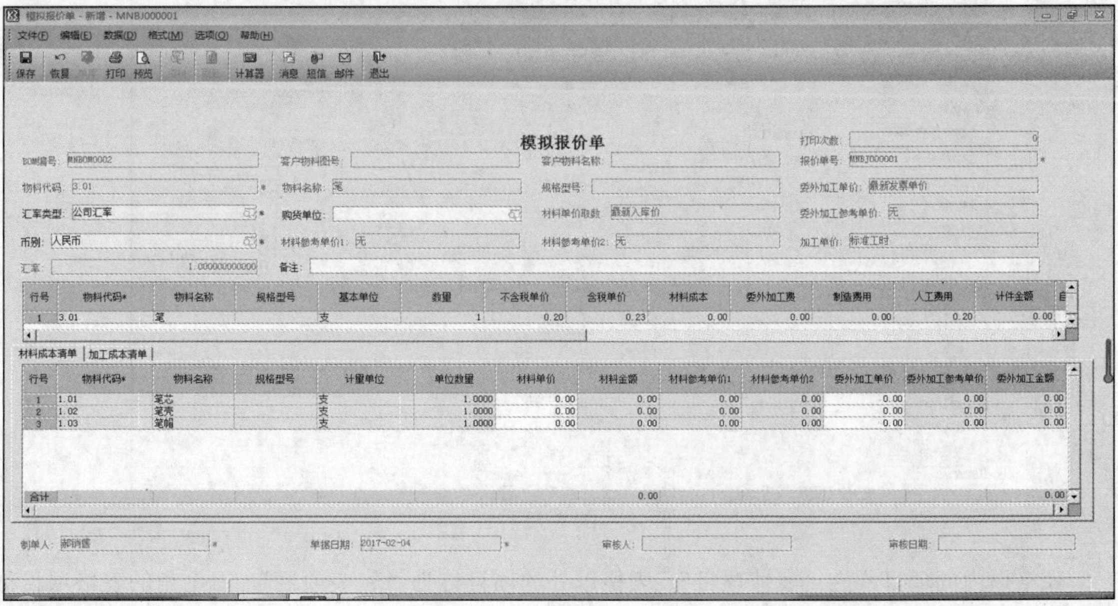

图 4-72

在模拟报价单界面，表头显示所报成品信息、币别和客户等信息，中表显示根据价格取数规则生成的各种费用明细，下表显示材料成本清单费用和加工成本清单费用。

> **注** 在材料成本清单表中，各子件的材料单价未取数成功，是因为当前账套中的基础资料未设置材料单价，以及当前账套还未发生业务，也不能取最新价格，所以想取数成功，以提高效率，必须要具备相应的条件。
>
> 当然，系统同时提供在模拟报价单界面中，可以修改、补充数据的功能，在界面中空白为可以录入信息项目，如材料单价等。

（12）单击“保存”按钮，保存模拟报价单，以供参考。

要查询和维护工序资料，可以单击“供应链”→“销售管理”→“模拟报价”，双击“工序资料维护”，进入维护窗口修改；要查询和维护模拟BOM，可以单击“供应链”→“销售管理”→“模拟报价”，双击“模拟BOM维护”；要查询已保存的模拟报价单，可以单击“供应链”→“销售管理”→“模拟报价”，双击“模拟报价单查询”。

4.3.3 销售合同

销售管理系统下的合同管理主要是针对应收类合同的管理，可以完成合同的新增、审核、修改和打印等操作，并且根据录入的合同资料，以及该笔合同的执行情况，可以查询到合同金额执行明细表、合同执行情况汇报表、合同金额执行汇总表和合同到期款项列表。

1. 销售合同新增

只有当合同档案录入系统中，才能跟踪合同执行情况，以达到相应的管理要求。合同新增是参照与客户签署的纸质合同资料录入系统，以进行合同档案的管理。单击“供应链”→“销售管理”→“销售合同”，双击“销售合同-新增”，如图4-73所示。

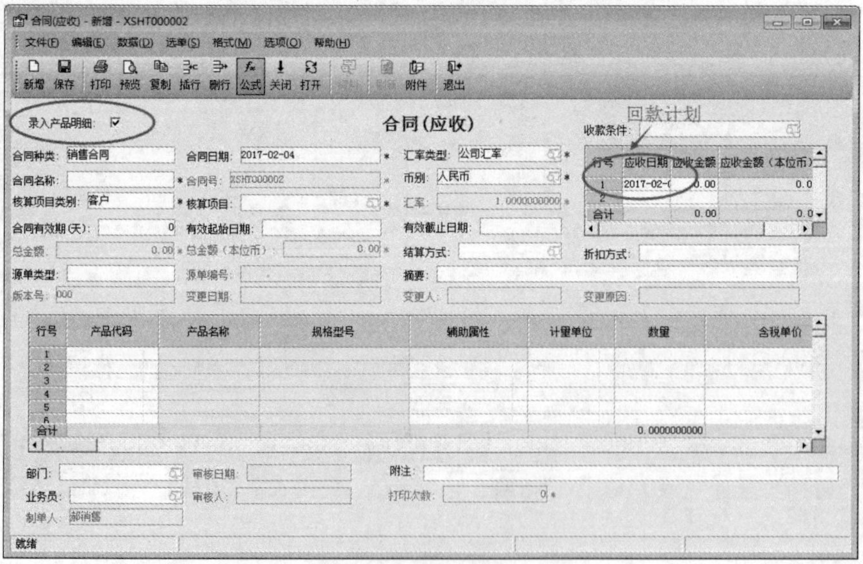

图4-73

表格以内的项目称为“表体项目”，表格以外的项目称为“表头项目”，右上角的表格项目称为收款计划表。下面分别介绍各项目的含义。

表头项目主要介绍如下。

- 录入产品明细。选中，显示表体项目，以供本合同涉及的产品录入；反之，隐藏表体。
- 合同种类。选择本合同的分类名称。
- 合同日期。单击合同日期的下拉按钮，系统弹出日历界面，如图 4-74 所示，选择合同的签署日期。

图 4-74

- 币别。单击“查看”按钮，选择合同签署时的币别，系统默认为本位币。
- 汇率。当选择外币时，录入外币的汇率。
- 合同名称。录入合同的名称，为必录项目。
- 合同号。由系统自动生成合同在系统中所处的编号。
- 核算项目类别。选择是客户，还是供应商。
- 核算项目。核算项目类别选择后，单击“查看”按钮，选择本合同涉及的客户或供应商的名称。
- 折扣方式。手工录入折扣方式。
- 摘要。录入合同的摘要。
- 总金额、总金额（本位币）。如果需要录入产品明细时，由产品明细合计金额生成“总金额”，“总金额（本位币）”是显示当“总金额”是外币乘以汇率的数据。如果不需要录入产品明细，则“总金额”手工录入。
- 部门和业务员。单击“查看”按钮或者按 F7 功能键获取合同由什么部门，以及哪位业务员签署。

表体项目包括以下方面。

- 产品代码。单击“查看”按钮或者按 F7 功能键获取合同涉及的产品明细。
- 产品名称、规格型号、辅助属性。由所获取的“产品代码”物料档案自动生成。
- 计量单位。选择产品核算时的计量单位。
- 数量。根据计量单位录入数量。
- 含税单价、不含税单价、折扣率、实际单价、折扣额、价税合计、税率、税额及金额之间的关系如下。

  含税单价。由手工录入。

  折扣率。手工录入。

  税率。手工录入，默认值为 17%，可按现行税率修改，本书使用 17%进行操作。

  不含税单价=含税单价 ×（1−税率）

  实际单价=含税单价 ×（1−折扣率）

  折扣额=含税单价 × 折扣率 × 数量

  价税合计=含税单价 × 数量

  税额=含税单价 × 税率 × 数量

  金额=含税单价 × 数量−税额−折扣额
- 折扣额（本位币）、税额（本位币）、价税合计（本位币）、金额（本位币）；以本位币显示相应金额。
- 基本单位、基本数量。由物料档案中所设定的基本单位显示。

收款计划表主要介绍如下。

- 应收日期。可手工修改，应收日期是“应收款”的参考值。
- 应收金额、应收金额（本位币）。与总金额和总金额（本位币）对应。

例 4-2 录入如图 4-75 所示的合同资料。

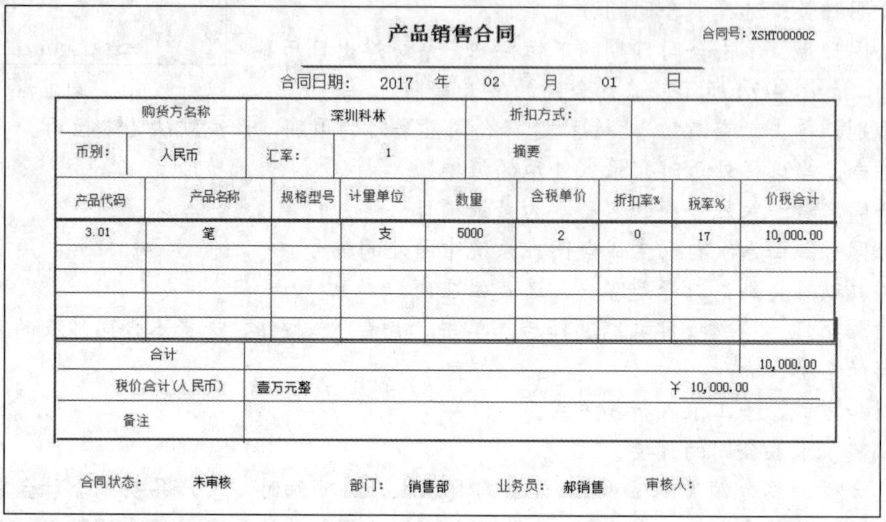

产品销售合同

合同号：XSHT000002

合同日期： 2017 年 02 月 01 日

购货方名称		深圳科林		折扣方式：	
币别：	人民币	汇率：	1	摘要	

产品代码	产品名称	规格型号	计量单位	数量	含税单价	折扣率%	税率%	价税合计
3.01	笔		支	5000	2	0	17	10,000.00
合计								10,000.00
税价合计(人民币)	壹万元整						￥10,000.00	
备注								

合同状态： 未审核 部门： 销售部 业务员： 郝销售 审核人：

图 4-75

（1）表头项目“合同日期”修改录入“2017-02-01”，“币别”为“人民币”，“合同名称”录入“产品销售合同”，“核算项目类别”选择“客户”，“核算项目”选择“深圳科林”，“部门”选择“销售部”，“业务员”选择“郝销售”，其他项目保持默认值。

注 当不选中“录入产品明细”时，则需要录入“总金额”。

（2）“产品代码”获取“3.01”，系统自动引用“3.01 笔”资料，“数量”录入“5,000.0000”，“含税单价”录入“2.00”，“折扣率”保持“17%”不变，其他项目和收款计划保持默认值。

（3）单击“保存”按钮保存当前合同资料，保存成功的窗口如图 4-76 所示。

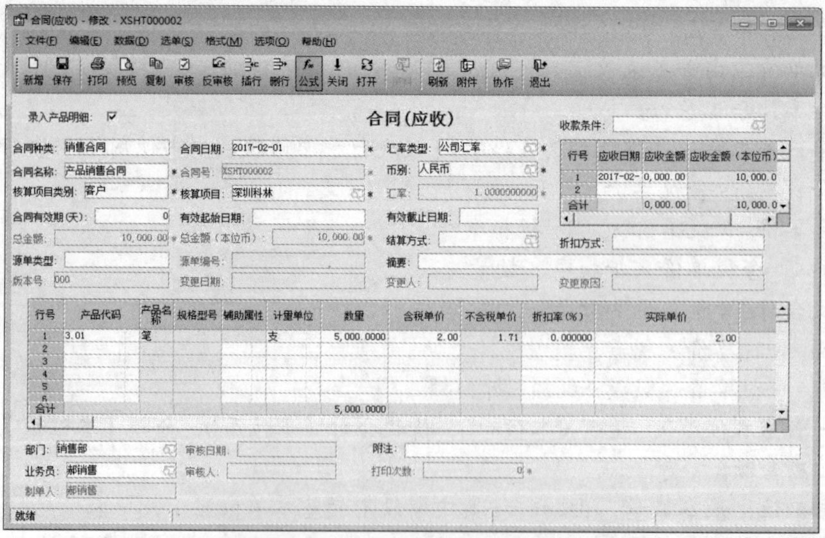

图 4-76

注
(1) 带“*”项目为必录项目。
(2) 当新增合同资料时，一经保存后，工具栏上的按钮会发生变化。

- 合同修改。当合同保存后，自动转换为修改状态。合同修改是指当前合同信息有错误时，可以修改为正确的信息后再保存，如合同数量和合同金额等。其修改方法是直接在需要的项目处重新录入正确的信息即可，修改后，单击“保存”按钮保存当前修改业务。

注
(1) 已经审核后的合同，必须反审核该合同后才能修改。
(2) 已经关闭的合同，必须反关闭、反审核合同后才能进行修改。

- 合同复制。合同复制是将当前合同复制生成一张新的合同记录，除“合同编号”重新编号外，其他项目都保持不变。单击“复制”按钮，稍后系统进入复制成功后的合同窗口，请注意“合同号”，如图4-77所示，当前显示为第3号合同，表示复制成功，因为原合同为2号。若新生成的合同需要修改，修改相应项目后，直接单击“保存”按钮即可。

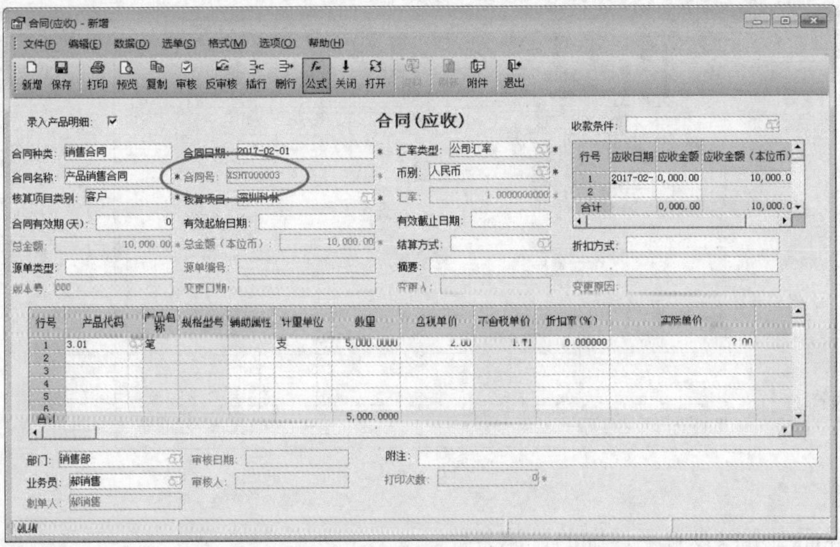

图 4-77

- 合同审核、反审核。为保证合同的正确性，合同审核后才能被其他单据引用。反审核的意思是取消审核。合同审核时，制单人不能与审核人为同一人。

单击“系统”→“更换操作员”，系统弹出登录对话框，账套名不变，用户名录入“Administrator”，单击“确定”按钮，登录账套。

单击“供应链”→“销售管理”→“销售合同”，双击“销售合同-维护”，系统弹出“过滤”窗口，如图4-78所示。

在“过滤”窗口，重点是过滤条件的设置，应用于当系统中资料过多时，只查询满足条件的资料。在“条件”选项卡填写的是基本条件，“项目名称”是选择条件项目，如产品编码或者合同日期等；“比较”是选择如何比较，如等于、大于或包含等；“比较值”是录入所选择过滤项目的值，窗口下部“关闭状态”可以选择是查询未关闭的资料，还是已关闭的资料，或者全部，审核状态是选择要查询单据目前是处于已审核、未审核，还是全部都显示。

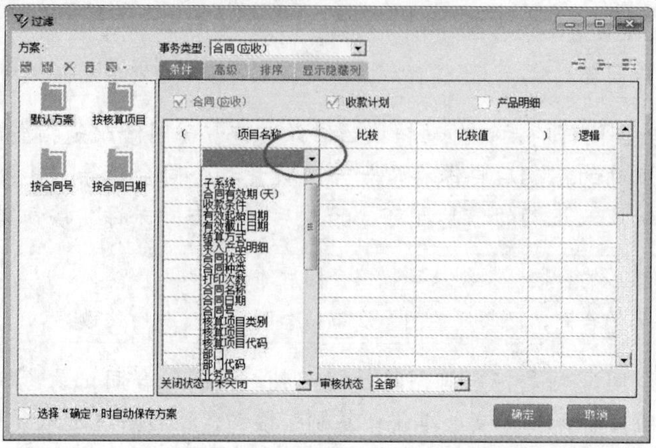

图 4-78

单击“高级”选项卡，切换到高级界面，如图 4-79 所示。

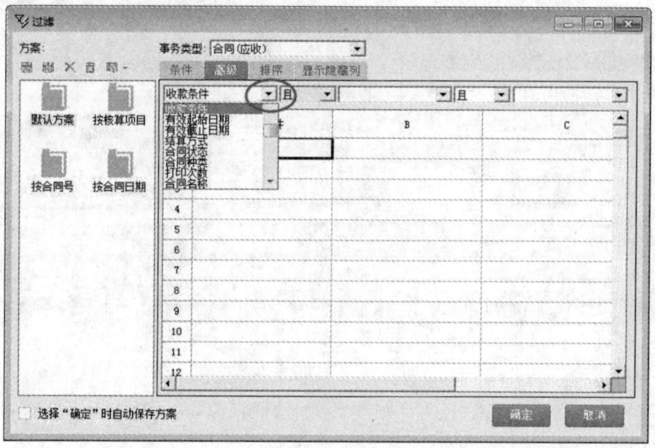

图 4-79

在高级界面中可以设置更详细的过滤条件。

单击“排序”选项卡，切换到排序界面，如图 4-80 所示。

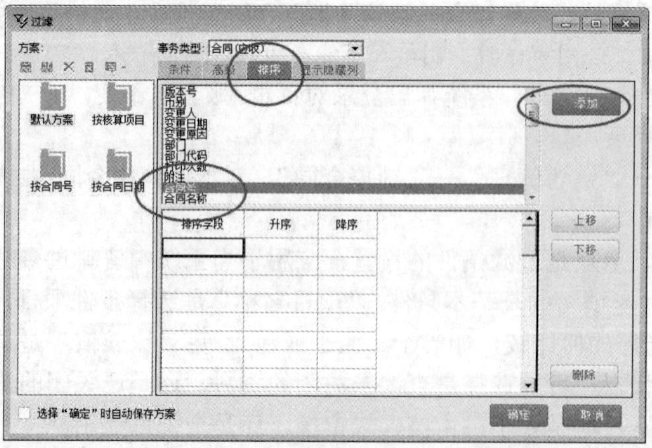

图 4-80

在排序界面设置查询出来的资料按照项目排序，以及进行是升序还是降序设置。其方法是选择窗口上部的项目后，单击“添加”按钮，此时窗口下部排序字段处显示项目名称，当有多个项目时，可以使用上移、下移按钮移动，以选择排序时的首选项目。

单击“显示隐藏列”选项卡，切换到显示隐藏列界面，如图 4-81 所示。

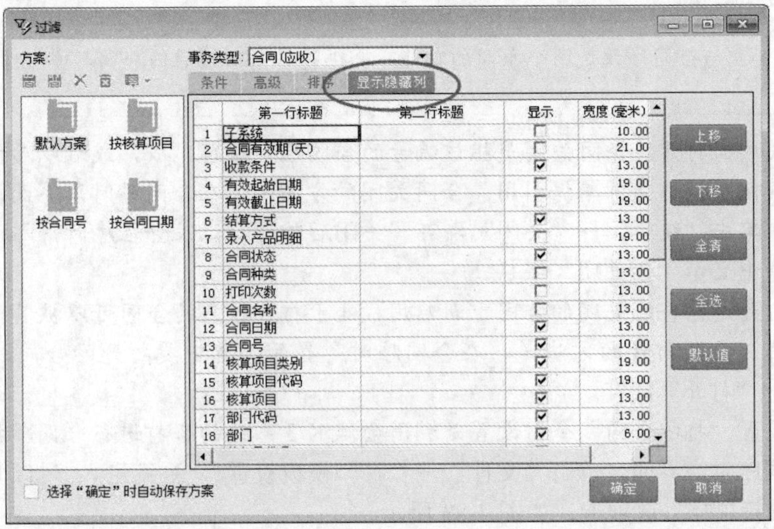

图 4-81

在显示隐藏列界面中，要显示哪些项目，打钩表示显示，同时可以设置所显示项目的宽度。

在此操作中，不用设置任何条件，单击“确定”按钮，进入合同（应收）序时簿界面，如图 4-82 所示。

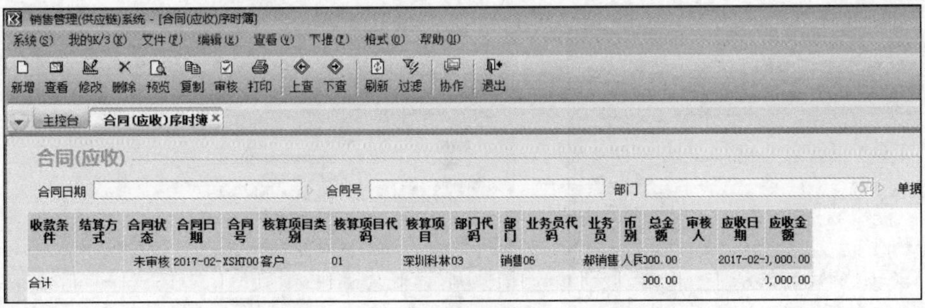

图 4-82

选中“XSHT000002”号合同记录，单击“审核”按钮，稍后报表中的第一列“合同状态”处显示“已审核”，表示审核成功。若要取消审核，单击“编辑”→“取消审核”即可。

为提高审核速度，系统提供“成批审核”功能，方法是按下键盘上的 Shift 键，然后单击选择要成批审核的合同资料，再单击“编辑”→“成批审核”，稍后系统会根据审核情况弹出相应的提示对话框。

在此账套中的合同暂不用取消审核，以备后面的单据引用。

- 合同变更。在企业日常业务中，合同档案需要更改相应项目的称为合同变更。合同变更主要是针对数量、单价、折扣率和税率的变更，变更的对象是针对已审核后的合同。

单击“系统”→“更换操作员”，系统弹出登录对话框，账套名不变，“用户名”录入“郝销售”，单击“确定”按钮，登录账套。

使用“销售合同-维护”功能，进入合同序时簿界面，选中要变更的合同记录，单击“编辑”→“合同变更”，系统弹出“合同变更”窗口，修改正确的数量、单价、折扣率和税率后，单击“保存”按钮即可。

注 合同变更与合同修改是两个不同的功能，一个是针对审核后的合同，另一个是针对未审核的合同。

- 合同关闭、打开。合同关闭是指该编号的合同已经执行完成，或者以后该合同已经不能再被其他单据作为源单据引用。合同关闭的方法是，在合同序时簿界面，选中要关闭的合同，单击“编辑”→“关闭”即可。关闭后的合同记录会在序时簿界面中的“合同状态”项中显示“已关闭”字样。
- 合同打开是指将已关闭的合同重新启用，处于打开状态的合同可以被其他单据作为源单据引用。合同打开的方法是，在合同序时簿界面，选中要打开的合同记录，单击“编辑”→“打开”即可。
- 套打设置、打印合同。套打设置是利用金蝶K/3系统的套打进行合同单据的打印。

（1）在合同序时簿界面，单击“文件”→“打印模板设置”，系统进入“打印设置”对话框，切换到“注册套打单据”选项卡，如图4-83所示。

- 套打引入。引入套打格式文件。
- 批量引入。批量引入套打格式文件。
- 套打引出。将选中的套打格式文件从系统中引出。

（2）首次使用套打设置时，需引入套打格式文件，单击“套打引入”按钮，系统弹出“引入套打设置文件”对话框，如图4-84所示。

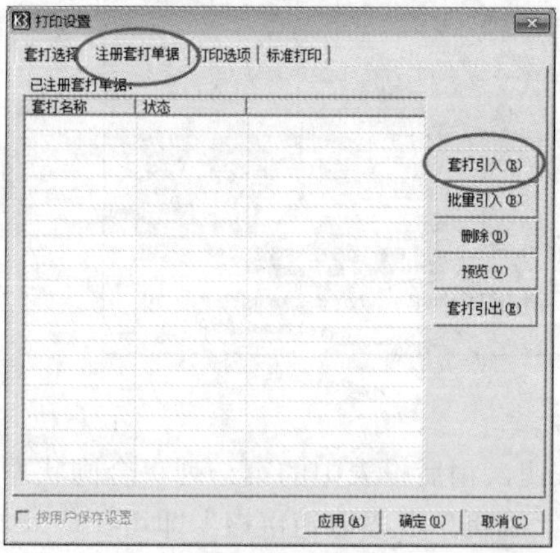

图4-83

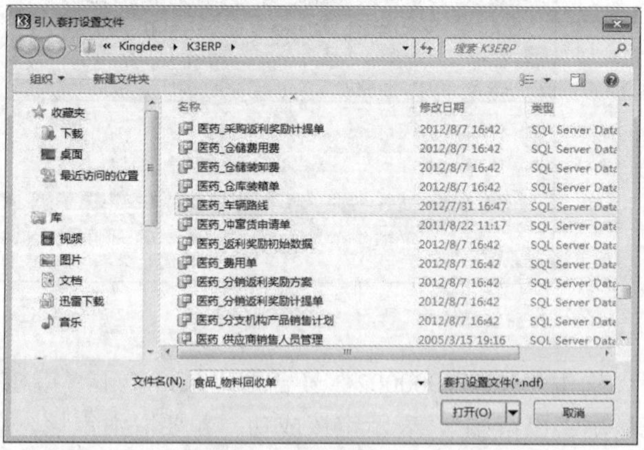

图4-84

（3）选择“合同（应收）（新单据平台）.ndf”，单击“打开”按钮，将该格式引入。单击“打印选项”选项卡切换到打印选项界面，如图4-85所示。

选项界面是对套打打印时的选项进行设置。

- 设置保存到所有套打模板。对选项进行设置的信息全部保存到“所有套打文件”。

- 设置保存到指定套打模板。对选项设置信息只保存到指定的套打文件，选中该项时，要求指定“套打文件”。
- 每张单据打印分录数。设置每一张单据打印时的产品明细分录数。
- 打印起始点、打印终止点。设置打印的起始点和终止点。
- 单据活动文本颜色值。设置活动文本的颜色。
- 打印表格。选中该项，表示需要将表格打印；反之，不打印表格。
- 打印图章。选中该项，表示需要打印图章；反之，不打印。
- 打印填充色。选中该项，表示需要打印填充色；反之，不打印。
- 超出纸边距时警告。选中该项，当所使用的套打格式宽度超出所使用打印纸张的边距时，系统弹出提示，并且不能打印；反之，超出纸边距可以打印和预览。
- 每条记录多张时改变颜色。选中该项，表示当每条记录多张时改变颜色输出。
- 打印固定文本。选中该项，表示将固定文本项目打印；反之，不打印。

（4）在此取消“超出纸边距时警告”的选中。单击“套打选择”选项卡切换到套打选择界面，如图 4-86 所示。该界面是针对当套打格式文件有多种时，选择要使用哪一种格式进行打印设置。

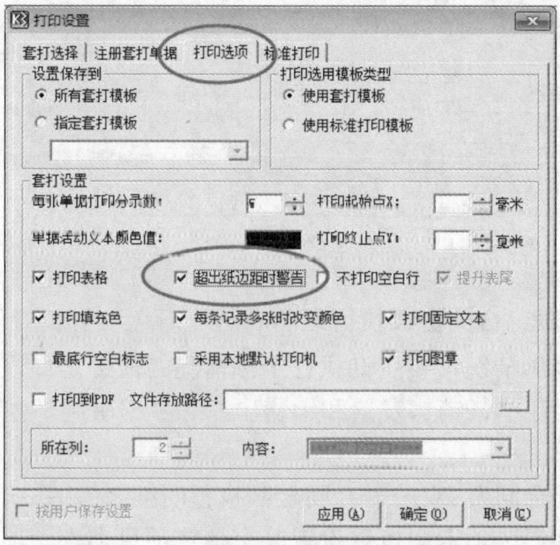

图 4-85

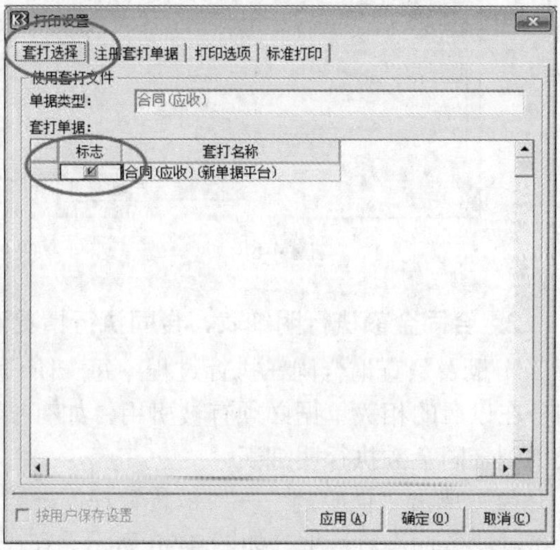

图 4-86

（5）套打设置完成，单击“确定”按钮保存设置。单击“文件”→“连续打印预览所选单据”，系统进入“打印预览”窗口，查看预览效果，右侧有部分内容不能打印，单击工具栏上的“打印设置”按钮，系统弹出“打印设置”窗口，选择正确的打印机，纸张设置为“横向”，单击“确定”按钮返回预览窗口，预览结果如图 4-87 所示。若需要打印输出，则单击“打印”按钮。

- 合同引出。合同引出是将合同序时簿中的合同档案引出为其他格式的文件，以供其他软件调用。在合同序时簿界面中，单击“文件”→“引出内部数据”，系统弹出“引出‘合同（应收）序时簿’”对话框，如图 4-88 所示。

选择要引出的数据类型，单击“确定”按钮，系统进入保存对话框，如图 4-89 所示，在对话框选择被引出文件的保存位置和文件名，设置完成后单击“保存”即可。

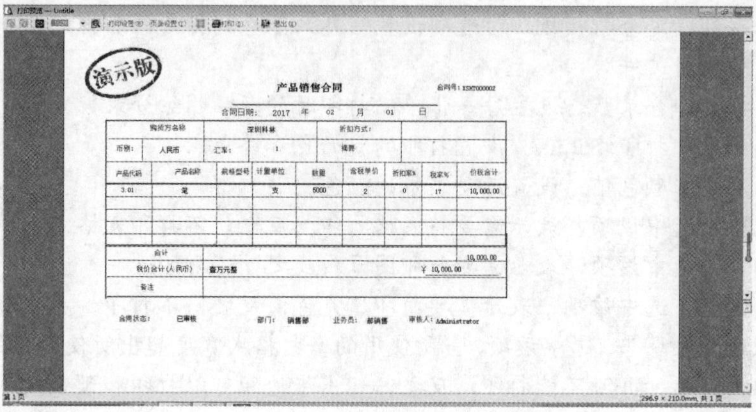

图 4-87

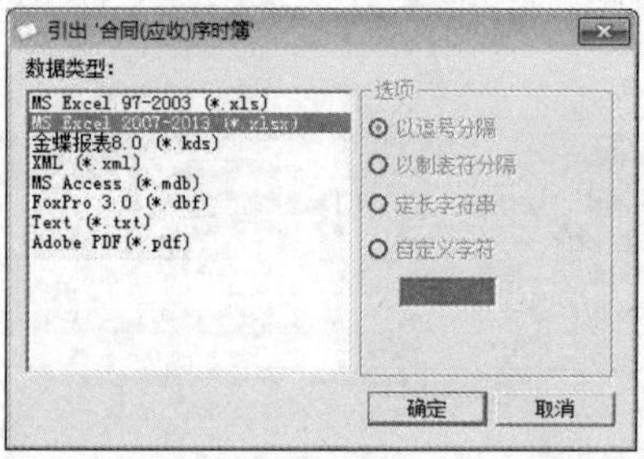

图 4-88

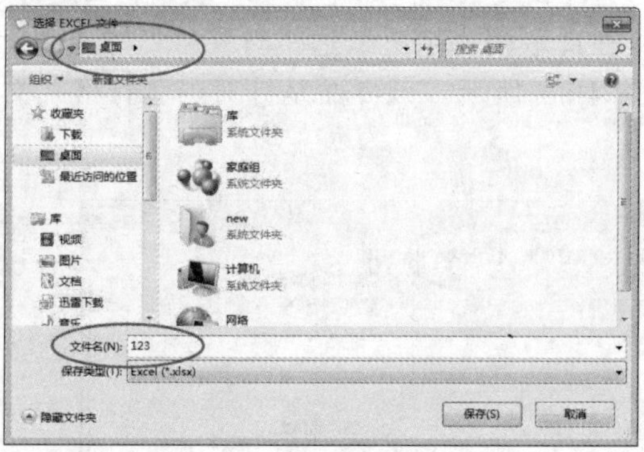

图 4-89

2．合同金额执行明细表、合同执行情况汇报表、合同金额执行汇总表

本报表是查询合同在执行过程中每一阶段的金额情况，要查询执行金额情况的前提是：该合同号在以后的相关单据必须有被引用，如有被销售订单、销售发票和销售出库等单据引用，才能查询到合同金额执行明细表。

（1）单击“供应链”→“销售管理”→“销售合同”，双击“合同金额执行明细表”，系统进入“过滤条件”对话框，如图4-90所示。在“条件”选项卡中可以设置某个核算项目类别、项目

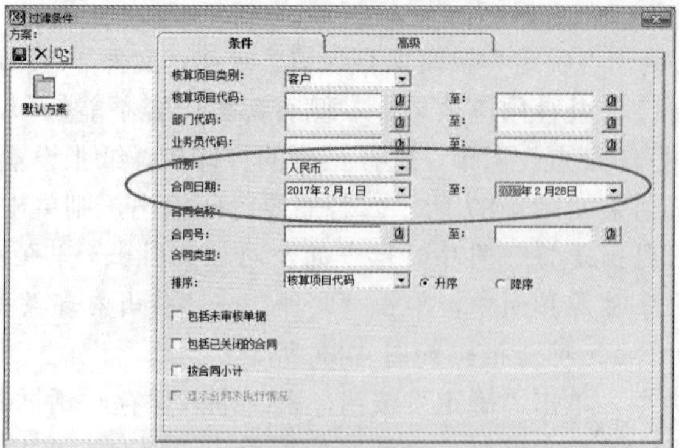

图 4-90

代码范围、部门代码范围和合同日期范围等条件。

（2）单击“高级”选项卡切换到高级界面，如图 4-91 所示。

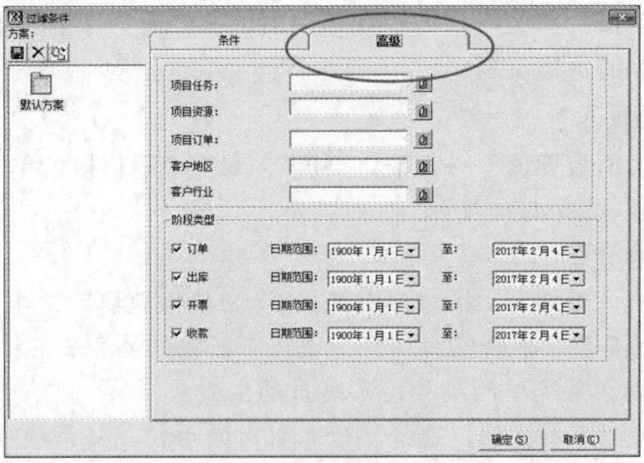

图 4-91

（3）在高级界面中可以进行过滤条件的高级设置。合同日期设置为“2017-02-01”至“2017-02-28”，在此保持条件和高级界面的默认值，单击“确定”按钮，系统进入合同金额执行明细表界面，如图 4-92 所示。

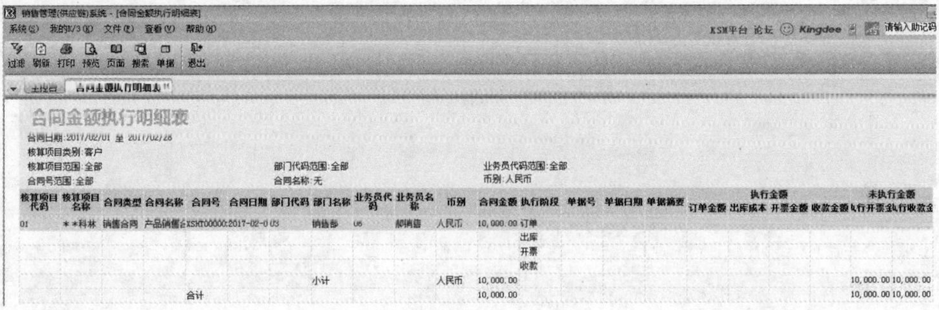

图 4-92

合同执行情况汇报表、合同金额执行汇总表的查询参照合同金额执行明细表。

3．合同到期款项列表

本报表是查询合同收款计划已经到期情况。单击“供应链”→“销售管理”→“销售合同”，双击“合同到期款项列表”，系统进入“过滤条件”窗口，在此保持默认过滤条件，单击“确定”按钮，系统进入合同到期款项列表界面，如图 4-93 所示。

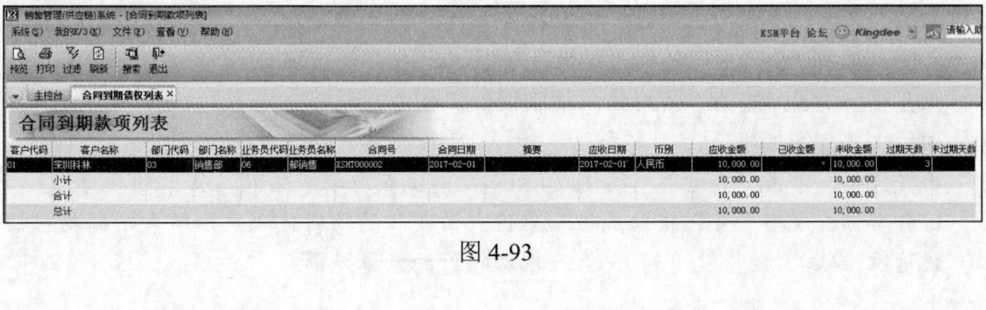

图 4-93

4.3.4 销售报价单

销售报价单是将对客户报价的资料进行管理，以备随时查询，销售报价单可以按不同数量段进行报价。审核后的销售报价单可以被销售订单引用，在被销售订单引用时，系统根据所录入的销售数量获取销售报价单的价格资料。

1. 销售报价单手工录入

单击“供应链”→“销售管理”→“销售报价”，双击“销售报价单-新增”，系统进入“销售报价单-新增”录入窗口，如图4-94所示。

表头项目的主要内容介绍如下。

- 购货单位。单击“查看”按钮，或者按F7功能键获取购货单位信息，必录项项目。
- 日期。报价单的日期，单击空白栏处会出现下拉按钮，单击下拉按钮修改，必录项项目。
- 单据编号。单据在系统中的编号，系统自动生成。
- 币别。单击“查看”按钮，选择报价单针对的币种，必录项项目。
- 汇率。当币别为外币时，录入汇率。
- 源单类型。单击空白栏处会出现下拉按钮，单击下拉按钮选择根据何种单据参考生成，非必录项项目。
- 源单编号。当选择“源单类型”后，在此处按F7功能键获取要参考的单据。
- 审核、审核日期。显示报价由谁在什么日期进行审核。

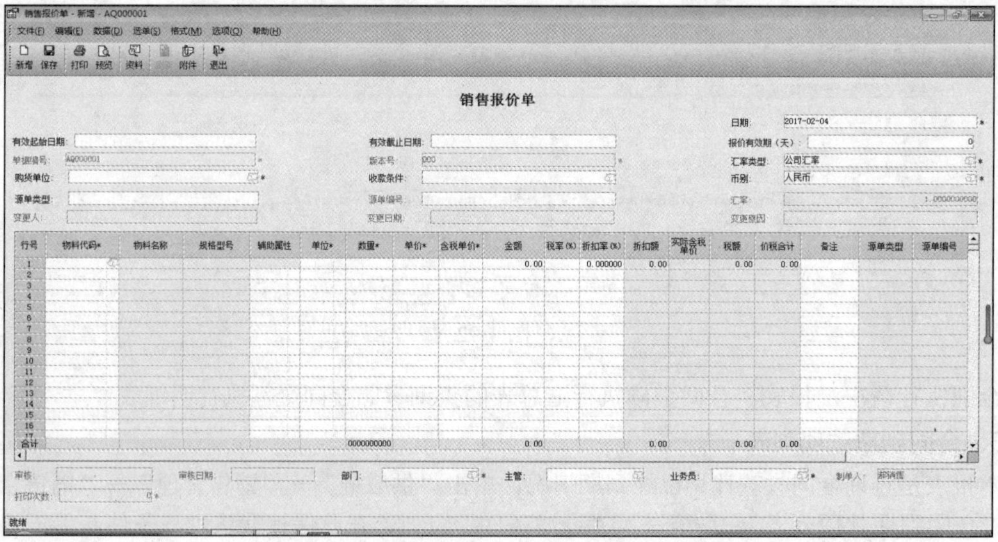

图4-94

- 部门。单击“查看”按钮，获取报价部门，必录项项目。
- 主管。单击“查看”按钮，获取主管信息，非必录项项目。
- 业务员。单击“查看”按钮，获取报价业务员。

表体项目主要介绍如下。

- 物料代码。单击“查看”按钮或按F7功能键获取物料信息，必录项项目。
- 物料名称、规格型号、辅助属性和单位。由获取的物料代码显示所表示的物料档案。
- 数量段（从）、数量段（到）。录入本次报价的数量范围。

- 单价、折扣率、备注。录入该行分录数量范围的单价、折扣率和备注信息。

例 4-3 录入如图 4-95 所示的销售报价单。

销售报价单

编 号：AQ000001

购货单位：东莞丽明　　日 期：2017-02-02　　币 别：人民币

产品代码	产品名称	规格型号	单位	数量段 从	数量段 到	单价	折扣率	备注
3.01	笔		支	0.00	5,000.00	2.00	0	
3.01	笔		支	5,001.00	10,000.00	1.95	0	

审核：郝销售　　主管：　　部门：销售部　　业务员：郝销售　　制单：郝销售

图 4-95

（1）将光标放置在购货单位项处，单击“查看”按钮，获取“东莞丽明”，“日期”为“2017-02-02”，“币别”为“人民币”。

（2）将光标放置在物料代码项（第一行）处，单击“查看”按钮，获取“3.01 笔”，“数量段”录入“5,000.0000”，“含税单价”录入“2.00”；将光标放置在物料代码项（第二行）处，单击“查看”按钮，获取“3.01 笔”，“数量段”录入“10,000.0000”，“含税单价”录入“1.95”。

（3）将光标放置在部门项处，单击“查看”按钮，获取“销售部”，将光标放置在业务员项处，单击“查看”按钮，获取“郝销售”，单击“保存”按钮保存单据，保存成功的窗口如图 4-96 所示。

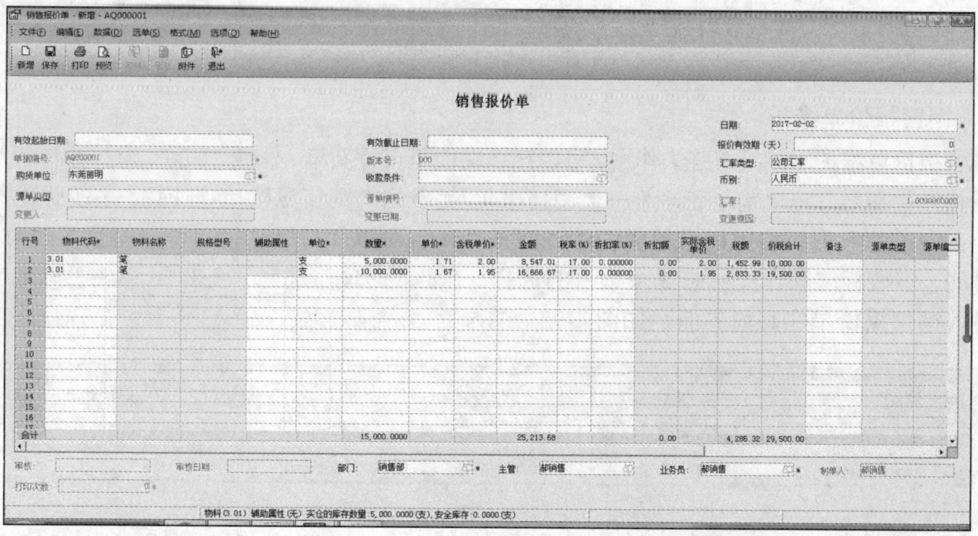

图 4-96

注 当录入“购货单位”后，单击“查看”→“价格资料查询”，系统弹出“价格方案”窗口，以供用户选择价格资料，但该价格资料需要在基础资料中设置。

报价单审核后若要修改，直接在“编辑单据”窗口中，修改正确信息后，单击“保存”按钮即可。

注　已经审核的报价单，取消审核后方能进行修改。

单击“审核”按钮可以对选中的单据进行审核，单击“编辑”→“反审核”，可以对已经审核的单据取消审核。

（4）单击“审核”按钮审核当前报价单。

注　审核时提示“没有该级审核权限”，是因为销售报价单启用了多级审核，需单击“系统设置”→“系统设置”→“销售管理”，双击“审批流管理”，增加“Administrators”的审批权限，如图 4-97 所示。

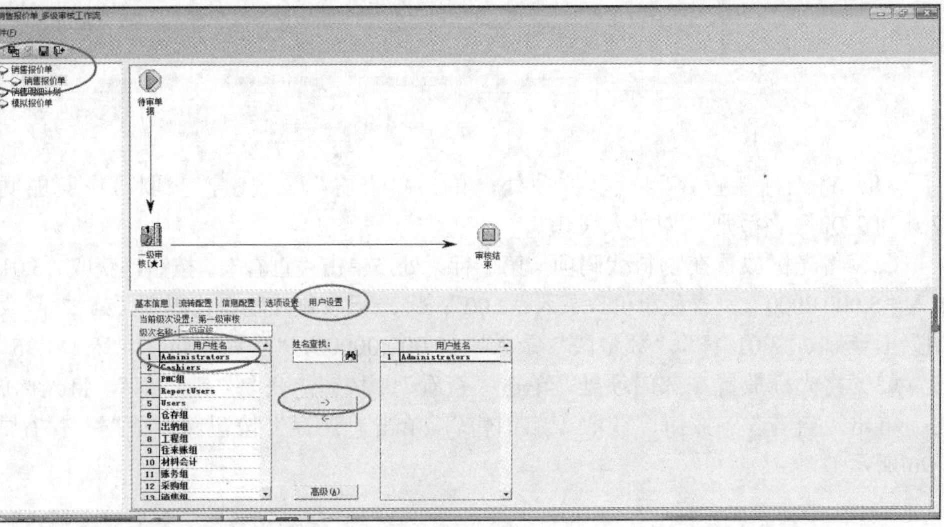

图 4-97

2. 销售报价单维护

销售报价单维护功能具有强大作用，可以在该功能下进行新增、修改、删除、审核和作废等操作。

单击“供应链”→“销售管理”→“销售报价”，双击“销售报价单-维护”，系统弹出“过滤”窗口，在“过滤”窗口中可以设置详细的过滤条件，也可以保持默认值过滤，特别要注意窗口下部的时间、审核标志和作废标志 3 个项目的选择。在此“时间”选择“全部”，单击“确定”按钮，系统进入销售报价单序时簿界面，如图 4-98 所示。

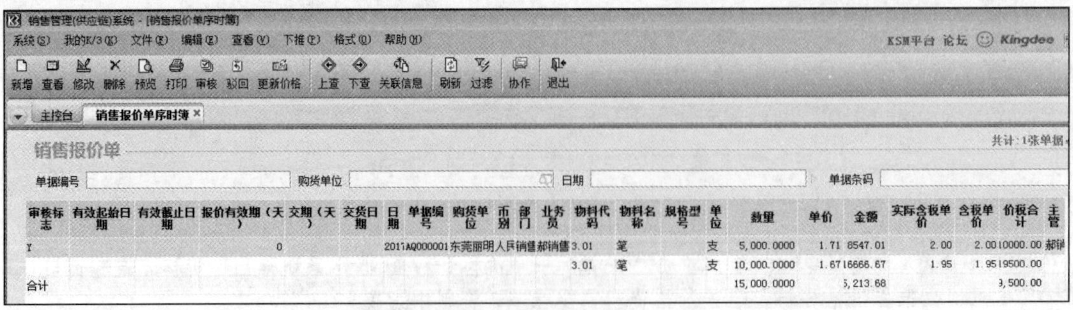

图 4-98

在序时簿界面，单击工具栏上相应的按钮可以进行相应的操作，如要删除报价单（前提是报价单未审核），则选中该报价单后，单击“删除”按钮即可。

单击“上查”按钮，可以查询该报价单由什么源单参考生成；单击“下查”按钮，可以查询到该单据被何种单据参考使用。

销售报价单作废表示该编号的销售报价单已经不需使用，不能再被其他单据引用。在销售报价序时簿界面中，选中要作废的报价单，单击“编辑”→“作废”即可。

若重新使用已经作废后的单据，选中该张单据后，单击“编辑”→“反作废”即可。

3. 销售报价单生成销售订单

销售报价单生成销售订单的方式有两种：一种是由销售报价单直接生成销售订单；另一种是在录入销售订单时，选择销售报价单作为源单据后，再选择由哪张报价单生成销售订单。两种方法达到的目的一样，不过操作方式不同。销售报价单生成销售订单的前提是该报价单已经审核。

（1）在销售报价单序时簿界面中，选中要生成销售订单的分录，如选中第 2 行，即数量 10 000 的记录行，单击“下推”→“生成销售订单”，系统进入“销售订单-新增”窗口，在“销售订单-新增”窗口中可以看到从销售报价单引用过来的资料，在“数量”处录入“5,000.0000”，如图 4-99 所示。

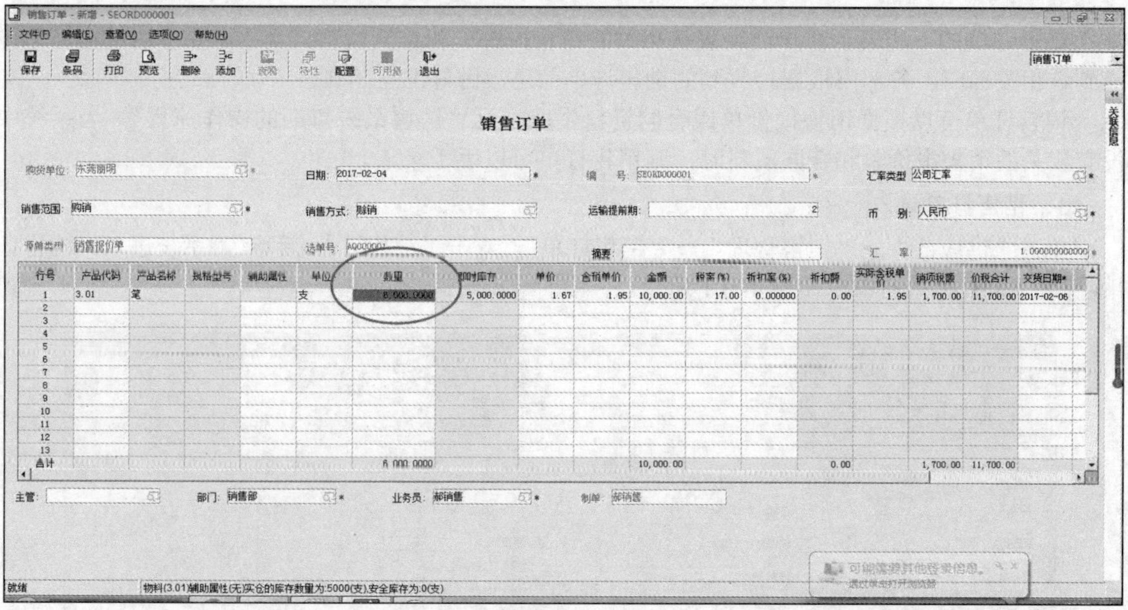

图 4-99

（2）单击“保存”按钮保存生成的销售订单，系统弹出“缺货存货”对话框，如图 4-100 所示。

（3）单击“退出”按钮返回“销售报价单生成销售订单”窗口，再单击“退出”按钮退出“销售报价单生成销售订单”窗口。

通过下推方式生成订单，只是修改了数量，而其他信息，如产品信息和价格信息等都是自动引用，这样大大提高了处理效率。这是参考引用的效果，也是 ERP 软件的重要特点之一。

注 要查看第（2）步中所生成的销售订单，可以单击“供应链”→“销售管理”→“销售订单”，双击“销售订单-维护”。

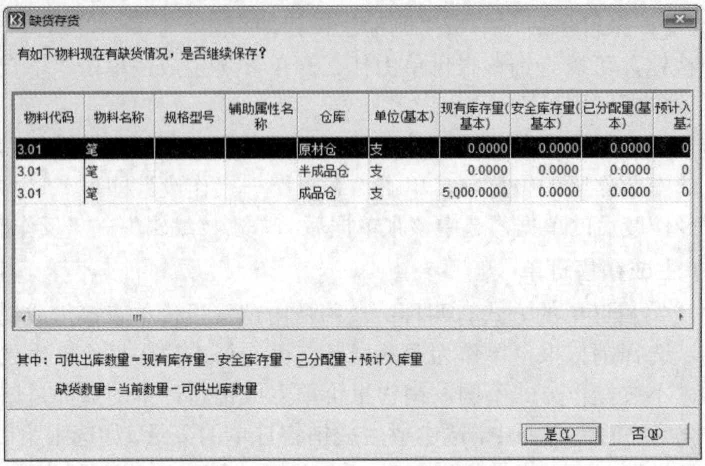

图 4-100

4.3.5 销售订单

销售订单的下达表示客户已经确认相关的销售报价单和合同资料。企业需要下达销售订单传递到各相关部门，各部门根据接收到的销售订单信息，做好准备工作。

销售订单可以根据销售报价单或合同资料生成，见“销售系统每期的操作流程”，当系统中没有相关的销售报价单和合同资料时，则销售订单可以手工录入。

1. 销售订单录入

单击“供应链”→“销售管理”→“销售订单”，双击“销售订单-新增”，系统进入“销售订单-新增”录入单据窗口，如图 4-101 所示。

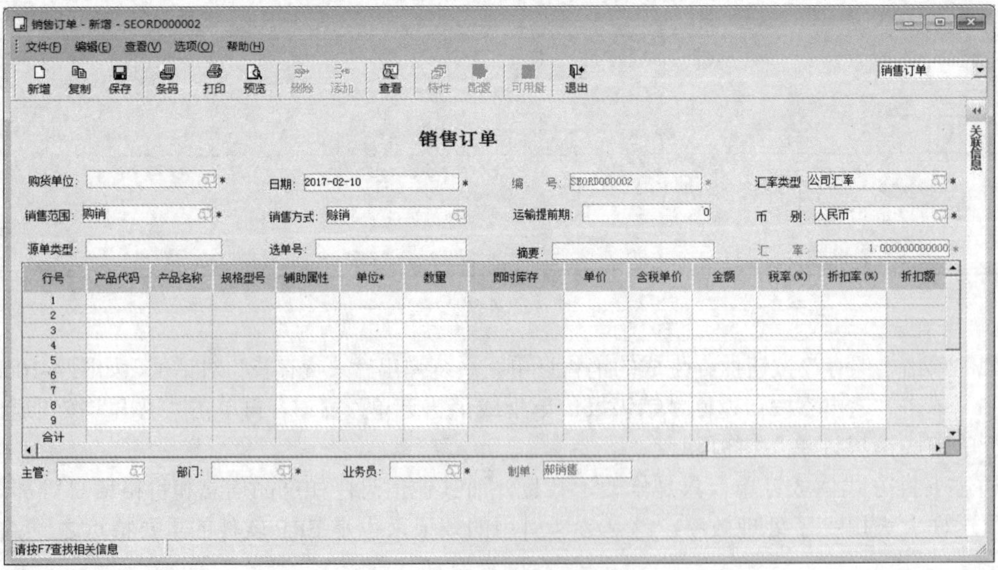

图 4-101

表头项目的主要内容介绍如下。

- 购货单位。单击“查看”按钮获取客户信息。或者参考销售报价单或合同资料生成时，由参考销售报价单或合同资料中的客户信息自动引入，必录项目。
- 日期。日期是销售订单的结算日期，用户手工录入。
- 销售范围。用于区分“购销”和“调拨”两种业务。具体方法有如下两种。
  - 手工新增。当上下游机构都是独立核算单位，两者之间是购销关系，则选择“购销”；当下游机构是上游机构的一个办事处，是非独立核算单位，两者之间是调拨关系，则选择“调拨”。
  - 当单据是由分销系统的单据转换生成的，则取采购订单的采购范围对应的值。单击“查看”按钮获取范围资料。
- 销售方式。系统目前提供现销、赊销、分期收款销售、委托代销、直运销售、受托代销销售6种方式，用户根据需要选择。
- 运输提前期。向该客户交货所需要提前的天数，为整数字型，系统将客户基础资料中当前客户的“默认运输提前期”属性直接带入该字段，用户可修改。如果用户进行MRP或MPS计算计划时，运输提前期必须录入，因为MRP和MPS计算产品的完工日期需要考虑销售订单的运输提前期，以确保产品能按客户的需求日期及时交货。
- 摘要。录入本笔销售订单的摘要。
- 编号。单据号码，由系统自动生成。
- 币别。选择该笔业务采用何种币别进行结算。
- 汇率。当币别选择外币时，录入该币别的汇率。
- 源单类型。单击空白处，会弹出“下拉”按钮，选择本笔销售订单由哪种源单类型参考生成。
- 选单号。选择相应的“源单类型”后，将光标放置在“选单号”项处，单击“查看”按钮，系统会显示系统中审核的源单据，以供用户引用。但是已作废或已关闭的单据不会显示。
- 日期。销售订单发生的业务日期。
- 部门、主管、业务员。同销售报价单。

表体项目：黄色区域（见实际效果图）表示由系统中的相关档案生成，空白为手工录入。

- 产品代码。单击“查看”按钮，获取产品信息，也可由源单据上的产品代码生成。
- 产品名称、规格型号、辅助属性、单位。由选择的产品代码信息自动带出。
- 数量。以该产品的单位为计量标准时，录入数量。
- 辅助单位、换算率、辅助数量。由物料档案中设置的辅助单位自动带出。
- 单价。录入不含税单价。
- 税率。录入税率。
- 含税单价。含税单价=单价×（1+税率）。
- 金额。金额=数量×单价。
- 折扣率。录入本笔销售订单的折扣率。
- 折扣额、实际含税单价、销售税额、价税合计。由公式自动计算生成。
- 交货日期。该交货日期表示产品交达到客户手上的日期。
- 建议交货日期。由交货日期减去运输提前期而得，表示生产完工日期。
- 出库数量、源单单号、合同单号、开票数量等项目。这些项目在引用了相关源单据，或被其他单据引用后，可以显示相应数量例如该笔销售订单引用了“合同”生成，则在合同号显示引用的合同号；该笔销售订单被销售出库单引用出，则在出库数量处显示相应的数量。

例4-4 录入如图 4-102 所示的销售订单。该订单由“XSHT000002”号合同参考生成。

K/3销售订单

购货单位：	深圳科林	日　期：	2017/2/10	编　号：	XSHT000002
销售方式：	赊销	结算方式：		币　别：	人民币
交货方式：		交货地点：		汇　率：	1

产品代码	产品名称	规格型号	单位	数量	含税单价	折扣率	折扣额	价税合计	备注	交货日期
3.01	笔		支	5000	2.00	0	0	10,000.00		2017/2/15
合计			汇总折扣额：				0.00	汇总价税合计：		10,000.00

审核：郝销售　主管：　部门：销售部　业务员：郝销售　制单：郝销售

图 4-102

（1）在“销售订单-新增”窗口中，“源单类型”选择“合同（应收）”，将光标移动到“选单号”选项，单击“查看”按钮，系统弹出“合同（应收）序时簿”窗口，窗口显示的合同档案为已审核、未关闭，如图 4-103 所示。

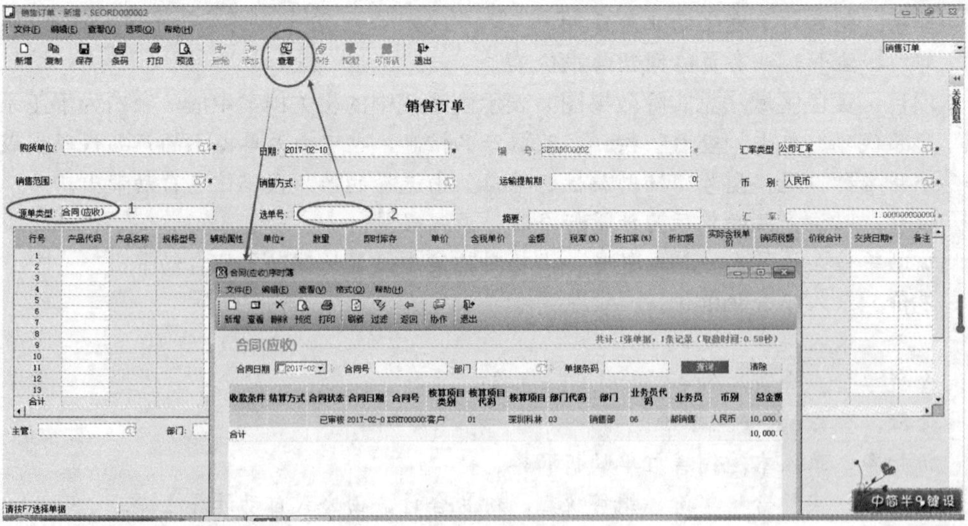

图 4-103

（2）双击“XSHT000002”号合同，将该合同内容引用到销售订单中，引用成功的“销售订单-新增”窗口如图 4-104 所示。

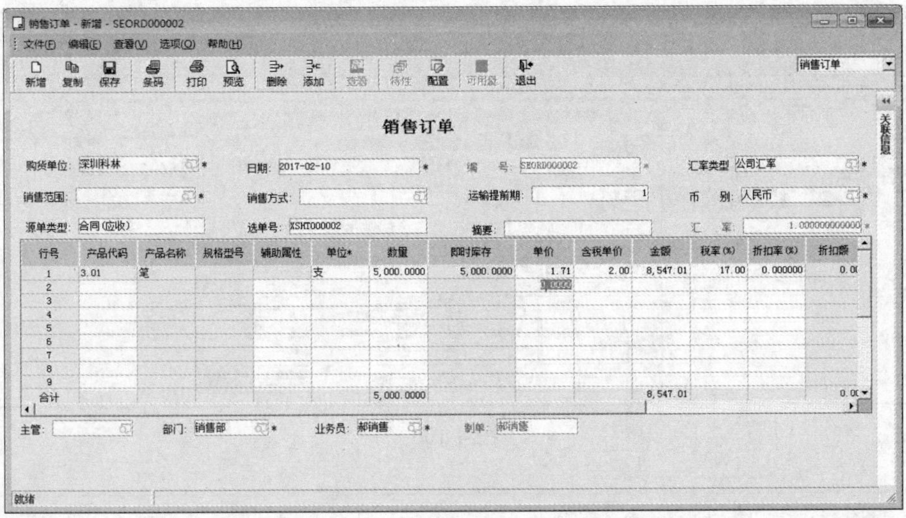

图 4-104

（3）补充销售范围和销售方式，表体项目中的交货日期修改为“2017-02-15”，单击“保存”按钮，如图 4-105 所示。

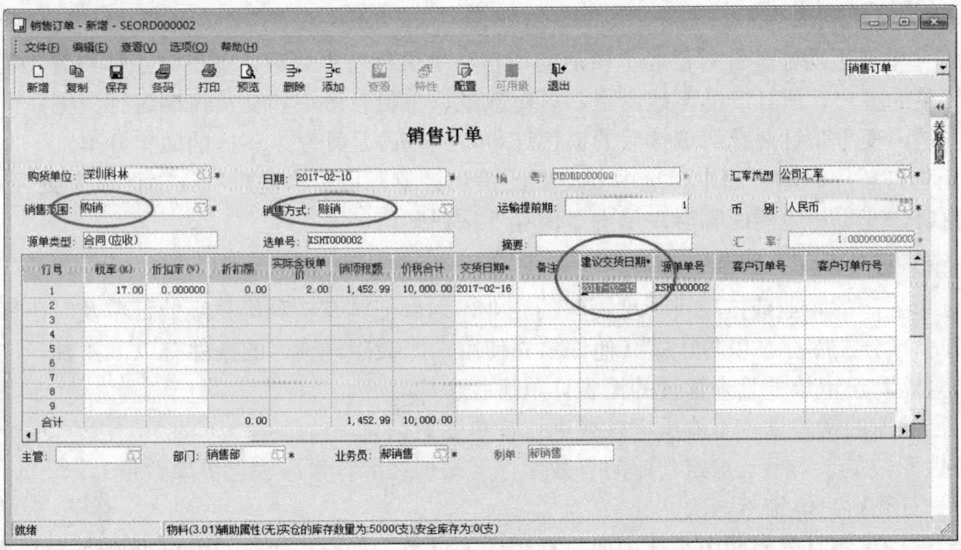

图 4-105

（4）保存当前单据，保存后工具栏上会出现“审核”按钮，单击“审核”按钮审核当前单据。

2．销售订单基本操作

单击“供应链”→“销售管理”→“销售订单”，双击“销售订单-维护”，系统弹出“过滤”窗口，过滤条件选择左侧的“默认方案”，“时间”选择“全部”，单击“确定”按钮，系统进入销售订单序时簿界面，如图 4-106 所示。

在销售订单序时簿界面中可以进行销售订单的新增、修改、删除、审核、关闭和作废等操作，方法是选中相应单据后，再单击相应的工具按钮。

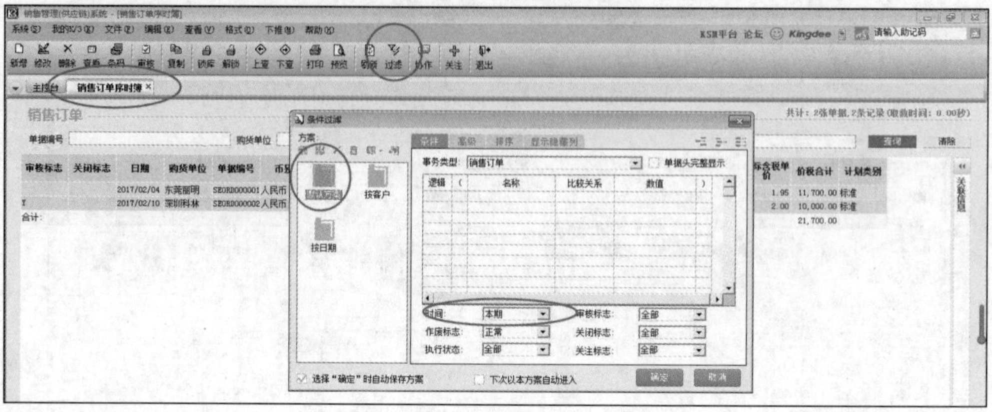

图 4-106

注　关闭和作废功能在“编辑”菜单下。

销售订单打印可以使用“套打设置”后进行打印输出，套打设置方法可参照合同打印。

请审核当前未审核的销售订单以备后面的单据引用。销售订单审核后，可返回查看“合同金额执行明细表”有何变化。

3．销售订单变更

销售订单变更功能是针对已经审核后的销售订单进行变更处理，变更时主体内容不能变更，即该笔订单的客户、所订产品不能变更，只对数量、单价、税率和交货日期进行变更。变更与修改的不同是，变更是针对已经审核后的销售订单，而修改是针对未审核的销售订单。

在销售订单序时簿界面中，选中要变更的销售订单，单击“编辑”→“订单变更”，系统进入变更窗口，变更相应的内容后，单击“保存”按钮即可。

4．销售订单锁库、解锁

按订单生产的企业或按项目管理物料的企业，为保证具有较高优先级的订单及时出库，需要为这些订单预分配库存，以防止被其他订单先使用，即锁库。锁库的条件有以下 4 种。

① 只能对已审核并且未执行的销售订单进行锁库。

② 已锁库的销售订单不能反审核或进行订单变更。

③ 锁库数量必须小于指定仓库的有效库存（即现在库存量减去已锁库数量）。

④ 一行物料只能锁库一次。

在销售订单序时簿界面中，选中要执行锁库的订单，如选中“SEORD000001”号销售订单，单击工具栏上的“锁库”按钮，系统弹出“锁库明细”对话框，对话框上部显示选中的销售订单的“待锁库数量”信息，对话框下部显示可以对哪些仓库进行锁库操作和已经锁库的数量。锁库的方法是先选中要进行锁库的仓库，再在“当前单据锁库数量（常用）”录入要求锁库的数量，在此录入“1 000.0000”，然后单击“锁库”按钮，如图 4-107 所示。

解锁的方法是：先取消对“选择锁库”的选中，再单击“解锁”按钮即可。

5．销售订单生成其他业务单据

审核后的销售订单可以作为源单据生成多种业务单据，也可以生成采购申请单，并且在采购模块中查询和调用所生成的采购申请单；可以生成销售发票，传递到应收款管理模块，以供调用和查询。在销售订单序时簿界面中，可以查询销售订单生成的业务单据类型，单击“下推”菜单，系统弹出可以生成的业务单据列表，如图 4-108 所示。

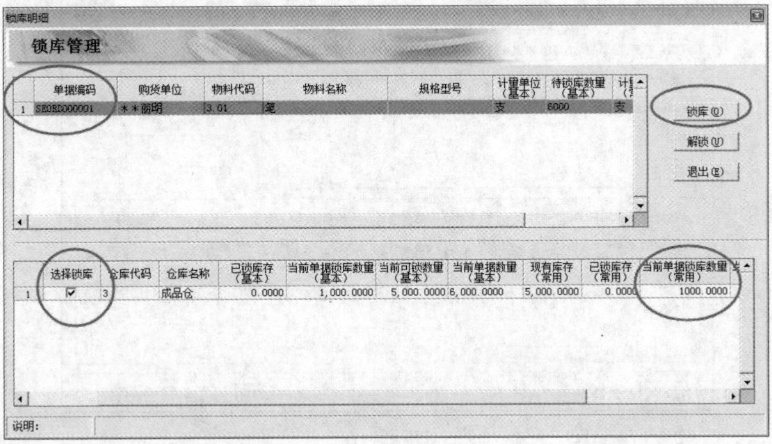

图 4-107

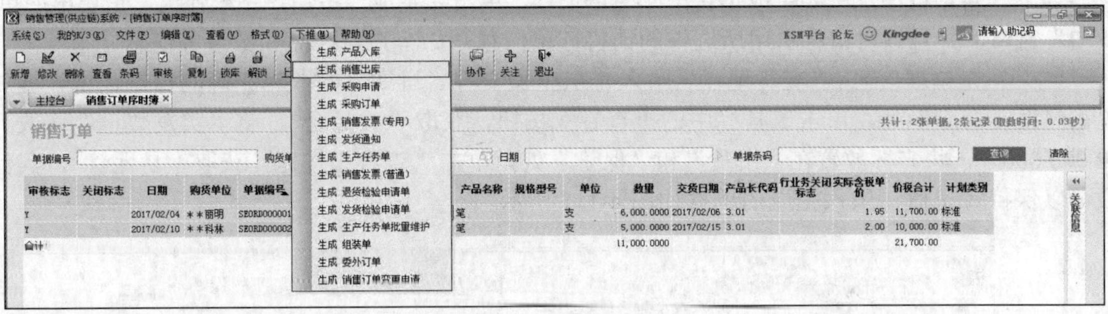

图 4-108

在此以销售订单生成图 4-109 所示的销售出库单为例，介绍销售订单生成其他业务单据的操作方法，操作步骤如下。

销售出库单

编　号：XOUT000001

购货单位：东莞丽明　　日期：2010-02-06　　源单类型：

产品代码	产品名称	规格型号	单位	数量	单价	金额	批号	发货仓库	源单单号	备注
3.01	笔		支	2,000.00	1.95	3900		成品仓	SEORD000001	

审核：郝销售　记帐：　发货：易保管　保管：易保管　制单：郝销售

图 4-109

（1）在销售订单序时簿界面中，选择“SEORD000001”号销售订单，再单击“下推”→“生成销售出库”，系统弹出“销售订单生成销售出库”对话框，如图 4-110 所示。

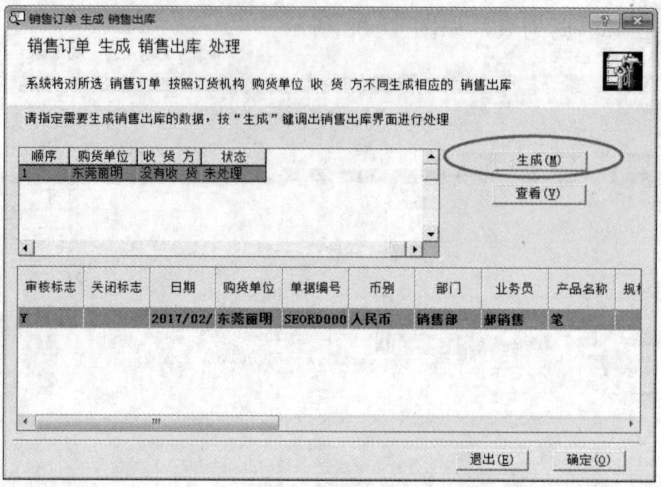

图 4-110

（2）在对话框中选中要生成销售出库的记录行，单击“生成”按钮，系统弹出“销售出库单-新增”窗口，并且该窗口将引用所选中的销售订单信息，如客户、产品和数量等信息。

（3）补充单据信息。“交货地点”录入“东莞长安”，“日期”修改为正确的日期，将光标放置在“发货仓库”处，单击工具栏中的“查看”按钮，获取“成品仓”，将“实发数量”修改为“2,000.0000”，将光标放置在“发货”和“保管”处，单击“查看”按钮，获取“易保管”，其他项可以保持默认值，录入完成的单据如图 4-111 所示。

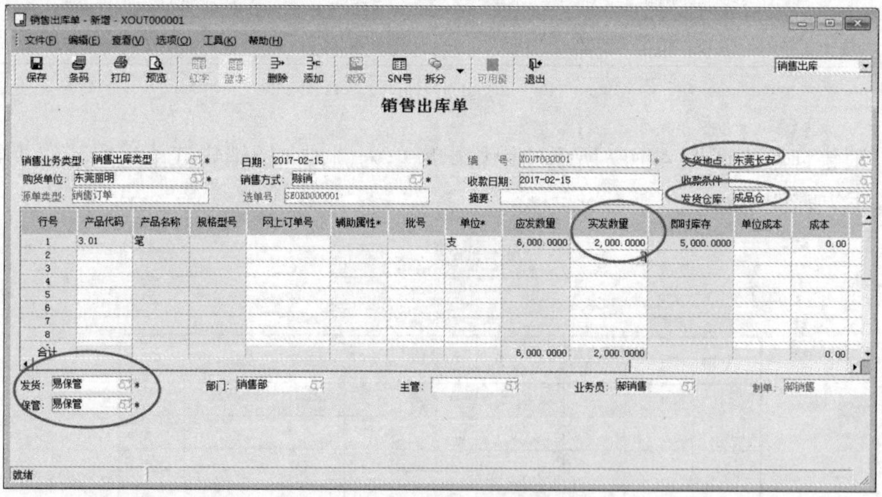

图 4-111

> 注　录入销售出库单时，一定要注意以下 4 项内容要录入正确：①发货仓库，只有录入正确的商品存放仓库，单据才能保存成功，否则导致负结存现象；②日期，如果日期不对，可能会导致收发存汇总表有出入；③正确的产品代码；④实发数量。

（4）单击“保存”按钮，保存所生成的销售出库单。

6．销售订单统计报表

销售订单统计报表是查询在满足条件下根据某个“汇总项目”所汇总的统计报表，可以查询某个客户在一定时间段内的销售订单汇总情况，查询某种物料类别在一定时间内的汇总情况，汇总条件和过滤可以任意设置。下面以查询本账套中所有销售订单、“客户”为汇总依据的统计报表为例，介绍统计报表的查询方法。

（1）在主界面中，单击“供应链”→“销售管理”→“销售订单”，双击“销售订单统计表”，系统弹出“过滤”对话框，如图 4-112 所示。

在“过滤”对话框中，可以设置过滤的日期范围、物料范围、销售方式和单据所处状态等各种条件。

（2）日期范围设置为“2017 年 2 月 1 日至 2017 年 2 月 28 日”，单击“汇总依据”下拉按钮，选择“客户”作为汇总依据，其他项目保持默认值，单击“确定”按钮，进入销售订单统计表界面，如图 4-113 所示。

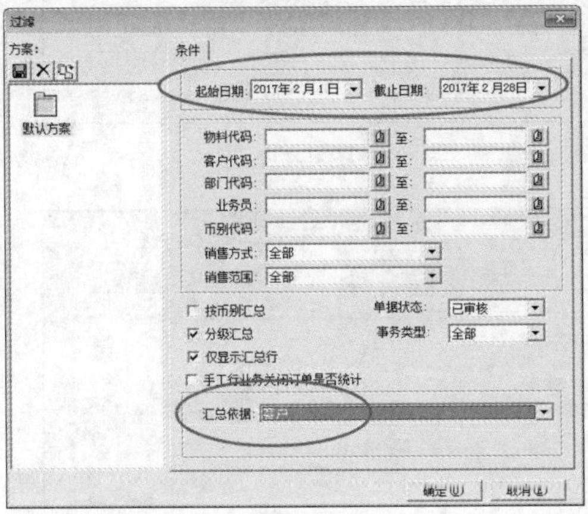

图 4-112

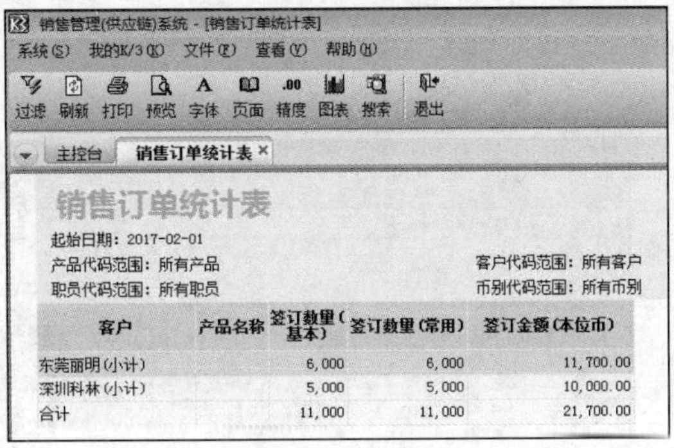

图 4-113

销售订单统计表界面设置了丰富的过滤条件供用户选择，读者可以自行练习在不同条件、不同选项设置下查询销售统计表情况。

7．销售订单执行情况汇总表、明细表

销售订单执行情况汇总表是查询满足条件的某个汇总项目下的执行情况，可以查询到订单数量、发货数量和尚未出库等信息。下面以查询本账套中所有销售订单，“客户”为汇总依据的汇总表为例，介绍执行情况汇总表的查询方法。

（1）在主界面中，单击“供应链”→“销售管理”→“销售订单”，双击“销售订单执行情况汇总表”，系统弹出“过滤”对话框，如图 4-114 所示。

（2）日期范围都设置为“2017 年 2 月 1 日至 2017 年 2 月 28 日”，“汇总依据”选择“客户”，其他项目保持默认值，单击“确定”按钮，系统进入销售订单执行情况汇总表界面，如图 4-115 所示。

“销售订单执行情况明细表”是查询销售订单执行情况的明细报表，查询方法基本同汇总表，销售订单执行情况明细表界面如图 4-116 所示。

8．订单预评估表

订单预评估表是以物料为对象，在接销售订单前，对订单进行评估（包括成本、库存数量、交货期及预估价等），以确定是否具有经济利益，能否按照订单上的日期及时交货。本表实现对订单成本、现有库存、预计库存、预估价进行计算和查询功能。

单击“供应链”→“销售管理”→“销售订单”，双击“订单预评估表”，弹出报表“过滤”

对话框，如图 4-117 所示。

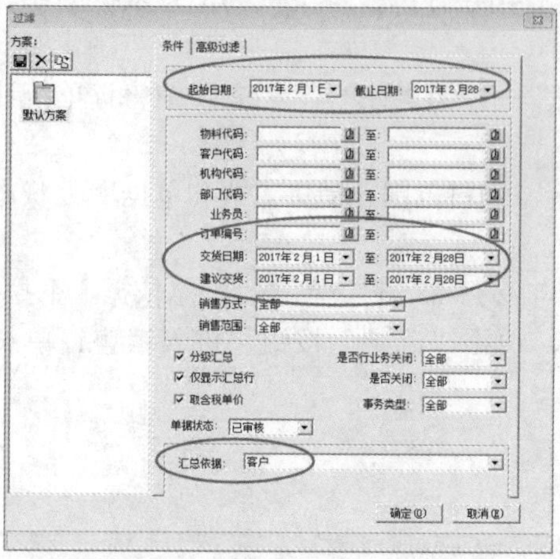

图 4-114

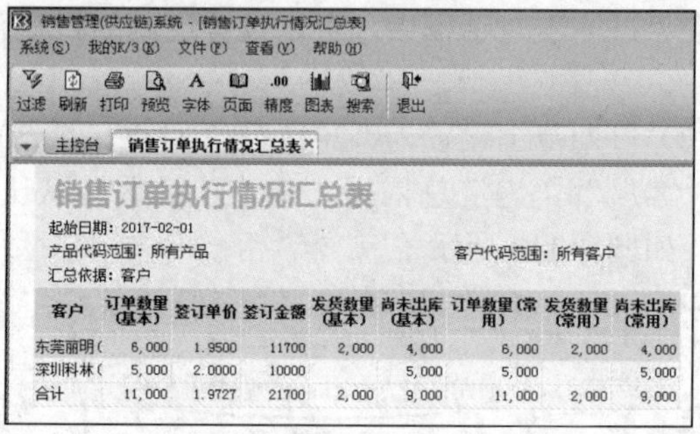

图 4-115

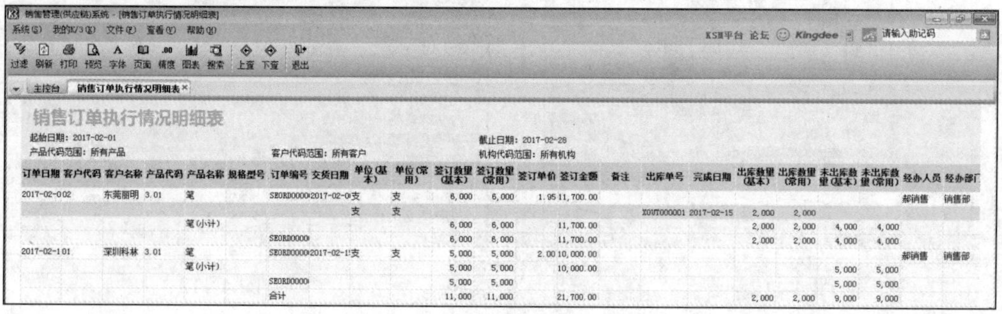

图 4-116

- 选单。单击“选单”按钮，系统弹出“过滤”对话框，根据过滤出来的销售订单，双击选择要进行预评估的销售订单。选单后还要选择对应的 BOM 单号。
- 详细。单击“详细”按钮，系统弹出“BOM 展开选项”对话框，如图 4-118 所示。

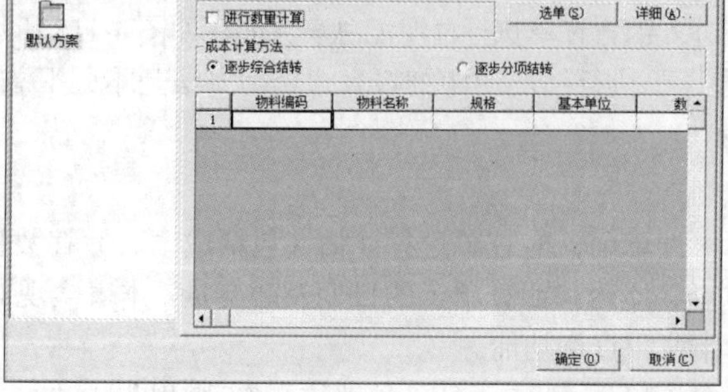

图 4-117

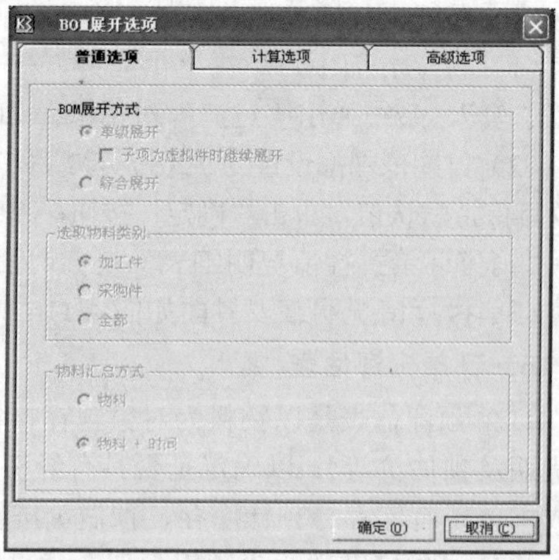

图 4-118

- 进行数量计算。系统默认为空，即仅进行成本与预估价的计算（包括直接材料、直接人工、变动制造费用、固定制造费用、委外材料费、委外加工费、单价、金额、预估价与预估金额）。选中此选项，则对物料的现有库存、安全库存、预计入库及已分配量等进行分析，得出预计可用量。
- 计算逻辑。成本计算方法是通过成本 BOM 即时计算实现的，分为“逐步综合结转”和“逐步分项结转”。

选单和详细参数设置完成后，单击“确定”按钮，进入订单预评估界面，如图 4-119 所示。

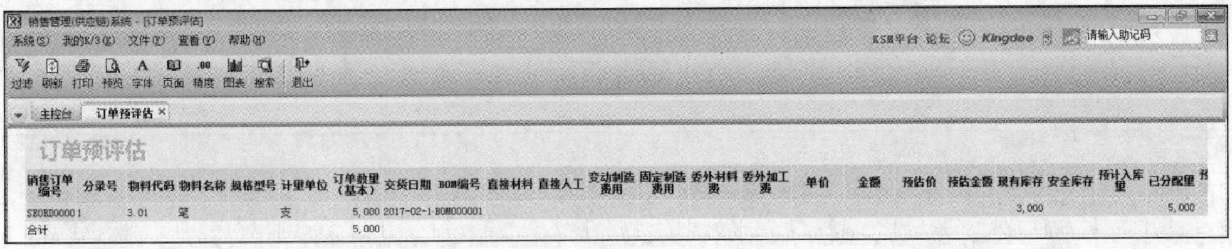

图 4-119

9．虚拟物料订单统计表、订单批次跟踪表

虚拟物料订单统计表是针对虚拟物料，按客户反映的每张销售订单的执行情况进行统计的报表。

所谓执行是指针对反映虚拟物料的销售订单，通过直接关联销售出库单，或者通过关联发货通知单，再关联销售出库单的间接关联方式，显示货物的订货数和实际出库数量，进行比较并显示其中差异。如果企业进行分销管理业务操作，还要包括销售订单关联发货通知单、再关联其他出库单这种集团内调拨业务的间接关联方式。

虚拟物料订单统计表是订单执行管理功能的特殊形式的反映，也是对虚拟物料的订货执行结果的详细体现。

订单批次跟踪表主要是统计销售订单的生产执行情况，可以针对销售订单，反映销售订单的生产和物料领用的情况，对配置类物料，可以区分不同的客户 BOM 的执行情况。

10．销售订单全程跟踪

销售订单全程跟踪是在同一个窗口中显示销售订单的各个环节执行情况，包括订单发货情况、销售出库情况、销售开票情况、销售收款情况、订单是否下达了生产任务等多个环节，并提供了每个环节的执行汇总信息和详细的关联单据信息，非常方便企业的订单跟踪人员或销售管理人员快速地掌握订单的全面情况，及时地进行计划生产和提供高效的客户服务。

单击“供应链”→“销售管理”→“销售订单”，双击“销售订单全程跟踪”，进入销售订单全程跟踪界面，如图 4-120 所示。

在全程跟踪界面，必须通过“选单”功能选择要跟踪的销售订单。将光标放置在“选单”处按 F7 功能键，获取“SEORD000001”号销售订单，并返回全程跟踪界面。当选单成功后，系统会自动显示订单全程情况，如图 4-121 所示。

窗口左部显示的是当前所选择的订单信息，右侧显示的是选中订单当前的全程情况，单击“+”号可以看到订单执行过程的详细信息。单击工具栏中的“选项”按钮，系统弹出选项窗口，可以对当前全程跟踪界面进行设置。

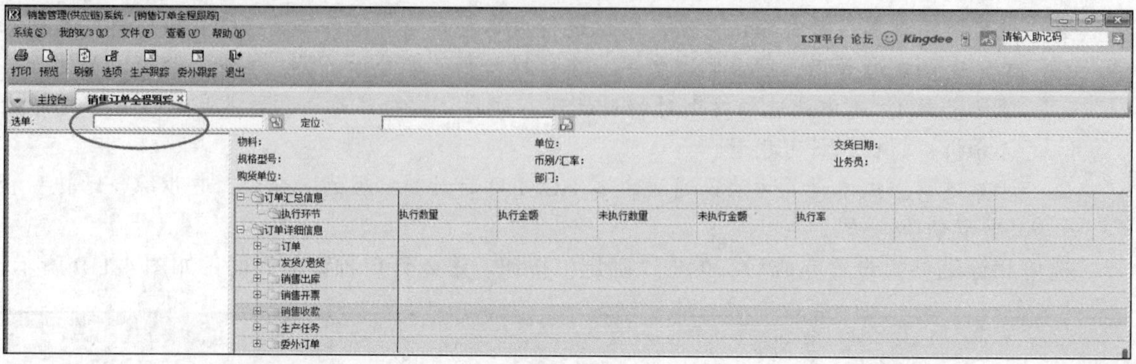

图 4-120

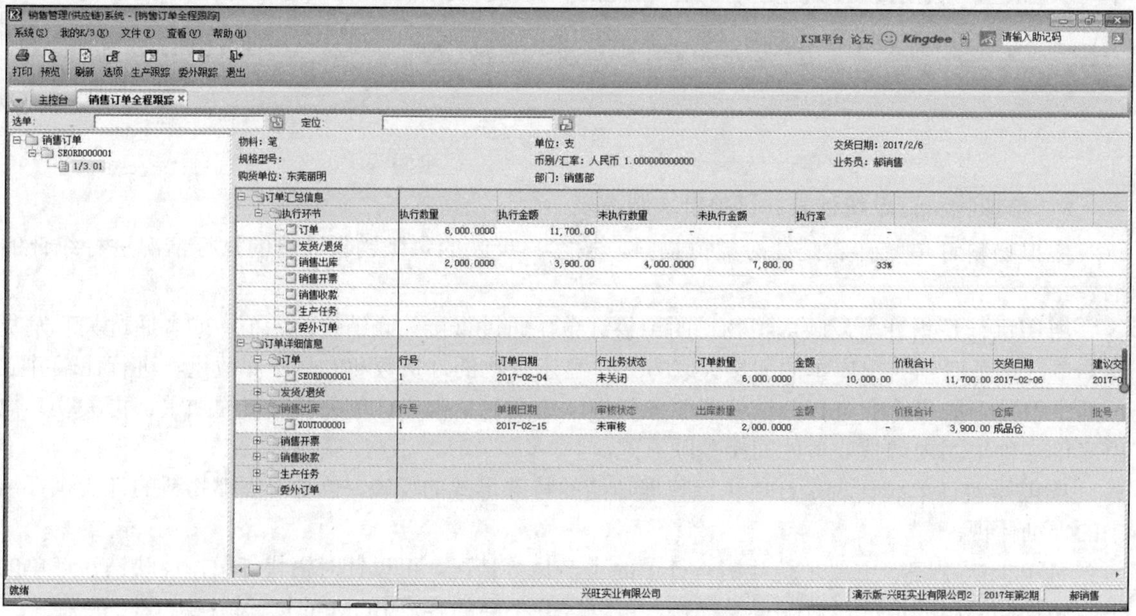

图 4-121

4.3.6 发货通知单

销售发货通知单是销售部与仓库之间的信息传递纽带。当销售部根据销售订单上的交货日期确认需要给客户发货时，填写一张发货通知单传递到仓存管理模块，当仓库管理员接收到发货通知信息后，再根据发货通知单填写销售出库单据。

> 注　发货通知单上的物料是否能够保证仓库有足够的数量出货，销售人员可以单击“供应链”→“销售管理”→“库存查询”，双击“即时库存查询”进行查询。

发货通知单的操作方法基本同销售订单处理方法。

例 4-5 以图 4-122 为例介绍发货通知单的处理方法。

图 4-122 发货通知单是以销售订单为源单类型。源单号为“SEORD000001”生成的发货通知单，录入步骤如下。

（1）单击“供应链”→“销售管理”→“发货通知”，双击“发货通知单-新增”功能，系统进入“发货通知单-新增”窗口。

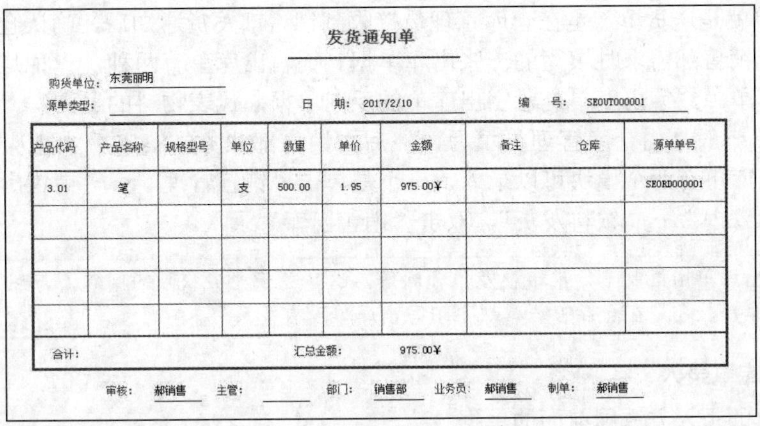

发货通知单

购货单位：东莞丽明

源单类型： 日 期：2017/2/10 编 号：SEOUT000001

产品代码	产品名称	规格型号	单位	数量	单价	金额	备注	仓库	源单单号
3.01	笔		支	500.00	1.95	975.00¥			SEORD000001
合计：					汇总金额：	975.00¥			

审核：郝销售 主管： 部门：销售部 业务员：郝销售 制单：郝销售

图 4-122

（2）“源单类型”选择“销售订单”，将光标移到“选单号”处，按 F7 功能键，或单击工具栏上的“查看”按钮，系统将显示满足条件的销售订单列表，双击“SEORD000001”号单据，并返回“发货通知单-新增”录入窗口，此时注意窗口的变化。

（3）修改发货数量和交货日期。“数量”修改为“500.0000”，向右移动滚动条，交货日期修改为“2017-02-10”，其他项目可以保持默认值，录入成功的窗口如图 4-123 所示。

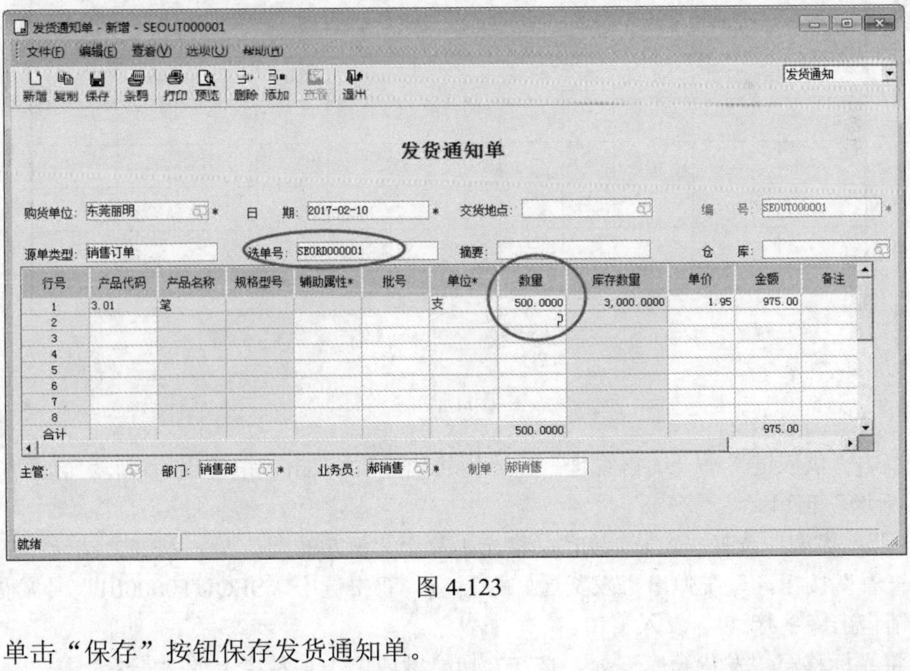

图 4-123

（4）单击“保存”按钮保存发货通知单。

发货通知单的查询、修改、审核、作废等操作可以参照前面单据的处理方法。请审核该张发货通知单，以供后面单据练习使用。

销售发货通知单可以作为源单据生成销售出库单、销售退货通知单和调拨单据，生成方法可以参照“销售订单”小节中的生成销售出库单方法。

4.3.7 销售出库单

销售出库单就是送货单，是在仓库管理员接收到销售部发货通知后，确认仓库有该产品，并且库存数量符合销售部需求时填写的一张出库单据。销售出库单有两种，一种是蓝字出库单，另一种是红字出库单。红字出库单是蓝字出库单的反向单据，代表物料的退回。

销售出库单一般是由仓库管理员填写，然后由销售部业务员签字后才能从仓库发货。金蝶K/3 中的销售出库单有两个模块可以录入，一个是单击“销售管理”→“销售出库”录入，另一个是单击“仓存管理”→“领料发货”，双击“销售出库”录入。

注　销售出库单由谁制单、谁审核及谁领料等，这是关于业务权限的问题，与在销售管理模块下填写出库单，还是在仓存管理模块下填写出库单没有关系。

1．销售出库单录入

销售出库单的录入方法同前面的单据。

例 **4-6**　以图 4-124 为例介绍销售出库单的处理方法，该销售出库单是由发货通知单“SEOUT000001”作为源单生成的出库单。

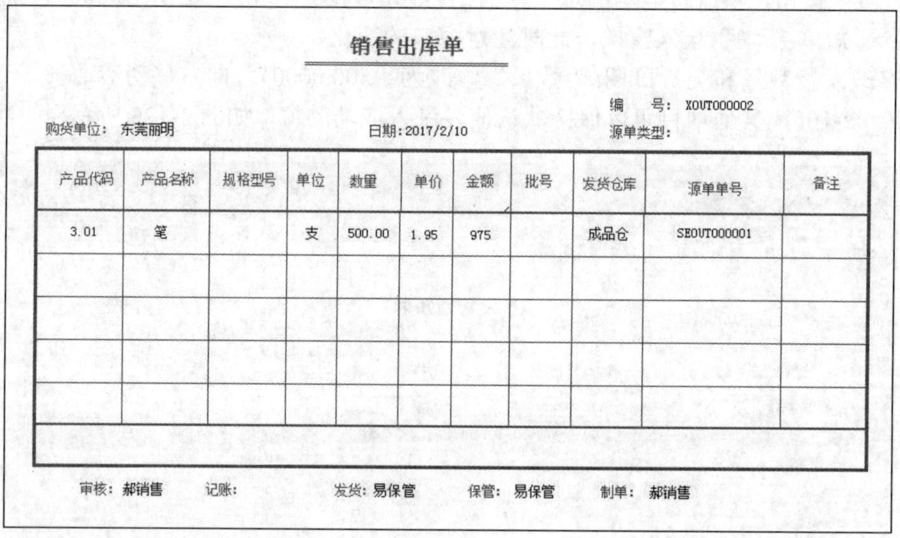

销售出库单

编　号：XOUT000002

购货单位：东莞丽明　　日期：2017/2/10　　源单类型：

产品代码	产品名称	规格型号	单位	数量	单价	金额	批号	发货仓库	源单单号	备注
3.01	笔		支	500.00	1.95	975		成品仓	SEOUT000001	

审核：郝销售　记账：　发货：易保管　保管：易保管　制单：郝销售

图 4-124

（1）单击“供应链”→“销售管理”→“销售出库”，双击“销售出库-新增”，系统进入“销售出库单-新增”窗口。

（2）“源单类型”选择“发货通知”，将光标移至“源单单号”处，按 F7 功能键或单击工具栏上的“查看”按钮，系统弹出“发货通知”窗口，双击选中“SEOUT000001”号发货通知单，并返回“销售出库单-新增”录入窗口。

（3）将光标移至“发货仓库”处，按 F7 功能键或单击工具栏上的“查看”按钮，系统弹出“仓库”档案，双击选择“成品仓”，并返回“销售出库单-新增”窗口。

（4）将光标移至“发货”和“保管”选项处，单击工具栏上“查看”按钮，系统弹出“职员”档案，双击选择“易保管”记录，并返回“销售出库单-新增”窗口。

（5）单击“保存”按钮保存销售出库单，如图 4-125 所示，然后单击“审核”按钮审核销售出库单。

注 “红字”销售出库单的录入方法是先单击工具栏上的“红字”按钮，这时窗口右上角显示“红字”字样，表示当前处理状态为红字单据录入，红字单据的录入方法同蓝字出库单录入方法。

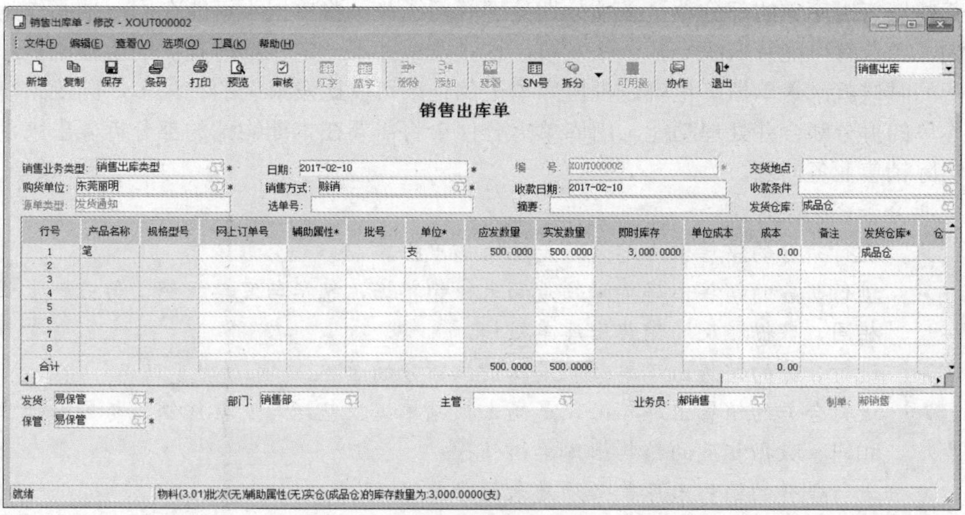

图 4-125

2. 销售出库基本操作

（1）单击“供应链”→“销售管理”→“销售出库”，双击“销售出库单-维护”，系统弹出“过滤”对话框，“时间”选择“全部”，单击“确定”按钮进入销售出库单序时簿界面。

（2）单击“编辑”菜单，系统弹出编辑功能列表，如图 4-126 所示。

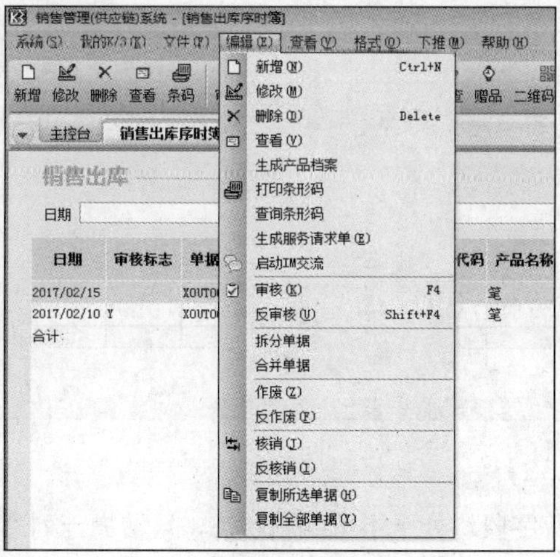

图 4-126

（3）单击修改、删除、审核和作废等功能，可以对单据进行相应的操作。

若要打印销售出库单，在销售出库单序时簿界面，双击要打印的出库单记录，系统进入销售出库单编辑状态，单击工具栏上的“预览”和“打印”按钮可以对单据进行打印操作，单击“文件”菜单下的“使用套打”选项，再利用菜单下的“套打设置”对销售出库的套打格式设置好后，可以打印出美观的出库单。

3．销售出库单的拆分和合并

在实际业务处理的过程中，处于以前期间或当前期间的单据可能会因为分期收款或开发票时间造成某些销售出库单的部分数量必须分期处理等问题，一张单据不可能在同一期间作为销售成本。例如，企业有可能月末统一开一张发票，这张发票并不一定包括前几次的所有送货。但是仓管在发货的时候就录入单据，也就是说出库单上的记录可能比发票上的记录多，因此系统提供了销售出库单的拆分和合并处理功能。出库单拆分便于将需要在本期钩稽的部分拆分出来，从而解决上述实际销售业务问题。

- 拆分和合并条件。
  - 进行拆分的销售出库单必须是已审核单据。
  - 进行拆分的销售出库单必须是尚未核销单据，包括与发票核销、与另一张业务信息相同、数据相反的销售出库单核销。
  - 进行合并的销售出库单必须是以前被拆分的子单。
  - 进行合并的销售出库单必须是尚未核销单据，包括与发票核销、与另一张业务信息相同、数据相反的销售出库单核销。
  - 进行合并的销售出库单必须是未记账单据。
- 拆分单据方法。

在销售出库单序时簿界面，选中要进行拆分的单据，再单击“编辑”→“拆分单据”，系统弹出“销售出库单-修改”窗口，如图4-127所示。

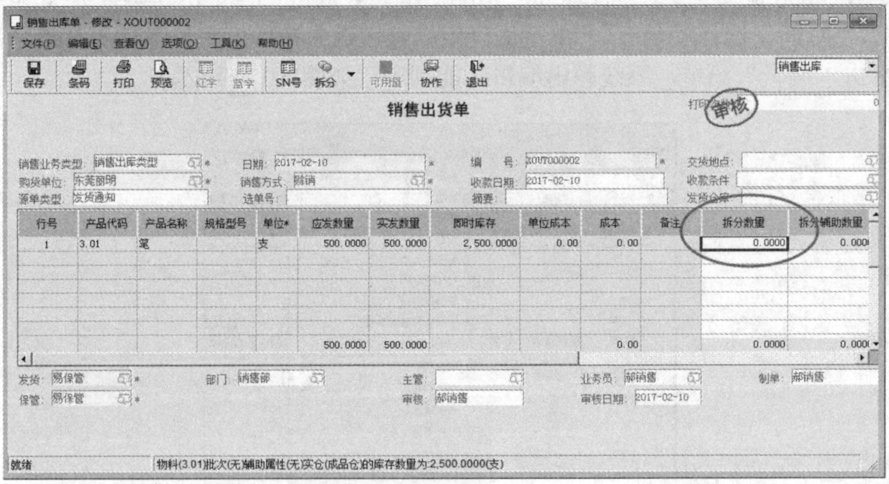

图4-127

单据的产品代码、日期等字段均处于不可编辑状态，只增加一列“拆分数量”为可编辑状态，用户在该字段上直接录入按当前计量单位计算的拆分数量，操作完毕使用“保存”按钮保存拆单结果。

一张销售出库单分拆成的两张单据的单据头除单据号码外完全相同，拆分后，被拆分的单据减去拆分部分后形成的单据称为母单，单据号码不变，可继续拆分；拆分出的数量形成的单据称为子单，不能再拆分，在原单据号后加A标记，母单继续拆分后，子单编号加B、C标记，如此类推。单据体中除数量、金额可能变动外，其他内容、计量单位均不变。

- 合并单据方法。

➢ 系统提供将已拆分的销售出库单（子单）合并到母单的功能。
➢ 拆分后的出库单可合并还原，但只能是一张子单与一张母单逐张合并。
➢ 在当前界面中，选中一张以前从母单拆分出的销售出库单，单击“编辑”→“合并单据”，该张单据即合并到母单中，系统提示操作成功。

- 拆分影响。

➢ 拆分单据后，对于被拆的母单和拆出的子单有以下影响。
➢ 已拆分的销售出库单不能反审核。
➢ 已拆分出子单的母单还可以再执行拆分操作。
➢ 已拆分出的子单不能执行拆分操作。

4. 销售出库单的核销

系统提供红字和蓝字销售出库单的核销和反核销的功能。

- 核销条件。

➢ 核销的必须分别为红字和蓝字的销售出库单。
➢ 核销的单据必须全部为已审核，但尚未核销的出库单。
➢ 核销的单据必须是两张业务相同、数据相反的单据，且两张单据的客户、销售方式、物料、辅助属性、批次、条目数、仓库等内容均一致，而每个条目的数量相反（即相加为零）的情形下才能予以核销。
➢ 可以允许一张单据为已做账单据（即前期或本期分期收款或委托代销单据）。
➢ 一次只能选择两张单据进行核销，但一次只能选择一张单据进行反核销。

- 核销操作。

➢ 在销售出库单序时簿界面，使用Ctrl键选中两张符合核销条件的销售出库单，单击工具栏上的“核销”按钮，系统会检查两张单据是否符合要求，客户、物料、批次、条目数、数量（相加为零）、仓库等是否一致，然后予以核销；如果出现不符合的条件，系统给予提示，然后返回序时簿界面。

- 反核销操作。

➢ 对于已经执行核销的单据，可以执行反核销。只能选中一张单据，对其进行反核销，则另一张与其核销的单据也被反核销了。
➢ 在销售出库单序时簿界面，选中一张已经执行核销的销售出库单，单击“编辑”→“反核销”，系统会检查该张单据是否符合要求，然后将两者一起做反核销处理，两张单据同时变为非钩稽状态；如果出现不符合的条件，系统给予提示，然后返回序时簿界面。

- 核销对出库单状态的影响。

➢ 核销后的销售出库单不能执行反审核。
➢ 核销后的销售出库单不能再与发票核销。
➢ 核销后的销售出库单视同钩稽，可以通过钩稽关系查询。

- 核销单据的账务处理

➢ 核销的出库单，如果两张单据均未做账，则分别生成科目一致、金额方向相反的红字和蓝字凭证；如果其中一张单据已做账，则核算系统特殊处理，将未做账的单据单独生成凭证。
➢ 核销的出库单，对缺少单价的单据，仍需要通过相应的出、入库核算来确认单价后才能进行账务处理。

5．销售出库单生成发票

销售发票是财务核算对客户的收款凭据，在销售管理模块录入正确的发票信息后，系统会自动将发票传递到应收款管理模块，经审核后挂客户的“应收账款”。销售出库单可以生成销售专用发票和销售普通发票。

由于发票涉及财务核算，所以“应收款管理模块需要启用后才能生成发票并保存。如果用户只单独使用销售管理模块，不使用应收款管理模块，并且要录入发票，则在“系统参数维护”中更改选项后，方能录入发票并保存。其设置方法是：在“主界面”窗口，单击“系统设置”→“系统设置”→“销售管理”，双击“系统设置”，系统弹出“系统参数维护”窗口，将“供应链整体选项”下的“若应收款、应付款管理系统未结束初始化，则业务系统发票不允许保存”的“√”去掉选中即可，如图4-128所示。

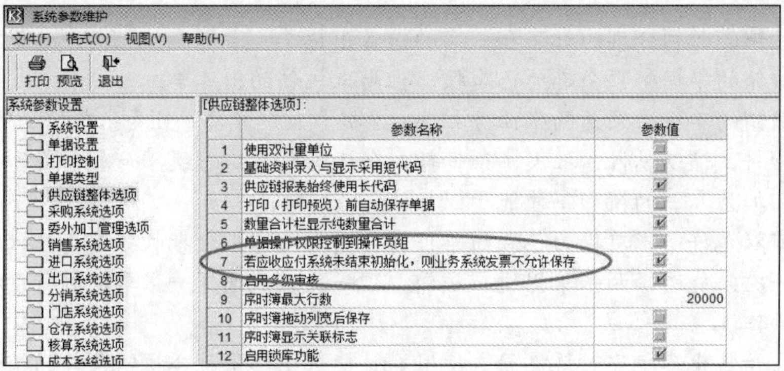

图4-128

注

若销售管理与应收款管理系统连接使用，一定要在应收款系统结束初始化后，再生成发票，否则先生成的发票在应收款管理系统下不能查询到。

一般企业管理应收款核算的部门都是财务部，所以在使用本软件时，可以将“发票”处理功能交由“应收会计”负责。

例4-7 以图4-129所示的发票为例，介绍销售出库单生成发票的处理方法。该发票是由“XOUT000001”号销售出库单生成的发票。

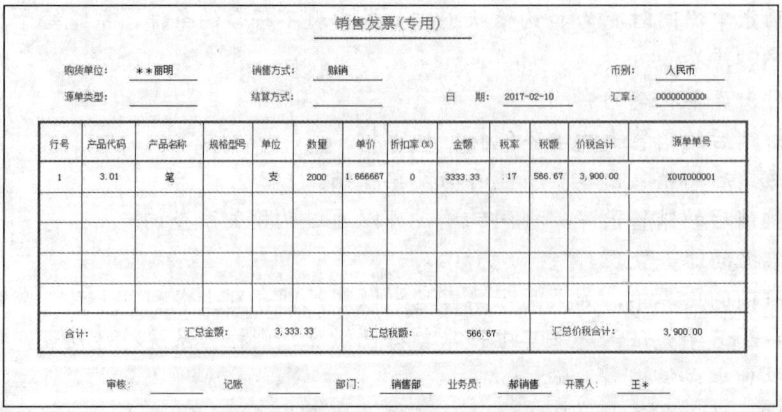
销售发票(专用)

购货单位：**丽明　销售方式：赊销　币别：人民币

源单类型：　结算方式：　日　期：2017-02-10　汇率：000000000

行号	产品代码	产品名称	规格型号	单位	数量	单价	折扣率(%)	金额	税率	税额	价税合计	源单单号
1	3.01	笔		支	2000	1.666667	0	3333.33	17	566.67	3,900.00	XOUT000001

合计：　汇总金额：3,333.33　汇总税额：566.67　汇总价税合计：3,900.00

审核：　记账：　部门：销售部　业务员：郝销售　开票人：王*

图4-129

（1）以“王丽”身份重新登录练习账套。单击“供应链”→“销售管理”→“销售出库”，双击“销售出库单-维护”，系统弹出“过滤”对话框，“时间”选择“全部”，单击“确定”按钮进入销售出库单序时簿界面，在销售出库单序时簿界面，选中“XOUT000001”号销售出库单，单击“下推”菜单，系统弹出菜单列表，如图 4-130 所示。

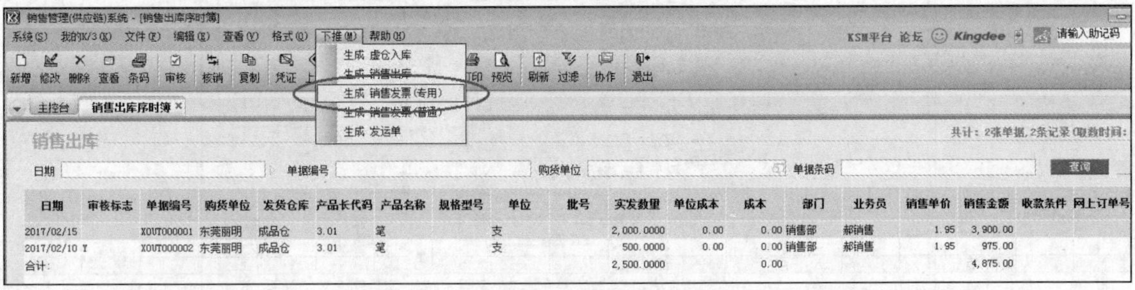

图 4-130

（2）选择“生成销售发票（专用）”，系统弹出“销售出库单生成发票”窗口，单击“生成”按钮，系统进入“销售发票（专用）-新增”录入窗口，如图 4-131 所示。这时要仔细检查单据、税率和金额等信息是否正确，单击“保存”按钮保存发票，并审核该发票。

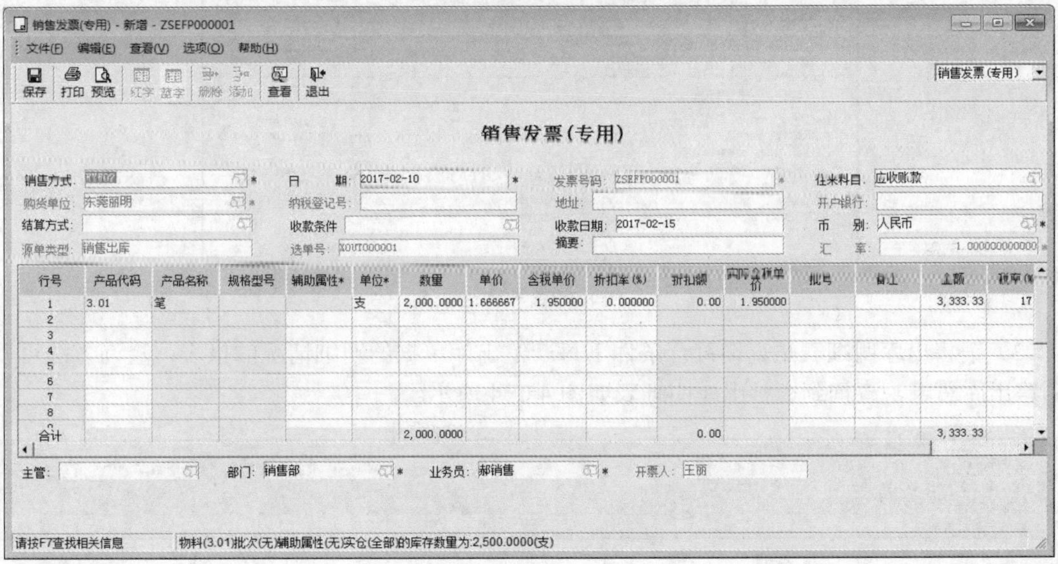

图 4-131

6. 销售出库汇总表、销售出库明细表

销售出库汇总表可以查询在某个时间、某些物料范围中、客户范围和何种销售方式，然后根据某种汇总方式进行汇总的销售出库汇总表，通过汇总表可以查询到出库数量、出库成本、出库金额和销售发票的开票情况。

（1）在“主界面”窗口中，单击“供应链”→“销售管理”→“销售出库”，双击“销售出库汇总表”，系统弹出“过滤”对话框，时间范围设置为 2017 年 2 月 1 日至 2017 年 2 月 28 日，“汇总依据”设置为“客户+物料类别”，其他项目保持默认值，如图 4-132 所示。

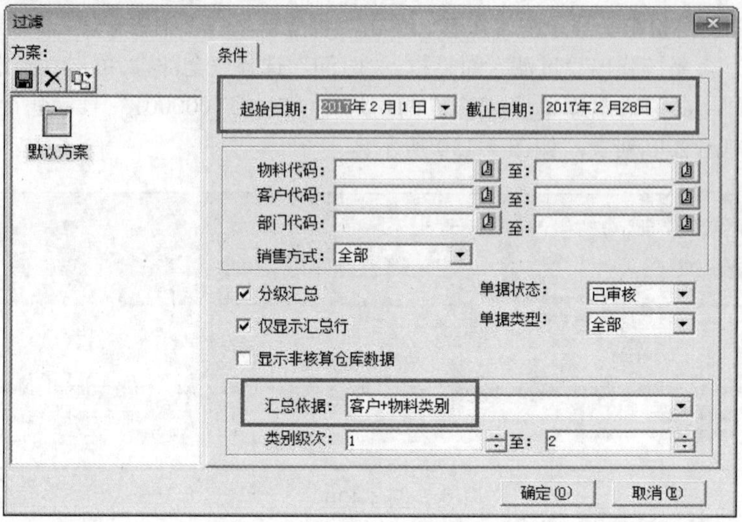

图 4-132

（2）单击“确定”按钮，系统进入销售出库汇总表界面，如图 4-133 所示。

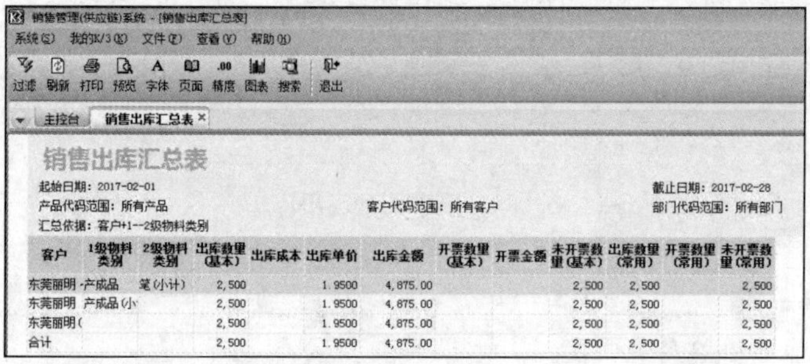

图 4-133

（3）销售出库明细表是查询符合条件下每一笔出库单据的明细情况的报表，查询方法可以参照销售出库总表，查询到销售出库明细表如图 4-134 所示。

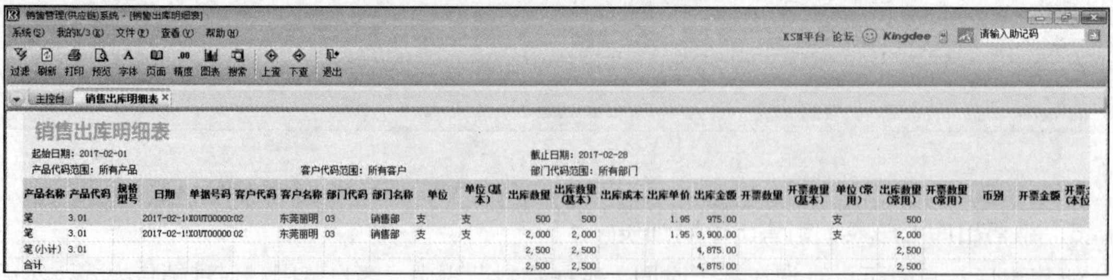

图 4-134

4.3.8 销售发票

销售发票可以处理销售专用发票（增值税发票）和普通发票，并可以进行销售发票与销售出库单的钩稽。销售发票可以由销售出库单、销售订单和合同等源单据生成。

1. 销售发票录入

单击“供应链”→“销售管理”→“销售发票”，双击“销售发票-新增”，系统进入“销售发票（专用）-新增”录入窗口，如图 4-135 所示。

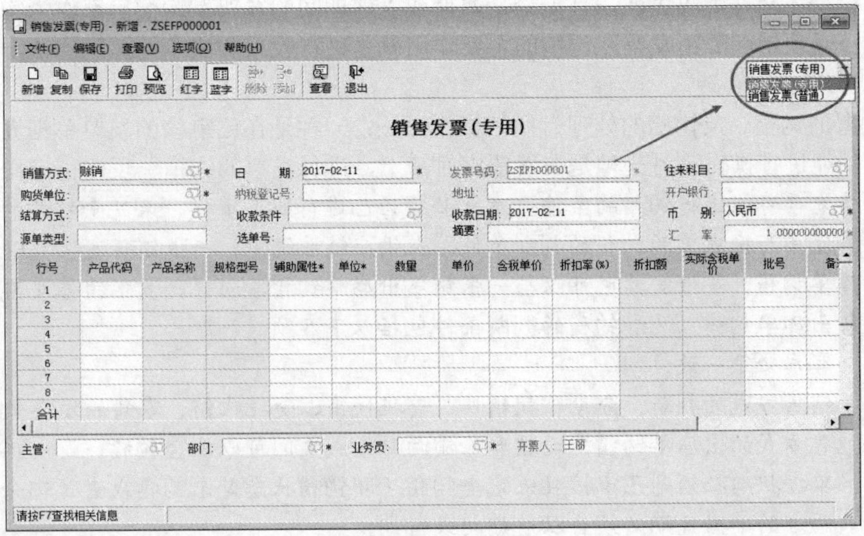

图 4-135

单击窗口右上角的下拉按钮，选择要录入的发票是专用发票还是普通发票。销售发票录入功能可以参照例 4-6。

2. 发票基本操作

（1）单击“供应链”→“销售管理”→“销售发票”，双击“销售发票-维护”，系统弹出“条件过滤”对话框，如图 4-136 所示。

事物类型　销售发票（专用），只查询销售专用发票；销售发票（普通），只查询销售普通发票；销售发票，是查询所有类型的发票。

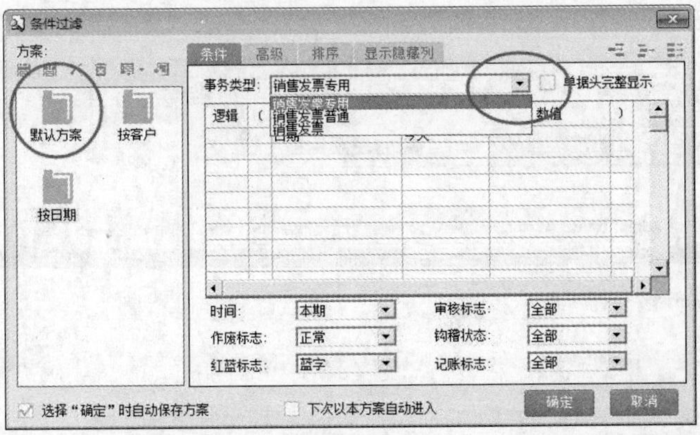

图 4-136

（2）在此保持默认值，单击“确定”按钮进入销售发票序时簿界面。单击“编辑”菜单，系统弹出编辑功能列表，单击修改、删除、审核和作废等功能，可以对所选中的单据进行相应操作。

审核所有销售发票，以供后面的单据调用。

3. 钩稽与反钩稽

销售发票的钩稽主要是指发票与销售出库单的钩稽。对分期收款和委托代销销售方式的销售发票只有钩稽后才允许生成凭证，且无论是本期或以前期间的发票，钩稽后都作为钩稽当期发票来计算收入；对现销和赊销发票，钩稽的主要作用就是进行收入和成本的匹配确认，对于记账没有什么影响。

销售发票的钩稽、反钩稽的处理有两种操作方法：一种是在已审核的发票单据界面，使用钩稽和反钩稽功能进行操作；另一种是在发票序时簿上，进行发票的钩稽、反钩稽操作。

- 销售发票可以进行钩稽的条件。发票必须为已进行业务审核、未完全钩稽的发票。
- 销售发票与出库单的钩稽的判断条件。在供应链系统中，一张销售发票可以与多张销售出库单钩稽，多张发票也可以与一张销售出库单钩稽，同样，多张销售发票可以与多张销售出库单钩稽。两者钩稽的判断条件包括以下 5 项。
  - 客户必须一致。
  - 销售方式的判断。分期收款销售、委托代销、受托代销、零售的发票必须和相同销售方式的出库单钩稽，现销和赊销两种方式之间可以混合钩稽。
  - 单据状态必须是已审核且未完全钩稽（即钩稽状态是未钩稽或者是部分钩稽）。
  - 两者的单据日期必须为以前期间或当期。
  - 两者的物料、辅助属性以及钩稽数量必须一致。

注

（1）由于销售发票允许保存物料数量为 0、金额不为 0 情况，在钩稽时，系统会根据“合计数为零的物料钩稽时不参与物料匹配判断”选中与否，来决定销售发票上数量为 0 的物料是否参与出库单上物料条目对应的判断。

（2）考虑到委托代销和分期收款一般是先出库，在结算的时候才开票，所以委托代销和分期收款方式的销售出库单在部分钩稽之后就可以生成凭证，但是委托代销和分期收款的销售发票只有完全钩稽才能生成凭证。

下面介绍在销售发票序时簿界面中进行钩稽的操作方法。

在销售发票序时簿，单击“编辑”→“钩稽”，系统进入“销售发票钩稽”窗口，如图 4-137 所示。

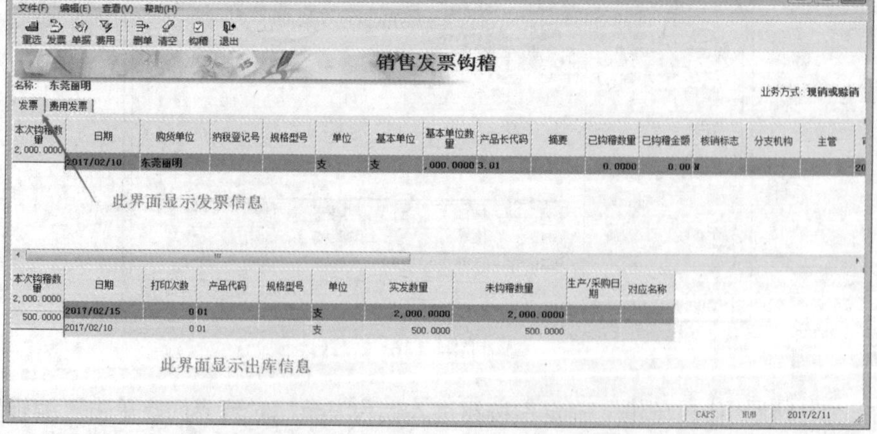

图 4-137

- 重选。重新选择要进行钩稽的发票记录。
- 发票。单击该按钮进入发票序时簿界面，在界面中可以选择要钩稽的发票记录。
- 单据。单击该按钮进入销售出库单界面，在界面中选择要钩稽的出库记录。
- 费用。进入费用发票界面，可以选择要钩稽的费用发票记录。
- 删单。对选中的记录进行删单处理，对该单据不进行钩稽处理。
- 钩稽。对单据进行钩稽处理。
- 本次钩稽数量。窗口中的本次钩稽数量可以自行修改。
- 显示隐藏列。单击“文件”→“显示隐藏列”，可以针对相应的单据界面设置显示隐藏项目。
- 自动选择单据。单击“查看”→“自动选择单据”，在钩稽时，系统会将自动搜寻出与所选发票客户相同，销售方式、物料匹配的已审核、尚未钩稽、且日期不为以后期间的销售出库单显示在钩稽的下界面，并选中。该选项退出钩稽界面时会自动保存。
- 选择关联单据。单击“查看”→“选择关联单据”，在钩稽时，系统会自动搜寻出与所选发票关联的出库单，即将记载了该张发票号的所有出库单显示在钩稽的下界面，而不再将所有符合该张发票钩稽条件的出库单都过滤出来，可以缩小钩稽时自动选单的范围。如果找不到发票对应的上查关联单据，系统会自动再去找该张发票所下推生成的出库单，并显示在下界面。
- 发票业务反钩稽。业务钩稽后的发票也不能再修改，对当前已钩稽的单据，可以执行业务反钩稽，以使单据返回未钩稽或部分钩稽状态。

反钩稽的判断条件：只有是某一组钩稽记录（一组记录的钩稽序号是一致的）的钩稽人才能对该组执行反钩稽操作；如果该操作员不是发票的钩稽人，则不允许其进行反钩稽操作，并给予提示。

反钩稽时只能反钩稽钩稽期间为本期或者以后期间的发票，钩稽期间为以前期间的发票不能反钩稽；分期收款、委托代销类型的已经生成销售发票凭证的发票不能反钩稽。

反钩稽处理方法有两种：一种是在发票序时簿界面，选中反钩稽的发票，单击“编辑”→“反钩稽”即可；另一种方法是，单击“供应链”→“销售管理”→“销售发票”，双击“销售发票-钩稽日志”，系统进入钩稽日志单，如图 4-138 所示。

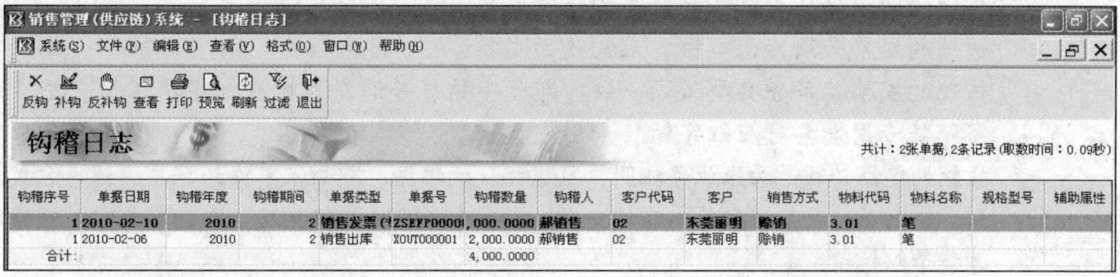

图 4-138

在界面中选中要反钩稽的记录后，单击工具栏上的“反钩”按钮即可。

补充钩稽可以在销售发票的序时簿或者是销售发票的钩稽日志中进行。销售发票进行补充钩稽的条件如下。

- 发票已经钩稽（包括部分钩稽或全部钩稽）。
- 发票以前期间或当前期间未生成凭证的。

在发票的序时簿选择已经钩稽的发票，单击“编辑”→“补充钩稽”或者直接“补充钩稽”就可以进行补充钩稽。如果该销售发票只有一组钩稽日志，即一次就全部钩稽完成或只进行一次部分钩稽，并且销售发票符合补充钩稽的条件，系统会直接针对该组钩稽单据进行补充钩稽。如果该销售发票对应多组钩稽序号（即进行了多次部分钩稽），则在补充钩稽时，系统会先弹出该发票的钩稽日志，让用户选择所要补充钩稽的钩稽序号，然后系统只对用户选择的钩稽序号对应的钩稽单据进行补充钩稽。

用户还可以通过单击“销售管理”→“结算”，双击“销售发票-钩稽日志”进入钩稽日志序时簿，先确定需要补充钩稽的销售发票对应的具体的钩稽组（同一个钩稽序号），然后针对该钩稽组进行补充钩稽。

发票补充钩稽不需要判断发票和费用发票的购货单位是否相同、金额的方向是否一致，只要费用发票已经进行了业务级次的审核就可以进行钩稽，并且也不再判断发票的供货单位、物料、数量和出库单是否一致。

钩稽完成后，销售发票的钩稽期间不进行改变，原来参与钩稽的费用发票的钩稽期间也不进行更改，只是更改增加选择新的参与钩稽的费用发票的钩稽标志和钩稽期间。若钩稽期间在以后期间，则不允许进行补充钩稽。

反补充钩稽的费用发票需要满足的条件：①钩稽单据中有费用发票参与钩稽或补充钩稽；②钩稽人和反钩稽人必须一致；③钩稽期间为当前期间；④未生成凭证。如果一组钩稽单据中有多张费用发票，只要有一张费用发票符合以上条件即可允许反补充钩稽，即允许部分反补充钩稽。

在销售发票序时簿或者在钩稽日志序时簿中单击反补充钩稽菜单时，不管发票是否进行过补充钩稽，只要存在当期和发票一起钩稽的费用发票，则将钩稽期间为当期且未生成凭证的费用发票进行反钩稽，但发票和出库单不进行反钩稽。

4．核销与反核销

销售发票的核销是指红字和蓝字销售发票的核销和反核销的功能。例如一张出库单，而最终发票没有开出，用户希望能够使用红字出库单将其冲销；同样对一张发票，最终货物没有发出、使用红字发票对冲，但没有出库单相核销，这两张发票都无法审核成功……对这些需求，金蝶 K/3 增加了红字和蓝字销售发票核销功能，以满足客户需要。

- 核销条件。
  - 核销的必须分别为红字和蓝字的销售发票。
  - 核销的发票必须为已审核、未钩稽的发票。
  - 核销的发票其事务类型必须一致，即蓝字销售普通发票对应红字销售普通发票、蓝字销售专用发票对应红字销售专用发票。
  - 核销的单据必须是两张业务相同、数据相反的单据，即两张单据的客户、销售方式、物料、辅助属性及条目数等内容均一致，而每个条目的数据相反（即相加为零）的情形下才能予以核销。
  - 一次只能选择两张单据进行核销，但一次只能选择一张单据进行反核销。
- 核销操作方法。
  - 在销售发票序时簿界面，按住键盘上的 Ctrl 键选中两张符合核销条件的销售发票，使用工具栏上的“核销”按钮，或单击“编辑”→“核销”，系统会检查两张单据是否符合要求，及客户、物料、条目数、数量（相加为零）和销售方式是否一致，然后予以核销；如果出现不符合的条件，系统给予提示，然后返回序时簿界面。

- 核销成功后，系统会将核销的操作员输入钩稽人字段，核销的时间输入钩稽时间，同时置钩稽标志。

- 反核销操作方法。

对已经执行核销的单据，可以执行反核销。只能选中一张单据，对其进行反核销，而另一张与其核销的单据同时就被反核销了。

在销售发票序时簿界面，选中一张已经执行核销的销售发票，单击 “编辑”→“反核销”，系统会检查该张单据是否符合要求，然后将两者一起做反核销处理，两张单据同时变为非钩稽状态；如果出现不符合的条件，系统给予提示，然后返回序时簿界面。

- 反核销，会取消单据的钩稽标志、钩稽时间和钩稽人。
- 核销后的销售发票视同钩稽，核销后的销售发票不能再与发票核销。
- 核销的销售发票，在核算系统分别生成科目一致、金额方向相反的红、蓝字的凭证。

5. 销售收入统计表、客户单位销售情况明细表、销售退货统计表

在“销售发票”功能下可以查询公司的销售收入统计表、客户单位销售情况明细表和销售退货统计表。

销售收入统计表是在某些时间段、客户范围等条件下，再选择“汇总依据”，可以根据“汇总依据”查询销售数量、销售金额、销售税金和销售折扣等情况的销售收入统计表。

客户单位销售情况明细表是在某些时间范围、客户范围等条件下，显示每一位客户的销售明细情况表。用户可以查询哪天，哪个客户，销售的是何种产品，销售的数量和销售收入情况。

销售退货统计表是查询以红字销售发票为依据、统计一定时间内退货情况的报表。

以上报表的查询方法可以参照前面章节的报表查询方法。

4.3.9 退货通知单

退货通知单是处理由于某种因素，如质量因素、拉延交货期因素等，客户将销售货物退回的业务单据，是发货通知单的反向操作单据。发货通知单的反向执行单据，可以作为红字销售出库单的源单据，执行退货操作。

退货通知单是作为销售部与仓库之间的信息传递单据，一般由销售部填写后，仓库根据退货通知单生成红字销售出库单。

退货通知单可以由销售发票和销售发货单作为源单生成。退货通知单可以作为源单据生成销售出库单，生成的出库单是红字销售出库单。

退货通知单的操作方法基本同销售发货通知单，具体操作方法可以参照4.3.6小节。

4.3.10 费用发票

销售费用发票主要用来处理销售过程中产生的费用，如运输费用、报关费用等。销售费用发票包括“应付费用发票”和“应收费用发票”两种，其中应付费用发票用于处理销售时由销售方支付销售费用的情况，应收费用发票用于处理由销售方代垫运费或由销售方提供运输或服务的情况，该发票是作为客户的应收款管理。

发票类型为应付费用发票、采购方式为赊购的销售费用发票保存时，直接传递到应付款管理系统，生成其他应付单，现购的采购费用发票不传递到应付款管理系统；发票类型为应收费用发票、销售方式为赊销的销售费用发票保存时，直接传递到应收款管理系统，生成其他应收单；现销的销售费用发票不传递到应收款管理系统。

费用发票也分为蓝字发票和红字发票，红字发票是蓝字发票的反向单据，代表费用退回，两者方向相反，但内容一致。

1. 费用发票录入

例 4-8 下面以图 4-139 为例，介绍费用发票的录入方法。图 4-139 是一张应收费用发票，汽车运费是 500 元。

销售费用发票

发票类型：应收费用发票　日期：2010-02-11　发票号码：XEXPENSE000001
供货单位：　采购方式：　币别　人民币
购货单位：东莞丽明　销售方式：赊销　汇率：1

费用代码	费用名称	费用类型	计量单位	数量	单价	金额	税率	税额	不含税金额	备注
运输费	01	运费		1.0000	500.0000	¥500.00	0.00	0.00	500.00	
合计：						¥500.00		¥.00	¥500.00	

审核：郝销售　记账：　部门：销售部　业务员：郝销售　制单人：郝销售

图 4-139

（1）单击“供应链”→“销售管理”→“费用发票”，双击“费用发票-新增”，系统进入“销售费用发票-新增”窗口。

（2）“购货单位”按 F7 功能键获取“东莞丽明”公司，“发票类型”按 F7 功能键获取“应收费用发票”，“往来科目”设置为“应收账款”，“销售方式”为“赊销”，“收款日期”修改为“2017-02-11”，如图 4-140 所示。

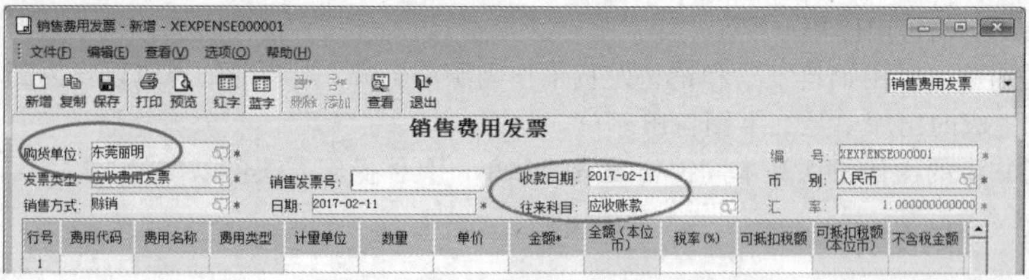

图 4-140

（3）由于系统中未录入“费用”档案，需要新增。将光标移至表体“费用代码”处，按 F7 功能键，系统弹出“核算项目-费用”管理窗口，单击“新增”按钮，系统弹出“费用-新增”窗口，为“代码”录入“01”，为“名称”录入“运输费”，如图 4-141 所示。

（4）单击“保存”按钮保存新增档案，在“核算项目-费用”窗口中，单击“刷新”按钮后可以看到新增的档案，双击“运输费”档案获取到“销售费用发票-新增”窗口，为“数量”录入“1.0000”，为“单价”录入“500.0000”，如图 4-142 所示，“部门”获取“销售部”，“业务员”获取“郝销售”，单击“保存”按钮保存发票，然后审核发票。

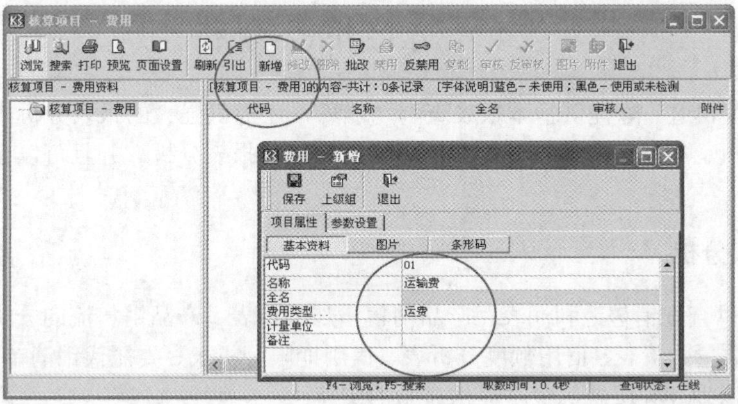

图 4-141

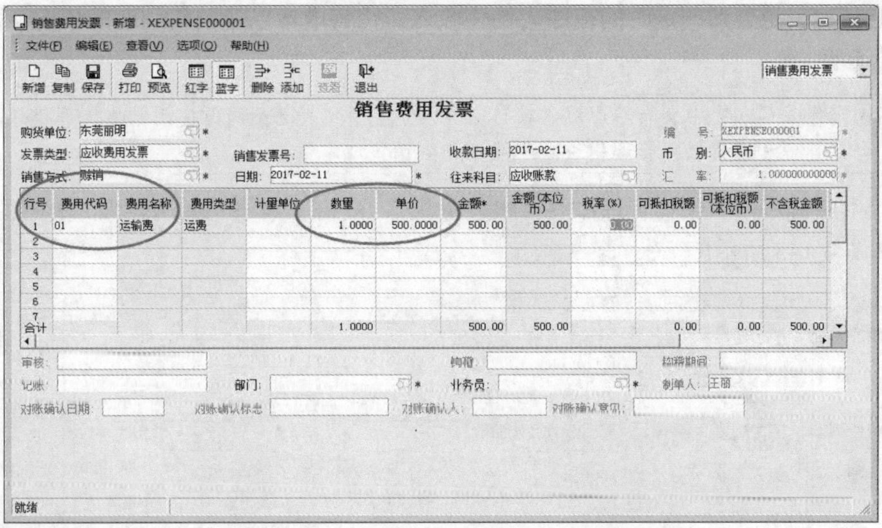

图 4-142

2．费用发票基本操作

单击“供应链”→“销售管理”→“费用发票”，双击“费用发票-维护”，系统弹出“过滤”对话框，过滤条件的设置方法参照前面的章节。设置过滤条件时，请注意事务类型、审核标志、作废标志和关闭标志等选项是否选择正确，在此保持默认值，单击“确定”按钮进入销售费用发票序时簿界面。单击“编辑”菜单，系统弹出编辑功能列表，单击修改、删除、审核和作废等功能，可以对所选中的单据进行相应的操作。

3．费用发票汇总表、费用发票明细表

在“费用发票”功能下可以查询到费用发票的汇总情况和明细情况。

费用发票汇总表是按关键字汇总数据、以综合反映费用的报表，可以按费用类别、供应商类别等汇总反映根据不同条件所查询到的汇总数据。

费用发票明细表是详细反映一定时间每张费用发票的详细业务信息，是对费用发票的独立查询。它与汇总表一起，分别从详细和汇总的角度反映费用的情况。

以上报表的查询方法可以参照前面章节的报表查询方法。

4.4 销售报表分析

金蝶 K/3（V14.X）除提供基本报表查询功能外，还提供强大的报表分析查询功能，可以进行销售毛利润分析、产品销售增长分析和信用额度分析等报表分析，并且可以自定义“查询分析工具”。

4.4.1 报表分析

报表分析可以查询销售毛利润表、产品销售增长分析表、产品销售流向分析表、产品销售结构分析表、信用数量分析表、信用额度分析表、信用期限分析表、委托代销清单和分期收款清单。通过报表分析可以为领导层做决策时提供有力的支持。

1. 销售毛利润表

销售毛利润表是查询一定时间范围内销售收入、销售成本以及销售利润的情况，是针对销售毛利的汇总查询。

注 因销售毛利润表中含有销售成本项目，所以要使用报表必须同时使用销售管理模块与采购管理、仓存管理和存货核算管理模块，才能查询到销售成本数据。

单击“供应链”→“销售管理”→“报表分析”，双击“销售毛利润表”，系统弹出“过滤”对话框，如图 4-143 所示。

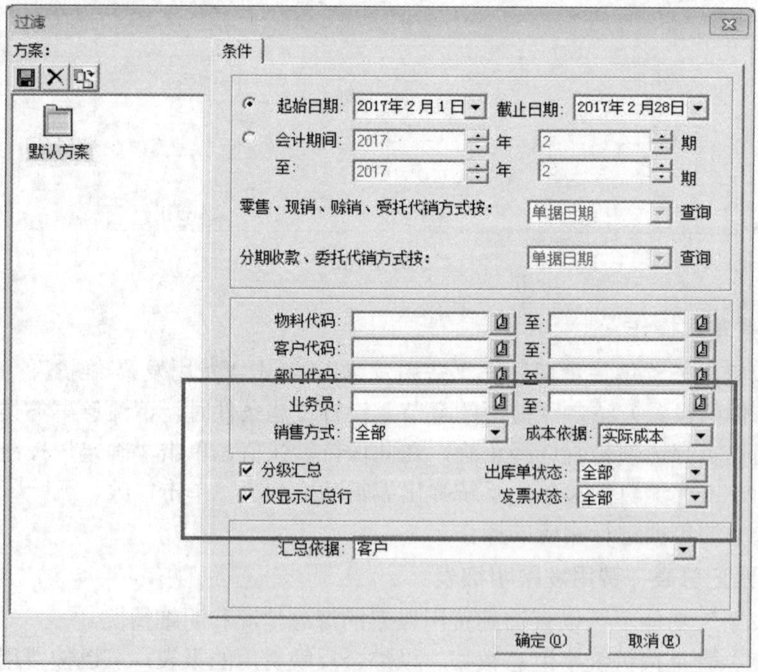

图 4-143

- 销售方式。销售方式包含全部和现销、赊销、分期收款、委托代销、受托代销、直运销售和零售 7 种销售方式选择，系统默认为全部，在下拉列表中进行选择。

销售方式为直运销售时，表中的发货数量取直运采购发票的数量，销售成本取采购发票上的不含税金额，单位成本为销售成本÷出库数量；其他的销售方式、发货数量、单位成本及销售成本都取销售出库单中相应的值。

- 成本依据。选择查询成本时，是显示实际成本、参考采购价、最近入库价中的一种。

当所选的单据没有设为钩稽时，成本取数规则：销售数量取销售发票的数量，销售收入取销售发票的不含税金额，如果销售方式是“直运销售”，则取直运采购发票的数量；如果是其他销售方式，则取销售出库单的数量。销售成本和单位成本的取数规则较为复杂，具体规则如下。

（1）取“实际成本”时，如果销售方式是“直运销售”，则销售成本取直运采购发票的不含税金额；如果是其他销售方式，则取“销售出库单数量×单位成本”。单位成本=成本÷发货数量。

（2）当成本依据取“参考采购价”时，如果“采购价格管理资料含税”没有被选中，则单位成本直接取物料采购价格，如果选中该选项，则判断税率来源。如果税率来源取自供应商，则取单位成本=物料采购价格÷（1+供应商的税率）；如果税率来源取自物料，则取单位成本=物料的采购价格÷（1+物料的税率）。

成本按照“成本＝发货数量×单位成本”进行计算。

（3）当成本依据取“最近入库成本”时，如果销售方式是“直运销售”，则单位成本优先取直运采购发票的单价，取不到则置为0。如果是其他销售方式，则单位成本按照以下优先级进行取数。

① 首先优先取产品入库单或外购入库单的单位成本，如果两者都存在，则取最近单据中的单位成本。

② 其次优先取其他入库单或成本调拨类型的调拨单的单位成本，如果两者都存在，则取最近单据中的单位成本。

③ 再次优先取期初成本。

④ 如果上述都取不到，则单位成本默认为0。

不管是哪种销售方式，销售成本都按照“成本＝发货数量×单位成本”进行计算。

当单据状态为“已钩稽”时，成本取数规则：当销售方式为“直运销售”时，由于系统默认直运销售发票是没有钩稽的单据，所以在这种情况下，系统将不会返回任何数据；当销售方式为其他销售方式时，销售数量取销售发票已钩稽数量（包括全部钩稽和部分钩稽的数量），销售收入取销售发票已钩稽金额（包括全部钩稽和部分钩稽的金额），发货数量取销售出库单已钩稽数量（包括全部钩稽和部分钩稽的数量）。销售成本和单位成本的取数规则较为复杂，具体规则如下。

（1）当成本依据取“实际成本”时，销售成本取“销售出库单数量×单位成本”。单位成本=成本÷发货数量。

（2）当成本依据取“参考采购价”时，如果“采购价格管理资料含税”没有被选中，则单位成本直接取物料采购价格，如果选中该选项，则判断税率来源。如果税率来源取自供应商，则取单位成本＝物料采购价格÷（1+供应商的税率）；如果税率来源取自物料，则取单位成本=物料的采购价格÷（1+物料的税率）。

成本按照“成本 ＝ 发货数量×单位成本”进行计算。

（3）当成本依据取“最近入库成本”时，单位成本按照以下优先级进行取数。

① 首先优先取产品入库单或外购入库单的单位成本，如果两者都存在，则取最近单据中的单位成本。

② 其次优先取其他入库单或成本调拨类型的调拨单的单位成本，如果两者都存在，则取最近单据中的单位成本。

③ 再次优先取期初成本。

④ 如果上述都取不到，则单位成本默认为 0。

销售成本都按照“成本＝发货数量×单位成本”进行计算。

- *发票状态：系统默认为已钩稽单据，并提供已审核、已钩稽、未审核和全部状态以供选择。*

其他过滤条件项目的设置方法参照前面的章节，在此保持默认值，单击“确定”按钮，系统进入销售毛利润表界面，如图 4-144 所示。

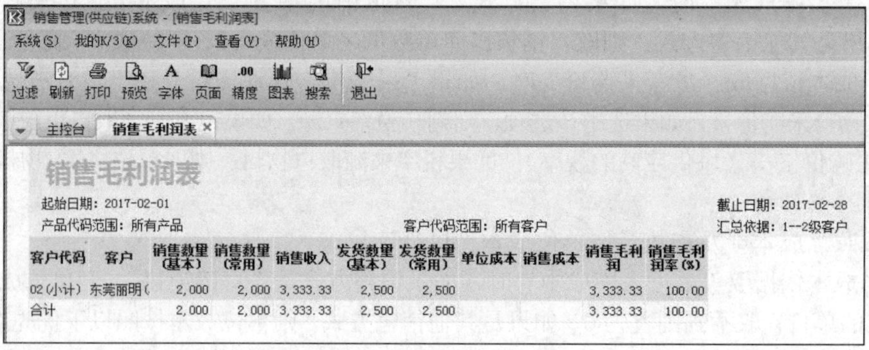

图 4-144

在金蝶 K/3 的分析报表中可以对报表进行图表式分析。具体操作如下。

（1）单击工具栏上的“图表”按钮，系统弹出“图表反映报表”对话框，在对话框中可以新建、修改和删除图表方案。首先使用该功能需要新建立图表方案，单击“新建”按钮，系统弹出“图表向导”对话框，选择要生成的“图表类型”，并录入“方案名”，单击“下一步”按钮，进入行关键字界面，在下拉列表中可以选择所需要的关键字，单击“下一步”按钮，进入请选择数据列界面，从左侧选中列名，单击“>”按钮，将其引入右侧，表示要在图表中反映该数据，单击“<”按钮，则可以将右侧项目返回左侧列表中，如图 4-145 所示。

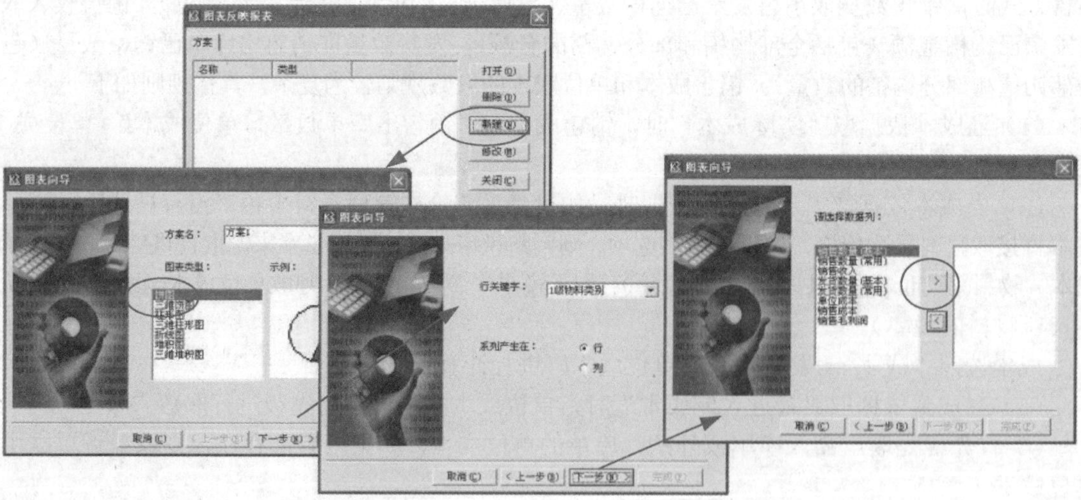

图 4-145

（2）在此将所有项目从左侧引入右侧，单击“完成”按钮，返回“图表反映报表”对话框，选中建立好的图表方案，选中后单击“打开”按钮，系统进入图表界面，如图 4-146 所示。

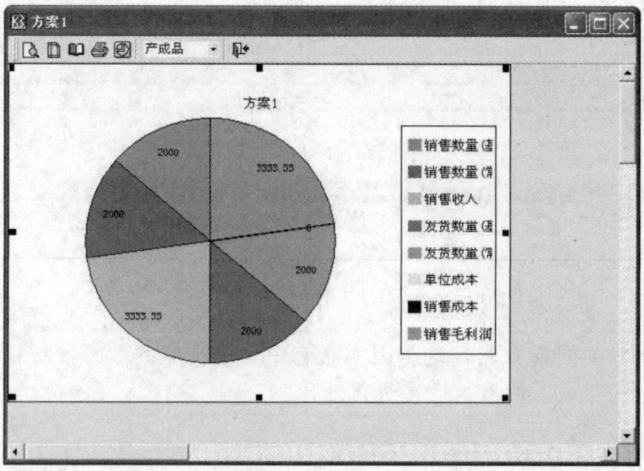

图 4-146

如果用户对所得到的图表不满意，可以在"图表反映报表"对话框上，选中图表方案后，单击"修改"按钮，可以对图表方案进行修改。

2．产品销售增长分析

产品销售增长分析是分析产品销售数量和金额与上年同期的增减幅度。通过分析这些数据便于使用者了解销售的整体增减情况，为销售业务调整提供决策支持。

单击"供应链"→"销售管理"→"报表分析"，双击"产品销售增长分析"，系统弹出"过滤"对话框，如图 4-147 所示。

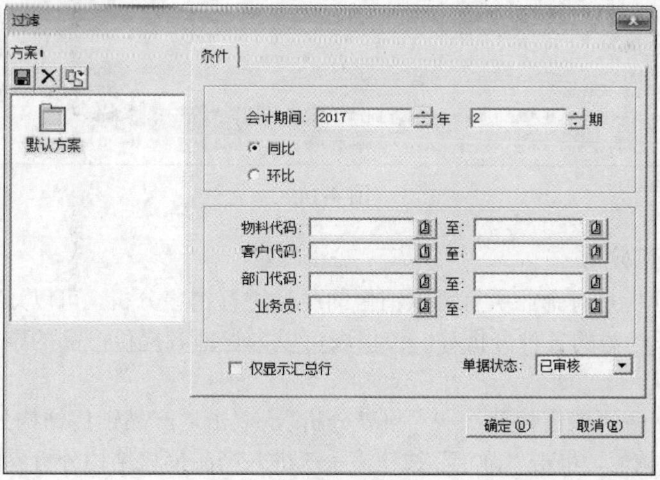

图 4-147

- 会计期间：设置对某年某月的销售增长数据进行分析，默认为账套当前所处的会计期间。

其他项目的设置方法参照前面的章节，在此保持默认值，单击"确定"按钮，进入产品销售增长分析界面，如图 4-148 所示。

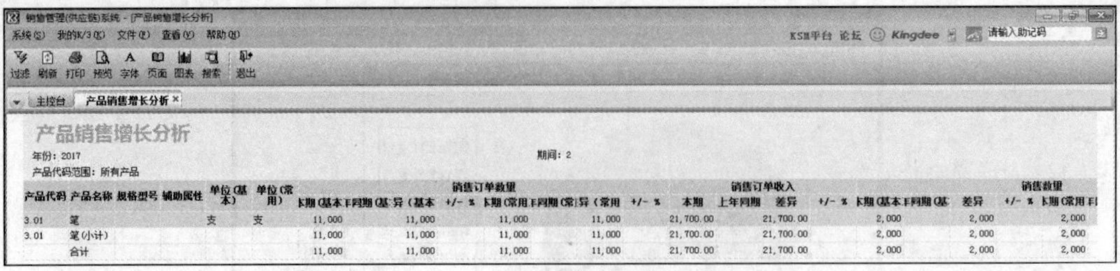

图 4-148

> 注　分析报表无上一年同期数据，这是因为账套中无上一年的数据，所以使用该分析报表时，一般在账套中录入一年以上的数据后再进行对比。

3．产品销售流向分析

产品销售流向分析是按购买产品的客户所在区域分析产品销售数量和收入的流向，为合理调整各个区域的销售结构提供决策支持。所以要使用该报表的前提是在客户档案中的“区域”选择正确的区域。

单击“供应链”→“销售管理”→“报表分析”，双击“产品销售流向分析”，系统弹出“过滤”对话框，过滤条件设置方法参照前面的章节，在此保持默认值，单击“确定”按钮，系统进入产品销售流向分析界面，如图 4-149 所示。

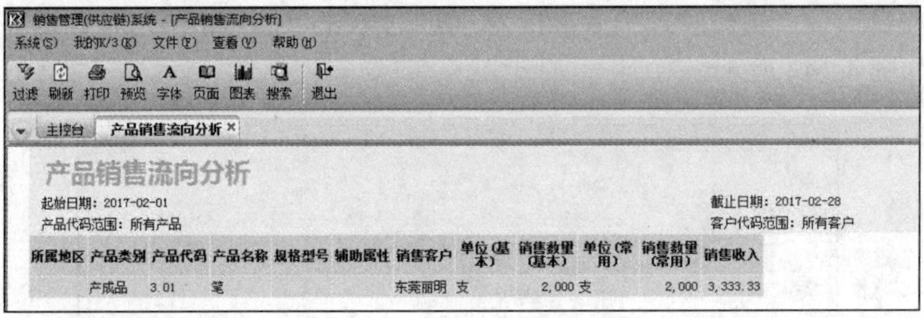

图 4-149

4．产品结构销售分析

产品销售结构分析是对企业所有可以销售的产品进行销售分析，可以知晓该产品占同类销售比率、自身销售增长趋势的各种分析等。该报表可以为管理者提供产品的整体销售情况，以做出相应产品的销售决策。

单击“供应链”→“销售管理”→“报表分析”，双击“产品销售结构分析”，系统弹出“过滤”对话框，保持默认值，单击“确定”按钮，系统进入产品销售结构分析界面，如图 4-150 所示。

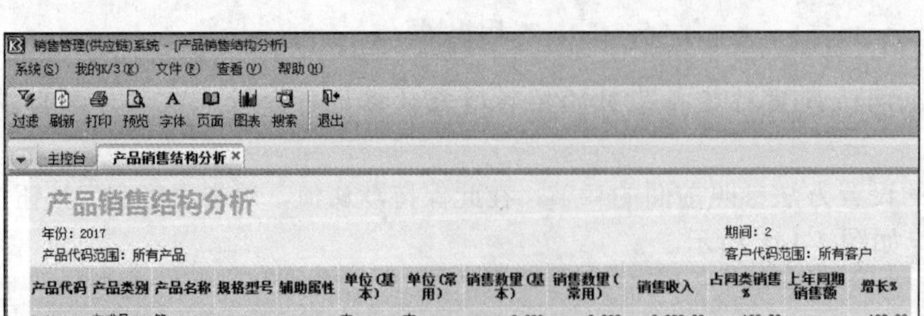

图 4-150

5. 其他销售分析报表

- 信用数量分析。对进行信用管理的客户和职员（系统用户），分别进行信用数量分析。用户可以查询到客户（职员）代码、客户（职员）名称、产品代码、产品名称、规格型号、计量单位（常用和基本）、信用数量、未收款出库数量、两者差额等，这些数据便于管理层了解每个客户和职员的信用数量整体和部分产品情况，也是调整信用管理方针、完善应收款政策的重要依据。
- 信用额度分析。对进行信用管理的客户和职员（系统用户），分别进行信用额度分析。用户可以查询到客户（职员）代码、客户（职员）名称、信用级次、应收款余额、信用额度、两者差额等，这些数据便于管理层了解每个客户和职员的信用额度管理情况，是销售信用管理的重要组成部分，是保证客户应收款在可控范围内的有效分析方法，同时也是调整信用管理方针、完善应收款政策的重要依据。
- 信用期限分析。对进行信用管理的客户和职员（系统用户），分别进行信用期限分析。用户可以查询到客户（职员）代码、客户（职员）名称、信用期限、信用级次、客户欠款余额等，这些数据便于管理层了解每个客户和职员的信用期限和折扣政策的管理情况，是销售信用管理的重要组成部分，是保证客户应收款在可控范围内的有效分析方法，同时也是调整信用管理方针、完善应收款政策的重要依据。
- 委托代销清单。是客户、物料、部门、业务员对一段时间内委托代销商品的发出、结算以及余额情况进行统计。
- 分期收款清单。是客户、物料、部门、业务员对一段时间内分期收款商品的发出、结算以及余额情况进行统计。

6. 查询分析工具

金蝶 K/3（V14.X）系统，为用户提供了强大的查询分析工具。用户根据自身查询分析需要制作自定义性质的业务和分析报表的工具。

利用查询分析工具生成的查询分析报表，是一种自定义形式的报表，它不同于系统提供的固定报表，是用户根据自己业务和管理需要、利用系统提供的工具制作的报表。它包括两种报表：直接查询语句和交叉统计分析表。直接查询语句即使用直接 SQL 方式进行多种单据取数，可制作较为复杂的关联报表，熟悉 SQL Server 的用户可以用它来制作本企业的特殊报表；交叉统计分析表是利用交叉分析方式制作交叉分析报表，可选择任意一种单据，从可选字段列表中选定行汇总字段和列汇总字段，进行交叉汇总，还可进行多级汇总。

系统提供查询分析报表的制作向导，在向导的指引下，用户可以轻松地制作自己所需要的各种报表。

4.4.2　库存查询

在日常销售工作中，销售人员需要对库存产品进行了解，根据产品的库存状态对客户的询问进行相应的回答。

1. 即时库存查询

即时库存查询是对某个所关心的物料进行查询现有库存情况，可以查看全部物料、全部仓库的现有库存情况，也可查看某个仓库中存在有多少种物料、每种物料的数量。查询的库存数量，系统会按“核算参数”中设置的“库存更新控制”来随时更新当前库存数量。库存更新控制分为保存后更新库存和审核后更新库存两种方式。

单击“供应链”→“销售管理”→“库存查询”，双击“即时库存查询”，系统进入“库存查询”窗口，如图 4-151 所示。

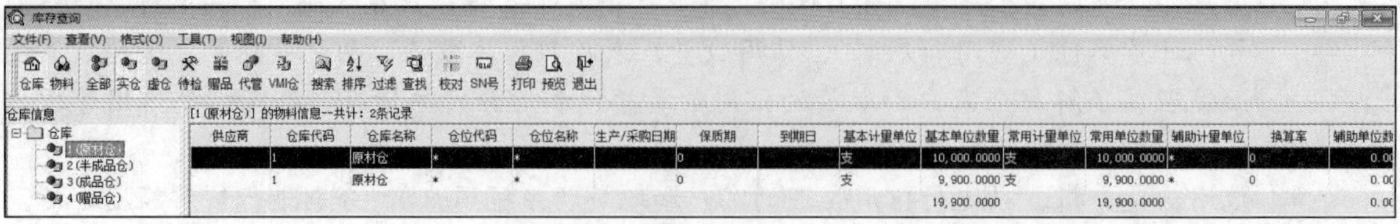

图 4-151

- 仓库。单击工具栏上的“仓库”按钮，可以查询不同仓库下的物料库存情况。
- 物料。单击工具栏上的“物料”按钮，可以查询物料在不同仓库的库存情况。
- 实仓、虚仓、待检、赠品和代管。单击相应的按钮，可对该对应仓库下的物料进行库存查询。
- 全部。单击该按钮，可对全部仓库进行查询。
- 搜索、排序、过滤和查找。单击相应的按钮，系统弹出对应的窗口，在窗口中设置条件后，系统会根据条件进行处理。

2. 库存状态查询

库存状态查询是查询单个物料的现有库存、安全库存、预计入库量、已分配量、锁库量及扣除相关数量后剩余库存的工具。

单击“供应链”→“销售管理”→“库存查询”，双击“库存状态查询”，系统弹出“过滤”对话框，在此保持默认值，单击“确定”按钮进入“库存状态查询”界面，如图 4-152 所示。

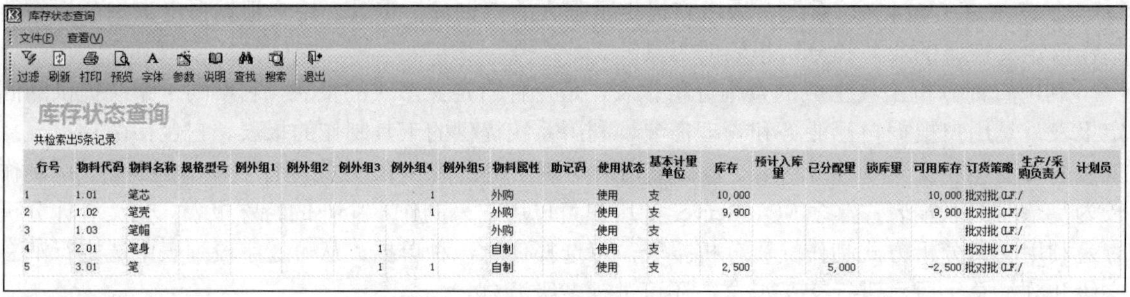

图 4-152

- 预计入库量。从指定的日期到当前日期之间未完成的预计入库量，具体计算按照参数设置中设置的参数进行计算。
- 已分配量。从指定的日期到当前日期之间的已分配量，具体计算按照参数设置中设置的参数进行计算。如果该销售订单分录或投料单分录已经锁库，则不会计算为已分配量。
- 锁库量。该物料在指定的时间范围内存在的销售订单或投料单的锁库数量。

单击工具栏上的“参数”按钮，系统弹出“参数设置”对话框，如图 4-153 所示。

- 预计量有效提前期（天）。预计量有效提前期以天为单位，最大可以输入 9 999 天，它控制未完成出入库的相关单据是否纳入可用量计算的有效期间，其中采购订单以交货日期为基准，销售订单以建议交货日期为基准，未审核发票以制单日期为基准，已审核发票以审核日期为基准。

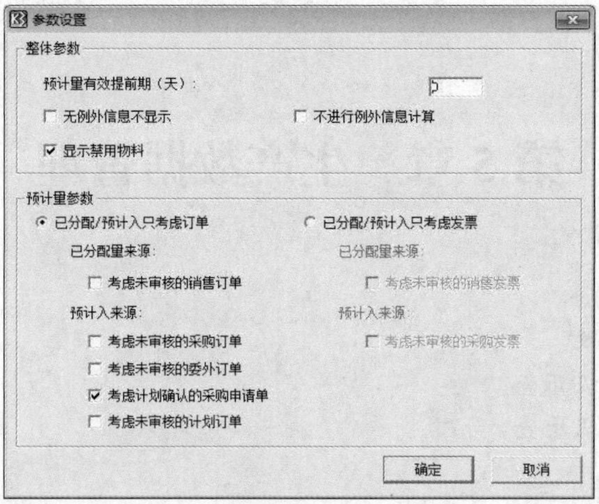

图 4-153

- 已分配/预计入只考虑订单。该选项表示预计入库量和已分配量的计算中可选参数只考虑采购订单和销售订单，而不考虑采购发票和销售发票。此时已分配量包括未执行的确认投料单数和未出库的已审核销售订单数。

当选中"考虑未审核的销售订单"，则已分配量中包括未出库的未审核销售订单，反之不包含。

此时预计入库量包括：①未执行的确认生产计划数；②未执行的确认生产任务数；③未执行的已确认采购申请单数；④未入库的已审核采购订单数。

当选中"考虑未审核的采购订单"，则预计入库量中包括未入库的未审核采购订单，反之不包含；若选中"考虑计划确认的采购申请单"，则预计入库公式中将包括未执行完的已审核采购申请单数，反之不包含。

- 已分配/预计入只考虑发票。当"启用缺货预警"中选择销售发票，则建议已分配和预计入选中此选项。该选项表示在预计入库量和已分配量的计算中，可选参数只考虑采购发票和销售发票，而不考虑采购订单和销售订单。

此时已分配量包括：①未执行的确认投料单数；②未出库的已审核销售发票数。

当选中"考虑未审核的销售发票"，则预计入库量中包括未出库的未审核销售订单，反之不包含。

预计入库量包括：①未执行的确认生产计划数；②未执行的确认生产任务单数；③未入库的采购发票数。

选中"考虑未审核的采购发票"，则预计入库量中包括未入库的未审核采购发票，反之不包含。

销售管理模块下的其他功能，如价格资料、折扣资料等已经在前面讲述，在此不再详述。

4.5　课后习题

（1）画出销售管理系统每期的操作流程。

（2）画出销售管理系统与其他模块之间的数据流向图。

（3）销售管理系统生成发票的前提是什么？

第 5 章　生产数据管理

本 章 重 点

- BOM 新增、修改
- BOM 单级、多级正查
- BOM 单级、多级反查
- 工厂日历设置

5.1　概述

生产数据管理系统是金蝶 ERP 中进行物料需求计划、主生产计划计算的基础。生产数据管理系统可以完成 BOM（物料清单）的新增、修改和查询等操作，并且可以对 BOM 数据进行正向查看和反向查询，同时管理工程变更单、工艺路线、工厂日历和客户 BOM 资料等。

1．需要设置的内容和日常操作流程

生产数据管理系统是类似基础资料的模块，它没有标准的操作流程，只要用户需要使用 BOM 或工厂日历等维护，直接双击相应的明细功能即可启动该功能。

系统中必须有物料基础资料，否则不能建立 BOM 档案。例如，现在要组装一台成品电脑，必须要购买硬盘、CPU、内存、主板和螺丝等零件才能装配。同样，要录入 BOM 档案，系统中必须要有该 BOM 档案所涉及的零件档案（即物料档案），才能建立 BOM 档案。

2．可执行的查询与生成的报表

生产数据管理系统可以对建立的 BOM 档案进行正向和反向、单级和多级查看，可以查询工程变更单、工艺路线和工厂日历等资料。用户可以根据个人需要利用“查询分析工具”功能自定义报表查询。

3．生产数据管理系统与其他系统的数据流向

生产数据管理系统与其他系统间的数据流向如图 5-1 所示。当物料需求计划模块展开“MRP 计算”时，必须要有正确的 BOM 资料和工厂日历做支持，否则计算得出的数据是错误的。

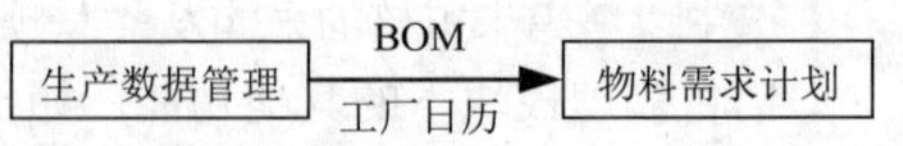

图 5-1

生产数据管理系统通常需要与物料需求计划、主生产计划结合使用，录入的数据作为 MRP、MPS 计算的基础。不建议单独使用，单独使用时只能管理 BOM 档案。

因为本书主要讲述 MRP（物料需求计划）在金蝶 K/3（V14.X）的操作方法，不涉及 MPS（主生产计划），所以生产数据管理系统在此重点讲解 BOM 资料的新增、修改和查询，以及工作日历的设置方法。

5.2　工厂日历

工厂日历是指在自然月份的基础上，设置工作与休息的时间表，以便计划部门在做计划时将休息日因素考虑在计划日期内，这是物料需求计划模块展开“MRP 计算”的基础资料。

2017 年 2 月按照国家规定的休息日进行休息，现有客户购买某产品，要求在 2 月 8 日发货，该产品的提前期为 5 天，则计划部所做出的计划应该是 2 月 1 日就开始采购或生产，而不是 2 月 4 日开始采购或生产，因为 2 月 4 日和 5 日属于休息日。

5.2.1　工厂日历设置

例 5-1　设置本账套的工厂日历。

（1）工厂日历通常由计划部负责，以“游计划”身份登录练习账套。工厂日历有两种设置方法。第一种方法：当“业务系统”未启用时，可以单击“系统设置”→“初始化”→“生产管理”，双击“工厂日历”，如图 5-2 所示。系统弹出“工厂日历”对话框供设置。

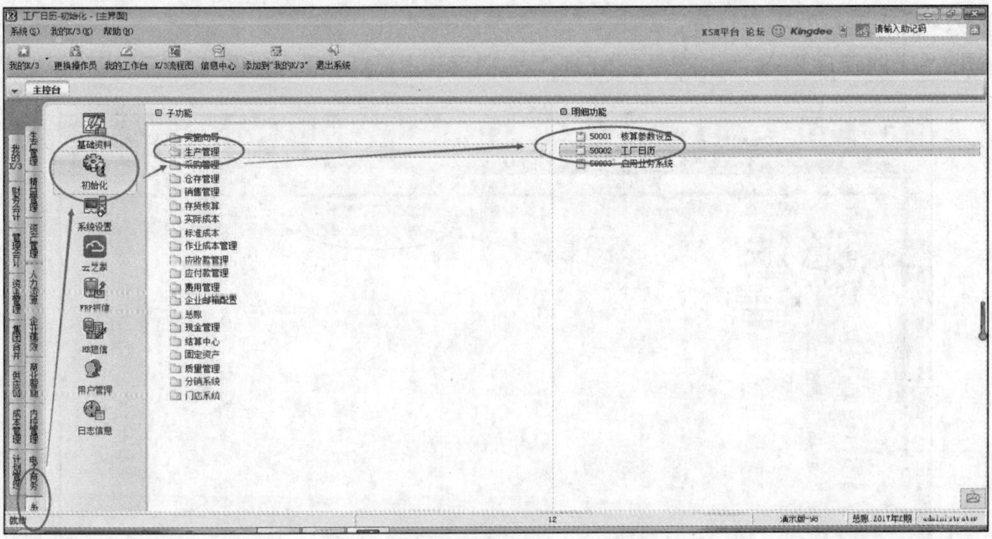

图 5-2

第二种方法：当“业务系统”已启用，只要双击生产数据管理模块中的任一明细功能，系统弹出提示对话框，提示“工厂日历未设置，请设置”，单击“确定”按钮，系统弹出“工厂日历”对话框，如图 5-3 所示。

- 工厂日历起始日。单击右侧“日历”下拉按钮，可以选择工厂日历的起始日期。
- 周六是休息日、周日是休息日。选中表示按照国家规定的休息日进行休息；未选中，表示周六或周日是作为正常生产日进行计划进度安排。

（2）参数设置好，单击“保存”按钮保存设置，系统切换到另一个“工厂日历”，如图 5-4 所示。在该对话框可以对工厂日历的“备注”选项进行修改，如修改为国家规定放假日等。

（3）单击“置换”按钮，可以将设置为“工厂日历”的日期更换为休息日，同理，可以将休息日的日期置换为正常上班日期。设置完成后，单击“保存”按钮保存设置。

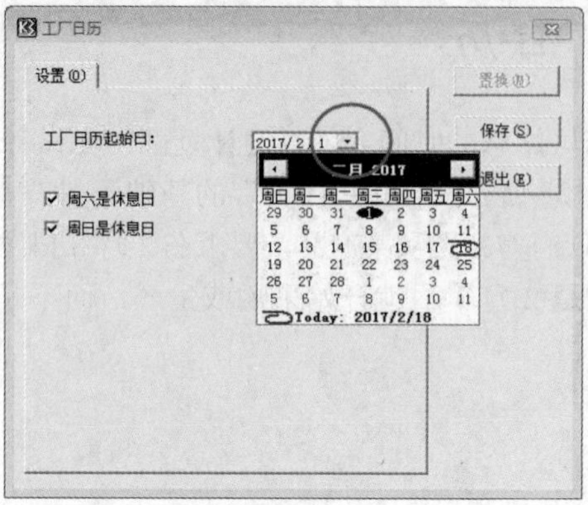

图 5-3

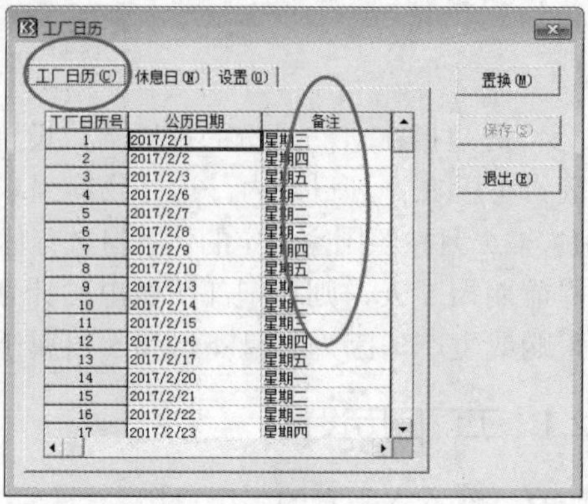

图 5-4

5.2.2 工厂日历维护

工厂日历维护是查询系统所设置的工厂日历情况表，根据工厂日历的情况表，用户可以对其进行修改，以适应新的生产进度。

单击“计划管理”→“生产数据管理”→“多工厂日历”，如图 5-5 所示。

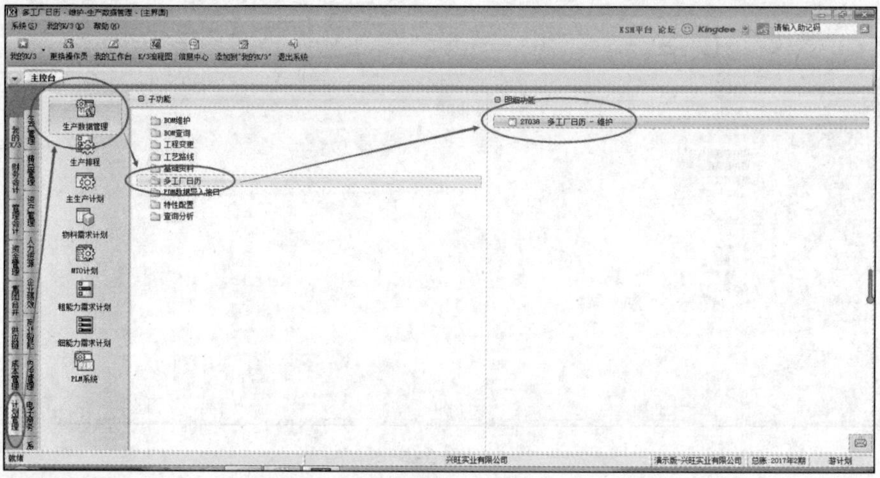

图 5-5

双击“多工厂日历-维护”，系统进入“多工厂日历设置”窗口，如图 5-6 所示。

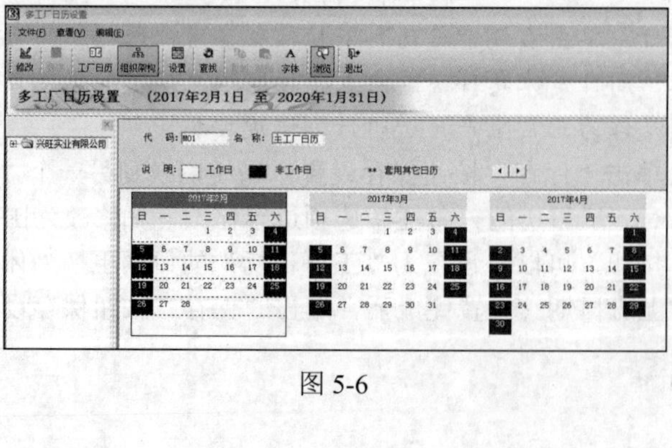

图 5-6

在设置窗口可以对工厂日历进行修改，查看在“组织结构”状态下不同生产部门的工作日历安排情况；查看在“工厂日历”状态下预设日历情况；单击“设置”按钮，可以在屏幕上连续查看 3 个月的工厂日历。

日历表中白色表示工作日，蓝色表示非工作日（即休息日）。

5.2.3　工厂日历修改

工厂日历修改是对现有的工厂日历进行调整，以适应新的生产进度安排。

例 5-2　由于生产进度调整，需要将 2 月 25 日设置为工作日，2 月 27 日调为休息日，以此对工厂日历进行修改。

（1）在“多工厂日历设置”窗口，单击工具栏上的“修改”按钮，然后双击“2 月”工作日历上的“25”处，将蓝色置换成白色，表示设置成工作日；再双击“27”处，将白色置换成蓝色，表示将该工作日调为休息日，如图 5-7 所示。

（2）单击“保存”按钮，由于是在“主工厂日历”上做的修改，系统弹出“新增”对话框，在“日历代码”处录入“001”，在“日历名称”处录入“生产车间日历”，如图 5-8 所示。

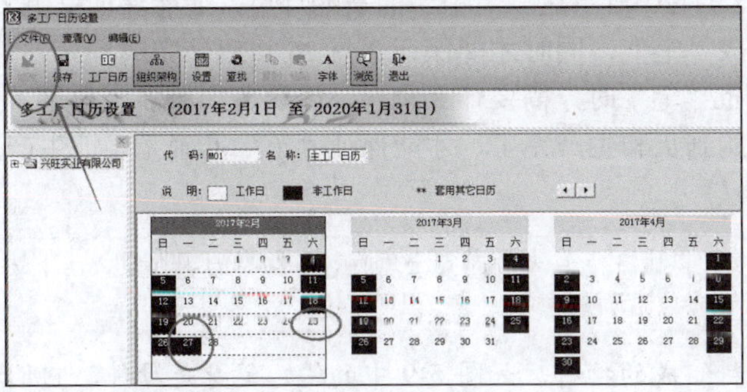

图 5-7

图 5-8

5.3　BOM 维护

BOM 档案是 MRP 展开计算的基础资料，只有正确的 BOM 档案才能保证生产、销售的正常运作。正确的 BOM 档案必须能描述以下 3 点，如图 5-9 所示。

1．物料关系

物料关系表示产品由什么物料组成。由图 5-9 可知，生产 1 支笔时，需要 1 个笔帽和 1 支笔身，要得到笔身的前提是先要有 1 支笔芯和 1 支笔壳。只有正确的物料关系，MRP 展开计算时才能有效地知晓生产“笔”产品时需要何种物料。该项在“生产数据管理”中的 BOM 维护中处理。

2．数量关系

数量关系表示当生产 1 个单位的母件时，各子件分别需要多少数量才能完工，以及每一个子件生产时的损耗率是多少。例如，生产一台电脑需要 4PCS 相同规格的螺丝，当生产 1 000 台时，就需要 4 000PCS 螺丝。只有正确的数量关系，MRP 展开计算时才能有效地知晓组成一批产品时需要各种物料的数量。该项在“生产数据管理”中的 BOM 维护中处理。

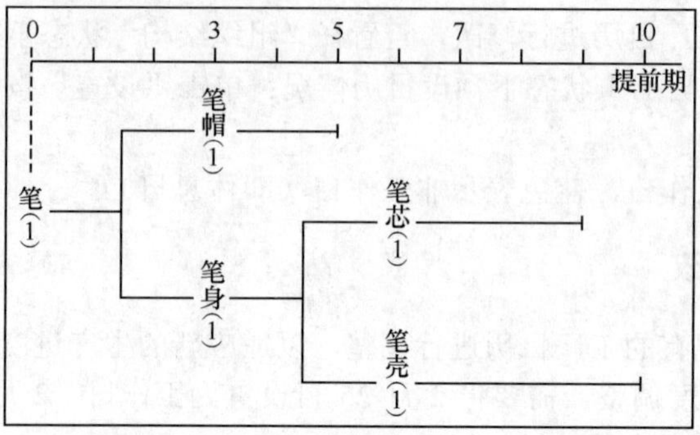

图 5-9

3. 时间关系

生产时需要考虑采购件的采购提前期和自制件的生产提前期。由图 5-9 可知，当不考虑批量、休息日和物料的现存量等因素时，假设要求 2 月 25 日完工一批“笔”产品，则需要在 2 月 15 日下达“笔壳”的采购订单，2 月 16 日下达“笔芯”的采购订单，这样才能保证 2 月 19 日两种物料同时到货开始组装成“笔身”半成品。2 月 20 日下达“笔帽”的采购订单，才能保证 2 月 22 日到货后与同时完工的“笔身”开始组装成“笔”，同时才能保证 2 月 25 日组装完成。

通过以上 3 点能有效地了解，生产一批“笔”时，需要什么物料，需要各物料多少数量，什么时候下达采购或生产订单，什么时候采购到货和生产完工，才能保证“笔”准确无误地生产完成，这样才能提高客户满意度。

注　由于 MRP 计算时考虑的因素非常多，以上 3 点暂未考虑安全库存、各物料的现存量、已下达的采购订单等因素，涉及这部分因素请参照后面的章节。

- 母件。母件即产品，由下一级物料组成的物料，如图 5-9 中的笔、笔身是母件，它们都由下一级物料组成。
- 子件。母件的下一级物料叫作子件。例如，笔芯、笔壳是笔身的子件，笔身和笔帽是笔的子件。
- BOM 单类型。新增物料档案文件时，当“物料属性（有规划类、配置类、特征类、自制类、委外加工类和虚拟件等类型）”为不同属性的，那么在生产数据管理系统中可以生成不同的 BOM 类型档案。

不同 BOM 单类型将在 BOM 分组的标题栏中显示，不同的 BOM 类型在 BOM 编号前显示不同的小图标，以区分不同的物料类型对应的 BOM 类型。

1. 自制类 BOM

自制类 BOM 是指“母件”的物料属性为“自制”属性，当 MRP 展开计算后，生成该母件物料的需求是一张“生产制令单”，而不是一张其他类型的计划单据。自制类物料主要是指由公司内部生产车间自行生产的产品。

2. 委外加工类 BOM

委外加工类 BOM 是指“母件”的物料属性为“委外”属性，当 MRP 展开计算后，生成该物料的需求是一张“委外生产制令单”，而不是一张其他类型的计划单据。委外是指由本公司提供子件，由供应商协助组成该物料。当子件同时属于供应商提供时，该物料的属性应该是“外购”，而不能是“委外”，这一类一定要注意。

3．虚拟件 BOM

虚拟件 BOM 是指“母件”是由一组具体“子件”（实件）组成的、以虚拟形式存在的成套件。例如家具生产行业中，销售的产品为“桌子”，而实际发出的是拼装成桌子的桌面、桌腿、零件等实件，此时这个“桌子”实际上就是一种虚拟件。

4．规划类 BOM

规划类 BOM 是指“母件”的物料属性为“规划类”属性。规划类物料不是具体的产品，而是产品类别，新增规划类 BOM 时需要定义该类物料下产品的生产百分比。例如生产自行车的企业，其产品分为男用车和女用车两种，在制订生产计划时，可能只指定总的自行车生产量，具体男用车、女用车生产多少则由在自行车类（将自行车设定为规划类物料）的 BOM 中定义的百分比决定。因此，规划类 BOM 子项必须在“计划百分比”一列录入相关的比例数据，其所有子项的计划百分比之和应该等于 100%。

5．配置类 BOM 和特征类 BOM

配置类 BOM 是指“母件”的物料属性为“配置类”属性。配置类物料是指其某下级物料有很多种选择，如汽车的颜色可以为灰色、白色和蓝色等，但只能选择一种。在这种情况下，该下级物料为特征类物料。特征类物料类似于虚项的概念，表示一类物料的分组，如汽车颜色，可以定义为特征类物料。特征类物料的 BOM 为特征类 BOM，表示该特征类物料的组成成员。例如汽车颜色这个特征类物料，它的 BOM 由灰色、白色和蓝色组成，灰色、白色和蓝色为具体的物料，在客户进行产品配置时，只能选择其中一种。

5.3.1　BOM 录入

BOM 录入功能主要提供 BOM 档案的录入。当一个产品的 BOM 档案有多级时，BOM 档案分级录入后，会自动生成多级的成品 BOM 档案。也就是说，BOM 档案录入时只需要录入母件的第一级子件物料即可，而不需要重复录入半成品“子件”下的“子件”物料。

例 5-3　下面以图 5-9 中物料关系为例，介绍 BOM 录入方法。

（1）BOM 档案通常由工程部负责，以“张工程”登录练习账套。首先录入“笔身”的 BOM 档案。单击“计划管理”→“生产数据管理”→“BOM 维护”，双击“BOM-新增”，系统弹出“BOM 单-新增”窗口，如图 5-10 所示。

表头项目主要录入母件信息，如物料代码、单位等。

- BOM 单组别。选择建立该 BOM 档案时所属的组别，该项为必录项目。将光标放置在此处，单击工具栏上的“查看”按钮，系统弹出“BOM 组别选择”对话框，第一次使用时组别为空，需要单击“新增组”进行组别的新增。请读者自行新增“文具笔”组别，如图 5-11 所示。

在“BOM 组别选择”对话框，可以对组别档案进行“修改组”和“删除组”设置，方法是选中列表中的组别名称后，单击对话框上相应的按钮。

- BOM 编号。新增录入 BOM 编号时，系统根据编码规则自动生成的一个编号。该项目是必录项目。若系统参数中设置该编号可以手工录入，录入的编号不能与其他 BOM 编号重复。
- 版本。录入 BOM 的修改版本，手工修改。该项目为可选录项目。
- 状态。一个物料允许存在多个 BOM，但是“使用”状态的 BOM 只有一个，其余 BOM 只能为“未使用”状态，这样 MRP 展开计算时，只获取“使用”状态的 BOM 展开计算。新增 BOM 默认为“未使用”状态，将“未使用”状态修改为“使用”状态的操作：单击“计划管理”→“生产数据管理”→“BOM 维护”，双击“BOM 维护”修改。

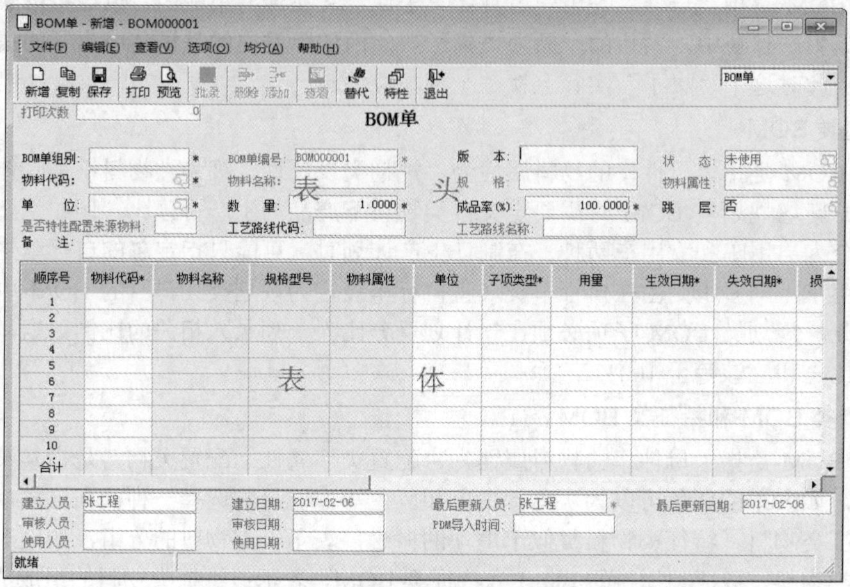

图 5-10

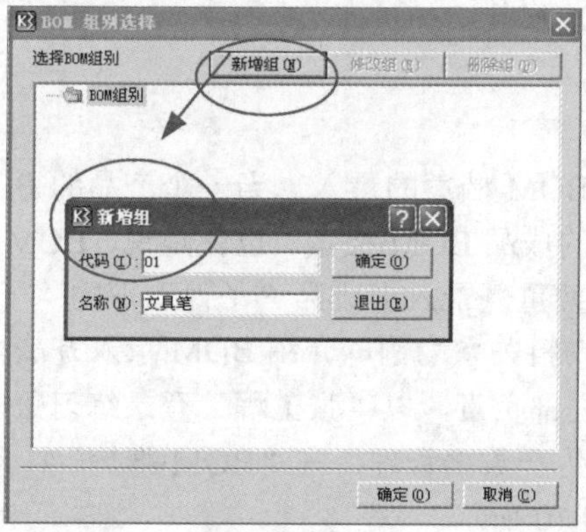

图 5-11

- 物料代码。录入“母件”的物料代码，单击工具栏上的“查看”按钮，或按 F7 功能键获取“母件”的物料代码。该项为必录项目。
- 物料名称、规格、物料属性。由母件物料档案中的基础资料属性自动带入。
- 单位。母件物料的计量单位，录入物料代码自动写入基本计量单位，当该母件有多个计量单位时，按 F7 功能键可选择不同的计量单位。
- 工艺路线代码或名称。母件物料对应的工艺路线代码或名称。默认为物料主文件中的工艺路线代码或名称，可选择其他工艺路线代码或名称，但不能是不存在或禁用的工艺路线代码或名称。该项目为非必录项目。
- 数量。与计量单位对应的母件的基准数量。该项目为必录项目。
- 成品率（%）。母件在加工组装过成中的成品比率，系统默认为 100%，可手工修改。该项目为必录项目。

- 备注。录入 BOM 单的说明。
- 建立人员。BOM 的制单人，系统默认取系统当前用户，不可修改，必录项目。
- 建立日期。BOM 的建立日期，系统自动取当前日期，不可修改，必录项目。
- 最后更新人员。BOM 最后一次修改者，系统自动取系统当前用户，不可修改。
- 最后更新日期。BOM 最后一次修改日期，系统自动更新。
- 审核人员。BOM 审核人，系统自动取系统用户，不可修改。
- 审核日期。BOM 审核日期，系统自动获取审核时的系统日期，不可修改。
- PDM 导入时间。当该笔 BOM 档案是由 PDM 导入时，记录导入的日期。

表体项目主要是录入组成母件的各子件信息，如物料代码、用量和损耗率等。

- 顺序号。记录子项物料在 BOM 的录入顺序。
- 物料代码。录入组成该 BOM 的子件物料代码。按 F7 功能键或单击“查看”按钮获取物料代码。
- 物料名称、规格型号、物料属性、单位，系统根据物料代码自动填入。
- 子项类型。表示子项物料的物料属性，按 F7 功能键选择。该选项包括普通件、联产品、副产品、等级品、特征件和返还件 6 种。系统默认为普通件。
  - 对联产品、副产品和等级品，其实际意义不是作为父项产品的消耗，而是一种产出。其用量代表其产出量与父项的比例关系，这 3 类物料不参与生产领料，在产品入库时可与其父项产品一同入库。
  - 对特征件，只适用于属性为特征类的子项物料，即当用户录入属性为特征类的子项物料时，系统自动将其类型设置为特征件，不允许用户修改。对其他属性的物料，其类型一律不允许选择特征件。
  - 对返还件，其实际意义是在生产一种产品时对某物料的回收，回收物料需要从产品成本中扣减。
- 用量。用户录入计量单位对应的用量，手工录入。
- 配置属性。该项属性主要针对配置类 BOM，表示某子项是必选还是可选，普通 BOM 此字段不可见。
- 生效日期、失效日期。对应子件物料的生效日期，手工录入。此字段只有当“启用工程变更”的参数被选中之后可见，为必录字段。
- 计划百分比（%）。该项属性主要针对规划类 BOM、特征类 BOM、配置类 BOM，表示各子项的使用比例。用法如下。
  - 只有当 BOM 母件物料的属性为规划类、配置类、特征类时，该字段才为可维护状态。
  - 当 BOM 母件物料的属性为配置类时，系统根据子项物料的配置属性填入计划百分比的默认值：当配置属性为通用时，系统默认为 100，不允许用户修改；当配置属性为可选时，系统默认为 50，用户可根据需要修改。
  - 当 BOM 父项物料的属性为规划类或特征类时，计划百分比由用户手工录入。
- 损耗率（%）。录入在 BOM 单中该子件的损耗率，即生产对应的父项物料时允许该子项物料在一定的损耗范围。如生产 1 000 个完成品，其下级某物料的单位用量比例为 1∶1，损耗率为 5%，MRP 展开计算时可以考虑该损耗率，根据公式“数量×[1+损耗率（%）]计算得出毛需求数量为 1050。
- 位置号。录入当前子件所处的位置号，常用于 PCBA 行业。

- 工序号。录入表头的工艺路线对应的工序号，可维护。
- 工序。子件物料在BOM指定的工艺路线中所对应的工序名称。
- 工位。物料发放到车间的位置。
- 提前期偏置。对生产周期较长的产品，其所耗用的物料在实际生产过程中往往是陆续投入，而非在产品开工之日一次性投入。为了更加精确地计算确定每一物料的需要日期，在BOM中增加提前期偏置的设置，表示子件物料需求日期相对于母件物料的投产日期的滞后天数，可以录入正数，也可以录入负数（正数表示该物料在父项物料开始生产后调达，负数表示该物料提前调达）。该参数对于MRP运算及生产投料单计划发料时间的确定具有重要作用。
- 是否倒冲。生产任务、委外加工及重复计划管理系统在对生产任务单进行倒冲领料时，根据此字段值来判断各物料是否倒冲。
- 关键件。从物料档案中带出，表示该物料是否是关键物料，为参考值，不起控制作用。
- 使用状态。从物料档案中带出，表示该物料是现在正在使用，还是将来使用，或是过去使用现在已经废弃不用。
- 是否禁用。从物料档案中带出，表示该物料现在是否不允许使用。对禁用的物料，使用F7功能键选择时将看不到。
- 发料仓库。表示该物料在生产发料时所属的仓库，如果物料已有定义，则自动带出，也可手工修改。
- 发料仓位。表示物料在生产发料时的仓位，用法如下。
  - 由物料基础资料中的默认仓位信息自动带出。
  - 只有在发料仓库的系统参数“使用仓位管理”设置选中时，BOM中才能输入发料仓位信息，否则不能录入。
  - 若发料仓库系统参数“使用仓位管理”被选中，用户在BOM中选择仓库后，只能选择该仓库对应的仓位组下的仓位。

（2）表头项目BOM单组别按F7功能键获取组别“文具笔”，“版本”录入“1.0”，“物料代码”录入“2.01”，“数量”保持为“1.0000”，其他项目采用默认值，如图5-12所示。

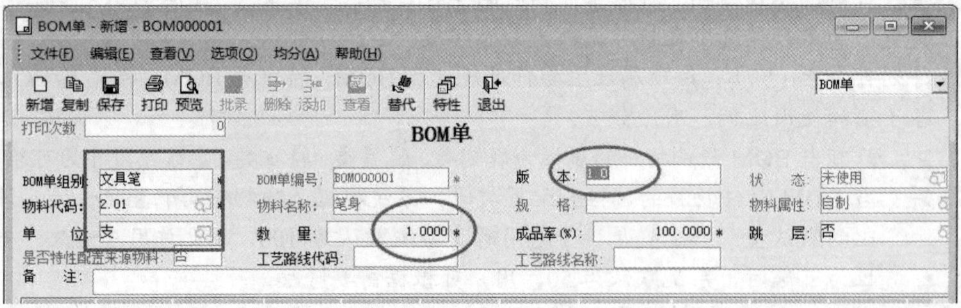

图5-12

（3）在表体项目顺序号1按F7功能键获取物料代码“1.01”，用量为“1”，损耗率为空表示该子件没有损耗，在表体项目顺序号2用同样方法获取物料代码“1.02”，用量和损耗率都保持为默认值，如图5-13所示。

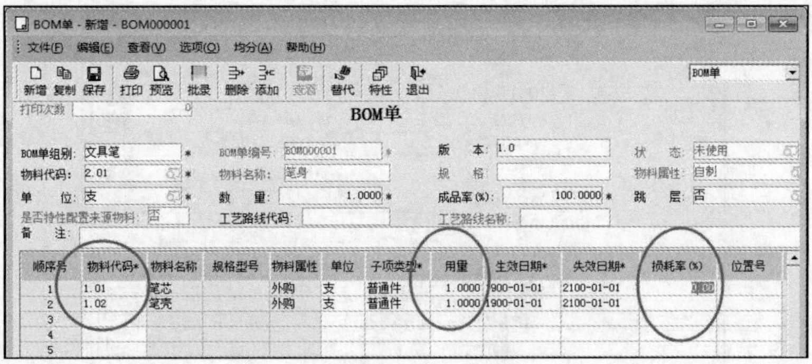

图 5-13

（4）BOM 单录入完成，单击“保存”按钮保存。

（5）笔身 BOM 档案保存完成，录入“笔”的 BOM 单。单击“新增”按钮，系统弹出一个空白的“BOM 单-新增”窗口，在表头项目“BOM 单组别”处按 F7 功能键获取“文具笔”，“版本”录入“1.0”，“物料代码”录入“3.01”，“数量”保持为“1.0000”，其他项目采用默认值。在表体项目顺序号 1 处按 F7 功能键获取物料代码“1.03”；“用量”为“1.0000”；“损耗率”为空，表示该子件没有损耗。在表体项目顺序号 2 用同样方法获取物料代码“2.01”；“用量”和“损耗率”都保持为默认值，如图 5-14 所示。

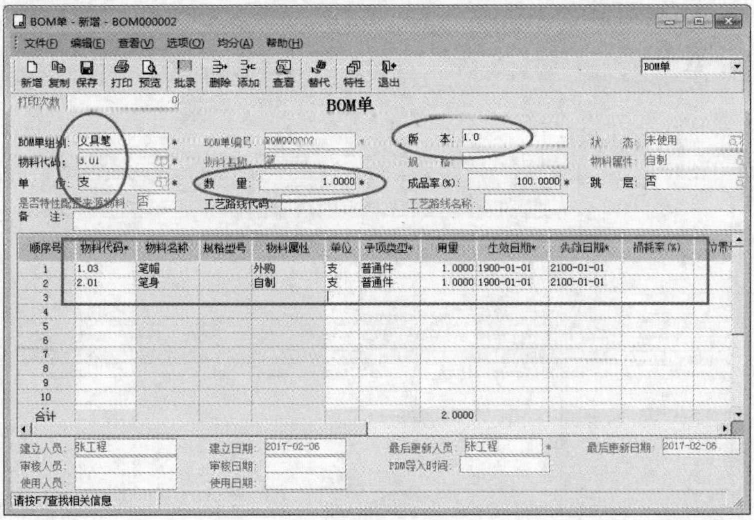

图 5-14

（6）笔的 BOM 单录入完成后，单击“保存”按钮保存。

5.3.2　BOM 维护

BOM 维护功能可以完成 BOM 档案的修改、删除、审核和使用等操作。单击“计划管理”→“生产数据管理”→“BOM 维护”，双击“BOM-维护”，系统弹出“BOM 维护过滤界面”对话框，如图 5-15 所示。

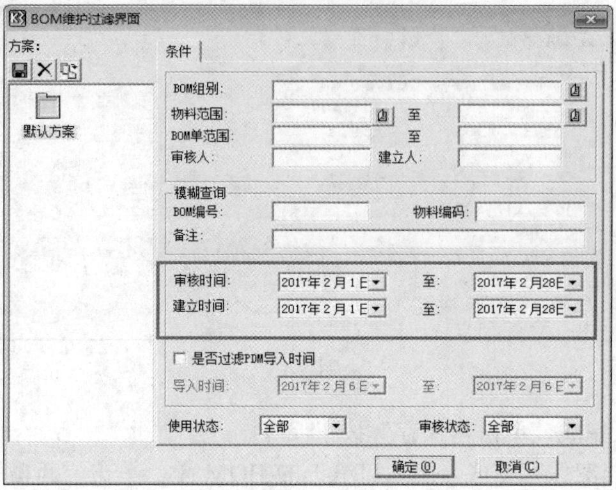

图 5-15

在过滤界面可以设置过滤条件、模糊查询和时间范围等，设置完成后单击“确定”按钮即可。在此一定要注意时间范围的设置，因为系统第一次使用本功能时，默认为当前的系统日期，所以为了方便，将审核时间和建立时间均修改为 2017 年 2 月 1 日至 2017 年 2 月 28 日，修改完成后单击“确定”按钮，系统进入 BOM 资料维护界面，如图 5-16 所示。

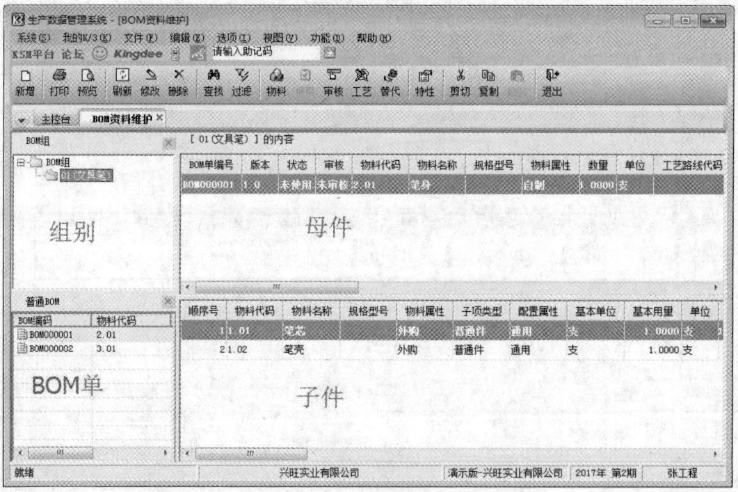

图 5-16

在界面中系统又分为 4 个小界面，分别是组别、BOM 单、母件和子件界面，要查看某个 BOM 单的方法是：先选择组别，再选择 BOM 单，然后系统会自动在右侧显示 BOM 单明细情况。

1. 审核和反审核

对 BOM 审核是表示该 BOM 经再次检查无误，可以进行审核处理，只有审核后的 BOM 才能使用。

例 5-4 对本账套的笔身和笔 2 个 BOM 进行审核操作。

（1）先选中要审核的 BOM，单击“笔组”组别，然后选择界面左下侧的“BOM000001 2.01 笔身”BOM，这时界面右侧将显示笔身的 BOM，再单击工具栏上的“审核”按钮，或单击“功能”→

“审核”，稍后系统弹出审核成功提示对话框。

（2）单击“确定”按钮。这时请注意界面右上侧母件档案的“审核”选项已经由“未审核”修改为“已审核”，表示审核成功，如图 5-17 所示。

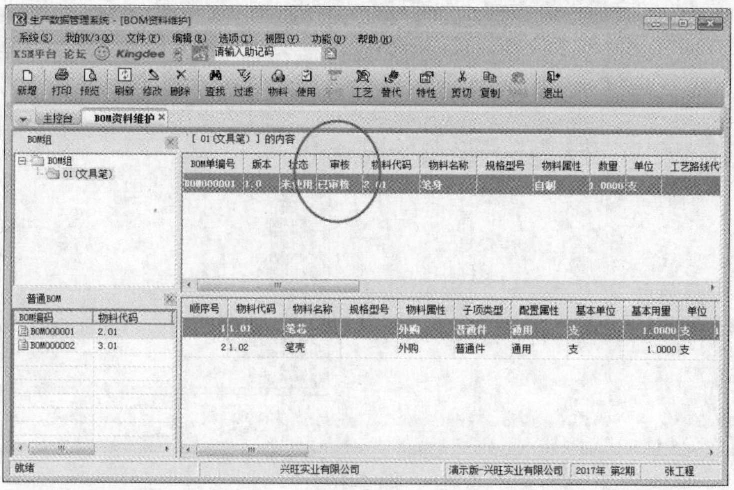

图 5-17

（3）用同样的方法对“BOM000002 3.01 笔”BOM 进行审核。

反审核是审核的相反操作，即将已经审核后的 BOM 取消审核。操作方法是先选择要取消审核的 BOM，然后单击“功能”→“反审核”即可。

2．使用和反使用

使用 BOM 尤其重要，只有 BOM 处于“使用”状态下，MRP 展开计算时才能获取止确的 BOM 档案。

使用和反使用的操作方法基本同审核和反审核的操作方法，在此请读者将笔身和笔 2 个 BOM 进行“使用”，以供后面的功能模块调用。使用成功的 BOM 会在界面右上侧“母件”的“状态”项下显示“使用”字样，即表示使用成功。

3．计算累计提前期

计算累计提前期是计算“使用”状态 BOM 的各物料的累计提前期。每个物料都有自己的制造或采购提前期，而产品或半成品的累计提前期被定义为最大的子件物料的累计提前期加自身的变动提前期。公式如下。

母件累计提前期=MAX（子件累计提前期）+ 母件本身变动提前期

单击“功能”→“计算累计提前期”，如图 5-18 所示。系统经后台处理后弹出提示对话框，提示计算累计提前期成功。

计算成功后的累计提前期会自动返回填写到“物料”档案中的“计划资料”中的“累计提前期”项中，如图 5-19 所示。

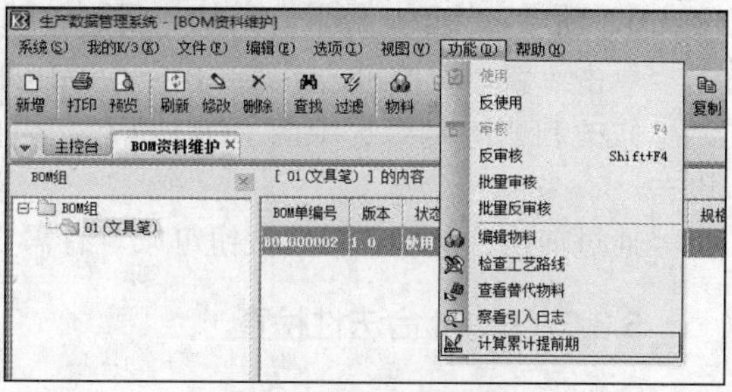

图 5-18

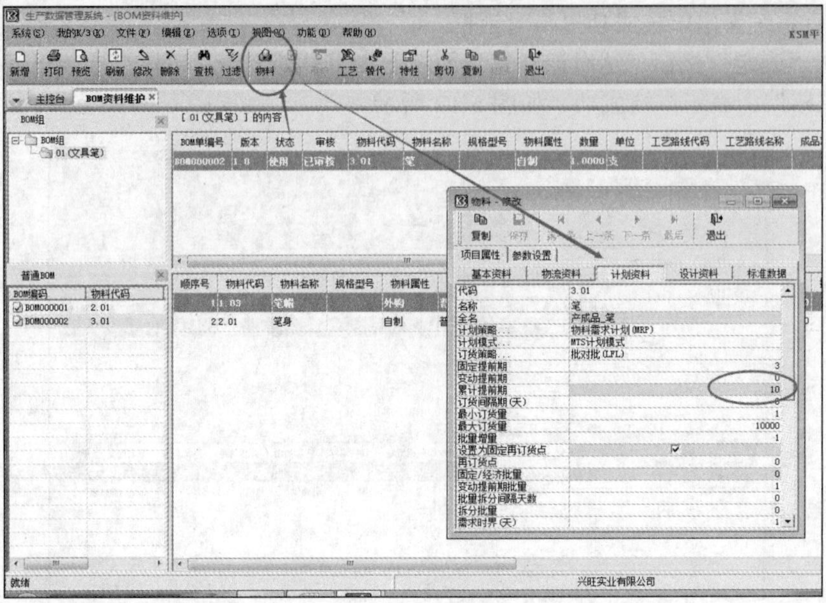

图 5-19

4．编辑物料

正常情况下，BOM 是由工程部维护，BOM 下的各物料档案基础信息通常也是由工程部负责，为了快捷、方便地修改正确的 BOM，在“BOM 维护”功能中系统提供了“编辑物料”的功能。其操作方法是在界面右侧选中要编辑的物料记录，单击工具栏上的“物料”按钮，系统弹出“物料-修改”窗口，在修改窗口中修改正确的属性后，单击“保存”按钮即可。

要编辑物料的前提是该操作员必须要有可维护“物料”档案的权限。

5．查找、过滤

查找是在当前已显示出的 BOM 中查找符合条件的 BOM，单击工具栏上的“查找”按钮，系统弹出“查找”对话框，如图 5-20 所示。

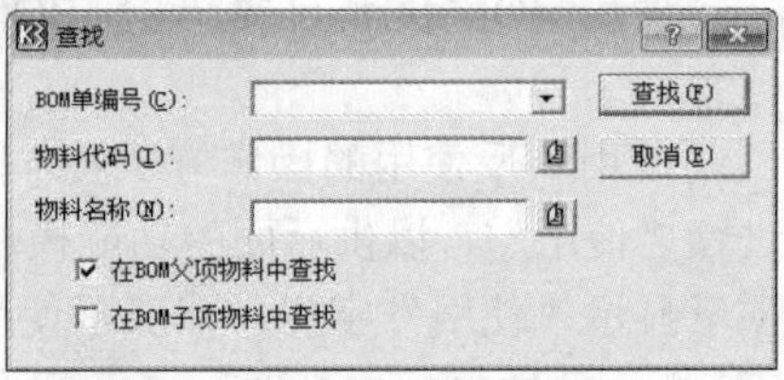

图 5-20

在对话框中设置好查找条件后，单击“查找”按钮即可。

过滤是重新设置 BOM 的过滤范围。

6．新增、修改、删除、剪切、复制和粘贴

单击“新增”按钮，系统弹出空白“BOM 单-新增”窗口，以供 BOM 录入。

修改和删除是对选中的 BOM 进行相应的操作，前提条件是该 BOM 处于未使用、未审核状态。

通过剪切、复制、粘贴按钮可以对有需要的 BOM 进行相应的操作。

5.3.3　BOM 合法性检查

BOM 合法性检查主要是对 BOM 中是否有嵌套情况以及 BOM 的完整性、BOM 与工艺路线、工序的对应关系等进行检查，便于物料需求计划、生产计划的正确计算，同时也为生产过程中的生产发料与成本核算提供准确的依据。

- BOM 的嵌套检查。检查 BOM 中是否有上级物料在其本身的下级物料中使用的情况。
- BOM 的完整性检查。对 BOM 各数据项本身及各数据项之间的限制关系进行检查。
- BOM 与工艺路线、工序的对应关系检查。对 BOM 对应的工艺路线是否存在、每一子件物料对应的工序是否存在等进行检查。

BOM 合法性检查的操作方法如下。

（1）单击“计划管理”→“生产数据管理”→“BOM 维护”，双击“BOM 合法性检查”，系统弹出“BOM 合法性检查”对话框，如图 5-21 所示。

（2）在对话框中首先选择合法性检查的类型，再选择 BOM 单检查范围，设定完成后，单击“确定”按钮，稍后系统检查后弹出相应的结果对话框。如果对话框中有内容，表示检查不通过，对没能通过检查的 BOM 进行修改后，可以再次检查。

5.3.4 BOM 低位码维护

低位码是指同一物料在不同的 BOM 中处于最低的层次，主要在计算主生产计划和物料需求计划中起作用。

单击“计划管理”→“生产数据管理”→“BOM 维护”，双击“BOM 低位码维护”，系统弹出“低位码维护”对话框，如图 5-22 所示。

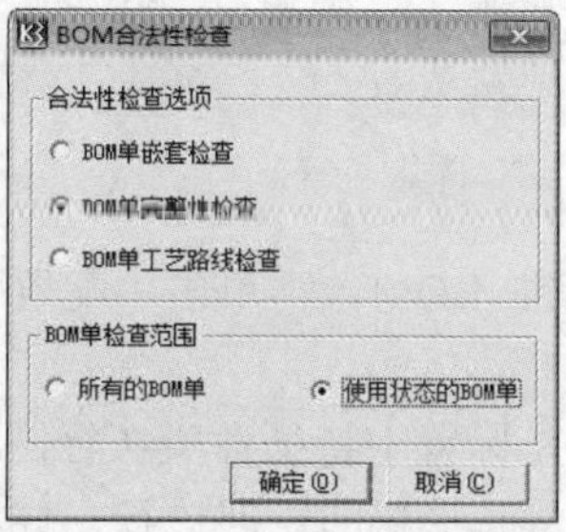

图 5-21

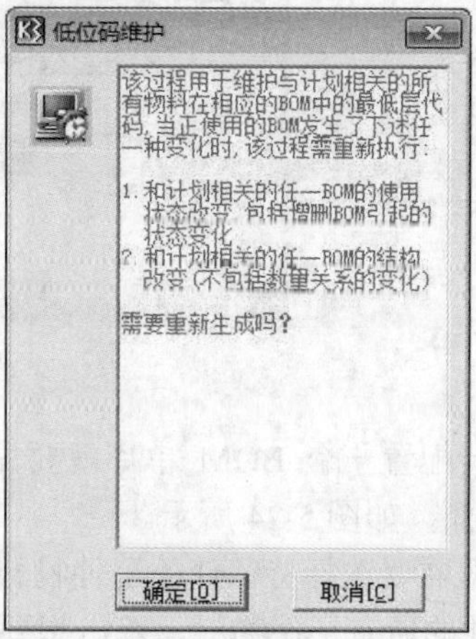

图 5-22

注意对话框中对低位码维护的建议，单击“确定”按钮，稍后系统弹出低位码维护完毕字样。

注
（1）BOM 有变更时，应该进行 BOM 低位码维护。
（2）在新建账套或首次进行 MPS/MRP 计算前，必须先进行低位码维护。

5.3.5 BOM 成批修改、成批新增、成批删除

由于技术改进或别的原因需要大批量修改、新增或删除 BOM，如果对 BOM 逐个进行对应的操作，这样工作量大，所以提供成批修改、新增和删除的功能。

- BOM 成批修改。将不同母件物料中具有相同物料代码的子件物料进行批量替换。
- BOM 成批新增。将不同母件物料中具有相同物料代码的子件物料进行成批新增。
- BOM 成批删除。将不同母件物料中具有相同物料代码的子件物料进行成批删除。

5.3.6 客户 BOM 维护

客户 BOM 维护是针对该产品是“配置类物料”时使用。当用户录入产品预测单、销售订单或生产任务单时，录入配置类物料代码后，在“客户 BOM”就需要对该物料对应的配置类 BOM 进行客户化配置，在“客户 BOM”项处按 F7 功能键，系统弹出“BOM 选择”窗口，如图 5-23 所示。

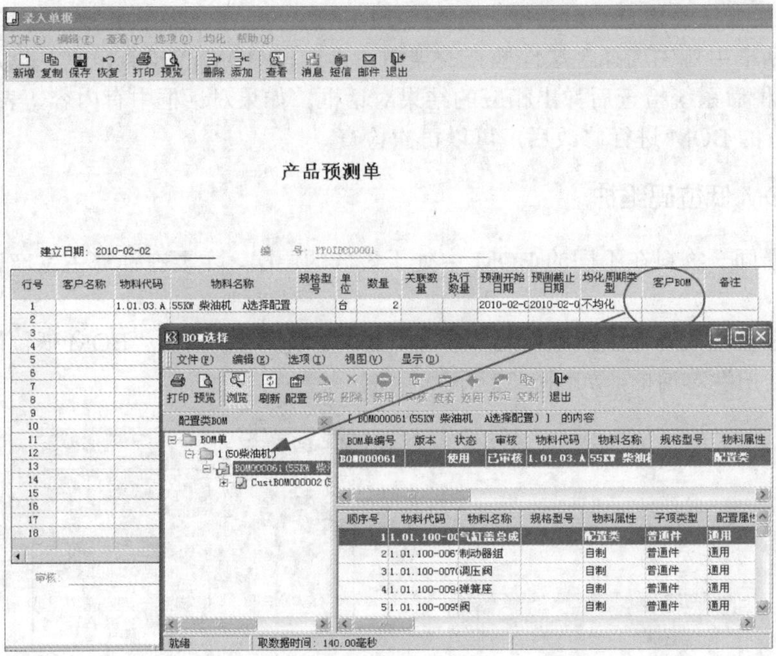

图 5-23

如果需要重新配置一个 BOM 单，就要先选中标准 BOM，再单击“配置”按钮，调出客户 BOM 单的录入界面，如图 5-24 所示。

用户可以根据需要选择特征件的子件物料，先将光标置于特征件所在行，再单击“查看”按钮，调出该特征件的所有子件物料，双击想要的物料，此物料即返回该行，并将物料属性自动改为普通件。对配置属性为通用的子件物料不可删除或改为别的物料。配置属性为可选的子件物料允许删除或修改成别的物料，也可在此增加别的子件物料。重新设置成功，单击“保存”按钮后在客户 BOM 的配置界面直接单击“审核”按钮，系统会将配置好的客户 BOM 设为审核使用状态。

在客户 BOM 配置界面，配置 BOM 不可修改，未被销售订单、生产任务单、重复生产计划单及委外加工生产任务单引用的客户 BOM 可修改。其修改方法是：在客户 BOM 配置界面，单击工具栏上的“修改”按钮，系统自动弹出客户 BOM 修改的窗口，在该窗口中，根据标准配置 BOM 中通用的普通件生成的物料，不允许删除和修改物料代码；根据特征件配置形成的普通类型的物料，提供 F7 功能键查询显示其母件特征件的所有其他子件，该物料不允许删除物料代码，修改的物料代码只能为其母件特征件的子件之一；根据标准配置 BOM 中可选的普通件生成的物料，或用户补充增加的物料，允许删除和修改物料代码。

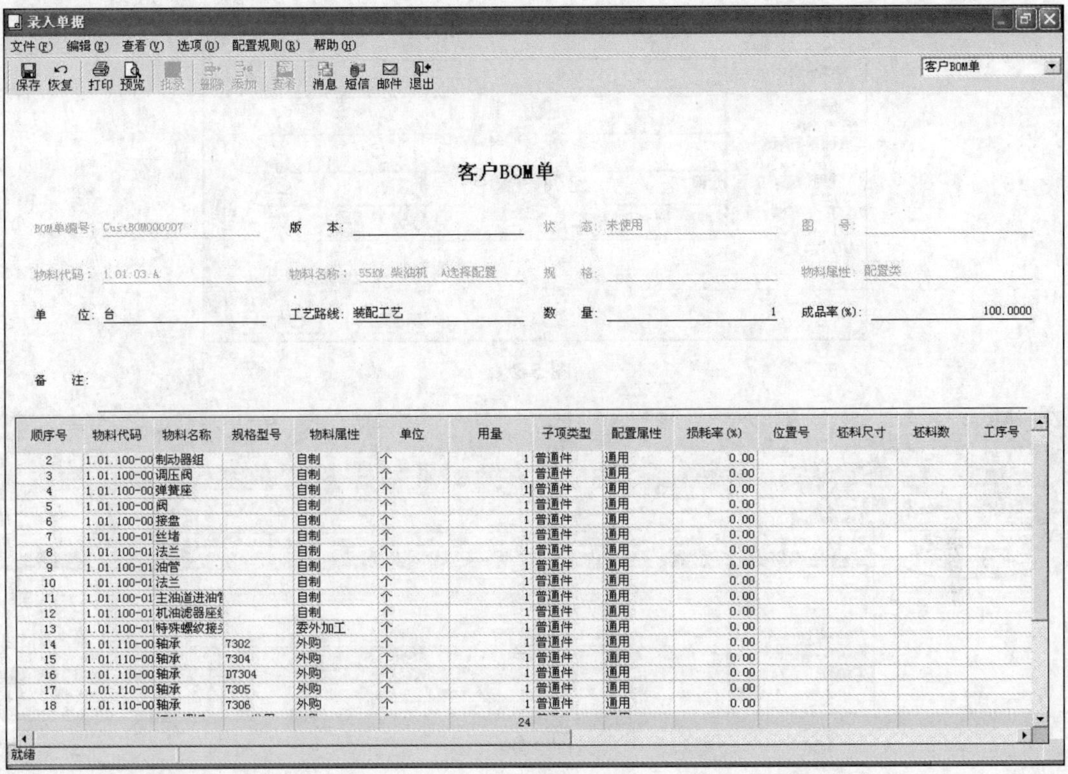

图 5-24

修改完后，单击“保存”按钮，系统自动将所做的修改进行保存；单击“审核”按钮，系统会将该 BOM 置为审核并使用状态。

5.4 BOM 查询

金蝶 K/3 提供丰富的 BOM 查询方式，可以单级、多级查询，并且可以正向、反向查询，以查询 BOM 的成本。

5.4.1 BOM 单级展开

BOM 的单级展开指只查询 BOM 直接的下级子件物料明细，即使下面的某子件还有下级子件物料，也不进行展开，与 BOM 的录入窗口相似。

（1）单击“计划管理”→“生产数据管理”→“BOM 查询”，双击“BOM 单级展开”，系统弹出“过滤”对话框，如图 5-25 所示。

（2）在当前账套中的 BOM 档案过多时，可以在“过滤”对话框设置过滤条件，这样能方便、快捷地查询自己所需要的 BOM。在此保持默认值，单击“确定”按钮，系统进入 BOM 单级展开界面，如图 5-26 所示。

要查询某个 BOM 中物料的方法是：先选择界面左侧正确的组别，再选中 BOM 单号，系统会自动在界面右侧显示该 BOM 的母件和子件列表。

在此注意“笔”的 BOM 只显示第一级明细物料。

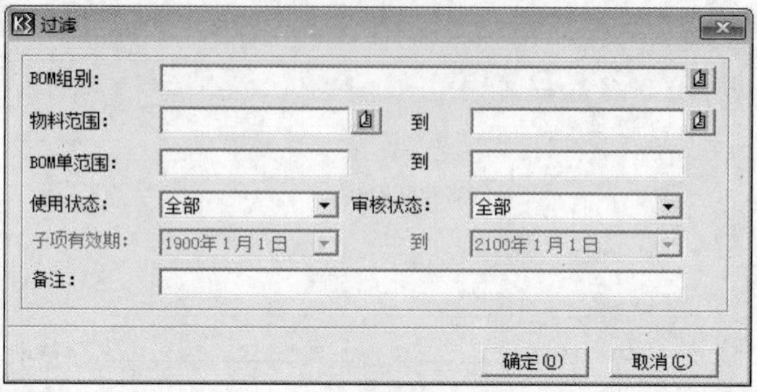

图 5-25

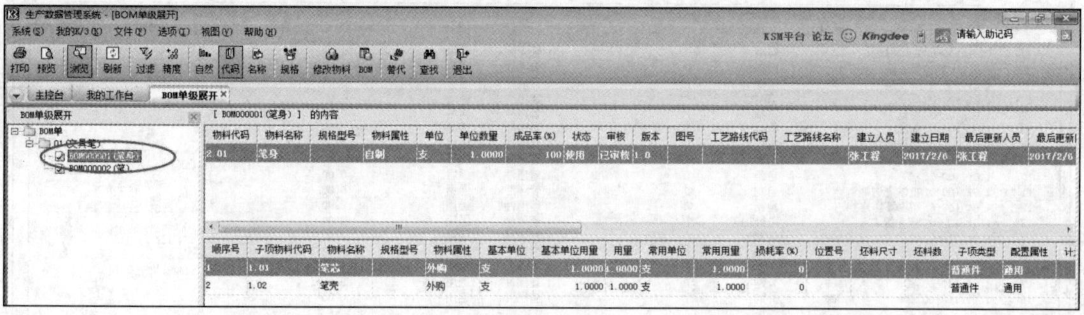

图 5-26

5.4.2 BOM 多级展开

多级 BOM 可看作是一串单级 BOM 连接在一起，表明直接或间接用于制造各级父项所有的自制件或外购件及数量关系。按装配层次，无论是直接还是间接地用于制造母件的外购件或自制件均在多级 BOM 中反映出来。

单击“计划管理”→“生产数据管理”→“BOM 查询”，双击“BOM 多级展开”，系统弹出“过滤”对话框，保持默认值，单击“确定”按钮，系统进入 BOM 多级展开界面，如图 5-27 所示。

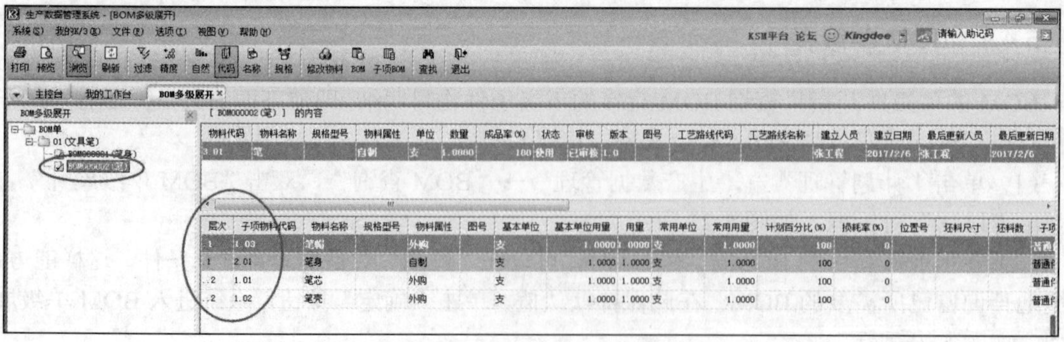

图 5-27

在此注意“笔”的 BOM 单列表，列表将笔的所有物料关系、层级关系和数量关系一一列出。

5.4.3　BOM 综合展开

BOM 综合展开是指根据零件号的次序，一次性列出用于最高层装配件的每个组件，同时也列了组件的数量。同一组件多次出现时，将其数量累加，系统不会考虑产品结构的层次关系。BOM 综合展开常用于快速估算完成一定数量装配的总需求，或者用于估计一个组件用于几个装配件时，它的变化对成本的影响。

5.4.4　BOM 单级反查

BOM 单级反查是指从 BOM 的底层物料向上查看 BOM 结构，查看某个子件物料都用到哪些产品上，把产品结构的最底层与最终产品连接起来。

单级反查是指自底向上扫描一级产品结构，列出使用该零件的每个母件。

单击“计划管理”→“生产数据管理”→“BOM 查询”，双击“BOM 单级反查”，系统弹出“过滤”对话框，保持默认值，单击“确定”按钮，系统进入 BOM 单级反查界面，如图 5-28 所示。

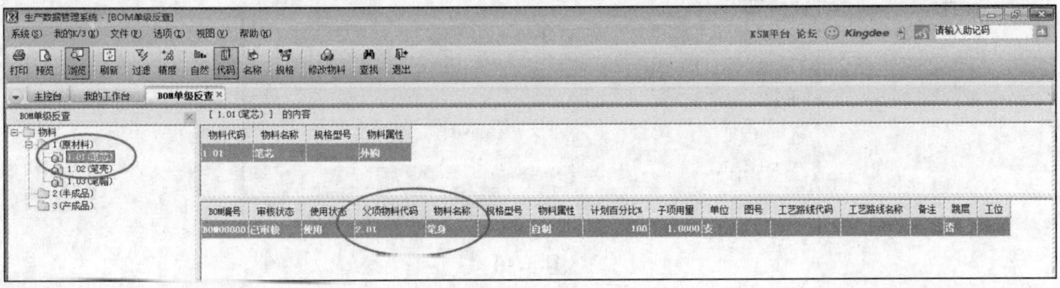

图 5-28

5.4.5　BOM 多级反查

BOM 多级反查是指自底向上扫描所有级次的产品结构。

单击“计划管理”→“生产数据管理”→“BOM 查询”，双击“BOM 多级反查”，系统弹出“过滤”对话框，保持默认值，单击“确定”按钮，系统进入 BOM 多级反查界面，如图 5-29 所示。

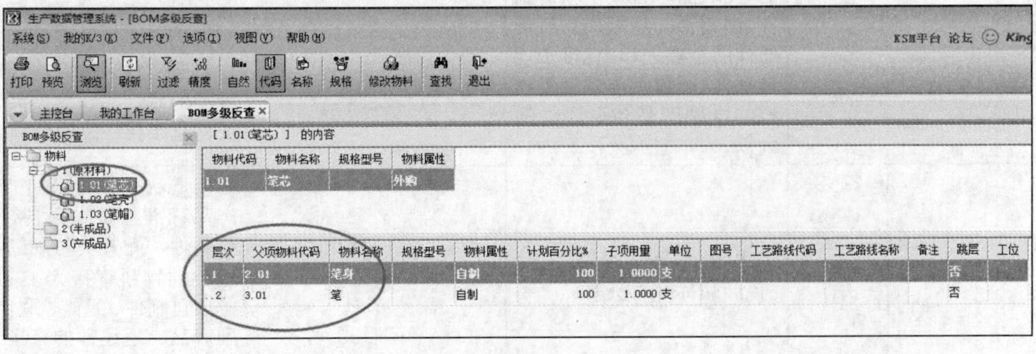

图 5-29

通过对“笔芯”的反查，可以看到笔芯上级是“笔身”，再上一级是“笔”。

5.4.6 成本 BOM 查询

成本 BOM 查询是指组成该产品的下级子件物料的未增值材料价格按计划价格与标准价格进行 BOM 的成本计算，而按照标准价格计算的 BOM 成本又分为逐步综合结转和逐步分项结转两种方式。成本 BOM 的计算是为了便于产品计划价与其未增值材料价格的比较，并对委外费用、固定制造费用以及变动制造费用等进行有效的掌控。

该功能是在未启用成本管理系统时使用。一般在确定产品的销售价格或计划价格前可使用此功能进行查询，也用于查询某一定生产量的产品的成本汇总和实现计划成本与实际成本的比较，为企业提供决策支持。

单击“计划管理”→“生产数据管理”→“BOM 查询”，双击“成本 BOM 查询”，系统弹出“过滤”对话框，如图 5-30 所示。

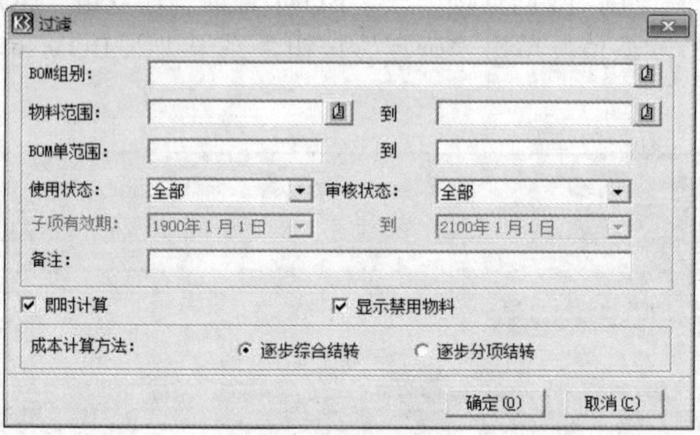

图 5-30

逐步综合结转与逐步分项结转参数说明如表 5-1 所示。

表 5-1　　逐步综合结转与逐步分项结转参数说明

参数名称	逐步综合结转参数说明			逐步分项结转参数说明		
	外购件特征件	委外加工件	自制件、配置类、规划类、虚拟件	外购件特征件	委外加工件	自制件、配置类、规划类、虚拟件
直接材料			直接子项外购件物料与直接子项委外加工件物料的金额之和+直接子项自制件、配置类与规划类物料普通件的金额之和−直接子项自制件、配置类与规划类物料的联副产品与返还件的金额			直接子项外购件物料与直接子项委外加工件的金额之和+直接子项自制件、配置类与规划类物料普通件的直接材料费−直接子项自制件、配置类的联产品、副产品、返还件直接材料费的金额
直接人工			用量×该产品标准工时×该产品标准工资率			用量×该产品标准工时×该产品标准工资率+直接子项自制件、配置类与规划类普通件的物料直接人工−直接子项自制件、配置类联产品、副产品、返还件的直接人工的金额

续表

参数名称	逐步综合结转参数说明			逐步分项结转参数说明		
	外购件特征件	委外加工件	自制件、配置类、规划类、虚拟件	外购件特征件	委外加工件	自制件、配置类、规划类、虚拟件
变动制造费用			用量×该产品标准工时×该产品变动费用分配率			用量×该产品标准工时×该产品变动费用分配率+直接子项自制件、配置类与规划类普通件的变动制造费用−直接子项自制件、配置类联产品、副产品、返还件的变动制造费用的金额
固定制造费用			用量×物料资料中单位标准固定制造费用金额			用量×单位标准固定制造费用金额+直接子项自制件、配置类与规划类普通件的固定制造费用−直接子项自制件、配置类联产品、副产品、返还件的固定制造费用的金额
委外材料费		下级物料的普通件的金额之和			下级物料的普通件的金额之和	
委外加工费		用量×物料资料中单位委外加工费			用量×物料资料中单位委外加工费	
单价	单位标准成本	金额÷数量	金额÷数量	单位标准成本	金额÷数量	金额÷数量
金额	单价×数量	委外材料费+委外加工费	直接材料+直接人工+变动制造费用+固定制造费用	单价×数量	委外材料费+委外加工费	直接材料+直接人工+变动制造费用+固定制造费用

保持默认过滤条件，单击“确定”按钮，系统进入成本 BOM 查询界面，如图 5-31 所示。

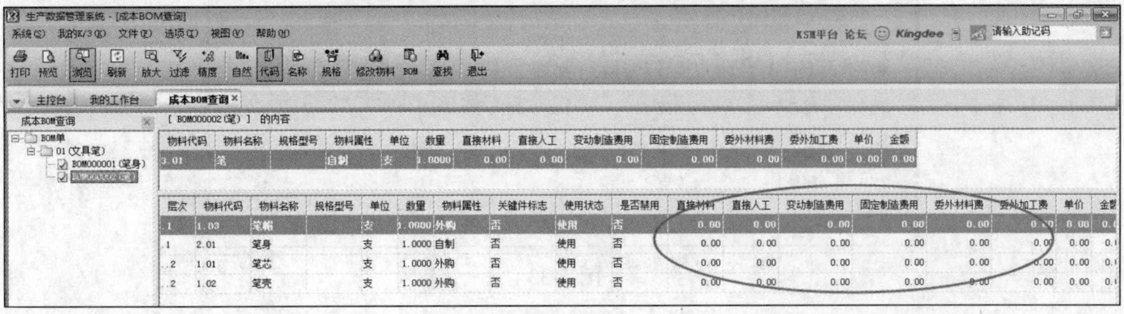

图 5-31

5.4.7 BOM差异分析

BOM差异分析主要是对产品结构相似的BOM单进行比较，以所用材料、用量的不同对BOM进行管理和分析。

单击“计划管理”→“生产数据管理”→“BOM查询”，双击“BOM差异分析”，系统弹出“过滤”对话框，如图5-32所示。

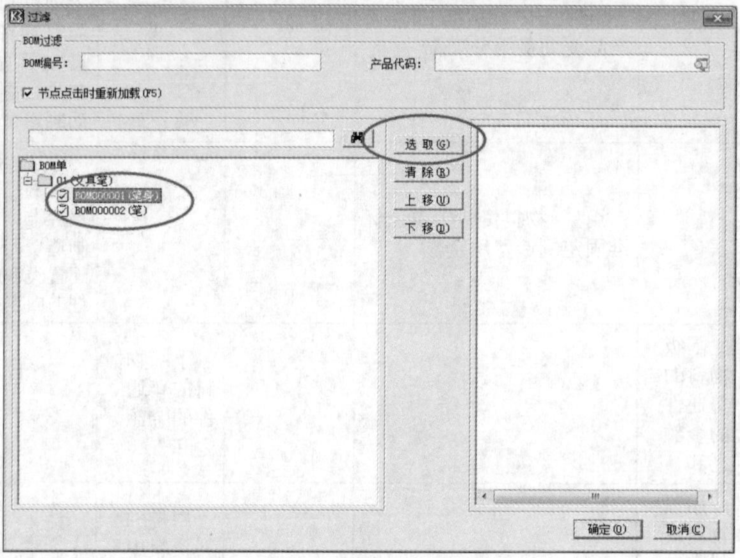

图5-32

在对话框左侧将要进行对比的BOM单选取到对话框右侧。例如，将笔身和笔同时选取到对话框右侧，单击“确定”按钮，系统进入BOM差异分析界面，如图5-33所示。

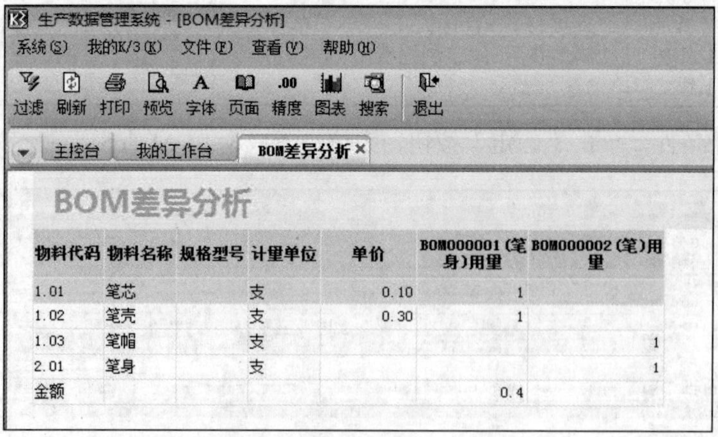

图5-33

5.4.8 BOM树形查看

BOM树形查看主要是通过物料逐级展开，形象地显示物料的BOM结构。BOM树形查看界面会将所有非外购类物料显示出来，单击任何物料都将会显示其下级子件物料。

单击“计划管理”→“生产数据管理”→“BOM 查询”，双击“BOM 树形查看”，系统弹出“过滤”对话框，在此保持默认条件，单击“确定”按钮进入 BOM 树形查看界面，如图 5-34 所示。

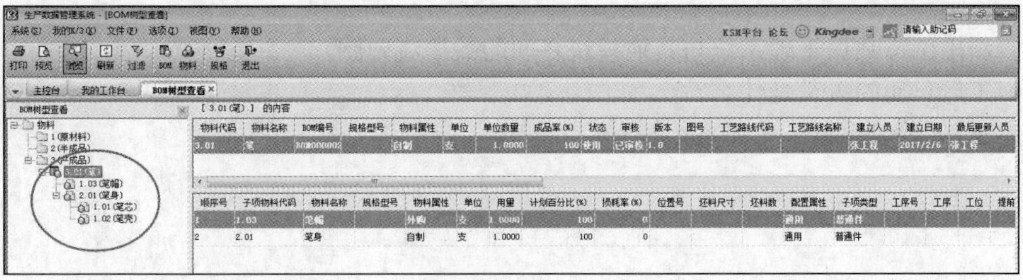

图 5-34

在界面左侧可以将“笔”的 BOM 结构层层展开。

5.4.9　BOM 预期呆滞料分析表

BOM 预期呆滞料分析表是查询截至有效期内失效后 BOM 单的物料库存情况。BOM 预期呆滞料分析表是用在 BOM 变更或发生 ECN（工程变更通知）时，由系统提供因此报表显示可能造成的呆滞料，给生产管理人员或物料管理人员使用。

单击“计划管理”→“生产数据管理”→“BOM 查询”，双击“BOM 预期呆滞料分析表”，系统弹出“BOM 预期呆滞料分析表”对话框，如图 5-35 所示。

在“BOM 预期呆滞料分析表”对话框设置好物料范围、BOM 使用状态、截止失效日期和要过滤的仓库范围后，单击“确定”按钮，系统会将满足条件的物料列出。

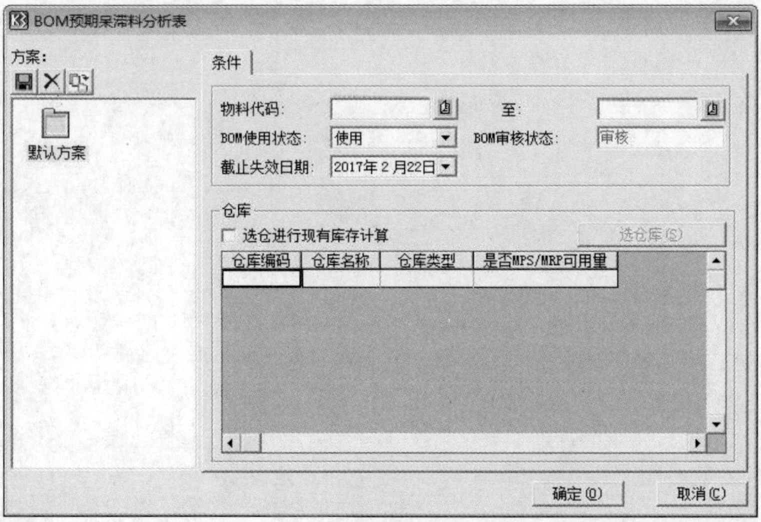

图 5-35

客户 BOM 查询和客户 BOM 成本查询是针对配置类产品的 BOM 查询和计算。

工程变更、工艺路线和 PDM 数据导入接口功能由于本账套不涉及，在此不再讲述，若读者要学习可通过 F1 功能键，查看帮助文件。

5.5 课后习题

（1）画出生产数据管理系统与其他模块之间的数据流向图。

（2）工厂日历的含义是什么？

（3）BOM 要表达哪 3 种关系？

第 6 章　物料需求计划

本章重点

- 预测单处理
- MRP 系统设置
- MRP 计算、维护和查询
- 报表查询、分析

6.1　概述

物料需求计划（Material Requirement Planning，MRP）是金蝶 K/3 系统中重要的核心模块。通过物料需求计划，将已经审核的销售订单或已经审核的预测单作为需求，考虑各物料现存量、已分配量、预计入库等因素，通过 BOM 档案展开 MRP 计算，得到主要产品（MRP 类物料）的计划量。物料需求计划主要解决以下问题。

（1）需要什么物料。

（2）需要多少数量。

（3）什么时间采购或开工。

（4）什么时间到货或完工。

金蝶 K/3 物料需求计划模块具有以下特色功能。

- 灵活的预测单处理。支持手工录入普通自制物料、配置类物料、虚拟物料的产品预测单，对不同时间范围的预测，可以按月、周、日等不同间隔对预测进行均化处理，对应于企业实际运作中的月计划、周计划、日计划管理。
- 提供 MRP 计算向导。当系统进行 MRP 计算时，系统弹出“MRP 运算向导-预检查辅助工具”对话框，如图 6-1 所示，根据向导用户可以展开正确的 MRP 计算。

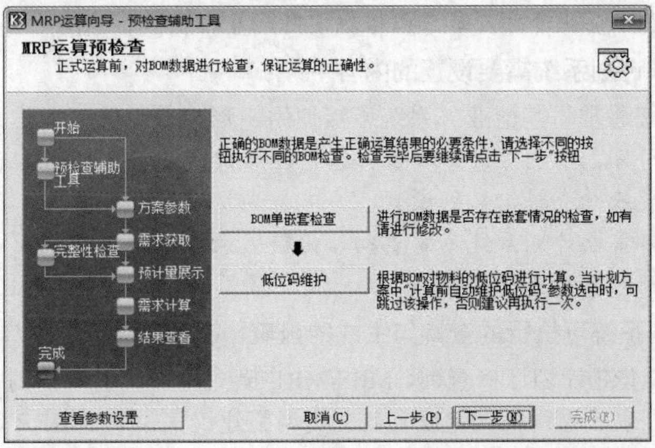

图 6-1

- 完整的物料替代处理方案。系统根据生产数据管理基础资料中定义好的物料替代关系以及计算过程中物料的预计库存情况，在MRP计算后自动给出物料替代建议，可帮助企业缩短交货时间，更好地满足客户的需求也可降低库存，控制生产成本。
- 灵活的交期调整/取消处理。系统根据在MRP运算方案上定义的预计量提前、推后的天数和原则，并根据本次计算的实际需求日期和数量，对本次计算前已经安排的计划、在制、在途预计量业务产生调整/取消建议，帮助企业计划人员灵活地调整生产/采购计划，以便更好地满足客户的实际需求，避免多余的库存。
- 需求跟踪、需求合并。在按单生产的企业，计划人员需要掌握已有计划的改变是因哪些需求的改变造成的，新的需求会产生哪些新的计划，这就需要系统支持完整的需求跟踪策略。

在MRP计算过程中，系统对每一笔净需求和计划都记录需求来源，帮助计划人员在计划层面把握计划的正确性；同时，可以根据企业的实际情况，对一些通用料合批进行生产或者采购，没有必要跟踪这些物料的需求来源。对不需要完全跟踪的计划设定不同的合并策略，如按单合并/按天合并等方式合并计划单。再投放成生产任务单采购申请单或委外加工任务单，便于实际生产部门和供应商执行。

- 选择仓库作为库存量。可以自由指定需要参与MRP计算仓库，如品质待检仓、待处理仓和废品仓等仓库以及可以根据需要设定不参与MRP计算，这样当系统展开MRP计算时就不会考虑这些仓库的库存量。
- 灵活的MRP计算过程查询。系统提供灵活的查询手段，方便企业计划人员查看需求产生的来源、期初库存以及被其他生产任务、委外加工任务、重复生产任务占用的已分配数据和采购订单、生产任务、委外加工任务的预计入库数据，帮助计划人员确认计划的准确性。
- 提供预计量单据的细分状态。系统将预计量单据细分为计划、在途、在检和替代4类，将已分配细分为拖期销售、计划、任务、替代和锁库5类。方便企业计划人员对实际情况进行了解，并帮助其判断计划的准确性。
- 预设多个可用方案。系统根据不同行业、不同企业的实际情况，预设了5种计划方案。企业使用人员可以比较这5种计划方案，理解计划方案，并根据企业的实际情况，选用或制订企业实际可用的计划方案。
- 提供自制/委外物料生成多种类型的目标单据。系统根据物料设置的参数，在计算后可以投放为不同的目标单据。同时支持自制—委外加工任务、自制—采购申请、委外—采购申请等多种方式。企业计划人员可以根据实际的生产情况，进行不同的处理。

1. 使用物料需求计划系统需要设置的内容

物料需求计划系统通常与其他业务系统连接使用，形成数据共享，这是ERP系统的特点。

- 公共资料。科目、币别、计量单位、客户、部门、职员、物料、仓库和公共资料是本系统所涉及的最基础资料，必须设置。
- 初始化。物料需求计划系统不需要初始化数据录入，只要其他业务系统同时启用，就表示物料需求计划系统开始启用。

2. 物料需求计划系统可执行的查询与生成的报表

可查询的报表有MRP计划订单查询、MPS/MRP横式报表、生产计划明细表、采购计划明细表、委外加工计划明细表、物料替代建议表、交货调整建议信息表、MRP运算结果查询、按销售订单或物料查询计划订单、销售订单综合跟踪表和物料供需汇总表等多种报表。

3．物料需求计划系统的操作流程

物料需求计划系统的操作流程如图 6-2 所示。

4．物料需求计划系统与其他系统间的数据流向

物料需求计划系统与其他系统间的数据流向如图 6-3 所示。

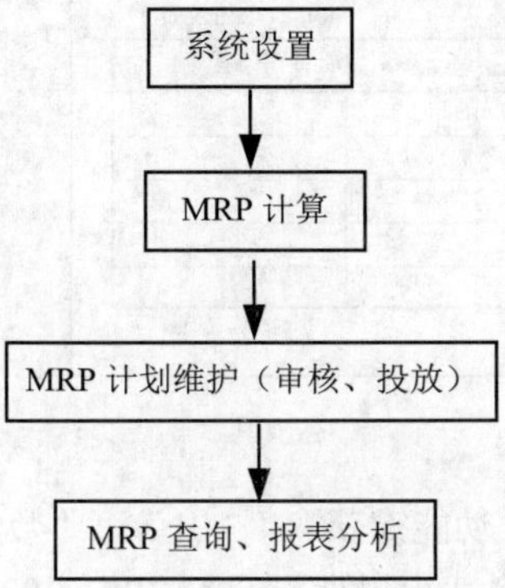

图 6-2

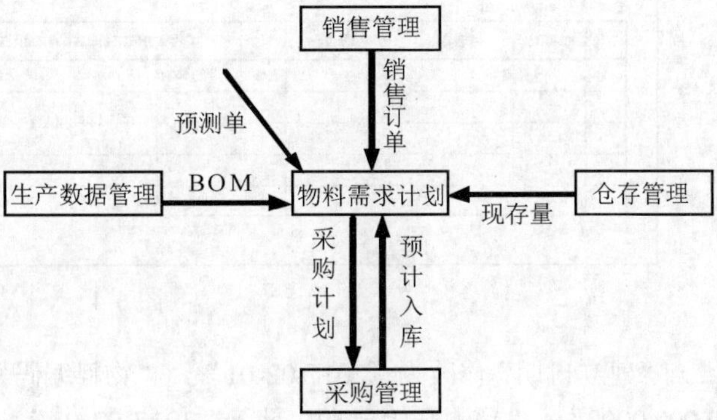

图 6-3

- 销售管理。物料需求计划系统接收从销售管理传递过来的已审核销售订单作为独立需求展开 MRP 计算。
- 生产数据管理。物料需求计划系统接收从生产数据管理抓取 BOM 数据，作为 MRP 计算的依据。
- 采购管理。物料需求计划系统生成的采购计划单经审核、投放后生成采购申请单，该采购申请单可以在采购管理系统中查询、审核、修改和下推继续生成采购订单。当 MRP 计算参数中要求考虑“预计入库”时，则采购管理系统中的预计入库数据传递到物料需求计划系统。
- 仓存管理。物料需求计划系统展开 MRP 计算时，会接收从仓存管理系统传递过来的“现存量”“安全库存”等数据，这样使 MRP 计算出来的计划量更正确。

6.2　产品预测单

产品预测单是指企业为满足市场和销售需要，根据公司以往的历史数据，如产品市场情况、以往年度或月份的产品销售情况，制订在未来一段时间内需要什么产品、需要多少数量的计划，以便公司安排生产什么产品、生产多少数量、什么时候生产完工的预测单据。产品预测单的作用是指导生产部门进行生产准备和生产，指导采购部门进行采购准备。产品预测单通常应用于“以预测作为计划”为主的企业。

6.2.1　产品预测单录入

产品预测单的录入方法基本同“销售管理”中的单据录入方法。

例 6-1　以图 6-4 为例练习产品预测单的录入，预测开始时间为 2010-02-01，预测截止时间为 2010-02-28，产品名称是笔，预测需求量为 50 000 支。

更换操作员，以“游计划”的用户身份登录本账套。

（1）单击“计划管理”→“物料需求计划”→“产品预测”，双击“产品预测-新增”，系统进入产品预测单界面。

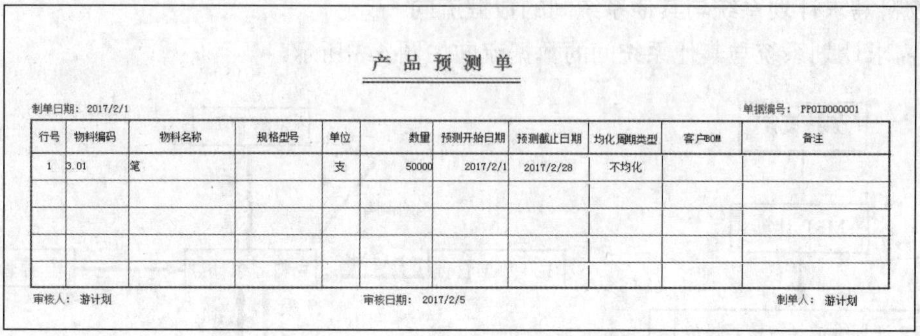

产品预测单

制单日期：2017/2/1　　　　单据编号：PPOID000001

行号	物料编码	物料名称	规格型号	单位	数量	预测开始日期	预测截止日期	均化周期类型	客户BOM	备注
1	3.01	笔		支	50000	2017/2/1	2017/2/28	不均化		

审核人：游计划　　审核日期：2017/2/5　　制单人：游计划

图 6-4

（2）“建立日期”修改为“2017-02-01”，“物料编码”按 F7 功能键获取“3.01”，“数量”录入“50,000.0000”，“预测开始日期”录入“2017-02-01”，“预测截止日期”录入“2017-02-28”，录入完成后单击“保存”按钮，结果如图 6-5 所示，然后审核该张预测单。

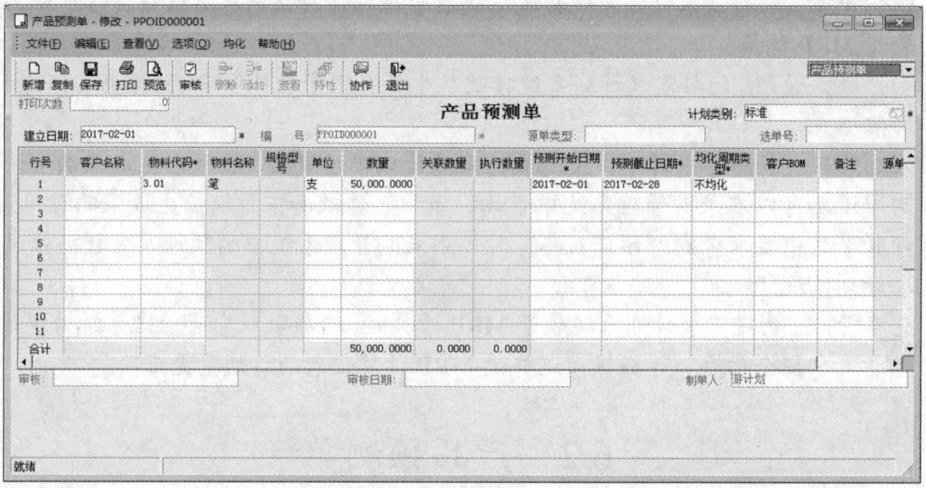

图 6-5

提示　产品预测单可以针对市场情况预测，同时也可以针对某个客户进行预测，如果该单据是针对某个客户进行预测，在“客户名称”中录入客户编码。

客户 BOM：当单据有录入“客户名称”，同时该预测单的物料为“配置类”物料时，则需要在“客户 BOM”处录入该客户所使用的产品 BOM。

6.2.2 产品预测单维护

使用产品预测单维护可以查询到系统内已有的预测单，并且根据预测单可以进行修改、复制、审核、作废、下查操作。

单击“计划管理”→“物料需求计划”→“产品预测”，双击“产品预测-维护”，系统弹出“过滤条件”对话框，过滤条件的设置方法可以参照“销售管理”一章，在此保持默认值，单击“确定”按钮，系统进入产品预测单序时簿界面，如图 6-6 所示。

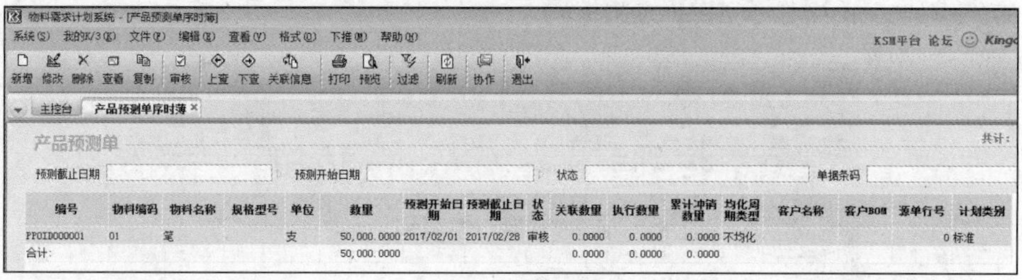

图 6-6

要修改某个预测单的方法是：选中该单据，单击工具栏中的“修改”按钮，系统弹出产品预测单“编辑单据”窗口，数据修改正确后，单击“保存”按钮保存修改后的数据。

注　被修改的预测单必须是“未审核”状态才能修改。

- 复制。对选中的单据直接复制生成一张除单据编号不同、其他内容相同的产品预测单。
- 审核。对选中的单据进行审核处理。取消审核的方法是单击“编辑”→“反审核”。
- 作废。对选中的单据进行作废处理。系统同时提供反作废功能，方法是单击“编辑”→“反作废”。
- 下查。当预测单有被其他单据引用时，单击“下查”按钮可以查询到关联单据。

6.3　系统设置

系统设置主要是对 MRP 计划方案的各项参数进行维护，如 MRP 计算是否考虑现有库存、损耗率等参数，哪些仓库需要参与 MRP 运算以及计划展望期的设置等。系统设置在物料需求计划系统中占有重要位置，要想使用 MRP 计算出来正确而接近理想状态的结果，就必须要仔细了解系统设置的各项设置。

提示　由于“系统设置”中的各项参数较复杂，并不是一次就可能设置成功，所以建议先根据自己的需求进行预设置，待查看 MRP 计算数据后，再确定是否返回修改系统设置。

6.3.1　MRP 计划方案维护

MRP 计划方案维护是针对不同的 MRP 计算方案进行设置不同方案的需求来源，主要通过对现有库存和损耗率等参数进行设置。

单击“计划管理”→“物料需求计划”→“系统设置”，双击“MRP 计划方案维护”，系统弹出“计划方案维护”对话框，如图 6-7 所示。

系统内已预设 MRP 方案和 MRP 简化方案两大类。

MRP 方案：是指可以进行参数的详细设置类别，下设 MPS、MTE、MTO 和 MTS1 共 4 种方案。

MRP 简化方案：是指 MRP 参数只能进行简单的设置类别，下设按订单生产、按订单与库存生产、备货生产和按订单与预测生产 4 种方案。

在“计划方案维护”对话框可以对方案进行新增、修改、复制和删除处理。设置参数时，选择对应的方案，再到对话框右侧相应的选项卡上进行设置。

1. 需求参数

（1）方案编码。录入/显示 MRP 方案编码。

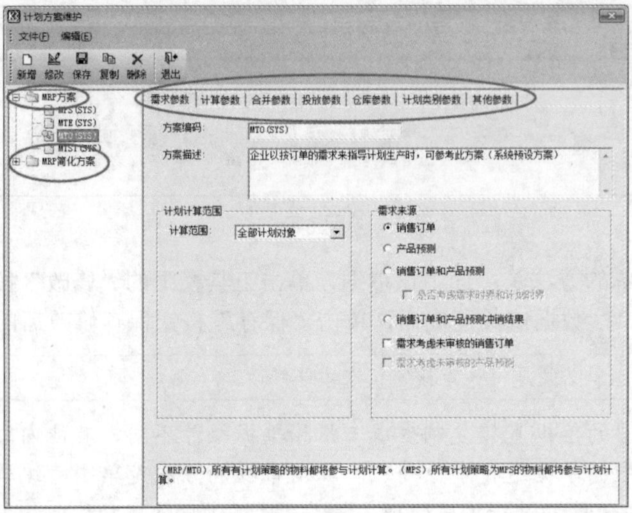

图 6-7

（2）方案描述。对 MRP 方案进行说明。

（3）计划计算范围。指定 MRP 计算的单据范围，共有全部计划对象、指定需求单据、指定物料、主生产计划和指定计划员 5 种范围，以上范围计算只能选择其中一种。

① 全部计划对象。所有计划策略非“无”的未禁用的物料、所有有效的销售订单或产品预测均参加计算。对所有物料进行全重排计算，避免计划人员漏考虑需求、物料范围等因素，计划的结果会比较全面、完整和准确；但相对时间较长，耗用系统资源较大，不利于日常接单频繁、需求变化较大、计划变更较多的企业应用。

② 指定需求单据。可以选择指定符合条件的销售订单或者指定预测单进行 MRP 计算。计算时只将指定范围内的销售订单或者预测单作为需求来源，以这些物料多层展开的物料为计划计算范围。相比全部计划对象而言，指定需求单据计划更具有针对性，计划的应变周期更短，计算效率更高，更加符合接单频繁、按单排产的企业应用。当选择“指定需求单据”参数，在进行 MRP 计算时，在向导界面中的“需求获取”步骤处会要求单击“选择”按钮指定需求单据，如图 6-8 所示。

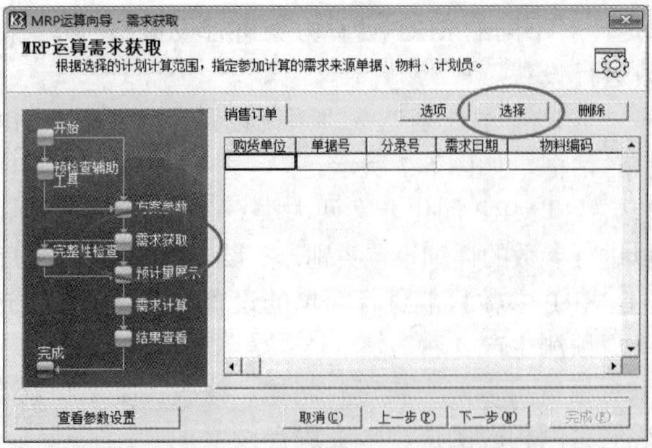

图 6-8

③ 指定物料。对指定范围内的物料进行全重排计算，提高 MRP 计算效率。当选择“指定物料”参数时，系统同时要求选择“需求物料展开方式”，如图 6-9 所示。

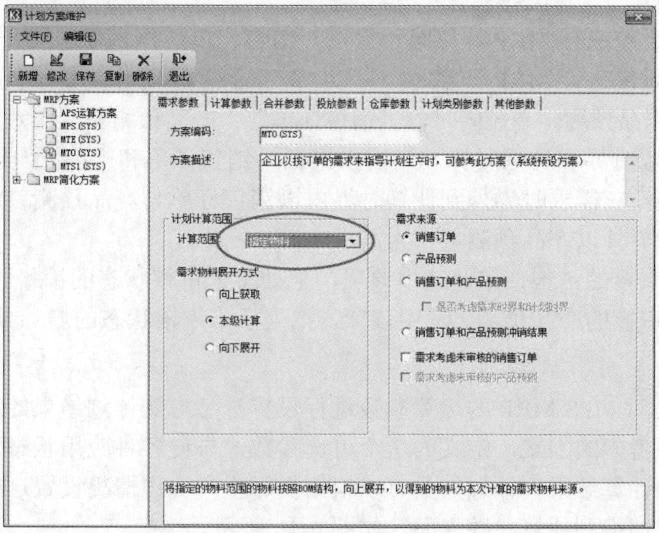

图 6-9

- 向上获取。对指定物料按照 BOM 结构关系，首先向上查找到物料的所有多层级物料，指定物料以及找到的所有上级物料的需求单据作为本次计算的需求来源。指定物料及找到的上级物料再向下全部多级展开，找到的所有物料为本次参与计算的物料。该项适用于采购周期较长、影响到生产的一些关键性物料，计划人员需要特别关注这些物料计划的准确性，一段时间之后，需要特别注意对这些物料的库存和计划进行平衡。为保证某些关键物料计划的准确性，需要通过指定关键物料，并且选中“向上获取”，对这些关键物料重新计划一次。这时的计划一般需要考虑库存、预计量等参数。
- 本级计算。选中此参数，指定物料对应的需求单据作为本次计算的需求来源。指定物料向下全部展开，找到的所有物料为本次参与计算的物料。该项适用于指定的物料为备件的情况，同时企业应用中产品与备件均可独立销售或做预测，但是要分开做计划。用户可以通过指定物料，并且选中“本级计算”，对备件进行全重排计算，得到备件的完整计划。
- 向下展开。选中此参数，对指定物料按照 BOM 结构关系，首先向下多级展开，找到所有多层的下级物料。指定物料及找到的下级物料的需求单据作为本次计算的需求来源。指定物料及找到的下级物料为本次参与计算的物料。该项适合对不同产品系列分别做计划。可以通过指定不同的产品系列，并且选择向下展开，得到不同系列的产品及其子项的计划。

④ 指定计划员。只对指定的计划员所负责的物料进行全重排计算。选择“指定计划员”参数时，系统要求同时设置“默认计划员”选项，单击按钮选择计划员信息。

⑤ 主生产计划。MRP 计算时，以 MPS 计算结果作为需求来源。如果 MRP 件有自己的独立需求，这些独立需求也将参与计算。如果 MPS 为指定销售订单，则本次 MRP 计算的物料范围为参与最近一次 MPS 的物料中的 MRP 策略的物料。因此要求 MPS 选单计划好后，应该立即执行 MRP 计算，否则，前次 MPS 的专用件（策略为 MRP）的需求，将无法得到计划。

（4）需求来源。设置 MRP 计算时的需求来源，是以销售订单作为需求来源，还是以预测单作为需求来源，或者同时考虑了销售订单和预测单等。需求来源有销售订单、产品预测、销售订单和产品预测等参数。

① 销售订单。系统进行 MRP 计算时，只以“销售订单”作为需求展开计算。

② 产品预测。系统进行 MRP 计算时，只以“产品预测单”作为需求展开计算。

③ 销售订单和产品预测。系统同时以“销售订单”“产品预测单”作为需求展开 MRP 计算。

④ 是否考虑需求时界和计划时界。当需求来源为销售订单和产品预测时，在需求时界内以销售订单为需求来源，在需求时界外到计划时界内以销售订单与产品预测单中数据大的单据作为需求来源，在计划时界外以产品预测量作为需求来源。

⑤ 需求考虑未审核的销售订单。选中该项，把处于未审核状态的销售订单作为需求来源。

⑥ 需求考虑未审核的产品预测。选中该项，把处于未审核状态的产品预测单作为需求来源。

2. 计算参数

计算参数主要是对 MPS/MRP 的运算参数进行设置，考虑到计划结果的可行性，系统把计划人员在排计划时需要考虑的因素，定义为 7 个可选参数，方便各种应用状态下的设置。这些参数将影响 MPS/MRP 的计算结果。计划人员可以根据实际生产管理情况设置这些参数。单击“计算参数”选项卡，系统切换到计算参数界面，如图 6-10 所示。

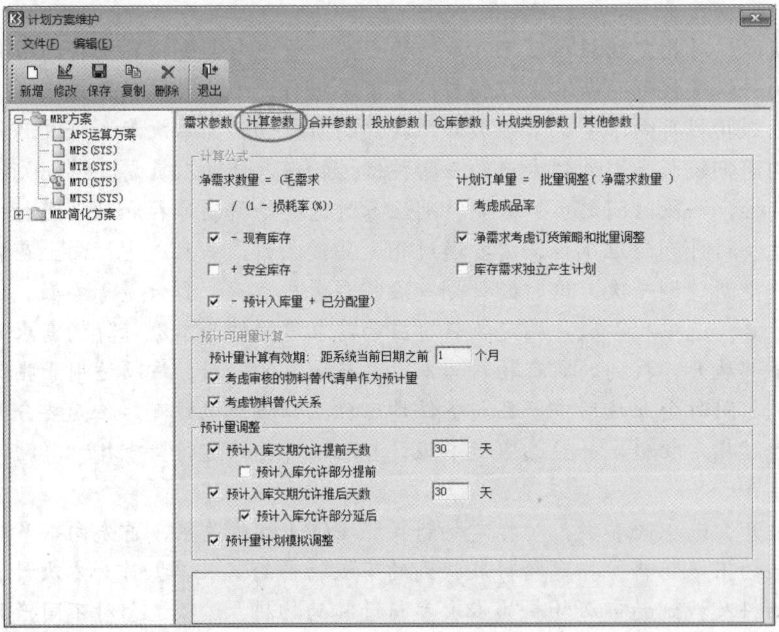

图 6-10

（1）计算公式。设置 MRP 展开计算时的公式。

① 考虑损耗率。损耗在实际生产中是难于避免的，因此，材料的生产或者采购需求几乎都会大于标准用量的需求，该损耗率在 BOM 中设置。当选中此参数时，净需求考虑损耗率因素。单击“系统设置”→“系统设置”→“生产管理”，双击“系统设置”，在“计划系统选项”下的“损耗率计算公式”获取损耗率计算公式。

② 考虑现有库存。MRP 展开计算时是否考虑仓库现有量。例如 A 物料的毛需求是 100 个，现

存量为 10 个，如果考虑现存量，则 MRP 计算出来的净需求量为 90 个，反之，净需求量则为 100 个。

某些企业运行期初库存数据的准确性出入较大，可以先不考虑该参数，以得到一个总的需求量。某些情况下，产品、半成品的库存已有分配目标，但只希望得到所选单据的产品、半成品毛需求计划，此时可以不用考虑现有库存。全重排的情况下，或者在得到通用件的计划的目标前提下，则要考虑现有库存量。

③ 考虑成品率。在物料的 BOM 中会定义材料的标准成品率。成品率是实际生产中由于工艺的问题，不能保证 100%产出合格产品而定义的一个统计性参数。为了确保按量交货，计划人员需要考虑该因素，放大相应的需求量。选中此参数，MRP 计算公式为：计划订单量=净需求数量÷成品率。

④ 考虑安全库存。安全库存的设置主要是为了应变不时之需，满足超出计划人员可预见的需求。安全库存的高低确实受市场变化的影响，同时又反映了计划人员的应变能力。选中此参数，MRP 计算公式为：净需求数量=毛需求+安全库存。

⑤ 考虑预计入库量和已分配量。选中此参数，预计入库量和已分配量参与需求计算。选中此参数的计算公式为：净需求数量=毛需求−预计入库量+已分配量。

⑥ 库存需求独立产生计划。选中该参数，MPS/MRP 计算时考虑安全库存，并且当现有库存低于安全库存时，此类由安全库存产生的净需求，可以在计划当天独立产生计划订单，并且在计划订单上记录补充库存标记（该计划订单的开工/采购日期和到货/完工都在当天，计划人员可手工修改到货/完工日期）。下次 MPS/MRP 计算时，首先将记录有补充安全库存的计划订单和安全库存进行冲减，避免重复产生计划订单。不选中该参数，由于安全库存产生的净需求将和计划当天的其他净需求进行合并，一起产生计划订单，并且不记录补充库存标记。

⑦ 净需求考虑订货策略和批量调整。选中，系统将根据物料主数据中的订货策略，对净需求进行批量调整，得到建议订单量。反之，建议订单量等于净需求；同时，不管物料是何种订货策略，都将采用批对批的逻辑进行计算。选中此参数的计算公式为：计划订单量=批量调整（净需求数量）。

注　在 MRP 计算中，如果要使订货策略为固定批量（FOQ）、期间订货量（POQ）、再订货点（ROP）的物料则根据自身的订货策略进行计算，必须选中该参数。

（2）预计可用量计算。对预计范围内的物料参数进行设置。

① 预计量计算有效期，距系统当前日期之前[n]个月。计算开始日期之前，应该存在该完工但未完工、该到货但未到货的业务，这些业务是否仍然有效，以及多长时间范围内的才算有效？如果计算公式考虑预计量，且选中该参数，则需求日期在 MRP 计算当天日期之前 *n* 个月内的预计量单据全部参与计算。

② 考虑确认的物料替代清单作为预计量。选中，MRP 计算时，首先考虑被替代料本身的库存、预计量。如果在这个基础上，被替代料不足，需要发生替代，将会产生替代料的计划。

③ 考虑物料替代关系。选中，MRP 计算时，首先考虑被替代料本身的库存、预计量。如果在这个基础上，被替代料不足，需要发生替代，系统将会根据审核状态的物料替代关系，判断替代料的预计可用库存是否可满足给被替代料。如果替代料在被替代料的需求当天存在预计可用库存，系统将根据替代料的预计可用库存进行替代。如果替代料的预计库存全部发生替代，仍然无法满足被替代料的需求，将产生被替代料的计划。

（3）预计量调整。

① 预计入库交期允许提前天数。选中，MRP 计算时，系统会自动建议将交货期在后面的预

计量单据提前，用以满足前面的需求。允许的天数范围在后面的参数框中进行输入。计算结束后，在交货调整建议信息表可以查询到相关的建议调整信息。

② 预计入库允许部分提前。选中，MRP 计算时，将根据实际的需求量，判断后面的预计量单据应该调整多少数量给前面的需求。

③ 预计入库交期允许推后天数。选中，MRP 计算时，系统会自动建议将交货期在前面的预计量单据延后，用以满足后面的需求。允许的天数范围在后面的参数框中进行输入。计算结束后，在交货调整建议信息表中可以查询到相关的建议调整信息。

3. 合并参数

本选项设置是对 MPS/MRP 运算后的合并参数进行设置，这些参数将影响计划订单按哪种方式进行合并。单击“合并参数”选项卡，切换到合并参数界面，如图 6-11 所示。

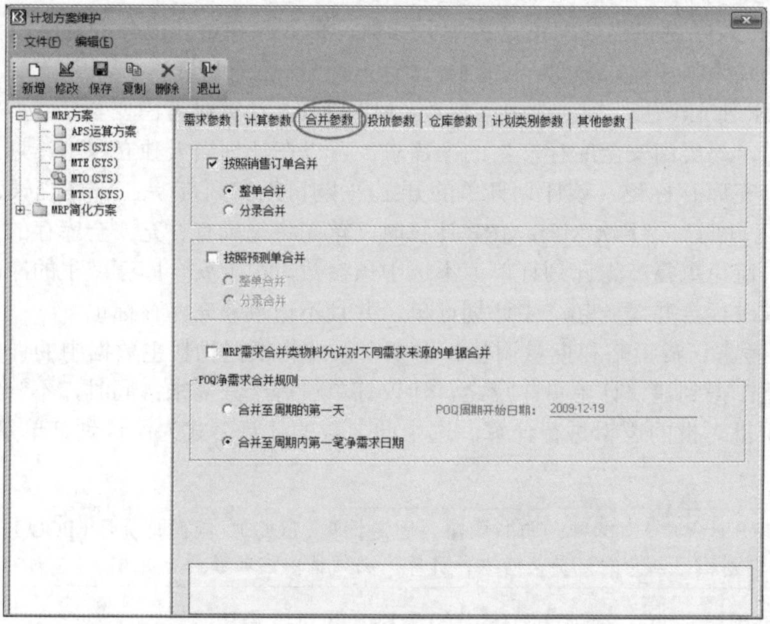

图 6-11

（1）按照销售订单合并。选中，MRP 计算出来的计划订单按销售订单合并，具体的方式有以下两种。

① 整单合并。如果来自相同销售订单的同一个物料，存在多个计划订单，将计划订单进行数量合并，时间取最早的日期。

② 分录合并。如果来自相同销售订单上同一分录的同一个物料，存在多个计划订单，将计划订单进行数量的合并，时间取最早的日期。

（2）按照预测单合并。选中，计划订单按产品预测单合并，具体的方式有以下两种。

① 整单合并。如果来自相同产品预测单的同一个物料，存在多个计划订单，将计划订单进行数量合并，时间取最早的日期。

② 分录合并。如果来自相同产品预测单上同一分录的同一个物料，存在多个计划订单，将计划订单进行数量的合并，时间取最早的日期。

（3）MRP 需求合并类物料允许对不同需求来源的单据合并。选中，对同一物料的计划订单，需求日期相同的进行合并，即按天进行合并。该参数只针对物料档案中有“MRP 计算是否合并需求”项的物料有效。

4．投放参数

本选项卡是对 MPS/MRP 运算后以投放为目标单据的数据进行设置，这些参数将影响 MPS/MRP 计算后自动投放的结果。单击“投放参数”选项卡，切换到投放参数界面，如图 6-12 所示。

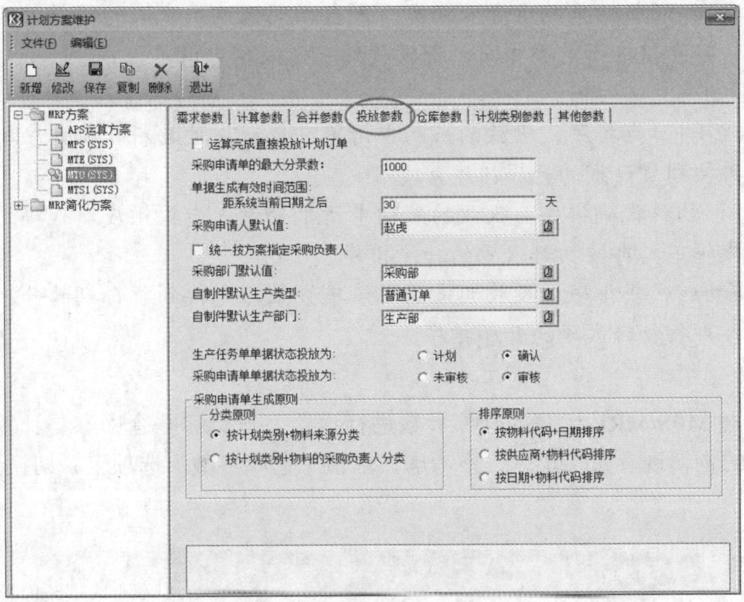

图 6-12

（1）运算完成直接投放计划订单。选中，MRP 计算完成后，系统自动确认结果，并将计划订单投放为目标单据，这样可以提高工作效率。

（2）采购申请单的最大分录数。此参数控制一张采购申请单允许的最大分录条数。如果超过最大分录条数，系统会自动拆分成多个采购申请单。一张采购申请单的最大分录数默认值为“1 000”条，该值可以修改。

（3）单据生成有效时间范围，距系统当前时间之后[n]天。选中“运算完成直接投放计划订单”时，系统将对建议开工/采购日期在此参数范围内的计划订单进行投放。

（4）采购申请人默认值。对 MRP 采购计划单投放成采购申请单时，采购申请单上的“申请人”先取物料档案属性中的采购负责人。若为空，则取此处指定的采购申请人默认值。单击“获取”按钮进行设置。

（5）统一按方案指定采购负责人。选中，计划订单投放成采购申请单时，不先取物料档案中的采购负责人，而直接统一取此处的采购申请人默认值。

（6）采购部门默认值。设置采购计划单上的采购申请部门。

（7）自制件默认生产类型。对自制属性物料，生成计划订单时，计划订单上的生产类型先取物料档案中的默认生产类型。若为空，则取此处的自制件默认生产类型。

（8）自制件默认生产部门。对自制属性物料，生成生产计划订单时，计划订单上的生产部门先取物料档案中的“生产部门”。若为空，则取此处的自制件默认生产部门。

注　只有当生产部门的档案中有“车间”类型，才能在此获取部门信息。

（9）采购申请单生成原则。

① 分类原则如下。

- 按计划类别+物料来源分类。来自相同采购负责人，且相同供应商的物料、相同计划类别的计划订单投放到一张采购申请单上。
- 按计划类别+物料的采购负责人分类。来自相同采购负责人的物料、同一计划类别的计划订单，不管供应商是否相同，都投放到一张采购申请单上。

② 排序原则如下。

- 按物料代码+日期排序。投放的采购申请单分录，先按物料代码升序排序，相同物料代码下，再按到货日期的升序排序。
- 按供应商+物料代码排序。投放的采购申请单分录，先按供应商代码的升序排序，相同供应商代码下，再按物料代码的升序排序。
- 按日期+物料代码排序。投放的采购申请单分录，先按到货日期的升序排序，相同到货日期下，再按物料代码的升序排序。

5．仓库参数

本选项卡是对MPS/MRP运算的仓库参数进行设置，设置哪些仓库参与计算，参与计算的仓库则考虑该仓库的物料现存量，反之，不考虑。单击“仓库参数”选项卡，切换到仓库参数界面，如图6-13所示。

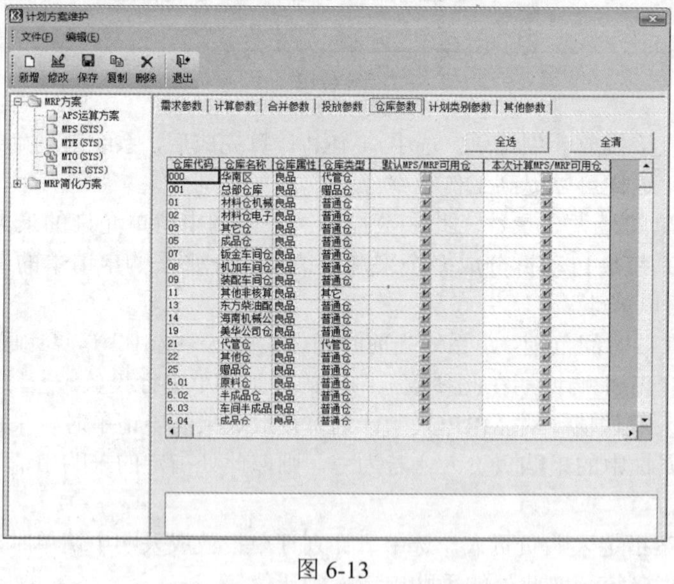

图6-13

在“本次计算MPS/MRP可用仓”处打钩，表示参与计算。

6．计划类别参数

单击“计划类别参数”选项卡，切换到计划类别参数界面，如图6-14所示，是对将参与MPS/MRP运算的单据和MPS/MRP运算生成的计划订单的计划类别进行设置，也是对MPS/MRP计算生成计划订单计划类别来源进行设置。

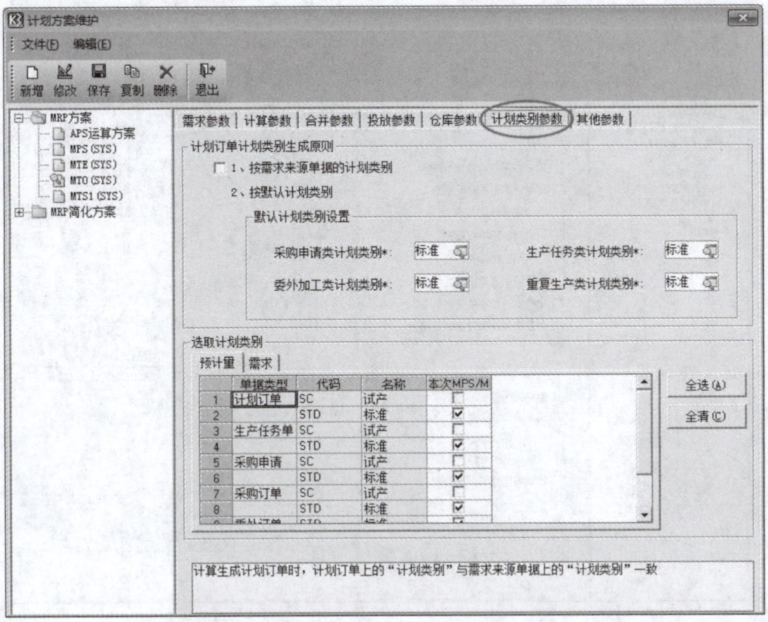

图 6-14

（1）计划订单计划类别生成原则。

① 按需求来源单据的计划类别。生成计划订单时，计划订单上的计划类别与需求来源单据上的计划类别一致；需求来源单据的计划类别如果不存在，则按计划订单的单据类型取方案中设置的默认计划类别。

② 按默认计划类别。生成计划订单时，计划订单上的计划类别直接按计划订单的单据类型取本次计划方案中设置的默认计划类别。

- 采购申请类计划类别。计划订单的单据类型为“采购申请类”时，则取此处的默认计划类别。
- 委外加工类计划类别。计划订单的单据类型为“委外加工类”时，则取此处的默认计划类别。
- 生产任务类计划类别。计划订单的单据类型为“生产任务类”时，则取此处的默认计划类别。
- 重复生产类计划类别。计划订单的单据类型为“重复生产类”时，则取此处的默认计划类别。

（2）选取计划类别。

选中“本次 MPS/MRP 计算可用计划类别”，选中的计划类别的单据将参与 MPS/MRP 计算。系统默认将计划类别中为“标准”类型的单据进行了选中。

7. 其他参数

单击“其他参数”选项卡，切换到其他参数界面，如图 6-15 所示。

（1）记录数据有效性检查描述。选中，则在 MPS/MRP 日志中记录 BOM 的嵌套检查、完整性检查及低位码维护的结论信息。

（2）记录计算方案参数描述。选中该项，则在 MPS/MRP 日志中记录本次计算的方案参数信息。

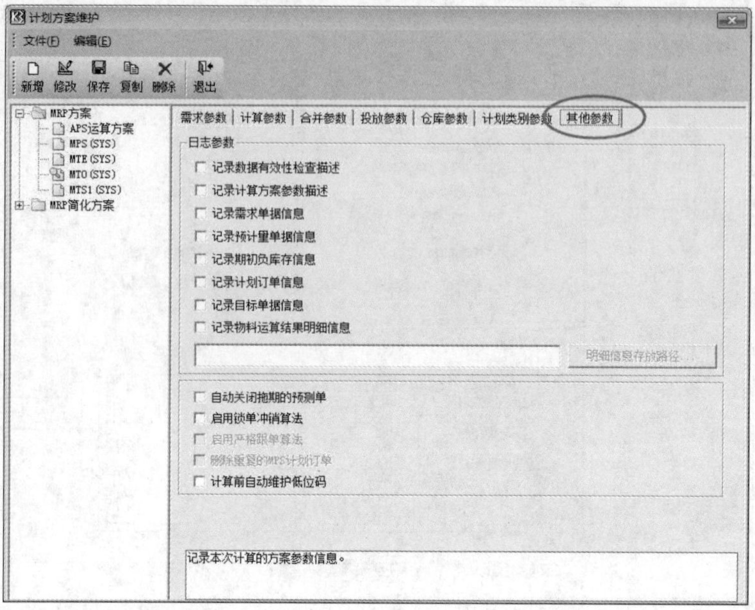

图 6-15

（3）记录需求单据信息。选中该项，则在 MPS/MRP 日志中记录本次参与计算的销售订单或预测单的信息。

（4）记录预计量单据信息。选中该项，则在 MPS/MRP 日志中记录本次参与计算的预计入/已分配业务的信息。

（5）记录期初负库存信息。选中该项，则在 MPS/MRP 日志中记录本次参与计算的库存的信息。

（6）记录计划订单信息。选中该项，则在 MPS/MRP 日志中记录本次计算得到的计划订单的信息。

（7）记录目标单据信息。选中该项，则在 MPS/MRP 日志中记录本次计算自动投放的目标单据的信息。

（8）自动关闭拖期的预测单。选中该项，则 MRP 计算时自动将所有分录上预测开始日期早于系统当前日期的预测单进行关闭。

（9）启用锁单冲销算法。选中该项，如果存在锁单业务，则系统将按照锁单算法逻辑进行计算。

锁单算法。MPS/MRP 计算之前或者之后，对销售订单或者产品预测单进行锁单，MPS/MRP 计算中，可以考虑库存、以及来自其他需求的预计量。计算完成之后，系统自动将订单或预测单产生、关联的计划订单及其他预计量单据置上锁单标志。下次 MPS/MRP 计算时，对有锁单标志的销售订单或预测单，系统将首先找到它们对应的锁单的预计量，这些预计量不管日期/数量是否被修改过，都将优先满足其本身销售订单或预测单的需求，以保证计划的稳定性。

（10）启用严格跟单算法。选中该项，如果存在严格跟单业务，则严格跟单的需求不考虑已有库存和非本身产生的预计量，必须和启用锁单冲销算法参数同步考虑才有意义。它适用于严格按单生产的某些客户销售订单或针对客户的预测单。MPS/MRP 计算之前，对销售订单或者预测单置上严格跟单标志。在 MPS/MRP 计算过程中，有严格跟单标志的销售订单或者预测单不考虑库存，也不考虑来自其他需求的预计量单据。下次 MPS/MRP 计算时，有严格跟单标志的销售订单/预测单，只考虑自身的预计量。

（11）删除重复的 MPS 计划订单。选中该项，如果物料的计划策略是 MPS，并且进行过 MPS

运算，之后将物料变更为 MRP 物料。MRP 计算时，系统将自动把该物料此前存在的计划状态和手工关闭的 MPS 计划订单删除。

MRP 简化方案的参数说明参考“MRP 方案”的参数说明。

8．实例操作

例 6-2 本账套将采用以“销售订单”作为需求来源进行 MRP 计算，MRP 计划方案采用系统中默认的“MTO（SYS）”方案，因该方案下的投放参数未设置完成，在此练习方案维护操作。“投放参数”选项卡中，采购申请人设置为“郑采购”，采购部默认值设置“采购部”，自制件默认生产类型设置“普通订单”，自制件默认生产部门设置“生产部”。

（1）单击“计划管理”→“物料需求计划”→“系统设置”，双击“MRP 计划方案维护”，系统弹出“计划方案维护”对话框。

（2）选中“MTO（SYS）”方案名称，单击工具栏上的“修改”按钮，再单击“投放参数”选项卡，切换到投放参数设置界面。

（3）单击“采购申请人默认值”右侧的“获取”按钮，系统弹出核算项目窗口，双击“郑采购”职员记录，将该职员信息获取到投放参数界面。

（4）使用同样的方法设置采购部默认值、自制件默认生产类型、自制件默认生产部门，设置完成的对话框如图 6-16 所示。

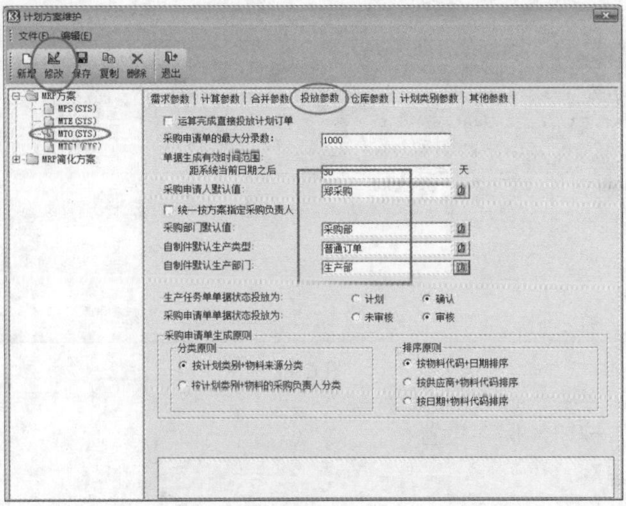

图 6-16

（5）其他参数保持默认值，单击工具栏上的“保存”按钮保存方案维护。

6.3.2　项目 MRP 计划方案维护

有些企业常常是面向订单直接生产，不做主生产计划，它们需要更多的是直接跟踪销售订单，即需要相关生产任务单（主物料的生产任务单），甚至是为该订单进行的采购订单的执行情况。

还有些企业需要对销售人员进行考核，为按期完成订单，确保订单的相关环节如采购、生产等不会出现拖期现象。销售人员需要对相关的订单进行全程的跟踪与催促，也需要针对订单级的计划与执行进行跟踪与控制。

针对以上情况，金蝶 K/3 提供了项目 MRP 程序。项目 MRP 计划方案维护就是针对项目 MRP

计算时的参数进行设置。

项目 MRP 计划方案可以参照 6.3.1 小节“MRP 计划方案维护”，在此不再详述。

6.3.3 计划展望期维护

计划展望期是 MRP 计划所覆盖的时间范围，即计划的时间跨度，此长度之外（计划的最后时间）是下一个计划的时间范围。计划展望期应大于产品的总提前期，一般以月、季度等作为计划展望期的时间跨度。

例 6-3 在本账套中设置 1 个计划展望期，时区个数为 4，各时区天数为 90。

（1）单击“计划管理”→“物料需求计划”→“系统设置”，双击“计划展望期维护”，系统弹出“计划展望期维护”对话框。

在对话框中可以对计划展望期进行新增、插入、删除和保存等操作，单击工具栏上相应的按钮即可。

- 时区序列。时区序号由系统自动编号。
- 时区个数。设置有几个时区。
- 各时区天数。设置各时区的天数。

（2）单击工具栏上的“新增”按钮，“时区序列”自动激活，“时区个数”录入“4”，“各时区天数”录入“90”，如图 6-17 所示。

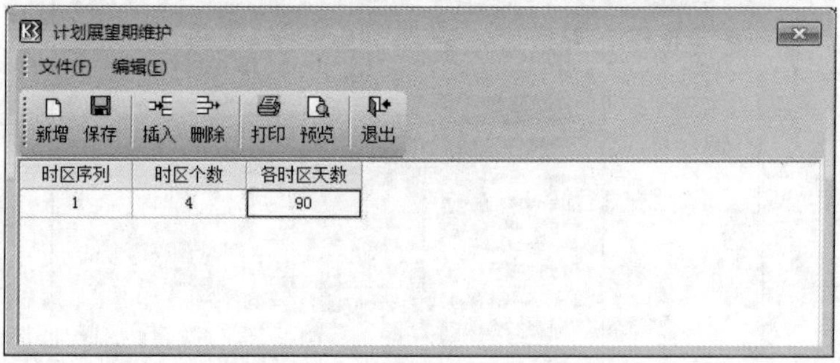

图 6-17

（3）单击“保存”按钮，保存设置。

6.4 MRP 计算

MRP 计算是将需求单据转换为计划单据的计算过程。其计算原理是：在 MRP 运算向导界面选中要使用的 MRP 计划方案，系统根据计划方案获取对应的需求单据（如销售订单、产品预测单，或者是产品预测单和销售订单），再获取需求单据上的 BOM，然后再根据 MRP 计划方案上的“计算参数”选项卡展开编制对应的计划单据。MRP 计算后可以确定以下内容。

（1）需要什么物料。

（2）需要多少数量。

（3）什么时间采购或开工。

（4）什么时间到货或完工。

6.4.1 MRP 计算

MRP 计算是将需求单据转换为计划单据的计算过程。

例 6-4　以本账套中的销售订单作为需求单据进行 MRP 计算。

提示　进行此练习之前，请将计算机的系统日期修改为“2017-02-01”。在实际业务操作时，建议不要随意修改计算机系统日期，否则 MRP 计算出来的数据与实际有差别。

（1）单击“计划管理”→“物料需求计划”→“MRP 计算”，双击“MRP 计算”，系统弹出“MRP 运算向导-开始”对话框，如图 6-18 所示。

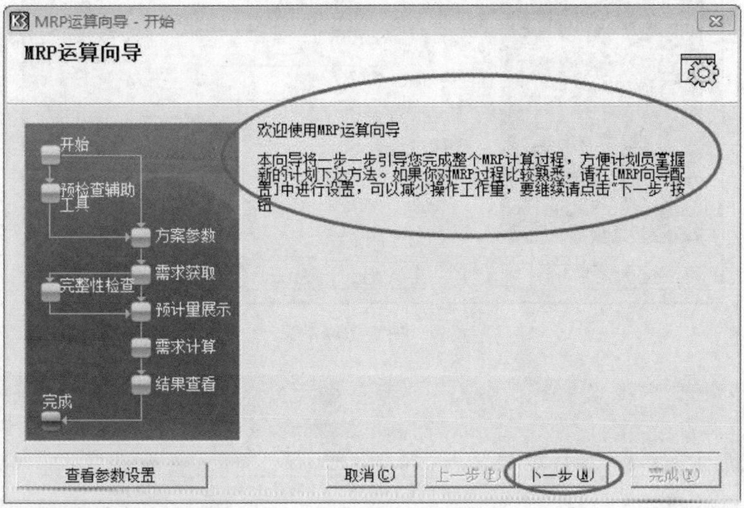

图 6-18

根据向导界面，用户可以轻松地完成 MRP 计算。在每一个步骤的界面，系统都对该步骤给出了具体的说明。

（2）单击“下一步”按钮，系统进入 MRP 运算预检查界面，如图 6-19 所示。

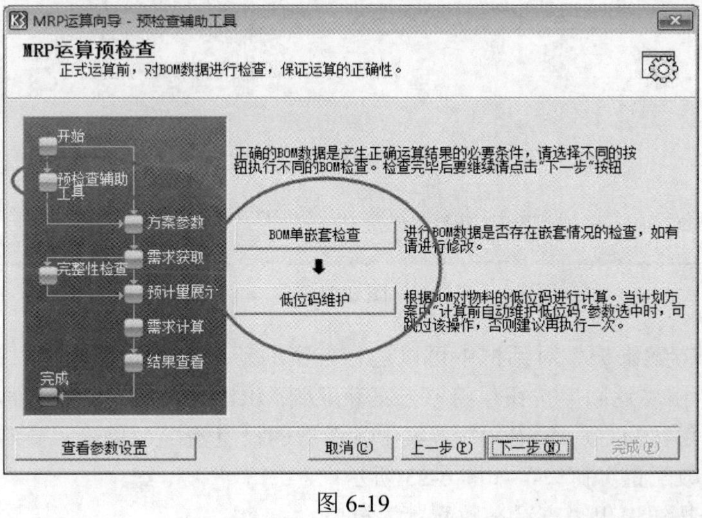

图 6-19

在 MRP 运算预检查界面，可以进行 BOM 单嵌套检查和低位码维护操作。单击相应按钮即可完成相应操作。

（3）单击“下一步”按钮，系统进入 MRP 运算方案参数界面，如图 6-20 所示。

（4）单击“运算方案”右侧的获取按钮，系统弹出“计划方案维护”对话框，如图 6-21 所示。

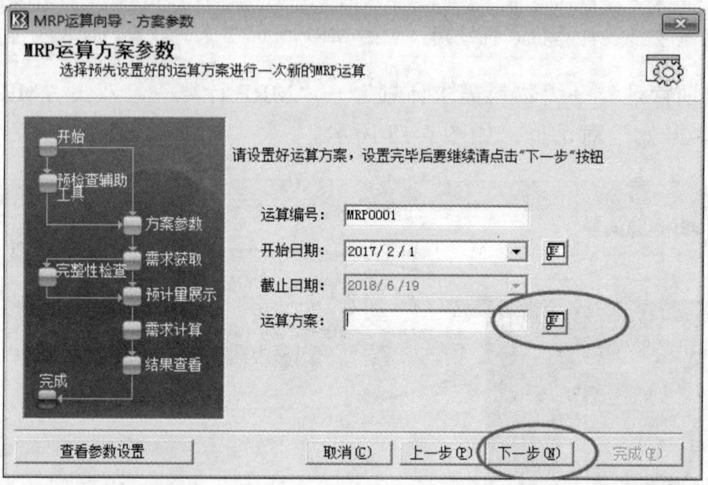

图 6-20

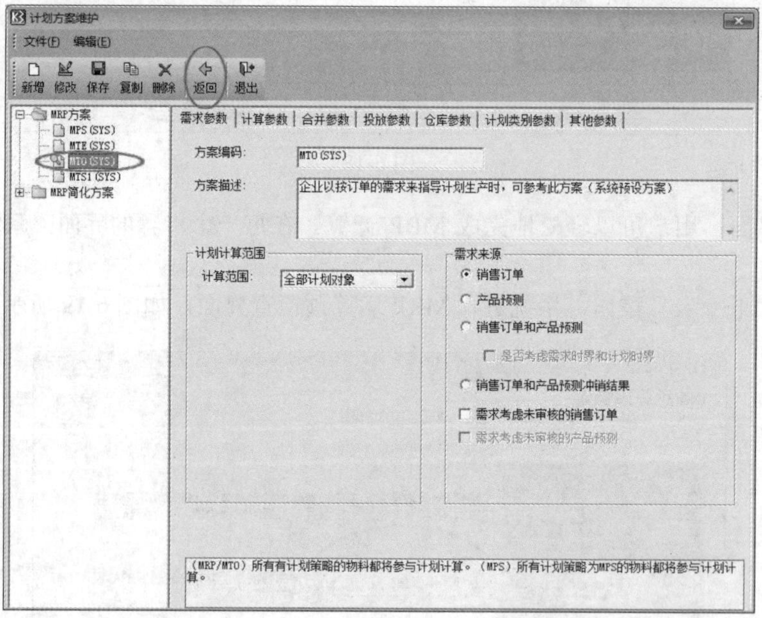

图 6-21

（5）在“计划方案维护”对话框中可以进行方案的新增和修改等操作。在此，选中“MTO（SYS）”方案，单击“返回”按钮，将该方案获取到 MRP 运算方案参数界面，如图 6-22 所示。

（6）用户要了解“MTO（SYS）”方案中各参数的设置情况，单击“查看参数设置”按钮，系统弹出“查看参数配置”窗口，如图 6-23 所示。

单击“关闭”按钮退出“查看参数配置”窗口。

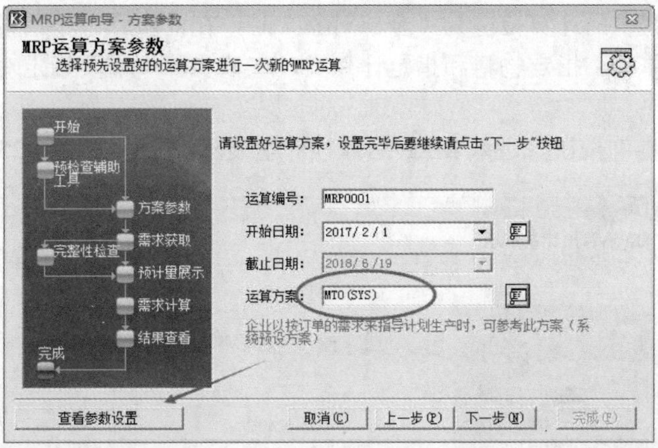

图 6-22

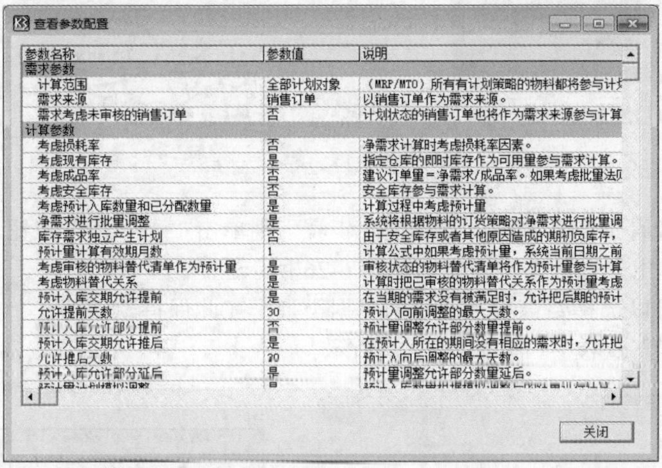

图 6-23

（7）单击“下一步”按钮，系统进入 MRP 运算向导-需求获取界面，如图 6-24 所示。

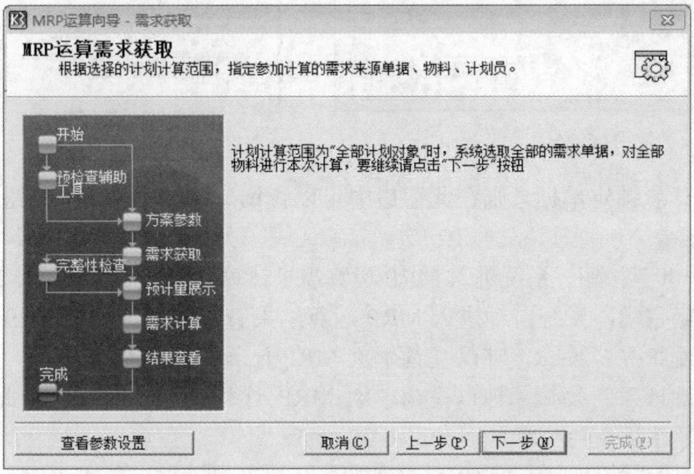

图 6-24

当 MRP 计划方案中的计算范围为“全部对象”时，在此步骤中不用设置。若计划方案中的计算范围为指定需求单据、指定物料和指定计划员，在该步骤中需要指定对应的对象。用户可以参照图 6-8 和图 6-9。

（8）单击“下一步”按钮，进入 MRP 运算预计量展示界面，如图 6-25 所示。

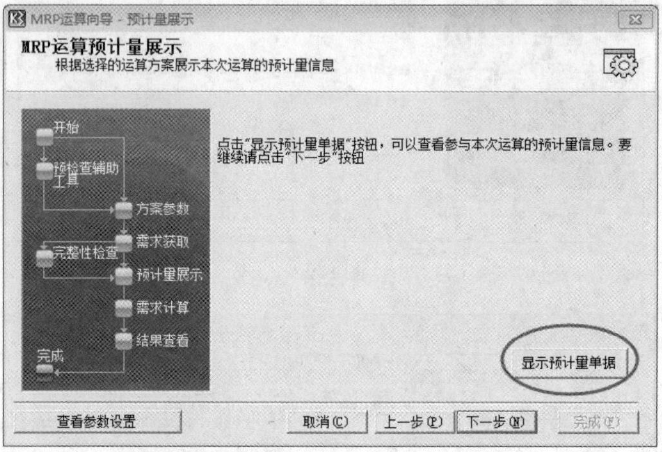

图 6-25

在该界面可以查看预计量单据，若跳过此步骤，则单击“下一步”按钮。单击“显示预计量单据”按钮，系统弹出“过滤”对话框，如图 6-26 所示。

在该对话框中可以选择要查看预计量的单据类型，在此保持默认值，单击“确定”按钮，系统进入“预计量单据”查看窗口，如图 6-27 所示。

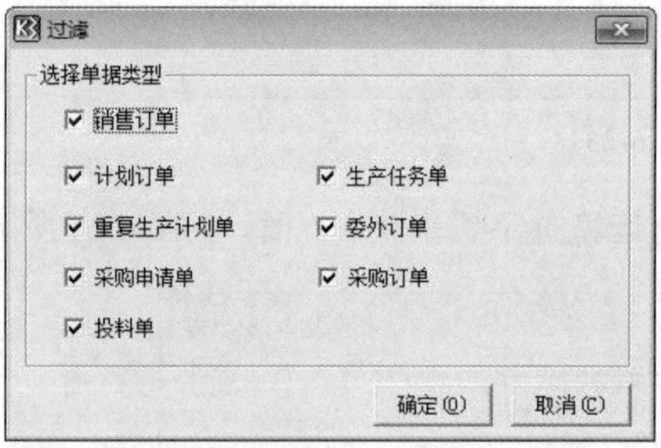

图 6-26

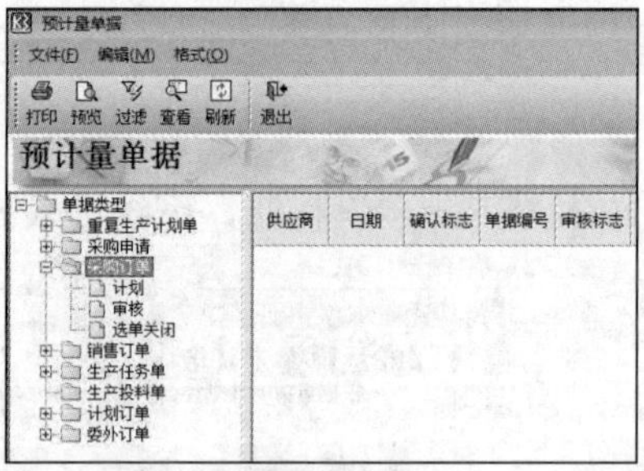

图 6-27

若系统中有预计量锁定单据，则在此窗口中可以查询。单击“关闭”按钮，返回“MRP 运算向导-开始”对话框。

（9）单击“下一步”按钮，系统进入 MRP 运算需求计算界面，并且开始计算，如图 6-28 所示。

（10）MRP 计算完成，系统自动进入 MRP 运算结果查看界面，如图 6-29 所示。

- 单击“查看报告”按钮，可以查询本次 MRP 计算产生的报告。
- 单击“查看结果”按钮，可以查询本次 MRP 计算产生的结果。单击此按钮，系统进入“MRP 运算结果查询”窗口，如图 6-30 所示。

（11）单击“关闭”按钮返回“MRP 运算向导-开始”对话框，单击“下一步”按钮，系统进入“完成”对话框，单击“完成”按钮，结束本次 MRP 计算。

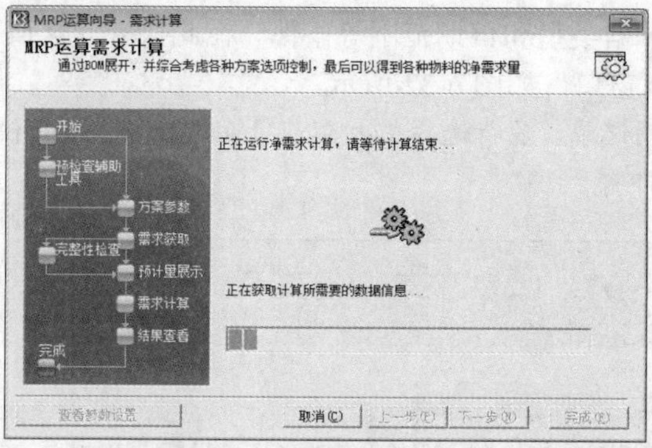

图 6-28

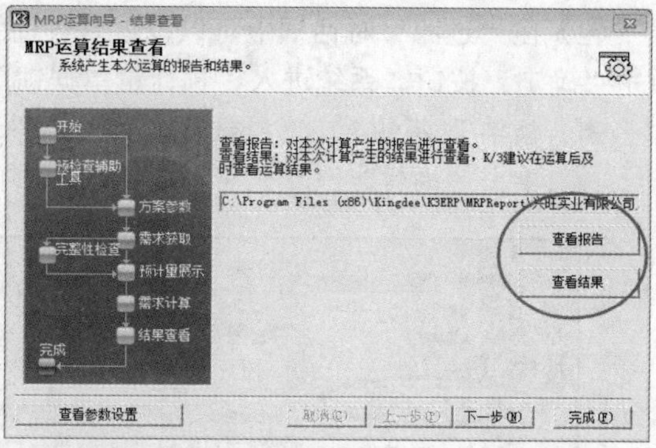

图 6-29

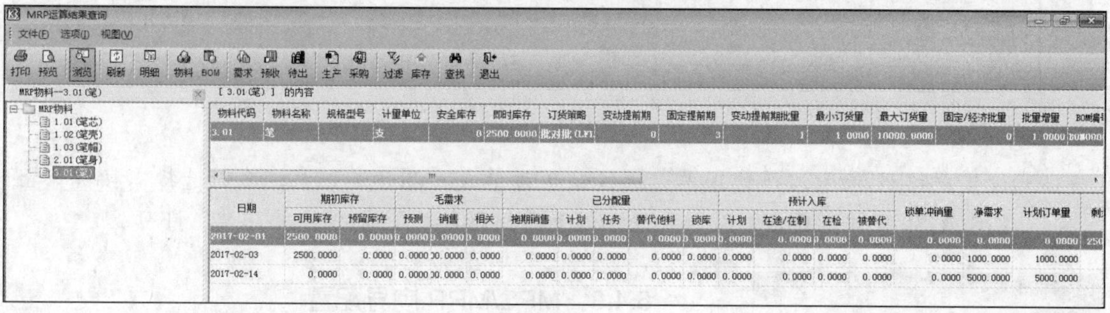

图 6-30

6.4.2　预计量单据锁单

预计量单据锁单需要与 MRP 计划方案中的“其他参数”选项卡中的“启用锁单冲销算法”“启用严格跟单算法”结合起来使用。有关启用锁单冲销算法和启用严格跟单算法的说明可以参照“MRP 计划方案维护”中的“其他参数”内容。

（1）单击“计划管理”→“物料需求计划”→“MRP 计算”，双击“预计量单据锁单”，系统弹出“过滤”对话框，如图 6-31 所示。

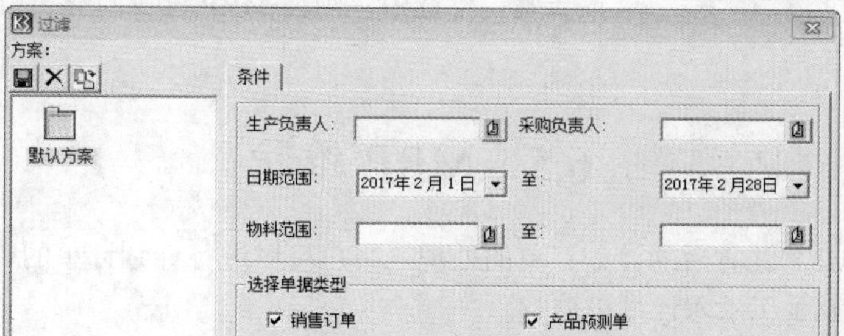

图 6-31

（2）在“过滤”对话框中可以设置要查询的单据类型和日期范围等条件。在此保持默认值，单击“确定”按钮，系统进入“预计量单据锁单”窗口，如图 6-32 所示。

- 锁单/取消锁单。选择销售订单或产品预测记录，多行选择需按键盘上的 Ctrl 或 Shift 键，单击“编辑”→“锁单”/“取消锁单”即可。

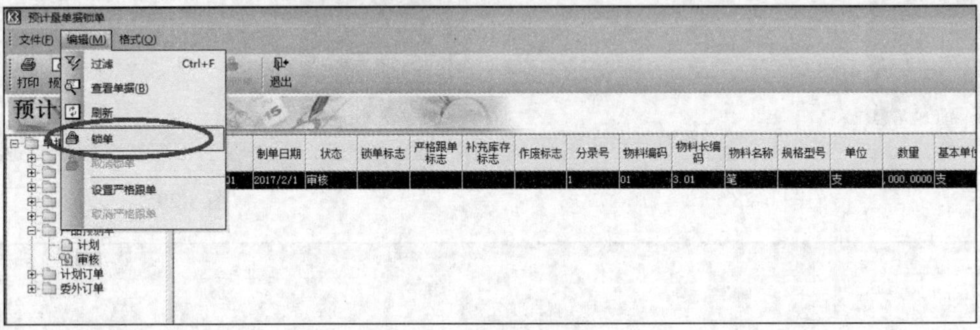

图 6-32

- 设置严格跟单/取消严格跟单。选择销售订单或产品预测记录，多行选择需按键盘上的 Ctrl 或 Shift 键，单击“编辑”→“设置严格跟单”/“取消严格跟单”即可。

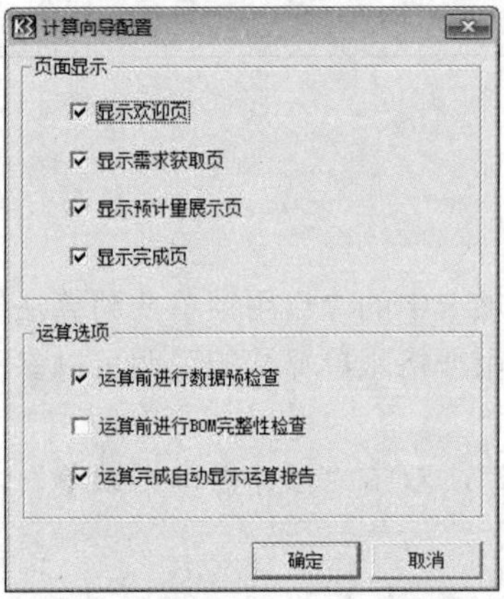

图 6-33

6.4.3 MPS/MRP 向导配置

MRP 计算向导界面可以一步一步地指导用户使用 MRP 的数据进行计算，当用户操作熟练后，可以跳过某些显示或检查步骤，以提高 MRP 计算的效率。金蝶 K/3 为用户提供 MPS/MRP 向导的配置功能。

单击“计划管理”→“物料需求计划”→“MRP 计算”，双击“MPS/MRP 向导配置”，系统弹出“计算向导配置”对话框，如图 6-33 所示。

选中其中的某项，表示在 MRP 计算向导窗口中将显示该步骤；不选中，则在 MRP 计算向导窗口中跳过该步骤。

6.5 MRP 维护

MRP 维护是 MRP 计算后的计划订单的处理。用户可以进行计划订单的审核、合并、拆分和投放等处理，也可以手工录入计划单据。

6.5.1 计划订单录入

金蝶 K/3 为用户提供手工录入计划订单的功能，该功能通常处理“超越”需求来源单据范围内的计划订单录入。

例 6-5 某账套是 2017 年 2 月启用，但是一些计划订单是有关 2017 年 1 月销售订单的 MRP 计划，由于本账套中不能录入 1 月的销售订单，所以 MRP 计算时不会考虑 1 月销售订单的计划订单需求，该部分计划订单可以手工录入。

单击“计划管理”→“物料需求计划”→“MRP 维护”，双击“MRP 计划订单-新增”，系统弹出“计划订单-新增”窗口，如图 6-34 所示。

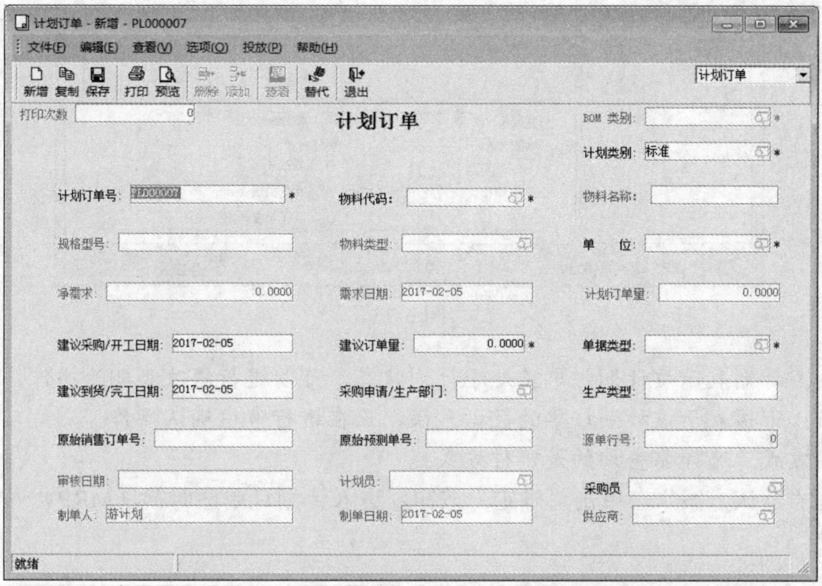

图 6-34

- 计划订单号。系统自动生成。
- 物料代码。录入所下达计划订单的物料，按 F7 功能键获取，或单击“查看”按钮获取。
- 物料名称、规格型号、物料类型、单位。由选择的物料代码自动带出。
- 净需求、需求日期、计划订单量。若是由系统 MRP 计算生成的计划订单，则显示。
- 建议采购/开工日期。录入该计划订单的采购/开工日期。
- 建议订单量。录入本订单的订单量。
- 单据类型。由选择的物料代码中的物料类型自动生成。
- 建议到货/完工日期。录入该计划订单的建议到货/完工日期。
- 采购申请/生产部门。录入该笔计划订单涉及的部门信息。
- 生产类型。选择该物料的生产类型。
- 原始销售订单号、原始预测单号。在此显示该笔计划订单对应的销售订单号和预测单号。
- 审核日期。显示该笔计划订单审核的日期。

6.5.2　计划订单维护

计划订单维护是查询由 MRP 计算出的计划订单和手工录入的计划订单，在维护界面可以对计划订单进行修改、删除、审核、合并和关闭等操作。

1．计划订单查询

（1）单击“计划管理”→“物料需求计划”→“MRP 维护”，双击“MRP 计划订单-维护”，系统弹出“条件过滤”对话框，如图 6-35 所示。在“条件过滤”对话框中可以设置要过滤的运算编号范围，以及进行单据状态的选择。

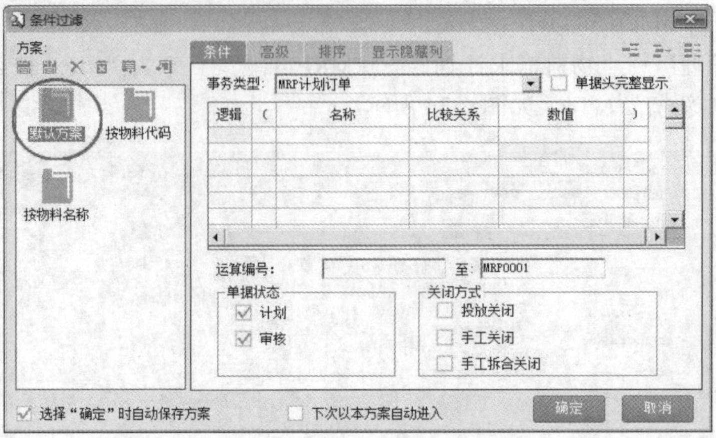

图 6-35

- 计划。计划表示该计划订单正处于计划状态，可以进行修改和删除操作。
- 审核。审核表示该计划订单的数据无误，正在进行审核确认操作。
- 关闭方式。选择要查询的是哪种方式。

（2）选择“默认方案”，单击“确定”按钮，进入计划订单序时簿（MRP）界面，如图 6-36 所示。

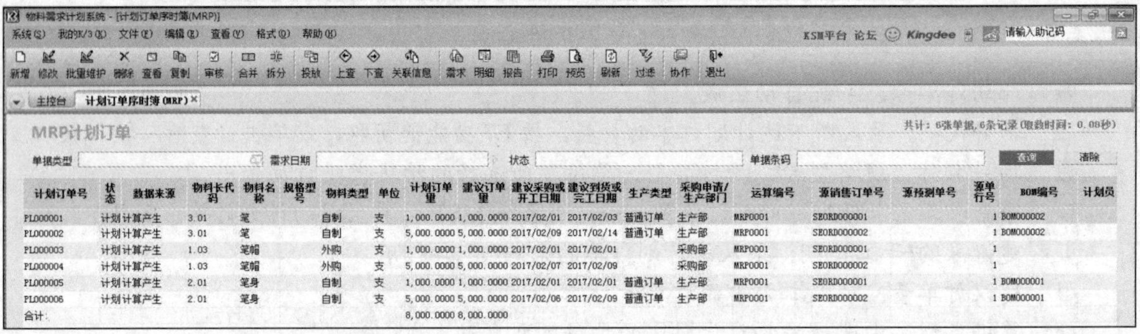

图 6-36

（3）在界面中，可以详细查询每一笔计划订单的情况，如计划订单号、状态、物料长代码、计划订单量、计划日期和关联的销售订单情况。双击要查看的计划订单记录，系统进入“计划订单-修改”的编辑单据窗口，如图 6-37 所示。

（4）在计划订单序时簿（MRP）界面中可以进行计划订单的新增、修改、审核、合并、拆分和投放等操作，选择计划订单记录后，单击工具栏上相应的按钮即可完成相应的操作。

注　在计划订单序时簿（MRP）界面中，没有显示笔芯、笔壳和其计划订单记录，这是因为系统中的笔芯和笔壳的现存量已经满足要求，所以系统没有生成相应的计划订单。

2. 计划订单合并/反合并、拆分

系统提供计划订单的合并和拆分功能。合并一般用于同种计划物料类型、同种计划类型的单据处理，如将采购物料的两张或多张合并成一张计划单据，系统会自动将原来两张单据删除，只显示合并后的单据和数量。所有参与合并的单据必须符合以下条件。

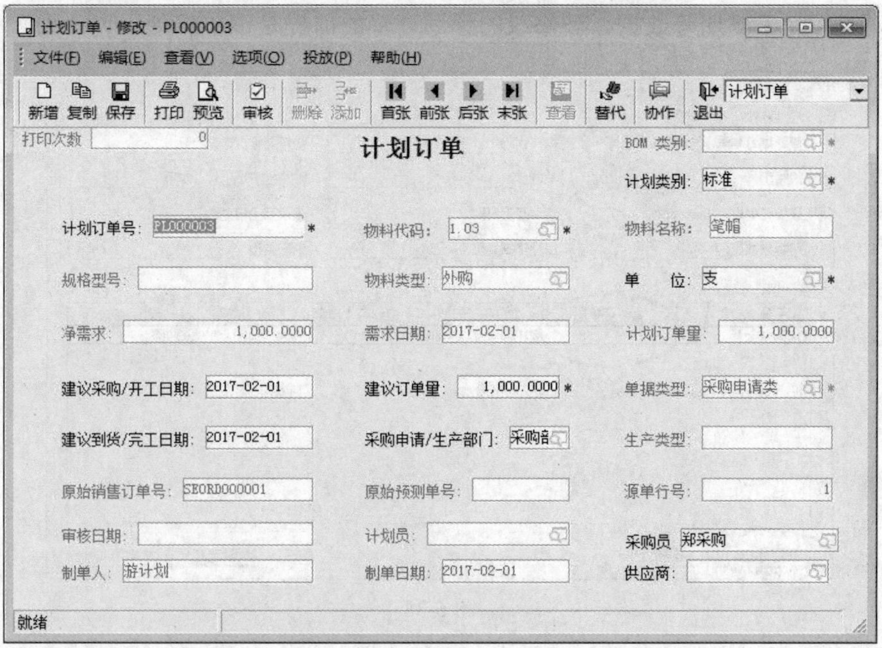

图 6-37

（1）单据必须处于计划状态。

（2）单据的来源类型不能为“拆分产生”。

（3）单据不能由“严格跟单”方式的源订单产生。

（4）所有单据的物料必须相同。

（5）所有单据的 BOM 必须相同。

计划订单合并的操作方法是：在计划订单序时簿（MRP）界面中，同时选中符合条件的两张或两张以上的单据记录，再单击工具栏上的“合并”按钮即可。

计划订单反合并，即将合并后的计划订单重新恢复为未合并状态。操作方法是选中合并生成的计划订单，单击“编辑”→“反合并”即可。

拆分一般在数量过大需平衡生产能力或采购能力时使用，如一张 100 万数量级的计划单据拆分为 10 张 10 万数量级的计划订单。拆分的单据必须符合以下条件。

（1）单据必须处于计划状态。

（2）单据的来源类型不能为“合并产生”。

拆分单据的操作方法是选中要进行拆分的计划单据，单击工具栏上的“拆分”按钮，系统弹出“计划订单拆分”对话框，单击“新增行”按钮，在对话框建议订单量录入拆分数量，但拆分数量不能大于可拆分数量如图 6-38 所示。

若要保存拆分结果，则单击“确定”按钮；若不保存，则单击“取消”按钮。

注　因系统中无“反拆分”功能，所以在拆分操作前请确认好该笔计划订单是否需要进行拆分操作。

3．计划订单修改、删除、审核、联查

计划订单修改的操作方法是：选中要修改的计划订单记录，单击工具栏上的“修改”按钮，系统弹出“计划订单-修改”对话框，在对话框中可以修改该笔计划订单的数量、建议采购/开工

日期和建议到货/完工日期等数据。被修改的计划订单的前提是该单据处于“计划”状态。

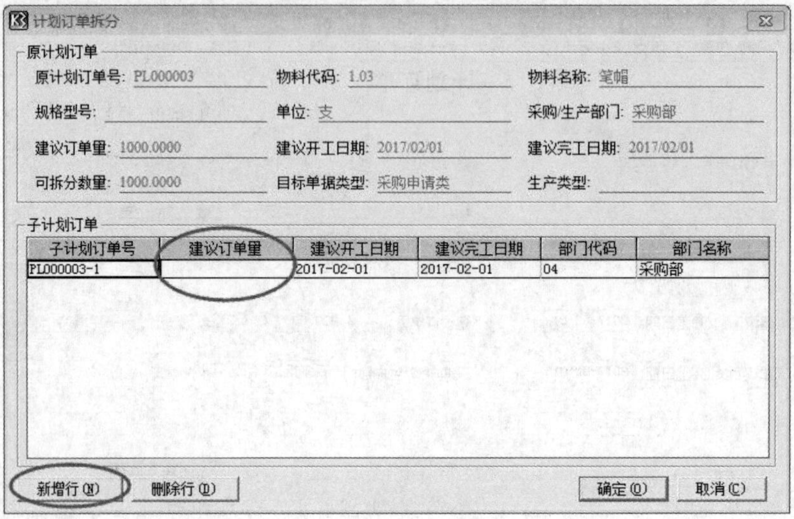

图 6-38

由于计算错误，或计划订单录入错误，可以删除不需要使用的计划订单。选中要删除的计划订单记录，单击工具栏上的“删除”按钮即可完成删除操作。被删除的计划订单也必须是处于“计划”状态。

计划订单的审核表示该笔订单的数据无误，审核后可以向下投放。选中要审核的单据，单击工具栏上的“审核”按钮即可完成审核操作。一次审核多张计划订单的方法是，用 Ctrl 或 Shift 键选中要审核的记录后，单击“审核”按钮即可。审核后的记录会在“状态”项下显示“审核”字样，即表示审核成功。

系统同时提供反审核功能，方法是选中要取消审核的记录，单击“编辑”→“反审核”即可。

查询某张计划订单是否有关联单据的方法是：选中后，单击“上查”“下查”按钮即可。

4．计划订单投放

计划订单投放在物料需求计划模块中非常重要，它是将已经审核后的计划订单投放到相应模块的过程。只有订单投放后，在各模块下才能获取从 MRP 计算出来的计划订单。计划订单的“投放”功能可以理解为将已经审核后的计划订单交由相关部门，如采购部门或生产部门；也可以将“投放”功能理解为“下推”生成功能，即计划订单下推生成采购申请单、生产任务单和委外加工单。

> 注　投放时，生产何种类型的单据由物料的“物料类型”确定。自制类物料生成的是“生产任务单”，该单据可以在生产任务管理模块中查询和使用；外购类物料生成的是“采购申请单”，该单据可以在采购管理模块中查询和使用；委外加工类物料生成的是“委外加工单”，该单据可以在委外加工管理模块中查询和使用。

计划订单投放的操作方法是：选中已经审核并要投放的记录，多行选择时按 Ctrl 或 Shift 键，单击工具栏上的“投放”按钮，系统稍后弹出提示对话框，单击“是”按钮可以查看投放报告，如图 6-39 所示。

投放成功后的计划订单在“状态”项下显示“关闭”字样，即表示投放成功。

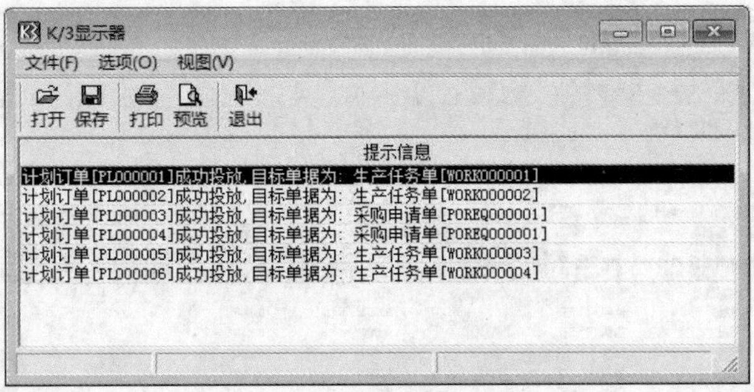

图 6-39

建议用户将所有计划订单投放，以备后面模块引用。

5. 计划订单关闭/反关闭

计划订单关闭是指人为地关闭计划订单，关闭后的计划订单不能再次使用。若需要使用关闭后的计划订单，则需要反关闭后才能使用。

计划订单的关闭方法是：选中要关闭的计划订单，单击“编辑”→“关闭”即可。

反关闭的方法是：选中要反关闭的计划订单，单击“编辑”→“反关闭”即可。

注 该处的“关闭”与投放成功后的“关闭”是不同的意思，该处的关闭是指关闭该计划订单不再使用，投放成功后的关闭是指计划订单“投放”成功后的关闭。

6.5.3 MPS/MRP 横式报表

MPS/MRP 横式报表是查询需求物料在不同“展望期”内的需求数量。

查询方法如下。

（1）单击“计划管理”→“物料需求计划”→“MRP 维护”，双击“MPS/MRP 横式报表”，系统弹出“MPS/MRP 横式报表”对话框，如图 6-40 所示。

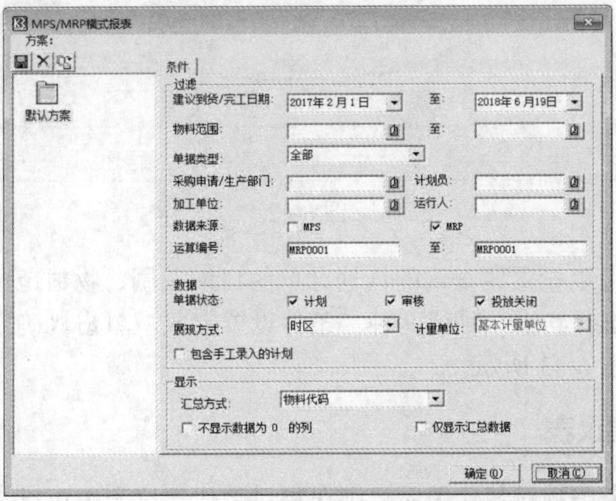

图 6-40

（2）在对话框中可以设置要查询的日期范围、物料范围、单据类型和单据状态等条件，设置完成，单击“确定”按钮，系统进入 MRP 横式报表界面，如图 6-41 所示。

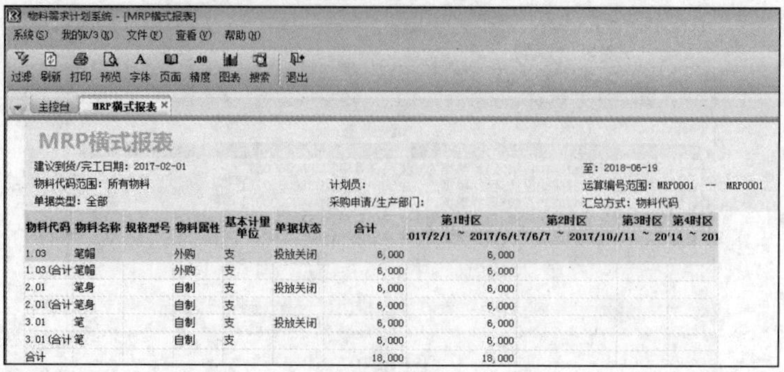

图 6-41

6.5.4 生产计划明细表、采购计划明细表和委外加工计划明细表

生产计划明细表、采购计划明细表和委外加工计划明细表是查询“投放”操作后，还处于审核、计划的 3 张报表。

查询方法如下。

（1）单击“计划管理”→“物料需求计划”→“MRP 维护”，双击“生产计划明细表”/“采购计划明细表”/“委外加工计划明细表”，系统弹出过滤界面，如图 6-42 所示。

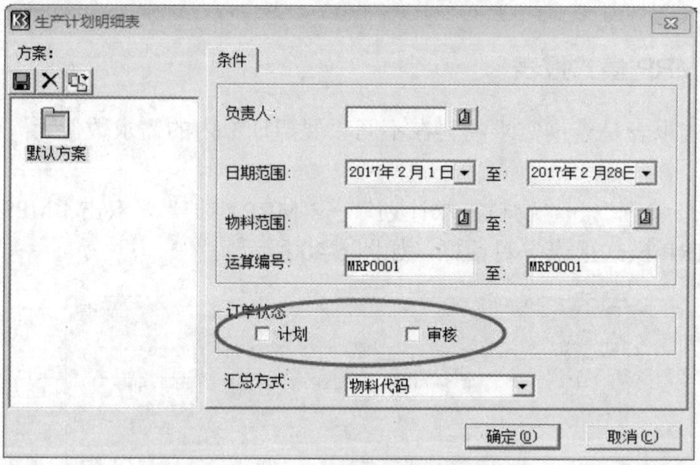

图 6-42

（2）在过滤界面中可以设置要查询的计划订单的日期范围、物料范围、运算编号和订单状态等条件，订单状态必须选择其中一种或两种。条件设置完成，单击“确定”按钮，系统进入相应的计划明细表界面，如图 6-43 所示。

6.5.5 物料替代建议表

当 MRP 计算时要考虑物料替代关系，则在物料替代建议表中可以查询本次需要发生物料替代的情况。

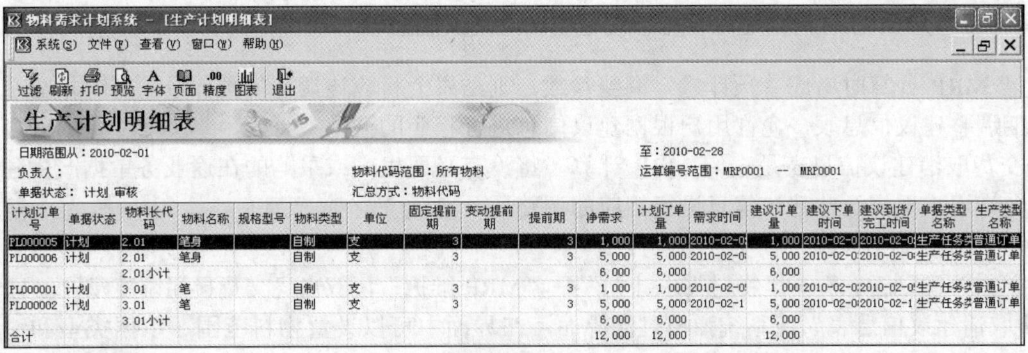

图 6-43

查询方法如下。

（1）单击“计划管理”→“物料需求计划”→“MRP 维护”，双击“物料替代建议表”，系统弹出“物料替代建议信息表”对话框，如图 6-44 所示。

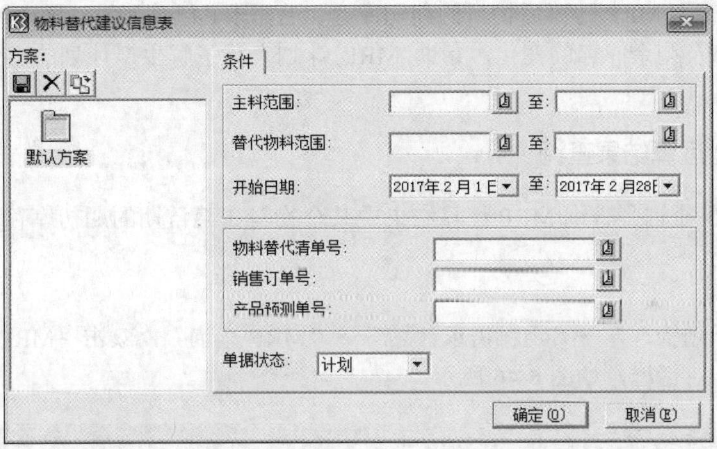

图 6-44

（2）在对话框中可以设置要查询的日期范围、物料范围和单据状态类型，设置完成，单击“确定”按钮，系统进入物料替代建议表界面，如图 6-45 所示。

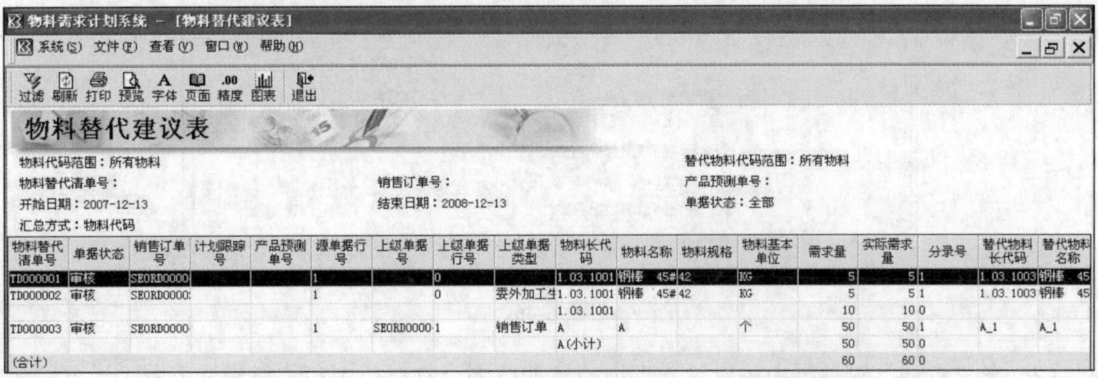

图 6-45

6.5.6 交货日期调整建议信息表/交货取消建议信息表

若 MRP 计算时考虑“预计量”调整参数，则结果会将应该调整的预计量业务单据显示在交货日期调整建议信息表，允许用户根据建议信息进行相应的调整。

交货取消建议信息表是查询 MRP 计算，将没有必要生产或采购的在途业务单据产生建议信息，允许用户根据这些建议信息进行相应的调整。

查询方法如下。

单击“计划管理”→“物料需求计划”→“MRP 维护”，双击“交货日期调整建议信息表”/“交货取消建议信息表”，系统弹出过滤界面，在界面中可以设置物料范围、单据类型和调整类型，单据类型必须选择其中的一种，设置完成后单击“确定”按钮，系统进入相应的建议报表界面。若建议报表中有数据，用户可以根据实际生产进度做出相应的调整。

6.6 MRP 查询

MRP 查询是查询 MRP 计算后物料的期初库存、毛需求、已分配量、预计入库、锁单冲销量、净需求、计划订单及剩余库存的变化，帮助 MRP 计划人员了解生产计划的产生来源，确定生产计划的准确性。

6.6.1 MRP 运算结果查询

MRP 运算结果查询是查询 MRP 计算结果中某个物料在某日期的期初库存、毛需求、已分配量、预计入库情况。

查询方法如下。

（1）单击“计划管理”→“物料需求计划”→“MRP 查询”，双击“MRP 运算结果查询”，系统弹出“过滤”对话框，如图 6-46 所示。

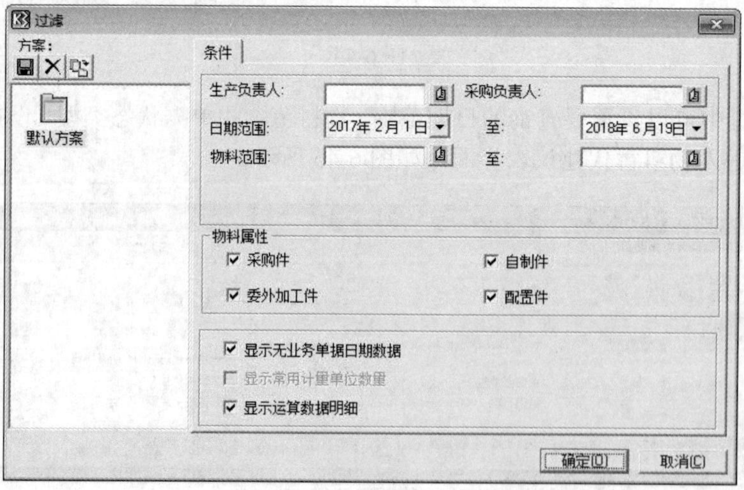

图 6-46

（2）在“过滤”对话框中可以设置查询的日期范围、物料范围和物料属性范围，设置完成，单击“确定”按钮，系统进入 MRP 运算结果查询界面，如图 6-47 所示。

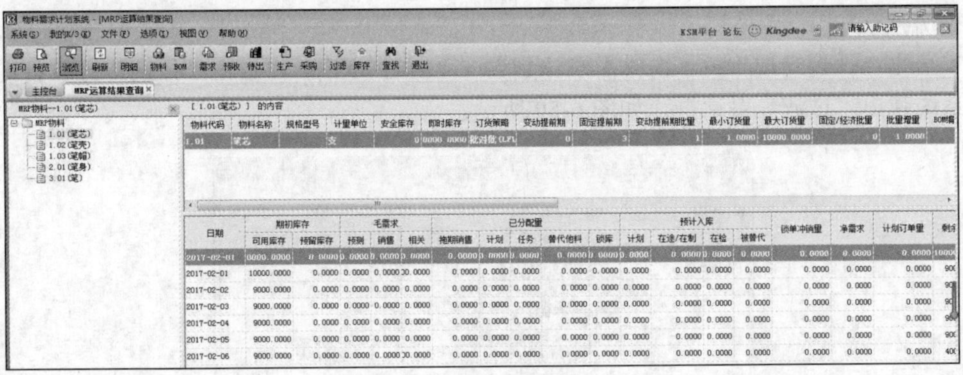

图 6-47

（3）在界面左侧选择要查询的物料，界面右上框会显示该物料的基本属性，右下框则显示该物料在不同时间段内的期初库存、毛需求、已分配量、预计入库、锁单冲销量、净需求、计划订单量及剩余库存的变化。

6.6.2 参与运算单据查询

参与运算单据查询是查询 MRP 计算时有哪些单据参与计算，计划人员可以根据参与计算的单据反查 MRP 计算结果是否正确。

查询方法如下。

（1）单击“计划管理”→“物料需求计划”→“MRP 查询”，双击“参与运算单据查询”，系统弹出“过滤”对话框，如图 6-48 所示。

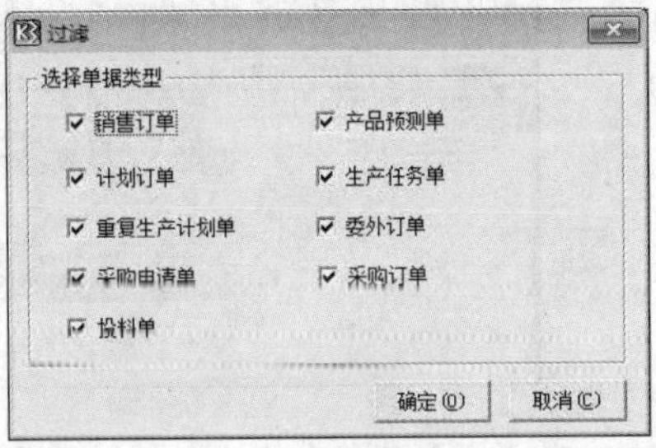

图 6-48

（2）在对话框中选择单据类型，在此选中所有单据类型，单击“确定”按钮，系统进入 MRP 运算单据查询界面，如图 6-49 所示。

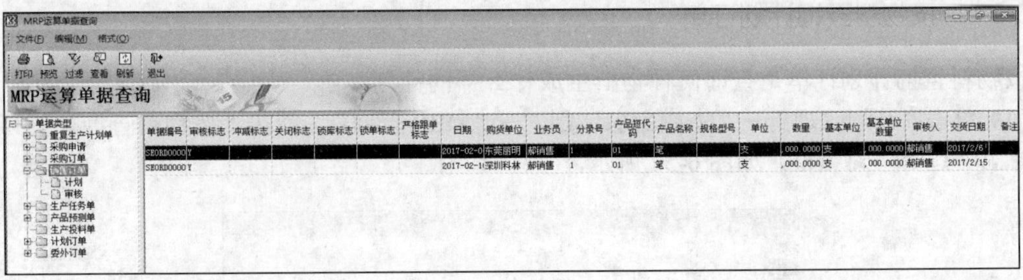

图 6-49

（3）在窗口左侧选择要查询的单据类型以及所处的状态。如果该单据类型下有参与 MRP 计算的单据，则显示；反之，不显示。

6.6.3 按销售订单查询计划订单

按销售订单查询计划订单是查询每笔销售订单生成什么计划订单。

查询方法如下。

（1）单击“计划管理”→“物料需求计划”→“MRP 查询”，双击“按销售订单查询计划订单”，系统弹出“过滤”对话框，如图 6-50 所示。

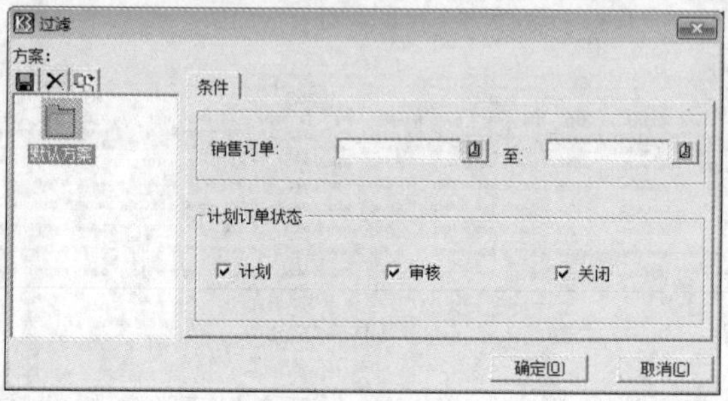

图 6-50

（2）在对话框中可以设置要查询的销售订单范围，以及销售订单生成的计划订单所处的状态，设置完成，单击“确定”按钮，系统进入按销售订单查询计划订单界面，如图 6-51 所示。

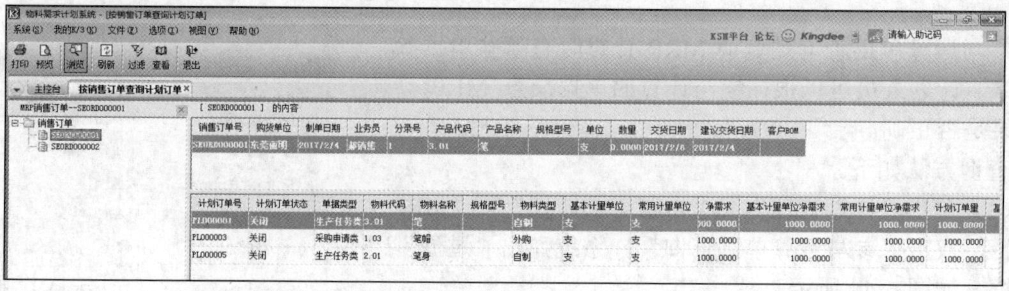

图 6-51

（3）选择界面中的销售订单号，界面右上框会显示该笔销售订单的信息，界面右下框则显示该笔销售订单生成的计划订单。

6.6.4 按物料查询计划订单

按物料查询计划订单是查询何种物料生成什么样的计划订单。

（1）单击“计划管理”→“物料需求计划”→“MRP 查询”，双击“按物料查询计划订单”，系统弹出“过滤”对话框，如图 6-52 所示。

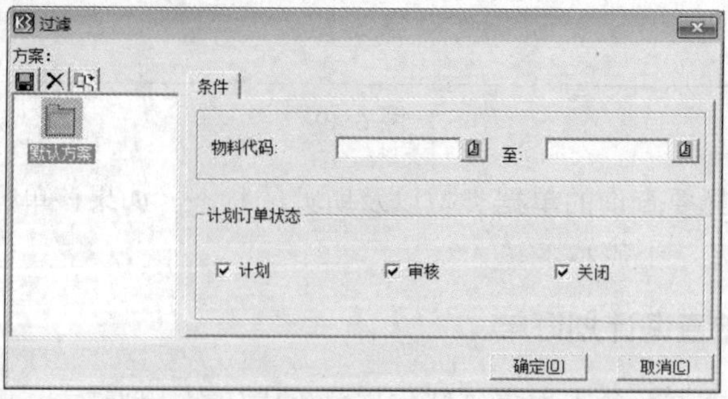

图 6-52

（2）在对话框中可以设置要查询的物料代码范围和该物料生成的计划订单所处的状态，设置完成，单击“确定”按钮，系统进入按物料查询计划订单，如图 6-53 所示。

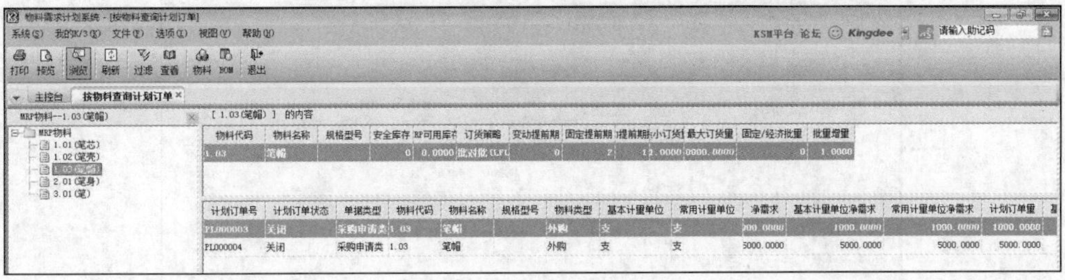

图 6-53

（3）在界面左侧选择要查询的物料，界面右上框显示该物料属性，界面右下框则显示该物料生成的计划订单情况。

6.6.5　销售订单综合查询表

该功能可以查询销售订单生成的生产类和采购类单据情况。

单击“计划管理”→“物料需求计划”→“MRP 查询”，双击“销售订单综合查询表”，系统弹出“过滤”对话框，在对话框中可以设置查询的销售订单范围和产品范围，设置完成，单击“确定”按钮，系统进入销售订单综合跟踪表界面，如图 6-54 所示。

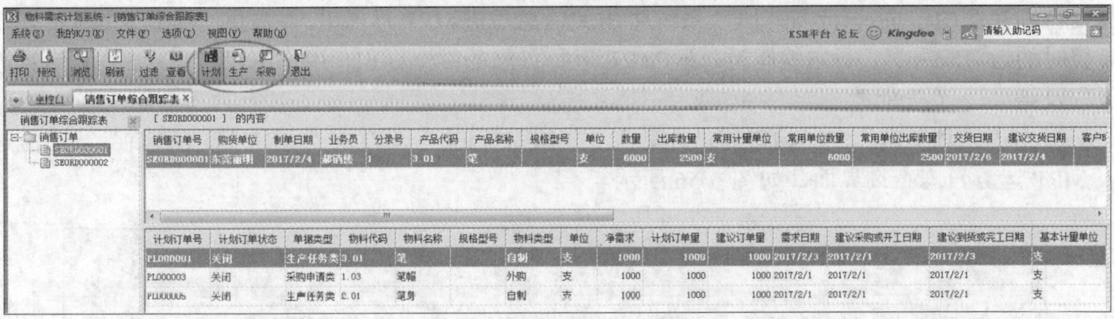

图 6-54

选择界面左侧的销售订单号，界面右则上方显示该笔订单的详细情况，界面右则下方显示该笔销售订单生成的计划订单情况。

- 计划。查询该笔销售订单下所有的计划订单。
- 生产。查询该笔销售订单下所有的生产计划订单。
- 采购。查询该笔销售订单下所有的采购计划订单。

6.6.6　供需物料汇总表

本报表是查询在满足条件下的供需物料汇总情况。

单击“计划管理”→“物料需求计划”→“MRP 查询”，双击“供需物料汇总表”，系统弹出“过滤”对话框，在对话框中可以设置要查询的日期范围、物料范围和物料属性范围，设置完成，单击“确定”按钮，系统进入物料供需汇总表，如图 6-55 所示。

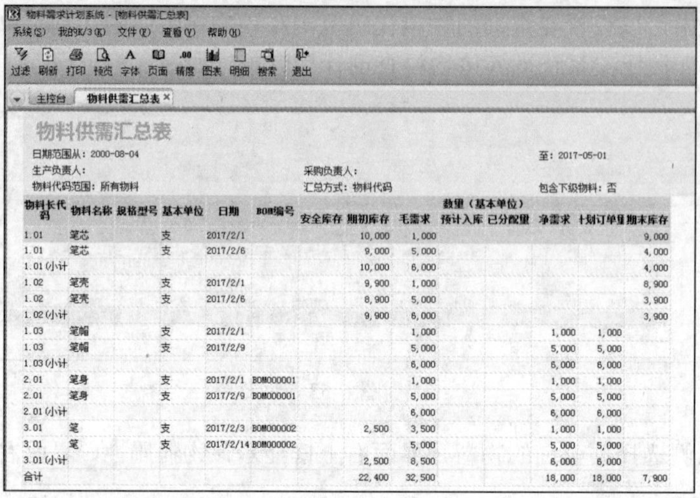

物料供需汇总表

日期范围从：2000-08-04　　至：2017-05-01
生产负责人：　　采购负责人：
物料代码范围：所有物料　　汇总方式：物料代码　　包含下级物料：否

物料长代码	物料名称	规格型号	基本单位	日期	BOM编号	数量（基本单位） 安全库存	期初库存	毛需求	预计入库	已分配量	净需求	计划订单量	期末库存
1.01	笔芯		支	2017/2/1			10,000	1,000					9,000
1.01	笔芯		支	2017/2/6			9,000	5,000					4,000
1.01 (小计							10,000	6,000					4,000
1.02	笔壳		支	2017/2/1			9,900	1,000					8,900
1.02	笔壳		支	2017/2/6			8,900	5,000					3,900
1.02 (小计							9,900	6,000					3,900
1.03	笔帽		支	2017/2/1				1,000			1,000	1,000	
1.03	笔帽		支	2017/2/9				5,000			5,000	5,000	
1.03 (小计								6,000			6,000	6,000	
2.01	笔身		支	2017/2/1	BOM000001			1,000			1,000	1,000	
2.01	笔身		支	2017/2/9	BOM000001			5,000			5,000	5,000	
2.01 (小计								6,000			6,000	6,000	
3.01	笔		支	2017/2/3	BOM000002		2,500	3,500			1,000	1,000	
3.01	笔		支	2017/2/14	BOM000002			5,000			5,000	5,000	
3.01 (小计							2,500	8,500			6,000	6,000	
合计							22,400	32,500			18,000	18,000	7,900

图 6-55

例外信息查询表是查询记录在 MRP 后例外信息的记录表，查询方法可以参照其他报表。

6.7 MRP 日志

MRP 日志是查询每次 MRP 计算时的参数设置、运行过程及其他相关信息，并对运行结果中需要特别注意的信息进行跟踪处理，系统将相关信息写进 MRP 日志里，并提供一个日志编码（MRP 运算时的运算编号）。日志编码是每次 MRP 运行日志的唯一标识，用户可以对每次 MRP 运算的过程及结果进行查询。

单击“计划管理”→“物料需求计划”→“MRP 日志”，双击“MRP 日志-查询”，系统进入 MRP 运算日志查询界面，如图 6-56 所示。

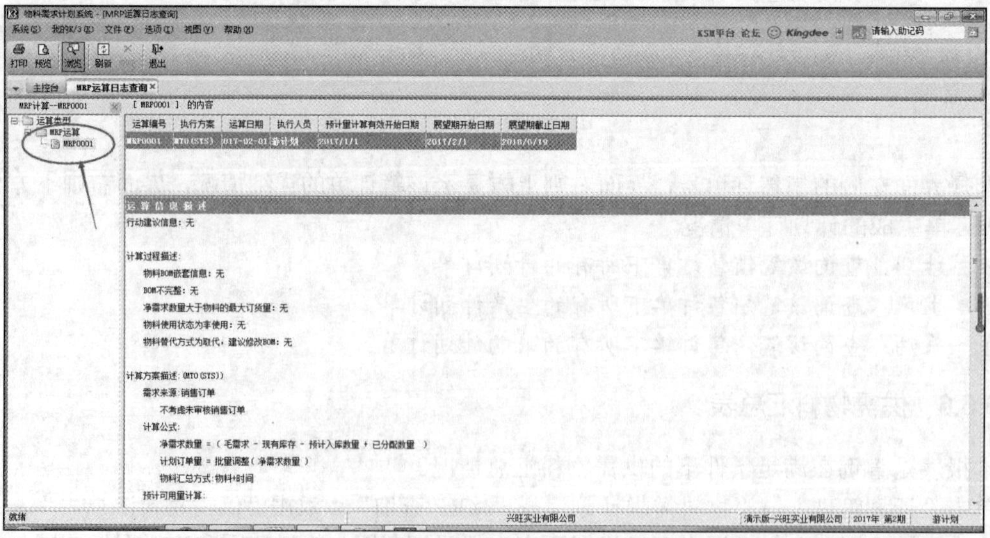

图 6-56

选择界面左侧的运算编号，界面右侧会显示该运算编号的运算日志。

当系统内运算日志太多时，用户可以将其删除，以提高系统效率。删除时选中要删除的运算编号，单击工具栏上的“删除”按钮即可。

删除日志时，系统会同时删除对应计算编号的计划订单。如果该次计算的计划订单未完全关闭，系统会进行提示。最近一次计算的日志不允许删除。

6.8　物料替代清单

物料替代是当 A 物料存在数量不够时，可以采用 A 的替代物料进行生产，这样可以防止产生物料缺货的风险，并且降低库存。该物料替代关系在生产数据管理系统设置，定义替代规则、替代优先级，根据替代有效期的约定等规则自定义一些替代策略。

MRP 计划方案中有提供“考虑物料替代关系”和“考虑确认的物料替代清单作为预计量”两个参数。MRP 计算自动生成的物料替代清单，表示当原物料的库存不足时，由其替代料的库存来替代。同时，也允许用户自己建立物料替代清单，一经审核，即表示肯定要对此替代关系发生替代，计算时不论替代料库存数是否足够都将发生替代。

物料替代清单根据生成情况和执行情况，共有 4 种状态：计划、审核、业务关闭和手工关闭。这些状态相应的业务执行情况如下。

- 计划状态。计划状态指单据刚录入或 MRP 生成时的状态。此时，可以对单据进行修改、删除、审核操作，不能直接手工关闭。
- 审核状态。对计划状态的单据，确认数据无误并审核。表示在此物料替代清单确认对应的生产任务单时，可以自动生成替代料的投料单。在此状态下，如果没有执行，可以反审核，还可以直接手工关闭。当业务执行完毕即自动关闭业务，不可以进行修改、删除等操作。
- 业务关闭状态。当替代物料生成的投料单的审核数量大于等于其关联的物料替代清单的实际替代量时，将业务关闭该物料替代清单。
- 手工关闭状态。当用户感觉计划订单没有必要执行时，可以手工关闭该订单。

单击“计划管理”→“物料需求计划”→“物料替代清单”，双击“物料替代清单-新增”，如图 6-57 所示，系统进入“物料替代清单-新增”窗口。

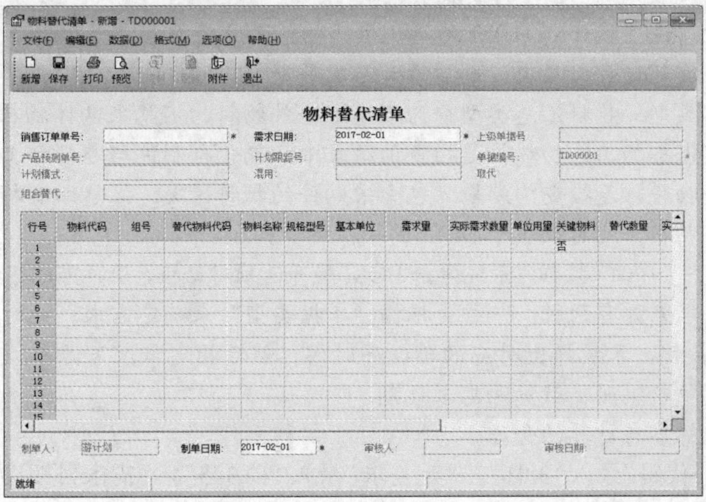

图 6-57

在录入单据窗口可以进行物料替代清单的新增、修改、删除、审核和关闭等操作，操作方法可以参照前面章节的单据处理方法。

6.9 其他查询和报表分析

- 库存查询。在物料需求计划模块中可以即时查询库存的情况，可以进行即时库存查询和库存状态查询。单击“计划管理”→“物料需求计划”→“库存查询”，双击“即时库存查询”/“库存状态查询”即可完成该查询。
- 物料配套查询表。指定一个或一组物料，根据 BOM 结构和各自要求的汇总数量得到所需要用到的所有物料的数量，并根据库存量、安全库存计算建议计划量。

（1）单击“计划管理”→“物料需求计划”→“报表分析”，双击“物料配套查询表”，系统弹出条件设置界面，如图 6-58 所示。

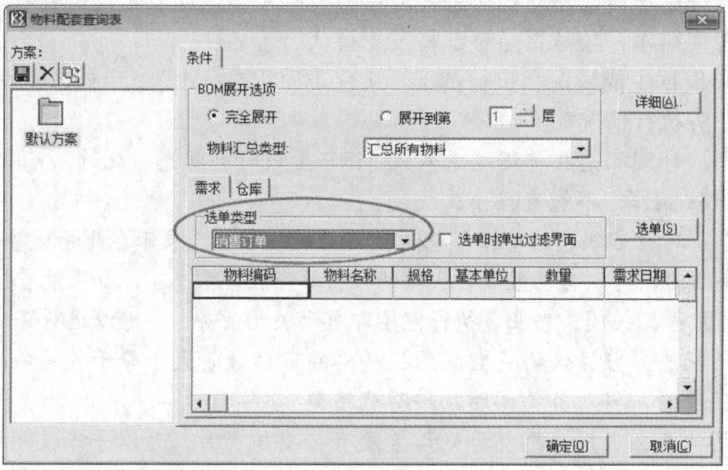

图 6-58

- 完全展开。展开到 BOM 的最底层。
- 展开层次。设置展开到 BOM 的第几层。物料自身为 0 层，子件为第 1 层，依此类推。若展开层次超过最大层次，则按最大层次展开。
- 物料汇总类型。物料汇总类型分为汇总加工件物料、汇总采购件物料和汇总所有物料 3 种选项。汇总加工件物料，是指查询结果中只包含自制件与委外加工件的物料情况；汇总采购件物料，是指查询结果只包含采购件的物料情况；汇总所有物料，是指查询结果包含所有物料，此时相当于 MRP 的模拟运算。
- 详细。单击“详细”按钮，系统弹出 BOM 展开选项对话框，用户可以根据需要设置各选项。
- 需求。需求来源有两种：一种是根据“单据类型”来确定需求，此时则可以单击右侧的“选单”按钮，系统弹出对应的单据序时簿，然后指定需求来源单据；另一种是手工录入需求的物料编码、数量和需求日期。
- 仓库。选择参与计算的仓库。

（2）在此“物料代码”录入“3.01”，“毛需求”录入“12,345”，“需求日期”录入“2017-02-23”，其他保持默认值，单击“确定”按钮，系统进入物料配套查询表界面，如图 6-59 所示。

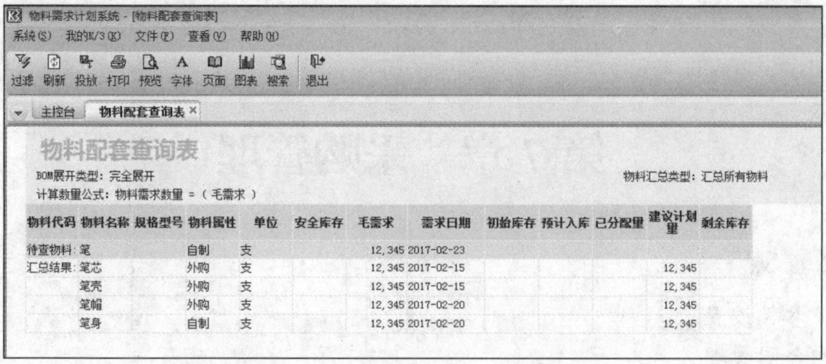

图 6-59

项目 MRP 的计算和管理可以参照前面章节的内容，在此不详述。

6.10　课后习题

（1）画出物料需求计划系统与其他模块之间的数据流向图。

（2）详述产品预测单的含义。

（3）详述 MRP 计划方案各项目的含义。

（4）MRP 计算后可以达到什么目的？

第 7 章　采购管理

本章重点

- 系统参数设置
- 采购合同管理
- 采购申请单
- 采购订单
- 收料通知单、采购入库和退料通知单
- 采购发票、费用发票
- 采购报表查询、采购报表分析

7.1　概述

采购是企业实现生产经营的必要过程。只有正确的采购物料，才能保证正常的生产活动，并且通过各种账表分析能有效地控制采购成本。金蝶 K/3 ERP 采购管理系统提供合同、申请、订货、发货及开票的完整采购流程，可对采购价格和执行状态进行实时监控。

采购管理系统既可以单独使用，又能与物料需求计划、库存管理、销售管理、存货核算和应付款管理系统集成使用，提供完整、全面的业务和财务流程处理。

1．使用采购管理系统需要设置的内容

使用采购管理系统需要如下设置。

- 公共资料设置。科目、币别、计量单位、供应商、部门、职员、物料、仓库及公共资料是本系统所涉及的最基础资料，必须设置，否则在进行单据处理时会受到相应的限制。
- 采购管理基础资料设置。金蝶 K/3 系统为用户提供“公共资料”的同时，又针对单独模块提供了设置该模块“基础资料”的功能。采购管理基础资料有付款条件、采购价格管理、批号管理维护、供应商供货信息维护、备注资料、条形码规则、条形码关联、物料辅助属性、序列号管理、存量管理。
- 初始化。系统进行初始化时，需要进行系统参数设置、初始数据录入、录入启用期前的暂估入库单和启动业务系统。
- 采购管理系统参数详细设置。这是对采购管理系统的参数进行详细设置，包含单据类型、打印控制、系统设置、单据设置、多级审核管理和业务流程设计设置。

公共资料和初始化是必须设置的。采购管理基础资料和系统设置资料可以根据管理要求确定是否需要设置，也可以在以后的使用过程中进行修改。

2．采购管理系统可执行的查询与生成的报表

采购管理系统中可对合同、采购申请单、采购订单、采购入库单、采购发票和库存进行查询。

可查询的报表有合同金额执行明细表、合同执行情况汇报表、合同金额执行汇总表、合同到期款项列表、采购订单执行情况汇总表、采购订单执行情况明细表、采购发票明细表、费用发票汇总表、费用发票明细表、委外加工材料明细表、委外加工材料汇总表、委外加工核销明细表、委外加工材料对账表、采购汇总表和采购明细表。

分析报表有供应商供货 ABC 分析、采购价格分析、物料采购结构 ABC 分析和采购订单 ABC 分析。

3. 采购管理系统每期的操作流程

采购管理系统每期的操作流程如图 7-1 所示。

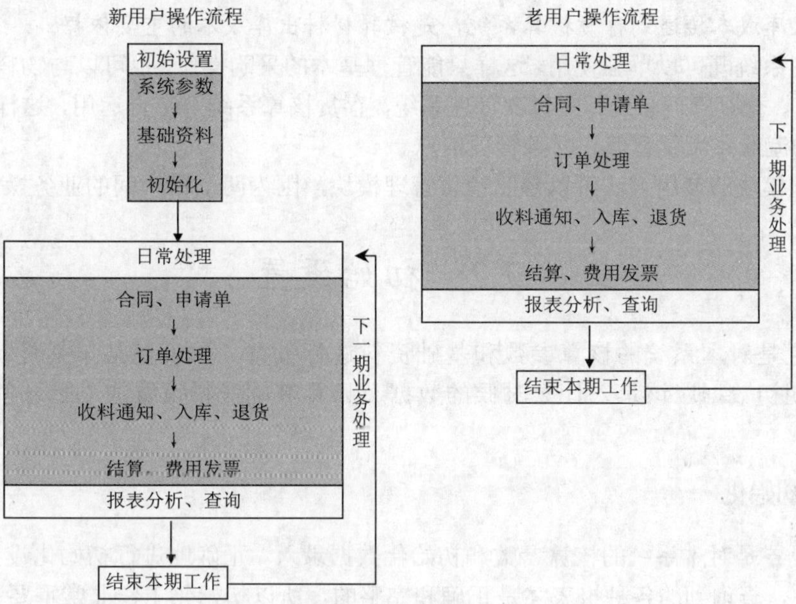

图 7-1

4. 采购管理系统与其他系统间的数据流向

采购管理系统与其他系统间的数据流向如图 7-2 所示。

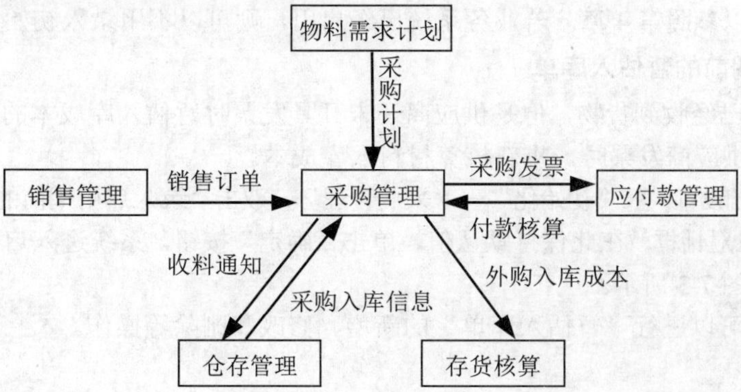

图 7-2

- 物料需求计划系统。采购管理系统接收从物料需求计划系统投放生成的采购申请单。
- 销售管理系统。可以参照销售订单生成采购申请单，或者由销售管理系统直接生成采购申请单后，传递到采购管理系统，由采购员审核该项申请单。
- 仓存管理系统。采购管理系统填制收料通知单，传递到仓存管理系统，仓管员接收到收料通知、根据供应商送货实物核查、生成外购入库单数据后，入库单信息同时反馈给采购管理系统，以供采购员查看采购订单执行情况。仓存管理系统并为采购管理提供存货现存量查看。
- 应付款管理系统。由采购管理系统填制采购发票和费用发票，传递到应付款管理系统审核登记应付明细账，并进行制单生成凭证传至总账系统。
- 存货核算系统。采购管理系统中的采购发票与采购入库单钩稽后核算原材料入库成本，该入库成本传递到存货核算系统，是核算材料出库成本的重要依据。

采购管理系统既可以单独使用，这样只能管理基本的采购操作，也可以与物料需求计划系统、销售管理系统、仓存管理系统、应付款管理系统、存货核算系统等结合运用，这样能提供更完整、全面的企业物流业务流程管理和财务管理信息。

采购管理模块的使用方法可以参照销售管理模块，因为两个模块间的业务操作流程相似。

7.2 初始设置

初始设置是对本系统的核算参数和基础资料进行设置，如设置某年某月使用本系统，这样才能知道期初数据应该录入什么时候的数据。只有基础资料设置成功后才能正常进行单据处理。

7.2.1 初始化

初始化设置是对本系统的核算参数和初始化数据录入。正确地进行初始化设置，在随后的日常业务处理中，查询到的各种报表才是正确和完整的，所以初始化工作非常重要。

1．系统参数设置

系统参数设置是对本系统的启用期间和核算方式等进行设置，设置方法参照第 4 章。

2．初始数据录入

初始数据录入是设置本系统启用时物料的期初数据，如某物料的期初数量是多少、金额是多少等，录入方法可以参照第 4 章。若业务系统已经启用，则可以不用录入初始数据。

3．录入启用期前的暂估入库单

此功能是录入已经收到货物，但是供应商还未开具发票时暂估入库成本的单据。录入暂估入库单是为了在收到供应商发票时，重新核算材料入库成本。

（1）单击“系统设置”→“初始化”→“采购管理”，双击“录入启用期前的暂估入库单”，系统弹出“条件过滤”对话框，在此保持默认值，单击“确定”按钮，系统进入启用期前的暂估入库单序时簿界面，如图 7-3 所示。

（2）在界面中可以进行“暂估入库单”的新增、修改和删除等操作。

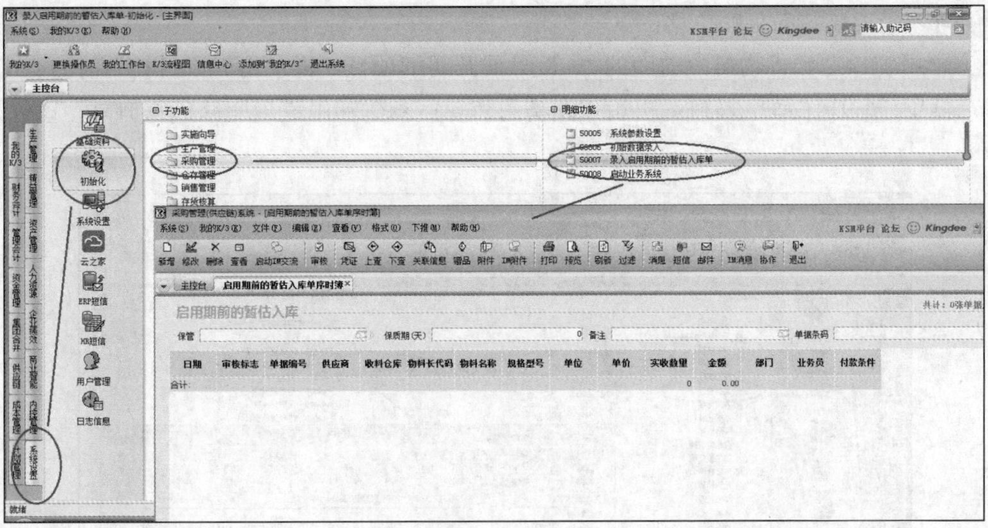

图 7-3

4．启用业务系统

此功能是指业务系统的所有初始化数据录入完成，相当于结束初始化工作，一经启用业务系统后，不能再进行初始化数据录入工作，只有“反初始化”后才能录入初始化数据。启用业务系统参照第 4 章。

7.2.2　基础资料

基础资料是系统填制单据和查询报表的重要组成部分。只有正确填制基础资料，在以后的系统使用过程中才能顺利引用数据。系统分为公共资料和采购管理基础资料两种，公共资料是必须设置项目，采购管理基础资料则视管理要求来确定是否对其进行设置。

1．付款条件

付款条件是进行采购业务时对供应商应付款事项的约定，如出货后 15 天、出货后 30 天、月结 15 天等付款条件。当付款条件设置后，在供应商档案中的“应收应付”选项卡中关联付款条件，这样在录入采购入库和采购发票时，可以根据预先设置的付款条件计算出该笔业务的应付款日期，从而方便应付款提醒和财务人员进行账龄分析。

2．采购价格管理

采购价格管理是录入同一种物料不同供应商供货时的采购价格，这样方便采购员对物料的采购成本进行管理，并且系统提供“最高价格”限价功能。当录入的采购价格高于该价格时，系统弹出预警信息。

价格资料维护好后，在录入采购申请单和采购订单时，系统会自动从价格资料中提取单价，这样可省去手工录入单价容易出错的麻烦。

单击“系统设置”→“基础资料”→“采购管理”，双击“采购价格管理”，系统进入采购价格管理界面，如图 7-4 所示。

在采购价格管理界面，可以进行物料的采购价格新增、查看和修改等操作。窗口左侧显示物料或供应商信息，切换方法是单击工具栏上的“供应商”和“物料”按钮，窗口右侧显示对应的采购价格记录。

例 7-1 设置笔芯的采购价格。

（1）单击窗口左侧“物料”前面的“+”号展开明细项目，再单击“原材料”前的“+”号展开明细，选中“1.01 笔芯”物料，单击“新增”按钮，系统弹出“供应商供货信息”窗口，如图 7-5 所示。

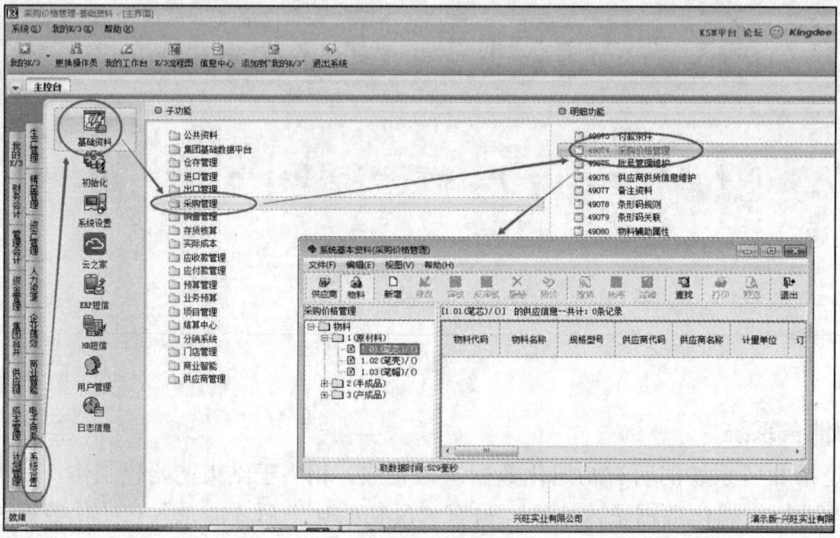

图 7-4

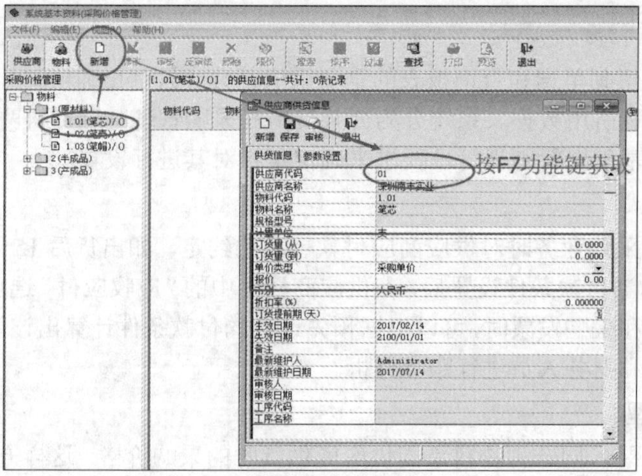

图 7-5

（2）在窗口中录入供应商信息、数量段和报价信息，单击“保存”按钮保存价格信息，单击“审核”按钮，对价格方案进行审核，审核后的价格方案才能在采购单据中被引用。

- 供应商代码、供应商名称。按 F7 功能键获取供应商代码，必录项目。
- 物料代码、物料名称、规格型号。供应商提供的货物代码、名称和规格型号，从物料档案中获取。
- 计量单位。货物的计量单位。
- 订货量（从）、订货量（到）。价格适用的数量段范围。

- 币别。计量供货价格的货币名称。默认为本位币，如果供应商资料定义了币种，则录入供应商时，携带供应商币种。
- 单价类型。单价类型指当前供货信息的单价类型，系统提供委外加工单价、采购单价两种单价类型的选择。录入不同类型的单据时，按 F9 功能键会自动带入相应的单价，订单更新时也会根据单价类型来决定反写哪些记录。
- 报价。当前数量段、当前币别，供应商给出的报价。
- 折扣率（%）。针对当前供应商、当前物料、当前数量段、当前币别、当前报价，供应商可以提供的折扣，以百分比表示。一般情况下，如果该数量段范围全部是从最低供货量到最高供货量，则可以根据同一价格给予不同折扣。
- 订货提前期（天）。属于备注信息，提前期指完成一项活动所需要的时间。
- 生效日期。指该价格的生效时间，如果是通过订单更新，取订单保存时的系统日期，在单据上携带单价时，将会携带生效日期之后的记录。
- 失效日期。指该价格的失效时间，如果通过订单新增，则默认取 2100-01-01，如为修改原有记录，则失效日期不修改。在单据上携带单价时，将会携带生效日期之后且失效日期之前的记录。
- 最高限价设置。当物料设置最高限价后，在采购单据保存时，系统会提示“您所录入的采购价格已经超过了设定的采购最高限价，是否继续保存？”用户按需要决定是否修改报价信息，这样可以避免采购成本的增加。在采购价格管理界面，选中要进行限价处理的价格方案，单击“限价”按钮，系统弹出“供应商供货最高限价”对话框，如图 7-6 所示。

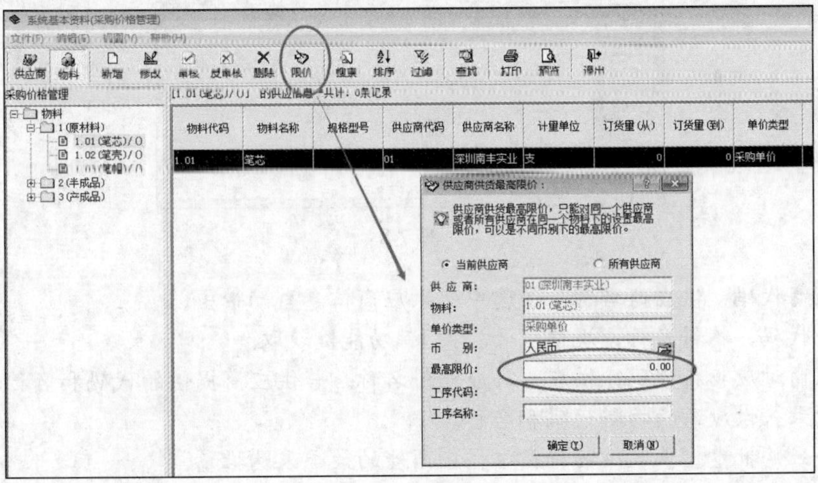

图 7-6

（3）在“供应商供货最高限价”对话框中可以设置是针对当前供应商还是所有供应商的最高限价，以及针对是何种币别，设置完成，单击“确定”按钮即可。

3．供应商供货信息

供应商供货信息是用来管理同一供应商供给何种物料，以及反查同一物料由哪几位供应商提供等事项。单击“系统设置”→“基础资料”→“采购管理”，双击“供应商供货信息”，系统进入“供应商供货信息”管理窗口，如图 7-7 所示。

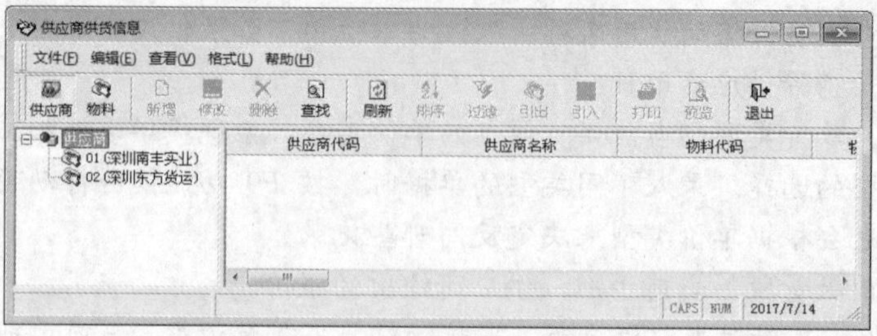

图 7-7

在窗口中可以进行供货信息的新增、修改和删除等操作。窗口左侧是供应商明细，窗口右侧显示该供应商所提供的物料。若单击工具栏上的“物料”按钮，则窗口左侧会显示物料明细，窗口右侧显示该物料由哪几位供应商供货。

例 7-2 选中供应商下的“深圳南丰实业”记录，单击“新增”按钮，系统弹出“供应商供货信息”设置窗口，如图 7-8 所示。

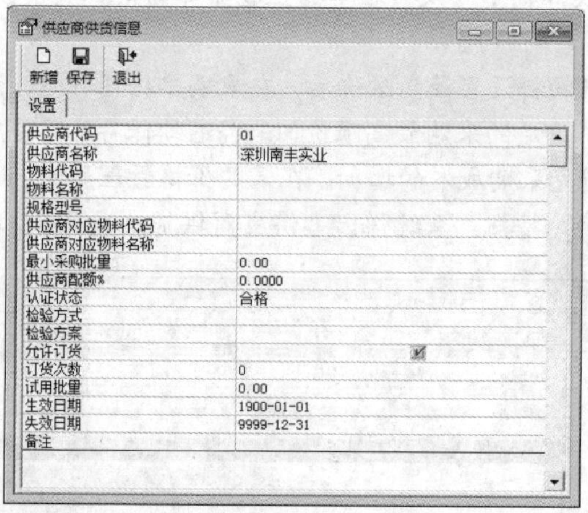

图 7-8

- 供应商代码、供应商名称。由选中的供应商信息自动带出。
- 物料代码、物料名称、规格型号。按 F7 功能键获取。
- 供应商对应物料代码、供应商对应物料名称。若供应商提供的代码和名称不一致，可以在此录入供应商的物料代码和名称。
- 最小采购批量。录入该物料在该供应商处的最小采购批量。
- 供应商配额%。录入百分比，大于或等于 0 且小于或等于 100%；也可不录，不录时默认为 0。一个存货在不同供应商间的配额分配之和应小于等于 100%。

设置完成，单击“保存”按钮保存设置。

7.2.3 采购管理系统设置

系统设置是针对本系统的一些控制进行设置，如对单据打印是否进行控制、单据编码的自定义格式等进行设置。采购管理和销售管理都同属于业务系统，所以销售管理系统的系统设置也同时应用到采购管理系统的系统设置中，在此只讲述采购选项的系统设置。

单击“系统设置”→“系统设置”→“采购管理”，双击“系统设置”，系统进入“系统参数维护”窗口，选择左侧“采购系统选项”项目，系统将显示可以进行设置的项目，如图 7-9 所示。

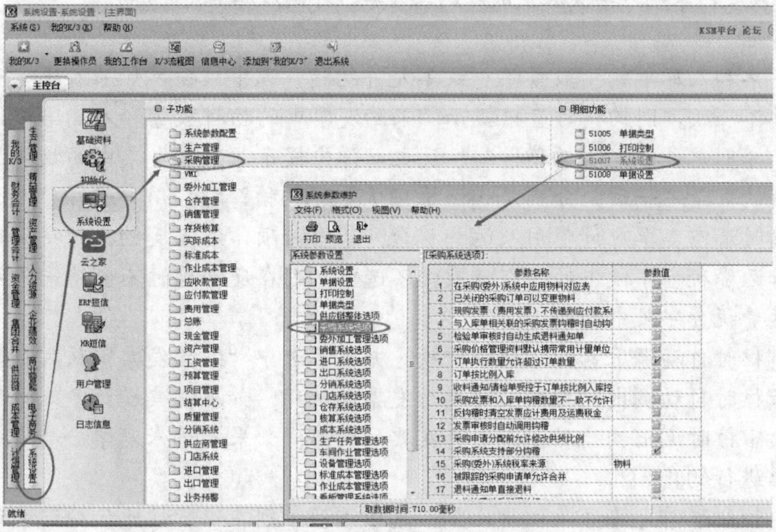

图 7-9

- 在采购（委外）系统中应用物料对应表。选中该项，则在各采购单据、序时簿中增加“对应代码”及“对应名称”，即系统自动取“供应商供货信息”中供应商与物料相对应的代码与名称，用于显示、查询，系统默认为不选中。
- 已关闭的采购订单可以变更物料。选中该项，则已关闭（包括自动关闭和手工关闭）的采购订单都可以再进行订单的追加工作；反之，则不能变更。系统默认为不选中。
- 现购发票（费用发票）不传递到应付款系统。选中该项，采购方式为现购的采购发票和采购费用发票不传递到应付款系统，应付款系统将不能查询和统计现购的采购发票以及现购的采购费用发票；反之，采购方式为现购的采购发票仍传递到应付款系统，同时传递一张采购费用的其他应付款单据到应付款系统。传递到应付款系统中的现购采购发票和现购采购费用发票视为已经付款的应付款，所以其状态默认是已核销。
- 与入库单相关联的采购发票钩稽时自动钩稽。选中该项，则当采购发票与一张入库单据采用单据关联生成时，系统在发票钩稽时如果符合钩稽条件则自动完成钩稽；否则需要调出相应的钩稽界面，由用户自行选择单据进行手工钩稽。
- 检验单审核时自动生成退料通知单。选中该项，则对采购入库检验类型的质检单审核时：①物料为全检时，如果不合格数不为 0，则审核时自动生成退料通知单，将不合格数量填入退料通知单，同时会将质检单对应的收料通知单单号记录到退料通知单上，并反写收料通知单的关联数量；②物料为抽检时，如果检验结果为不合格，则审核时自动生成退料通知单，将报检数量填入退料通知单，同时会将质检单对应的收料通知单单号记录到退料通知单上，并反写收料通知单的关联数量；③物料为抽检时，如果检验结果为合格，则审核时不生成退料通知单。不选中该项，则不能自动生成退料通知单。
- 订单执行数量允许超过订单数量。选中该项：①外购入库单选订单超过订单数量时，允许保存；②收料通知单关联订单时，超过订单数量允许保存；③外购入库单选关联订单生成的收料通知单时，超过订单数量允许保存。
- 订单按比例入库。选中该项，在采购订单关联生成外购入库单后（包括直接关联和第三方关联），入库单更新库存时，需要判断订单出库数量是否在订单上的出库上下限的百分比范围之内；反之，采购订单关联生成外购入库单，外购入库单更新库存时不会判断订单是否按比例出库。

- 采购发票和入库单钩稽数量不一致不允许钩稽。选中该项，如果入库单和发票物料匹配但数量不一致，则钩稽时直接提示“采购发票中的物料数量和入库单中该物料的数量不一致。分别是……无法钩稽！”。反之，弹出提示“采购发票中的物料数量和入库单中该物料的数量不一致。分别是……请确认是否钩稽？”，用户选择“是”或者“否”。
- 反钩稽时清空发票应计费用及运费税金。选中该项，则在反钩稽时将采购发票中的应计费用和运费税金字段中的内容清空；不选中，则在反钩稽时不会将采购发票中的应计费用和运费税金字段中的内容清空。
- 发票审核时自动调用钩稽。选中该项，并且不选中“采购发票审核时自动钩稽”，则在发票审核时自动调出钩稽界面，进行发票的钩稽；如果发票进行多级审核，则在完成业务级次审核时调出钩稽界面，进行发票的钩稽；如果是多张发票一起审核，则调出第一张发票进行钩稽。
- 采购申请分配前允许修改供货比例。选中该项，则在供货按比例分配的过程中“供货比例”和“数量”字段允许用户修改。不选中，则供货比例和数量字段不允许修改。
- 采购系统支持部分钩稽。选中，外购入库单、采购发票允许部分钩稽，此时外购入库单、采购发票单据以及序时簿中的钩稽人、钩稽期间将不可见。不选中，该选项表示外购入库单和采购发票只允许全部钩稽，此时外购入库单、采购发票单据以及序时簿中的钩稽人及钩稽期间将可见。

注 该选项在“外购入库生成暂估冲回凭证”选中时不能选中；如果“外购入库生成暂估冲回凭证”不选中，则新建账套未结束初始化时，允许修改采购发票、外购入库单中允许钩稽的选项，结束初始化后只允许由不选中改为选中，不能由选中改为不选中。

- 采购（委外）系统税率来源。该选项的值可以选择为供应商或物料，当选择供应商时，则采购订单、采购发票（专用）新增时直接取对应供应商属性中的税率，当选择物料时，则采购订单、采购发票（专用）新增时直接取对应物料属性中的税率。
- 被跟踪的采购申请单允许合并。选中该项，在合并当前采购申请单时，无论是否存在源单单号（包括采购申请单上存在的其他跟踪单号），皆可进行正常的合并操作，且无任何提示信息。
- 退料通知单直接退料。选中该项，退料通知单关联收料通知单生成时，退料通知单中的退料数量满足公式：退料数量=收料通知单数量−已退料数量−已入库数量；当该选项不选中，退料通知单中的退料数量满足公式：退料数量 = 已入库数量−已退料数量。
- 允许钩稽以后期间单据。选中该项，发票为以前期、本期、以后期可以和以前期、本期、以后期的外购入库单进行钩稽，但不支持对以后期间费用发票的钩稽。
- 订单允许超额付款。选中该项，则采购订单（进口订单）付款时不进行超额控制，允许超额付款。

7.3 日常业务处理

基础资料、初始化设置和系统设置完成，可以进行日常的业务处理。日常业务处理包括各种采购单据录入、查询和修改等操作，以及根据录入的各种单据，查询相关报表，以对企业的采购状况做出预测和分析处理。

单击“供应链”→“采购管理”，系统切换到采购管理界面，如图 7-10 所示。

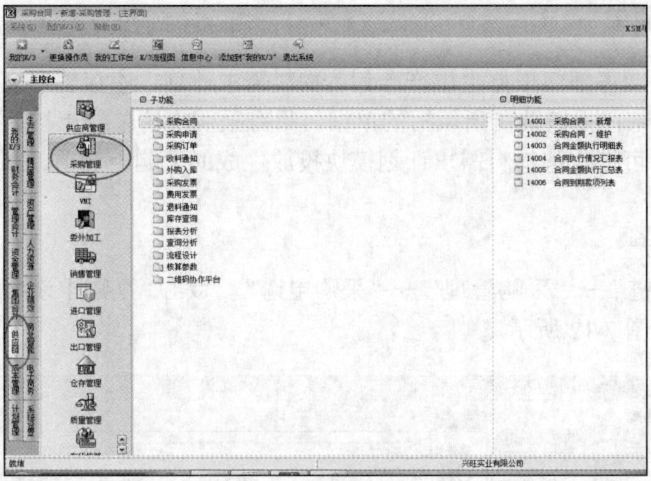

图 7-10

使用某个明细功能的方法是：先选择正确的子功能项，再双击“子功能”下正确的明细功能相应项目即可。例如要录入采购订单，操作方法是先选择“子功能”下的“采购订单”，再双击“采购订单-新增”项目，系统进入“采购订单-新增”的录入窗口。

7.3.1　采购合同

采购管理系统下的合同管理主要是针对应付类合同的管理，可以完成合同的新增、审核、修改和打印等操作，并且根据录入的合同资料以及该笔合同的执行情况，可以查询到合同金额执行明细表、合同执行情况汇报表、合同金额执行汇总表和合同到期款项列表。

单击“供应链”→“采购管理”→“采购合同”，双击“采购合同-新增”，进入“合同（应付）-新增”“窗口”，如图 7-11 所示。

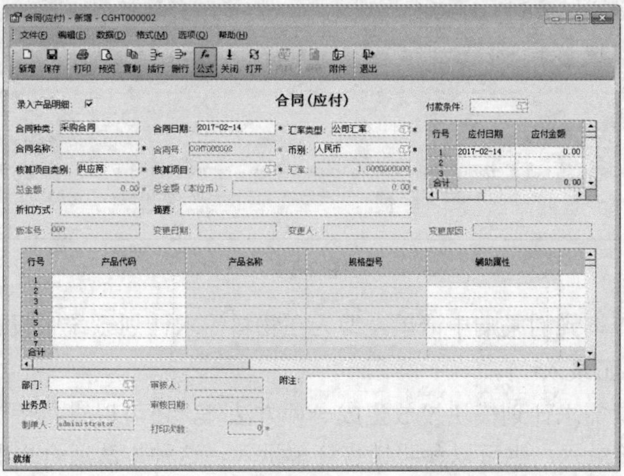

图 7-11

在窗口中可以进行应付类合同的新增、审核和删除等操作。

应付类合同与应收类合同是功能相同、方向相反的单据，所以，应付类合同的处理方法和报表查询方法可以参考“销售管理”中的“销售合同”小节。

7.3.2　采购申请单

采购申请单是各业务部门根据主生产计划、物料需求计划、库存管理需要、销售订货或零售需求等情况，向采购部门提请购货所填写的单据。只有采购申请单经审核后方能生成采购订单。

采购申请单同时可接收从物料需求计划模块投放生成的采购申请单，在“采购申请单-维护”中可以查询。

1．采购申请维护

（1）单击“供应链”→“采购管理”→“采购申请”，双击“采购申请-维护”，系统弹出“条件过滤”对话框，如图7-12所示。

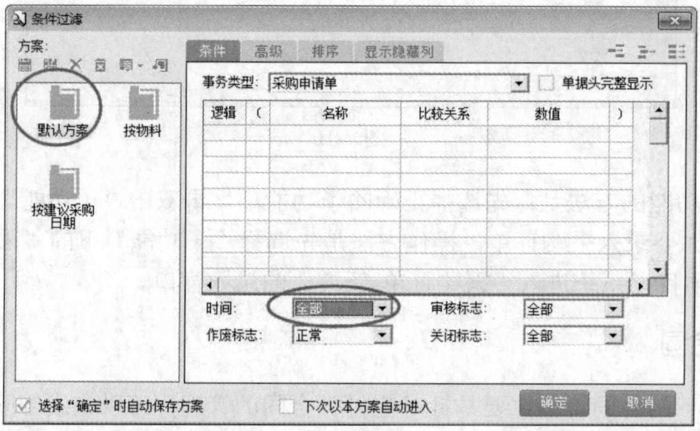

图7-12

（2）在对话框中可以设置查询申请单的过滤条件。选择“默认方案”，“时间”选择“全部”，单击“确定”按钮，系统进入采购申请单序时簿界面，如图7-13所示。

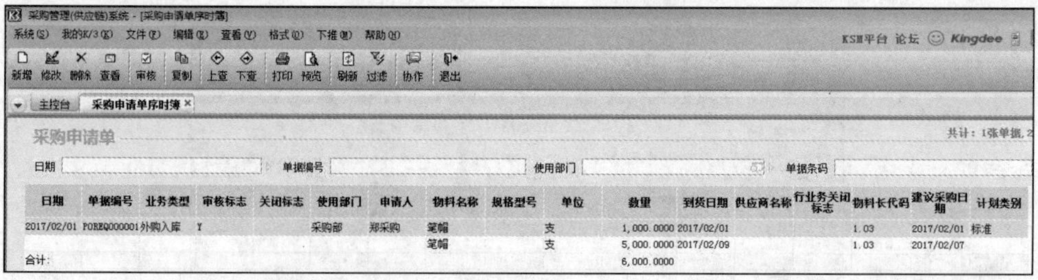

图7-13

在序时簿界面中查询到的采购申请单，即为在物料需求计划系统中投放生成的采购申请单。

2．采购申请单手工录入

采购申请单除物料需求计划模块投放生成一种方法外，还可以直接手工录入采购申请单。手工录入时，既可以直接录入，也可以参照销售订单录入。这种方法适合采购管理模块单独使用，或者销售管理与采购管理模块结合使用该功能。

单击“供应链”→“采购管理”→“采购申请”，双击“采购申请-新增”，系统进入“采购申请单-新增”录入窗口，如图 7-14 所示。

- 使用部门。单击“查看”按钮，获取申请部门。
- 源单类型、选单号。有空白和销售订单两种方式，选择空白即为不参照任何单据，选择销售订单时，则可以将光标放置在“选单号”项处，单击工具栏上的“查看”按钮，获取参照的销售订单信息。

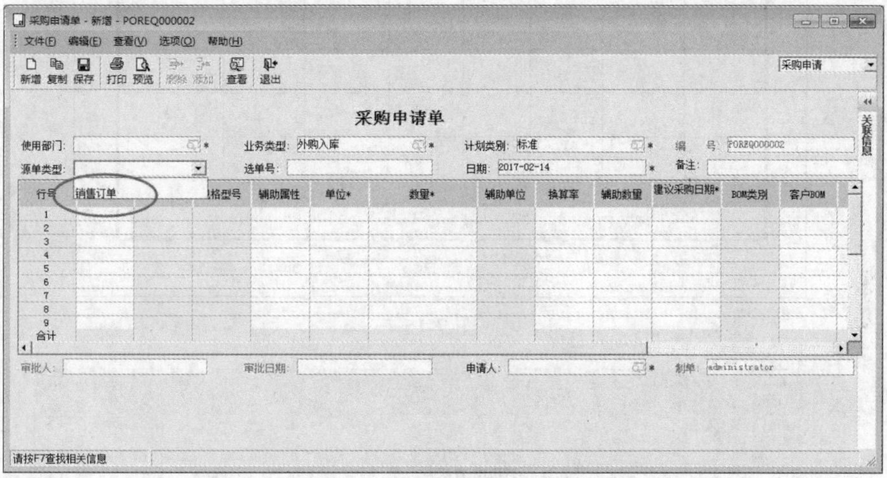

图 7-14

- 申请人。单击“查看”按钮，获取该张单据的申请人信息。

日期、备注、制单等表头项目可参照“销售管理”中的单据处理方法。

- 产品代码。单击“查看”按钮或按 F7 功能键获取产品信息，必录项目。
- 产品名称、规格型号、辅助属性和单位。由获取的产品代码所表示的物料档案显示。
- 建议采购日期、到货日期。录入建议采购日期，系统会根据该项物料档案的提前期，自动计算到货日期，到货日期可以手工修改。
- 用途。录入申请该物料的使用用途，非必录项目。
- 供应商。可以指定该物料由某位供应商提供，非必录项目。一般来说，作为申请人没有权力指定供应商，所以该项目可以为空。

例 7-3　录入如图 7-15 所示的采购申请单。

（1）进入“采购申请单-新增”录入窗口，在“使用部门”处单击“查看”按钮，获取“PMC”部门，“日期”修改为“2017-02-01”。

（2）将光标移至第一条分录产品代码处，单击工具栏上的“查看”按钮，获取“1.01 笔芯”，“数量”录入“500.0000”，“建议采购日期”录入“2017-02-01”，“用途”录入“备料”。

（3）将光标移至“申请人”处，单击“查看”按钮，获取“游计划”，单击“保存”按钮保存单据，并审核该单据，审核后如图 7-16 所示。

3．采购申请单基本操作

单击“供应链”→“采购管理”→“采购申请”，双击“采购申请-维护”，系统弹出“过滤”对话框，保持默认条件，单击“确定”按钮，系统进入采购申请单序时簿界面，如图 7-17 所示。

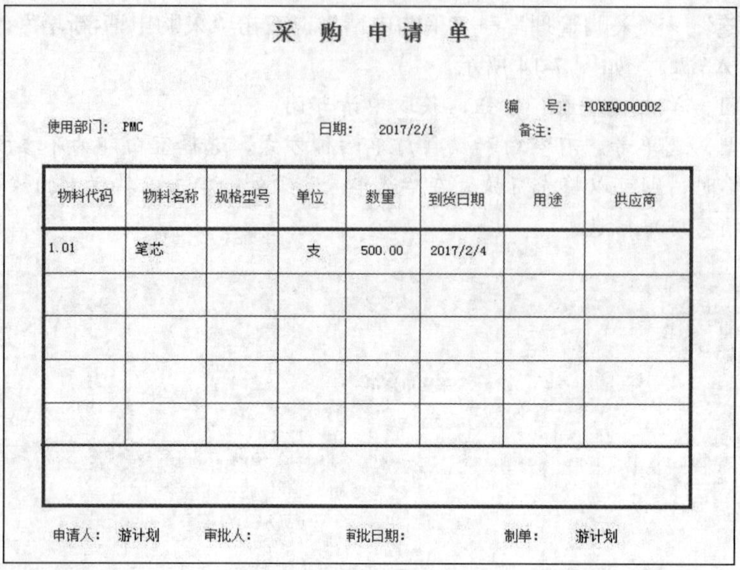

采 购 申 请 单

编　号：POREQ000002

使用部门：PMC　　日期：2017/2/1　　备注：

物料代码	物料名称	规格型号	单位	数量	到货日期	用途	供应商
1.01	笔芯		支	500.00	2017/2/4		

申请人：游计划　　审批人：　　审批日期：　　制单：游计划

图 7-15

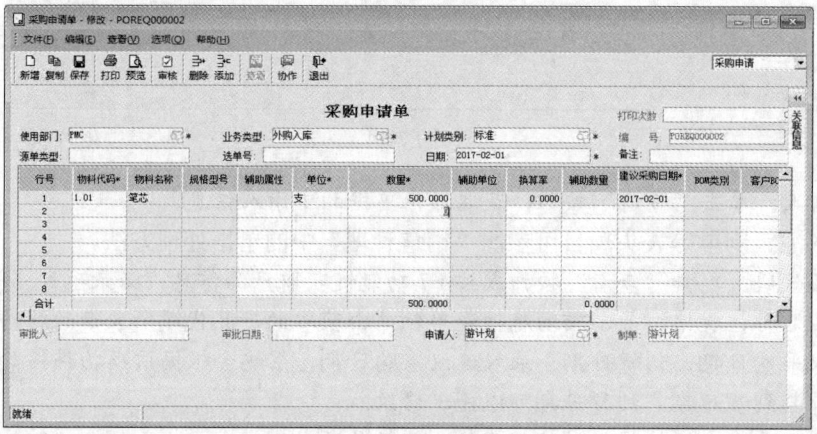

图 7-16

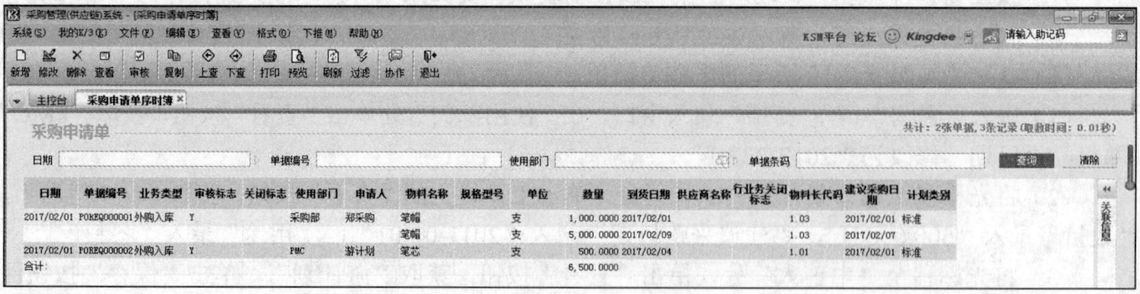

图 7-17

采购申请单的修改、审核和作废等操作请参照第 4 章中的单据处理方法。读者可对刚才所生成的采购申请单进行审核，以备后面调用。

4．采购申请单生成采购订单

采购申请单生成采购订单的方式有两种：一种是由采购申请单直接生成采购订单；另一种是在录入采购订单时，选择采购申请单作为源单据后，再选择由哪张采购申请单生成采购订单。两种方法达到的目的一样，只是操作方式不同。采购申请单生成采购订单的前提是该报价单已经审核。

（1）在采购申请单序时簿界面中，选中要生成采购订单的分录。例如选中第 1 行，即单号为“POREQ000001”中的第 1 行，单击“下推”→“生成采购订单”，系统弹出“采购申请单 生成采购订单”对话框，如图 7-18 所示。

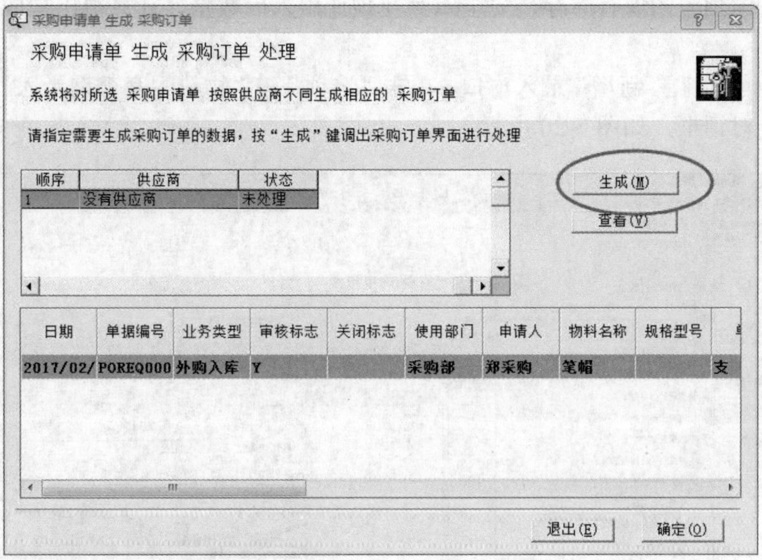

图 7-18

（2）单击“生成”按钮，系统进入“采购订单-修改”窗口，“供应商”获取“深圳南丰实业”，“含税单价”录入“0.20”，“主管”获取“郑采购”，“部门”获取“采购部”，“业务员”获取“郑采购”，如图 7-19 所示，单击“保存”按钮保存生成的采购订单。

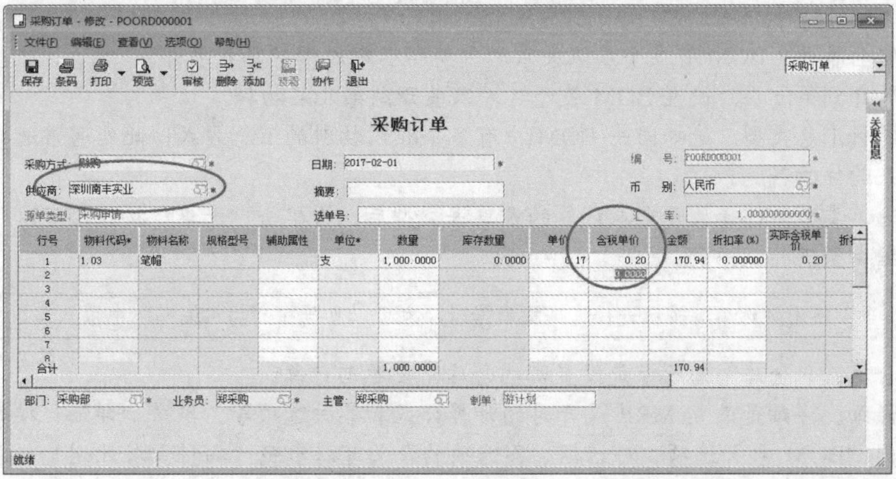

图 7-19

注 （1）可以单击“供应链”→“采购管理”→“采购订单”，双击“采购订单-维护”可以查询到刚才所生成的采购订单。（2）当需要几张采购申请单生成一张采购订单时，其方法是在采购申请单序时簿界面中，用 Ctrl 或 Shift 键选中要生成采购订单的申请单记录，然后单击“下推”→“生成采购订单”即可。（3）在生成采购订单的窗口中，可以根据需要修改实际要求采购的数量信息。

5. 物料配套查询录入

物料配套查询录入是根据 BOM 档案展开采购件物料的过程，是一个模拟 MRP 运算的过程。它是根据用户指定的一个或一组产品的需求，按照 BOM 结构展开到用户指定的层次，并根据用户的参数设置考虑相应的现有库存、安全库存及预计出入库数量，计算得出构成产品相关物料的建议计划数量。

（1）在“采购申请单-新增”录入窗口，单击“选项”→“物料配套查询录入”，系统弹出“物料配套查询表”对话框，如图 7-20 所示。

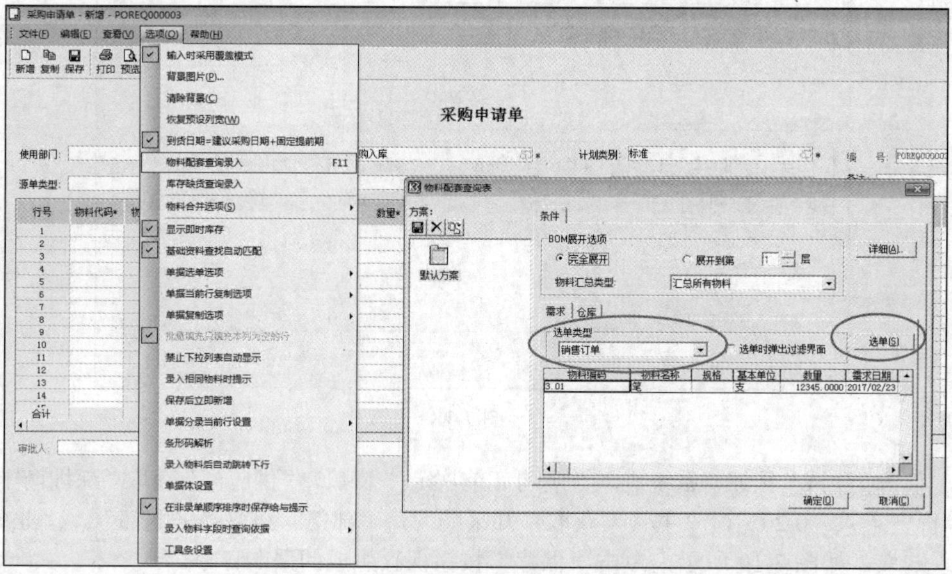

图 7-20

- 完全展开。BOM 有多个层级关系时，将所有级次中的物料展开。
- 展开到第 *n* 层。设置 BOM 展开时，只展开到第几层物料。
- 物料汇总类型。选择同一 BOM 中有多个相同物料的汇总方式，此处通常选择“只汇总采购件物料”。
- 选单类型。选择展开需求计算的源单据类型后，再单击“选单”按钮，可以获取相应单据类型下的数据。

注 当不使用“选单”按钮进行选择源单据时，也可以直接在“物料编码”中录入需求的物料。

- 仓库。“仓库”选项卡是设置哪些仓库需要参与计算。
- 详细。详细是设置 MRP 展开时的计算公式和各种选项等。单击“详细”按钮，系统弹出“BOM 展开选项”对话框，各选项的含义可以参照“物料需求计划”一章，请按图 7-21 所示进行设置。

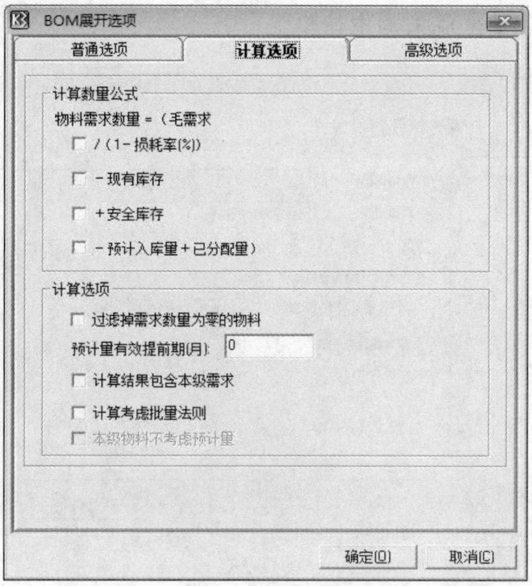

图 7-21

（2）在“物料配套查询表”对话框中，“物料代码”录入“3.01”，“毛需求”录入“333”，“需求日期”录入“2017-2-15”，单击“确定”按钮，系统进入“物料配套查询表”结果窗口，如图 7-22 所示。

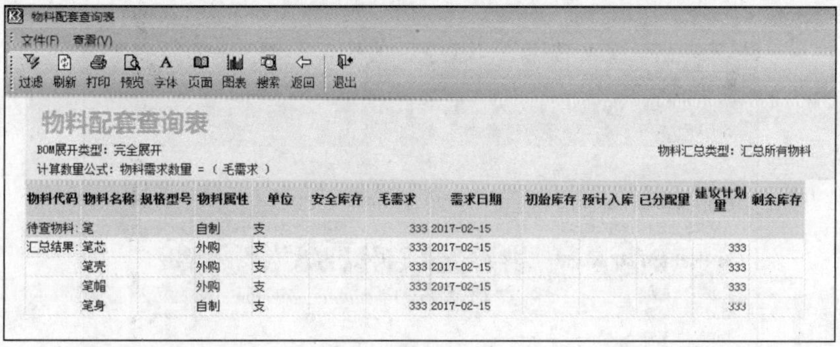

图 7-22

（3）在窗口中选择要进行采购申请的物料后，单击“返回”按钮，在“采购申请单-新增”录入窗口即可获取该物料的采购计划情况。

6. 库存缺货查询录入

库存缺货查询录入是系统根据选项设置后，计算出库存缺货情况，再根据缺料表进行采购申请单的录入。

（1）在“采购申请单-新增”录入窗口，单击“选项”→“库存缺货查询录入”，系统弹出“足缺料分析”对话框，如图 7-23 所示。

在对话框中可以设置要查询的物料范围和计算方式，计算方式说明如下。

- 考虑预计量和现有库存。利用预计可用量指标，对该指标为负的情形，则按其差缺量生成采购申请单。
- 订货点策略。即根据物料基础资料中的“再订货点”，针对现有即时库存低于再订货点的情形，按其差缺量生成采购申请单。

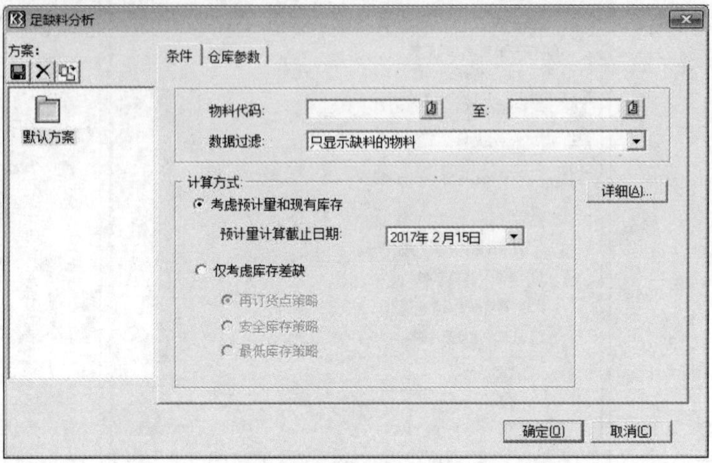

图 7-23

- 安全库存策略。即针对现有即时库存小于安全库存的情形，按其差缺量生成采购申请单。
- 最低库存策略。针对现有即时库存小于最低库存的情形，按其差缺量生成采购申请单。

（2）各条件设置完成后，单击“确定”按钮，系统进入“足缺料分析”结果窗口，如图 7-24 所示。

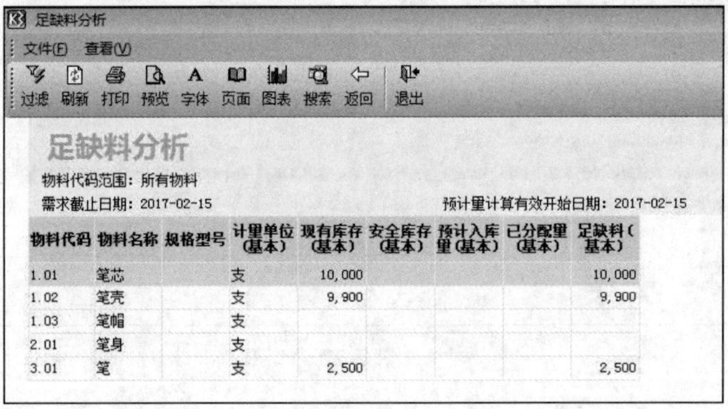

图 7-24

（3）在窗口中选择要进行采购申请的记录，单击“返回”按钮返回“采购申请单-新增”录入窗口，在单据窗口中可以看到获取成功的物料信息。

7.3.3 采购订单

采购订单的下达表示相关采购申请单和采购合同资料已经确认，企业需要下达采购订单给供应商，以及传递到相关部门，各部门根据接收到的采购订单信息，准备好收货、生产安排和财务核算。

采购订单可以根据销售订单、采购申请单、合同资料和外销订单生成，当系统中没有相关的源单据时，则采购订单可以手工录入。

1．采购订单新增

单击“供应链”→“采购管理”→“采购订单”，双击“采购订单-新增”，系统进入“采购订单-新增”单据录入窗口，如图 7-25 所示。

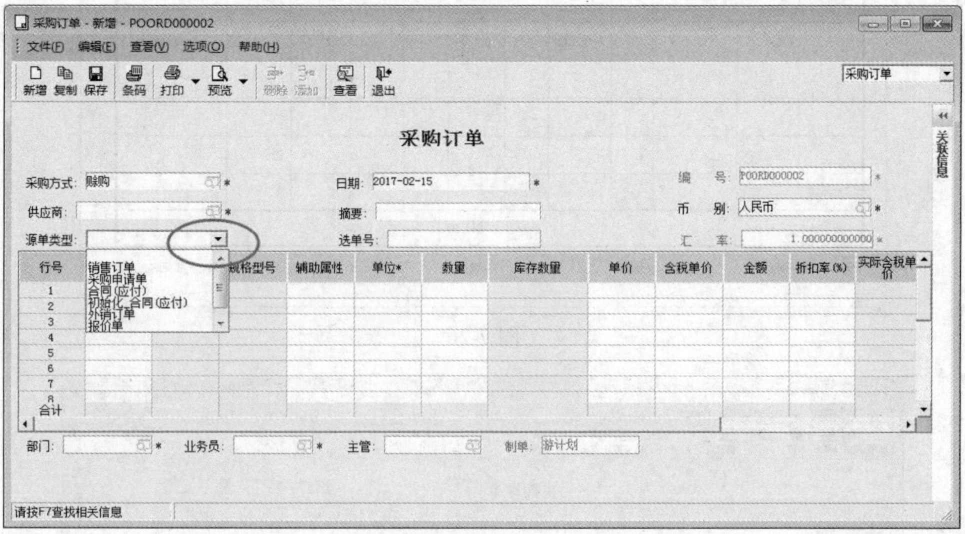

图 7-25

表头项目各项介绍内容如下。

- 采购方式。有直运采购、受托入库、现购和赊购 4 种方式，默认为赊购。
- 供应商。单击“查看”按钮获取供应商信息。由合同资料生成采购订单时，由合同资料中的客户信息自动生成，必录项目。
- 源单类型。单击下拉按钮，选择采购订单由什么类型的单据生成。
- 选单号。选择相应的“源单类型”后，将光标放置在“选单号”项处，单击工具栏上的“查看”按钮，系统会显示系统中审核的源单据，以供用户引用。但是已作废或已关闭的单据不会显示。

表体项目：黄色区域表示由系统中的相关档案生成，空白为手工录入。

- 物料代码。光标移至此处，单击“查看”按钮，获取产品信息，也可由源单据上的产品代码生成。
- 物料名称、规格型号、辅助属性、单位。由选择的产品代码信息自动带出。
- 数量。录入本笔采购订单的数量。
- 交货日期。要求供应商在此时间范围内交货，以满足生产需求。

例 7-4　录入如图 7-26 所示的采购订单。该订单由“POREQ000001”号采购申请单生成。

（1）在“采购订单-新增”录入窗口，“源单类型”选择“采购申请”，将光标移动到“选单号”项，单击“查看”按钮，系统弹出采购申请序时簿界面，双击“POREQ000001”号采购申请单，将该单据内容引用到采购订单中，引用成功的窗口如图 7-27 所示。

（2）将光标移至“供应商”处，单击“查看”按钮，获取“**丰实业”，“主管”获取“郑采购”，“部门”获取“采购部”，“业务员”获取“郑采购”，其他表头项目可以保持默认值。

（3）“含税单价”修改为“0.19”，单击“保存”按钮保存当前单据，并审核该订单，审核成功后的订单如图 7-28 所示。

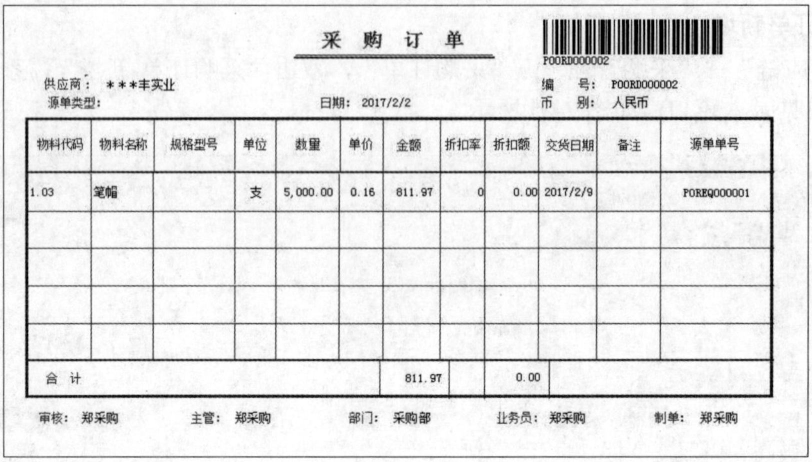

采购订单

POORD000002

供应商：＊＊＊丰实业　　编　号：POORD000002

源单类型：　　日期：2017/2/2　　币　别：人民币

物料代码	物料名称	规格型号	单位	数量	单价	金额	折扣率	折扣额	交货日期	备注	源单单号
1.03	笔帽		支	5,000.00	0.16	811.97	0	0.00	2017/2/9		POREQ000001
合　计						811.97		0.00			

审核：郑采购　　主管：郑采购　　部门：采购部　　业务员：郑采购　　制单：郑采购

图 7-26

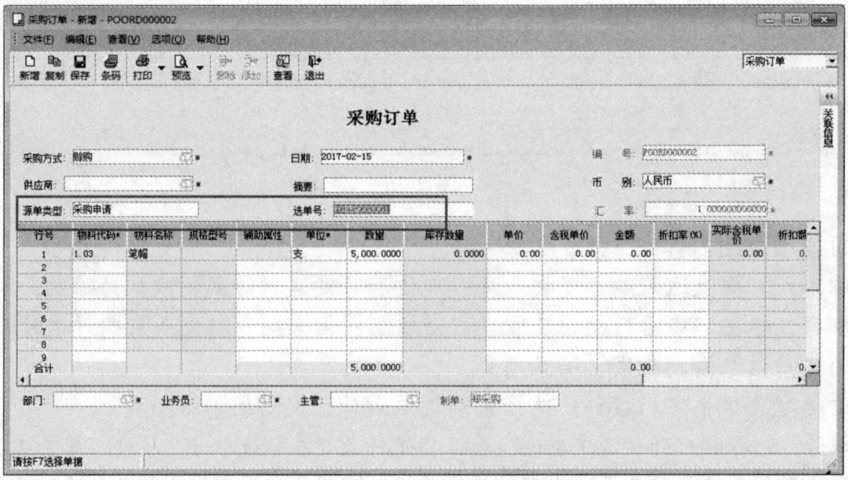

图 7-27

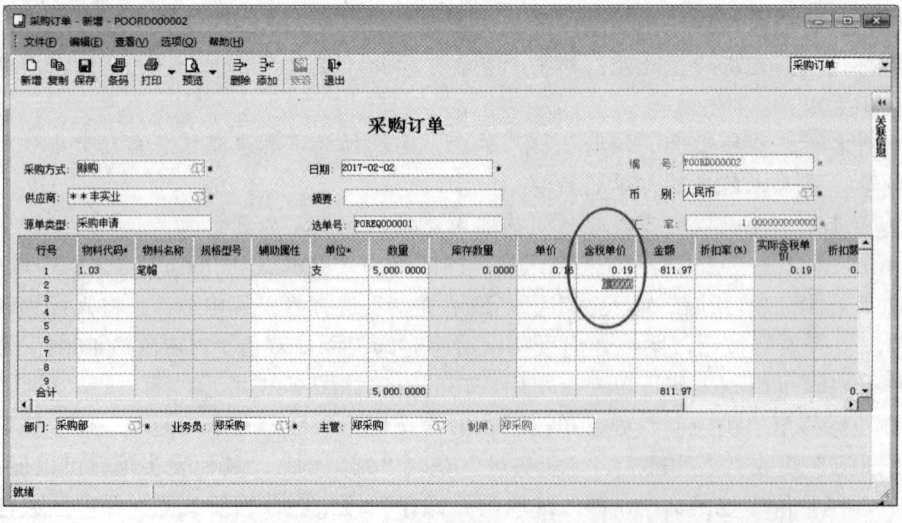

图 7-28

2．采购订单基本操作

单击“供应链”→“采购管理”→“采购订单”，双击“采购订单-维护”，系统弹出“过滤”对话框，选择默认方案，“时间”选择“全部”，单击“确定”按钮，系统进入采购订单序时簿界面，如图 7-29 所示。

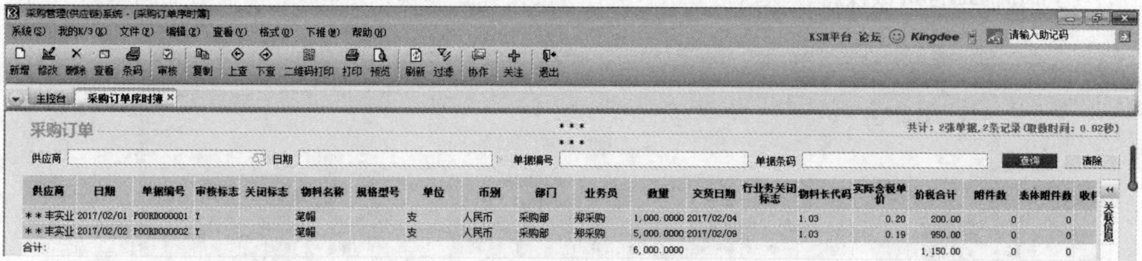

图 7-29

在采购订单序时簿界面中可以进行采购订单的新增、修改、删除、审核、关闭和作废等操作。其方法是选中相应单据后，再单击相应工具按钮即可。

注　关闭和作废功能在“编辑”菜单下。

3．采购订单变更

采购订单变更功能是针对已经审核后的采购订单进行变更处理，变更时主体内容不能变更，即该笔订单的供应商、物料编码不能变更，只能对数量、单价、税率和交货日期进行变更。

在采购订单序时簿界面，选中要变更的采购订单，单击“编辑”→“订单变更”，系统进入变更窗口，变更相应内容后，单击“保存”按钮即可。

4．采购订单生成其他业务单据

审核后的采购订单可以作为源单据生成多种业务单据，可以生成收料通知单、外购入库单和采购发票，生成的采购发票传递到应付款管理模块。

例 7-5　在此以采购订单生成图 7-30 所示的采购收料通知单为例，介绍采购订单生成其他业务单据的操作方法。

采购收料通知单

编　号：DD000001

供应商：**丰实业　　日期：2017/2/15　　源单类型：

物料代码	物料名称	规格型号	单位	数量	单价	金额	备注	收料仓库	源单单号
1.03	笔帽		支	1,000.00	0.17	170.00¥			POORD000001
合计:						170.00¥			

审核：　　主管：　　部门：采购部　　业务员：郑采购　　制单：郑采购

图 7-30

（1）在采购订单序时簿界面中，选中“POORD000001”号采购订单，单击“下推”→“生成收料通知单”，系统弹出“采购订单生成收料通知单”窗口。

（2）单击“生成”按钮，系统进入“收料通知/请检单-新增”录入窗口，并且该窗口将所选中的采购订单信息引用。

（3）其他项目可以保持默认值，单击“保存”按钮保存单据，并审核，审核后如图 7-31 所示。

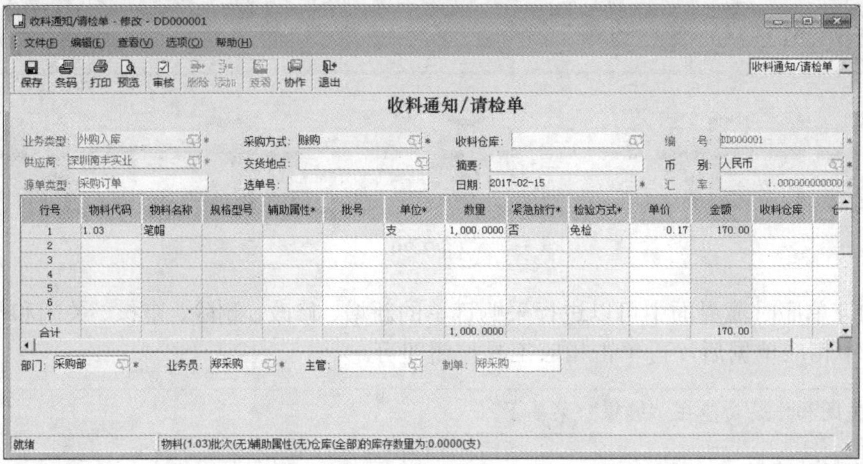

图 7-31

5．采购订单执行情况汇总表、明细表

采购订单执行情况汇总表是查询满足条件的某个采购订单的执行情况，可以查询到订单数量、入库数量和未入库等信息。下面以查询采购订单执行情况明细表为例，介绍执行情况表的查询方法。

单击“供应链”→“采购管理”→“采购订单”，双击“采购订单执行情况明细表”，系统弹出“过滤”对话框，日期范围设置为“2017-02-01 至 2017-02-28”，其他项目保持默认值，单击“确定”按钮，系统进入采购订单执行情况明细表界面，如图 7-32 所示。

图 7-32

6．采购订单全程跟踪

采购订单全程跟踪是查询符合条件的订单的入库、开票和付款情况，以做到及时、全面的跟踪。

单击“供应链”→“采购管理”→“采购订单”，双击“采购订单全程跟踪”，系统弹出“过滤”对话框，单据日期范围设置为“2017-02-01 至 2017-02-28”，其他项目保持默认值，单击“确定”按钮，系统进入采购订单全程跟踪报表界面，如图 7-33 所示。

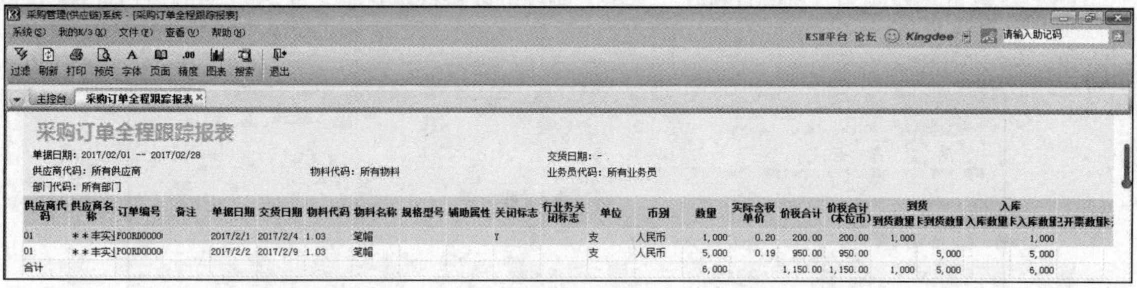

图 7-33

7.3.4　收料/退料通知单

采购收料通知单是采购部与仓库之间的信息传递纽带。当采购部接到供应商到货信息后，填写一张收料通知单传递到仓存管理模块，当仓库管理员接收到收料通知信息，点查来料实物后，再根据收料通知单填写采购入库单据做入库处理。

收料通知单的操作方法与采购订单的处理方法基本相同。

例 7-6　以图 7-34 为例介绍收料通知单的处理方法。

图 7-34 的收料通知单是以采购订单为源单类型，源单号为“POORD000002”生成收料通知单，数量为“2,500.00”，录入步骤如下。

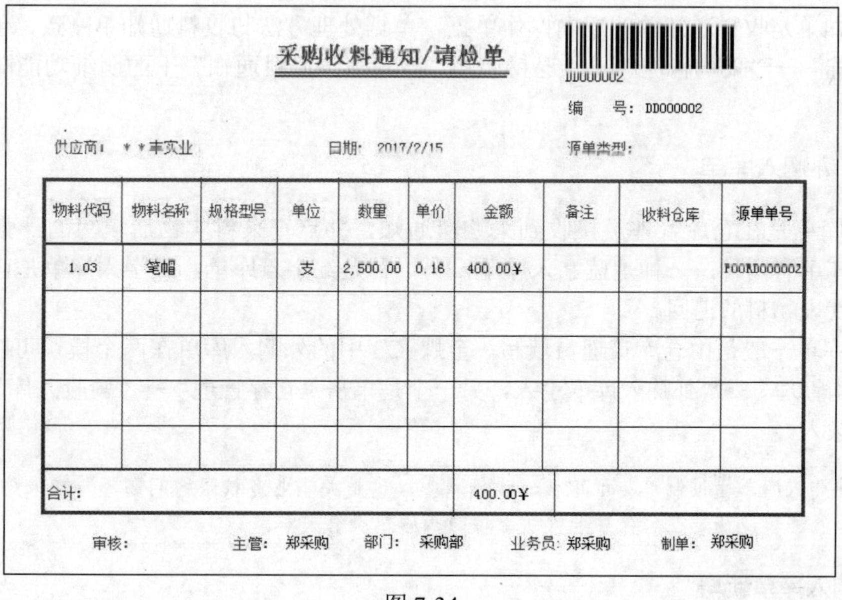

采购收料通知/请检单

DD000002

编　号：DD000002

供应商：**丰实业　　日期：2017/2/15　　源单类型：

物料代码	物料名称	规格型号	单位	数量	单价	金额	备注	收料仓库	源单单号
1.03	笔帽		支	2,500.00	0.16	400.00¥			POORD000002
合计:						400.00¥			

审核：　　主管：郑采购　　部门：采购部　　业务员：郑采购　　制单：郑采购

图 7-34

（1）单击“供应链”→“采购管理”→“收料通知”，双击“收料通知/请检单-新增”，系统进入“收料通知/请检单-新增”录入窗口。

（2）“源单类型”选择“采购订单”，将光标移到“选单号”处，按 F7 功能键，或单击工具栏上的“查看”按钮，系统将显示满足条件的采购订单列表，双击“POORD000002”号单据，并返回“收料通知/请检单-新增”录入窗口，此时应注意窗口的变化。

（3）“数量”修改为“2,500.0000”，其他项目可以保持默认值，录入成功的窗口如图 7-35 所示。

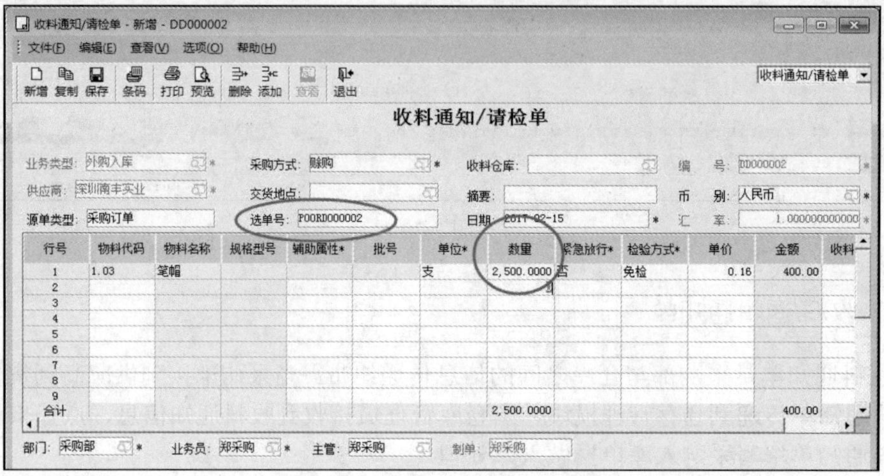

图 7-35

（4）单击“保存”按钮保存单据。

收料通知单的查询、修改、审核、作废等操作可以参照前面单据的处理方法。请读者审核所有收料通知单，以供后面单据练习使用。

退料通知单是收料通知单的反向操作单据，单据处理方法与收料通知单一致，但效果相反。单击“供应链”→“采购管理”→“退料通知”，双击“退料通知”下的明细功能即可完成退料通知单的操作。

7.3.5 外购入库单

外购入库单是在仓库管理员接收到采购料通知，并点查来料实物后填写的一张材料入库单据。外购入库单有两种，一种是蓝字入库单，另一种是红字入库单。红字入库单是蓝字入库单的反向单据，代表物料的退回。

外购入库单一般是由仓库管理员填写。金蝶 K/3 中的外购入库单在两个模块可以录入：一个是单击“采购管理”→“外购入库”录入，另一个是单击“仓存管理”→“验收入库”，双击“外购入库单”录入。

注　外购入库单由谁制单、谁审核、谁领料等，这是关于业务权限的问题，与在采购管理模块下填写入库单，还是在仓存管理模块下填写入库单没有关系。

1. 外购入库单新增

例 7-7　以图 7-36 为例介绍外购入库单的处理方法。该外购入库单是由来料通知单“DD000001”号作为源单生成的入库单。

（1）以“易保管”登录账套，单击“供应链”→“采购管理”→“外购入库”，双击“外购入库单-新增”功能，系统进入“外购入库单-新增”录入窗口。

（2）“源单类型”选择“来料通知/请检单”，将光标移至“选单号”处，按 F7 功能键或单击工具栏上的“查看”按钮，系统弹出来料通知序时簿界面，双击选中“DD000001”号来料通知单，并返回“外购入库单-新增”录入窗口，实收数量录入“999.00”。

外购入库单

WIN000001

供应商：深圳南丰实业　　编　号：WIN000001

收料仓库：原材仓　　日期：2017/2/15　　源单类型：

源单单号	物料编码	物料名称	规格型号	批号	单位	数量		收料仓库	备注
						应收	实收		
DD000001	1.03	笔帽			支	1,000.00	999.00	原材仓	

审核：　记账：　验收：易保管　保管：易保管　制单：易保管

图 7-36

（3）将光标移至“收料仓库”处，按 F7 功能键或单击工具栏上的“查看”按钮，系统弹出“仓库”档案，双击选择“原材仓”，并返回“外购入库单-新增”录入窗口。

（4）将光标移至“验收”和“保管”处，单击工具栏上“查看”按钮，系统弹出“职员”档案，双击选择“易保管”记录，并返回“外购入库单-新增”窗口。

（5）单击“保存”按钮保存外购入库单，并审核，审核后如图 7-37 所示。

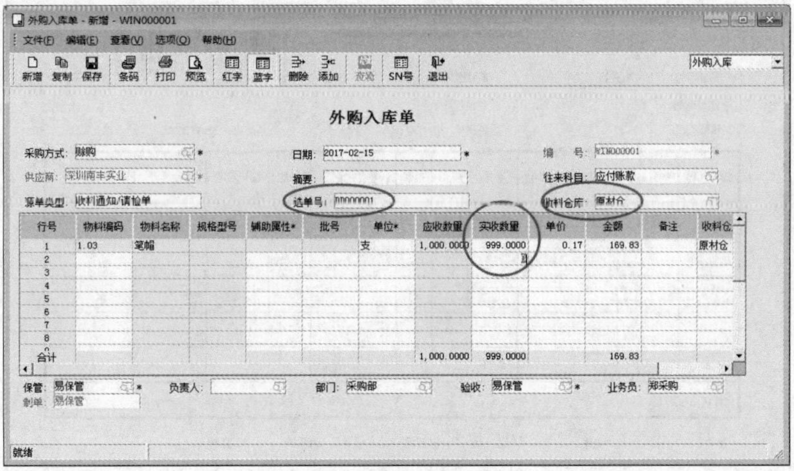

图 7-37

注　（1）红字采购入库单的录入方法是先单击工具栏上的“红字”按钮，这时窗口右上角显示“红字”字样，表示当前处理状态为红字单据录入，红字单据的录入方法同蓝字单据录入方法。

（2）若采购入库单无源单据引用，可以直接手工录入，则供应商档案需要手工获取。

2. 外购入库单基本操作

单击“供应链”→“采购管理”→“外购入库”，双击“外购入库单-维护”，系统弹出“过滤”对话框，过滤条件的设置方法参照前面单据处理，设置过滤条件时应注意时间、审核标志、作废标志和关闭标志等选项是否选择正确。在此保持默认值，单击“确定”按钮进入外购入库序时簿界面。

单击“编辑”菜单，系统弹出编辑功能列表，单击“修改”“删除”“审核”“作废”等按钮，可以对单据进行相应的操作。审核所有外购入库单，以供后面单据调用。

外购入库单的拆分和合并可以参照“销售出库单”小节中的拆分和合并。

3．外购入库单的核销

外购入库单的核销功能与 4.3.5 小节中的销售出库单的核销功能一致，此处不再叙述。

4．外购入库单生成采购发票

采购发票是财务核算对供应商的付款凭据，在采购管理系统录入正确的发票信息后，系统会自动将采购发票传递到应付款管理模块，经审核后挂供应商的“应付账款”。外购入库单可以生成采购专用发票和采购普通发票。

由于采购发票涉及财务核算，所以应付款管理模块需要启用后才能生成发票并保存。如果用户只单独使用采购管理模块，不使用应付款管理模块，并且要录入采购发票，则在“系统参数维护”中更改选项后，方能录入采购发票并保存。设置方法是：在“主界面”窗口，单击“系统设置”→“系统设置”→“采购管理”，双击“系统设置”，系统弹出“系统参数维护”窗口，将“供应链整体选项”下的“若应收款、应付款管理系统未结束初始化，则业务系统发票不允许保存”取消选中即可。

例 7-8 以图 7-38 发票为例，介绍外购入库单生成采购发票的处理方法。该发票是由“WIN000001”号外购入库单生成的采购发票。

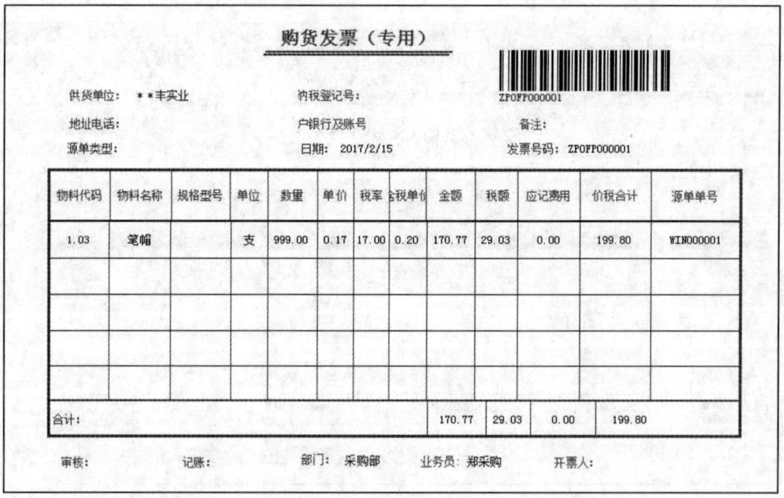

购货发票（专用）

ZPOFP000001

供货单位： * *丰实业　　纳税登记号：

地址电话：　　户银行及账号　　备注：

源单类型：　　日期： 2017/2/15　　发票号码： ZPOFP000001

物料代码	物料名称	规格型号	单位	数量	单价	税率	含税单价	金额	税额	应记费用	价税合计	源单单号
1.03	笔帽		支	999.00	0.17	17.00	0.20	170.77	29.03	0.00	199.80	WIN000001
合计：								170.77	29.03	0.00	199.80	

审核：　　记账：　　部门： 采购部　　业务员： 郑采购　　开票人：

图 7-38

（1）以“王丽”身份登录账套，在外购入库单序时簿界面，选中“WIN000001”号外购入库单，单击“下推”菜单，系统弹出菜单列表，选择“生成购货发票（专用）”项，系统进入“外购入库单生成发票”窗口。

（2）单击“生成”按钮，系统进入“购货发票（专用）-新增”录入窗口，此时仔细注意单据、税率和金额等信息是否正确，单击“保存”按钮保存发票，并审核，审核后如图 7-39 所示。

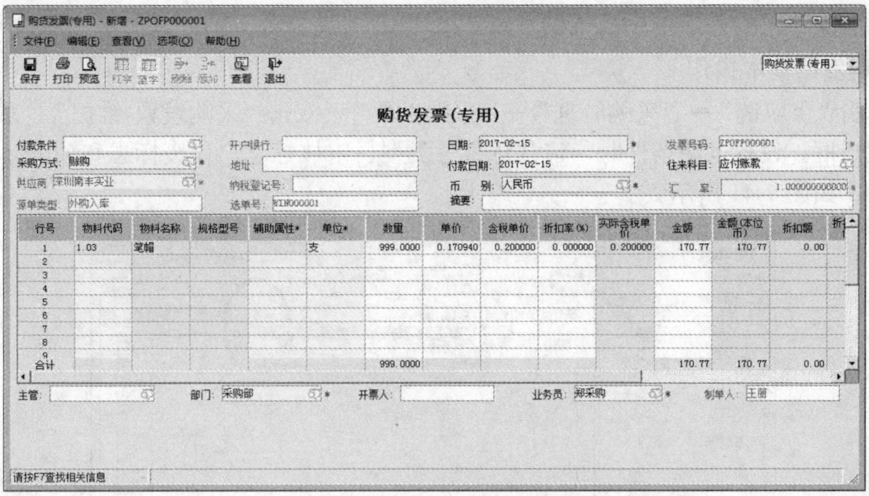

图 7-39

外购入库单还可以下推生成销售出库单、领料单和委外加工单等单据，生成办法可以参照下推生成采购发票的生成操作。

7.3.6　采购发票

采购发票可以处理采购专用发票（增值税发票）和普通发票，并可以进行采购发票与采购入库单的钩稽。采购发票可以由采购入库单、采购订单和合同等源单据生成。

1．采购发票录入

单击“供应链”→“采购管理”→“采购发票”，双击“采购发票-新增”，系统进入“购货发票（专用）-新增”录入窗口，如图 7-40 所示。

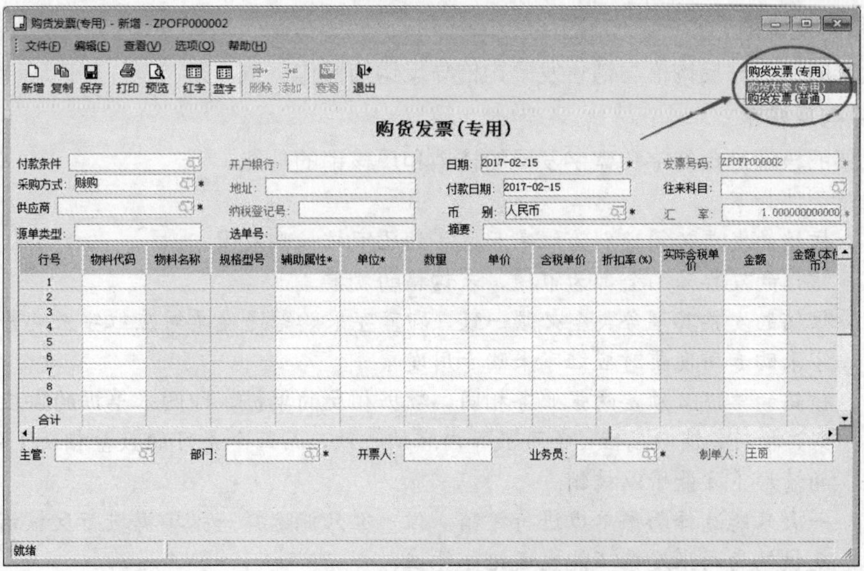

图 7-40

单击窗口右上角的下拉按钮，选择要录入的发票是专用发票还是普通发票。采购发票录入功能可以参照前面“采购入库单生成采购发票”内容。

2．采购发票基本操作

（1）单击“供应链”→“采购管理”→“采购发票”，双击“采购发票-维护”，系统弹出“条件过滤”对话框。设置过滤条件时，请注意事务类型、审核标志、作废标志和关闭标志等选项是否选择正确，如图 7-41 所示。

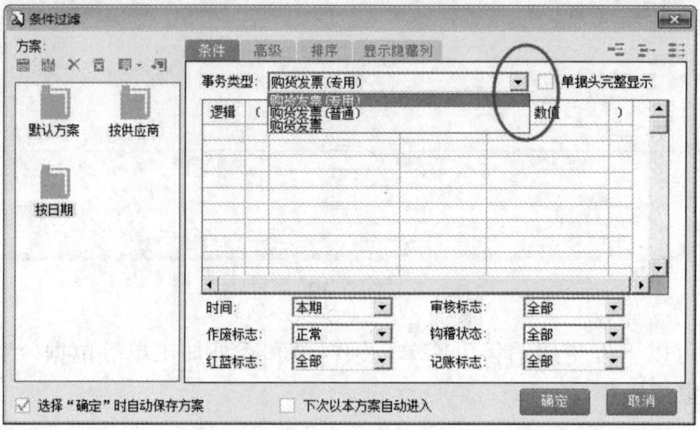

图 7-41

事务类型 采购发票（专用）只查询采购专用发票，采购发票（普通）只查询普通发票，采购发票查询所有类型发票。

（2）在此保持默认值，单击“确定”按钮进入采购发票序时簿界面，单击“编辑”菜单，系统弹出编辑功能列表，单击“修改”“删除”“审核”“作废”等按钮，可以对所选中的单据进行相应操作。打印输出可以参照前面的单据。

3．钩稽与反钩稽

采购发票的钩稽与反钩稽与销售发票钩稽与反钩稽操作一致。

4．核销与反核销

采购发票的核销是指红字和蓝字发票的核销和反核销的功能。

- 核销条件如下。
  - 核销的发票必须分别为红字和蓝字的已审核采购发票。
  - 核销的发票必须全部为审核、未钩稽的发票。
  - 核销的发票其事务类型必须一致，即蓝字采购普通发票对应红字采购普通发票、蓝字采购专用发票对应红字采购专用发票。
  - 核销的单据必须是两张业务相同、数据相反的单据，即两张单据的供应商、采购方式、物料、辅助属性、条目数等内容均一致，而每个条目的数量相反（即相加为零）的情形下才能予以核销。
  - 一次只能选择两张单据进行核销，但一次只能选择一张单据进行反核销。
  - 反核销的两张发票不能生成记账凭证。
- 核销操作。在采购发票序时簿界面，使用 Ctrl 键选中两张符合核销条件的红字、蓝字采购发票，单击工具栏上的“核销”按钮或单击“编辑”→“核销”，系统会检查两张单据是否符合要求，以及供应商、物料、条目数、数量（相加为零）是否一致，然后予以核销。如果出现不符合的条件，系统给予提示，然后返回序时簿界面。

- 反核销操作。对已经执行核销的单据，可以执行反核销。只能选择一张单据，对其进行反核销，则另一张与其核销的单据也被反核销了。

同样在采购发票序时簿界面，选择一张已经执行核销的采购发票，单击“编辑”→“反核销”，系统会检查该张单据是否符合要求，然后将两者一起做反核销处理，两张单据同时变为非钩稽状态。如果出现不符合的条件，系统给予提示，然后返回序时簿界面。

- 核销对发票状态的影响如下。
  - 核销后的采购发票不能再与发票核销。
  - 核销后的采购发票视同钩稽，可以通过查询钩稽关系查询。
- 核销单据的账务处理。
  - 核销的发票，不进行账务处理，在存货核算系统的生成凭证界面不显示这类单据。

5．采购发票明细表

采购发票明细表是查询符合条件的采购发票明细情况，查询方法参照前面报表查询。

7.3.7　费用发票

费用发票主要用来处理采购过程中产生的费用，如运输费用、报关费用等。费用发票也分为蓝字发票和红字发票，红字发票是蓝字发票的反向单据，代表费用退回，两者数量相反，但内容一致。

例 7-9　以图 7-42 为例介绍费用发票的录入方法。图 7-42 所示是一张 120 元的汽车运费费用发票。

费用发票

纳税登记号：　　发票号码：　EXPENSE000001

供货单位：　**丰实业　　开户银行：　　采购发票号：

地址：　　日期：　2017/2/15　　原费用发票号：

费用代码	费用名称	费用类型	计量单位	数量	单价	金额	税率	税额	不含税金额	备注
01	运输费	运费		0.0000	0.0000	¥120.00	0.00	0.00	120.00	
合计：						¥120.00		¥.00	¥120.00	

审核：　　记账：　　部门：　采购部　　业务员：　郑**　　制单人：　王*

图 7-42

（1）单击“供应链”→“采购管理”→“费用发票”，双击“费用发票-新增”，系统进入“费用发票-新增”录入窗口。

（2）“供货单位”按 F7 功能键获取“深圳南丰实业”公司。

（3）将光标移至表体“费用代码”处，按 F7 功能键，系统弹出“核算项目-费用”管理窗口，双击“运输费”档案获取到“费用发票-新增”窗口，“金额”录入“120”，“部门”获取“采购部”，“业务员”获取“郑采购”，单击“保存”按钮保存发票，并审核，审核后如图 7-43 所示。

费用发票的查询、审核、修改和删除等操作可以参照前面单据的处理方法。

因本书不涉及“委外加工管理”模块，所以在此不讲述“委外加工管理”功能操作方法。

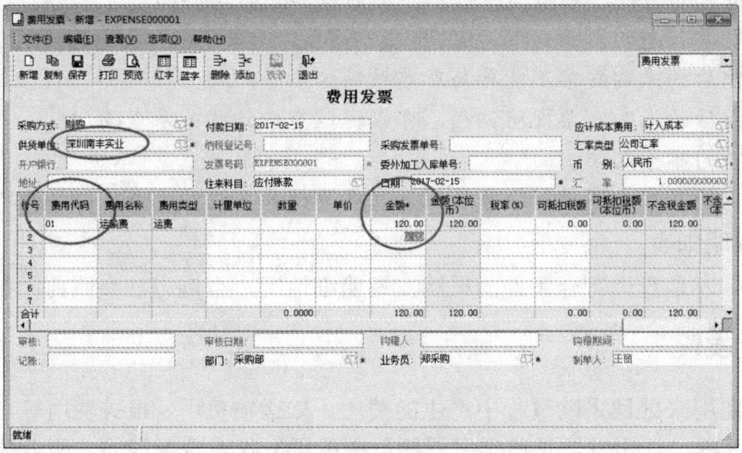

图 7-43

7.4 采购报表分析

金蝶 K/3（V14.X）除提供基本报表查询功能外，还提供强大的报表分析查询功能，可以进行采购价格分析、采购订单分析和供货 ABC 分析，以及查询采购汇总表和采购明细表，并且可以自定义“查询分析工具”。

采购报表和分析的操作方法可以参照“销售管理”中的“报表分析”小节，在此练习查询“采购明细表”。

（1）单击“供应链”→“采购管理”→“报表分析”，双击“采购明细表”，系统进入“过滤”对话框，如图 7-44 所示。

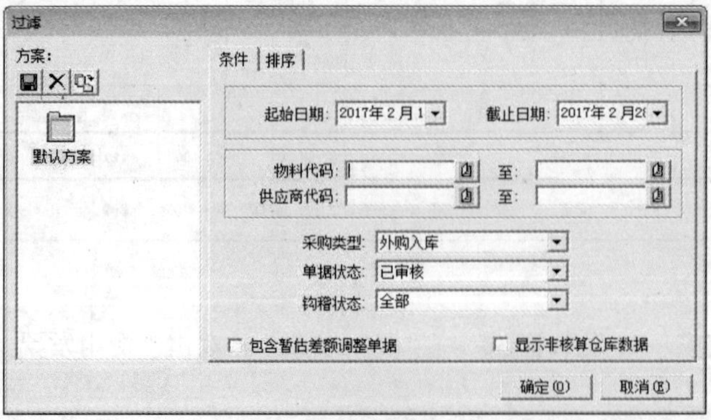

图 7-44

在“过滤”对话框可以设置要查询采购明细表的时间范围、物料代码范围和单据状态等条件。在设置过滤条件时，一定要注意日期范围应设置正确，因为系统默认设置为最后一次查询的日期范围，还要注意单据状态和钩稽状态的选择。

（2）在此日期范围设置为 2017 年 2 月 1 日至 2017 年 2 月 28 日，“单据状态”选择“全部”，“钩稽状态”选择“全部”，条件设置完成，单击“确定”按钮，系统进入采购明细表界面，如图 7-45 所示。

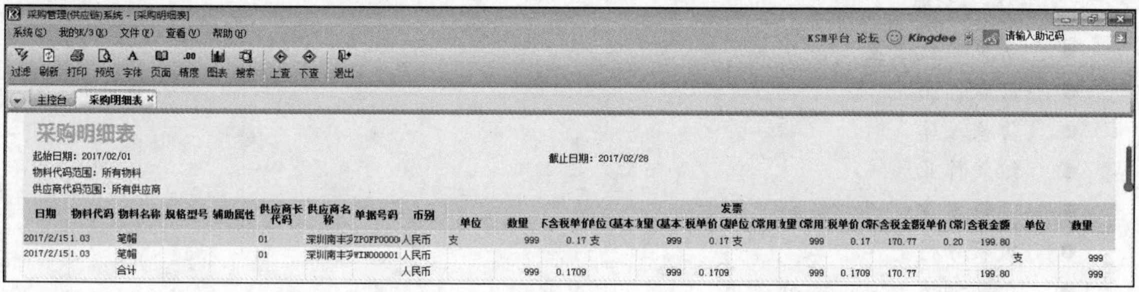

图 7-45

（3）单击“上查”按钮可以查询到选中记录行的源单据情况，单击“下查”按钮可以查询到选中记录行下推生成的单据情况。

7.5　课后习题

（1）画出采购管理系统每期的操作流程。

（2）画出采购管理系统与其他模块之间的数据流向图。

（3）如何设置同一材料、不同供应商的供货价格？

第8章　仓存管理

本章重点

- 系统参数设置
- 盘点作业
- 验收入库
- 组装作业
- 领料发货
- 报表分析
- 仓库调拨

8.1　概述

物料是企业在生产经营过程中为销售或耗用而储存的各种资产，包括商品、产成品、半成品、在产品以及各种材料、燃料、包装物、低值易耗品等。物料是保证企业生产经营过程顺利进行的必要条件，是企业的一项重要的流动资产，其价值在企业流动资产中占有很大的比例。

仓存管理是金蝶 K/3 供应链系统中的重要模块，负责管理物料的外购入库、产成品入库、其他入库、委外加工入库、验收入库、生产领料、销售出库、其他出库、委外加发料、货位管理、批次管理、调拨业务和盘点业务等全面的仓库管理业务。

仓存管理系统既可以单独使用，也可以与采购管理、销售管理、物料需求计划及存货核算系统集成使用，发挥更加强大的应用功能。

1．使用仓存管理系统需要设置的内容

- 公共资料设置。公共资料包括科目、计量单位、供应商、客户、部门、职员、物料及仓库等。公共资料是本系统所涉及的最基础资料，必须设置，否则在进行单据处理时会受到相应的限制。
- 仓存管理基础资料设置。金蝶 K/3 系统为用户提供设置“公共资料”功能的同时，又针对单独模块提供了设置该模块“基础资料”的功能。仓存管理基础资料包括价格资料维护、批号管理维护、信用管理维护、折扣方案维护、供应商供货信息维护、物料对应表维护、备注资料、条形码规则、条形码关联、客户 BOM 和批号对应表、物料辅助属性、序列号管理、存量管理、组装件 BOM 录入和组装件 BOM 维护。
- 初始化。系统进行初始化时，需要设置系统参数、录入初始数据、录入启用期前的未核销销售出库单、录入启用期前的暂估入库单、录入启用期前的未核销委外加工出库单、录入启用期前的暂估委外加工入库单和启动业务系统。
- 仓存管理系统参数详细设置。仓存管理是对该模块的参数进行详细设置，包含打印控制、系统设置、单据设置、多级审核管理和业务流程设计设置。

公共资料和初始化是必须设置的。仓存管理基础资料和系统设置资料可以根据管理要求决定是否需要设置，或者在以后的使用过程中返回再进行修改设置。

2．仓存管理系统可执行的查询与生成的报表

仓存管理系统提供丰富的报表查询功能，可查询的报表有库存台账、出入库流水账、物料收发汇总表、物料收发明细表、收发业务汇总表、收发业务日报表、生产任务执行明细表、安全库存预警分析表、超储/短缺库存分析表、库存账龄分析表、保质期清单、库存 ABC 分析、库存呆滞料分析表、库存配套分析表、保持期预警分析表、生产批次跟踪表、序列号跟踪分析表和辅助属性统计表。

3．仓存管理系统每期的操作流程

仓存管理系统每期的操作流程如图 8-1 所示。

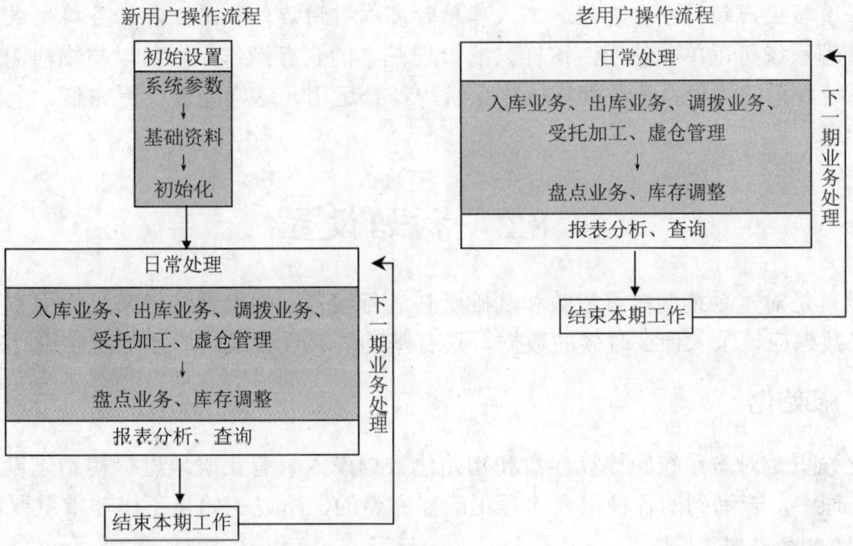

图 8-1

4．仓存管理系统与其他系统间的数据流向

仓存管理系统与其他系统间的数据流向如图 8-2 所示。

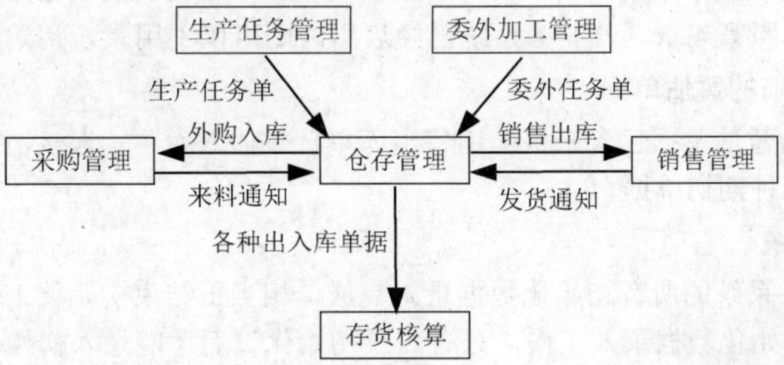

图 8-2

- 采购管理系统。采购管理系统填制的来料通知单传递到仓存管理模块，仓存管理模块可以根据来料通知单生成外购入库单。若所引用的来料通知单由采购订单引用生成，则该外购入库单生成的信息反映到采购订单执行情况表中。当采购管理与仓存管理模块连接使用时，采购管理模块可以随时查询到物料的仓存变化情况。

- 销售管理系统。销售管理系统填制的发货通知单传递到仓存管理模块，仓存管理模块可以根据发货通知单生成销售出库单。若所引用的发货通知单由销售订单引用生成，则该销售出库单生成的信息反映到销售订单执行情况表中。当销售管理与仓存管理模块连接使用时，销售管理模块可以随时查询到物料的仓存变化情况。
- 存货核算系统。仓存管理模块中的各种出入库单据传递到存货核算模块，作核算材料出库成本之用。
- 生产任务管理系统。审核后生产任务单可以传到仓存管理模块，仓存管理模块在填写生产领料单和产成品入库单时可以引用生产任务单生成。
- 委外加工管理系统。审核后委外加工生产任务单可以传到仓存管理模块，仓存管理模块在填写生产领料单和委外加工入库单时可以引用委外加工生产任务单生成。

仓存管理系统可以单独使用，这样只能管理基本的仓存操作，也可以与物料需求计划系统、销售管理系统、采购管理系统及存货核算系统等结合运用，这样能提供更完整、全面的企业物流业务流程管理。

8.2 初始设置

初始设置是对本系统的核算参数和基础资料进行设置，如设置某年某月使用本系统，这样才能知道期初数据应该录入什么时候的数据。只有基础资料设置成功后才能正常进行单据处理。

8.2.1 初始化

初始化设置是对本系统的核算参数和初始化数据录入只有正确地进行初始化设置，在随后的日常业务处理中，查询到的各种报表才是正确和完整的，所以初始化工作非常重要。

1．系统参数设置

系统参数设置是对本系统的启用期间和核算方式等进行设置，设置方法参照第 4 章。若销售管理或采购管理模块已经设置成功，则可以省略该步骤。

2．初始数据录入

初始数据录入是设置本系统启用时物料的期初数据，如某物料的期初数量是多少、金额是多少，录入方法可以参照第 4 章。若业务系统已经启用，则可以不用录入初始数据。

3．录入启用期前的暂估单据

录入启用期前的暂估单据包含未核销销售出库单、暂估入库单、未核销委外加工出库单和暂估委外加工入库单 4 种期初单据。

4．启用业务系统

此功能是指业务系统的所有初始化数据录入完成，相当于结束初始化工作，一经启用业务系统后，不能再进行初始化数据录入工作，只有“反初始化”后才能录入初始化数据。启用业务系统参照第 4 章。

8.2.2 基础资料

基础资料是以后系统填制单据和查询报表的重要组成部分，只有正确填制基础资料，在以后使用过程中才能顺利引用数据。系统分为公共资料和仓存管理基础资料两种，公共资料是必须设置项目，仓存管理基础资料则视管理要求决定是否进行设置。

- 公共资料。公共资料包括科目、币别、计量单位、供应商、部门、职员、物料、仓库。公共资料是本系统所涉及的最基础资料，必须设置，否则在进行单据处理时会受到相应的限制。公共资料设置方法请参照第 3 章中的“公共资料设置”。
- 仓存管理基础资料。金蝶 K/3 系统为用户提供“公共资料”的同时，又针对单独模块提供了设置该模块“基础资料”的功能。因仓存管理系统的基础资料已经包含销售管理系统和采购管理系统的所有基础资料，所以基础资料的设置请参照“销售管理”和“采购管理”章节中的“基础资料”小节进行设置。若已经设置完成，则可以不用再进行设置。

8.2.3　系统设置

系统设置是针对本系统的一些控制进行设置，如登录时是否按保质期进行预警提示、是否严格按投料单发料等设置。仓存管理和销售管理都同属业务系统，所以销售管理系统的系统设置也同样应用到仓存管理系统的系统设置中。在此只讲述仓存选项的系统设置，其他项目的系统设置请参照第 4 章。

单击“系统设置”→“系统设置”→“仓存管理”，双击“系统设置”，系统进入“系统参数维护”窗口，选择左侧“仓存系统选项”项目，系统将可以进行设置的项目显示，如图 8-3 所示。

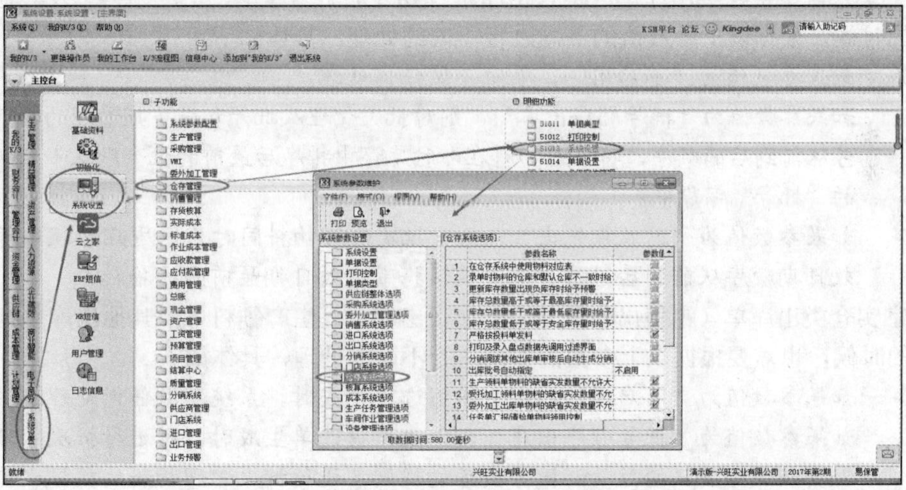

图 8-3

- 在仓存系统中使用物料对应表。选中该项，则在涉及采购、销售业务的仓存单据和序时簿中增加“对应代码”“对应名称”显示，即系统自动取物料对应表中供应商或客户与物料相对应的代码、名称，用于显示、查询；如果未选中，则相应字段在单据、序时簿和报表中不显示。系统默认为不选中。
- 录单时物料的仓库和默认仓库不一致时给予提示。当在物料基础资料中设置默认仓库时，如果选中该选项，在库存类单据录入时，系统根据物料的默认仓库判断单据上仓库是否与该物料的默认仓库一致，如果不一致，则弹出提示，避免由此造成的仓库账实不符。反之，则不弹出提示。使用该功能的前提是物料基础资料中有设置缺省仓库。

- 更新库存数量出现负库存时给予预警。选中该项，则在单据保存、审核或反审核时，系统计算即时库存数量，确定仓存总量，有出现负库存的情况会给予预警，并分情况处理：当用户单击“系统维护”→“核算参数”→“库存结余控制”后选择允许负库存，系统只提供警告；如果选择不允许负库存，系统将不允许该业务单据继续处理。
- 库存总数量高于或等于最高库存量时给予预警。选中该项，则在库存类单据的录入和审核时，系统判断当前单据引起的即时库存变化是否造成涉及最高库存量的影响，对造成的影响予以提示，从而避免因库存数量超出正常储存范围，形成不必要的资金积压。反之，系统不提示。
- 库存总数量低于或等于最低库存量时给予预警。选中该项，在库存类单据的录入和审核时，系统判断当前单据引起的即时库存变化是否造成涉及最低库存量的影响，对造成的影响予以提示，从而避免因库存数量不足妨碍企业正常的生产经营活动。反之，不提示。
- 严格按投料单发料。选中该项，则系统会控制生产领料单的领料数量不能超过投料单的数量。反之，将不控制生产领料单的领料数量。
- 打印及录入盘点数据先调用过滤界面。选中该项，打印和录入盘点数据时先调用过滤界面；反之，不调用过滤界面。
- 分销调拨其他出库单审核后自动生成分销调拨其他入库单。选中该项，分销调拨其他出库单审核后，自动生成分销调拨其他入库单；反之，不生成分销调拨其他入库单。
- 出库批号自动指定。有不启用、近效期先出、批号顺序出库3个可选值。

在手工录入蓝字实仓类出库单（销售出库单、委外加工出库单、生产领料单及其他出库单）和调拨单的时候，根据以上参数值的不同进行不同的处理，具体如下。

> 如果参数值为“不启用”，系统不做任何处理。
> 如果参数值为“批号顺序出库”，则对批次管理及批号和保质期管理的物料，按照批号从前到后的顺序，将当前物料在即时库存中排序后最前的批号默认带到所录入物料的“批号”字段中。
> 如果参数值为“近效期先出”，则当批次管理物料同时为保质期管理存货时，按失效日期顺序从前到后进行排序，默认携带失效日期最前面的物料。

在蓝字实仓类出库单（销售出库单、委外加工出库单、生产领料单及其他出库单）和调拨单选单生成的时候，也需要根据以上参数的不同进行不同的处理，具体如下。

> 如果参数值为“不启用”，以上单据选单生成时，系统不做任何处理。
> 如果参数值为“批号顺序出库”，以上单据选单生成时，对进行批次管理的物料，需要按照可关联的数量和批号出库的规则，进行批次管理物料的按批次自动分解。
> 如果参数值为“近效期先出”，出库单选单生成时，若批次管理物料同时为保质期管理存货，按失效日期顺序从前到后进行批号自动分拆出库。

- 生产领料单物料的默认实发数量不允许大于其库存数量。选中该项，则领料单上的实发数量不能大于该物料的库存数量；反之，可以大于。
- 委托加工领料单物料的缺省实发数量不允许大于其库存数量。选中该项，则委托加工领料单物料的实发数量不能大于该物料的库存数量；反之，可以大于。
- 委外加工出库单物料的缺省实发数量不允许大于其库存数量。选中该项，则委外加工出库单物料的实发数量不能大于该物料的库存数量；反之，可以大于。
- 产品入库时物料领用控制。控制系统是否在产品入库时进行领料情况检查，当检查对应生产任务单未领料（或者未足额领料）时，系统给出提示或拒绝入库。单击“设置”按钮，即可调出物料领用控制设置界面，设置参数分为两部分：控制强度选项和控制项。控制强度选项包括“不控制”“警告”“严格控制”3 个选项，用户只能选择其中之一。控制项包括“已领料”和“关键物料领用配套数”两个选项。当控制强度为“警告”和“严格控制”时，用户必须在两个中选择一个；当控制强度为“不控制”时，控制项锁定不可编辑。

- 委外加工入库时物料领用控制。控制系统是否在委外加工入库时进行领料情况检查，当检查对应委外加工任务单未领料（或者未足额领料）时，系统给出提示或拒绝入库。设置方法参考“产品入库时物料领用控制”。

8.3　日常业务处理

基础资料、初始化设置和系统设置完成后，可以进行日常的业务处理。日常业务处理包括各种仓存单据录入、查询和修改等操作，以及根据录入的各种单据查询相关报表，以对企业的仓存状况做出预测和分析处理。

单击“供应链”→“仓存管理”，系统切换到仓存管理界面，如图 8-4 所示。

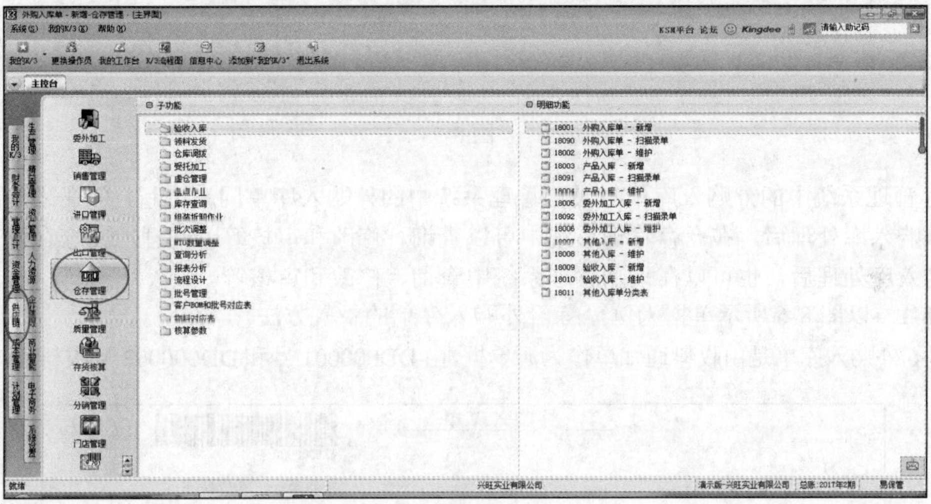

图 8-4

使用某个明细功能的方法是：先选择正确的子功能，再双击“子功能”下正确的明细功能相应项目即可。例如要录入产品入库单，操作方法是：先选择“子功能”下的“验收入库”，再双击“产品入库-新增”项目，系统进入“产品入库-新增”的录入窗口。

8.3.1　入库、出库业务

在金蝶 K/3 中，入库业务在“验收入库”子功能下，主要是处理所有物料的入库业务，包含外购入库、产品入库、委外加工入库、其他入库和验收入库业务处理。

在金蝶 K/3 中，出库业务在“领料发货”子功能下，主要是处理所有物料的出库业务，包含销售出库、生产领料、委外加工出库和其他出库业务处理。

为使各位读者能快速学习本章，在此以生产业务为主线讲述物料出、入库业务处理方法。

1．外购入库

外购入库单是录入由采购业务所产生的入库单据，可以参照采购订单和采购来料通知单生成。若无源单据引用，则可以直接手工录入。

单击“供应链”→“仓存管理”→“验收入库”，双击“外购入库单-新增”，系统进入“外购入库单-新增”录入窗口，如图 8-5 所示。

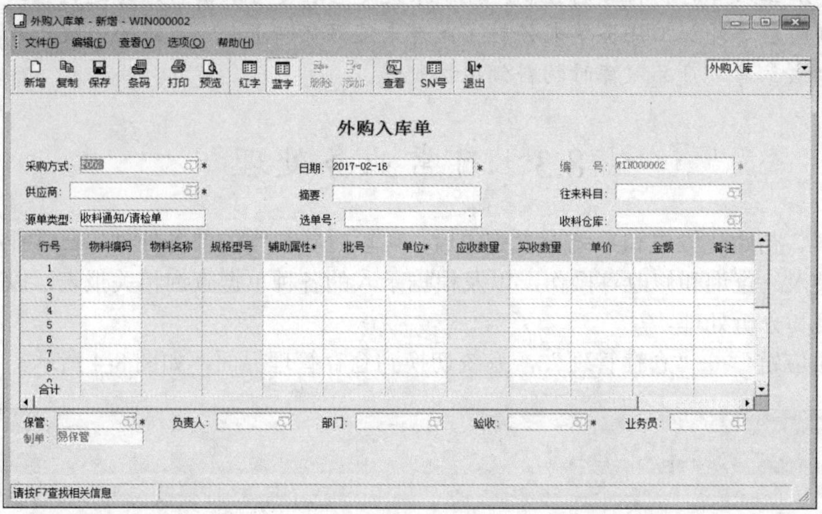

图 8-5

仓存管理系统中的外购入库单与采购管理系统中的外购入库单同步更新，即在采购管理系统中进行外购入库处理后，在仓存管理系统中可以查询、修改和审核等。同理，在仓存管理系统中进行外购入库处理后，也可以在采购管理系统中查询、修改和审核等。

例 8-1 以图 8-6 所示单据为例，练习外购入库单的录入方法。

图 8-6 外购入库单是由收料通知单作为源单据，由 DD000001 号和 DD000002 号收料通知单生成。

外购入库单

WIN000002

供应商：深圳南丰实业　　　　编　号：WIN000002

收料仓库：原材仓　　日期：2017/2/16　　源单类型：

源单单号	物料编码	物料名称	规格型号	批号	单位	数量 应收	数量 实收	收料仓库	备注
DD000001	1.03	笔帽			支	1.00	1.00	原材仓	
DD000002	1.03	笔帽			支	2,500.00	2,500.00	原材仓	

审核：易保管　　记账：　　验收：易保管　　保管：易保管　　制单：易保管

图 8-6

（1）以“易保管”身份登录账套，单击“供应链”→“仓存管理”→“验收入库”，双击“外购入库单-新增”，系统进入“外购入库单-新增”录入窗口。

（2）“源单类型”选择“收料通知单”，将光标移至“选单号”处，单击工具栏上的“查看”按钮，系统进入收料通知单序时簿界面，先选中“DD000001”号单据，按住键盘上的 Ctrl 键，再单击“DD000002”号单据，如图 8-7 所示。

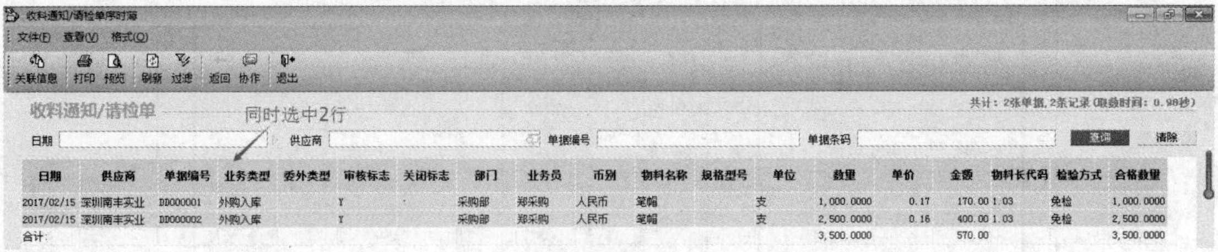

图 8-7

（3）单击工具栏上的“返回”按钮，将两张收料单信息引用到外购入库单，“收料仓库”获取“原材仓”，“保管”获取“易保管”，“验收”获取“易保管”，如图 8-8 所示。

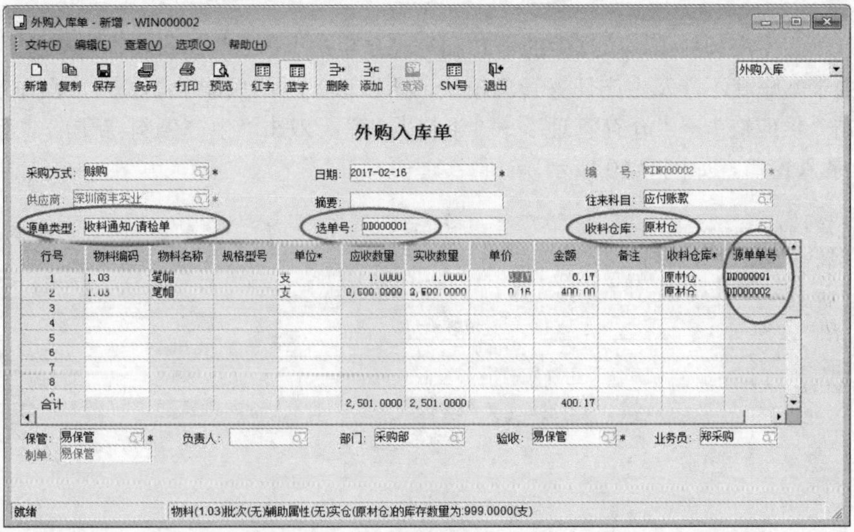

图 8-8

（4）单击“保存”按钮保存当前单据。

（5）当单据保存成功后，注意工具栏上工具按钮的变化。单击“审核”按钮审核本单据，稍后系统弹出审核成功提示，表示单据审核成功。

若要进行外购入库的查询，则单击“供应链”→“仓存管理”→“验收入库”，双击“外购入库单-维护”，系统弹出“过滤”对话框，设置过滤条件后单击“确定”按钮进入外购入库单序时簿界面，在界面中可以进行单据的修改、删除和打印等操作，具体操作方法参照前面章节的单据处理方法。

2．生产领料

生产领料单据主要是录入因生产半成品/成品业务而形成的仓库领料业务。生产领料单可以参照生产任务单和外购入库单等单据生成，若无源单据引用，则可以直接手工录入。

经查询销售订单执行情况明细表可知，“SOUT000001”号销售订单还有 3 500 支没有执行完成，为了保证企业销售工作，现需要开展“笔”的生产。

例 8-2 以图 8-9 生产领料单得出需要生产“笔身”的物料，并练习生产领料单的处理方法。

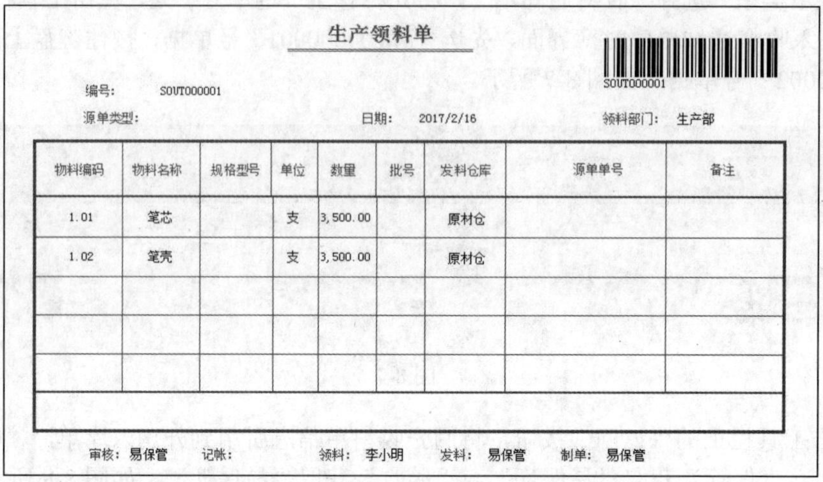

生产领料单

SOUT000001

编号： SOUT000001

源单类型：　　日期： 2017/2/16　　领料部门： 生产部

物料编码	物料名称	规格型号	单位	数量	批号	发料仓库	源单单号	备注
1.01	笔芯		支	3,500.00		原材仓		
1.02	笔壳		支	3,500.00		原材仓		

审核： 易保管　记帐：　领料： 李小明　发料： 易保管　制单： 易保管

图 8-9

图 8-9 是一张生产领料单，单据中的笔芯和笔壳是生产“笔身”的材料，“笔身”是生产“笔”的半成品。由于本账套不涉及生产任务管理模块，所以该领料单只能手工录入，操作步骤如下。

（1）单击“供应链”→“仓存管理”→“领料发货”，双击“生产领料-新增”，系统进入“领料单-新增”录入窗口，如图 8-10 所示。

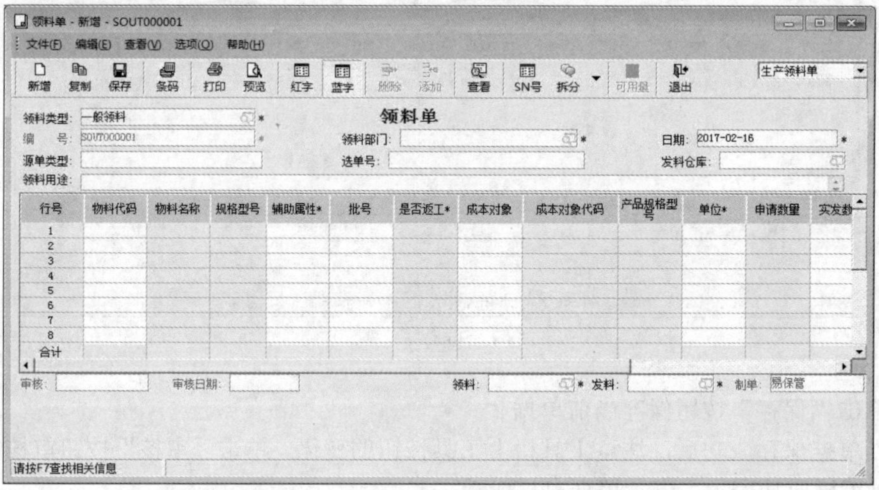

图 8-10

- 领料类型。领料类型即该笔业务单据的业务类型，录单时默认为“一般领料”，修改方法是用户使用 F7 功能键或单击“查看”按钮获取。
- 领料部门。领料部门是指领料的部门名称，按 F7 功能键获取。如果该张单据是通过关联生产任务单生成的，则部门代码取自所选的源单据部门信息，用户不能修改。
- 领料用途。领料用途即该笔业务的用途，用户可以手工输入，也可以使用“备注资料”中录入的备注信息。
- 源单类型。选择由何种源单据参照生成，可以选择“空白”，即不参照任何单据。

- 选单号。当选择源单类型后，将光标放置在“选单号”处，单击工具栏上的“查看”按钮，获取源单类型的单据信息。
- 发料仓库。录入该批物料由何仓库领出。若生产一批产品的物料在多个仓库，则需要将不同仓库的物料录入一张单据。
- 领料和发料。按 F7 功能键获取领料或发料人员信息。

（2）“领料类型”保持默认值，“领料部门”获取“生产部”，“领料用途”录入“生产领料”，“发料仓库”获取“原材仓”。

（3）将光标放置在单据体的第一条分录“物料代码”处，单击工具栏上的“查看”按钮获取“1.01 笔芯”资料，“实发数量”录入“3,500.0000”，在第二条分录“物料代码”处获取“1.02 笔壳”资料，“实发数量”录入“3,500.0000”。

（4）“领料”获取“李小明”，“发料”获取“易保管”，单击“保存”按钮保存当前单据，保存成功的单据如图 8-11 所示。

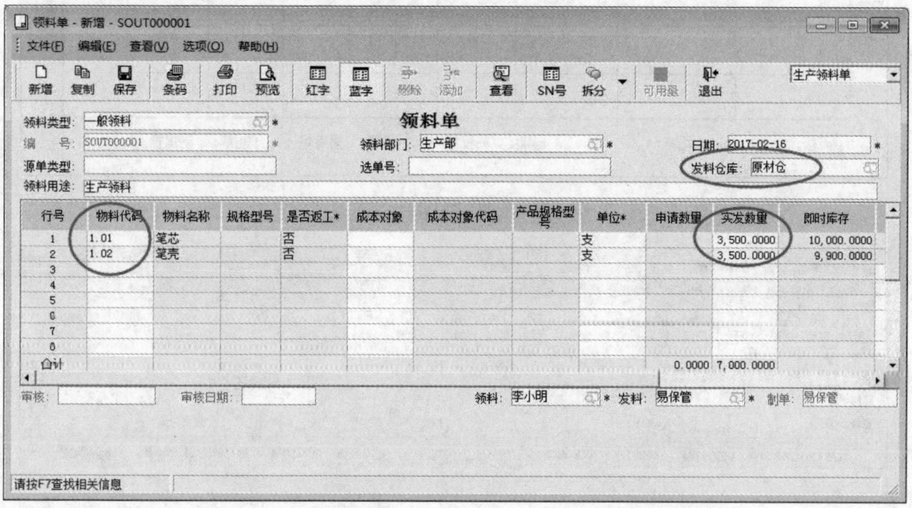

图 8-11

（5）单击“审核”按钮审核该张单据。

若要进行生产领料的查询，则单击“供应链”→“仓存管理”→“领料发货”，双击“生产领料单-维护”，系统弹出“过滤”对话框，设置过滤条件后单击“确定”按钮进入生产领料单序时簿界面，在界面中可以进行单据的修改、删除和打印等操作，具体操作方法参照前面章节的单据处理方法。

3. 产品入库

产品入库是处理生产车间领料后，组装生产好半成品或成品物料的入库业务。产品入库单可以参照生产任务单和产品检测单等单据生成，若无源单据引用，则可以直接手工录入。

例 8-3 接例 8-2，生产车间领出的 3 500 套料，组装成笔身需要入库，入库单据如图 8-12 所示。

（1）单击“供应链”→“仓存管理”→“验收入库”，双击“产品入库-新增”，系统进入“产品入库单-新增”录入窗口，如图 8-13 所示。

- 交货单位。单击“查看”按钮，获取交本批产品的部门信息。

- 收货仓库。仓管员收到此批产品存放的仓库。

（2）将光标放置在“交货单位”处，单击“查看”按钮获取“生产部”，将光标放置在“收货仓库”处，单击“查看”按钮获取“半成品仓”。

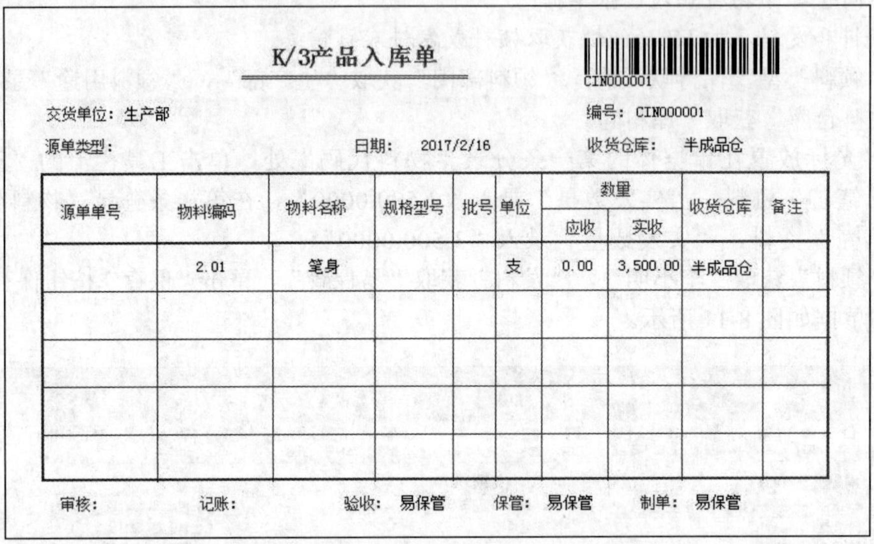

K/3产品入库单

CIN000001

交货单位：生产部　　编号：CIN000001

源单类型：　　日期：2017/2/16　　收货仓库：半成品仓

源单单号	物料编码	物料名称	规格型号	批号	单位	数量		收货仓库	备注
						应收	实收		
	2.01	笔身			支	0.00	3,500.00	半成品仓	

审核：　记账：　验收：易保管　保管：易保管　制单：易保管

图 8-12

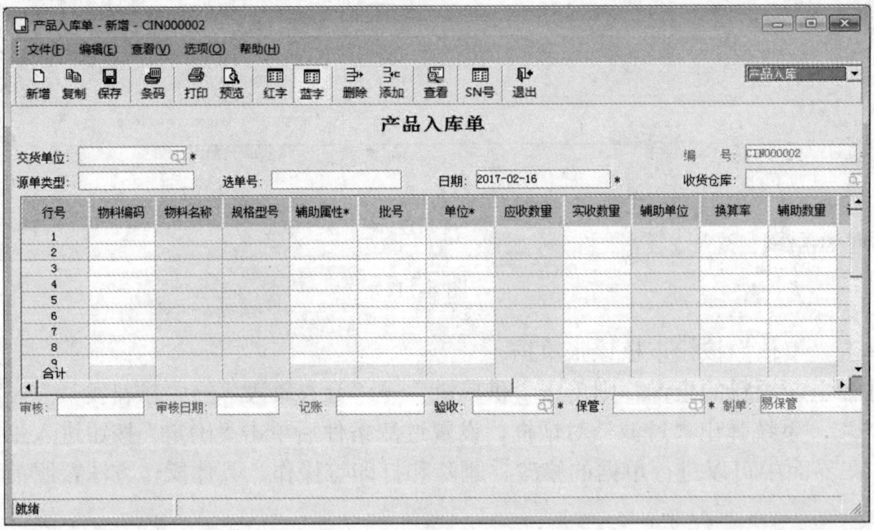

图 8-13

（3）在表体第一条分录“物料编码”处，按 F7 功能键获取“2.01 笔身”档案，“实收数量”录入“3,500.0000”，“验收”获取“易保管”，“保管”获取“易保管”，其他保持默认值，单击“保存”按钮保存当前单据，保存成功的窗口如图 8-14 所示。

（4）单击“审核”按钮审核当前单据。

若要进行产品入库单的查询，则单击“供应链”→“仓存管理”→“验收入库”，双击“产品入库-维护”，系统弹出“过滤”对话框，设置过滤条件后单击“确定”按钮进入产品入库单序时簿界面，在界面中可以进行单据的修改、删除和打印等操作，具体操作方法参照前面章节的单据处理方法。

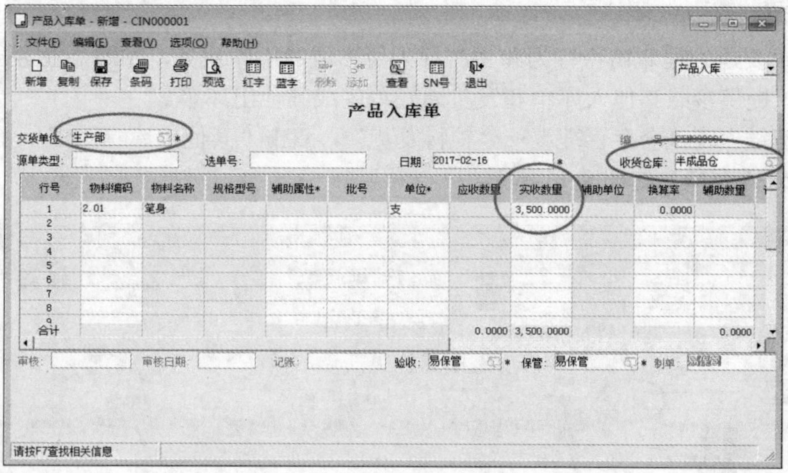

图 8-14

4．销售出库

销售出库单是处理由销售行为而形成的产品出库单，销售出库单可以参照销售订单和销售发票等单据生成。若无源单据引用，则可以直接手工录入。

仓存管理系统中的销售出库单与销售管理系统中的销售出库单同步更新，即在销售管理系统中进行销售出库处理后，在仓存管理系统中可以查询、修改和审核等，同理，在仓存管理系统中进行销售出库处理后，也可以在销售管理系统中查询、修改和审核等。销售出库单处理方法请参照第 4 章。

5．其他入库

其他入库主要是处理非销售行为和生产行为所形成的入库业务，如赠品业务入库、盘盈入库等。系统也同时提供参照发运单、收料通知单和其他出库单等单据生成其他入库单。

单击“供应链”→“仓存管理”→“验收入库”，双击“其他入库-新增”，系统进入“其他入库单-新增”录入窗口，如图 8-15 所示。

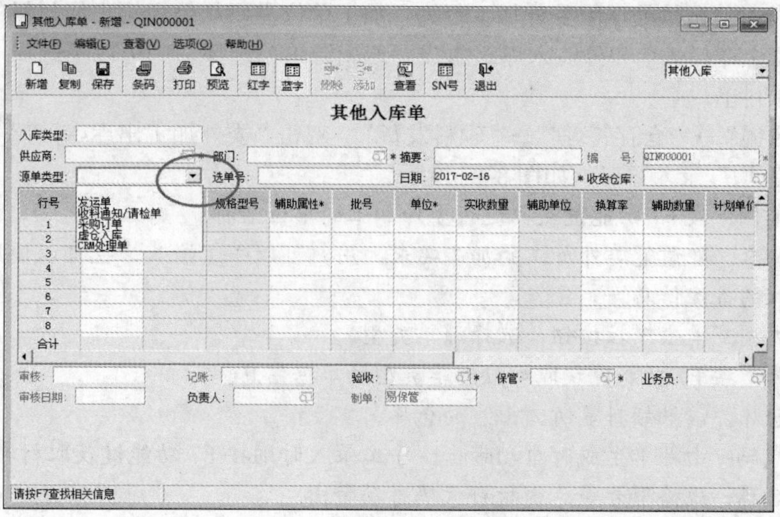

图 8-15

其他入库单的处理方法可以参照前面的单据处理方法。

6. 其他出库

其他出库主要是处理非销售行为和生产行为所形成的出库业务，如赠品业务出库、盘亏出库等。系统也同时提供参照其他入库单和发货通知单生成其他出库单。

单击“供应链”→“仓存管理”→“领料发货”，双击“其他出库-新增”，系统进入“其他出库单-新增”录入窗口，如图 8-16 所示。

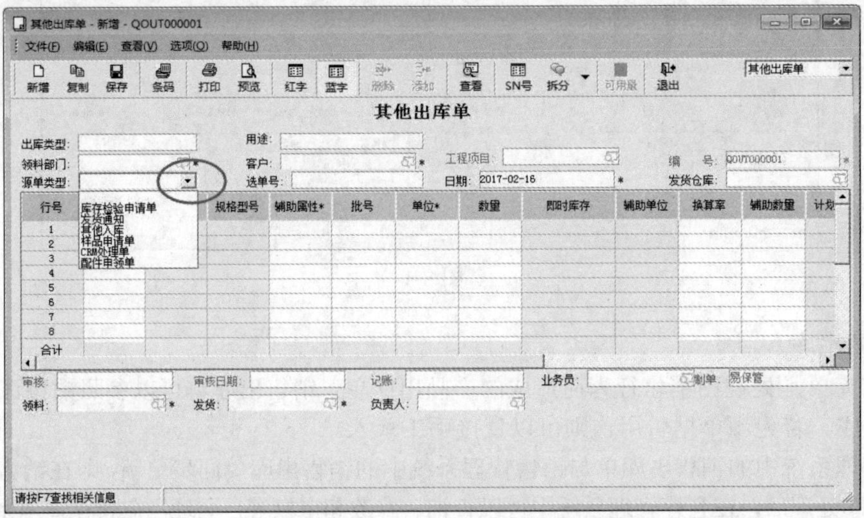

图 8-16

其他出库单的处理方法可以参照前面单据的处理方法。

7. 委外加工发出

委外加工是指本公司提供原材料，让加工单位组装或生产成产品后送回本公司，本公司以一定加工费用作为劳动报酬付予加工单位的业务。委外加工与外购的不同点在于，委外加工是本公司提供物料，外购是本公司不提供任何物料。

委外加工发出单据是处理因委外加工行为，加工单位需要从公司领出原材料的单据。系统可以参照委外加工生产任务单和外购入库单生成。若无源单据选择，则可以不选择“源单类型”，直接手工录入领料单。

单击“供应链”→“仓存管理”→“领料发货”，双击“委外加工出库-新增”，系统进入“委外加工出库单-新增”录入窗口，如图 8-17 所示。

- 加工单位。按 F7 功能键获取进行委外加工的单位名称。
- 加工要求。即该笔委外加工的加工要求。用户可以手工输入，也可以使用“备注资料”中录入的备注信息。
- 源单类型。单击下拉按钮，选择源单类型。
- 选单号。按 F7 功能键获取对应源单类型的单据信息。
- 发料仓库。该批领料笔所“出”的仓库。
- 材料代码。由源单生成时自动带出。手工录入时则按 F7 功能键获取材料代码。
- 材料名称、规格型号等。由材料代码自动带出。
- 数量。录入当前计量单位下的领料数量。

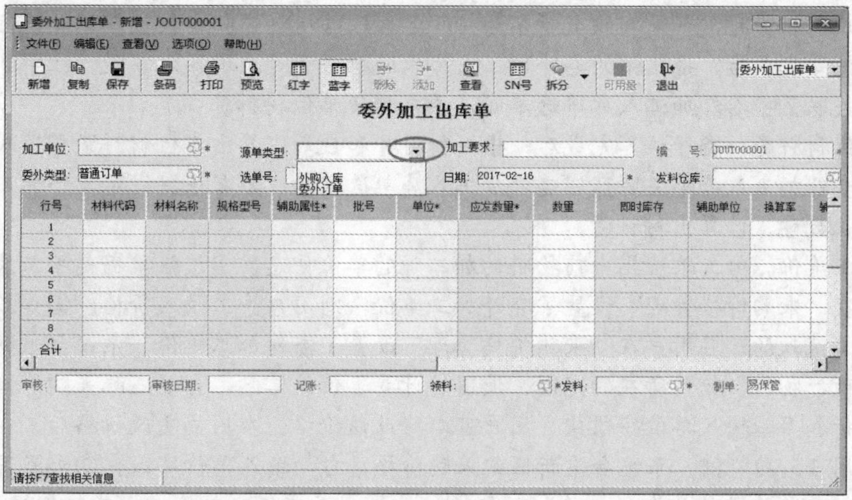

图 8-17

- 单位成本。单位成本指当前产品的单位成本，需要在期末进行成本核算时由系统自动填入，当前录入内容可能会被刷新、清除，因此该字段不需录入，但可以在成本核算成功后查询产品单位成本。
- 加工项目。即该笔业务的参考信息。

委外加工出库单的处理方法可以参照前面章节的单据处理。

8．委外加工入库

委外加工入库单据是处理因委外加工行为，加工单位加工完成送回本公司的入库单据。系统可以参照委外加工生产任务单等单据生成。若无源单据选择，则可以不选择“源单类型”，直接手工录入即可。

单击“供应链”→“仓存管理”→“验收入库”，双击“委外加工入库-录入”，系统进入“委外加工入库单-新增”录入窗口，如图 8-18 所示。

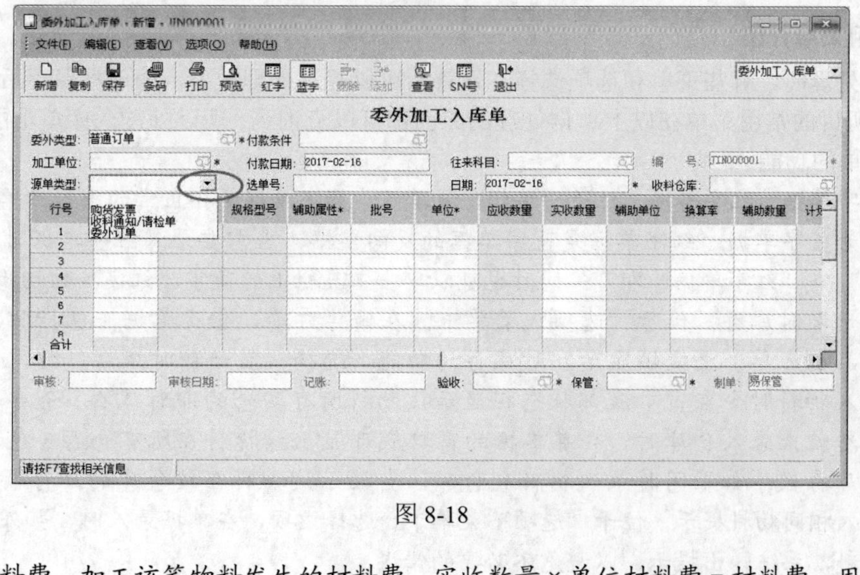

图 8-18

- 材料费。加工该笔物料发生的材料费，实收数量 × 单位材料费 = 材料费。用户手工录入修改材料费时，如果实收数量不为0，要求根据材料费和实收数量倒算单位材料费。委外核算完成后，将核销的委外加工出库单的材料费对应填入本字段。红字委外加工入库单关联蓝字委外加工入库单选单时，要求携带单位材料费。

- 单位材料费。委外核算完成后，根据材料费和数量倒算出单位材料费并填入本字段。红字委外加工入库单关联蓝字委外加工入库单选单时，要求根据红字委外加工入库单上的实收数量，计算出材料费。
- 加工单价。加工单价指当前物料的加工费的单价信息，①该张单据是手工录入的，且用户在“采购价格管理”设置了委外加工单价，则用户手工录入价格。②如果该张单据是手工录入的，且用户在“采购价格管理”设置了委外加工单价，系统会根据所录入的供应商、物料、数量所在的范围、使用的计量单位等信息，自动匹配采购价格管理的报价和折扣率，输入单价字段中，用户可以修改该价格。在用户更改价格后，在单价字段处使用F5功能键，系统会重新匹配采购价格，自动填入单价字段。③如果用户选中“采购订单单价默认为含税单价”，传递的计算公式应为：单价＝供货信息报价×（1－折扣率）÷（1＋系统设置税率）。④如果用户不选中“采购订单单价默认为含税单价”，传递的计算公式应为：单价＝供货信息报价×（1－折扣率）。具体处理方式请参阅采购价格管理的相关介绍。⑤如果单据是通过其他途径新增的，如关联发票、复制等方式，则系统传递的价格来自源单据的“单价”字段。但在单价字段处使用F5功能键，系统仍会重新匹配价格和折扣信息，自动填入相应字段，匹配方式同上。
- 加工费。加工费指加工该笔物料所需的加工费，存货核算时将费用发票的不含税金额分摊入加工费。用户不需要手工录入，录入仅供费用分摊后在单据间进行调整。
- 税率。税率即当前物料的增值税税率，系统取自供应商基础资料中的增值税税率数据，用户可以修改。
- 税额。税额指加工该笔物料发生的加工费的税额，存货核算时将费用发票的可抵扣税额分摊入税额。用户不需要手工录入，录入仅供费用分摊后在单据间进行调整。

其他单据项目参照“委外加工发出”内容。委外加工入库单的处理方法可以参照前面章节的单据处理。

9．常用菜单介绍

在单据处理时，有些菜单和选项选择在设置后可以提高处理效率，如单据保存后立即新增等设置。此处所讲的常用菜单在以上单据处理的界面都可以查询到。现以外购入库单上的菜单为例，介绍常用菜单的功能。

- 蓝字单据、红字单据。位于“编辑”菜单下，蓝字单据是指正常的出入库单据，系统默认为蓝字单据。红字单据是蓝字单据的反向单据，当需要录入红字单据时，单击“编辑”→“红字单据”即可。同时也可以单击工具栏上的蓝字、红字按钮切换。
- 显示即时库存。位于“选项”菜单下。在销售订单、仓存单据（包括赠品入库单和赠品出库单）上提供显示即时库存的功能。选择“显示即时库存”时，销售订单在录入物料时会在窗口底部状态栏显示该物料所有实仓的即时库存。仓存单据在录入物料但未录入仓库时，会在单据的窗口底部显示该物料在所有仓存（包括虚仓）中的库存数；如果同时录入物料和仓库，会显示该物料在该仓库的库存数。
- 录入相同物料提示。位于“选项”菜单下。选择该项，在单据录入时，如果录入重复的物料，系统弹出提示，以避免不必要的错误。

- 屏蔽数量为零的批次。位于“选项”菜单下。选择该项，当使用 F7 功能键查询批号时，当前物料中即时库存为零的批次将不会显示。
- 保存后立即新增。位于“选项”菜单下。方便用户录单时可以连续新增单据，而不必在单据保存后单击“新增”按钮，这样能够提高录单速度。
- 录入物料后自动跳转下行。位于“选项”菜单下。选择该项，当录入“物料代码”后按下回车键，光标自动跳至下行物料代码处，可以继续录入。该功能适用于当单据表体物料过多时，先录入代码，再录入数量，体现方便性。

8.3.2　仓库调拨

仓库调拨单是处理由于仓库变化，而不产生任何费用的物料转移存储位置的业务，如外购来料经质检不合格，需要调拨到待处理仓库进行再次核定再做处理，或零售公司从集团仓库将货物调拨到分公司的仓库的物料转移业务处理。仓库调拨单可以参照委外加工生产任务单和外购入库单等单据生成，若无源单据引用，可以直接手工录入。

单击“供应链”→“仓存管理”→“仓库调拨”，双击“调拨单-新增”，系统进入“调拨单-新增”录入窗口，如图 8-19 所示。

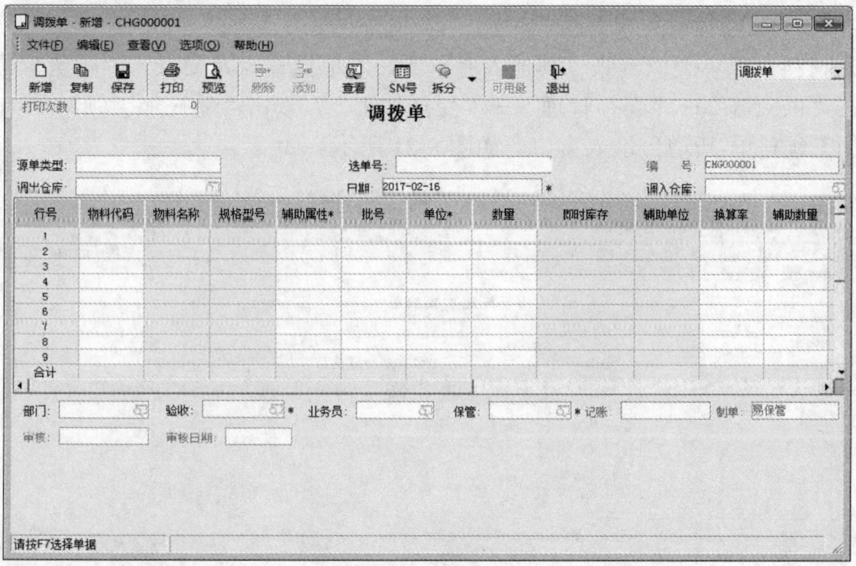

图 8-19

- 调出仓库。物料所处的原仓库名称，按 F7 功能键获取。
- 调入仓库。物料要调入的仓库，按 F7 功能键获取。

单据上的其他项目和调拨单处理方法可以参照前面章节中的单据处理方法。

8.3.3　受托加工

受托加工业务是指加工的主要材料由客户提供，加工单位进行加工，收取加工费，完工的产品只分摊费用。提供受托加工的业务处理，完成从受托加工任务开始到受托加工材料入库、出库、最终产品入库的整个业务跟踪过程，一方面可加强对受托加工过程中费用的控制，另一方面可加强对受托加工材料使用及损耗的严格管理，建立良好的受托委托方合作关系。

（1）单击“供应链”→“仓存管理”→“受托加工”，双击“受托加工材料入库-新增”，系统进入“受托加工材料入库单-新增”录入窗口，如图 8-20 所示。

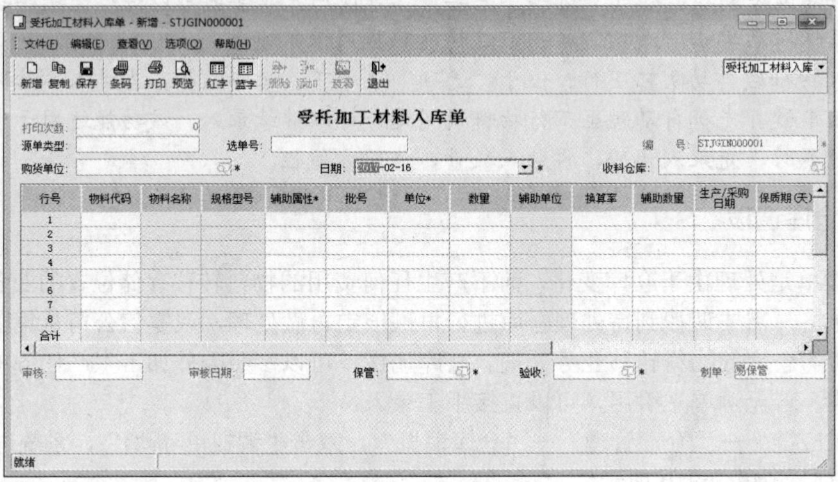

图 8-20

受托加工材料入库单类似一张“其他入库单”，本单据重点是要录入“购货单位”。

（2）单击“供应链”→“仓存管理”→“受托加工”，双击“受托加工领料单-新增”，系统进入“受托加工领料单-新增”录入窗口，如图 8-21 所示。

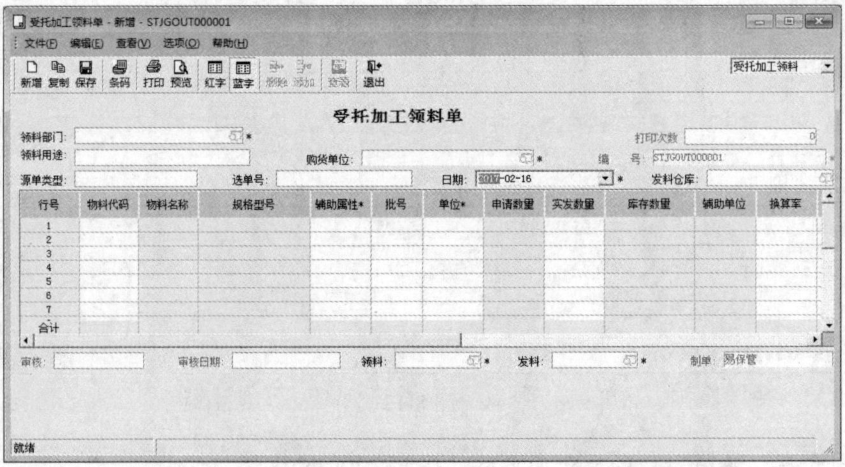

图 8-21

受托加工领料单类似一张“生产领料单”，可以参照受托加工生产任务单和生产任务单生成，本单据的处理方法可以参照生产领料单的处理方法。

8.3.4 虚仓管理

虚仓管理是针对在“仓库档案”中所设置的“仓库类型”中的 3 种仓库进行的管理。

- 待检仓。待检仓指购进材料处于待检验状态，在此状态中，物料尚未入库，准备进行质量检验，只记录数量，不核算金额。

- 代管仓。代管仓指入库物料不属于本公司所有，只是受托代为看管或部分处置（如只计算加工费的受托加工业务），其处置权归其他企业或单位。具有这种性质的购进物料也只是记录数量，并不考虑成本。
- 赠品仓。赠品仓指核算赠品收发的虚拟仓库。赠品是指在收货或发货时，除议定的货物外，附带无偿收到或赠予对方一定数量的货物。这种货物处理的方式较多，与日常业务的处理界限不清晰，判断点是在货物收入或发出时是否具有成本。

这 3 种类型的仓库档案在日常单据业务处理中，不能查询到，只在进行虚仓管理时可以查询和使用。

单击“供应链”→“仓存管理”→“虚仓管理”，双击“虚仓入库”，系统弹出“过滤”对话框，保持默认条件，单击“确定”按钮，系统进入虚仓入库序时簿界面，在界面中可以进行虚仓入库单的新增、修改和审核等操作，单击“新增”按钮，系统进入“虚仓入库单-新增”窗口，如图 8-22 所示。

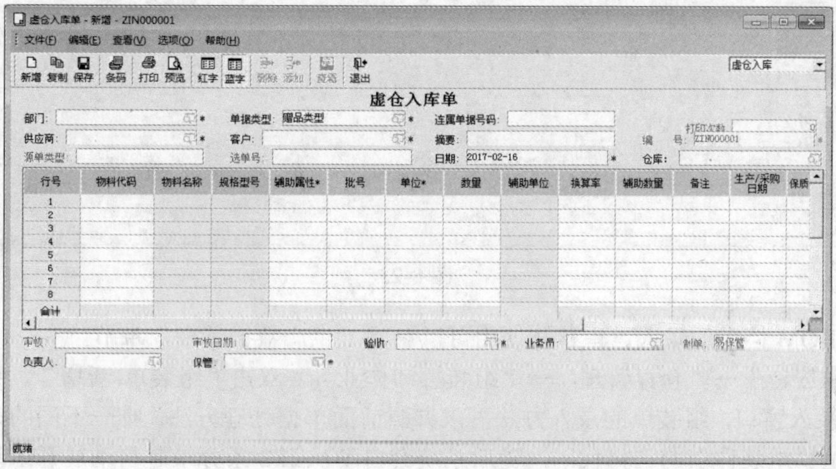

图 8-22

虚仓入库单的各项目说明可以参照前面章节的单据项目说明，操作方法也可以参照前面章节的单据处理方法。

虚仓管理同时提供虚仓出库单和虚仓调拨单功能，以及提供虚仓出入库汇总表、虚仓出入库明细表、虚仓物料收发台账和虚仓物料收发日报表 4 种报表。

8.3.5　组装拆卸作业

组装件由多个物料组成，不在生产环节进行组合，而在仓库进行组装，组装后在仓库又可以拆开用于其他组装件，或者生产领用出库用于其他产品或单独销售。组装件和组装子件之间是一对多的关系。而组装作业则指在仓库把多个库存组装子件组装成一个组装件的过程。

拆卸指将组装件一个拆卸成多个组装子件的过程。例如，销售电脑时需要配套赠送鼠标垫，但是该鼠标垫不在生产线上放入电脑机箱，而是出库时作为配套子件现时出库。

组装单经审核后，系统自动生成对应的组装子件出库单（其他出库单）、组装件入库单（其他入库单）。

进行组装业务的条件有以下两点。

（1）产品档案中的“物料属性”必须是“组装件”，否则不能建立组装件BOM。

（2）在基础资料中定义组装件BOM档案，并且审核后，才能使用，否则不能进行组装单的录入。

建立组装件BOM档案也可以单击“供应链”→“仓存管理”→“组装拆卸作业”，双击“组装件BOM录入”，系统进入“BOM单-新增”录入窗口，如图8-23所示。

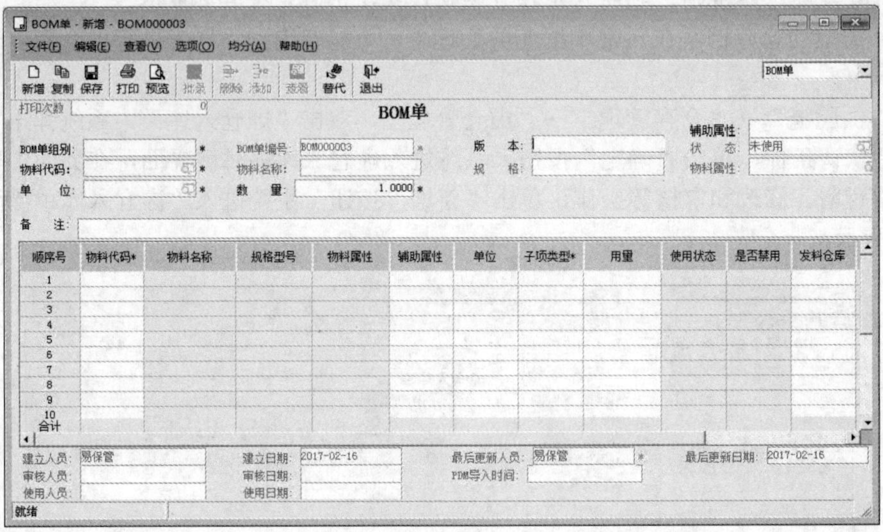

图 8-23

组装件BOM档案的录入、审核和使用可以参照“生产数据管理”章节。

单击“供应链”→“仓存管理”→“组装拆卸作业”，双击“组装单-新增”，系统进入“组装单-新增”录入窗口，组装单的录入方法可以参照前面单据处理方法。唯一不同的是第1条分录需要录入的是“组装件”的物料代码，随后系统会自动从第2条分录起自动展开组装件的子件物料，如图8-24所示，第1行是组装件，其他都是子件物料。

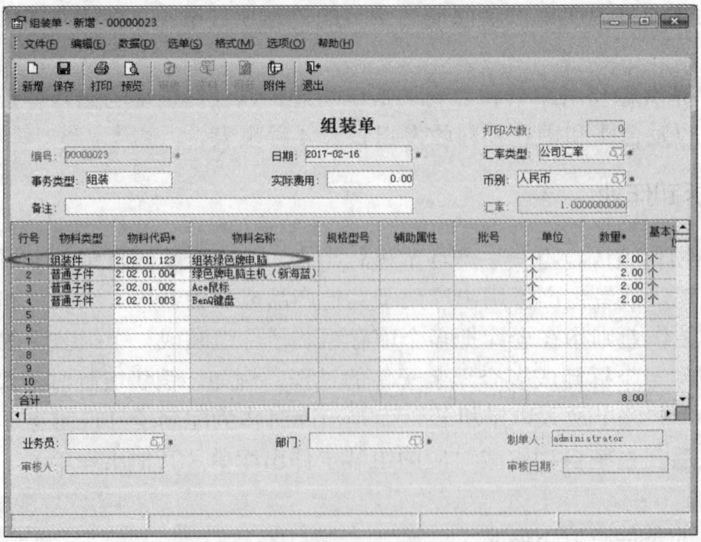

图 8-24

组装单的查询和审核等操作请参照前面章节的单据处理方法。

8.3.6　盘点作业

仓存盘点是处理与仓存数据相关的日常操作和信息管理的综合功能模块，主要包括备份盘点和为了保证企业库存资产的安全和完整，做到账实相符。企业必须对物料进行定期或不定期的清查，查明物料盘盈、盘亏及损毁的数量以及造成的原因，并据此编制物料盘点报告表，按规定程序报有关部门审批。

经有关部门批准后，应进行相应的账务处理，调整物料账的实存数，使物料的账面记录与库存实物核对相符。系统还可以根据盘点报告生成盘盈单和盘亏单。

盘点流程介绍如下。

（1）新增 1 个盘点方案，确定盘点范围（要进行盘点的仓库和盘点截止日期），进行盘点账存数据备份。

（2）输出盘点表。可以将盘点表打印，以备在实物盘点时书写正确的实存数；或者引出盘点数据（引出功能在物料盘点报告单中的“文件”菜单），提供给仓管人员进行盘点。

（3）实物盘点结束，录入盘点数据，或者把 Excel 格式的盘点结果数据引入。

（4）编制盘点报告单，系统进行账存数据与实存数据差异比较，再生成盘盈单，盘亏单。

例 8-4　以盘点流程对本账套中的所有仓库进行盘点，练习盘点作业的使用方法。

1．盘点方案新建

（1）单击“供应链”→“仓存管理”→“盘点作业”，双击“盘点方案-新建”，系统进入“盘点进程”对话框，如图 8-25 所示。

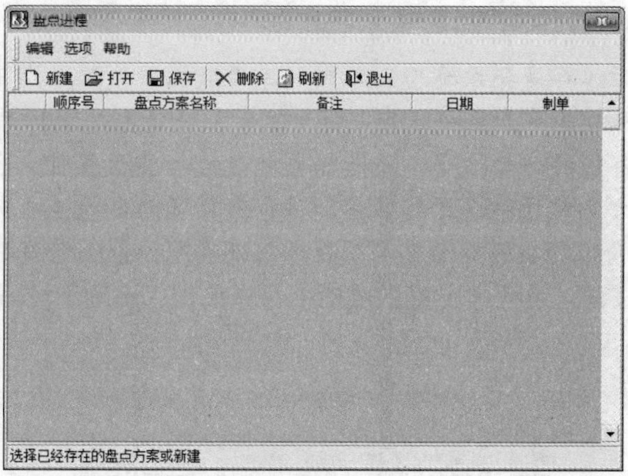

图 8-25

- 选择框。盘点方案前的选择框不能进行手工选择，由系统自动根据盘点方案生成的盘盈单、盘亏单是否审核做出相应的标志。审核后，系统自动打上红“Y”表示该盘点方案生成的盘盈单、盘亏单已经审核，如要删除该盘点方案必须先反审核相应的盘盈单、盘亏单。
- 顺序号。由系统自动生成，每一个盘点方案对应一个顺序号。
- 盘点方案名称。默认盘点方案名称为盘点方案创建日期 YYYYMMDD＋NNNN，其中 NNNN 为尾数，初始为 1，同一日期创建的盘点方案在前一基础上加 1。用户可以自定义名称。

- 备注。可以录入盘点的仓位、时间、责任人、名称等信息，仅供查看。
- 日期。系统根据系统日期自动生成，它是盘点方案的建立时间。
- 制单。系统自动生成，即当前的系统操作员。

在对话框中可以进行盘点方案的新建、打开和删除等操作。

（2）单击“新建”按钮，系统弹出“备份仓库数据”对话框，在对话框中选择要备份哪些仓库的数据，备份什么仓位的数据以及备份的时间段等。选中所有仓库，其他项目保持默认值，如图 8-26 所示。

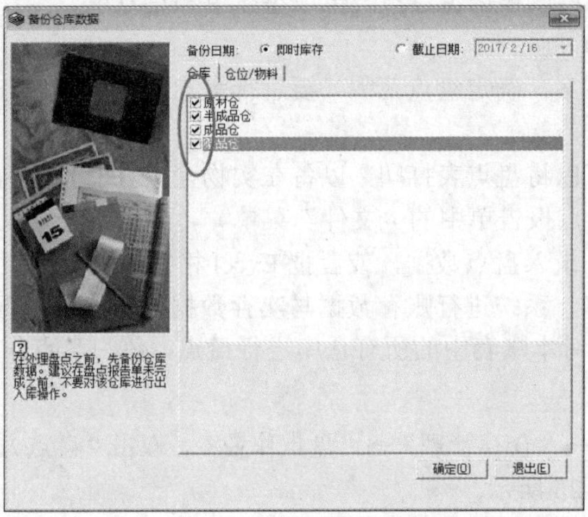

图 8-26

- 备份日期。即时库存是指系统当天日期的库存数据；截止日期是指用户盘点到什么时期的库存数据，一般是早于系统日期，因为晚于系统日期的数据系统以“即时库存”处理。
- 仓库。选择要备份的仓库名称，该选择也就是选择要盘点什么仓库的数据，如选中“原材仓”，则该方案对原材仓进行备份，该方案所显示的盘点也只有“原材仓”的数据。
- 仓位/物料。在仓位和物料界面可以设置对物料范围和仓位范围内的库存数据进行盘点。

（3）单击“确定”按钮，系统弹出提示对话框，再单击“确定”按钮，系统返回“盘点进程”对话框，如图 8-27 所示。

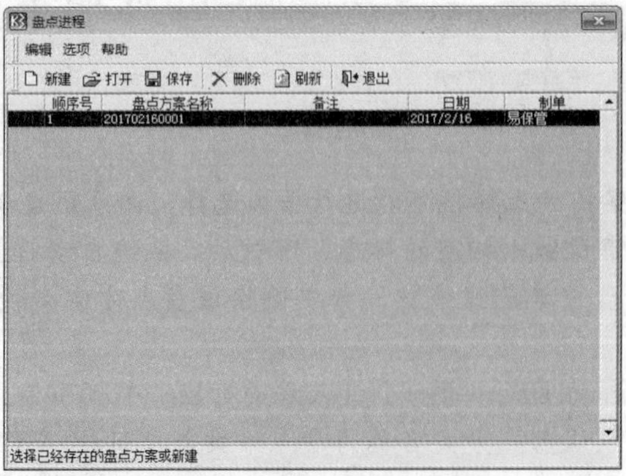

图 8-27

（4）选中刚新建的方案，单击“打开”按钮，系统进入“物料盘点报告单”窗口，如图 8-28 所示。

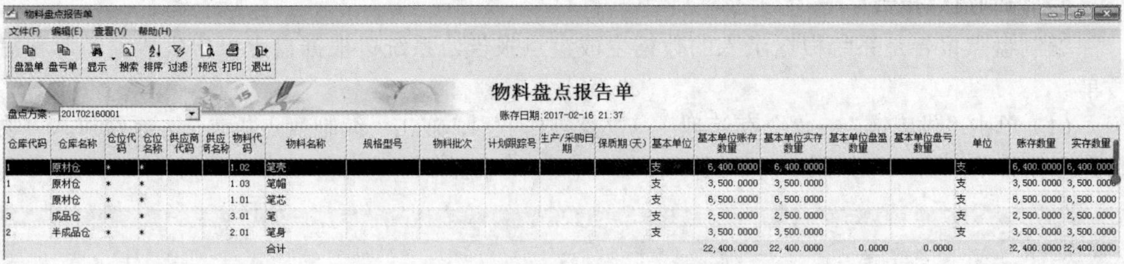

图 8-28

2．打印盘点表

打印盘点表是将方案中所涉及的盘点数据打印成报表，以备实物盘点时录入数据。

单击“供应链”→“仓存管理”→“盘点作业”，双击“打印盘点表”，系统进入“打印物料盘点表”管理窗口，如图 8-29 所示。单击“打印”按钮将当前盘点表打印输出。

图 8-29

3．录入盘点数据

录入盘点数据是根据实盘后的数据录入，然后系统根据录入的盘点数据自动生成盘点报告表。

（1）单击“供应链”→“仓存管理”→“盘点作业”，双击“录入盘点数据”，系统进入“录入盘点数据”窗口，如图 8-30 所示。

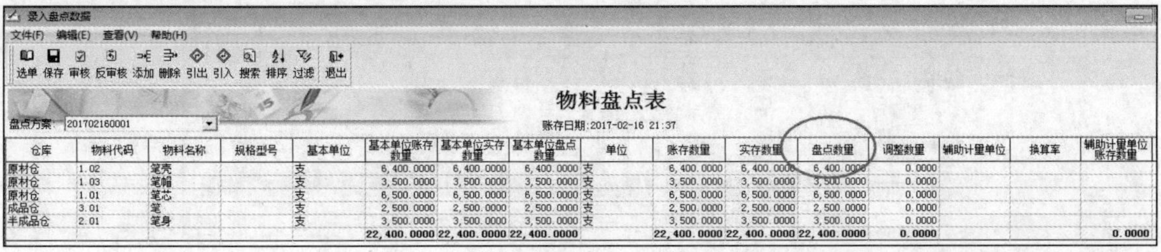

图 8-30

- 盘点数量。由用户手工录入实际盘点时库存的仓存计量单位实存余额。
- 调整数量。调整账存数量，即对账存数量进行调整。

（2）将“1.01 笔芯”的盘点数量修改为“6 435”，“1.02 笔壳”的盘点数量修改为“6 410”。

（3）单击“保存”按钮保存录入的盘点数据。单击“引入”按钮，可以将 Excel 文件引入盘点表中，在进行引入处理的合法性检查后，所有合法数据一律覆盖原有数据。如果是盘点表中没有的物料，则新增保存，系统中没有记录的数据自动保存。

4．编制盘点报告

编制盘点报告是系统根据录入的数据生成盘点报告，系统再根据盘点报告生成盘盈单和盘亏单。

（1）单击“供应链”→“仓存管理”→“盘点作业”，双击“编制盘点报告”，系统进入“物料盘点报告单”窗口，如图 8-31 所示。

图 8-31

注意盘盈数量和盘亏数量，这是根据录入的盘点数据自动计算出来的盈亏数据。单击“盘盈单”和“盘亏单”按钮，系统根据盘点报告生成盘盈单据和盘亏单据。

（2）单击“盘盈单”按钮，系统弹出提示对话框，单击“确定”按钮，系统进入“盘点报告单-修改”窗口。因本单是一张盘盈单，要录入该单据的盘盈数量。存放在什么仓库，所以在“仓库名称”处按 F7 功能键获取“原材仓”，“单价”录入“0.30”，“保管”和“负责人”获取“易保管”，如图 8-32 所示。

（3）单击“保存”按钮保存本张单据，单击“审核”按钮进行审核。

（4）单击“退出”按钮返回“物料盘点报告单”窗口，单击“盘亏单”按钮，系统弹出提示对话框，单击“确定”按钮系统进入“盘点报告单-修改”窗口，因本单是一张盘亏单，要录入本物料从什么仓库出货，所以在“仓库名称”处按 F7 功能键获取“原材仓”，“保管”和“负责人”获取“易保管”，如图 8-33 所示。

（5）单击“保存”按钮保存当前单据，单击“审核”按钮审核本张单据。

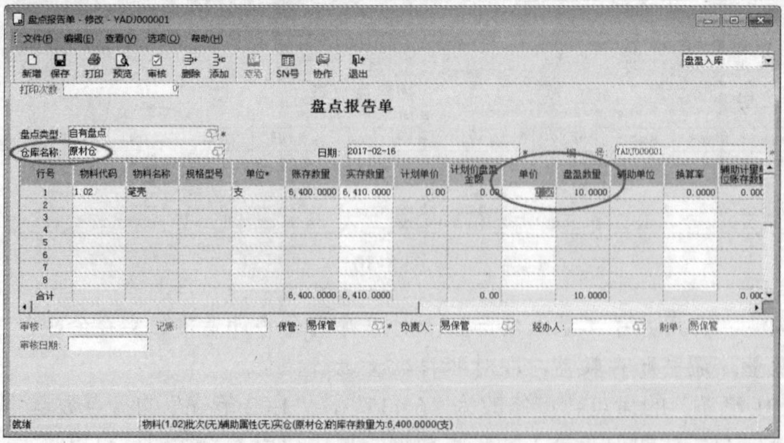

图 8-32

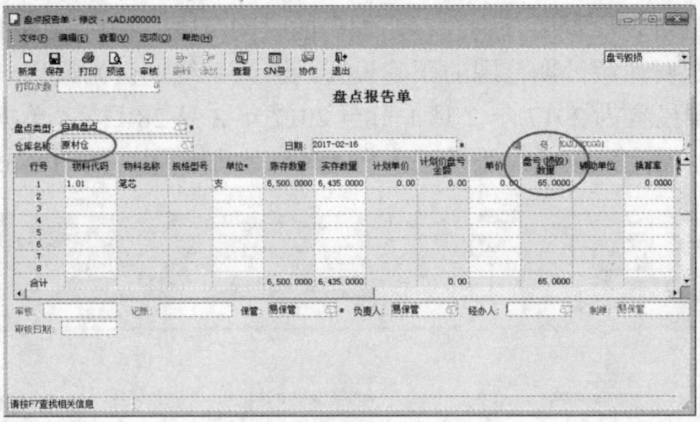

图 8-33

8.3.7　库存调整

库存调整是处理盘点报告单的过程，盘点报告单是确认货物在仓库中盘盈、盘亏的书面证明，是财务人员据以记账、核算成本的重要原始凭证。在金蝶 K/3 供应链系统中，盘盈单、盘亏单确认后，需要手工填入盘盈、盘亏金额，从而为正确进行成本核算和调整库存打下基础。盘点报告单可以通过手工录入途径生成和自动生成。

盘点报告单的功能有新增、修改、审核和删除等操作方法，操作方法可以参照前面章节的单据处理方法。

8.4　仓存报表分析

金蝶 K/3（V14.X）仓存管理除提供基本报表查询功能外，还提供强大的报表分析查询功能，可以进行安全仓库预警分析、超储/短缺库存分析和库存账龄分析等各种分析，并且可以自定义“查询分析工具”。

仓存报表和分析的操作方法可以参照 4.4.1 小节，在此练习查询“出入库流水账”的方法。

（1）单击“供应链”→“仓存管理”→“报表分析”，双击“出入库流水账”，系统进入“过滤”对话框，如图 8-34 所示。

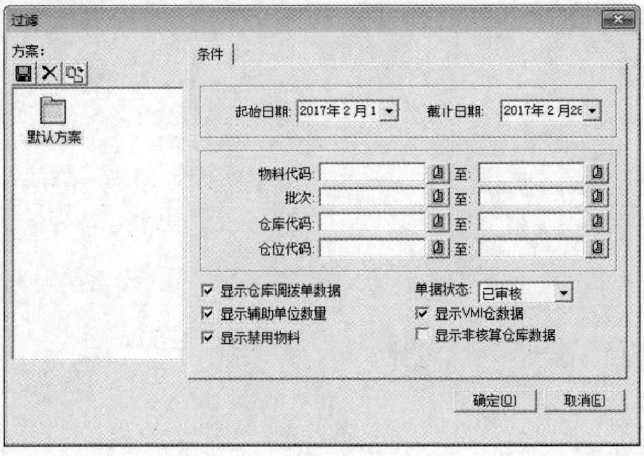

图 8-34

在“过滤”对话框可以设置要查询仓存明细表的时间范围、物料范围和单据状态等条件。在设置过滤条件时，一定要注意日期范围的正确设置，因为系统默认为最后一次查询的日期范围。

（2）在此日期范围设置为 2017 年 2 月 1 日至 2017 年 2 月 28 日，“单据状态”选择“全部”，条件设置完成，单击“确定”按钮，系统进入出入库流水账界面，如图 8-35 所示。

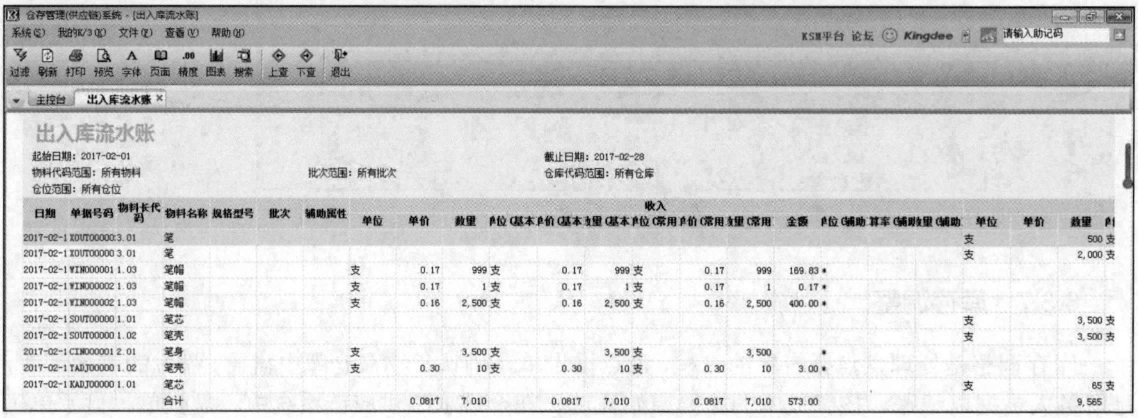

图 8-35

单击“上查”按钮可以查询到选中记录行的源单据情况，单击“下查”按钮可以查询到选中记录行下推生成的单据情况。

8.5 课后习题

（1）画出仓存管理系统每期的操作流程。

（2）画出仓存管理系统与其他模块之间的数据流向图。

（3）仓库调拨单的功能是什么？

（4）仓库盘点流程是什么？

第 9 章　应收款、应付款管理

本 章 重 点

- 发票处理
- 应收款核销
- 其他应收单
- 凭证处理
- 收款单、退款单
- 账表
- 票据处理
- 合同

9.1　概述

应收款、应付款管理系统可处理发票、其他应收单、应付单、收款单及付款单等单据，对企业的往来账款进行综合管理，及时、准确地提供客户往来账款资料，并提供各种分析报表，如账龄、周转、欠款、坏账、回款和合同收款情况等分析报表。通过分析各种报表，帮助企业合理地进行资金调配，提高资金利用率。

系统还提供各种预警和控制功能，如显示到期债权列表和合同到期款项列表等，可以帮助企业及时对到期账款进行催收，以防止产生坏账。信用额度的控制有助于随时了解客户的信用情况，以防止产生呆坏账。此外系统还提供应收票据的跟踪管理，可以随时对应收票据的背书、贴现、转出及作废等操作进行监控。

应收款、应付款管理系统既可以单独使用，又能与采购管理、销售管理、存货核算系统集成使用，提供完整全面的业务和财务流程处理。

1．使用应收款与应付款管理系统需要设置的内容

- 公共资料。公共资料是本系统所涉及的最基础资料，必须设置，否则在进行单据处理时会受到相应的限制。
- 应付款管理基础资料。金蝶 K/3 系统为用户提供“公共资料”的同时，又针对单独模块提供了设置该模块“基础资料”的功能。应付款管理基础资料有付款条件、类型维护、凭证模板和采购价格管理。基础资料可以视管理要求决定是否进行设置。
- 应收款管理基础资料。收款条件、类型维护、凭证模板、信用管理、价格资料和折扣资料。
- 初始化。系统进行初始化时，需要进行系统参数设置、初始数据录入和结束初始化。
- 应收款、应付款管理系统参数详细设置。应收款、应付款管理是对该模块的参数进行详细设置，包含系统设置、编码规则和多级审核管理设置。

公共资料和初始化是必须设置的。基础资料和系统设置资料可以根据管理要求决定是否需要设置，或者在以后的使用过程中可以返回再进行修改。

2．应付款、应收款管理系统可执行的查询与生成的报表

应付款管理系统可以查询的报表和报表分析有应付明细表、应付款汇总表、往来对账、到期债务列表、应付款计息表、调汇记录表、应付款趋势分析表、账龄分析、付款分析和付款预测等。

应收款管理系统可以查询的报表和报表分析有应收明细表、应收款汇总表、往来对账、到期债务列表、应收款计息表、调汇记录表、应收款趋势分析表、账龄分析、周转分析、欠款分析、款账分析、回款分析、收款预测、销售分析、信用余额分析、信用期限分析和信用数量分析等。

3．应收款管理系统每期的操作流程

应付款管理系统的操作流程可以参照应收款管理流程，如图 9-1 所示。

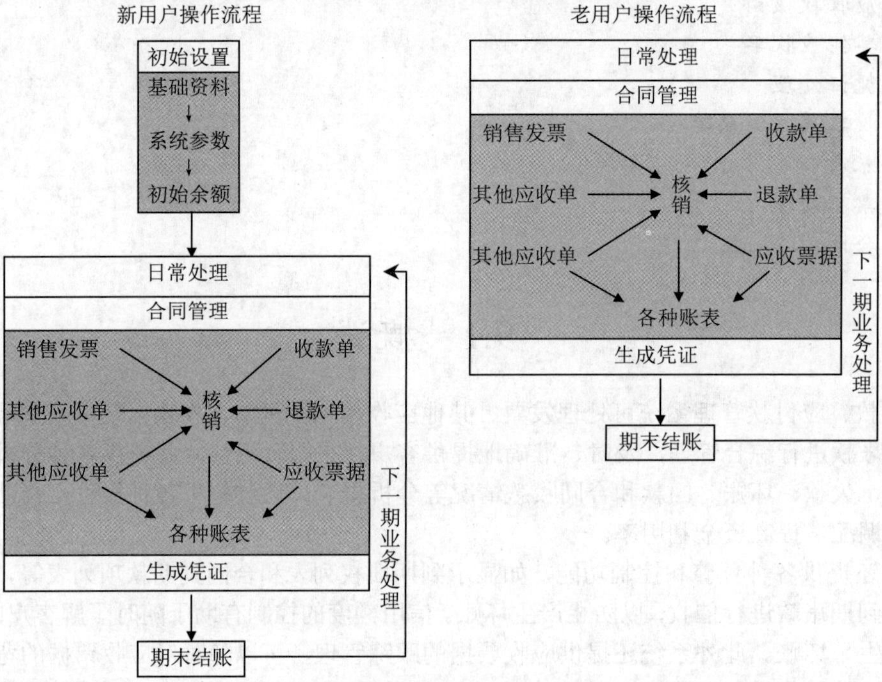

图 9-1

4．应收款管理系统与其他系统间的数据流向

应收款管理系统与其他系统之间的数据流向如图 9-2 所示。

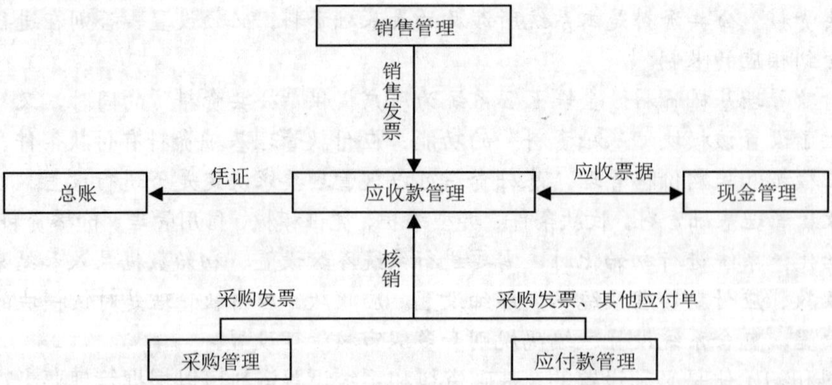

图 9-2

- 销售管理系统。应收款管理系统与销售管理系统连接使用时，销售管理系统录入的销售发票和销售费用发票传入应收款管理系统进行应收账款的核算；不连接使用时，销售发票数据要在应收款管理系统手工录入。
- 总账系统。应收款管理系统与总账系统连接使用时，应收款管理系统生成的往来款凭证传递到总账系统；不连接使用时，往来业务凭证要在总账系统中手工录入。
- 现金管理系统。应收款管理系统与现金管理系统连接使用时，应收款管理系统的应收票据与现金管理系统中的票据可以互相传递，前提是应收款管理系统的系统参数选中“应收票据与现金系统同步”。
- 采购管理系统、应付款管理系统。应收款管理系统与采购管理系统、应付款管理系统连接使用时，采购管理系统、应付款管理系统录入的采购发票、其他应付单与应收款管理系统的单据进行应收冲应付核算。

5. 应付款管理系统与其他系统间的数据流向

应付款管理系统与其他系统间的数据流向如图 9-3 所示。

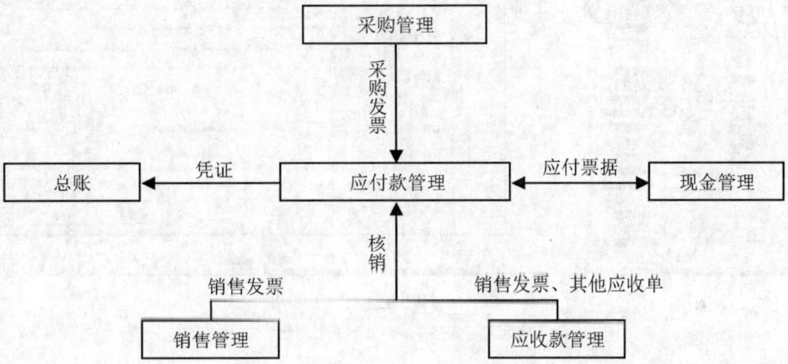

图 9-3

- 采购管理系统。应付款管理系统与采购管理系统连接使用时，采购管理系统录入的采购发票和采购费用发票传入应付款管理系统进行应付账款的核算；不连接使用时，采购发票要在应付款管理系统手工录入。
- 总账系统。应付款管理系统与总账系统连接使用时，应付款管理系统生成的往来款凭证传递到总账系统；不连接使用时，往来业务凭证要在总账系统中手工录入。
- 现金管理系统。应付款管理系统与现金管理系统连接使用时，应付款管理系统的应付票据与现金管理中的票据可以互相传递，前提是应付款管理系统的系统参数选中“应付票据与现金系统同步”。
- 销售管理系统、应收款管理系统。应收款管理系统与销售管理系统、应收款管理系统连接使用时，销售管理系统、应收款管理系统录入的销售发票、其他应收单与应付款管理系统的单据进行应付冲应收核算。

本章重点讲述应收款管理系统的应用，应付款管理系统的操作可参照应收款管理系统。

9.2　初始设置

初始设置包括基础资料、公共资料设置，系统参数和初始化数据录入。公共资料设置方法请参照第 3 章。本节重点讲解系统参数设置和初始化数据录入。

9.2.1 应收款管理系统参数

应收款管理系统参数是针对应收款管理系统的启用会计期间和会计科目的设置等。

单击“系统设置”→“系统设置”→“应收款管理”，双击“系统参数”，系统弹出“系统参数”对话框，如图 9-4 所示。

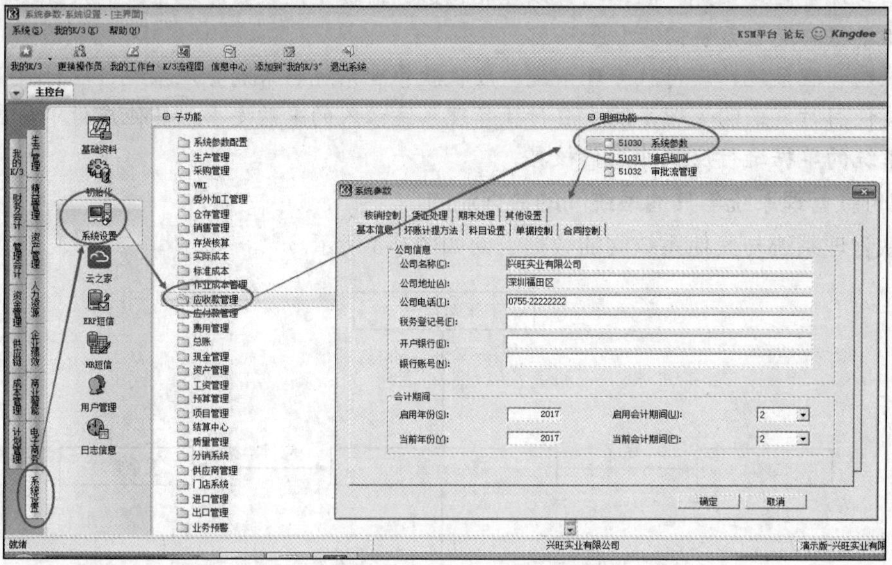

图 9-4

1. 基本信息

- 公司信息。录入公司的基本信息，可采用默认值，也可以完整录入。
- 会计期间。会计期间是指本模块的启用年份和启用会计期间。当前年份、当前会计期间是随着结账时间而自动更新的。

2. 坏账计提方法

单击“坏账计提方法”选项卡，切换到坏账计提方法界面，如图 9-5 所示。

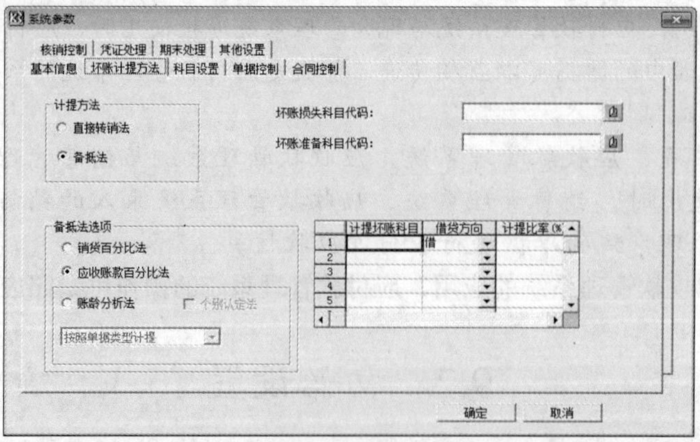

图 9-5

设置计提坏账准备的方法，系统会自动根据设置的方法计提坏账准备，并生成相关凭证。

- 直接转销法。设置坏账损失科目代码即可，其他选项不用设置。
- 备抵法。系统提供 3 种方法。
  - 销货百分比法。选中该项，系统提示录入销售收入科目代码、坏账损失百分比(%)。计提坏账时，系统按计提时的已过账销售收入科目余额和坏账损失百分比（%）计算坏账准备。
  - 应收账款百分比法。选中该项，系统提示录入计提坏账科目、科目的借贷方向和计提比率（%）。科目方向可选择“借”或“贷”。如果不选，则取计提坏账科目的余额数；如果选择“借”，则表示取该科目所有余额方向为借方的明细汇总数；如果选择“贷”，则表示取该科目所有余额方向为贷方的明细汇总数。如果计提坏账的科目存在明细科目，并且存在借方余额和贷方余额时，将存在的贷方余额的明细科目排除，只对借方余额的明细科目计提坏账。
  - 账龄分析法。选中该项，系统提示输入相应的账龄分组，不用输入计提比例，在计提坏账准备时再录入相应的计提比例计算坏账准备。

3．科目设置

单击“科目设置”选项卡，切换到科目设置界面，如图 9-6 所示。

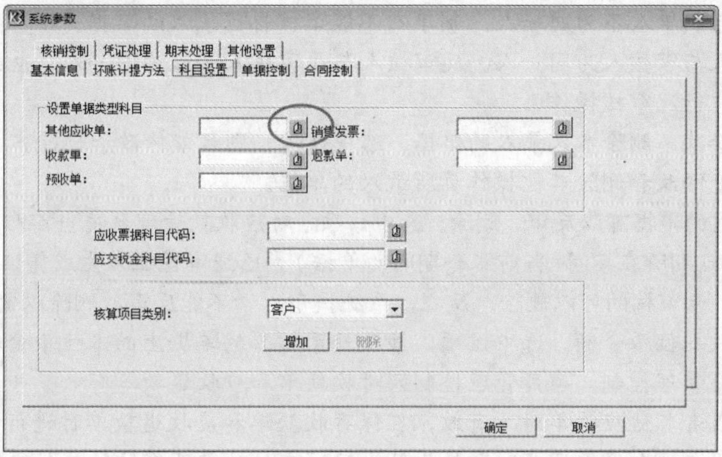

图 9-6

该界面主要用于进行设置生成凭证所需的会计科目和核算项目。如果不采用凭证模板的方式生成凭证，则凭证处理时系统会根据此设置的会计科目自动填充生成凭证。

单击“获取”按钮即可选择会计科目代码。

系统预设 4 种进行往来核算的项目类别，分别是客户、供应商、部门和职员。如果还要对其他核算项目类别进行往来业务核算，可以单击“增加”按钮进行相应操作。

4．单据控制

单击“单据控制”选项卡，切换到单据控制界面，如图 9-7 所示。

- 录入发票过程进行最大交易额控制。选中该项，当客户档案中设有最大交易额时，如果录入发票额超过“最大交易额”，系统不允许保存。
- 发票关联合同携带收款计划。选中该项，新增发票和其他应收单关联合同时，不管是否整体关联，均将合同上的收款计划明细表全部携带到发票和其他应收单相应的内容上，并且允许用户手工修改收款计划的内容。反之，新增时不携带合同的收款计划到发票和其他应收单的收款计划上。

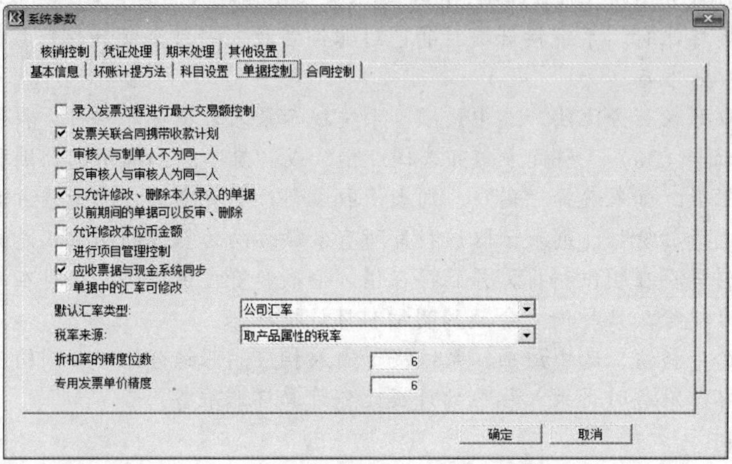

图 9-7

- 审核人与制单人不为同一人。制单人不能审核自己录入的单据。
- 反审核人与审核人为同一人。反审核人与原审核人必须为同一人，也就是单据的审核人才可以执行反审核操作。
- 只允许修改、删除本人录入的单据。选中该项，则只能修改和删除本操作员所录入的单据，不能修改和删除其他操作员所录入的单据。
- 以前期间的单据可以反审、删除。选中该项，对应收款管理系统当前账套以前期间的单据（指财务日期所在期间<当前账套期间的单据），已经审核但未生成凭证、未核销的单据可以反审，未审核的可以删除。反之，系统提示，“不能反审、删除以前期间的单据”。
- 允许修改本位币金额。选中该项，涉及外币核算的单据上的本位币金额可以修改。
- 进行项目管理控制。项目管理控制只对收款单和应收退款单有效，并且是在关联对应销售发票或者其他应收单时才有效，在保存收款单和应收退款单时进行检验。
- 应收票据与现金系统同步。初始化结束后，应付款管理系统的应付票据与现金管理系统的应收票据可以互相传递、同步更新。反之，两个系统的应付票据不互相传递。
- 税率来源。系统提供以下两种方式。①取产品属性的税率：系统默认值，表示所录入的单据上的税率自动带出该物料档案中所设置的税率。②取核算项目属性的税率：录入单据上的税率自动带出核算项目档案中所设置的税率。
- 折扣率的精度位数、专用发票单价精度。设置小数点的位数，系统默认为6位小数。

5. 合同控制

单击“合同控制”选项卡，切换到合同控制界面，如图9-8所示。

- 允许执行金额或执行数量超过合同金额或数量。选中，则系统录入单据关联合同时，所录入的金额或数量都可以超过合同资料本身的金额或数量。反之，不能超过。

6. 核销控制

单击“核销控制”选项卡，切换到核销控制界面，如图9-9所示。

- 单据核销前必须审核。核销时，只显示所有已审核的单据，没有审核的单据不能进行核销。建议选中。

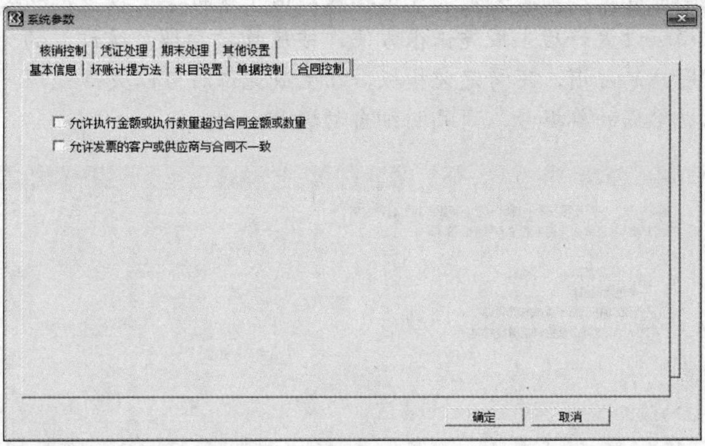

图 9-8

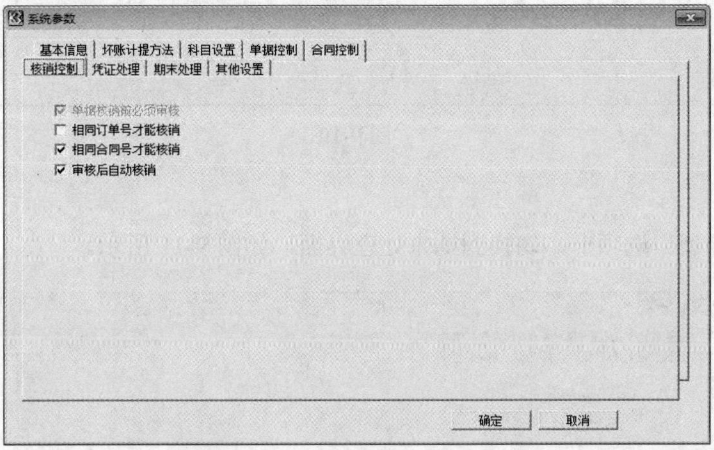

图 9-9

- 相同订单号才能核销。选中该项，则在核销处理时只有相同订单号的单据才能进行核销处理；反之，不能核销。
- 相同合同号才能核销。选中该项，则在核销处理时只有相同合同号的单据才能进行核销处理；反之，不能核销。
- 审核后自动核销。选中该项，则单据一经审核后就自动核销。

7. 凭证处理

单击“凭证处理”选项卡，切换到凭证处理界面，如图 9-10 所示。

- 凭证处理前单据必须审核。为了防止随意更改单据上的金额造成与已生成的凭证金额不统一，选中，则单据生成凭证时必须审核，这样能保证单据上的金额与凭证上的金额统一；反之，未审核的单据也可以生成凭证。
- 预收冲应收需要生成转账凭证。选中该项，预收款冲销应收款的单据也需要生成凭证；反之，可以不生成。

- 使用凭证模板。选中该项，则采用凭证模板的方式生成凭证，在单据序时簿和单据上生成凭证也采用凭证模板；反之，按应收款管理系统设置的会计科目生成凭证。采用凭证模板方式生成凭证，须首先定义凭证模板，由于模板类型较多，初次使用时工作量可能较大，但模板设置好后生成凭证很方便。按应收款管理系统设置的会计科目生成凭证，可以保留用户的习惯，不需定义模板，在生成凭证时可以灵活处理，同时凭证摘要的内容可以根据单据的单据号、商品明细自动填充。

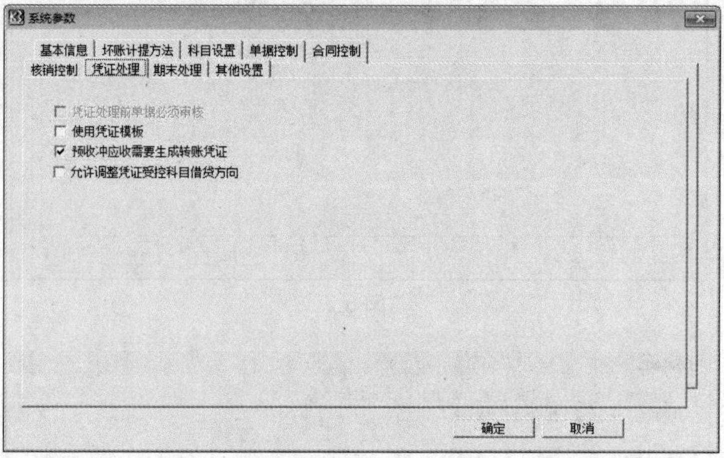

图 9-10

8．期末处理

单击“期末处理”选项卡，切换到期末处理界面，如图 9-11 所示。

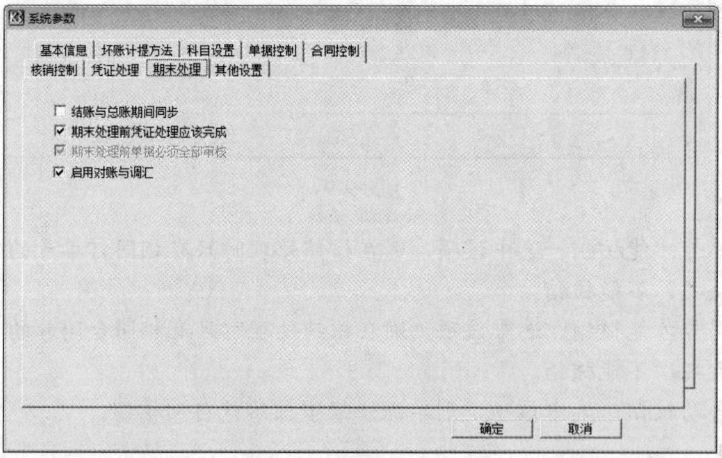

图 9-11

- 结账与总账期间同步。与总账系统连接使用时，选中该项，则应付款管理系统必须先结账，之后总账系统才能结账。这样能保证应付款管理系统的数据资料及时准确地传入总账系统。
- 期末处理前凭证处理应该完成。在期末处理之前，当前会计期间的所有单据必须已生成记账凭证，否则不予结账。建议选中此选项，否则总账系统数据与应付款管理系统数据可能不一致。

- 期末处理前单据必须全部审核。结账前，当前会计期间的所有单据必须已经审核，否则不予结账。
- 启用对账与调汇。选中该项，可以使用对账和调汇功能；反之，不能使用。

9．其他设置

单击“其他设置”选项卡，切换到其他设置界面，如图 9-12 所示。

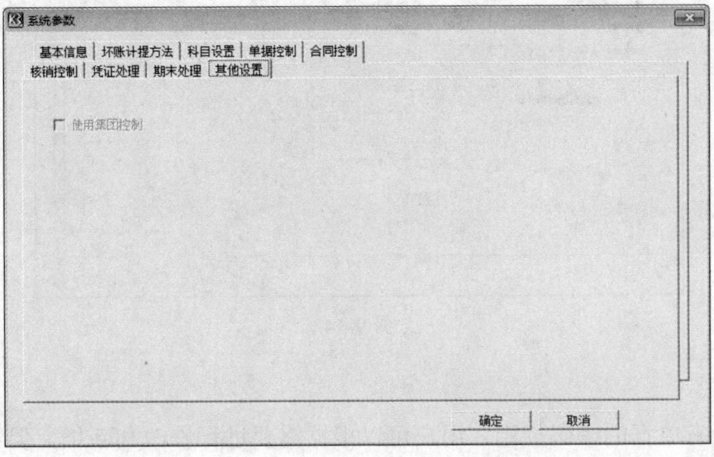

图 9-12

- 使用集团控制。该选项是在账套是集团总部账套时才有效，在分支机构的账套中只是显示是否使用集团控制的状态。

10．应收款管理系统参数设置

（1）将启用会计年份、会计期间设置为 2017 年 2 月。

（2）在坏账计提方法界面，“计提方法”设置为“直接转销法”，“费用科目代码”选择“5502.13”，如图 9-13 所示。

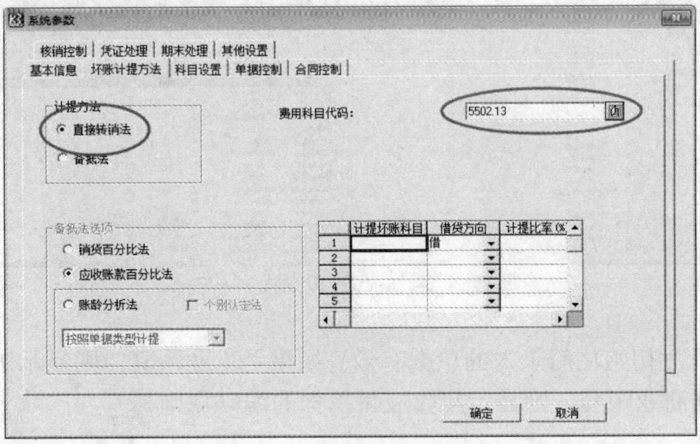

图 9-13

（3）在科目设置界面获取相应的会计科目，如图 9-14 所示。

（4）选中“结账与总账期间同步”“使用凭证模板”，其他采用系统默认值，单击“确定”

按钮保存设置。

注　在保存时，若系统提示某会计科目不为受控，则需要到“会计科目-修改”对话框修改该科目为受控后再进行设置。会计科目属性的修改可参照 3.13 小节。

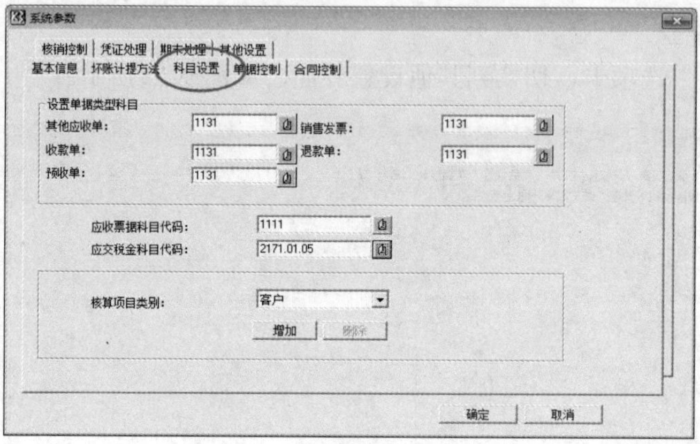

图 9-14

11. 编码规则

系统预设了所有单据的编码规则，用户可以根据需要进行修改和新增，但不能删除。此处的编码规则只对期初 GUI 单据及 WEB 单据有效。

单击“系统设置”→“系统设置”→“应收款管理”，双击“编码规则”，系统进入单据“设置”窗口，如图 9-15 所示。

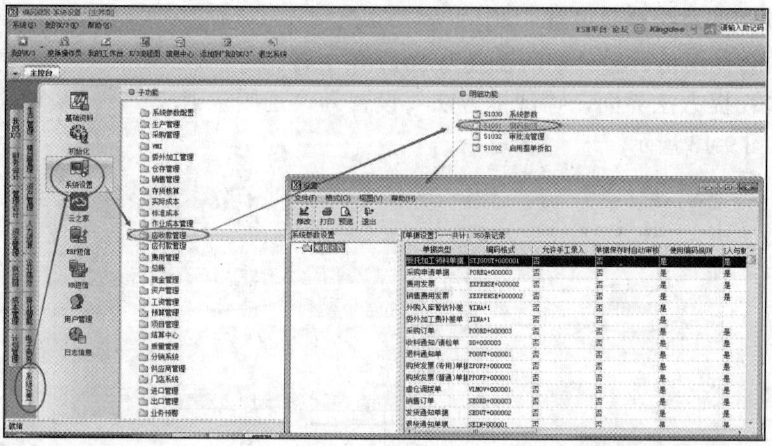

图 9-15

此处编码规则只对初始化后录入的单据有效。如果是工业账套，则显示工业账套中所有单据的编码规则；如果是商业账套，则显示应收应付单据的编码规则。

9.2.2 基础资料

1. 收款条件

收款条件是进行销售业务时对客户应收款事项的约定，如出货后 15 天、出货后 30 天、月结

15 天等收款条件。当收款条件设置后，在客户档案中的“应收应付”选项卡中关联收款条件，这样在录入销售出库和销售发票时，可以根据预先设置的收款条件计算出该笔业务的应收款日期，从而方便应收款提醒或财务人员进行账龄分析。

收款条件的设置方法请参考“销售管理”章节中的“收款条件”。

2. 类型维护

类型维护主要对应收款管理系统中的单据类型进行设置，如合同类型有销售合同类和采购合同类等。

在主界面，单击“系统设置”→“基础资料”→“应收款管理”，双击“类型维护”，系统弹出“类型维护”对话框，如图 9-16 所示。

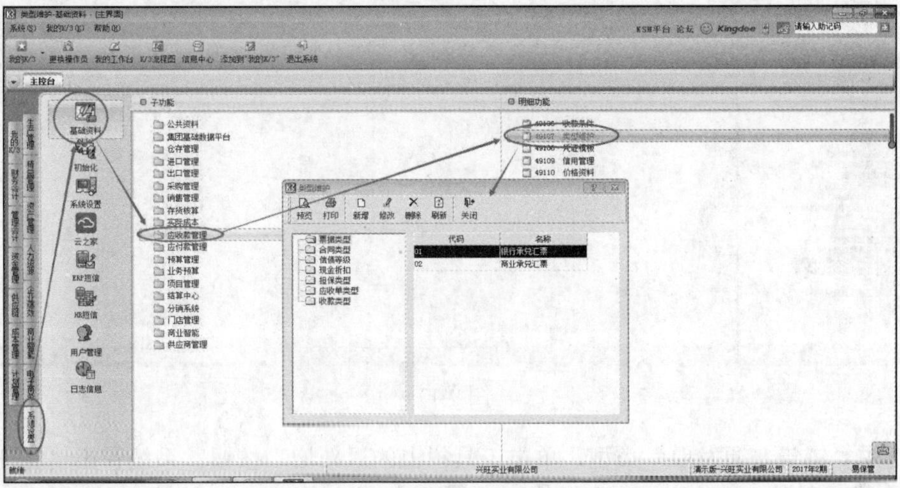

图 9-16

单击工具栏上的相应按钮即可进行增加和修改等操作。

3. 凭证模板维护

应收款管理系统提供 3 种生成凭证的方式。

- 新增单据时，在单据序时簿或单据新增界面即时生成凭证。
- 采用凭证模板，在凭证处理时直接根据模板生成凭证。
- 采用凭证处理时，以随机定义凭证科目的方式生成凭证。

第 2 种与第 3 种方式不能并存。采用第 1 种方式即时生成凭证的单据包括销售发票、其他应收单、收款单和预收单等。一些特殊的事务类型，如预收冲应收、应收冲应付、应收款转销、预收款转销、收到应收票据、应收票据背书、应收票据贴现、应收票据转出和应收票据收款等则必须通过第 2 种或第 3 种方式进行凭证处理。坏账必须通过第 1 种方式进行处理，如坏账损失、坏账收回和坏账计提。应收票据退票必须通过第 3 种方式处理。

当系统采用第 2 种方式时，必须先定义凭证模板。按不同的事务类型定义好凭证模板之后，凭证处理时，系统可以根据不同的事务类型自动套用相应的凭证模板生成凭证。

系统提供了 20 个事务类型的模板，包括销售普通发票、销售增值税发票、其它应收单、收款、应收退款、预收款、预收冲应收、应收冲应付、应收款转销、收到票据、应收票据背书、应收票据背书退回、应收票据贴现、应收票据转出、应收票据收款、预收款转销、预收款冲预付款、收款冲付款、应收票据退票和期初应收票据退票。

注 生成凭证的前提是凭证模板的科目资料和凭证字资料已录入完毕。

下面以新增销售普通发票模板为例，介绍凭证模板的维护方法。

（1）以“王丽”身份登录账套，单击“系统设置”→“基础资料”→“应收款管理”，双击“凭证模板”，系统进入“凭证模板设置”窗口，如图 9-17 所示。

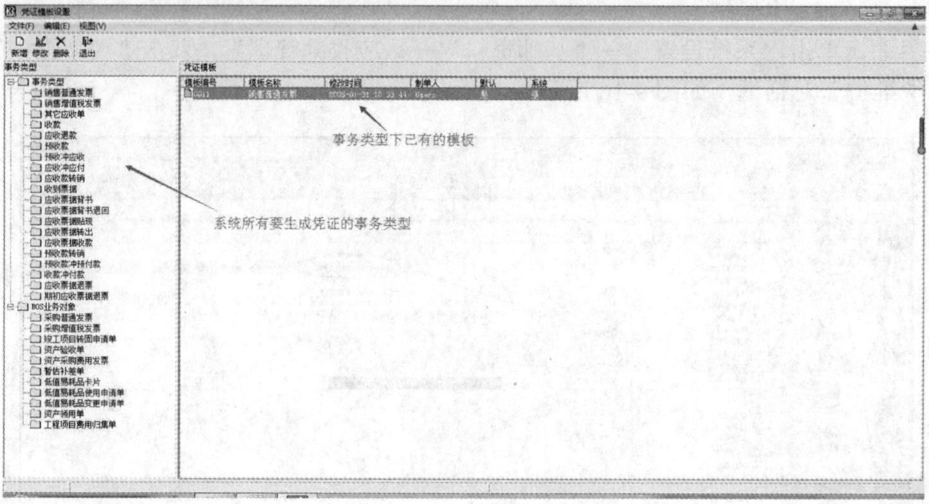

图 9-17

（2）选中“销售普通发票”类型，单击工具栏上的“新增”按钮，系统弹出“凭证模板”对话框，如图 9-18 所示。

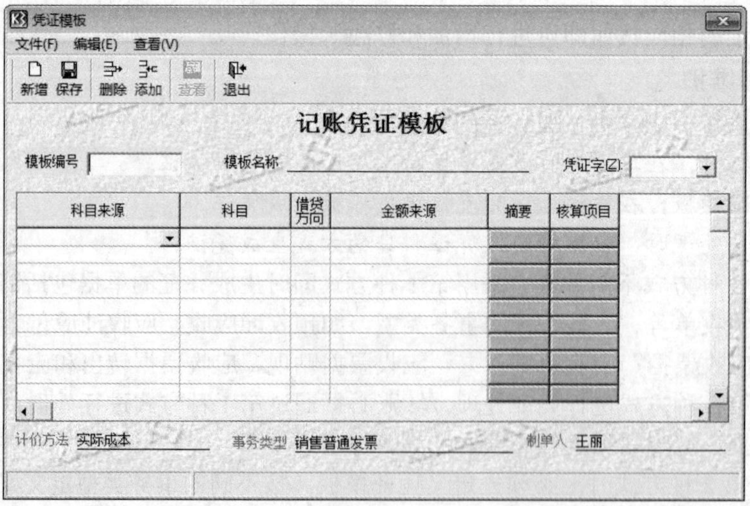

图 9-18

（3）录入“模板编号”为“999”（随意值，只要不与系统内已有编号重复即可），“模板名称”录入“销售普通发票 2”，选择“凭证字”为“记”。

（4）单击科目来源的下拉按钮，系统弹出来源方式，如图 9-19 所示。选择“单据上单位的应收（付）账款科目”，“借贷方向”选择“借”方。

- 凭证模板。采用模板上设置的科目。选中该项时，在科目处获取正确的科目代码。
- 单据上单位的应收（付）账款科目。单据上单位的应收（付）账款科目指核算项目客户或供应商基础资料中设置的应收（付）账款科目。
- 单据上物料的销售收入科目。商品（物料）属性中设置的销售收入科目。

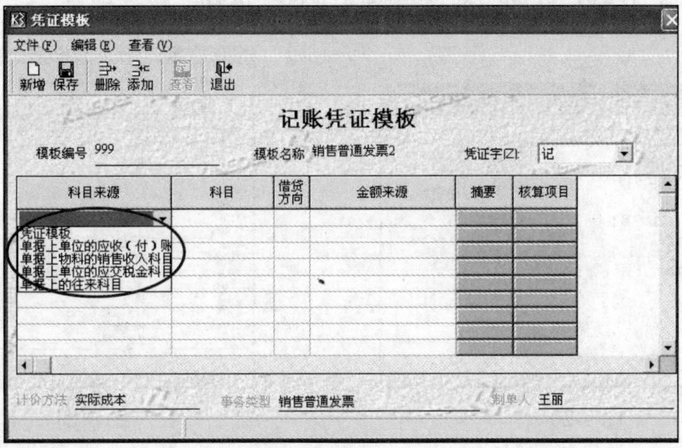

图 9-19

- 单据上单位的应交税金科目。单据上单位的应交税金科目指核算项目客户或供应商基础资料中设置的应交税金科目。

其他单据凭证模板上的会计科目来源包括如下内容。

- 单据上结算方式对应的会计科目。主要针对收款单、预收单和应收退款单，是基础资料设置中结算方式所对应的会计科目。
- 背书时的对应科目。用于票据背书时指定的对应科目。
- 冲销单位的应收（付）账款科目。冲销单位的应收（付）账款科目指进行预收冲应收时，应收单或者发票上客户或者供应商属性中设置的应收（付）账款科目。
- 冲销单位的预收（付）账款科目：冲销单位的预收（付）账款科目指进行预收冲预付、预收冲应收时，预收单上客户或者供应商属性中设置的预收（付）账款科目。

（5）“金额来源”选择“应收金额”。

- 销售普通发票。销售普通发票分为不含税金额、税额和应收金额，应收金额=不含税金额+税额。
- 收款单。收款金额是指收到的现金或银行存款的金额。折扣金额是指现金折扣的金额，应收金额指核销的应收款金额。在不涉及多币别换算时，应收金额=收款金额+折扣金额；如果涉及多币别换算，应收金额是指要核销的应收款金额，与收款金额币别不一致。
- 票据背书。票面金额是指应收票据的票面金额，利息费用是指票据背书的利息及费用，等于背书时的利息减去费用。背书金额一般在凭证的借方，是指背书转其他时借方科目的金额。背书冲应付金额指背书冲应付款时应付账款核销的金额，背书冲应收金额是指背书冲应收款时应收账款核销的金额。背书转其他、背书冲应付、背书冲应收两两不能同时存在，故背书金额、背书冲应付金额或背书冲应收金额一方有数时，另一方必为 0，设置凭证模板时可以同时包括此 3 种情况。另外，背书金额=票面金额+利息费用。

- 票据贴现。贴现额指应收票据的贴现净额，贴息指票据贴现时应付的利息，票面金额是指应收票据的票面金额，票面利息是指带息票据的利息。

（6）单击“摘要”定义按钮，系统弹出“摘要定义”对话框，在“摘要公式”处直接录入“销售产品”，如图9-20所示。摘要公式可以从摘要单元中取出或自行定义。

（7）单击“确定”按钮，返回“凭证模板”对话框，再单击“核算项目”按钮，系统弹出“核算项目取数”对话框，在客户处的“对应单据上项目”选择“核算项目”，如图9-21所示。

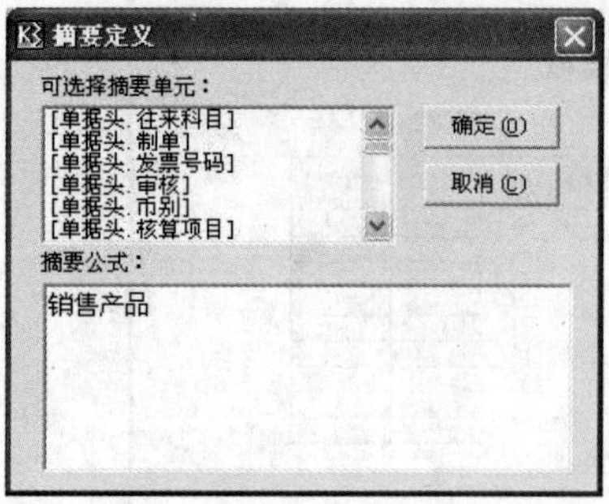

图 9-20

图 9-21

（8）单击“确定”按钮返回，第2条分录“科目来源”选择“单据上物料的销售收入科目”，“借贷方向”选择“贷”，“金额来源”为“应收金额”，如图9-22所示。

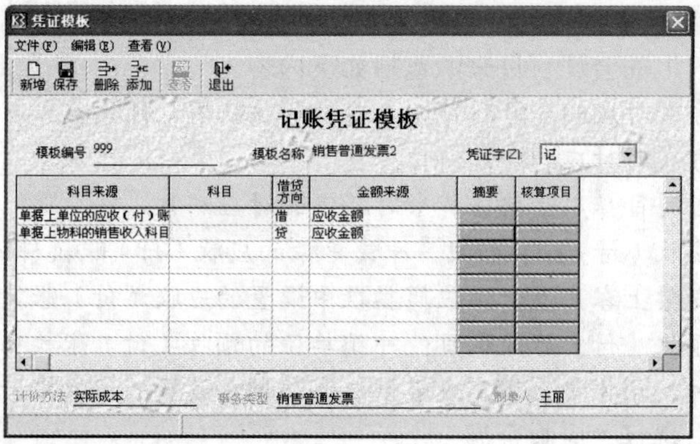

图 9-22

（9）将“摘要”同样设为“销售产品”，单击工具栏上的“保存”按钮保存当前的凭证模板。单击“退出”按钮，返回“凭证模板设置”窗口，可以看到新增的模板，如图9-23所示。

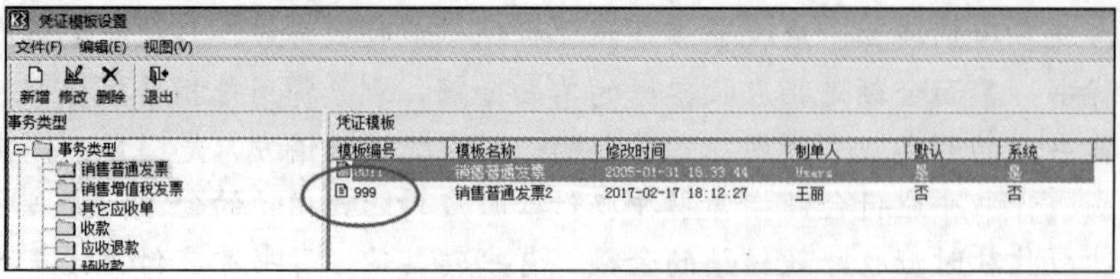

图 9-23

在“凭证模板设置”窗口，如果要对模板进行修改或删除，可以选中模板后单击工具栏上的相应按钮。

（10）调整默认凭证模板。系统自动将系统模板作为默认模板，可将自定义的凭证模板调整为默认模板。系统会根据默认模板生成凭证。例如将“销售普通发票 2”设为“默认模板”，则选中该项目，单击“编辑”→“设为默认模板”即可。

（11）读者可自行修改其他单据类型的凭证模板。注意，使用的模板要设定“凭证字”，每条分录的科目来源、方向和金额来源要正确。

注　若在生成凭证时发生错误，可进入“凭证模板”中对相关类型的模板进行修改。若凭证生成后发现科目不对，则建议删除凭证，重新修改模板，然后再生成凭证。

4．信用管理、价格管理、折扣管理

信用管理、价格管理和折扣管理的信息与销售管理的信用、价格和折扣信息同步，设置方法请参照“销售管理”一章。

9.2.3　应收初始数据录入

应收初始数据主要有以下项目。

- 应收款期初数据。应收款期初数据包括货款核算应收账款科目的期初余额、本年借方累计发生数和本年贷方累计发生数。
- 预收款期初数据。预收款期初数据包括货款核算预收账款科目的期初贷方余额、本年贷方累计发生数。如果预收账款的期初余额为借方余额，建议进行调账处理，把预收账款调入“应收账款”科目中。
- 应收票据期初数据。应收票据期初数据包括还没有进行票据处理的应收票据，不包括已经背书、贴现、转出或已收款的应收票据。
- 期初坏账数据。期初坏账数据包括以后有可能收回的坏账。

在主界面，单击“系统设置”→“初始化”→“应收款管理”，可以查看到需要录入的期初数据，如图 9-24 所示，在录入期初数据时选择相应选项。

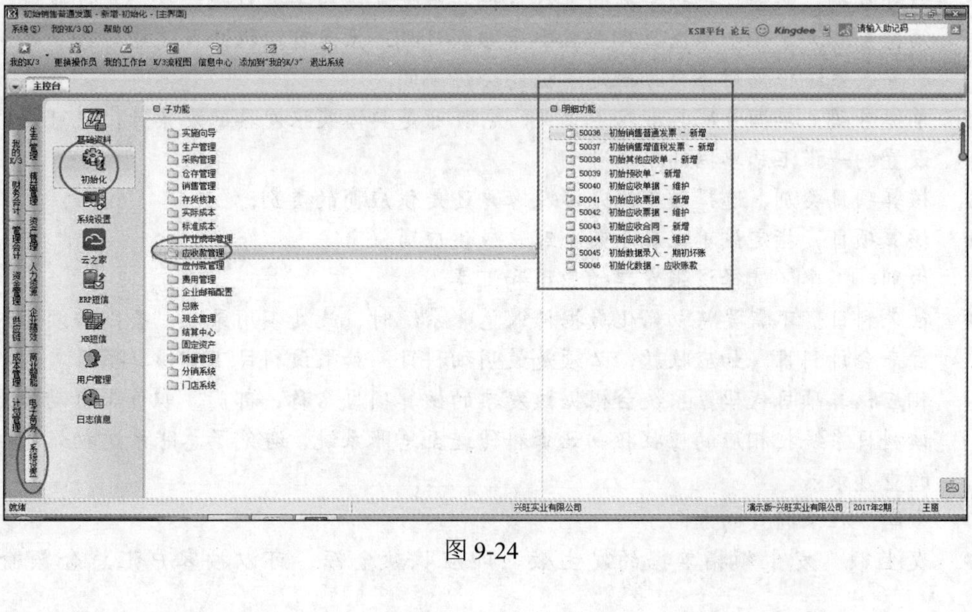

图 9-24

1. 期初数据录入

期初数据录入时，在初始化数据界面双击选择要录入的明细功能即可。例如录入期初销售增值税发票，单击“系统设置”→“初始化”→“应收款管理”，双击“初始销售增税发票-新增”，系统进入“初始化_销售增值税发票-新增”录入窗口，如图 9-25 所示。

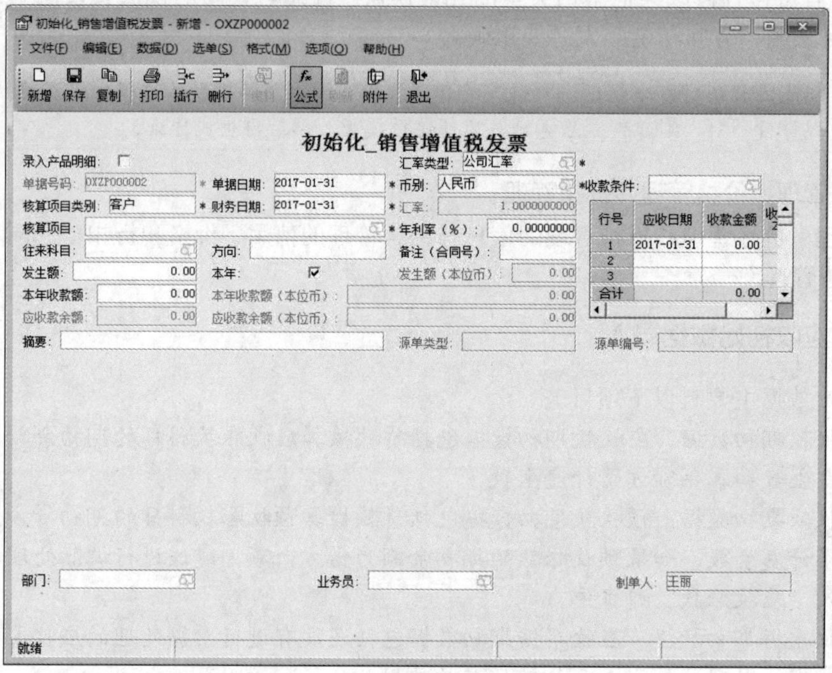

图 9-25

- 单据日期。单据日期指单据的开票日期，对初始化汇总的发票可以自由设定。系统可以根据此日期（单据日期）编制账龄分析表、应收计息表。
- 财务日期。财务日期指单据的录入日期，系统默认与单据日期一致，允许修改，但是必须控制其大于等于单据日期并且小于账套日期。系统可以据此（记账日期）编制账龄分析表。系统根据财务日期确定单据的会计期间。
- 单据号码。单据号码具有双重含义，它既可是具体某张发票的发票号，也可是用户自行设置的一张汇总单据的单据号。
- 核算项目类别。选择该单据是涉及客户还是供应商的类别。
- 核算项目。指定该单据属于某个客户或供应商。
- 币别、汇率。选择该张发票的原币和汇率。
- 往来科目。不需要将初始化数据传入总账系统时，此处不用录入。否则必须录入对应的往来会计科目，如应收款，必须是最明细科目。如果该科目下有核算项目，则不用录入相应核算项目代码，系统会根据该发票的核算项目名称、部门、职员等自动填充。通过该科目系统把相应的应收款初始资料传递至总账系统，避免了总账系统初始化往来资料的重复录入。
- 方向。往来科目的方向。
- 发生额。发生额指单据的发生数，即应收款金额。可以按客户汇总金额输入所有销售发票。例如：该客户有 3 张销售增值税发票，分别是 1 000 元、2 000 元和 3 000 元的发票，汇总时则直接录入一张 6 000 元的发票即可；也可以按单据进行明细录入，按上例则要分别录入 1 000 元、2 000 元和 3 000 元 3 张发票。如果是本年发生额，则选择“本年”。如果同一个单位的往来款既有去年金额又有今年发生额，则汇总录入时去年与今年的数据应分开录入。一般反映的是“应收账款”科目的借方发生数。

- 本年收款额。录入当前会计年度的收款金额，以前会计年度收款的金额不包括在内。一般反映的是“应收账款”科目的本年累计贷方发生数。
- 应收款余额。扣除收款额后的实际应收数，由窗口右侧的明细框汇总得出。一般反映的是“应收账款”科目的期初余额。由于初始化数据的特殊性，允许明细框中同时存在正负数金额。
- 源单类型。系统根据选单类型回填，不允许修改。
- 源单编号。系统根据选单时选中的单据号回填，不允许修改。
- 部门。该单据是何部门操作，可在查询账表时，按部门进行统计，如查询某个部门的销售收入是多少、已收回多少货款等。
- 业务员。该单据是由何业务员操作，可在查询账表时，按业务员进行统计，如查询某个业务员的赊销收入是多少、已收回多少货款等，从而对业务员进行业绩考核。

选中“录入产品明细”，在窗口下部弹出存货录入对话框，在此可以录入本张销售增值税发票所涉及的存货物料。如果按存货来进行往来账款的核销，则此处必须录入存货资料，否则，按商品明细输出往来核对账单时，单据余额可能不正确。

2．修改删除

当期初单据录入错误时，需要修改或删除。其方法是：单击“系统设置”→“初始化”→“应收款管理”，双击“初始应收单据-维护”，系统弹出“过滤”窗口，如图 9-26 所示。

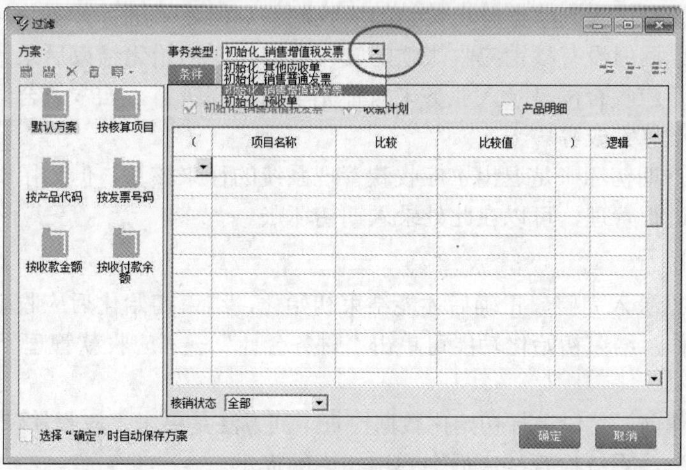

图 9-26

在窗口中选择正确的“事务类型”后，可以根据其他要求设置过滤条件，设置完成后，单击“确定”按钮系统进入“初始化”窗口。在初始化窗口可以对期初数据进行修改、删除和查询等操作，方法是选中对应的单据后，单击相应的工具按钮即可。

注 在进行初始化数据修改时，一定要在图 9-26 中选择正确的事务类型，否则不能正确查询到所需要的单据。

3．其他单据

（1）销售普通发票。初始化销售普通发票的录入类似于销售增值税发票的录入，不同之处是销售普通发票中的单价为含税单价，而销售增值税发票中的单价为不含税单价。

（2）应收单。初始化应收单的录入也类似于销售增值税发票，区别是应收单的核算项目类别可以选择客户、供应商、部门和职员等多种核算项目类别。如果选择客户或供应商，则下面的部门、业务员表示该业务经手的部门与职员；如果类别选择为部门，则表示部门借款，下面的部门不可选；如果选择职员，则表示职员借款，下面的业务员不可选。应收单不包括存货的信息资料，如要录入存货的信息，则可以采用发票的形式。

（3）预收单。初始化预收单的内容类似于前面所述单据。不同之处在于，发生额是指预收单金额。可以按往来单位汇总输入所有预收款单的汇总数，也可以按单据进行明细录入，一般反映的是“预收账款”科目的贷方发生数。余额反映未核销的预收款余额，一般反映的是“预收账款”科目的期初余额数。本年发票额反映已经收到销售发票的预收金额，一般反映的是“预收账款”科目的借方发生额。

（4）应收票据。金蝶 K/3 把应收票据作为一种特殊的收款进行处理，因为应收票据与应收账款核销后还可能进行背书、贴现、转出和收款等许多处理，如果应收票据与应收账款直接核销，势必造成单据无法修改，而不能进行以上操作。故在本系统中，应收票据并不直接冲销应收账款，而是在收到应收票据后，进行审核处理时，系统自动产生一张收款单（或预收单），通过该收款单（或预收单）与应收账款核销。票据进行背书、转出、贴现及真正收款时直接冲减应收票据，不再冲销应收账款。此种处理方式也与凭证处理相对应，有助于总账系统与应收款管理系统进行核对。

初始化时，应收账款的金额应是与应收票据核销后的余额，即应收账款不包括应收票据的金额。应收票据录入的是已收到票据并已核销的应收账款，但还未进行背书、转出、贴现和收款处理的票据。已收到票据但没有核销应收账款的应收票据应在初始化结束后录入。

（5）应收合同。应收合同是录入业务未执行完毕的合同资料，如本笔合同的货物没有发货完成、相关款项没有结算完成等。

（6）期初坏账。期初坏账是退出了应收款管理系统的往来核算，但为了对期初坏账在以后期间收回的往来账款进行管理，可以在此处录入期初坏账。

4．结束初始化

应收款期初数据录入完整、正确后才能结束初始化，结束初始化后应收款管理系统才能进行日常的业务处理工作。结束初始化功能可单击“财务会计”→“应收款管理”→“初始化”获取，如图 9-27 所示。

结束初始化工作前，可以进行初始化数据检查。其方法是单击“应收款管理”→“初始化”，双击“初始化检查”，系统检查结束后会弹出相应的提示。

为了防止应收款下的应收款余额与总账科目下的余额有出入，系统提供了初始化对账功能，单击“应收款管理”→“初始化”，双击“初始化对账”，进入初始化对账界面。

单击“应收款管理”→“初始化”，双击“结束初始化”，则可以成功启用应收款管理模块。

应付款管理系统的初始数据录入与应收款管理系统基本相同，可以参照前面的内容。

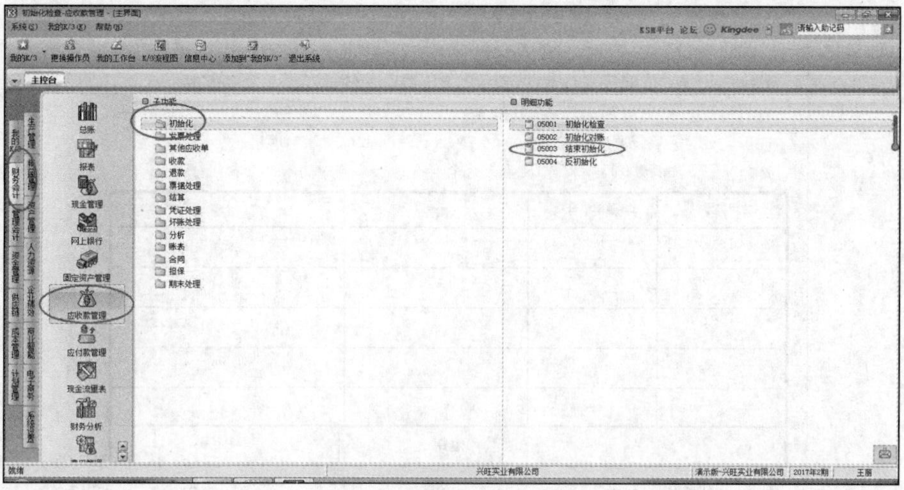

图 9-27

9.3　日常处理

9.3.1　合同

合同是往来业务中重要的凭据资料。应收款管理系统中的合同管理为用户提供合同的新增、审核、打印和查看执行功能。应收款管理系统中的“合同”与销售管理系统中的“合同”是同步更新的，即销售管理系统中的合同资料可以在应收款管理系统中查询、修改和删除等，应收款管理系统中的合同资料也可以在销售管理系统中查询和修改等。合同管理的处理方法可参照 4.3.3 小节。

9.3.2　发票处理

销售发票是往来业务中的重要凭证。系统提供销售普通发票和销售增值税发票的新增、修改、删除、审核和打印等功能。

在应收款管理模块新增发票时，只能以合同资料作为源单据生成或者手工录入发票。当企业采用以销售出库单或销售订单作为生成发票的源单据时，需要在销售管理模块中进行新增、审核，在应收款管理模块只能查询，不能修改。

要在应收款管理模块中查询销售管理模块传递过来的发票，前提是在应收款管理模块已经初始化结束后生成的发票才能查询到。

在由单据生成凭证时，应收款下的单据在“应收款管理”下的“凭证处理”中生成。而由销售管理模块生成的发票生成凭证时是在存货核算模块下生成。

在此销售发票的处理方法可以参照第 4 章。

9.3.3　其他应收单

其他应收单是指处理非发票形式的应收单据，操作方法与合同管理和销售发票处理类似。

以图 9-28 其他应收单为例，介绍其他应收单的处理方法。

其他应收单

单据类型： 其他应收单　单据日期： 2017/2/17　单据号： QTYS000002

核算项目类别 客户　核算项目名称： 深圳＊＊

币别： 人民币　汇率： 1　年利率： 0.00

摘要： 送货费

源单类型	源单单号	合同号	金额
			580
		合计	580.00

部门： 销售部　业务员： 肖＊＊　审核： 陈＊＊　制单： 王＊＊

图 9-28

（1）以“王丽”的身份登录本账套。单击“财务会计”→“应收款管理”→“其他应收单”，双击“其他应收单-新增”，系统弹出“其他应收单-新增”窗口，如图9-29所示。

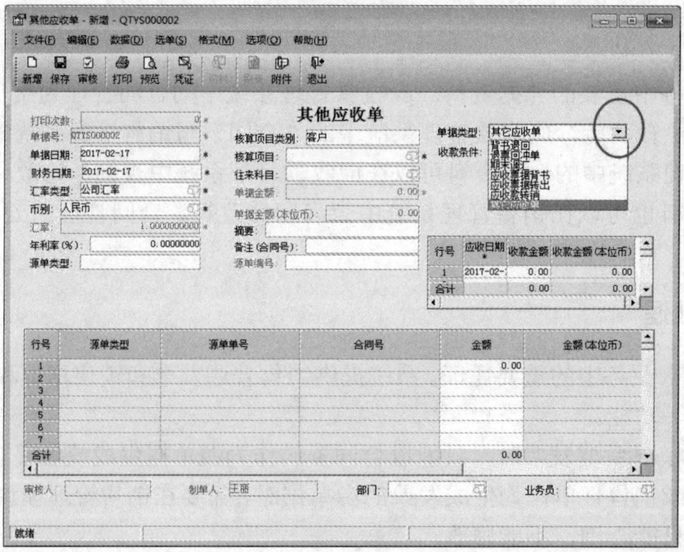

图 9-29

单击单据类型下拉按钮，可以选择需要处理的单据类型，有其它应收单、期末调汇、退票回冲单和应收款转销等类型。

（2）“单据类型”选择“其他应收单”，在“核算项目”处单击右侧“▣”（模糊查询）按钮，系统弹出所有客户档案，选择“深圳科林”，“往来科目”自动引入，“摘要”录入“送货费”，“单据金额”录入“580”元，如图9-30所示。

（3）“部门”获取“销售部”，“业务员”获取“肖志向”，单击“保存”按钮保存其他应收单。

（4）以“陈静”身份登录账套，进入“其他应收单-维护”窗口，审核该张单据。

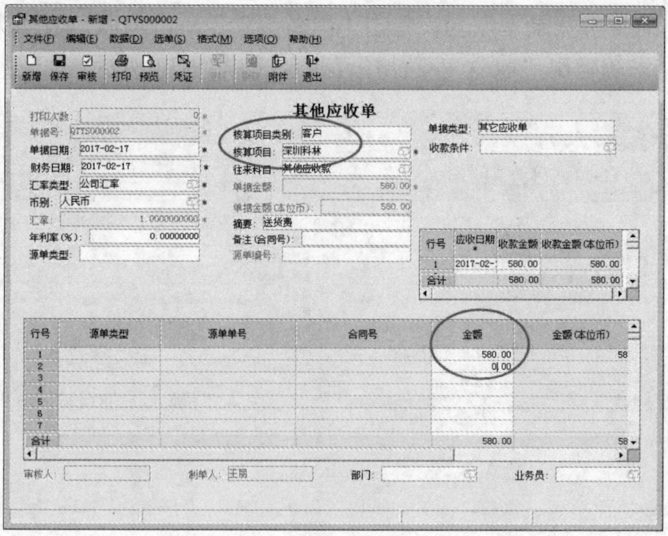

图 9-30

9.3.4　收款单

收款单用于往来账款业务中收到或预收到客户款项时，关联销售发票和合同，为核算提供核销依据。

1．新增收款单

下面以图 9-31 为例，介绍收款单的录入方法。

图 9-31 中的该笔收款单是由其他应收单“QTYS000002”作为源单据生成的，实收金额为 345 元。

收款单

单据日期：　2017/2/17

核算项目类别：　客户　　单据号码：　XSKD000002

核算项目：　深圳＊＊

收款类型：　销售回款　　结算方式：

币别：　人民币　　汇率：　1

摘要：　送货费

源单类型	源单单号	合同号	订单单号	结算实收金额	结算折扣
其他应收单	QTYS000002			345.00	0.00
单据金额合计				345.00	

部门：　销售部　　业务员：　肖＊＊　　审核：　陈＊＊　　制单：　王＊＊

图 9-31

（1）以“王丽”的身份登录本账套。单击“财务会计”→“应收款管理”→“收款单”，双击“收款单-新增”，系统弹出“收款单-新增”窗口，如图 9-32 所示。

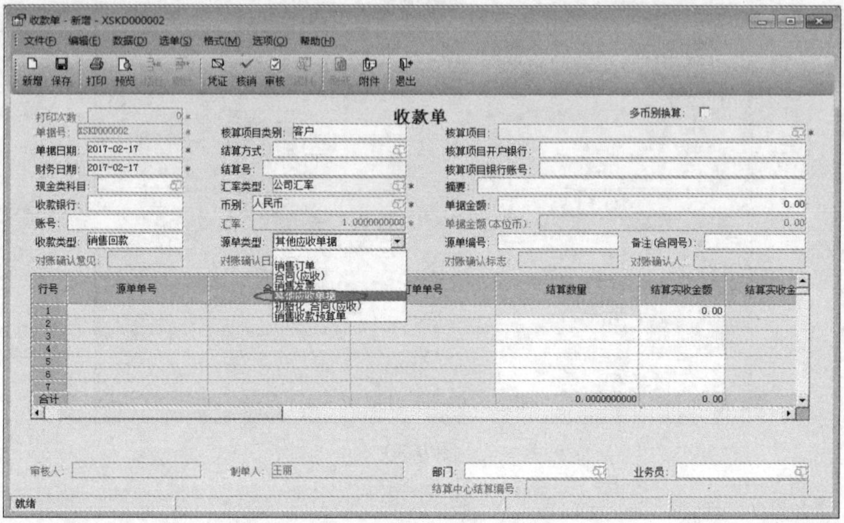

图 9-32

（2）“源单类型”选择“其他应收单据”，将光标移至“源单编号”处，按 F7 功能键获取其他应收单据信息，双击“QTYS000002”获取收款单，在“结算实收金额”处修改为“345”，如图 9-33 所示。

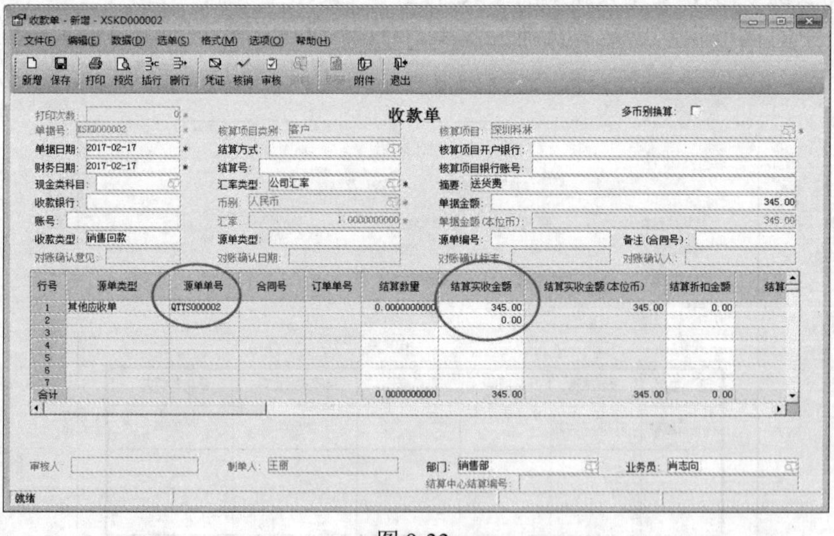

图 9-33

当结算时有“折扣金额”，则在“结算折扣金额”处录入对应的折扣额数据。

（3）表头“结算方式”选择“支票”，“结算号”录入“123456”，其他项目保持默认值，单击“保存”按钮保存当前单据。

2．查询、修改、删除、复制、审核和打印

收款单的查询、修改、删除、复制、审核和打印操作方法与前面单据的操作方法类似。以“陈

静”的身份审核所有单据。

预收单是处理未开发票，但是已经收到销售款项的单据。处理方法可以参照收款单。

退款单用于处理已经收到的货款并已录入收款单的单据，因为某种原因需要退还货款。退款单的操作方法基本同收款单。

9.3.5　票据处理

票据是公司因销售商品、产品和提供劳务等而收到的商业汇票，包括银行承兑汇票和商业承兑汇票。票据处理包括应收票据的新增、修改、删除、背书、转出、贴现和退票等操作，还可以生成收款单。

如果选中应收款管理系统“系统参数”中的“应收票据与现金系统同步”，则系统初始化结束后，应收款管理系统录入的应收票据可以传到现金管理系统，现金管理系统的应收票据也可以传到应收款管理系统。当应收款管理系统对应收票据进行转出、贴现、收款或背书操作时，现金管理系统也同时进行相应的操作，以保证两系统票据管理的同步。

下面以表 9-1 中的数据介绍票据处理的具体步骤。

表 9-1　　票据处理

票据类型	票据编号	签发日期	付款期限（天）	票面金额	票面利率（%）	到期利率（%）	承兑人	出票人	摘要
银行承兑汇票	YSPJ000002	2017-02-17	60	5 000	1.7	1.7	*行*支行	**科林	收货款

1．新增

（1）单击“财务会计”→“应收款管理”→“票据处理”，双击“应收票据-新增”，系统弹出“应收票据-新增”窗口，如图 9-34 所示。

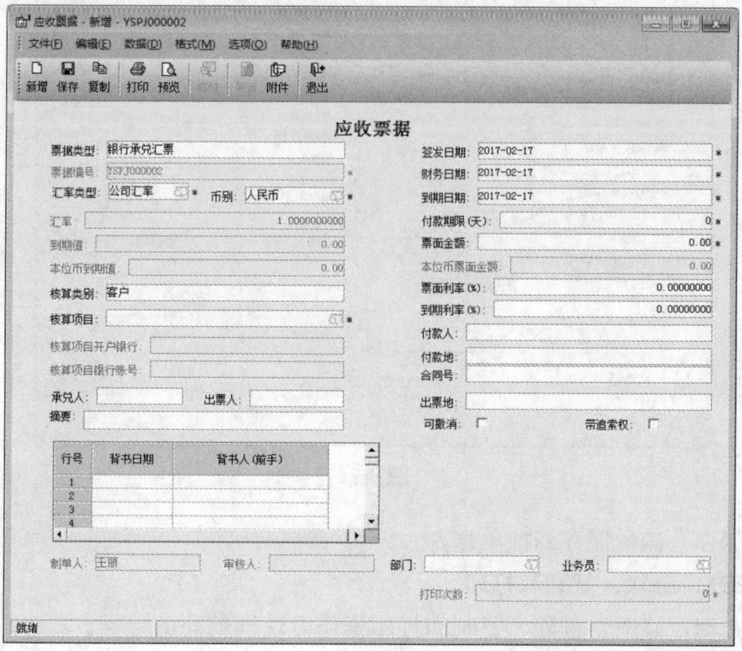

图 9-34

- 票据类型。选择票据的类型，票据类型在类型维护中进行设置。
- 票据编号。票据编号指应收票据的号码。应收票据与现金管理系统同步时，系统根据该号码与现金管理系统的票据进行对应。初始化时，应收款管理系统的票据与现金管理系统的票据分别录入，初始化结束后，可以互相传递、同步更新。
- 到期值。票据到期时的面值，到期值 = 票面金额+票面金额 × 票面利率÷360 × 付款期限（天）。系统根据公式自动计算。
- 承兑人。一般是针对银行承兑汇票。可手工录入承兑银行名称，或按 F7 功能键获取。
- 出票人。录入出票人的名称，可手工录入或按 F7 功能键获取。若出票人为无关第三方，可以手工录入，同时在“背书人（前手）”栏录入客户信息资料。如果有多个前手信息，则无关前手可以手工录入，系统默认最后一个前手必须为客户。
- 合同号。若不按合同进行往来款的管理，此处可以为空。如果录入了合同号，则审核生成的收款单或预收单可以携带合同号，据此可以进行合同收款的跟踪。
- 背书人（前手）。背书人（前手）是应收票据背书记录中的前手。如果有多个前手信息，则无关前手可以手工录入，系统默认最后一个前手必须为客户。

（2）选择“票据类型”为“银行承兑汇票”，录入“到期日期”为“2017-02-17”，“币别”选择“人民币”，“票面金额”为“5 000.00”，“承兑人”为“*行**支行”，“票面利率（%）”和“到期利率（%）”均为“1.70000000”，“核算类别”选择“客户”，获取“出票人”为“01**科林”，“付款人”为“01**科林”，“核算项目”选择“**科林”，“摘要”录入“收货款”，录入完成的窗口如图 9-35 所示。

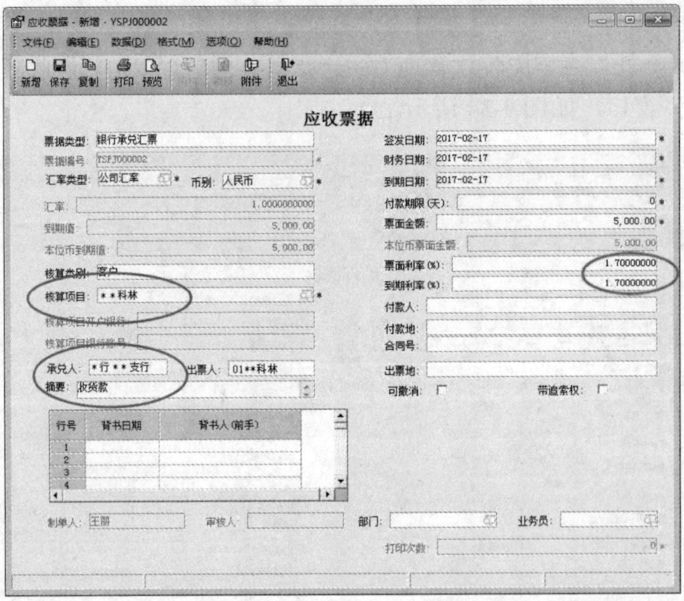

图 9-35

（3）单击“保存”按钮保存当前单据。

2．查询、修改、删除、复制和打印

应收票据的查询、修改、删除、复制和打印操作方法同前面的单据。

3. 审核

应收票据审核后可生成收款单或预收单，在此审核刚才新增的“YSPJ000002”号应收票据。

（1）在“应收票据-维护”窗口，选中“YSPJ000002”，单击工具栏上的“审核”按钮，系统弹出“请选择”对话框，如图 9-36 所示。

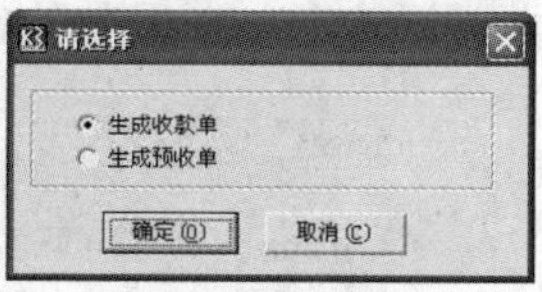

图 9-36

（2）选择“生成收款单”，单击“确定”按钮，稍后系统提示生成一张“XSKD000003”号收款单。

单击工具栏上的“联查”按钮，可以联查到生成的收款单情况。若取消审核，单击“编辑”→“取消审核”即可。

4. 背书

收到应收票据后，如果到期可以收取现金或银行存款，此时要进行收款处理。若应收票据没有到期，由于急需资金，可以对票据进行背书处理。

在“应收票据-维护”窗口，选中要背书的票据，如“YSPJ000002”号票据，单击工具栏上的“背书”按钮，系统弹出“应收票据背书”对话框，如图 9-37 所示。

- 背书日期。应收票据背书处理的日期。背书处理时，系统会自动产生相应的单据（付款单、应收单、预付单），自动产生的单据日期和财务日期均自动取背书日期。
- 背书金额。默认取应收票据的票面金额，不允许修改。背书时产生单据的实付金额（或金额）和单据金额自动取背书金额。
- 对应科目。对应科目指生成凭证时对应的会计科目，票据背书生成凭证时可以自动获取该科目。
- 冲减应付款。选中“冲减应付款”，系统在背书处理时自动在应付款管理系统中产生一张付款单，该付款单的摘要中显示“应收票据×××背书”字样，以区别于手工录入的付款单，并且付款单处于未审核、未核销状态。背书所生成的付款单不能在应付款管理系统中删除，如要删除，则在应收款管理系统取消应收票据背书方可，不可以修改金额、币别和汇率。如果付款单已经审核，则该应收票据不能取消背书。
- 转预付款。选中“转预付款”，系统在进行背书处理时自动在应付款管理系统中产生一张预付单，处于未审核、未核销状态。其他同“冲减应付款”。
- 转应收款。选中“转应收款”，系统在进行背书处理时自动在应收款管理系统中产生一张其他应收单，处于未审核、未核销状态。背书生成的其他应收单不能在应收款管理系统删除，如要删除，则取消应收票据背书方可，也不可以修改金额、币别和汇率。若其他应收单已经审核，则该应收票据不能取消背书。
- 其他。选中“其他”，即直接增加原材料或材料采购等，不涉及冲销应收应付账款，生成背书凭证冲销应收票据即可，并且不在应收款、应付管理系统增加任何单据。

应收票据只有审核后才能进行背书处理，应收票据背书成功后会在查询窗口的“状态”栏中显示“背书”。

5. 转出

应收票据未到期，暂不能收到钱款，可以做转出处理，即再重新增加应收账款。

在“应收票据”查询窗口，选中要转出的票据，单击工具栏上的“转出”按钮，系统弹出“应收票据转出”对话框，如图 9-38 所示。

应收票据只有审核后才能做转出处理。应收票据转出成功后，状态显示“转出”。应收票据做转出处理时，应收票据减少，同时系统自动在应收单中产生一张其他应收单。应收票据转出生成的其他应收单不能在应收单序时簿中删除，如要删除，取消应收票据转出方可。该其他应收单对应的凭证字号自动获取应收票据转出凭证的凭证字号。若其他应收单已经审核，则不能取消应收票据转出。如果其他应收单未审核，则应收票据转出不能生成凭证。

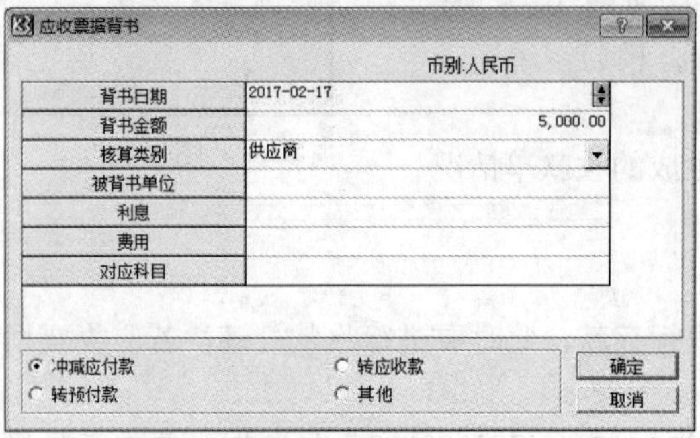

图 9-37

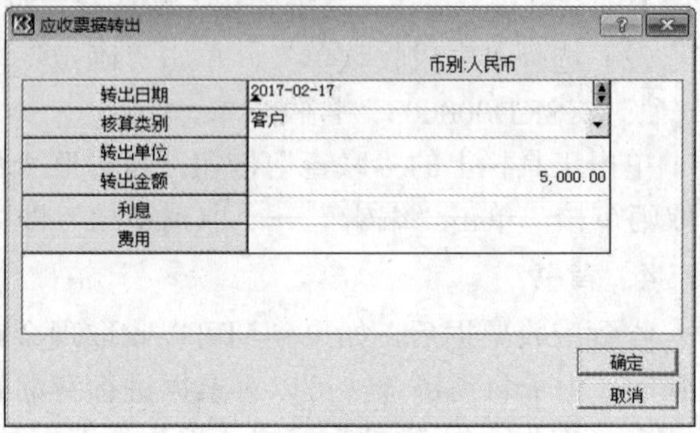

图 9-38

6. 贴现

收到应收票据后，若应收票据没有到期，且急需资金，可以对应收票据进行贴现处理。

在“应收票据”查询窗口，选中要贴现的票据，单击工具栏上的“贴现”按钮，系统弹出“应收票据贴现”对话框，如图 9-39 所示。

只有审核后的票据才能贴现。应收票据贴现处理后不在应收款管理系统产生任何单据，并且应收票据的状态变为“贴现”。取消贴现的方法是在“应收票据”查询窗口中，单击“编辑”→“取消处理”。

应收票据与现金管理系统同步时，在应收款管理系统进行了贴现的应收票据，传到现金管理系统时会回填相关的贴现信息。

7. 收款

应收票据到期后可以收取现金或银行存款，此时要进行收款处理。

在“应收票据”查询窗口，选中票据，单击工具栏上的“收款”按钮，系统弹出“应收票据到期收款”对话框，如图 9-40 所示。

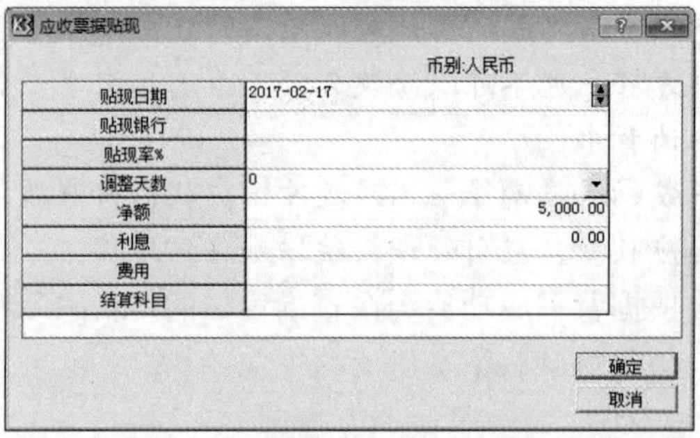

图 9-39

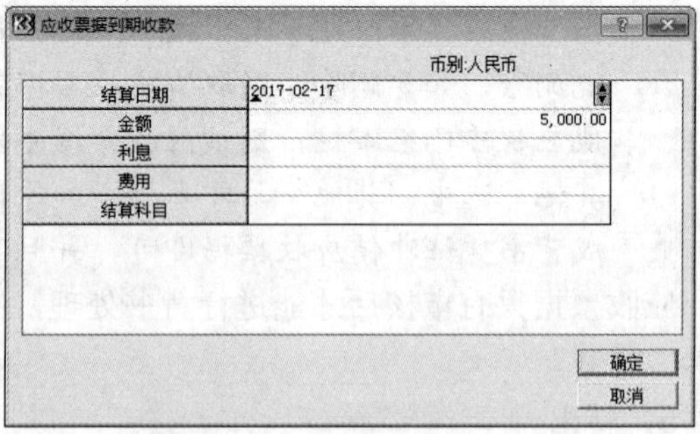

图 9-40

必填项包括结算日期、金额和结算科目。

应收票据只有审核后才能做收款处理。应收票据收款凭证只能在凭证处理模块中生成。应收票据进行收款处理后，不在应收款管理系统产生任何单据，只是状态变为“收款”。应收票据收款处理后，也不应再做收款单的录入。取消应收票据的收款处理，是在“应收票据”查询窗口中单击“编辑”→“取消处理”。

8. 退票

应收票据收到后，做贴现处理或到期提款时，因票据填写错误或印章不清晰等原因，有可能要做退票处理。

在“应收票据”查询窗口，选中要退票的票据，单击工具栏中的“退票”按钮，可以对应收票据进行退票操作。

系统提供应收票据退票的情况有应收票据审核后、应收票据背书冲减应付款、应收票据背书转预付款、应收票据背书转其他、期初应收票据、期初应收票据背书冲减应付款、期初应收票据背书转预付款和期初应收票据背书转其他等情况。

- 应收票据审核后退票。
  - 对已审核的应收票据进行退票处理时，首先必须反核销原已核销的相关记录，如收款单、预收单等，退票成功后在应收款管理系统自动产生一张应收退款单，与原票据审核时自动产生的收款单（或预收单）自动核销。应收退款单摘要中注明了“票据×××退票”的字样。退票的凭证在凭证处理模块的应收票据退票中进行处理。
  - 退票后的应收票据在“应收票据”查询窗口的状态栏中显示“作废”字样。
  - 如果取消退票，要手工删除相关凭证并在核销日志中反核销收款单（或预收单）与应收退款单的记录，同时系统会自动删除原退票产生的应收退款单，并且该应收票据取消退票并且状态变为“审核”。
- 应收票据背书冲减应付款退票。
  - 应收票据背书冲减应付款后进行退票处理时，首先必须反核销原已核销的相关记录（包括应收款管理系统与应付款管理系统），退票成功后在应收款管理系统产生一张应收退款单，在应付款管理系统产生一张应付退款单，应收退款单冲销原应收票据审核时自动产生的收款单（或预收单），应付退款单冲销背书冲减应付款处理时产生的付款单。应收退款单和应付退款单的摘要中均要注明“票据×××退票”字样。退票的凭证在凭证处理模块的应收票据退票中进行处理。
  - 背书冲减应付款退票后的应收票据，在“应收票据”查询窗口状态栏中显示为“背书、作废”。
  - 如果要取消退票，应手工删除相关凭证并在应收款管理系统的核销日志中反核销收款单（或预收单）与应收退款单、付款单和应付退款单的记录，同时系统会自动删除原退票产生的应收退款单和应付退款单，并且取消该应收票据背书冲减应付款的退票操作，应收票据的状态变为“背书”。
- 应收票据背书转预付款退票。
  - 应收票据背书转预付款后进行退票处理时，首先必须反核销原已核销的相关记录（包括应收款管理系统与应付款管理系统），退票成功后在应收款管理系统产生一张应收退款单，在应付款管理系统产生一张应付退款单，应收退款单冲销原应收票据审核时自动产生的收款单（或预收单），应付退款单冲销背书转预付款处理时产生的预付单。应收退款单和应付退款单的摘要中均要注明“票据×××退票”字样。退票的凭证在凭证处理模块的应收票据退票中进行处理。
  - 背书转预付款的应收票据退票后，在“应收票据”查询窗口状态栏中显示为“背书、作废”。

- 如果取消退票，应手工删除相关凭证并在应收款管理系统的核销日志中反核销收款单（或预收单）与应收退款单、预付单和应付退款单的记录，同时系统会自动删除原退票产生的应收退款单和应付退款单，并且取消该应收票据背书转预付款的退票操作，应收票据的状态变为“背书”。

- 应收票据背书转其他退票。
  - 应收票据背书转其他进行退票处理时，系统直接在应收票据序时簿的状态栏中显示“背书、作废”，并且不在应收款、应付款管理系统中增加任何单据。
- 期初应收票据退票。
  - 期初应收票据进行退票处理时，系统在应收款管理系统中自动产生一张其他应收单，摘要中注明了“期初票据×××退票”字样，并且该应收单处于未审核、未核销状态，由用户自行核销。期初应收票据退票的凭证只能单击“凭证处理”→“凭证-生成”，在应收票据退票中进行处理。
- 期初应收票据背书冲减应付款退票。
  - 期初应收票据背书冲减应付款后进行退票处理时，首先必须反核销原已核销的相关记录（应付款管理系统），退票成功后在应付款管理系统产生一张应付退款单，并与期初应收票据背书冲减应付款生成的付款单自动核销，该应付退款单摘要中注明了“期初票据×××退票”字样。同时在应收款管理系统产生一张其他应收单，并且该其他应收单处于未审核、未核销状态，由用户自行核销，该应收单的摘要中注明了“期初票据×××退票”字样。期初应收票据背书冲减应付款退票的凭证只能单击“凭证处理”→“凭证-生成”，在应收票据退票中进行处理。
- 期初应收票据背书转预付款退票。
  - 期初应收票据背书转预付款后进行退票处理时，首先必须反核销原已核销的相关记录，退票成功后在应付款管理系统产生一张应付退款单，并与期初应收票据背书转预付款生成的预付单自动核销，该应付退款单摘要中注明了“期初票据×××退票”字样。同时在应收款管理系统产生一张其他应收单，并且该其他应收单处于未审核、未核销状态，由用户自行核销，该其他应收单的摘要中注明了“期初票据×××退票”字样。期初应收票据背书转预付款退票的凭证只能单击“凭证处理”→“凭证-生成”，在应收票据退票中进行处理。
- 期初应收票据转其他退票。
  - 期初应收票据背书转其他进行退票处理时，系统自动产生一张其他应收单，摘要中注明了“期初票据×××退票”字样，并且该其他应收单是未审核、未核销状态，由用户自行核销。期初应收票据转其他退票的凭证只能单击“凭证处理”→“凭证-生成”，在应收票据退票中进行处理。

注　退票后，不能查看原背书记录。取消退票只能针对当前期间已经退票的票据。

9．应收票据报表

应收票据报表有应收票据贴现表、应收票据背书情况表、应收票据转出情况表和应收票据收款情况表，报表的查询方法同前面报表的查询方法。

9.3.6　结算

结算管理主要是指应收发票、其他应收单与收款单、退款单的核销处理。系统提供 7 种核销类型和 3 种核销方式。

1．核销类型

（1）到款结算。到款结算包括收款单、退款单与销售发票、其他应收单核销，或收款单与退款单互冲，红字销售发票、其他应收单与蓝字销售发票、其他应收单互冲，不包括预收单。

（2）预收款冲应收款。预收款与销售发票、其他应收单核销，或预收单与退款单互冲。预收款冲应收款与到款结算的区别之处在于，预收款冲应收要根据相应的核销记录生成预收冲应收凭证，而到款结算则不用。

（3）应收款冲应付款。销售发票、其他应收单与采购发票、其他应付单的核销处理。

（4）应收款转销。属于单边核销，即从一个客户转为另一个客户，实际应收款的总额并不减少。

（5）预收款转销。属于单边核销，即从一个客户转为另一个客户，实际预收款的总额并不减少。

（6）预收款冲预付款。预收单与预付单进行核销。

（7）收款冲付款。收款单与付款单进行核销。

2．核销方式

（1）单据。用户选择单据进行核销时，系统内部仍然按行依次核销。

（2）存货数量。用户可以对发票上的存货数量行进行选择并核销。

（3）关联关系。对存在结算关联关系的单据，进行核销，包括收款单关联应收单、退款单关联负数应收单、退款单关联收款单和退款单关联预收单。

3．到款结算

（1）在主界面，单击“财务会计”→“应收款管理”→“结算”，双击“应收款核销-到款结算”，系统弹出“单据核销”对话框，如图 9-41 所示。

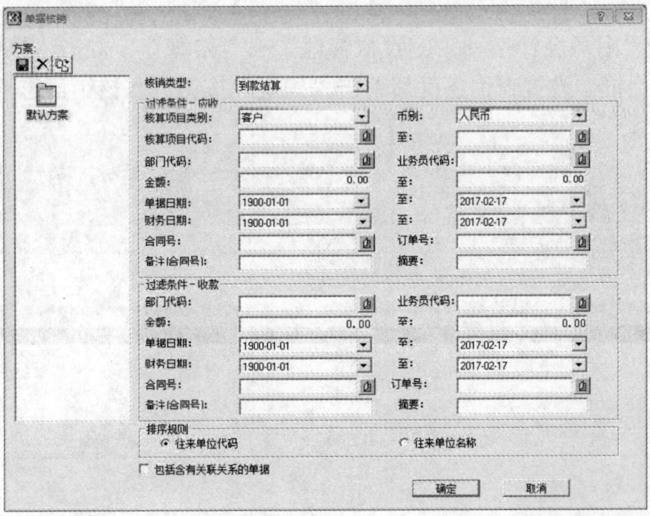

图 9-41

（2）选择核销类型和设置过滤条件后，单击“确定”按钮，系统进入核销（应收）界面，如图 9-42 所示。

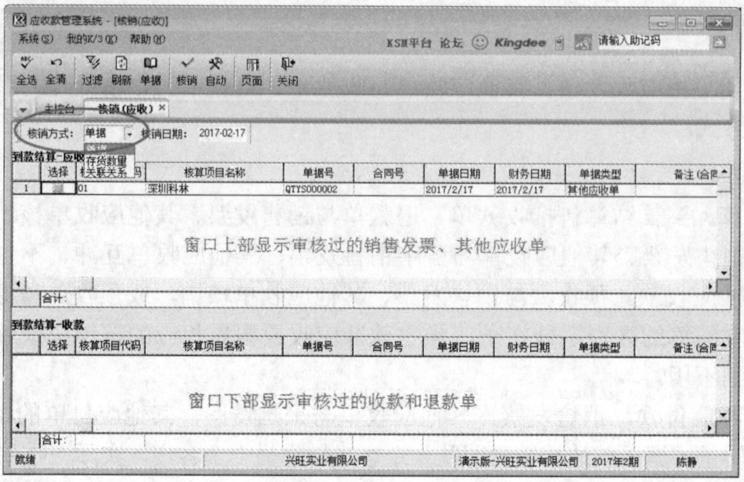

图 9-42

选择核销方式后，可以单击“自动”按钮，此时系统会根据选项设置自动进行核销处理；“核销”按钮则是对只有选中的单据进行核销处理。

（3）在此单击“自动”按钮，稍后界面中被选中的记录被隐藏，即表示核销成功。

> **注** 若系统参数中选中“审核后自动核销”，则单据在审核时就自动与存在关联的单据进行核销处理，核销日志可以在“核销日志-查看”中查询。

预收款冲应收款、应收款冲应付款、应收款转销、预收款转销、预收款冲预付款、收款冲付款的操作可以参照上述的到款结算的操作。

核销日志用于查看当前系统中的单据核销情况，如×××应收单与×××收款单进行核销时，核销了多少金额等。当已核销的单据需要修改时，可以在“核销日志”中反核销单据，之后再进行修改。

在主界面，单击“财务会计”→“应收款管理”→“结算”，双击“核销日志-维护”，系统弹出“过滤条件”对话框，设置查询条件后单击“确定”按钮进入核销日志界面，如图 9-43 所示。

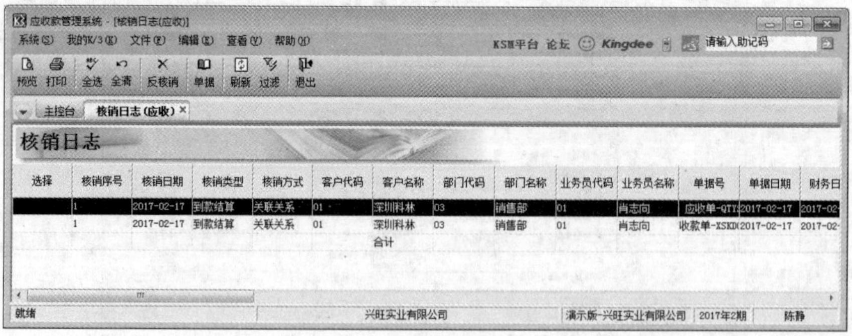

图 9-43

通过核销日志能有效地查询每一笔单据的结算情况。若要查看记录的单据情况，选中记录后，单击“单据”按钮即可。

反核销的方法是选中该单据，再单击工具栏上的“反核销”按钮。

9.3.7　凭证处理

凭证处理是指将应收款管理系统中的各种单据生成凭证并传到总账系统，总账系统经过过账、汇总后得出相关的财务报表，这样省去了在总账系统中手工录入凭证的工作量。若应收款管理系统单独使用，则不做凭证处理。

在主界面，单击“财务会计”→“应收款管理”→“凭证处理”，双击“凭证-生成”，系统进入“凭证处理”窗口，如图 9-44 所示。

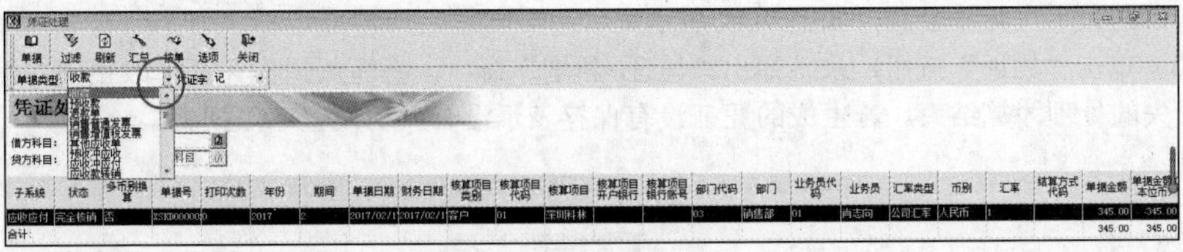

图 9-44

系统默认显示“收款”事务类型。在窗口左上角“单据类型”处选择需要处理的单据类型，系统会弹出“过滤”对话框，设置查询条件后，进入所选择的单据类型数据窗口。

单击工具栏中的“类型”按钮，可以切换到要生成凭证的单据列表，再选择要生成的记录，单击“按单”按钮，则系统按照当前单据的内容生成一张凭证；单击“汇总”按钮，则系统会将所有选中的单据汇总成一张凭证。

选中第一张单据，单击“按单”按钮，稍后系统将生成的凭证显示出来，如图 9-45 所示。若凭证有错误可以在“凭证-维护”窗口下修改，单击“保存”按钮保存当前凭证。

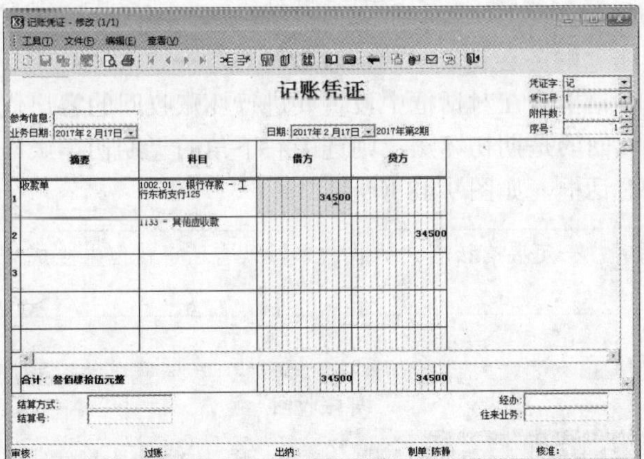

图 9-45

9.3.8　坏账处理

坏账处理包括坏账损失、坏账收回、计提坏账准备、生成坏账的相关凭证以及生成坏账备查簿、坏账计提明细表等。

1．坏账损失

由于某种原因导致应收款无法收回时，需要做坏账损失处理，并要说明损失原因和损失金额。

坏账损失处理的单据只能是初始化的销售发票、其他应收单，初始化结束后新增的已生成凭证的销售发票、其他应收单、未生成凭证的销售发票及其他应收单不能进行坏账损失处理。

（1）在主界面，单击“财务会计”→“应收款管理”→“坏账处理”，双击“坏账损失”，系统弹出“过滤条件”对话框，如图9-46所示。

（2）在对话框中录入“核算项目代码”，并选择要处理的单据类型，单击“确定”按钮，系统进入“坏账损失处理”对话框，在“坏账”项目下的方框上打钩表示选中，选择坏账原因，设置坏账日期和本次坏账金额，如图9-47所示。

（3）单击“凭证”按钮，系统弹出“凭证-新增”窗口，将坏账损失凭证修改正确并保存后，坏账损失的处理才算结束。若生成的凭证没有保存表示没有成功设置坏账损失。

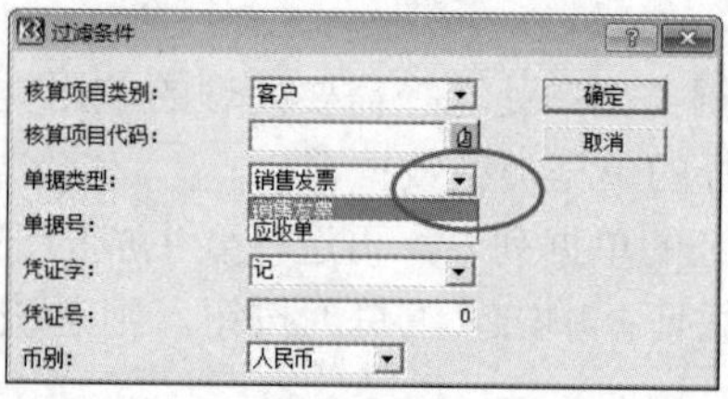

图9-46

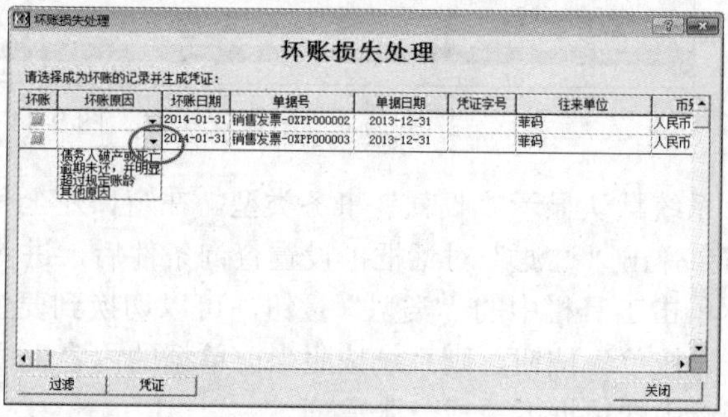

图9-47

2．坏账收回

坏账收回操作步骤如下。

（1）在主界面，单击“财务会计”→“应收款管理”→“坏账处理”，双击“坏账收回”，系统弹出“过滤条件”对话框，在对话框中设置要进行坏账收回的客户代码，选择单据类型、单据号和凭证字等。如果收回的是期初坏账，则选中右下角的“期初坏账”，单击“确定”按钮，系统弹出“坏账收回”对话框，如图9-48所示。

> **注** 进行坏账收回时，一定要有该客户的收款单，只有已审核但未生成凭证的收款单才可以参与坏账收回处理。

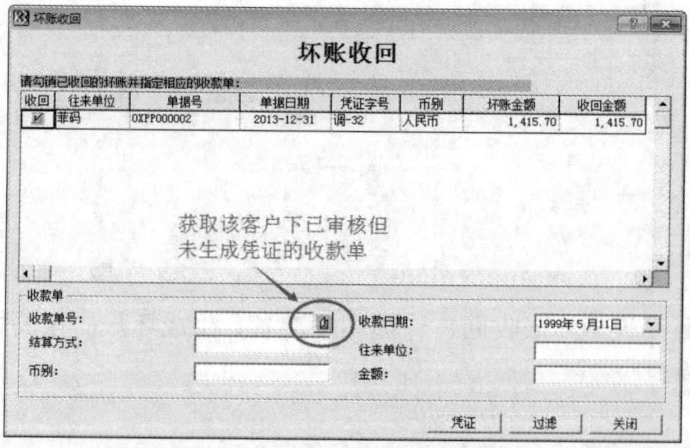

图9-48

（2）在要收回处理单据的“收回”选项上打钩，修改收回金额，获取对应的收款单，一次只能选择一张收款单进行坏账收回处理。坏账收回金额与收款单的金额必须相等。

（3）单击“凭证”按钮，系统将生成一张有关坏账收回的凭证，保存该凭证。

3．坏账准备

坏账准备可以一年计提一次，也可以随时计提。坏账准备的计提方法可以随时更改。系统根据“应收款管理系统参数”设置的方法计提坏账准备，并产生相应的凭证。

在主界面，单击“财务会计”→“应收款管理”→“坏账处理”，双击“坏账准备”，系统弹出“应收账款账龄分析法”对话框，如图 9-49 所示。

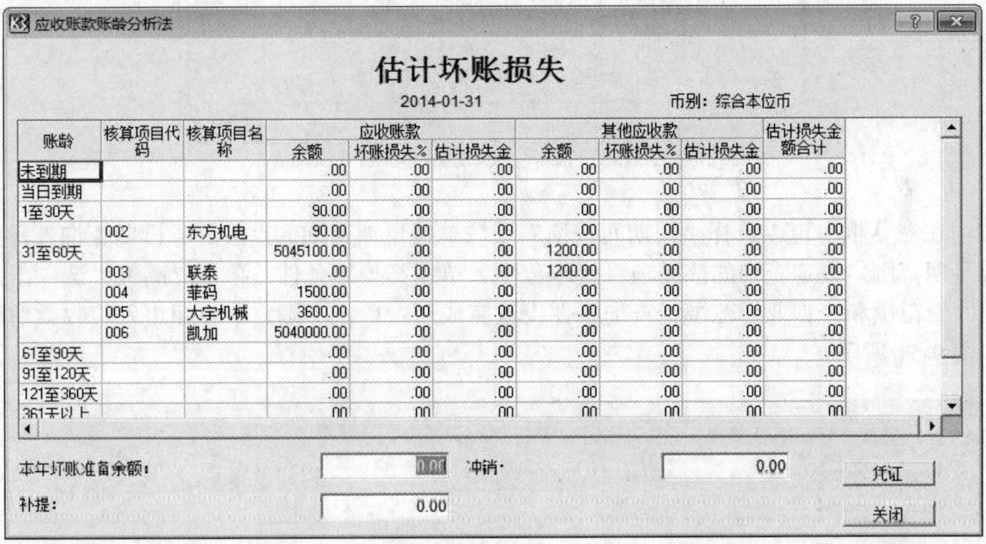

图 9-49

注　此对话框随“应收款管理系统参数”下设置的方法不同而不同。

计提坏账科目、科目方向、余额、计提比率和计提金额都是由系统根据系统参数自动显示。

各项数据录入完成后，单击“凭证”按钮，系统生成一张有关“计提坏账准备”的凭证，单击“保存”按钮保存该凭证。

9.4　账表查询

应收款管理系统提供各种明细表、汇总表和分析报表。应收款的报表查询方法可以参照前面章节的报表查询，查询的重点是选择正确的“报表”，设置正确的“过滤条件”才可查询到自己所需要的报表。以应收款明细表为例，介绍报表的查询方法。

应收款明细表用于查询系统中应收账款的明细情况，既可以按期间或日期查询，也可以通过应收款明细表查询往来账款的日报表。

（1）在主界面，单击“财务会计”→“应收款管理”→“账表”，双击“应收款明细表”，系统弹出“过滤条件”对话框，如图 9-50 所示。

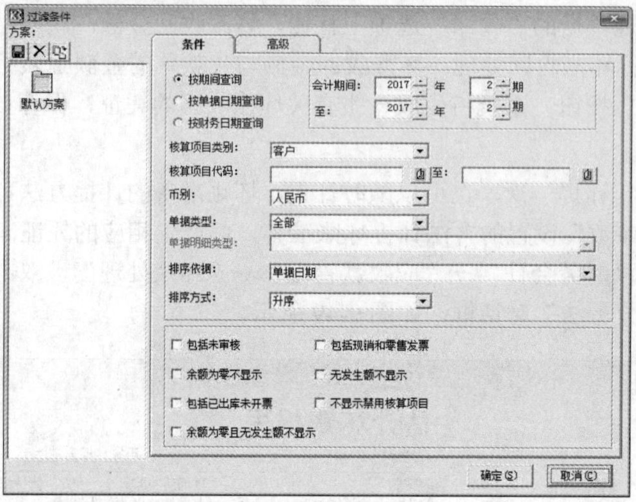

图 9-50

（2）在对话框中可以选择“按期间查询”“按单据日期查询”“按财务日期查询”，并设置期间或日期范围，设定查询的核算项目代码范围、单据类型等条件。单击“高级”选项卡，可设定“地区”范围和“行业”范围。查询条件设置完成后，单击“确定”按钮进入应收款明细表界面，如图 9-51 所示。

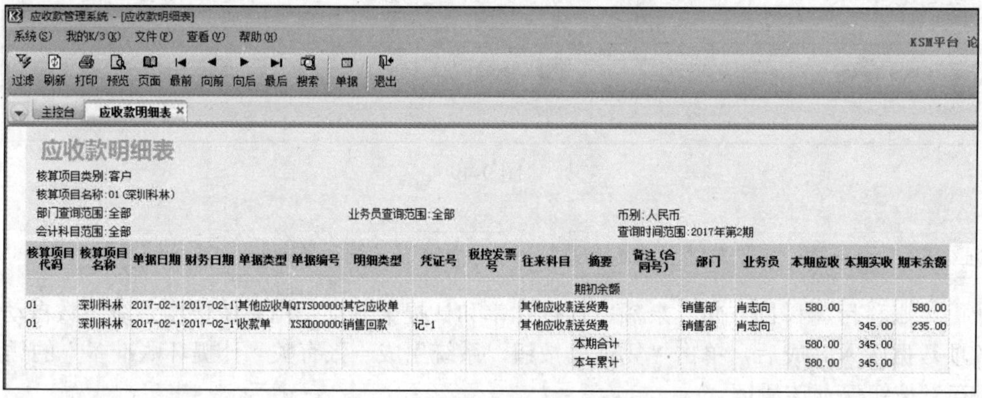

图 9-51

单击“最前”“向前”“向后”“最后”按钮查询不同客户的明细账，选中记录后单击“单据”按钮，弹出该记录的单据查看窗口，单击“过滤”按钮可重新设定查询条件。

9.5 期末处理

当本期所有操作完成之后，如果所有单据已审核、核销，相关单据已生成凭证，同时与总账等系统已核对完毕，系统可以进行期末结账，期末结账完毕后系统进入下一会计期间。期末处理同时提供反结账功能。

（1）单击“财务会计”→“应收款管理”→“期末处理”，双击“结账”，系统弹出“应收系统对账检查”对话框，如图 9-52 所示。

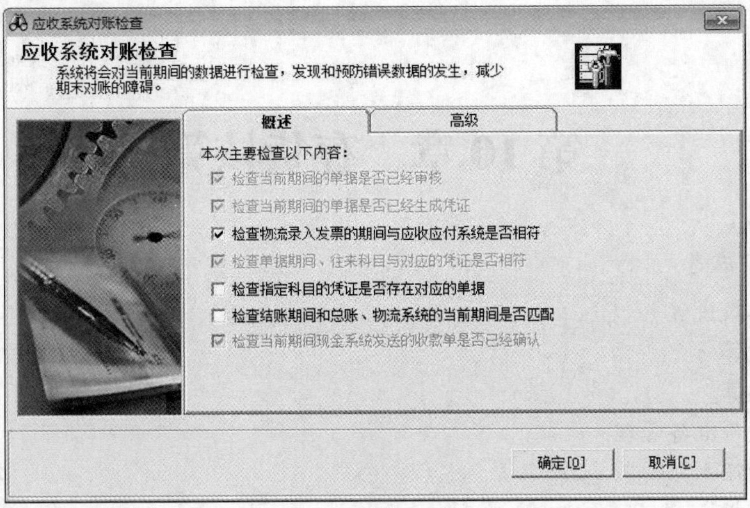

图 9-52

（2）选择“结账”或“反结账”，单击“继续”按钮，若本期所有单据处理正确，稍后系统将弹出期末结账完毕提示。

若系统参数选中“期末处理前凭证处理应该完成”和“期末处理前单据必须全部审核”，结账前必须保证本期所有的单据已生成凭证并且本期所有的单据已全部审核，否则弹出不予结账的提示。

对已结账期间的单据不能再进行反审、修改等操作，若要修改已结账的数据，可以反结账，然后系统回到上一会计期间，再重新录入、修改上一期间的数据资料。

注　反结账前，必须保证当前期间的单据已取消审核、取消核销且取消坏账处理。

9.6　课后习题

（1）画出应收款管理系统与其他模块之间的数据流向图。

（2）应收款管理系统提供哪 3 种生成凭证的方式？

（3）合同在什么情况下才能修改？

（4）结算处理提供哪些核销类型和核销方式？

（5）应收款管理系统生成的凭证在什么模块下过账？

（6）做坏账收回时，一定要有什么单据？

第 10 章　存货核算

本章重点

- 系统参数设置
- 入库核算
- 出库核算
- 存货跌价准备管理
- 凭证管理
- 报表分析

10.1　概述

存货核算系统主要是对出入库的存货进行出入库成本计算，对各种出入库单据（采购入库单、成品入库单、销售出库单、材料领用单等）进行审核、钩稽，根据预先定义好的物料成本计价方法（如先进先出法、加权平均法等），系统自动计算材料出库成本。材料成本核算后的单据生成凭证将传递到总账系统中。

存货的核算是企业会计核算的一项重要内容。进行存货核算，应该正确计算存货购入成本，促使企业努力降低存货成本，反映和监督存货的收发、领退和保管情况，反映和监督存货资金的占用情况，促进企业提高资金的使用效率。

存货核算系统不可以单独使用，须与采购管理、销售管理和存货核算管理系统集成使用，以核算正确的材料成本。

1．使用存货核算系统需要设置的内容

- 公共资料。公共资料是本系统所涉及的最基础资料，必须设置，否则在进行单据处理时会受到相应的限制。
- 存货核算管理基础资料。因存货核算系统与供应链系统集成使用，所以基础资料与其他模块的基础资料同步。
- 初始化。系统进行初始化时，需要设置系统参数、初始数据录入、期初余额调整和启动业务系统。
- 存货核算系统详细参数设置。存货核算是对该模块的参数进行详细设置，包含系统设置和核算参数查询等。

2．存货核算系统可执行的查询与生成的报表

存货核算系统提供丰富的报表查询功能，可查询的报表有材料明细表、产品明细表、存货收发存汇总表、委外加工核销明细表、材料成本差异汇总表、材料成本差异明细表、销售毛利润汇总表和外购入库单与采购发票钩稽表等多种报表。

3．存货核算系统每期的操作流程

存货核算系统每期的操作流程如图 10-1 所示。

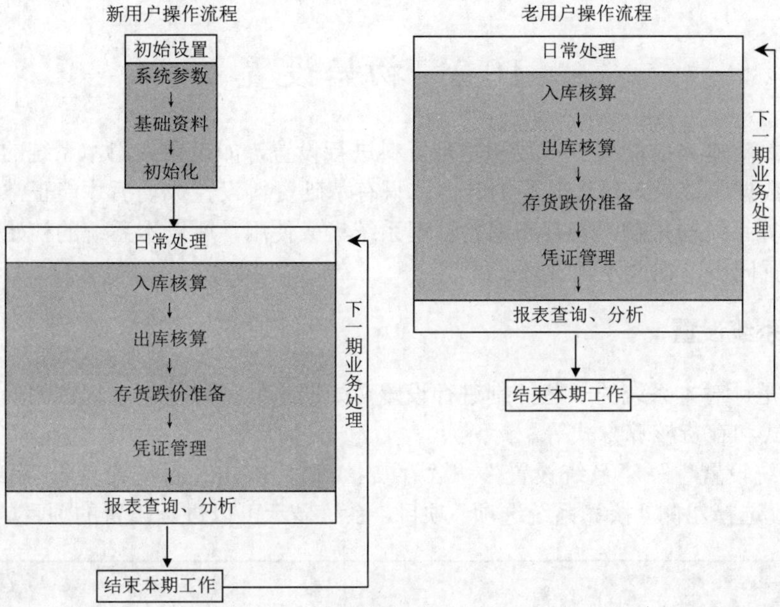

图 10-1

4．存货核算系统与其他系统间的数据流向

存货核算系统与其他系统间的数据流向如图 10-2 所示。

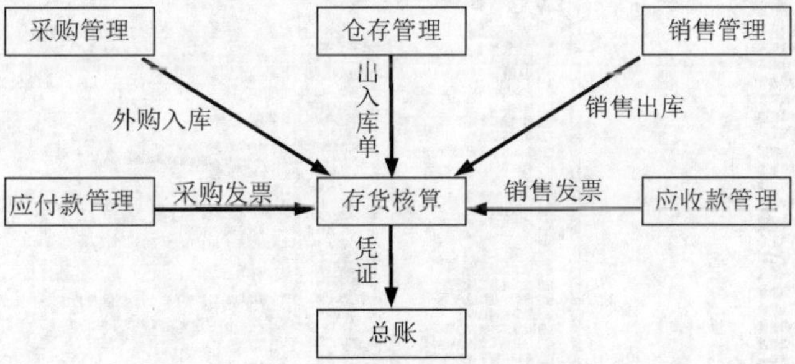

图 10-2

- 采购管理。存货核算系统主要接收采购管理系统产生的已审核的采购发票、外购入库单、委外加工入库单、委外加工出库单、费用发票等单据，进行外购入库核算、委外加工入库核算。
- 仓存管理。存货核算系统接收仓存管理系统所有的出入库单据，进行出入库金额核算和凭证处理。
- 销售管理。存货核算系统接收销售管理系统产生的已审核的销售发票、销售出库单、销售费用发票等单据，进行销售出库核算和销售收入、销售成本凭证处理等工作。
- 应收款管理。存货核算系统接收从应收款管理系统传递的销售发票和各种费用发票并进行出库核算。

- 应付款管理。存货核算系统接收从应付款管理系统传递的采购发票和各种费用发票，与外购入库单进行钩稽后，进行入库成本核算。
- 总账系统。存货核算系统生成的凭证传递到总账系统。

10.2　初始设置

初始设置是对本系统的核算参数和基础资料进行设置，如设置使用本系统的具体日期，这样才能知道期初数据应该录入什么时候的数据；只有基础资料设置成功后才能正常进行单据处理。

因存货核算系统与采购、仓存和销售管理系统集成使用，所以本系统的初始设置与以上3个系统的初始设置同步，在此不再详述。

10.2.1　系统设置

系统设置是针对本系统的一些控制进行设置，如期末结账时检查未记账的单据，设置暂估冲回凭证生成方式和存货核算方式等。

单击“系统设置”→“系统设置”→“存货核算”，双击“系统设置”，系统进入“系统参数维护”窗口，选择左侧“核算系统选项”项目，系统显示可以进行设置的项目，如图10-3所示。

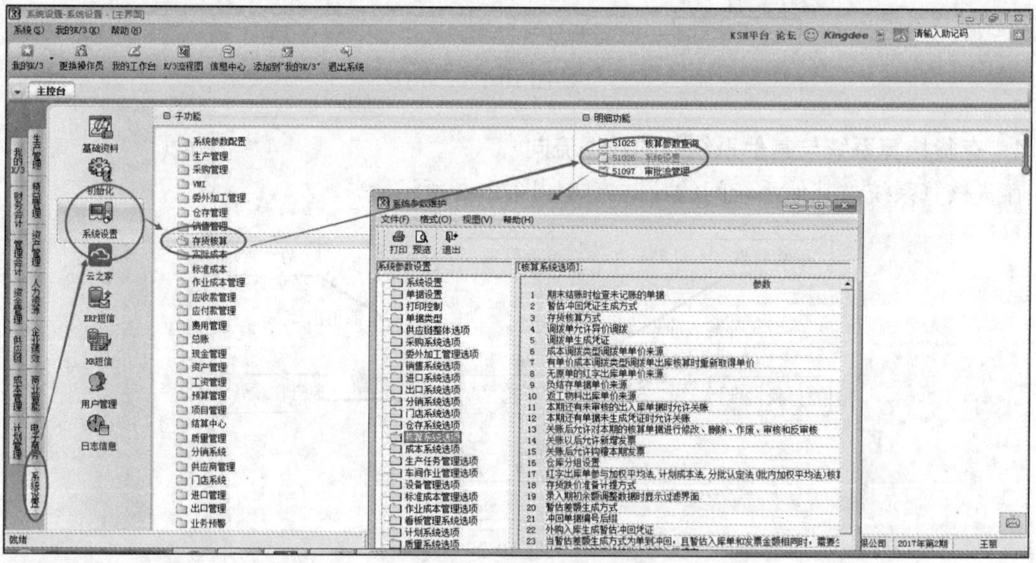

图10-3

- 期末结账时检查未记账的单据。若所有的核算单据均需要生成凭证，存货核算系统的存货余额及发生额需要与总账系统的存货类科目保持一致，则应选中此选项。系统会在期末结账前检查是否还有未记账的凭证，保证核算单据生成凭证的完整性。
- 暂估冲回凭证生成方式。系统提供暂估由月初一次冲回和单到回冲功能。系统默认月初一次冲回，即系统在期末结账后，会自动按根据上期生成的暂估凭证，对应生成红字暂估凭证。若到期发票仍未到，则应继续生成暂估凭证，下期继续自动冲回。在此种方式下，当暂估的存货发票长期未收到时，会多次生成暂估和冲回凭证。单到冲回：对暂估入库单（未与发票钩稽的外购入库单）只是在发票到后，生成一次暂估冲回凭证。具体方式是，用户在生成凭证的事务类型中选择“单到冲回类型”，显示的是本月已钩稽的暂估入库单，选择按单或汇总生成凭证，然后再到外购入库类型中生成外购入库凭证。系统对暂估、冲回、外购入库凭证采用连环控制，即只有生成了暂估凭证，才能生成冲回凭证，然后才能生成外购入库凭证。反之，当一张外购入库单相继生成了暂估入库、暂估冲回、外购入库凭证，在删除这些凭证时应遵循一定的顺序。删除外购入库凭证后，才能删除暂估冲回凭证，删除暂估冲回凭证后，才能删除暂估入库凭证。当期入库、当期发票到时，可直接生成外购入库凭证，不必经过暂估流程。

注 初始化时录入的暂估入库单，采用单到冲回方式；另外，对采用“月初一次冲回”方式生成的冲回凭证不得随意删除。如果用户强制删除该凭证，则其对应的所有暂估单据在以后期间只能采用单到冲回的方式进行冲回处理。删除此类凭证的时候，系统会提示“当前选中的凭证中包含系统自动生成的冲回凭证，您确认要删除吗？”，选择“否”则表示不删除凭证，选择“是”则表示删除。

- 存货核算方式。可选择总仓、分仓或分仓库组核算，系统默认总仓核算。若选择总仓核算，系统在存货核算时不考虑出入仓库，按单据日期确定收发序列，计算出库单价。而当系统分仓或分仓库组核算时，则应区分单据上仓库或仓库所隶属的仓库组，分别建立收发序列，计算出库单价。以加权平均法为例，若某物料从多个仓库收发，则采用总仓核算，同一物料只有一个加权平均出库单价，所有该物料的出库单均取此单价。而分仓核算，即有多少个仓库，就可能有多少个加权平均出库单价，该物料在各个仓库的出库单均对应取不同的出库单价。分仓库组核算时，须将所有的仓库与仓库组建立一对多的关系，一个仓库组可对应多个仓库。一个仓库只能隶属于一个仓库组。首先单击“基础资料”→“辅助资料”，双击“仓库组”，增加仓库组，在核算参数界面，单击仓库分组设置的“值”栏，出现仓库分组界面，左界面显示仓库，右界面显示可选择的仓库，单击方框选中。一个仓库若被某个仓库组选中，则不会出现在另外的仓库组界面备选。
- 调拨单允许异价调拨。不选中该项，即默认情况下调拨单不允许异价调拨，只允许成本价调拨，系统只能录入成本价调拨类型的调拨单据。
- 调拨单生成凭证。对调拨单是否生成凭证的控制，默认为不允许。当选择不允许时，在凭证模板设置界面不存在调拨单凭证模板的设置，在生成凭证界面无调拨单生成凭证事务类型，在对账界面的业务数据不包括调拨单的数据。反之，可以在生成凭证界面点击调拨单事务类型。
- 成本调拨类型调拨单单价来源。可选择手工录入、最新出库价、最新入库价或计划价，默认为最新出库价。在总仓核算方式下，调拨单不列入入库或出库序列，不参与出库单价的计算，系统用当前出库价刷新调拨单的单价，若无当前出库价，系统再按用户选择的调拨单单价来源写调拨单单价。分仓（分仓库组）核算时，调拨单视为一笔出库和一笔入库，出库时核算单价，按正常出库价核算单价，若出现负结存，则按用户选择的单价来源选项确定单价。用户应保证调出仓先核算、调入仓后核算，否则会影响调入仓该物料的出库核算。分仓库组调拨核算方法与总仓核算的调拨处理类似。若根据选项仍不能确定单价，则系统会自动将其收集到不能确定单价的单据中，用户应在出库核算模块“不确定单价单据”中手工录入。在总仓或分仓库组调拨时，如果物料采用“加权平均法”“计划成本法”计价，则系统会自动对无单价调拨单的实际单价使用计算出来的本期加权平均价进行更新，如果物料采用其他计价方法，由于调拨单本身既是入库单也是出库单，而作为入库和出库业务对后面单据的单价影响是完全不同的，故系统不提供自动使用核算出来的单价的自动更新功能。注意这里不存在按照调拨单单价来源参数取得单价的过程。对不能确定单价的调拨单，用户还可以通过“更新无单价单据”模块进行单价更新。

- 有单价成本调拨类型调拨单出库核算时重新取得单价。用于控制已有单价的调拨单在出库核算时是否重新取得单价，系统默认选中；通过该参数（不选中该参数，下同）可以避免存在循环调拨时，系统无法按照已确定的单价确定调拨单价，通过该选项也可以帮助客户人工确定调拨单价，而非一律采用系统核算出来的出库单价，以保证调拨单参与调出仓与调入仓出入核算单价一致性。另外使用时注意以下事项：本参数只对有单价的调拨单有效，无单价的调拨单仍然按照“成本调拨类型调拨单单价来源”以及各物料对应的计价方法确认单价。

该参数的详细控制描述如下。

- 当调拨单在“分仓库组核算”的仓库组内或“总仓核算”的各仓库间调拨的情况下。
- 如果用户选中上述选项，采用加权平均法、计划成本法计价的物料首先取得本次核算的单价。如果没有该单价，则按照系统参数设置的调拨单单价来源取得单价；如果仍然没有取得单价，则该单据记录为不确定单价单据。
- 如果用户没有选中上述选项，则系统首先判断该调拨单是否已经有单价。如果没有，则仍然走上述取得单价的路线；如果调拨单已有单价，则系统不再进行上述任何重新取得单价的过程，以已有单价为准即可。
- 在“分仓库组核算”的仓库组内或“分仓核算”的仓库间调拨的情况下。
- 如果用户选中上述选项，首先会按照正常的出库单进行单价确认。如果没有确认单价，则将该调拨单记录为不确定单价单据。
- 如果用户没有选中上述选项，则系统首先判断调拨单单价是否为0。如果单价为0，则其处理规则同前条处理方式。如果单价不为0，则该调拨单单价直接使用单据上的单价，不再进行上述一系列的单价更新过程。

- 无原单的红字出库单单价来源。可选择手工录入、最新出库价、最新入库价、计划价，默认为最新出库价。对有原单的红字出库单，系统直接用原单对应物料的单价更新该单。若红字出库单无原单，则系统在出库核算时，会根据此选项进行选择。
  - 最新出库价，本期日期最新的出库单上相同物料的单价。该单价必须大于0，否则应继续在本期往前查找。
  - 最新入库价，本期日期最新的入库单上相同物料的单价。该单价必须大于0，否则应继续在本期往前查找，直到找到本期最早一笔入库价。
  - 计划价，取该物料资料的计划价。
  - 手工录入，由用户在出库核算模块中的红字出库核算中手工录入。

若选择前3项，找不到对应最新出库价、最新入库价或找到的计划价为0，或者用户选手工录入，则用户应在出库核算模块“红字出库核算”中手工录入。

- 负结存单据单价来源。可选择手工录入、最新出库价、最新入库价或计划价，默认为最新出库价。负结存出库，是指出库时库存数量不够发出，并且直到期末时入库数量仍未补够。若临时出现负结存，在期末前有入库补充，为方便用户，系统不认为是负结存，而是在核算时将此补充入库的数量提到出库前。

- 返工物料出库单价来源。可以选择前期最新自制入库单价、期初余额加权平均单价和手工录入，选择项算法如下。
  - 以前期最新自制入库单价为本期以前此产品的最新自制入库单价，时间按日期排序，单价取距日期最近的单据的单价：如日期相同，则取表头内码最近的单价；如表头相同，则取表体行内码最近的单价。
  - 期初余额加权平均单价等于该产品期初余额总金额除以该产品期初总数量。
  - 手工指定为手工在领料单上录入的单价。
  - 若首先根据选项取不到单价，则直接取单据上原有单价；如果原单据中没有单价，根据选项也取不到单价，则出库核算报错，需要手工维护生产领料单单价。
- 本期还有未审核的出入库单据时是否允许关账。默认允许，即本期有未审核的核算单据（出入库单、成本调整单、计划价调价单）不影响关账。反之，系统会在关账前搜索本期未审核的出入库单据，有则提示“本期还有未审核的核算单据，不能关账！”
- 本期还有单据未生成凭证时允许关账。期末关账时，会判断该选项，默认允许，即本期有核算单据未生成凭证不影响关账。若选择不允许，则系统会在关账前搜索未生成凭证的出入库单据，如果有，则会提示“本期还有核算单据未生成凭证，不能关账！”
- 关账后允许对本期的核算单据进行修改、作废和反审核。若选择不允许，则关账后，若对本期的核算单据（包含发票）进行修改、作废和反审核时，会做相应提示，不允许进行。
- 关账以后允许新增发票。选中，关账后允许新增当期、以前、以后期间的各种发票，包含采购发票、采购费用发票、销售发票、销售费用发票，允许修改、删除、作废、审核当期、以前期间、以后期间即所有期间的发票；反之，关账后允许新增单据日期为以后期间的发票，但不允许新增单据日期为当期和以前的发票，如果不选择该选项但选择“关账后允许对本期的核算单据进行修改、作废和反审核”，关账后允许修改、删除、作废、反审核单据日期为当期、以前期间的采购发票、采购费用发票、销售发票，销售费用发票；不选择“关账后允许对本期的核算单据进行修改、作废和反审核”，关账后不允许修改、删除、作废、反审核单据日期为当期、以前期间的发票；
- 关账后允许钩稽本期发票。选中，关账后允许进行日期为当期、以前期间采购、销售发票、费用发票的钩稽；反之，关账后不允许进行日期为当期、以前期间采购发票、销售发票、费用发票的钩稽。
- 红字出库单参与加权平均法，计划成本法，分批认定法（批内加权平均法）核算规则设置。此项用于设置以“加权平均法”“计划成本法”“分批认定法（批内加权平均法）”计价的物料的红字出库单参与出库核算时的运算规则。单击“参数设置”可调出设置界面，如图 10-4 所示。

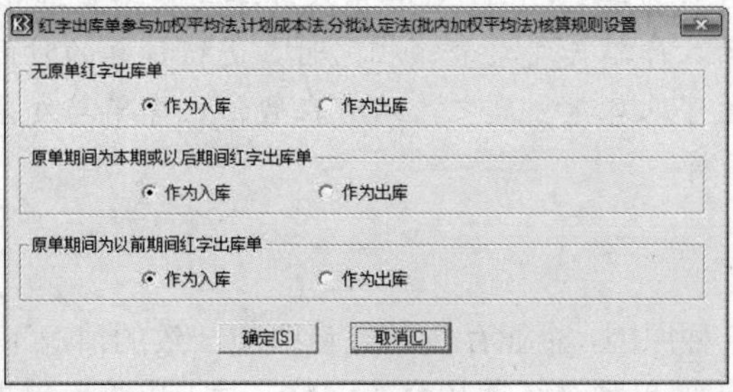

图 10-4

➢ 系统将3类红字出库单列举如上，用户可以分别指定各类型的红字出库单在计算对应物料加权平均单价的时候，是列为“入库序列”还是列为“出库序列”。例如：如果对“无原单红字出库单”选中“作为出库”，则出库核算时，所有“加权平均法”计价的物料对应的“本期无原单红字出库单”都列为“出库序列”，并按照出库单的规则核算单价。

- 存货跌价准备计提方式。对存货跌价准备模式的控制，默认为“按物料计提”，用户可根据需要选择是“按物料计提”“按物料类别计提”“按物料整体计提”。

➢ 对“按物料计提”和“按物料整体计提”方式，系统都直接提供按照物料确认跌价损失的功能，两者在处理方式（按物料计提时，明细物料跌价比例不得小于0）和凭证生成上区别不大；“按物料类别计提”方式要求用户先对物料进行“存货类别”维护，只有指定了存货类别的物料才能计提跌价准备并显示在对应类别中，这是与其他两种计提方式在实现方式上的本质区别。

- 录入期初余额调整数据时显示过滤界面。选中该项，进入期初余额调整界面的时候，单击明细仓库时先调出过滤界面，不设置任何条件则默认全部显示，否则可以按照过滤条件过滤。默认直接调出对应物料余额信息，没有范围限制。
- 暂估差额生成方式。如果选择了需要生成暂估凭证，则暂估差额生成方式只能选择“差额调整”，不能使用“单到冲回”，系统处理的模式是按照暂估冲回凭证的生成方式处理财务凭证，发票与外购入库单确认钩稽后生成新的单据，只能为入库成本调整单，与采购发票、外购入库单直接确认钩稽关系；如果不选择需要生成暂估凭证，则暂估差额生成方式可以为“差额调整”，也可以为“单到冲回”，系统自动生成的入库成本调整单和冲回单据都需要手工生成凭证，对新生成的单据也自动确认钩稽关系。
- 冲回单据编号后缀。设置冲回单据的后缀形式，默认为“_”，外购入库核算自动生成冲回单据，在使用原来的外购入库单加默认的后缀后，根据生成的红蓝字单据增加字母R（Red）或者B（Blue）来区分，多次钩稽的情况在单据编码后自动递增。
- 外购入库生成暂估冲回凭证。选中该项，“暂估凭证冲回方式”设置有效，并且限制“暂估差额生成方式”只能为“差额调整”，不能使用“单到冲回”。相关的处理及注意事项可参看“暂估凭证冲回方式”的说明。不选中，“暂估凭证冲回方式”设置无效，系统不自动冲回凭证，“暂估差额生成方式”可以选择，可以为“差额调整”，也可以为“单到冲回”。

➢ 此参数只能在初始化期间进行设置，设定后，结束初始化或者有相关单据生成凭证后不能再后期修改。参数的意义为：对于暂估的处理，是否需要系统生成暂估冲回凭证，也就是说只有选择了此参数，系统参数“暂估凭证冲回方式”的选择才会有效，否则整个过程不自动生成冲回凭证。

- 当暂估差额生成方式为单到冲回，且暂估入库单与发票金额相同时，需要生成红蓝单据。选中该项，当暂估入库单与发票金额相同时，进行核算的时候，系统自动生成金额相同的红字入库单和蓝字入库单。反之，只有在暂估入库单与发票金额不同时，进行核算才会生成红蓝字入库单。

10.2.2 期初调整

在实际工作中，由于某种原因，企业存货的数量账实一致的情况下，存货金额仍然账实不符，如数量为0，金额不为0，需要单独进行期初余额调整。对于出入库单据的金额调整，可以通过成本调整单进行，期初余额调整模块可处理成本调整单的录入和维护。

1．期初余额调整

单击"供应链"→"存货核算"→"期初调整"，双击"期初余额调整"，系统进入初始数据录入界面，如图 10-5 所示。

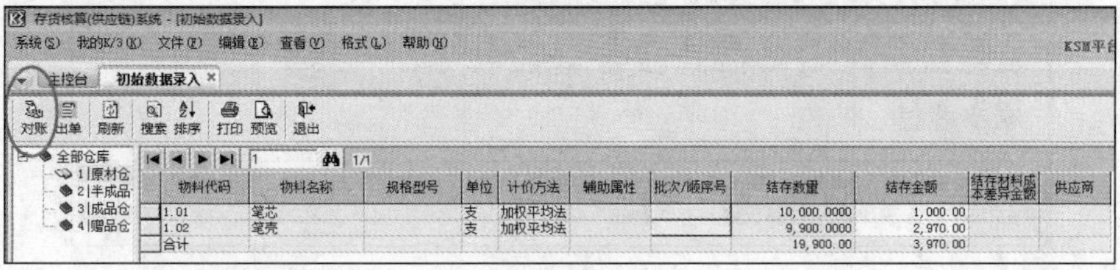

图 10-5

在初始数据录入界面，仓库默认按树型结构在左界面显示，单击左侧对应的仓库名称可以查询该仓库下的所有物料明细的数量和结存金额。如果采用批次管理和计价方法为先进先出的物料，可双击"批次/顺序号"查看明细。

- 对账。单击"对账"按钮，系统切换到对账界面，界面左侧显示物料所在的会计科目，右侧显示对账结果。同一科目的仓存结存金额与总账结存金额存在差异时，系统会提示对账不平，如图 10-6 所示。

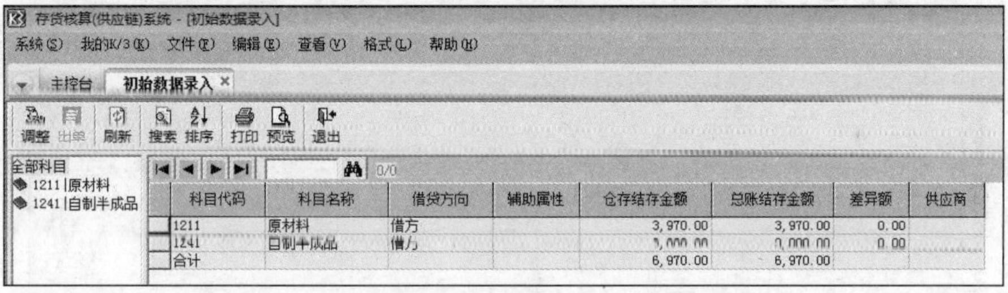

图 10-6

注　当总账科目存在不受物流控制的明细科目时，在对账界面中不会显示这些科目，因此会造成总账科目余额与仓存余额存在差异，系统会提示对账不平，而实际上仓存余额与总账余额是平衡的。

- 调整。单击"调整"按钮切换到调整界面，如图 10-6 所示。对以加权平均法和移动平均法核算的物料可通过直接修改结存金额的方式来调整期初金额。对以分批认定法、先进先出法的物料应双击"批次/顺序号"，调整明细批次（顺序号）的金额。对以计划成本法核算的物料应调整结存差异。

调整结存金额修改完毕后，单击"出单"按钮，系统弹出提示窗口，如图 10-7 所示。系统将调整差额自动生成成本调整单，日期为本期间的第一天，并自动审核，可以单击"期初调整"，双击"成本调整单"查询到该调整单。

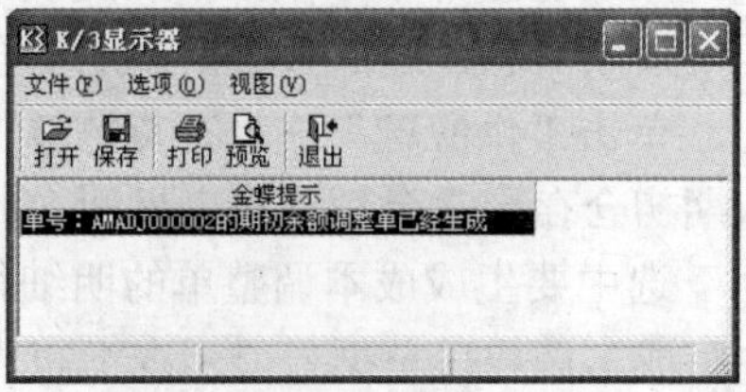

图 10-7

2．成本调整单

成本调整单是查询、新增和修改因存货结存金额产生差异的单据。

（1）单击“供应链”→“存货核算”→“期初调整”，双击“成本调整单”，系统弹出“过滤”对话框，保持默认条件，单击“确定”按钮，系统进入成本调整界面，如图10-8所示。

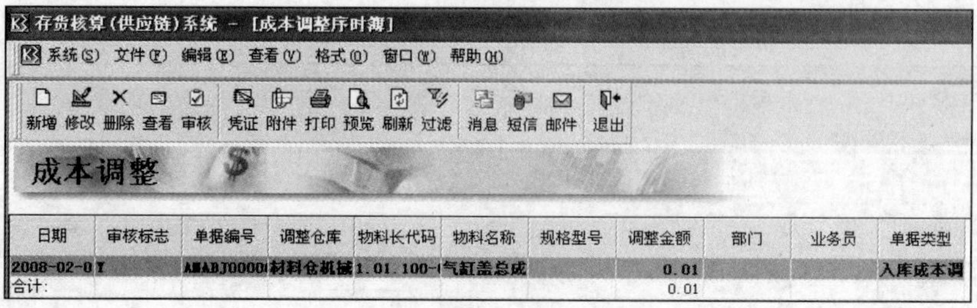

图10-8

（2）在界面中可以进行成本调整单的新增、修改和审核等操作。单击“新增”按钮，系统弹出“成本调整-新增”录入窗口，如图10-9所示。

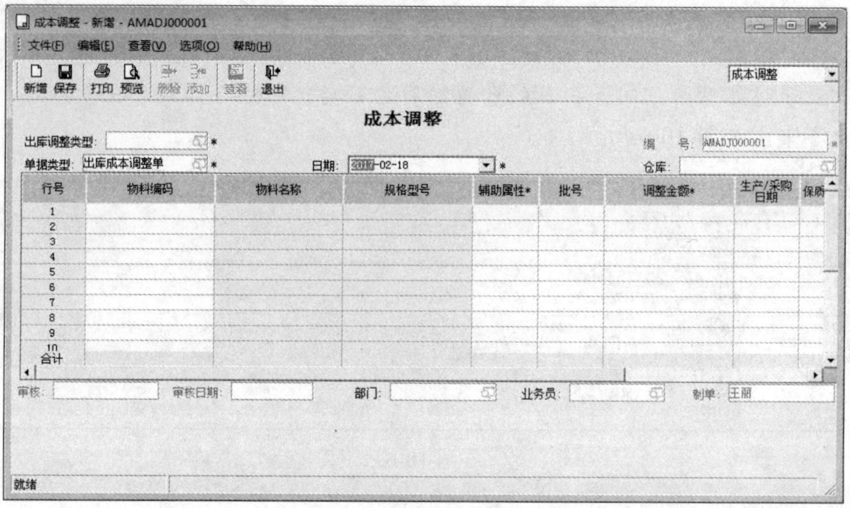

图10-9

成本调整单录入方法及技巧与出入库单类似，只能录入本期及以后期间的成本调整单。在审核单据的时候进行日期的判断，如果日期小于当前会计期间，系统将弹出“不能审核以前会计期间的单据！”的提示。“仓库”“物料编码”“物料名称”为必录项，若物料实行批次管理，则批次为必录项。成本调整单可录入负数，从而反映库存金额调减。

3. 期初仓存异常余额汇报表

期初仓存异常余额汇报表反映本期期初仓存余额中存在的物料数量结存为0但金额不为0的异常余额信息。这部分数据是期初仓存余额中的异常数据，一般需要进行期初余额调整。

单击“供应链”→“存货核算”→“期初调整”，双击“期初仓存异常余额汇报表”，系统进入期初仓存异常余额汇报表界面，如图10-10所示。

选中要生成成本调整单的明细行，单击“出单”按钮，系统将指定生成对应的成本调整单，并将成本调整单单据号显示在汇报表中。

在本汇报表中生成成本调整单与在期初余额调整中生成成本调整单功能是无法连接的，即两者只需要在一个地方生成成本调整单即可。如果一方已经对本物料生成了成本调整单，再对另一方生成成本调整单时，系统会自动删除前一张成本调整单，而保存最新的成本调整单；同时不论哪边生成了成本调整单，在汇报表的相同信息行中都会显示出对应的成本调整单号。

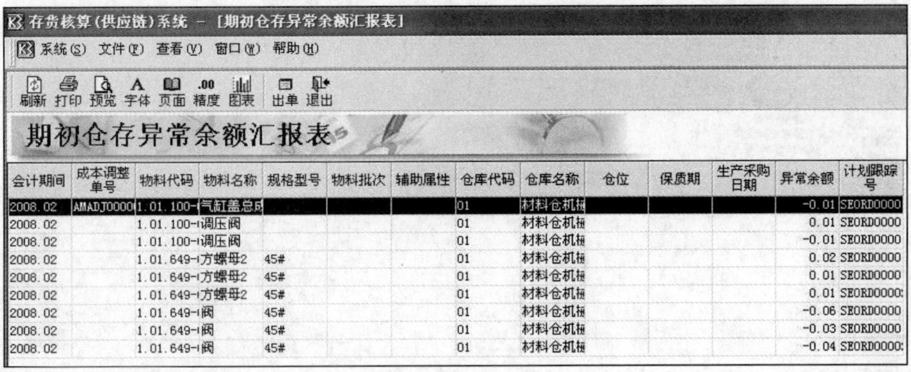

图 10-10

4. 出库核算异常余额汇报表

出库核算异常余额汇报表反映本期出库核算（如材料出库核算、产品出库核算）后存在的物料数量结存为 0 但金额不为 0 的异常余额信息，这部分是核算过程中无法进行差额调整的异常数据，一般需要进行成本调整。

单击“供应链”→“存货核算”→“期初调整”，双击“出库核算异常余额汇报表”，系统进入出库核算异常余额汇报表界面。用户可以选中需要生成成本调整单的明细行单击“出单”按钮，系统将自动生成对应的成本调整单，生成成本调整单之后，系统刷新，对应明细行也将不再显示；也可以双击异常余额数据，系统会根据对应物料的属性调出对应的材料明细账或者产成品明细账。

在每次出库核算前，系统都会自动删除核算到的物料对应的异常余额汇报数据，以保证该数据不会重复记录。

如果用户对出库核算后出现的异常余额已经生成成本调整单，此时又有新发生业务需要重新进行出库核算，那么建议用户先删除对应物料的成本调整单再进行对应的出库核算。

注　本异常余额汇报表的数据依赖于每次出库核算保存的结果数据，而期初仓存异常余额汇报表的数据则是根据期初仓存余额表取得，故在调整余额时，前者是根据核算方式自动确定调整的仓库信息，而后者则会根据调整对象数据中的仓库信息生成准确的成本调整单。如果用户存在导致无法结账或不期望出现在期末余额表中的异常余额，可以在出库核算异常余额汇报表中查看并出单；如果想要准确针对仓库进行金额调整，建议在每期期初仓存异常余额汇报表中进行调整。

10.3　日常业务处理

初始化设置和系统设置完成，可以进行日常的业务处理。日常业务处理包括入库核算、出库核算和生成凭证等操作，并且根据核算出来的材料成本查询相关报表，以对企业的材料状况做出预测和分析处理。

单击“供应链”→“存货核算”，系统切换到存货核算界面，如图 10-11 所示。

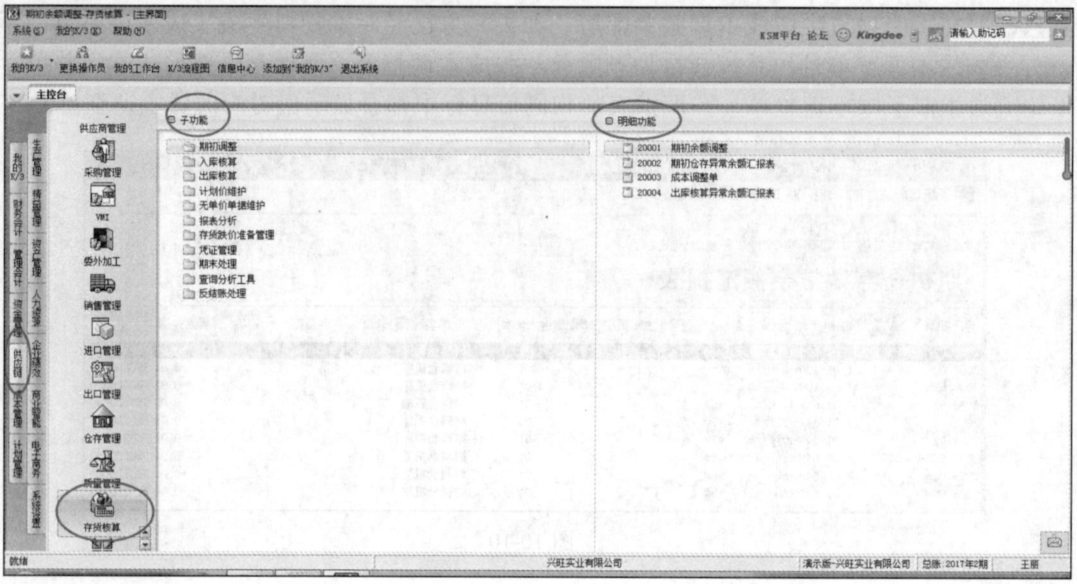

图 10-11

使用某个明细功能的方法是：先选择正确的子功能，再双击“子功能”下正确的明细功能相应项目即可。

10.3.1　入库核算

入库核算功能主要是用来核算各种类型的存货入库的实际成本，如外购入库和自制入库等单据。不同类型的入库其核算的方法也不同：外购入库的成本依据相钩稽的采购发票，还应计入采购费用，才能计入库成本；外购入库单据未收到发票时，那就可以进行暂估入库处理；自制入库的存货成本则手工录入单价；委外加工入库的成本由材料费和加工费组成。

1．外购入库核算

外购入库核算主要用来核算外购入库单上存货的实际成本。外购入库单由采购管理系统中外购入库单、采购发票和采购费用发票进行钩稽后，再传递到存货核算系统，若有货到票的外购入库单，则是在“存货估价入账”中处理。

外购入库单的成本包括购买价和采购费用两部分。购买价由与外购入库单相钩稽的发票决定，采购费用由用户录入后，再通过核算功能，将买价与采购费用之和根据钩稽关系分配到对应的入库单上，作为外购入库的实际成本。

外购入库成本的核算也就是采购发票和外购入库单进行钩稽的过程，钩稽方法可参照第 4 章。

费用分配方式有两种：一种是“按数量分配”，则选择按发票上各行物料的基本计量单位数量作为权重对采购费用进行分配；另一种是“按金额分配”，则以发票上各行物料的金额为权重进行分配。该方式通过单击“核算”→“费用分配方式”实现。选择费用分配方式后，单击“分配”按钮，系统会自动将分配后的采购费用，及相应的运费税金填入采购发票中。

系统在执行分配时，将采购费用总额和运费税金，分别先除以分配标准之和（选定发票上所有物料的数量或金额和），然后分别乘以各自的分配标准（数量或金额），得到各行物料的采购费用和运费税金。

使用单到冲回的方式，系统会自动生成冲回红字单据，并生成新的蓝字单据，此时该红、蓝字外购入库单自动设置已经审核和已经钩稽标志。

若存在补充钩稽的费用发票，系统对补充钩稽的费用自动按照分配至各物料上的金额生成相应的入库成本调整单；对这类成本调整单，用户可以直接在“费用发票补充钩稽”凭证生成事务中进行财务处理，以保证仓存与总账平衡。

核算成功是正确生成外购入库凭证的前提，因为只有经过核算才能保证采购发票与外购入库单金额平衡。

选中系统参数“采购系统支持部分钩稽”时，系统中的采购发票和外购入库单都处于部分核销状态，则对不同的情况，系统会根据核销数量进行反填成本。

注　“采购系统支持部分钩稽”参数的选择是具有一定的前提条件的，即只有在外购入库不生成暂估冲回凭证的模式下才能修改此参数为有效。在此参数有效的情况下，对暂估业务也是支持两种模式，即单到冲回和差额调整模式。

（1）对本期单据，即非暂估的情况下，不管是发票部分钩稽还是外购入库单部分钩稽，按照单价 =（钩稽金额+分配到相应钩稽分录中的费用金额）÷钩稽数量，反填外购入库单的单位成本，并计算相应的成本。完全钩稽的处理则与前面的逻辑保持一致。

（2）对单到冲回模式，存在前期的暂估单据，如果本期进行了部分钩稽，不管是发票部分钩稽还是外购入库单部分钩稽，冲回生成的蓝字单据和红字单据数据源来源于钩稽数量和发票钩稽金额、相关的费用金额。

（3）对差额调整模式，存在前期的暂估入库单，本期发票与暂估单据进行部分钩稽，对钩稽部分的差异，生成暂估补差单。

若存在补充钩稽的费用发票，系统对补充钩稽的费用自动按照分配至各物料上的金额生成相应的入库成本调整单。对这类成本调整单用户可以直接在“费用发票补充钩稽”凭证生成事务中进行财务处理，以保证仓存与总账平衡。

注　存货核算系统中的外购入库单据是接收的仓存管理系统中的已经钩稽的外购入库单据，所以只有外购入库单钩稽和审核后，才能在存货核算系统中进行入库成本核算。

2．暂估入库核算

暂估入库核算主要对本期发票未到，但货已入库的物料进行估价处理。暂估方式有两种，一种是手工在单据上录入，另一种是在无单价单据维护模块中进行单价更新。

注

（1）暂估也是指企业未收到已经入库物料的采购发票，不能正确核算入库物料的成本，所以用“估价”的方式核算该物料的成本，待该笔物料的采购发票实际收到时，再核算正确的物料入库成本。

（2）暂估是一种估计的行为，所以该单据核算的成本凭证必须冲回。回冲方式有差额调整和单到回冲两种方式。在“系统设置”中进行设置。

单击“供应链”→“存货核算”→“入库核算”，双击“存货估价入账”，系统进入暂估入库单序时簿界面，如图 10-12 所示。

暂估入库序时簿界面中的单据有时有单价，有时无单价。此单据错误时，可以选中后单击“修改”按钮，系统进入“外购入库单-修改”窗口，在单价位置处录入正确的估价即可，如图 10-13 所示。

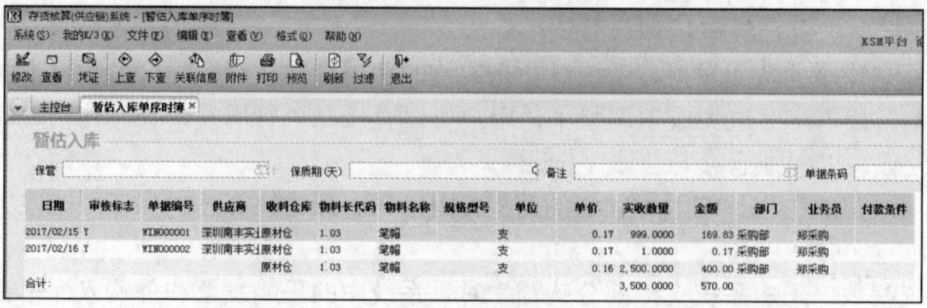

图 10-12

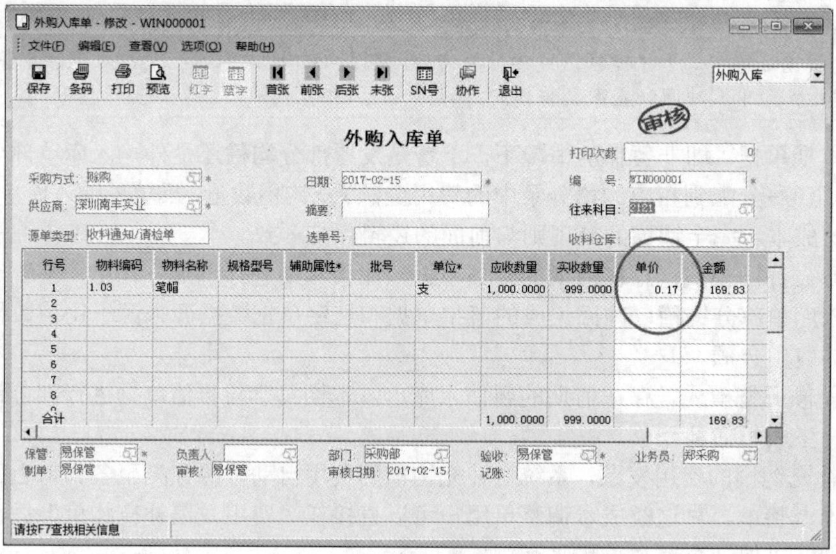

图 10-13

注 存货核算系统中的暂估入库单据是接收的仓存管理系统中的未钩稽的外购入库单据，所以只有外购入库单经审核后，才能在存货核算系统中进行入库成本核算。

修改完成后，单击“保存”按钮保存。

3．自制入库核算

自制入库主要对半成品/产成品的入库成本进行核算。在未使用成本系统时，需要手工录入自制品入库成本，当物料采用“计划成本”和“实际成本”计价方式时，录入方式不同。若成本系统已启用，则可自动引入成本系统的自制品成本计算结果，用户不需要手工录入自制品入库成本。另外，用户还可以通过“无单价单据维护”功能直接进行单价更新。自制入库核算包括产品入库核算和盘盈入库核算。

注 存货核算系统中的自制品单据是接收的仓存管理系统中的产品入库单据，所以只有产品入库单审核后，才能在存货核算系统中进行入库成本核算。

（1）单击“供应链”→“存货核算”→“入库核算”，双击“自制入库核算”，系统进入“过滤”对话框，在“过滤”对话框中可以选择相应的事务类型、物料代码范围和物料名称范围等，单击“确定”按钮，系统进入自制入库核算界面，如图 10-14 所示。

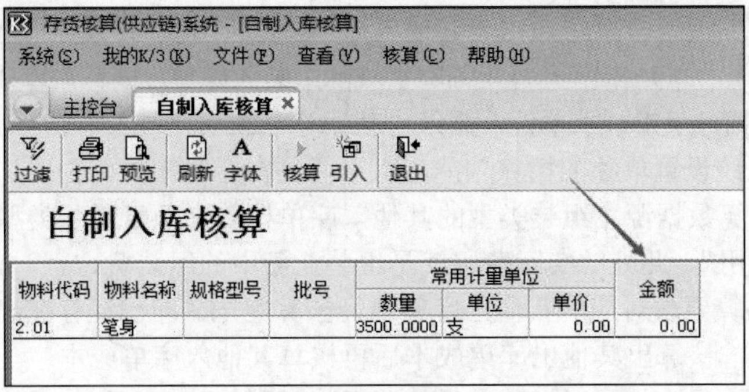

图 10-14

当物料采用实际成本方法时，则在图 10-14 中录入正确的单价。

若成本系统已启用，产品入库的成本可直接从成本系统写入，不需要引入操作。

（2）单击“引入”按钮，可以根据数据引入向导界面一步步从 Excel、文本文件，以及其他账套等外部数据源引入产品成本数据，省去大量重复数据录入的工作量。

（3）单击“核算”按钮，系统会将汇总计算出的单价、金额回填到单据，同一部门、同一种产品的单位成本相同。

盘盈入库核算是核算因盘点形式生成的盘盈入库单中的物料入库成本，核算方法请参照“自制入库核算”。

4．其他入库核算

其他入库核算是针对非外购入库、产成品入库和委外加工入库单据的入库成本核算。其他入库核算包括非组装核算和组装核算两种。

（1）非组装核算。非组装单是指该单据属于其他入库单，并且不是由组装业务所生成的单据，有手工录入和更新无单价单据两种核算方法。

单击“供应链”→“存货核算”→“入库核算”，双击“其他入库核算”，系统进入“条件过滤”对话框，如图 10-15 所示。

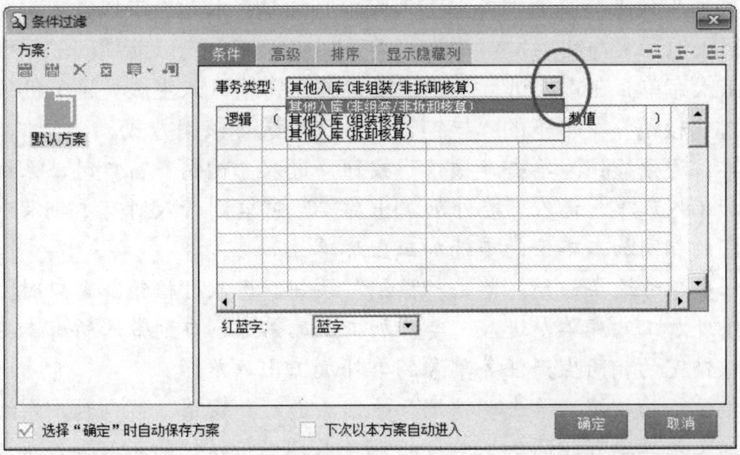

图 10-15

在“事务类型”处选择本次要处理的单据是非组装类还是组装类其他入库单，再设置其他过滤条件，设置完成后，单击“确定”按钮，系统进入“其他入库”核算窗口，若要修改单价，选中单价后单击“修改”按钮，系统弹出“其他入库单-修改”窗口，录入正确的单价后保存即可。

（2）组装核算。组装单是指由组装业务所生成的组装入库单，核算入库成本的方法是在序时簿界面单击调出核算单据，手工录入单价，系统自动计算金额或者录入金额，由系统自动倒算单价。

对组装业务，系统设置单独的核算功能，可以通过在序时簿界面中单击“核算”按钮进行入库核算，组装业务核算数据源。组装类型的其他入库单核算来源于组装类型的“其他出库单”和组装单中的“实际费用”，此处的实际费用就是组装业务中的组装费。

组装入库单的核算要求对应的其他出库单已经核算完毕，即已经存在出库成本，因此需要首先进行材料出库核算，核算出其他出库单成本后再核算其他入库单成本。

目前对组装业务，只支持一对多的关系，即组装类型的其他入库单只能由一条分录记录组装件，并且组装件不能作为其他组装件的子件。

5. 委外加工入库核算

本模块主要用来核算委外加工入库实际成本，委外加工的实际成本由材料费和加工费两部分组成。

委外加工入库核算步骤如下所示。

（1）加工费用发票录入。

委外加工费用发票是在采购管理系统中的费用发票处理。费用发票录入实现了外购入库和委外加工附加费用的发票录入，委外加工费用发票（一般指委外加工附加费用）可建立与采购发票（一般指加工费）、委外加工入库单三方之间的钩稽关系。

（2）核销材料费。

本功能用于对委外加工入库单确认消耗掉的委外加工发出材料的数量信息，确认过程通过“核销”操作完成。

① 单击“供应链”→“存货核算”→“入库核算”，双击“委外加工入库核算”，系统弹出“过滤”对话框，设置过滤条件后，单击“确定”过钮，系统将符合条件的单据显示在委外加工入库单序时簿界面中，选中需核销材料费的入库单据行，单击工具栏中的“核销”按钮，系统弹出“核销”窗口。如果选择的单据行已核销，则显示核销对应关系。

能够参与委外加工入库核算的委外加工入库单必须是：本期已审核且未记账的委外加工入库单、本期已暂估记账但后又与费用发票钩稽的委外加工入库单、以前期间的但在本期与费用发票相钩稽的委外加工入库单、在本期进行了费用发票补充钩稽（未生成凭证）的委外加工入库单。

用户可以通过“核销”菜单下的“核销方式”选项选择核销方式。

- 按加工单位逐条核销。单击“核销”按钮，进入“核销”窗口时，系统只带入用户选中的委外加工入库单，进入“委外加工出库单”窗口则带入所有本期及以前期间录入且未被核销完的相同加工单位的委外加工出库单。
- 按生产任务单号逐条核销。单击“核销”按钮，进入“核销”窗口时，系统只带入用户选中的委外加工入库单，进入“委外加工出库单”窗口则带入所有本期及以前期间录入且未被核销完的相同生产任务单号的委外加工出库单。
- 按加工单位汇总核销。单击“核销”按钮，进入“核销”窗口时，系统带入与用户选中的委外加工入库单有相同加工单位的可在本期进行核销的所有委外加工入库单，而进入“委外加工出库单”窗口则带入所有本期及以前期间录入且未被核销完的有相同加工单位的委外加工出库单。
- 按生产任务单号汇总核销。单击“核销”按钮，进入“核销”窗口时，系统带入与用户选中的委外加工入库单有相同生产任务单号的可在本期进行核销的所有委外加工入库单，而进入“委外加工出库单”窗口则带入所有本期及以前期间录入且未被核销完的有相同生产任务单号的委外加工出库单；核销前用户需要选择参与本次核销的委外加工入库单和委外加工出库单。

② 单击“核销”按钮进入委外加工出、入库单的“核销”窗口；窗口上部为委外加工入库单行，窗口下部为关联的委外加工出库单行；用户可以从“核销”菜单的“核销依据”中选择本次核销操作的依据。

- 手工核销。由用户手工确认参与核销的委外加工出库单的“本次核销数量”。单击“核销”按钮时：如果用户只选中一条入库单，则所有出库单都与该入库单核销；如果用户选择了多条入库单，则系统将对出库单按照“物料”对本次核销数量进行汇总，然后以入库单数量为权重分摊该核销数量，再在出库单中依次扣减并与入库单逐条匹配核销。
- 按BOM耗用量自动核销。系统自动按照入库单上的物料匹配足量的出库物料进行核销。核销中：如果某物料数量超出理论耗用量，则只核销到理论耗用量为止，其余出库单或未核销数量不再核销；如果某物料不足理论耗用量或材料不在产品BOM中，则系统不再核销该材料和对应的入库单。
- 按入库数量比自动核销。系统首先将用户所有被选中出库单的本次核销数量按照“物料”进行汇总，然后按被选中的入库单的入库数量分摊其应核销数量，再对每条入库单按分得的数量逐条与出库单相核销并扣减其未核数量，直至所有被选中的入库单和出库单匹配完成为止。
- 按BOM系数比自动核销。系统首先将用户所有被选中出库单的本次核销数量按照“物料”进行汇总，然后以“入库单入库数量×某产品对某物料的BOM单位耗用量”为权重对上述汇总数进行分摊。如果被选中的某出库单明细行对应物料没有任何入库单产品耗用，则该物料按照“入库数量比自动核销”的处理方式进行分摊。分摊完成后，再对每条入库单按分得的数量逐条与出库单相核销并扣减其未核数量，直至所有被选中的入库单和出库单匹配完成为止。

核销时，系统自动计算出本次核销数量、金额、未核销数量、未核销金额；“核销”本身是指将材料领出的数量与委外加工入库单加上钩稽关系，故在核销时系统自动换算出来的材料费用并不一定准确，用户也不必先进行材料出库核算再进行核销操作，系统允许无单价出库单参与核销。

（3）委外加工入库核算。

选择“核销”菜单下的“费用分配方式”，该分配方式仅用于将费用发票费用向采购发票分配的过程。采购发票向入库单的分配过程与外购入库一样，是按照物料各明细行的数量权重直接进行分摊。

选择“按数量分配”，则选择按采购发票上各行物料的基本计量单位数量作为权重对采购费用进行分配。若选择“按金额分配”，则以采购发票上各行物料的金额为权重进行分配。

单击“分配”按钮，系统根据选择的分配方式将费用发票对应费用和可抵扣税金分摊到采购发票的应计费用及运费税金等栏目中去。

（4）核算入库成本。

完成费用录入和费用分配后，单击“核算”按钮，系统开始核算委外加工入库实际成本，若无采购费用，可直接进行核算处理。

核算时严格依据钩稽关系，先将发票上某一物料的全部金额（指发票原有金额）和采购费用（指发票上分配到的应计费用等）合计，除以入库单上该物料的数量，计算出单位加工费，再以该单位加工费乘以对应物料行的数量得到对应的加工费。

若入库单的加工费已暂估（上期的单据，或虽为本期的单据，但已生成加工费暂估凭证，单据上的金额不允许刷新），则会自动生成委外加工暂估补差单（只有金额而无数量的委外加工入库单）。

若存在补充钩稽的费用发票，系统对补充钩稽的费用自动按照分配至各物料的金额生成相应的成本调整单。对这类成本调整单，用户可以直接在“费用发票补充钩稽”凭证生成事务中进行财务处理，以保证仓存与总账平衡。

除了核算加工费，系统同时按照入库单核销的出库单信息重新取得出库材料成本并汇总得到准确材料费用，此时系统汇总材料费用和加工费用得到入库物料的总成本信息，并倒算单位成本，从而完成整个委外加工核算工作。

（5）红字委外加工入库单核算。

对红字委外加工入库单，系统提供了三方核销的方法：在委外加工入库单核销和对委外加工入库单核销调出委外加工入库单时，如果选择汇总核销，可以选择相同加工单位、相同物料，或者相同任务单、相同物料的红、蓝字单据一起核销。

核销时的判断为：入库单的同一物料核销数量不能小于等于 0，即红字委外加工入库单的相同物料的数量不能大于蓝字委外加工入库单的相同物料的数量；进行反核销时，如果是几行委外加工入库的物料一起核销，无论核销的物料是否相同，都作为同一组进行处理，反核销时与核销的单据一起反核销。

对红字委外加工入库单进行核算时，公式如下。

材料费 = 核销的出库单的出库成本 ÷ 核销的入库单数量 × 红字入库单的数量。

加工费 = 钩稽的发票的金额 ÷ 钩稽的入库单数量 × 红字入库单的数量。

6．入库业务报表

系统提供多种入库业务报表，包含采购成本明细表、采购成本汇总表、存货暂估明细账、存货暂估汇总表、进项税额汇总表和委外加工费暂估对比表。

（1）采购成本明细表。

采购成本明细表可用于查询选定会计期间外购入库明细情况。可按物料、仓库、供应商代码范围过滤，表头显示过滤条件，表体显示单据的主要信息，如会计期间、入库单号、入库日期、物料代码、物料名称、数量、单价、金额等，先按供应商，再按物料排序。双击明细行可联查到单据，可以同时查询到系统自动生成的冲回单据，如暂估单到冲回的红、蓝字单据。

用户可利用此报表分析某一期间外购入库成本的明细组成情况，只要是确认审核后的外购入库单就可以进行必要的统计，不需要与发票建立钩稽关系。

单击“供应链”→“存货核算”→“入库核算”，双击“采购成本明细表”，系统弹出“过滤”对话框，保持默认条件，单击“确定”过钮，系统进入采购成本明细表界面，如图 10-16 所示。

（2）采购成本汇总表。

采购成本汇总表可用于查询一定期间物料外购入库数量、入库成本的汇总情况。可按物料代码范围、供应商范围过滤，也可按物料的任何属性汇总，还可按物料类别或供应商类别分级汇总。表头显示过滤条件，表体按物料代码顺序显示物料的基本信息、汇总数量、平均单价和汇总金额。查询方法可以参照“采购成本明细表”部分。

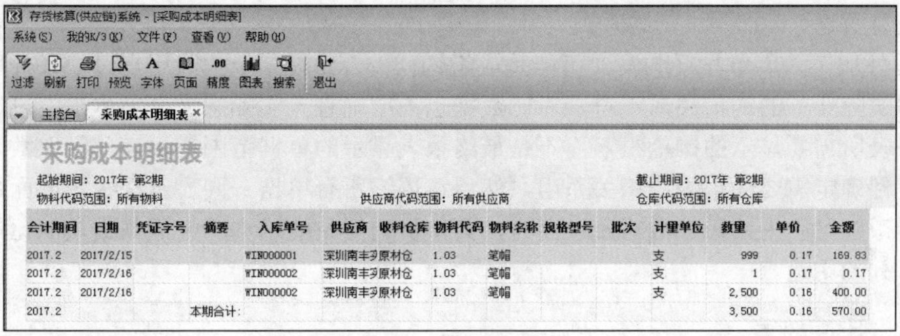

图 10-16

（3）存货暂估明细账。

存货暂估明细账可用于查询一定期间，暂估入库的入库、核销和结存情况。期初结存反映以前期间尚未核销的外购入库单，入库列反映本期发生的外购入库业务，核销列反映本期核销的外购入库单（包括核销以前期间的外购入库单，核销指的是该入库单与发票进行钩稽或者与其他外购入库单进行对等核销）。

在暂估凭证冲回方式选择单到冲回时，该账簿和入库、冲销与凭证处理是对应的。而当用户选择月冲全部冲回，因该账簿基于单据，并不能反映暂估和冲销情况。

对单到冲回的暂估处理模式，不显示相关的冲回单据，只是根据核销日期，正确记录结余和核销数量、金额。

（4）存货暂估汇总表。

存货暂估汇总表可用于查询各个期间存货暂估的发生、核销和结存的汇总情况。每一种物料显示为一行，期初余额列反映以前期间尚未与发票钩稽的外购入库单的汇总数量、汇总金额和平均单价。入库列反映本期外购入库的汇总数量、汇总金额和平均单价，核销列反映在本期核销的外购入库（包括核销的本期入库部分和期初暂估部分，核销是指该入库单与发票进行钩稽或者与其他外购入库单进行对等核销）的汇总数量、汇总金额和平均单价，期末结存反映到本期期末仍未与发票核销的暂估入库汇总数量、汇总金额和平均单价。

可按物料和供应商代码范围过滤，也可按物料的任何属性汇总，还可按物料类别或供应商类别分级汇总。

双击明细行可查看存货暂估明细账，再联查到单据。

（5）进项税额汇总表。

进项税额汇总表可用于查询一定期间外购物料可抵扣的进项税额的汇总情况，从采购发票取数，表头显示过滤条件，表体中数量为采购发票的汇总数量，金额为采购发票的不含税汇总金额，进项税额为增值税专用发票的税额合计，单价和税率倒算得出。

可按物料和供应商代码过滤，也可按物料所有的属性汇总，还可按物料类别、供应商类别分级汇总。

（6）委外加工费暂估对比表。

委外加工费暂估对比表可用于查询委外加工入库单暂估加工费与实际钩稽的发票费用之间的金额对比信息，用户也可通过选中“显示非加工费暂估业务的钩稽信息”查看所有委外加工入库单与采购发票的成组钩稽关系。

用户可以根据钩稽期间（委外加工入库单与采购发票的钩稽期间）、加工单位代码、委外加工入库单号及采购发票号进行过滤，对仅需查看暂估对比信息的用户，可选中“仅显示汇总行”

直接查看汇总数据。

由于委外加工入库单与采购发票可能是成组钩稽的，如果完全按照用户过滤条件取得对应单据会造成与实际业务的钩稽关系不符，对比数据也不准确且无实际意义，故本报表过滤条件仅是用于确定报表所需要显示的钩稽组，而不是最终报表显示的单据范围；报表实际取数时是先根据所有过滤条件确定需要显示的钩稽关系组，然后将该组所有单据一同显示在报表界面中；另外，由于发票的币别可能为外币，故对发票而言，其单价列反映的是本币金额与数量的比值，用户应注意区分该列的用途。

10.3.2 出库核算

出库核算是系统根据物料档案所采用的“计价方法”自动计算出物料的出库成本。

1．红字出库单核算

单击“供应链”→“存货核算”→“出库核算”，双击“红字出库单核算”，系统弹出“过滤”对话框，在对话框中设置过滤条件后，单击“确定”按钮进入红字出库单据（无原单）序时簿界面。双击某一行，弹出该行所对应的单据，直接可录入单价，系统计算出金额，或录入金额，由系统计算出单价。

用户也可以通过无单价单据更新模块的相关功能实现单据上的单价的更新工作。

注　若有原单的红字出库单，则系统在核算时自动取原单的单价，不需要在此模块处理。

2．材料出库核算

材料出库核算主要用于除“产品类”以外的出库单核算成本，一般在成本计算、自制入库核算、委外加工入库核算、其他入库核算前必须进行材料出库核算。如果未先进行材料出库核算，而直接进行成本计算、自制入库核算、委外加工入库核算或其他入库核算，可能造成对应产品成本计算的不准确。

（1）单击“供应链”→“存货核算”→“出库核算”，双击“材料出库核算”，系统弹出结转存货成本向导界面，如图 10-17 所示。

向导的第一页主要介绍结转存货成本的功能，单击“查看”按钮，系统弹出快捷菜单，可以查询到本期已审核没有单价的入库单、本期没有审核的单据、不能确定单价序时簿、核算报表和仓存报表。

（2）单击“下一步”按钮，系统进入设置结转材料范围界面，如图 10-18 所示。

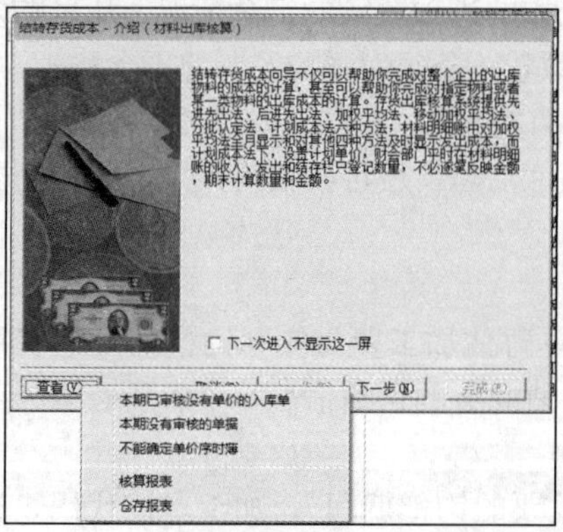

图 10-17

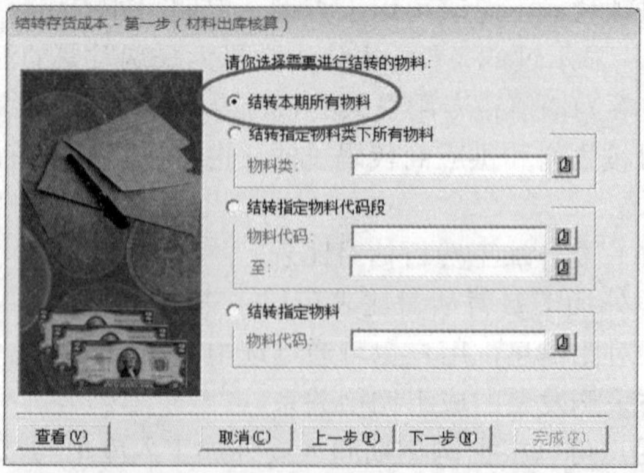

图 10-18

- 结转本期所有物料。选中此项，则对本期所有的物料进行材料出库成本核算。
- 结转指定物料类下所有物料。选中此项后，在物料类处获取物料大类编码，则系统只对此大类下的所有物料进行出库成本核算。
- 结转指定物料代码段。选中此项后，可以设置结转物料的范围，则系统只对该范围内的物料进行出库成本的核算。
- 结转指定物料。选中此项后，获取要结转的物料编码，则系统只对该物料进行出库成本的核算。

（3）在此选中“结转本期所有物料”项，单击“下一步”按钮，系统进入写结转报告选项界面，如图 10-19 所示。

- 只写结转有误的物料。选中该项，在结转生成的结转报告时，只写上结转有误的物料。
- 写成本计算表。选中该项，在结转报告中显示出库成本计算方法。
- 写错误日志。选中该项，计算错误日志也写在结转报告中。
- 输出路径。设置结转报告的存储位置。
- 遇到结转错误时停止结转当前物料。选中该项，则当遇到结转错误时就停止成本核算；反之，则继续计算出库成本。
- 结转存货成本每一次处理物料数量（个）。当物料档案较多时，也可以设置每一批次最大可以结转多少数量的物料成本。

（4）在此保持默认值，单击“下一步”按钮，系统进入成本计算界面，如图 10-20 所示。

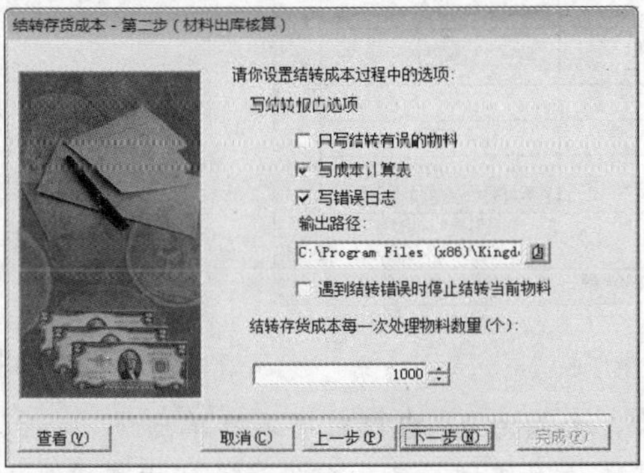

图 10-19

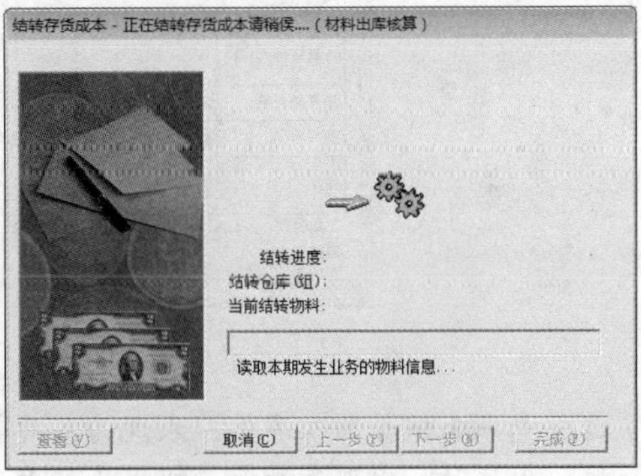

图 10-20

（5）稍后系统计算成功，显示结转成本报告的储存界面，如图 10-21 所示。

（6）单击“查看报告”按钮，可以查询到本次计算情况，单击“完成“按钮结束本次材料出库成本核算过程。在此单击“查看报告”按钮，系统弹出“结转存货成本报告”窗口，如图 10-22 所示。

（7）单击物料后面对应的“成本计算表”，系统弹出“成本计算表”窗口，在窗口中可以正确地知晓本次成本计算的过程，如图 10-23 所示。

3．产成品出库核算

产成品出库核算主要用于物料属性为非外购类的物料核算出库成本。产成品出库核算方法可以参照“材料出库核算”部分。

4．不确定单价单据维护

不确定单价单据主要包括以下 4 种类型。

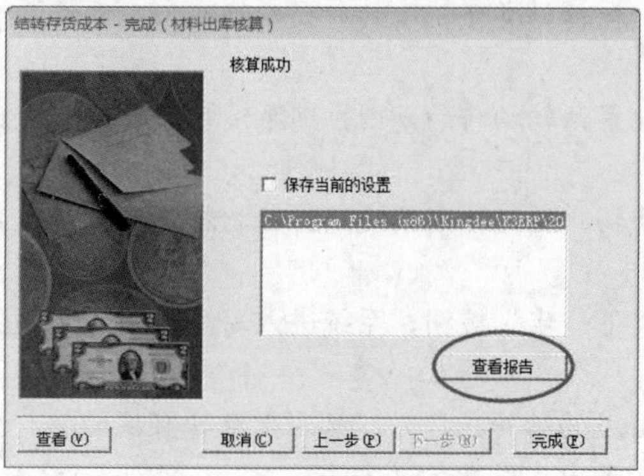

图 10-21

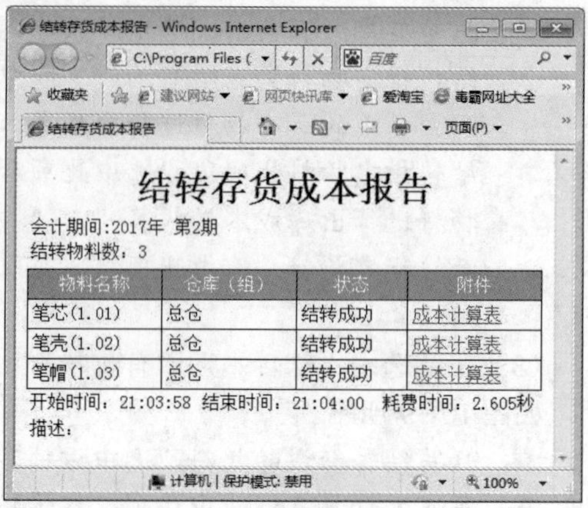

图 10-22

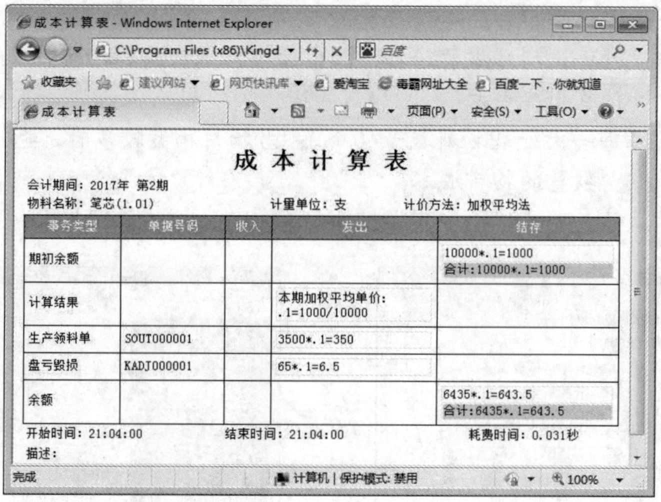

图 10-23

- 本期未核算的入库单，表现为入库单上单价、金额为0，包括红字入库单。
- 出库时，出现负结存，根据负结存出库核算选项，仍核算不出单价的蓝字出库单。
- 核算时，当前出库单价为负数，导致无法更新单价的蓝字出库单。
- 分仓（组）核算调拨单时，调入仓库先核算，而调出仓库后核算。

单击“供应链”→“存货核算”→“出库核算”，双击“不确定单价单据维护”，系统弹出“过滤”对话框，设置条件后，单击“确定”按钮系统进入不确定单价单据维护序时簿界面。双击某一行，弹出该行所对应的单据，用户可录入单价，系统计算出金额，或录入金额，由系统倒算出单价。

用户也可通过无单价单据更新模块的相关功能实现单据上的单价的更新工作。

一般情况下，不确定单价单据是否对应于出库核算，如进行材料出库核算后，会产生不确定单价单据，可以在此模块中进行维护；如果要进行产成品出库核算，也会产生不确定单价单据，该单据也可以在此模块中进行维护。

5．核算单据查询

核算单据查询用于查询发票、出入库单等所有的核算单据，还可查询在此模块调整计算出的出库单价和金额（其他项目锁定）。

（1）单击“供应链”→“存货核算”→“出库核算”，双击“核算单据查询”，系统弹出“条件过滤”对话框，如图 10-24 所示。

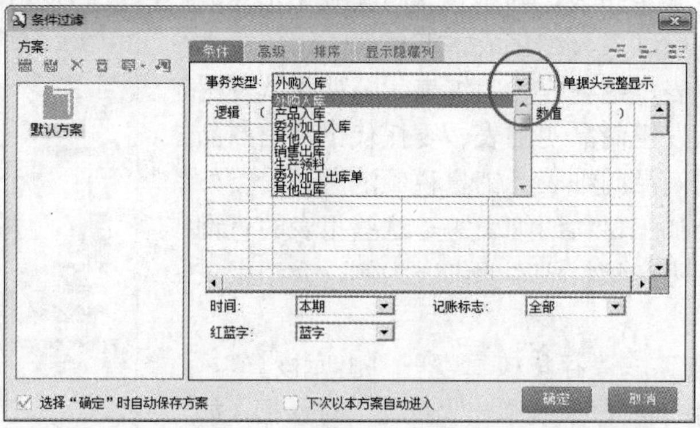

图 10-24

（2）在“过滤”对话框中，可以选择本次要过滤的“事务类型”以及详细的过滤条件，在此选择“生产领料”事务类型，单击“确定”按钮，系统进入核算单据查询界面，如图 10-25 所示。

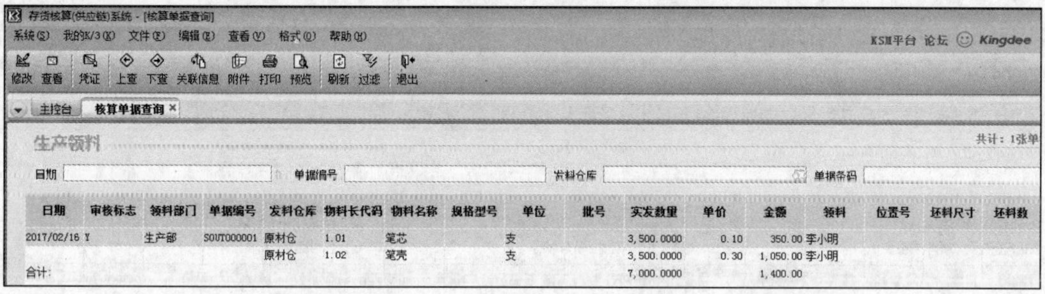

图 10-25

（3）若出库单价有误，可以选中后单击“修改”按钮，系统弹出对应的单据，如图 10-26 所示，在“单价”处可以修改正确的单价。

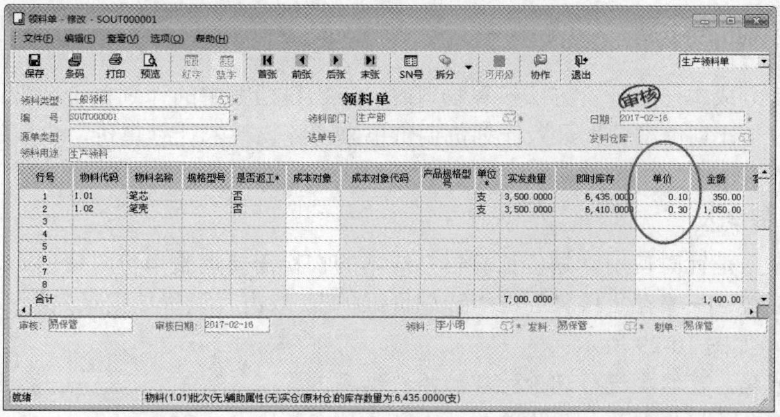

图 10-26

注　可以修改单价的单据只能是出库类单据。

6．出库业务报表

系统提供多种出库业务报表，其中包含材料发出汇总表、产成品发出汇总表、生产领料成本汇总表、生产领料成本明细表、销售成本汇总表、销售成本明细表、销售收入汇总表、销售收入明细表、分期收款发出商品汇总表、分期收款发出商品明细表、委托代销发出商品汇总表、委托代销发出商品明细表、销售税额汇总表、委外加工材料汇总表和委外加工材料明细表等。这些报表的查询方法基本相同，以查询生产领料成本明细表为例，介绍报表的查询工作。

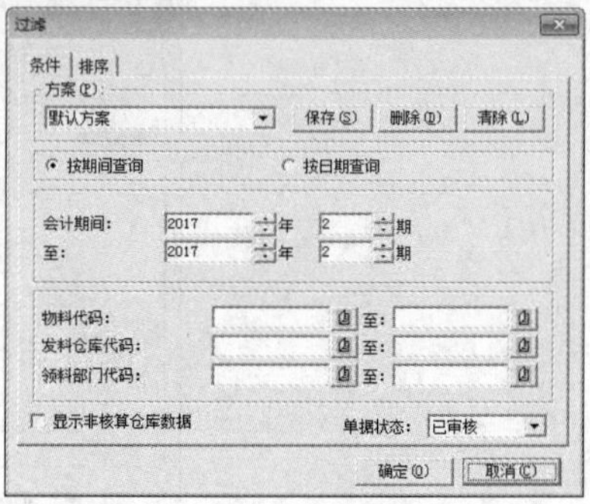

图 10-27

（1）单击“供应链”→“存货核算”→“出库核算”，双击“生产领料成本明细表”，系统弹出“过滤”对话框，如图 10-27 所示。

（2）在对话框中可以选择是按会计期间查询还是按日期范围查询，可以查询物料范围、仓库范围、领料部门范围和单据状态。在此保持默认值，单击“确定”按钮，系统进入生产领料成本明细表界面，如图 10-28 所示。

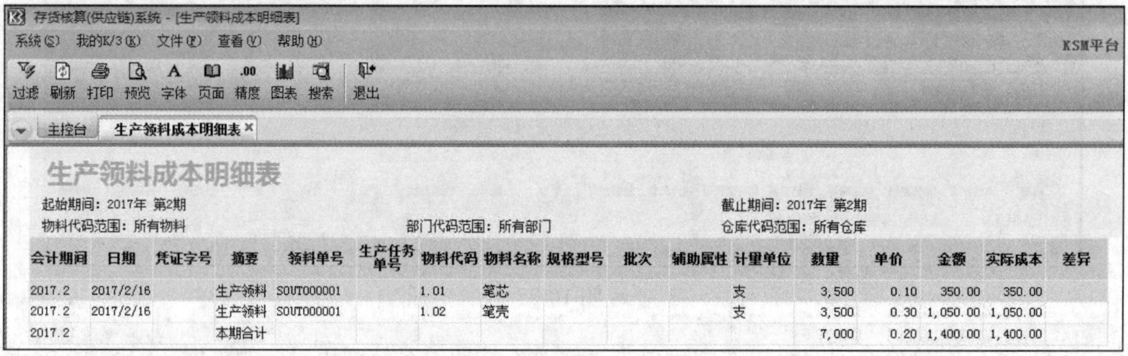

图 10-28

10.3.3　计划价维护

当系统以计划成本法为计价方法核算物料时，在物料档案中的计划单价会被锁定，不能直接修改，必须通过“计划价维护”录入计划价调价单来调整物料的计划单价，生成的单据还可以生成凭证传到总账模块。

1．调价单据录入

调价单据录入是针对使用计划价计算材料成本的物料需要调整单价时使用。

单击“供应链”→“存货核算”→“计划价维护”，双击“调价单据录入”，系统进入“调价单-新增”窗口，如图 10-29 所示。

- 物料代码。获取要进行调价处理的物料编码。
- 物料名称、规格型号、原价单价。由物料档案带出。
- 库存数量、原价金额。库存数量显示录入调价单时的仓库数量，原价金额=原价单价×库存数量。

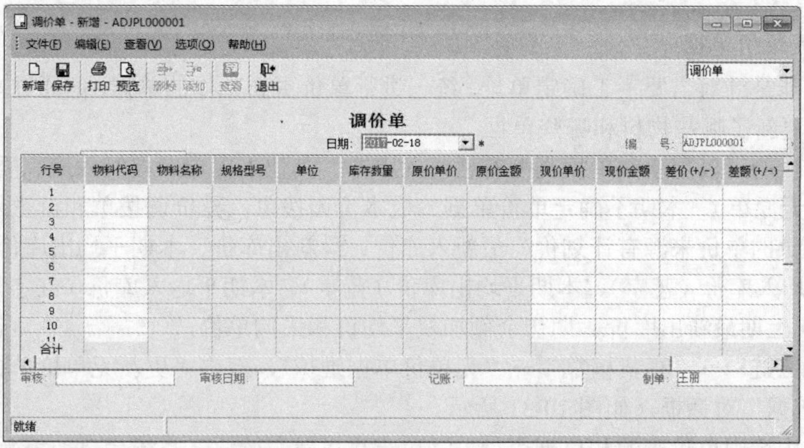

图 10-29

- 现价单价、现价金额。录入现在的单价，现价金额=现价单价 × 库存数量。
- 差价（+/−）、差额（+/−）。自动计算出来。

单据录入完成后，单击“保存”按钮保存。

2. 调价单据维护

调价单据维护是对录入的调价单据进行查询、修改和审核等操作，操作方法可以参照前面章节的单据维护方法。

3. 历史价格查询

历史价格查询可查询以计划成本法核算物料的最近一次调价前的计划单价，可以查询该物料的原计划价、调整后的计划价、价格差异、调价日期等。

单击“供应链”→“存货核算”→“计划价维护”，双击“历史价格查询”，系统弹出“历史价格维护”窗口，如图 10-30 所示。

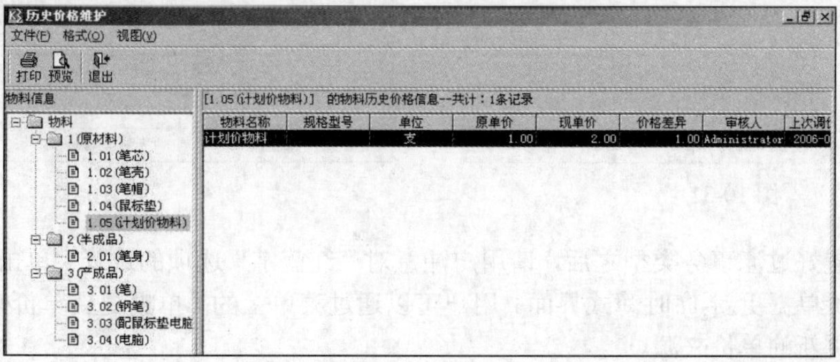

图 10-30

10.3.4　无单价单据维护

用户在实际应用中，由于各种原因常常会遇到出入库单无法直接确定单价的情况，本模块为用户提供“无单价单据”单价确认的各种方式和确认规则。从整体上来看，系统提供了计划价、最新出库价、最新入库价等单价来源，也提供了整体更新法、序时簿式更新法、物料汇总更新法等多种更新方式。

1．更新无单价单据

本明细功能是针对需要手工确定单价、统一进行单价更新工作的单据，但通过本模块更新时，用户不能看到更新了哪些物料和哪些单据。

本模块提供的可以更新的单据类型有暂估入库单、其他入库单、自制入库、委外加工入库、红字出库单（无原单）、本期不确定单价单据、成本价调拨单、异价调拨单和盘盈入库单。

本模块提供的单价来源有计划价、最新入库价、最新出库价、本期平均出库价、本期平均入库价、本期平均入库价（蓝字）、本期平均出库价（蓝字）、本期平均入库价（红字）、本期平均出库价（红字）、上期最新出库价、期初余额加权平均价和采购单价。

单击“供应链”→“存货核算”→“无单价单据维护”，双击“更新无单价单据”，系统弹出“更新无单价单据”对话框，如图10-31所示。

在对话框中选中单价来源和单据类型后，单击“更新”按钮，系统会自动更新无单价单据的单价信息为按照单价来源取得的单价信息。

为方便用户的操作，当用户操作错误时，本模块提供一个还原操作的处理方法。其方法是单击“撤销上次的更新”按钮。

2．无单价单据更新-序时簿式

本明细功能在需要对无单价单据按照明细单据逐一确认单价时，可以通过本模块来进行无单价单据的单价更新工作。

（1）单击“供应链”→“存货核算”→“无单价单据维护”，双击“无单价单据更新-序时簿式”，系统弹出“条件过滤”对话框，如图10-32所示。

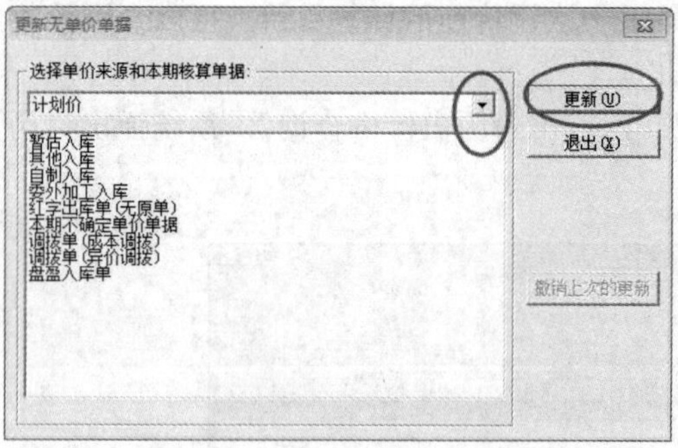

图10-31

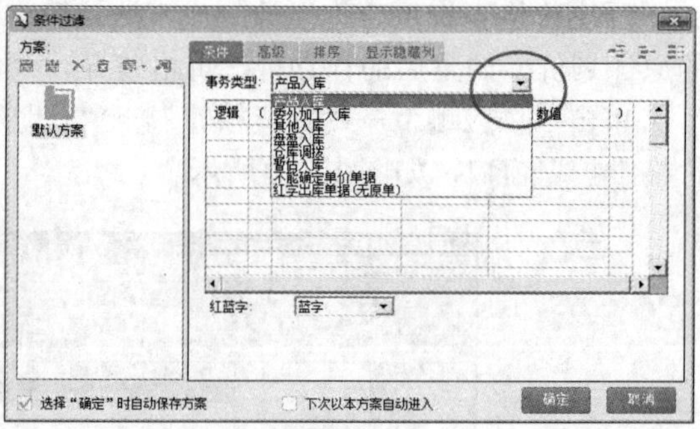

图10-32

（2）在设置好过滤事务类型之后，请用户注意对“红蓝字”选项的选择。单击“确定”按钮，系统进入无单价单据更新-序时簿式界面。用户可以通过菜单上的“单据更新单价来源”选项选择用于进行单价更新的单价来源。

（3）选择好单价来源，单击工具栏上的“更新”按钮，实现序时簿中无单价单据的单价更新功能。用户在更新单价之后，系统会暂不刷新序时簿界面，用户可以通过该界面查看各物料单价更新结果是否正确。

3．无单价单据更新-按物料汇总

本明细功能是以物料汇总方式进行单价更新。

（1）单击“供应链”→“存货核算”→“无单价单据维护”，双击“无单价单据更新-按物料汇总”，系统弹出“过滤”对话框，如图 10-33 所示。

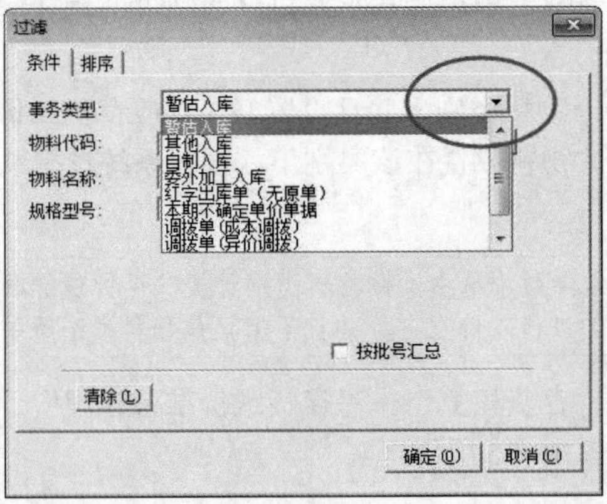

图 10-33

（2）选择事务类型后，单击“确定”按钮，系统进入无单价单据更新-按物料汇总界面。通过该界面的“单价”列录入人工确认的单价，再单击工具栏中的“更新”按钮，系统即可按照录入的单价自动更新指定过滤条件取得的无单价单据对应物料的单价信息。

（3）系统还提供引入各物料单价的功能，用户单击工具栏中的“引入”按钮，系统弹出“引入数据”对话框，如图 10-34 所示。

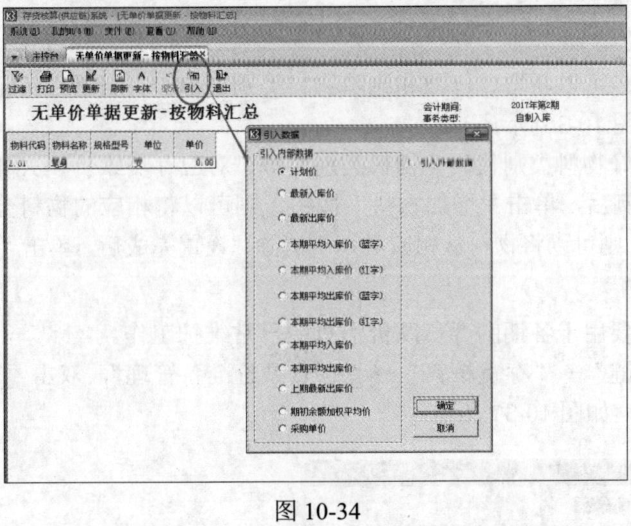

图 10-34

（4）用户引入好物料单价之后单击“更新”按钮，系统同样按照已引入的单价更新由用户指定条件过滤出来的无单价单据行中的单价信息。

10.3.5　存货跌价准备管理

从理论上分析，凡是存货的市场价或可变现价值低于其成本价的，都需要计提存货跌价损失，并且规定必须分品种、规格、产地、品牌进行明细核算，这也是会计制度日益完善的需要。用户可根据企业实际情况选用此功能。

在计提存货跌价准备前，建议首先对核算系统当前期间进行“关账”处理，以防止在计提存货跌价准备之后，操作人员又录入本期库存单据或修改库存余额。另外，在用户开展跌价管理工作之前，务必先在核算系统参数中选定适合企业自身的跌价准备计提方式。

1．物料类别维护

物料类别维护是设置一个物料类别，并且设置好“对应存货跌价损失科目”和“对应存货跌价准备科目”后，然后将相关物料放置在该类别下，则在系统计提跌价准备时只针对不在该类别下的物料进行处理。

注　本功能要在核算系统参数中选中“按物料类别计提”存货跌价准备才能使用，若不选中该选项，则系统按照物料明细进行跌价准备，并且不用操作物料类别维护。

（1）单击“供应链”→“存货核算”→“存货跌价准备管理”，双击“物料类别维护”，系统进入物料类别维护界面，如图 10-35 所示。

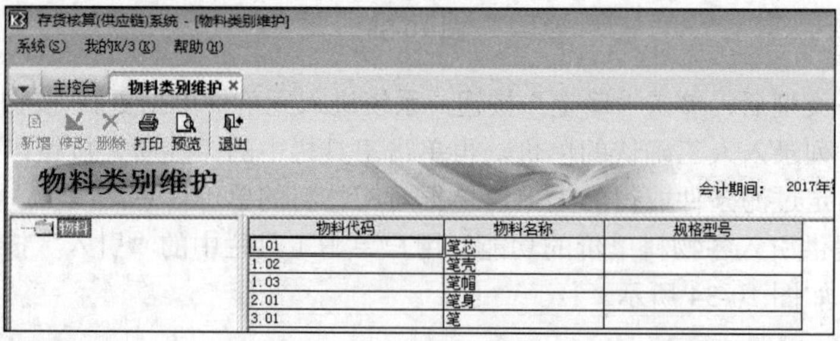

图 10-35

（2）在界面中用户可以新增、修改和删除物料类别，单击“新增”按钮，系统进入“物料类别维护”对话框，如图 10-36 所示。

在对话框中设置好物料类别代码、物料类别名称、对应存货跌价损失科目、对应存货跌价准备科目和计提跌价比例后，单击“增加物料”按钮，则可以将相应的物料分配在相应类别下，单击“删除物料”按钮，则可以将物料从相应类别下清除。设置完成后，单击“保存”按钮保存设置。

2．存货跌价维护

存货跌价维护主要用于各期间存货跌价信息的日常维护工作。

（1）单击“供应链”→“存货核算”→“存货跌价准备管理”，双击“存货跌价维护”，系统弹出“过滤”对话框，如图 10-37 所示。

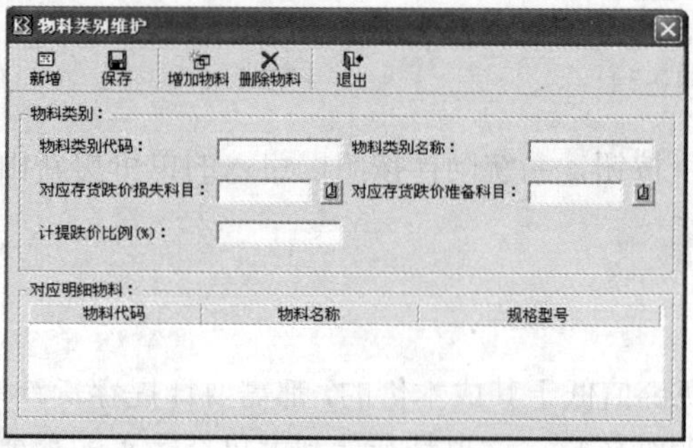

图 10-36

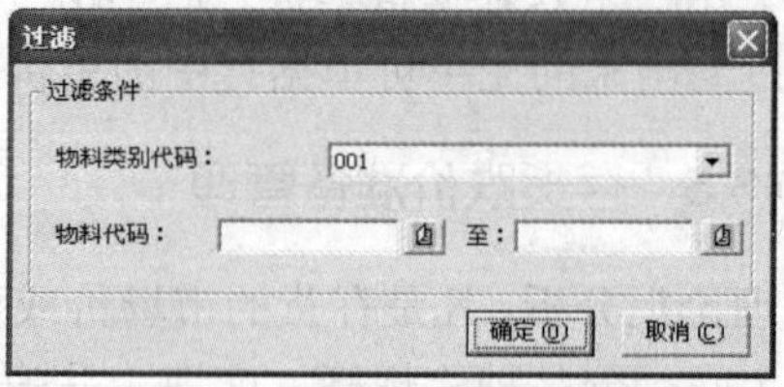

图 10-37

（2）如果系统参数是设置的按照物料类别进行跌价处理，则“物料类别代码”处可以自由选择要处理的类别代码；若系统参数按照物料代码进行跌价处理，则“物料代码”处可以设置跌价处理的范围。条件设置完成后，单击“确定”按钮，系统进入存货跌价维护界面，如图 10-38 所示。

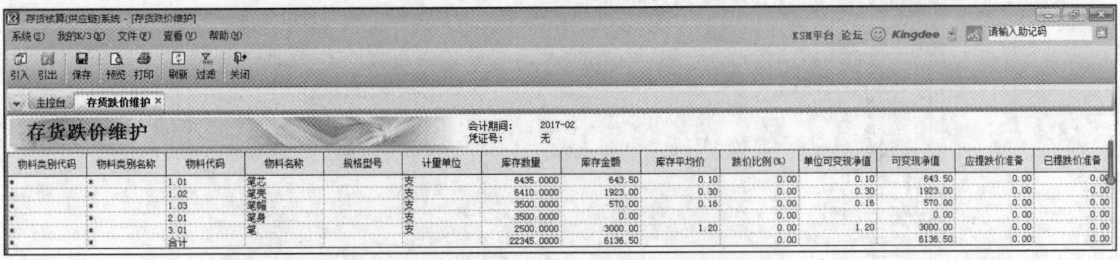

图 10-38

（3）在该界面中，可以设置跌价比例、市价和市价金额信息，设置完成后，单击“保存”按钮即可。

3．存货跌价准备计提表

存货跌价准备计提表可以查看各个期间的存货跌价计提情况，同时该表以用户最终确认和保存的数据为准，故用户可以使用该表与跌价维护界面的数据进行比较，以确认当前物料是否都已进行跌价准备维护工作。

在用户确认本报表反映的本期数据正确后，可以在“凭证处理”功能下完成存货跌价计提数据的凭证生成工作。凭证生成成功，则本期存货跌价准备数据确认完毕并不得再对其进行随意修改。

单击“供应链”→“存货核算”→“存货跌价准备管理”，双击“存货跌价准备计提表”，系统弹出“过滤”对话框，保持默认值，单击“确定”按钮，系统进入存货跌价准备计提表界面，如图 10-39 所示。

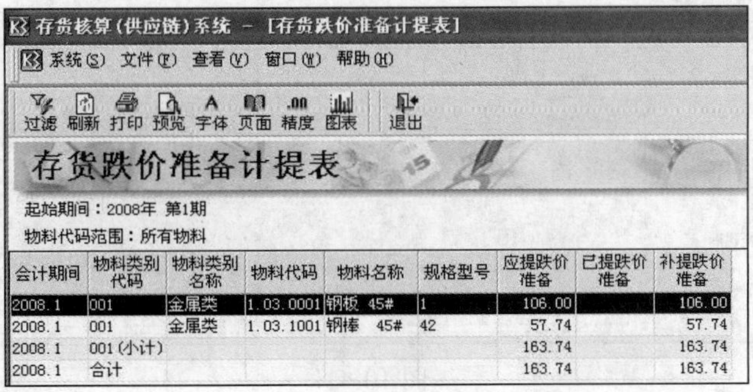

图 10-39

10.3.6　凭证管理

凭证管理可将各种业务单据按凭证模板生成凭证，传递到总账模块，并且可以实现单据和凭证之间的联查。

凭证生成前需要检查相应单据对应的“凭证模板”，以防在实际生成时出现错误。

（1）凭证模板设置完成后，则可以进行单据生成凭证处理。单击“供应链”→“存货核算”→“凭证管理”，双击“生成凭证”，系统进入“生成凭证”窗口，如图 10-40 所示。

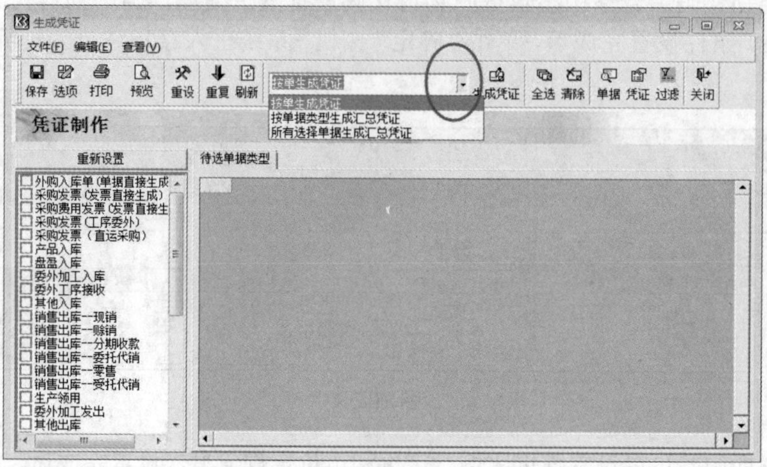

图 10-40

（2）窗口左侧是事务类型单据，打钩表示对此类别下的单据进行生成凭证处理。例如选中“外购入库单”，单击“重设”按钮，系统弹出“过滤”对话框，单击“确定”按钮，系统将所有该类别下的单据显示出来，如图 10-41 所示。

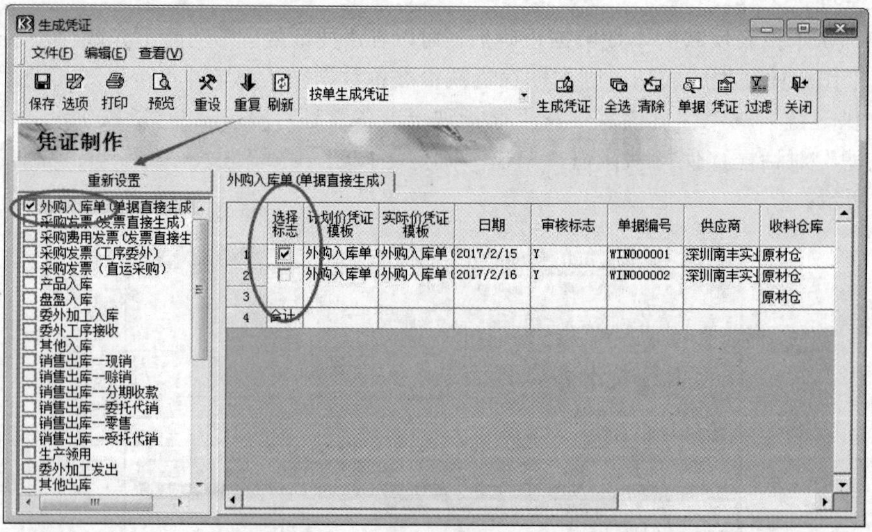

图 10-41

（3）打钩表示选择，单击凭证模板，可以选择要使用何种模板生成凭证。单击工具栏上的“生成凭证”按钮，则系统会按照所选择的凭证模板进行凭证生成。

（4）单击“编辑”→“选项”，系统弹出“生成凭证选项”对话框，如图 10-42 所示。

- “异常处理”选项卡。
  - 中断凭证生成过程。在按单生成多张凭证时，生成某一张凭证时出现错误，则中断退出，即使其他单据可生成凭证也不再处理。
  - 忽略错误继续处理下一张单据。在按单生成多张凭证时，生成某一张凭证时出现错误，忽略错误，继续生成其他单据的凭证。

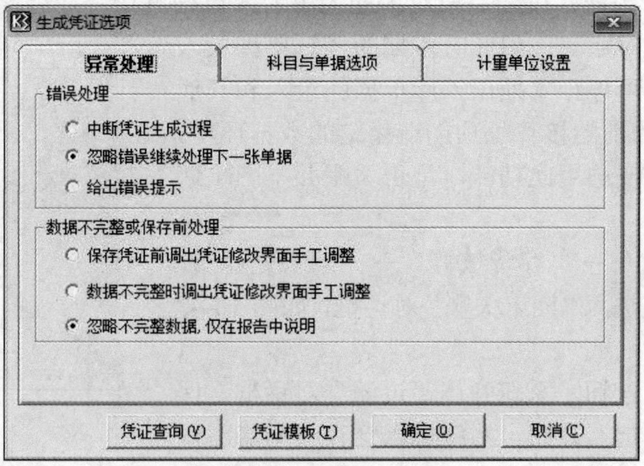

图 10-42

- 给出错误提示。出现错误时给出提示。
- 保存凭证前调出凭证修改界面手工调整。生成凭证保存前直接调出凭证修改界面，由用户自行确认并保存。
- 数据不完整时调出凭证修改界面手工调整。在生成凭证时，若凭证科目、核算项目等必录事项从凭证模板或单据上取不到，则调出不完整的凭证，由用户补录。
- 忽略不完整数据，仅在报告中说明。遇到上述情况时，并不调出凭证，只是在报告中说明。

● “科目与单据选项”选项卡。
- 借方相同科目合并。选中该选项，凭证借方存在相同科目则合并反映（核算项目和单位必须相同）。
- 贷方相同科目合并。选中该选项，凭证贷方存在相同科目则合并反映（核算项目和单位必须相同）。
- 借方科目来源相同合并。当借方科目金额的来源相同时，合并反映。
- 贷方科目来源相同合并。当贷方科目金额的来源相同时，合并反映。

● “计量单位设置”选项卡。
- 计量单位自动取用对应科目预设“缺省单位”。选中该选项，如果出现业务单据上的计量单位不属于对应科目预设计量单位组，则系统在生成凭证时将直接引用对应科目预设的“缺省单位”，并保存凭证而不提示错误；如果用户没有选中上述选项，系统将在保存凭证时对上述情形提示错误，并不直接引用对应科目“缺省单位”，而由用户自行确定；故上述选项务必慎用。

当凭证生成后，需要再次查看时，则可以单击“供应链”→“存货核算”→“凭证管理”，双击“凭证查询”，系统进入“凭证查看”窗口。

10.3.7 期末处理

期末处理包含期末关账和期末结账两步骤。

1．期末关账

业务系统在期末结账前，可能需要对本期的出入库单据再次进行后续处理，如出入库核算、生成凭证、与财务系统对账等，但此时本期的核算单据录入尚未截止，可能会造成对账结果的不确定；而通过关账功能可停止本期出入库单据的录入和其他处理，有利于为期末结账前的核算处理创造稳定的数据环境。用户可根据企业实际情况选用此功能，是否关账并不影响期末结账。

（1）单击“供应链”→“存货核算”→“期末处理”，双击“期末关账”，系统进入“期末关账”对话框，如图 10-43 所示。

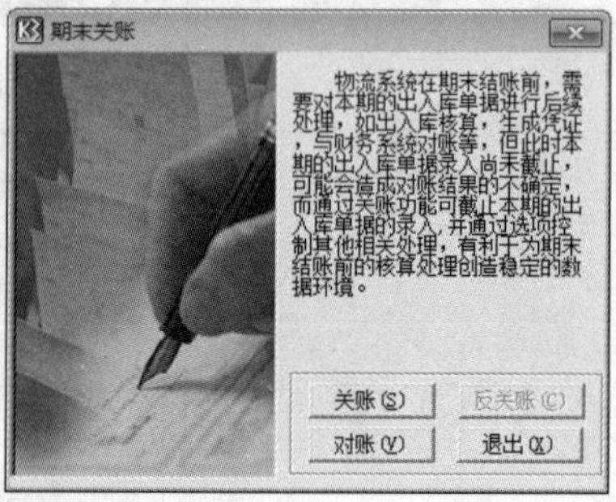

图 10-43

（2）单击“对账”按钮，系统弹出“过滤”对话框，保持默认条件，单击“确定”按钮，系统进入仓存与总账对账单界面，如图 10-44 所示。在界面中可以查询到仓存数据与总账数据的差异情况。

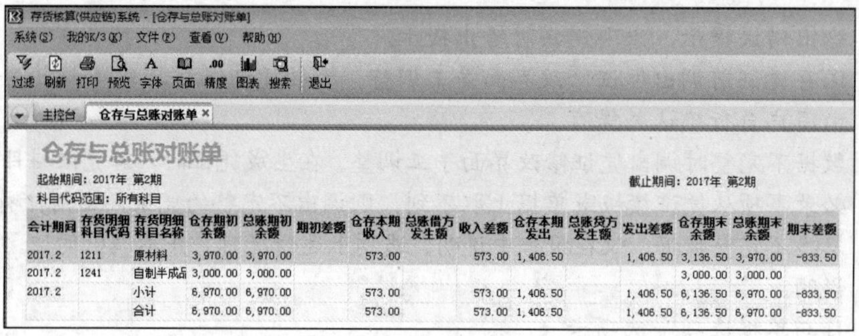

仓存与总账对账单

起始期间：2017年 第2期　　截止期间：2017年 第2期

科目代码范围：所有科目

会计期间	存货明细科目代码	存货明细科目名称	仓存期初余额	总账期初余额	期初差额	仓存本期收入	总账借方发生额	收入差额	仓存本期发出	总账贷方发生额	发出差额	仓存期末余额	总账期末余额	期末差额
2017.2	1211	原材料	3,970.00	3,970.00		573.00		573.00	1,406.50		1,406.50	3,136.50	3,970.00	-833.50
2017.2	1241	自制半成品	3,000.00	3,000.00								3,000.00	3,000.00	
2017.2		小计	6,970.00	6,970.00		573.00		573.00	1,406.50		1,406.50	6,136.50	6,970.00	-833.50
		合计	6,970.00	6,970.00		573.00		573.00	1,406.50		1,406.50	6,136.50	6,970.00	-833.50

图 10-44

对账完毕后，若无差异时可以关账，则单击图 10-43 中的“关账”按钮即可。单击“反关账”按钮，即可进行反关账。

2．期末结账

期末结账是对截至本期核算单据的处理，计算本期的存货余额，并将其转入下一期，同时系统当前期间下置。期末结账前，会对本期的核算单据进行检查，从而判断物流业务是否已处理完整，若不完整，会给出相应的提示，并可在该模块联查相关的序时簿和报表。

单击“供应链”→“存货核算”→“期末处理”，双击“期末结账”，系统进入“期末结账-介绍”对话框，如图 10-45 所示。

若要核对即时库存，则选中“核对即时库存”。单击“下一步”按钮，系统后台处理后显示“完成”按钮，则表示结账成功。

有时用户需要对已经结账期间的数据进行修改，需要反结账后才能修改。反结账的方法是：单击“供应链”→“存货核算”→“反结账处理”，双击“反结账”，系统进入反结账界面，根据向导一步一步操作即可完成反结账处理。

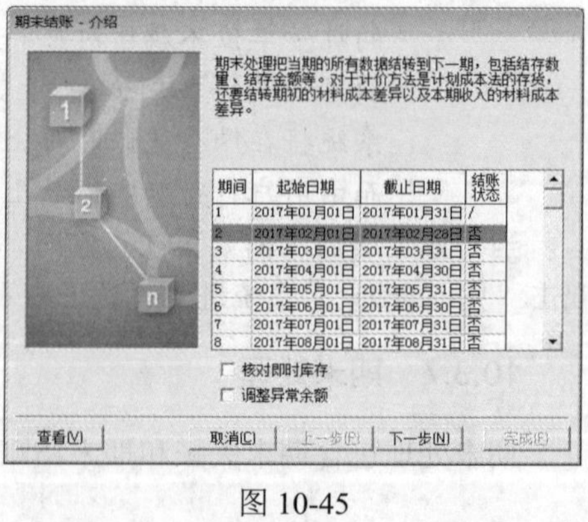

图 10-45

10.4　报表分析

存货核算系统中可以查询的分析报表有材料明细账、产成品明细账、存货收发存汇总表、委外加工核销汇总表、委外加工核销明细表、材料成本差异汇总表、销售毛利润汇总表、外购入库单与采购发票钩稽表。以上报表的查询方法可以参照前面章节的报表查询。在此练习查询“材料明细账”。

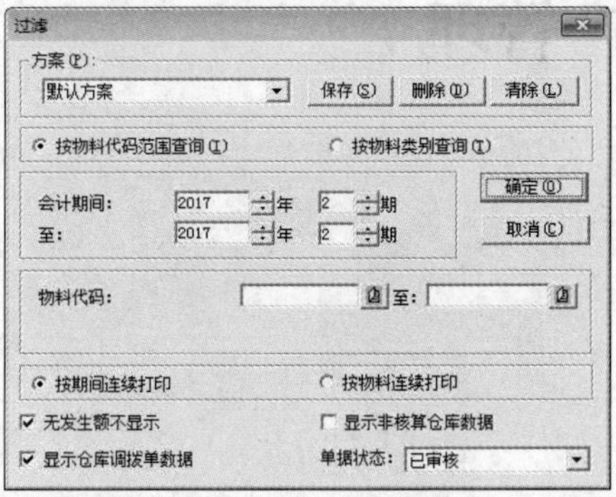

图 10-46

（1）单击“供应链”→“存货核算”→“报表分析”，双击“材料明细账”，系统弹出“过滤”对话框，如图 10-46 所示。

（2）在“过滤”对话框中可以设置要查询的材料明细账的时间范围、物料范围和单据状态等条件。过滤条件保持默认值，单击“确定”按钮，系统进入材料明细账界面，如图 10-47 所示。

（3）单击“最前”“向前”“向后”“最后”按钮，可以查询到材料的明细账，单击“上查”“下查”按钮可以查询到该笔记录关联的单据。

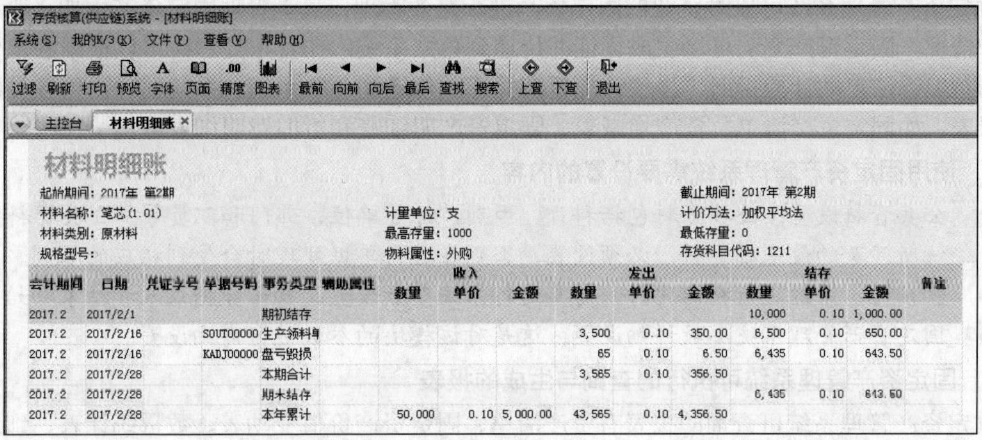

图 10-47

10.5　课后习题

（1）画出存货核算系统每期的操作流程。

（2）画出存货核算系统与其他模块之间的数据流向图。

（3）存货核算系统能否单独使用？

（4）存货核算系统中的生成凭证功能在什么位置？

第11章 固定资产管理

本章重点

- 固定资产卡片新增
- 固定资产凭证处理
- 固定资产卡片变动
- 固定资产统计报表
- 固定资产卡片查询
- 固定资产管理报表

11.1 概述

固定资产管理系统可以对企业的固定资产进行有效管理，负责管理固定资产增加、变动和设备维护情况。固定资产变动可以生成凭证并传递到总账系统，在月末处理时可以根据固定资产所设定的折旧方法自动计提折旧，生成计提折旧凭证并传递到总账系统。系统同时提供各种财务所需的报表，如固定资产清单、资产增减表、固定资产明细账和折旧费明细表等。

1. 使用固定资产管理系统需要设置的内容

- 公共资料设置。公共资料包括科目、币别、计量单位、部门和职员等。公共资料是本系统所涉及的最基础资料，必须设置，否则在进行单据处理时会受到相应的限制。
- 初始化。系统进行初始化时，需要进行系统参数设置、初始数据录入和结束初始化。
- 固定资产管理系统参数详细设置。这是对该模块的参数进行详细设置。

2. 固定资产管理系统可执行的查询与生成的报表

固定资产管理系统可查询的报表有资产清单、固定资产价值变动表、数量统计表、到期提示表、处理情况表、附属设备明细表、修购基金计提情况表、固定资产变动及结存表、折旧费用分配表、固定资产明细账、折旧明细表、折旧汇总表、资产构成表及变动历史记录表等。

3. 固定资产管理系统与其他系统间的数据流向

固定资产管理系统与其他系统间的数据流向如图11-1所示。

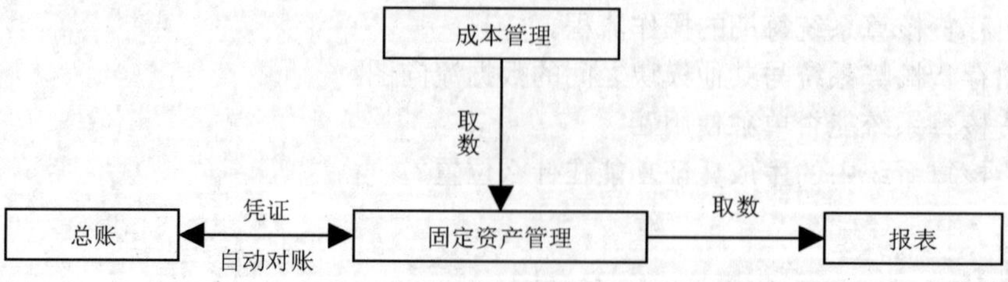

图11-1

- 总账系统。总账系统可以接收固定资产业务处理后生成的凭证以及固定资产初始余额。
- 报表系统。自定义报表时，可以利用公式向导从固定资产管理系统取数。
- 成本管理系统。成本管理系统可以从固定资产管理系统提取成本数据。

4．固定资产管理系统每期的操作流程

固定资产管理系统每期的操作流程如图 11-2 所示。

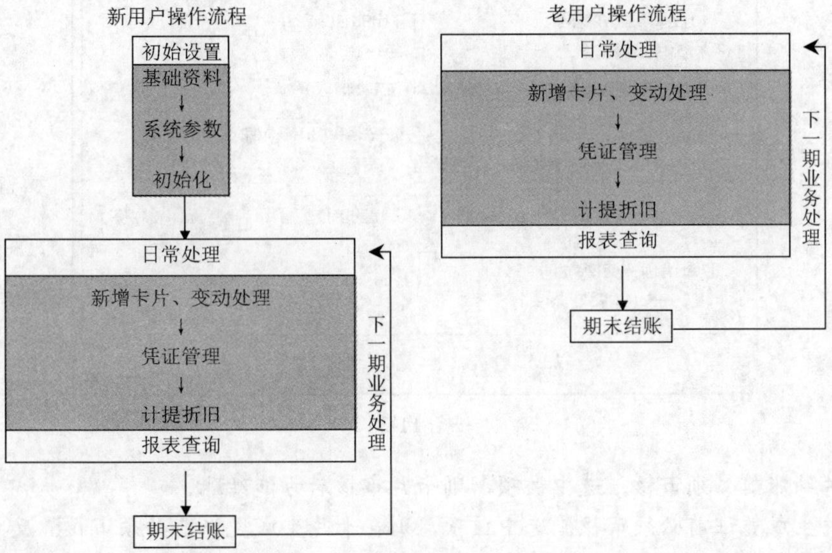

图 11-2

11.2　初始设置

初始设置是对本系统的核算参数和基础资料进行设置，只有基础资料设置成功后才能进行正常的单据处理。基础资料设置请参照第 3 章。

初始化设置是对本系统的核算参数和初始化数据进行录入。只有正确地进行初始化设置，在随后的日常业务处理中，查询到的各种报表才是正确和完整的，所以初始化工作显得非常重要。

1．系统参数设置

系统参数设置是对本系统的启用期间和核算方式等进行设置。单击“系统设置”→“系统设置”→“资产管理”，双击“固定资产–系统参数”，系统弹出“系统选项”对话框，如图 11-3 所示。

“基本设置”选项卡主要用来设置账套的基本信息，“固定资产”选项卡主要对固定资产管理模块的系统参数进行设置。

- 账套启用会计期间。设置固定资产管理模块的启用会计期间。
- 与总账系统相连。选中该项，则固定资产管理系统与总账系统集成使用，固定资产生成的凭证传递到总账系统，并且总账系统必须在固定资产管理系统结账后方可进行结账工作。
- 存放地点显示全称。选中，则在查看固定资产卡片资料时，存放地点将显示包括上级存放地点在内的全部存放地点名称。

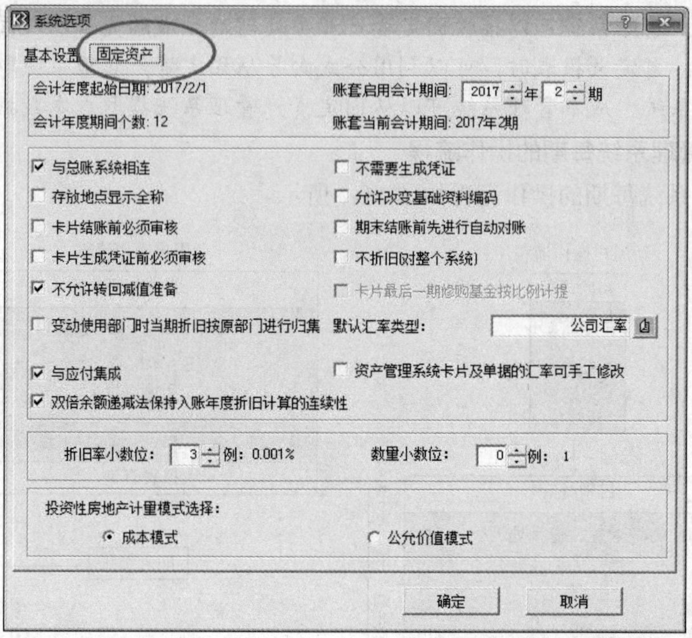

图 11-3

- 卡片结账前必须审核。选中该项，则卡片审核后方能结账。
- 卡片生成凭证前必须审核。选中该项，则在卡片生成凭证前必须审核；反之，未审核的卡片也可以生成凭证。
- 不需要生成凭证。选中该项，则固定资产的相关业务可以不用生成凭证。
- 允许改变基础资料编码。选中该项，可以对变动方式、使用状态、卡片类别、存放地点等基础资料的编码进行修改。通常为了管理的严肃性，基础资料编码一经使用，不能随意修改。
- 期末结账前先进行自动对账。选中该项，期末结账前进行固定资产管理系统与总账系统业务数据的对账处理。
- 不折旧（对整个系统）。选中该项，不需要对固定资产进行计提折旧处理，只登记固定资产卡片。
- 变动使用部门时当期折旧按原部门进行归集。选中该项，变动固定资产卡片上的使用部门后，当期仍继续按照原部门进行折旧费用的归集；否则将按变动后的使用部门进行折旧费用的归集。
- 折旧率小数位。设置固定资产管理系统需要自定义折旧率的小数位精度，系统默认为3位小数位。
- 数量小数位。设置固定资产管理系统需要自定义固定资产数量的小数位精度，系统默认为0位小数位。
- 投资性房地产计量模式选择。系统提供两种计量模式，即成本模式和公允价值模式，系统默认选择成本模式。当选择成本模式时，对投资性房地产的业务处理与其他类别的固定资产一致，并且允许计量模式转为公允价值模式；当选择公允价值模式时，不允许对投资性房地产计提折旧和减值准备，并且不允许计量模式转为成本模式。

2．基础资料

固定资产的基础资料主要包括变动方式类别、使用状态类别、折旧方法定义、卡片类别管理和存放地点维护，以上资料都要在初始化之前设置完成。

（1）变动方式类别。

变动方式指固定资产的增加和减少方式，如购入、接受捐赠及出售等。

单击“财务会计”→“固定资产管理”→“基础资料”，双击“变动方式类别”，系统弹出“变动方式类别”对话框，如图 11-4 所示。

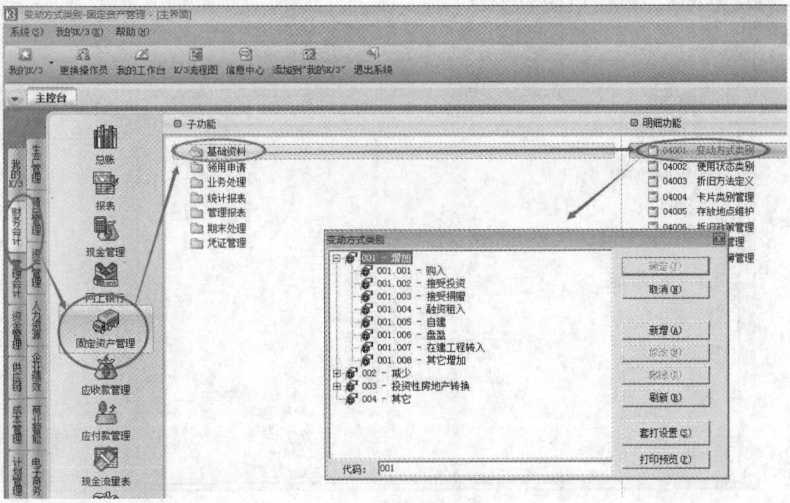

图 11-4

在对话框中可以对变动方式进行新增、修改、删除或打印预览等操作。在此采用默认值，以后可以随时在此对话框进行设置。

（2）使用状态类别。

使用状态类别可以设置固定资产的状态，如正常使用、融资租入或未使用等，并可根据状态设置是否计提折旧。

单击“财务会计”→“固定资产管理”→“基础资料”，双击“使用状态类别”，系统弹出“使用状态类别”对话框，如图 11-5 所示。

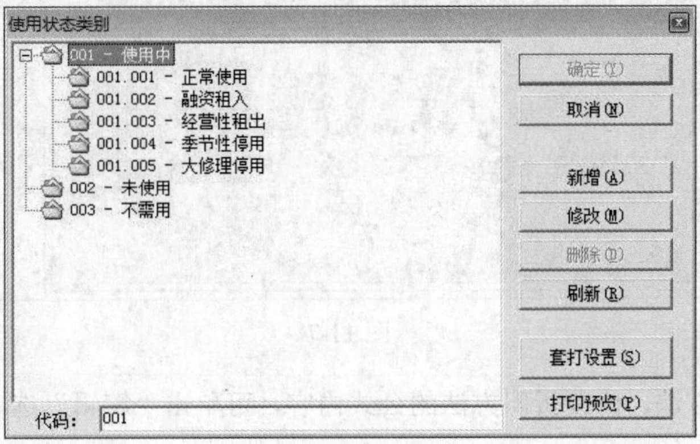

图 11-5

在对话框中可以对使用状态类别进行新增、修改、删除或打印预览等操作。在此采用默认值，以后可以随时在此对话框进行设置。

（3）折旧方法定义。

固定资产管理系统的一大特点就是在期末为用户提供自动计提折旧费用凭证的功能。实现自动计提折旧的功能时，必须预先在固定资产卡片设置好折旧方法，如平均年限法、工作量法等，这样系统在计提固定资产折旧时会根据折旧方法、使用年限等数据自动计算出应计提的折旧费用。

单击“财务会计”→“固定资产管理”→“基础资料”，双击“折旧方法定义”，系统弹出“折旧方法定义”对话框，如图 11-6 所示。

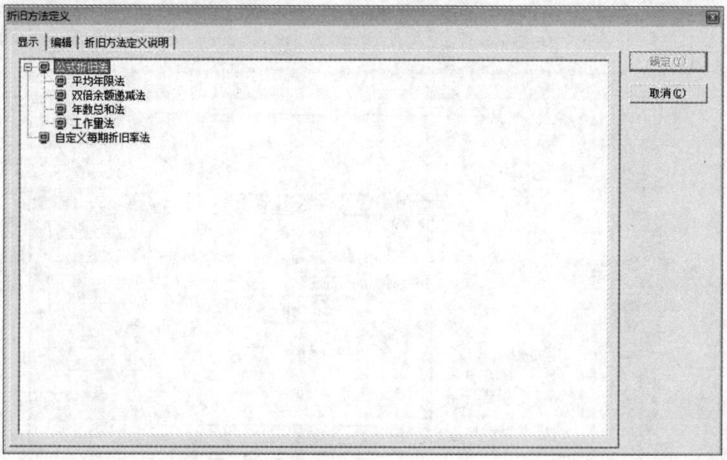

图 11-6

系统预设 4 种折旧法，单击“折旧方法定义说明”选项卡，系统切换到折旧方法定义说明界面，可以查看各折旧方法定义的说明，如图 11-7 所示。

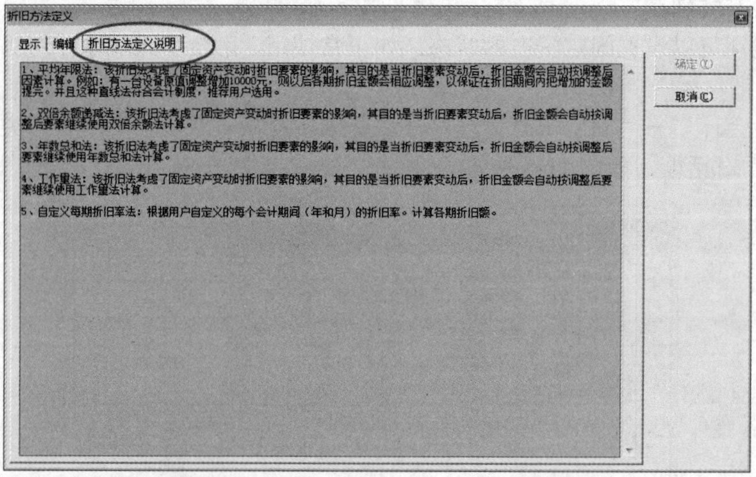

图 11-7

若需要新增折旧方法、修改折旧方法的公式内容，可单击“编辑”选项卡，系统切换到编辑界面，如图 11-8 所示。

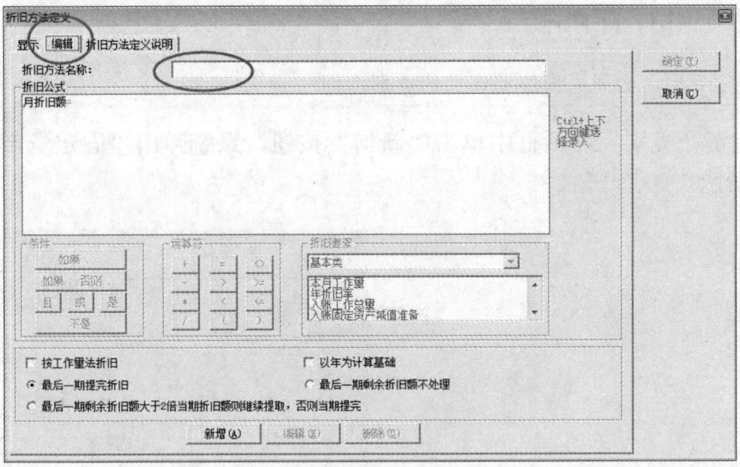

图 11-8

- 折旧公式。折旧方式的公式定义，由条件语句、运算符和折旧要素组成。
- 折旧要素。首先选择类别，再选择类别下的详细要素，双击即将该要素填入“折旧公式”。
- 以年为计算基础。系统默认以期间（月）作为计算基础，选中该项，则以“年”作为计算基础。

在“编辑”选项卡可以修改或定义折旧方法。

（4）卡片类别管理。

为方便管理固定资产，可以对固定资产卡片进行分类管理。

例11-1　新增一个“办公设备”类别，介绍“卡片类别管理”的操作方法。

① 单击“财务会计”→“固定资产管理”→“基础资料”，双击“卡片类别管理”，系统弹出“固定资产类别”对话框，如图 11-9 所示。

在此可进行新增、删除、修改操作，也可以自定义项目。单击“自定义项目”按钮，系统弹出“卡片项目定义-投资性房地产”对话框，如图 11-10 所示。

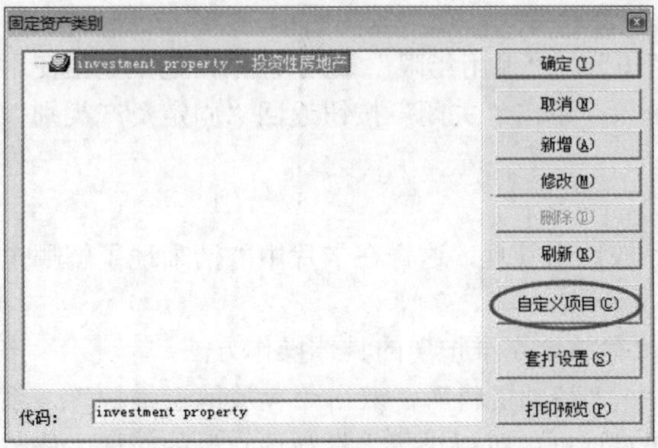

图 11-9

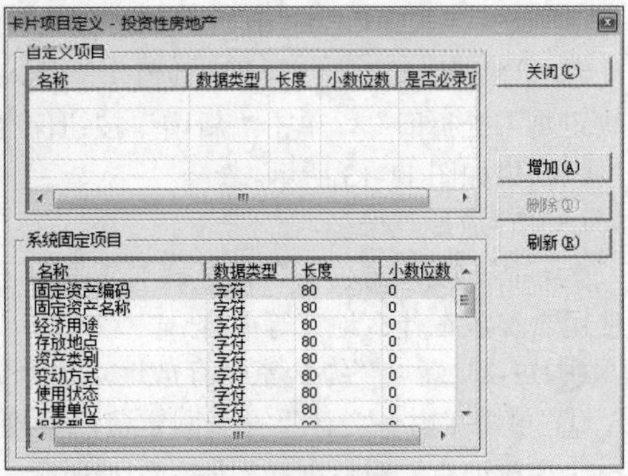

图 11-10

对话框上部显示的是“自定义项目”列表，可以新增、删除项目。对话框下部显示“系统固定项目”列表，不能修改和删除。

单击“增加”按钮，系统弹出“卡片项目”对话框，在该对话框中可以定义项目，设置显示名称和字段类型，如图 11-11 所示。

注　自定义项目时，必须先选中要定义的类别。

② 在“固定资产类别”对话框中单击“新增”按钮，系统弹出“固定资产类别-新增”对话框，如图 11-12 所示。

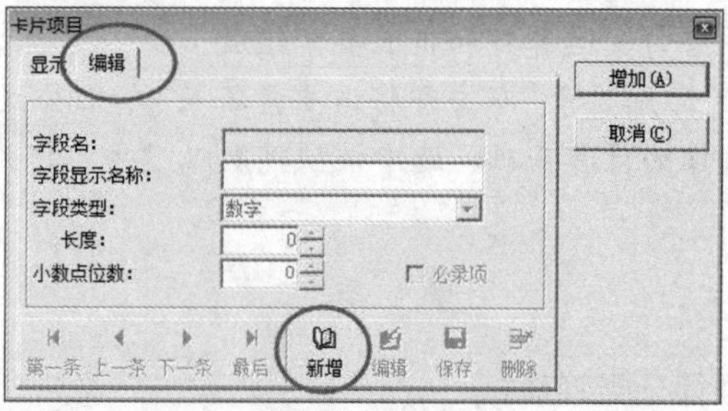

图 11-11

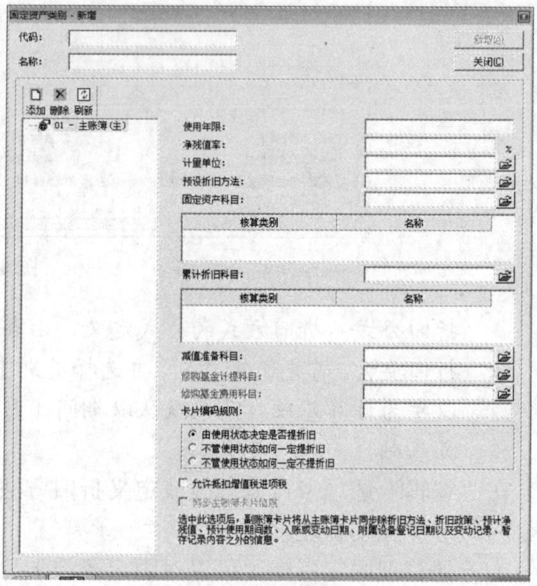

图 11-12

- 代码。设定类别代码。
- 名称。设定类别的名称。
- 卡片编码规则。设定编码原则，如 B001，则录入该类别下的第一张卡片为 B001，录入第二张时，系统会自动改为 B002。

③ 录入“代码”为“01”、“名称”为“办公设备”，在“预设折旧方法”处获取（按 F7 功能键）“平均年限法”，“净残值率”录入“10”，“使用年限”录入“5”，选中“由使用状态决定是否提折旧”，单击“新增”按钮保存录入，单击“关闭”按钮返回“固定资产类别”对话框，结果如图 11-13 所示。

（5）存放地点维护。

为了固定资产方便管理，金蝶 K/3 提供了存放地点管理，这样在卡片中能清晰地了解哪个部门使用、存放在什么地点等内容。

例 11-2　新增“办公室”存放地点，介绍“存放地点维护”的具体操作方法。

① 单击“财务会计”→“固定资产管理”→“基础资料”，双击“存放地点维护”，系统弹出“存放地点”对话框，如图 11-14 所示。在对话框中可以进行“存放地点”的新增、修改和删除等操作。

② 单击“新增”按钮，系统弹出“存放地点-新增”对话框，录入“代码”为“01”、“名称”为“办公室”，如图 11-15 所示。

③ 单击“新增”按钮保存设置，新增成功的对话框如图 11-16 所示。

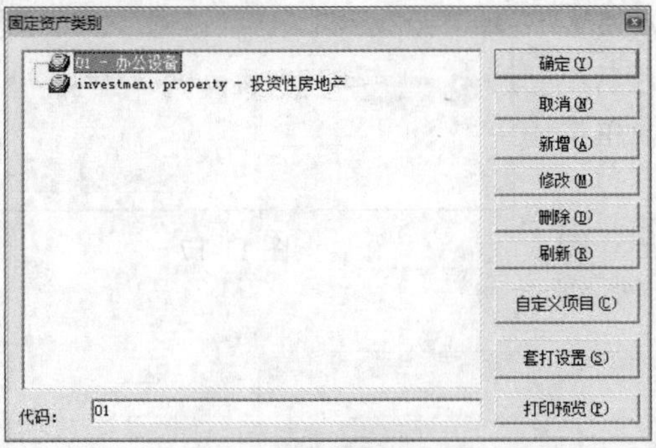

图 11-13

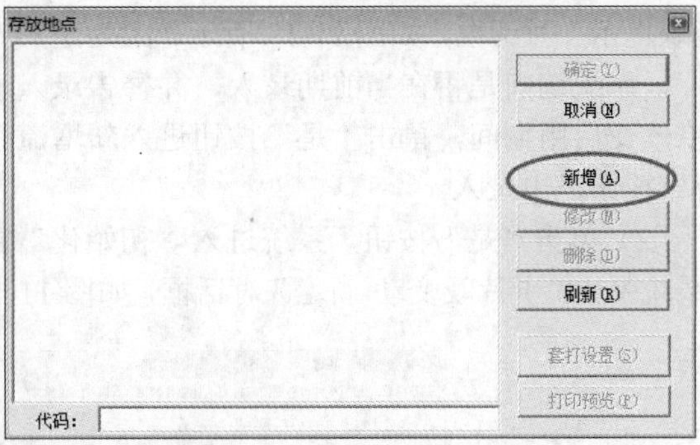

图 11-14

图 11-15

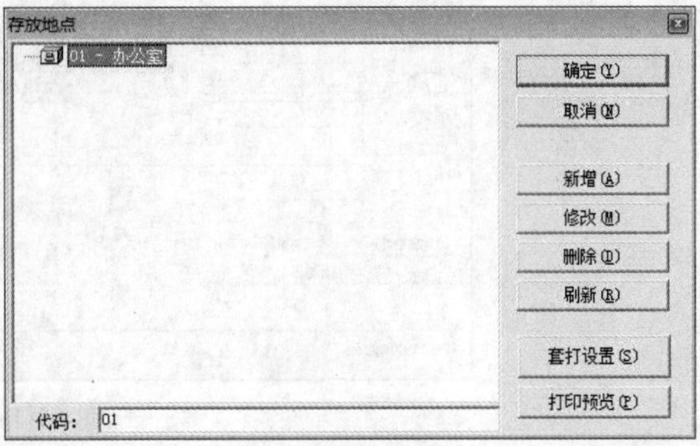

图 11-16

3. 初始卡片录入

基础资料设置完成后，下一步是录入初始卡片。我们既可以直接录入，也可以使用标准卡片引入，在此重点讲述直接录入的方式。以表 11-1 中固定资产卡片为例，介绍卡片的具体录入方法。

表 11-1　　固定资产卡片

基 本 信 息		部门及其他		原值与折旧	
资产类别	办公设备	固定资产科目	1501	币别	人民币
资产编码	B001	累计折旧科目	1502	原币金额	4 800
名称	办公电脑	使用部门	总经办	开始使用日期	2017-01-12
计量单位	台	折旧费用科目	5502.08	预计使用期间数	60
数量	1			已使用期间数	
入账日期	2017-01-12			累计折旧	
存放地点	办公室			预计净残值	480
使用状况	正常使用			折旧方法	平均年限法（基于入账原值和预计使用期间）
变动方式	购入				

（1）单击“财务会计”→“固定资产管理”→“业务处理”，双击“新增卡片”，系统弹出

“金蝶提示”对话框，如图 11-17 所示。因为是第一次录入卡片，系统询问是否在当前期录入，并警告录入卡片后不可以改变启用期间，单击“是”按钮进入新增流程，单击“否”按钮退出录入。

图 11-17

（2）单击“是”按钮，系统进入“初始化”窗口，同时系统弹出“卡片及变动-新增”对话框，如图 11-18 所示。

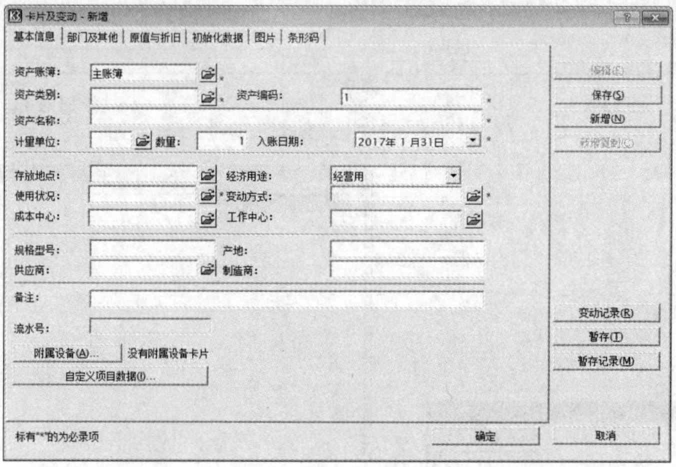

图 11-18

（3）在“基本信息”选项卡中，在“资产类别”处按 F7 功能键获取“办公设备”，录入“资产编码”为“B001”，“资产名称”为“办公电脑”，在“计量单位”处按 F7 功能键获取“台”，“数量”为“1”，“入账日期”修改为“2017-1-12”，在“存放地点”处按 F7 功能键获取“办公室”，在“使用状况”处按 F7 功能键获取“正常使用”，在“变动方式”处按 F7 功能键获取“购入”，其他采用默认值，设置完成的对话框如图 11-19 所示。

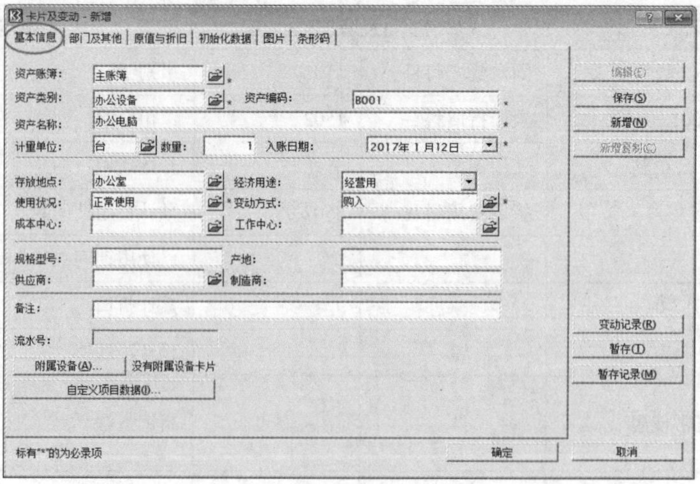

图 11-19

若该固定资产有附属设置，单击“附属设备”按钮，系统进入“附属设置清单—编辑”对话框，在对话框中可以新增、编辑和删除附属清单。若无附属清单，可关闭本对话框。如果单击“增加”按钮，结果如图 11-20 所示，录入完成后关闭即可。

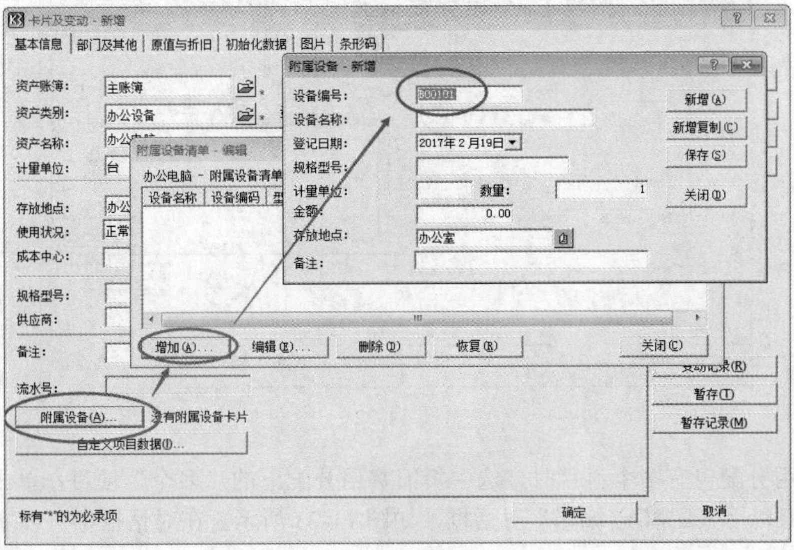

图 11-20

（4）单击“部门及其他”选项卡，切换到部门及其他界面。在“固定资产科目”处按 F7 功能键获取“固定资产”，在“累计折旧科目”处按 F7 功能键获取“累计折旧”，在“使用部门”处按 F7 功能键获取“总经办”，在“折旧费用分配”处按 F7 功能键获取“5502.08”，设置好的对话框如图 11-21 所示。

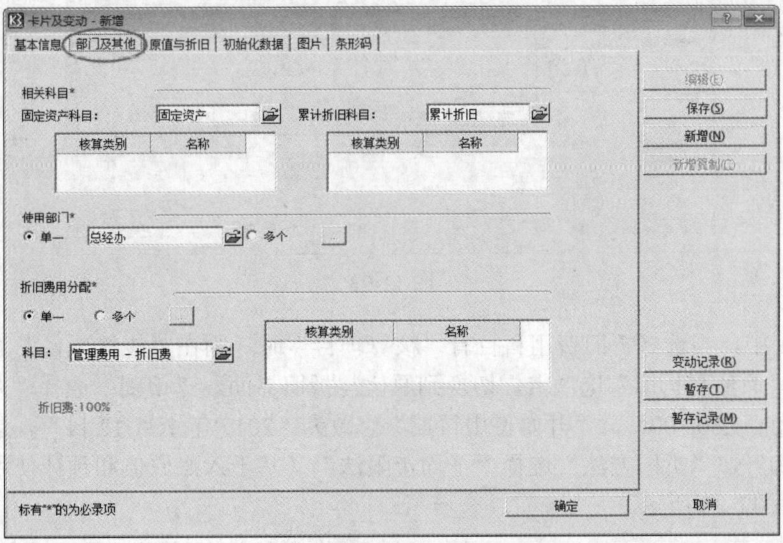

图 11-21

当该固定资产由多个部门使用时，选中使用部门下的“多个”项目，单击“…”按钮，系统弹出“部门分配情况-编辑”对话框，如图 11-22 所示。在对话框中可以设置该固定资产使用的部门，以及折旧费用的分配比例。

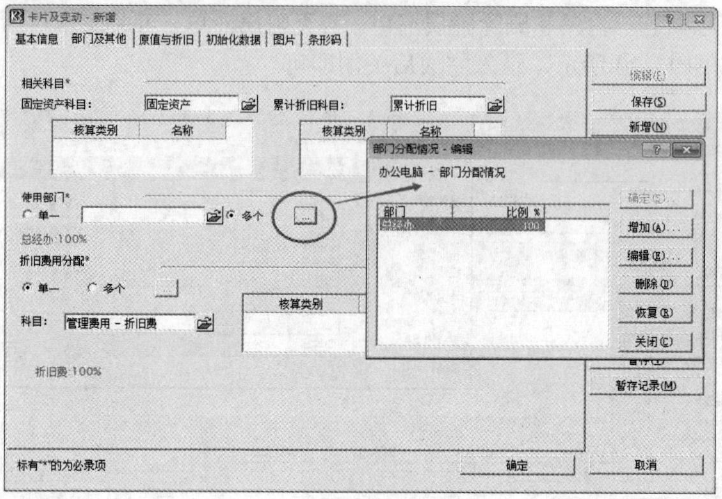

图 11-22

当折旧费用分配也有多个科目时，选中折旧费用分配下的“多个”项目，单击“…”按钮，系统弹出“折旧费用分配情况-编辑”对话框，如图 11-23 所示。在对话框中可以增加不同部门的折旧费用科目。

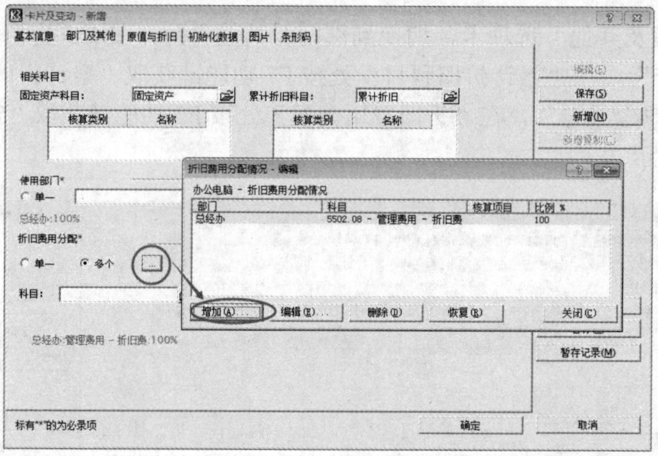

图 11-23

在图 11-21 中，当选择折旧费用科目有“核算项目”时，则在“核算项目”下进行设置。

（5）单击“原值与折旧”选项卡，切换到原值与折旧界面。“币别”选择“人民币”，“原币金额”设置为“4,800.00”，“开始使用日期”修改为“2017 年 1 月 12 日”，录入“预计使用期间数”为“60”，“折旧方法”选择“平均年限法”（基于入账原值和预计使用期间），设置好的对话框如图 11-24 所示。

注　期间数以“月”为单位，“60”即 60 个月。

若固定资产本年度在启用期间前有变化，则在“初始化数据”选项卡中录入相应的数据；如果不录入，则会导致报表数据有出入。初始化数据界面如图 11-25 所示。

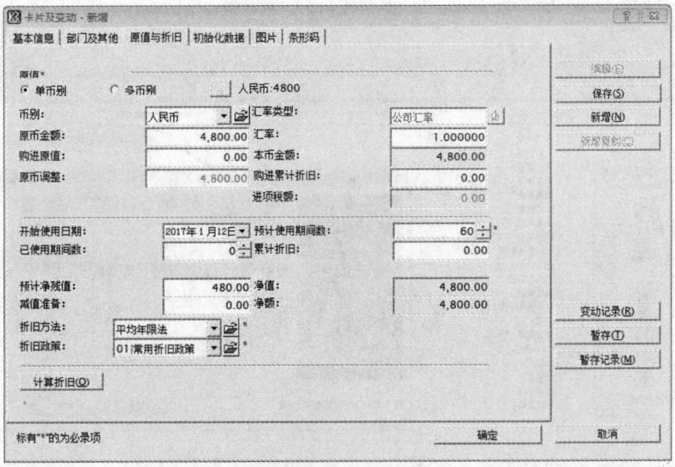

图 11-24

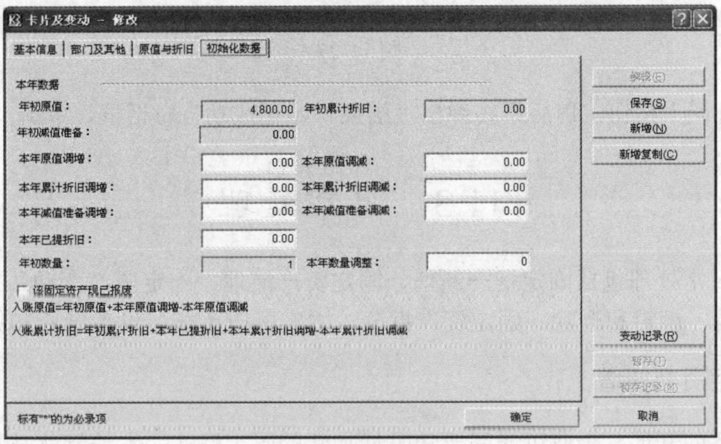

图 11-25

（6）单击“新增”按钮，系统检查数据录入完整后保存卡片资料并新增一张空白卡片，单击“×”按钮退出“新增”窗口，并返回初始化界面，界面会显示刚才所新增的初始数据，如图 11-26 所示。

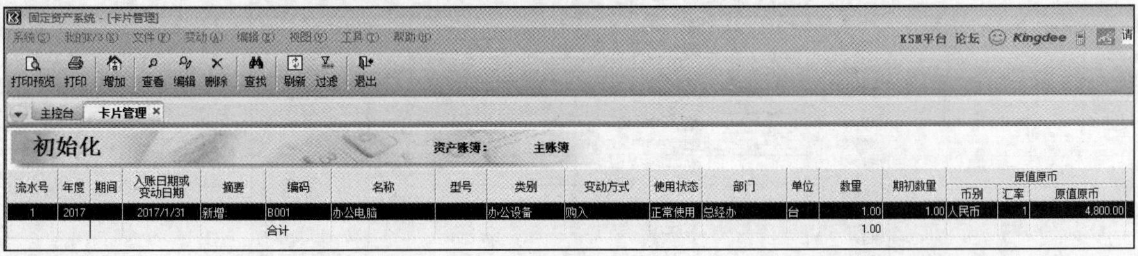

图 11-26

（7）固定资产的所有期初数据录入并且检查正确后，可以结束固定资产的初始化工作。单击“系统设置”→“初始化”→“固定资产”，双击“初始化”，系统弹出“结束初始化”对话框，如图 11-27 所示。

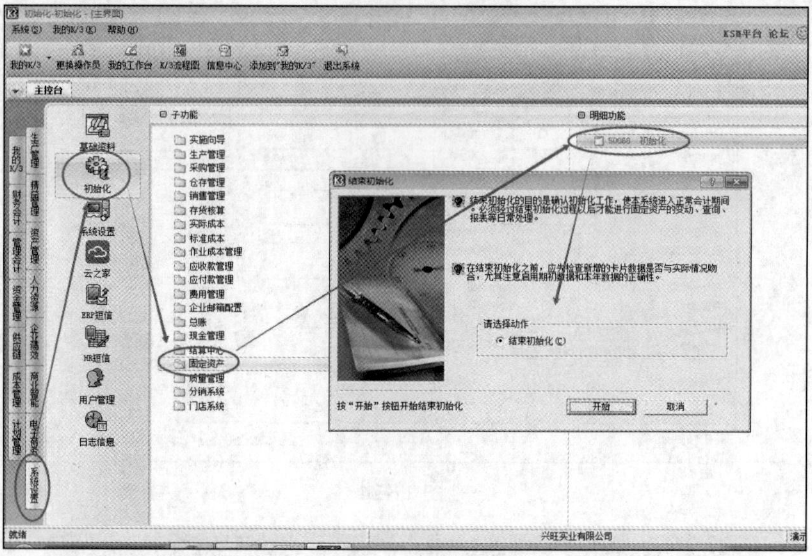

图 11-27

（8）单击“开始”按钮，稍后系统弹出“结束初始化成功”对话框，单击“确定”按钮即可。

11.3 日常处理

固定资产的日常处理包括固定资产新增、固定资产清理、固定资产变动、批量清理与变动、固定资产卡片查看、编辑和删除、固定资产拆分、固定资产审核、设备维修和凭证管理等。

11.3.1 固定资产新增

随着企业业务的开展，企业可能需要随时增加新的固定资产，本功能就是将增加的固定资产记入账册，以做到固定资产的明细管理。

单击“财务会计”→“固定资产管理”→“业务处理”，双击“新增卡片”，系统弹出“卡片及变动-新增”对话框，如图 11-28 所示。

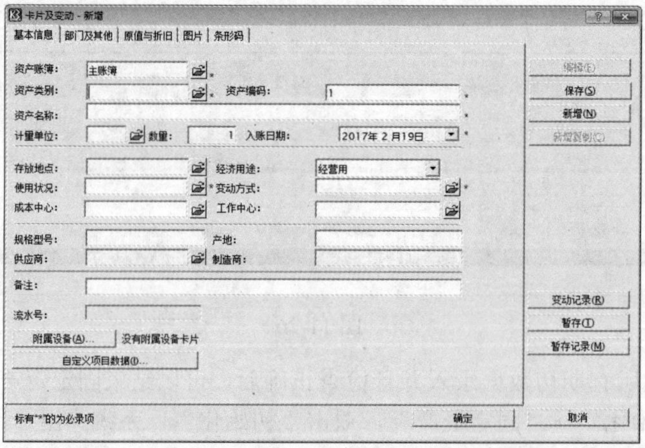

图 11-28

此处的固定资产卡片新增对话框与初始化时卡片录入对话框基本相同，录入方法可以参照前面的章节，唯一的不同点是此处的对话框不用录入“初始化数据”。

11.3.2 固定资产清理

固定资产清理是将固定资产清理出账簿，使该资产的价值为 0。

（1）单击“财务会计”→“固定资产管理”→“业务处理”，双击“变动处理”，系统进入卡片管理界面，如图 11-29 所示。

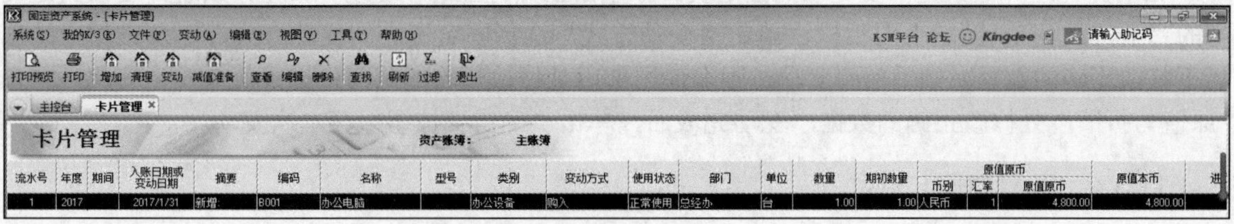

图 11-29

（2）在卡片管理界面可以进行固定资产卡片的新增、清理、变动和编辑等操作。

在卡片管理界面中，选中要进行清理的固定资产，单击工具栏中的“清理”按钮，系统弹出“固定资产清理-新增”对话框，如图 11-30 所示。

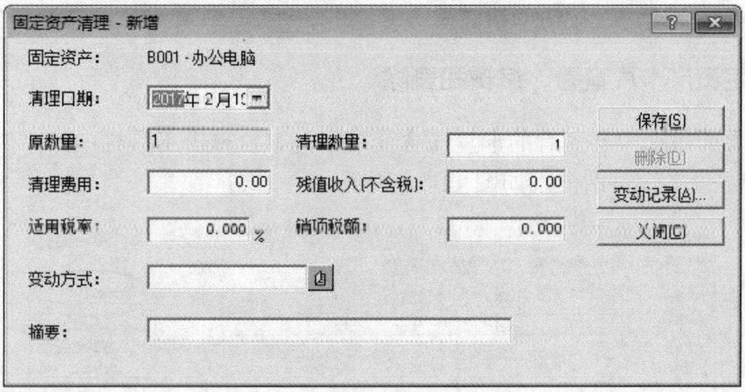

图 11-30

- 固定资产。显示当前要处理的固定资产名称。
- 清理日期。固定资产清理的日期。
- 原数量。固定资产现有数量。
- 清理数量。需要清理的固定资产数量。若清理了一批固定资产，可以录入清理的数量。
- 清理费用。清理固定资产时发生的费用。
- 残值收入（不含税）。清理时的残值收入。
- 变动方式。选择清理时的变动方式。

（3）在“残值收入不含税”处录入本笔固定资产清理时的收入，单击“变动方式”的获取按钮选择本次清理的变动方式。设置完成，单击“保存”按钮，弹出“保存清理数据前必须生成一条变动记录，确认要生成吗？”提示，单击“确定”按钮，会在卡片管理界面中显示一条清理记录。单击“关闭”按钮返回卡片管理界面。

注 当期已进行变动的资产不能清理。当期新增及当期清理的功能只适用于单个固定资产，不适用于多个固定资产。

11.3.3 固定资产变动

固定资产变动业务处理固定资产减少或卡片项目内容有变动的情况，如固定资产原值、部门、使用情况、类别和使用寿命等发生变动的情况。

在卡片管理界面，选中要变动的固定资产，单击工具栏上的“变动”按钮，系统弹出该固定资产的“卡片及变动–新增”对话框，单击“变动方式”选择固定资产的变动方式，以及在相应的项目下获取正确的数据。如果部门变动，则在使用部门处修改正确的部门；如果价值发生变化，则在“原值与折旧”处修改正确的数据，变动完成后，单击“确定”按钮保存本次变动。

11.3.4 批量清理与变动

为提高工作效率，系统提供固定资产批量清理功能。在卡片管理界面中，按住 Shift 或 Ctrl 键选中多条需要清理的资产，单击“变动”→“批量清理”，系统弹出“批量清理”窗口，录入清理数量、清理收入、清理费用和变动方式等内容后，单击“确定”按钮。

为提高工作效率，系统可以批量处理固定资产变动，在卡片管理界面，按住 Shift 或 Ctrl 键选中多条需要变动的固定资产，单击“变动”→“批量变动”，系统弹出“批量变动”窗口，录入变动内容后，单击“确定”按钮即可。

11.3.5 固定资产卡片查看、编辑和删除

在卡片管理界面，选中要查看的卡片（含变动卡片），单击工具栏中的“查看”按钮，系统弹出“卡片及变动-查看”对话框，如图 11-31 所示。

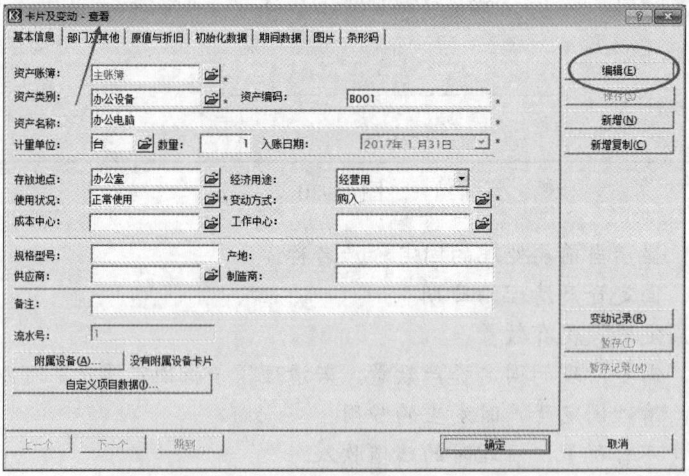

图 11-31

在卡片管理界面中选中要修改的内容，单击“编辑”按钮即可进入“卡片及变动-修改”对话框，可以在此对话框修改卡片资料。

注 只能修改当前会计期间的业务资料。

在卡片管理界面中选中要删除的变动资料，单击“删除”按钮即可取消该固定资产的变动。

注　固定资产清理记录的编辑和删除的功能有所不同，选中生成的清理记录，单击工具栏中的“清理”按钮，系统弹出提示对话框，单击“是”按钮，系统弹出“固定资产清理-编辑”对话框，可以修改清理内容。单击“删除”按钮，可以取消该固定资产的清理工作，如图 11-32 所示。

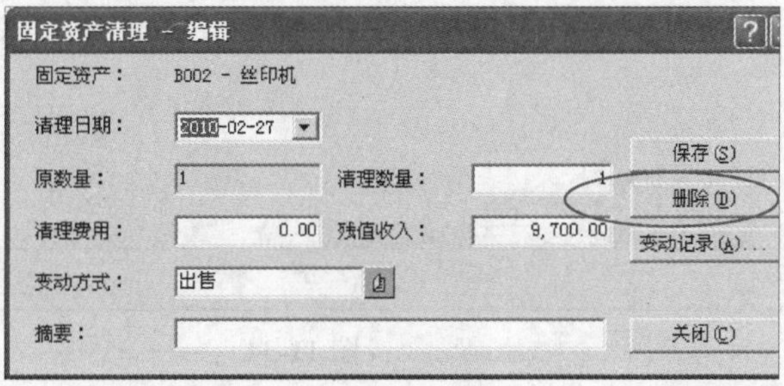

图 11-32

11.3.6　固定资产拆分

固定资产拆分功能可以将原来成批、成套资产拆分成单个资产进行管理。卡片拆分既可以处理当期新的卡片，也可以拆分以前期间录入的卡片。

(1) 在卡片管理界面中选中要拆分的卡片，选中要拆分的固定资产，单击“变动”→“拆分”，系统弹出“卡片拆分”对话框，如图 11-33 所示。

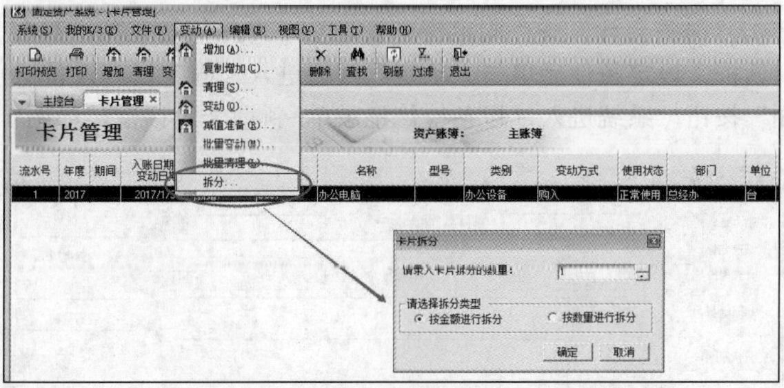

图 11-33

- 按金额进行拆分。系统自动按金额百分比进行拆分，不对固定资产数量进行控制。
- 按数量进行拆分。系统自动按数量所占百分比对金额进行拆分，并且使拆分后卡片上的固定资产数量之和与原卡片上的固定资产数量之和相等。

(2) 录入拆分数量后，单击“确定”按钮进入“卡片拆分”对话框，如图 11-34 所示。

在对话框中可以录入拆分后的每一项固定资产的原值、累计折旧等内容，还可以设置变动方式。设置完成后，单击“完成”按钮即可。

注　拆分后卡片上的固定资产原值、累计折旧、净值和减值准备等之和与拆分前一致。为了保证固定资产的完整，应把刚才所做的拆分业务删除。

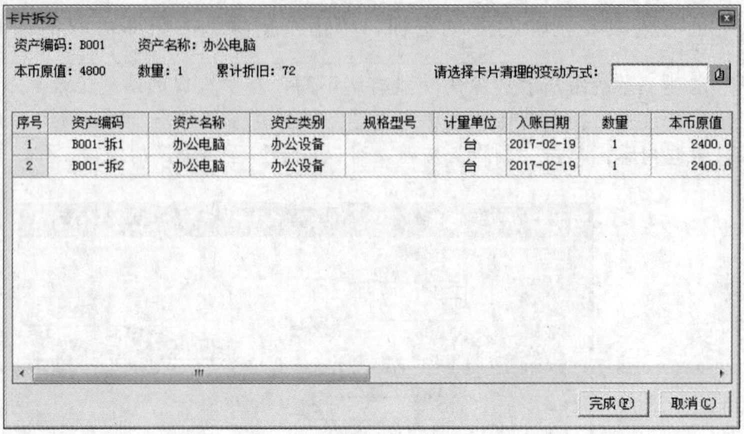

图 11-34

11.3.7 固定资产审核

固定资产审核以“审核人与制单人不是同一人”为基础，所以审核人不能是制单人，更换身份登录后，在卡片管理界面中，选中要审核的卡片记录，单击“编辑”→“审核”即可审核。

11.3.8 设备维修

金蝶 K/3 系统提供“设备检修”功能，可以录入设备的维修情况，如费用、检修员等内容，并可查询设备检修序时簿、设备检修日报表和设备保养序时簿。

在主界面，单击“财务会计”→“固定资产管理”→“业务处理”，双击“设备检修”，系统弹出“过滤”对话框，设定条件后单击“确定”按钮进入“固定资产设备检修表”窗口，单击工具栏上的“增加”按钮，系统进入“设备检修记录单-新增”对话框，如图 11-35 所示。

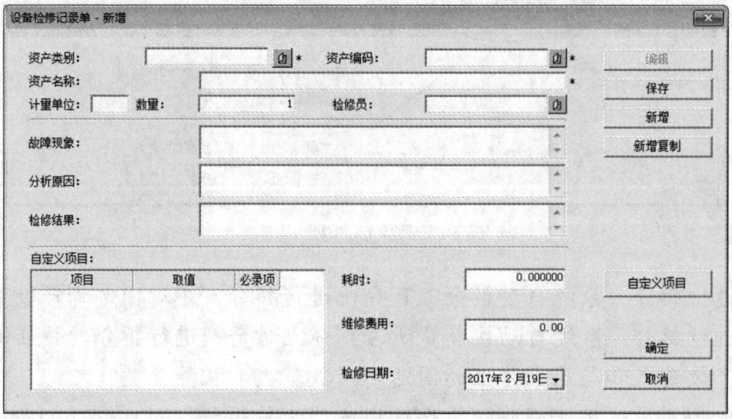

图 11-35

- 资产类别。获取检修设备的类别。
- 资产编码。获取检修设备的编码。
- 资产名称、计量单位、数量。选定资产编码后，自动显示。
- 检修员。获取职员信息表，也可以录入不是当前账套中的职员。

在“设备检修记录单-新增”对话框，信息录入完成后，单击“保存”按钮保存当前资料，单击“关闭”按钮返回“固定资产设备检修表”窗口，可以看到录入的信息。

11.3.9　凭证管理

凭证管理主要根据固定资产增加、变动等业务资料生成凭证，并对凭证进行有效的管理，包括生成凭证、修改凭证、审核凭证等操作。固定资产管理系统和总账系统连接使用时，生成的凭证传递到总账系统，以保证固定资产系统管理和总账系统的固定资产科目、累计折旧科目数据一致。

（1）在主界面，单击“财务会计”→“固定资产管理”→“业务处理”，双击“凭证管理”，系统弹出“凭证管理——过滤方案设置”对话框，如图 11-36 所示。

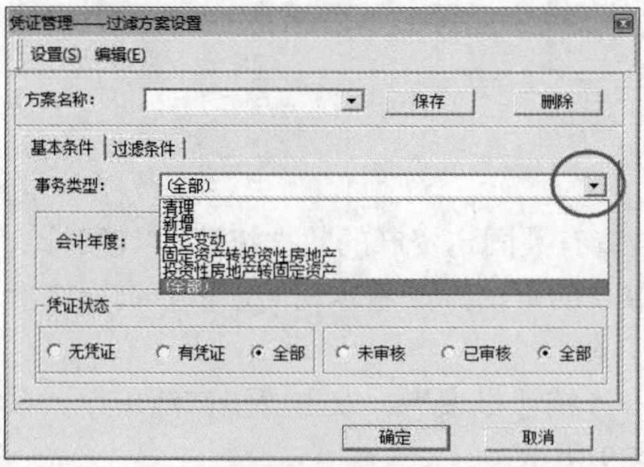

图 11-36

（2）在对话框中可以设置过滤的事务类型、会计年度、凭证状态等项目。条件设置完成后，单击“确定”按钮，系统进入凭证管理界面，如图 11-37 所示。

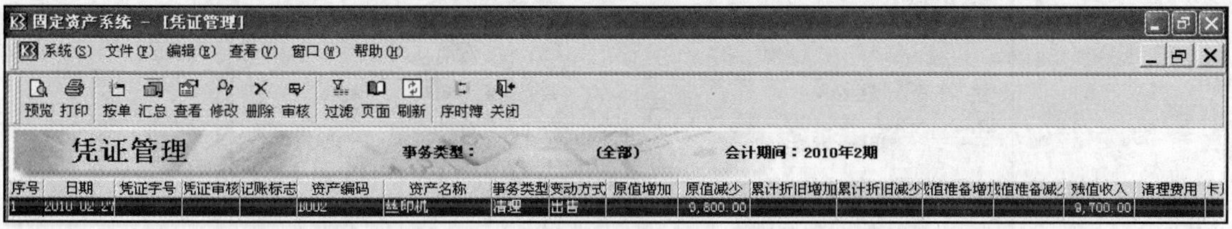

图 11-37

（3）选中需要生成凭证的记录，单击工具栏上的“按单”按钮，系统弹出“凭证管理——按单生成凭证”对话框，如图 11-38 所示。

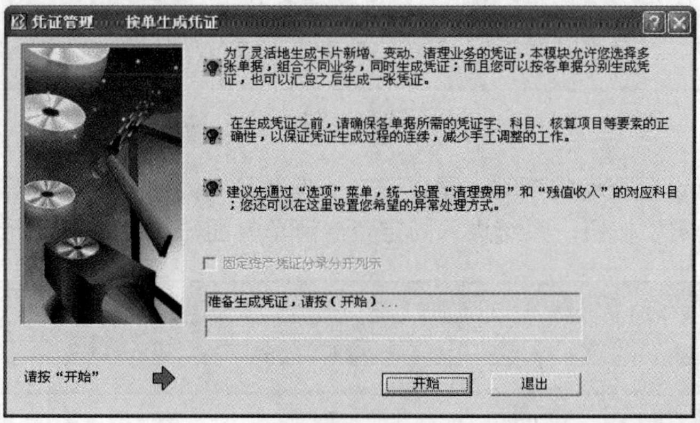

图 11-38

（4）单击“开始”按钮，稍后系统弹出“凭证出错，是否手工修改字样？”提示，单击“是”按钮，系统进入“记账凭证”窗口，修改正确的凭证分录后；单击“保存”按钮保存当前凭证。单击“关闭”按钮返回“凭证管理——按单生成凭证”对话框，系统显示生成的几张凭证；单击

“查看报告”按钮，可以查看生成凭证的过程；单击“退出”按钮返回凭证管理界面。此时注意已生成凭证后记录的显示颜色。

注　生成凭证时出错不是系统原因，是因为系统不知道相应的固定资产对方科目，如固定资产增加时，系统不知道是付的现金还是银行存款，所以需要手工将凭证补充完整。

11.4 报表

本系统提供统计报表和管理报表，统计报表主要是查看有关固定资产的数据统计，以便对比、分析，管理报表用于查询、分析固定资产的使用情况。报表的查询方法基本相同，以查询固定资产清单为例，介绍报表的查询方法。

在主界面，单击“财务会计”→“固定资产管理”→“统计报表”，双击“资产清单”，系统弹出“固定资产清单——方案设置”对话框，如图11-39所示。

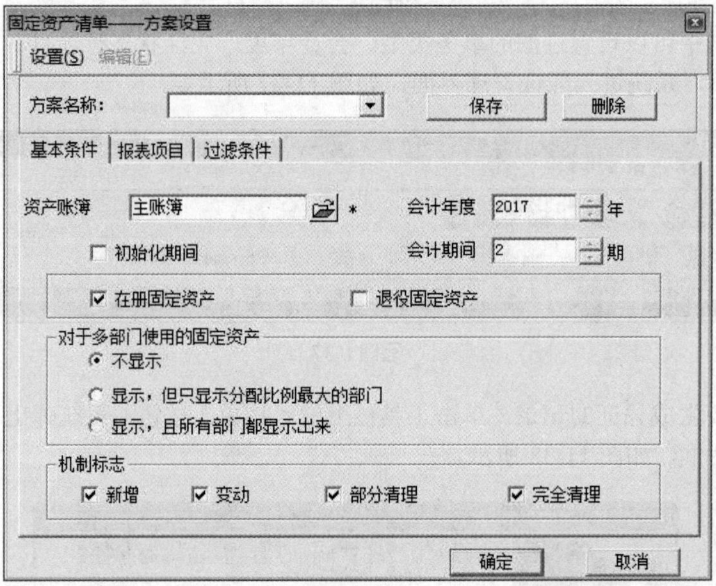

图11-39

在对话框中可以设置查询的期间、固定资产状态及显示部门资料与否等内容。方案过滤条件设置完成后单击“确定”按钮，系统进入固定资产清单界面，如图11-40所示。

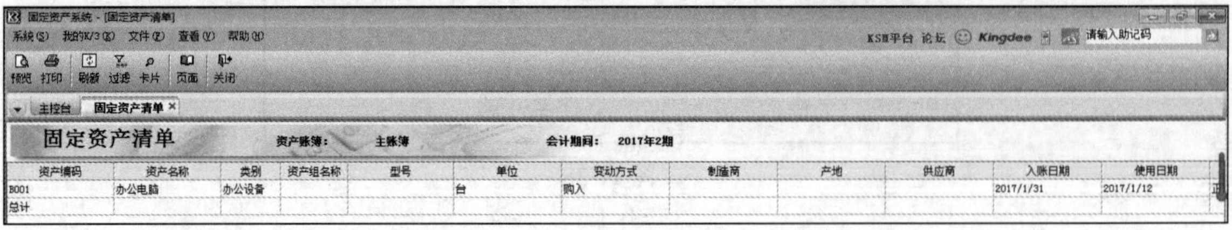

图11-40

若要查看固定资产的卡片情况，选中记录后单击工具栏上的“卡片”按钮即可。

11.5 期末处理

期末处理主要用于处理计提固定资产折旧费用和期末结账。

11.5.1 工作量管理

如果账套中有采用工作量法计提折旧的固定资产，则在计提折旧之前需输入本期完成的实际工作量。

（1）在主界面，单击“财务会计”→“固定资产管理”→“期末处理”，双击“工作量管理”，系统弹出“工作量编辑过滤”对话框，在此保持默认条件，条件设置完成后，单击“确定”按钮，系统弹出“方案名称”对话框，如图 11-41 所示。

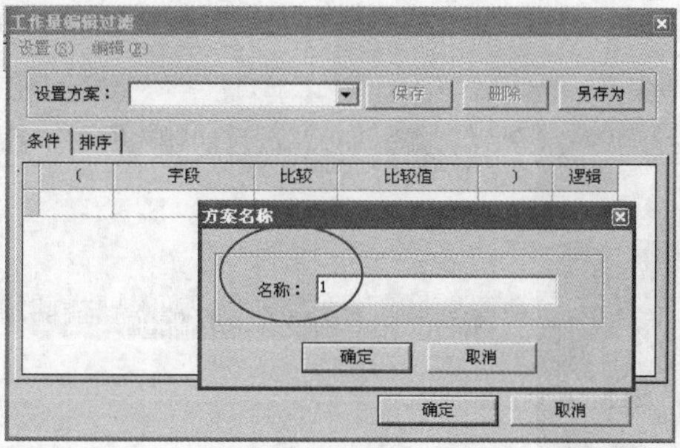

图 11-41

（2）录入“名称”后，单击“确定”按钮，系统进入工作量管理界面，录入本期工作量，如图 11-42 所示。单击工具栏上的“保存”按钮，保存对工作量的修改。

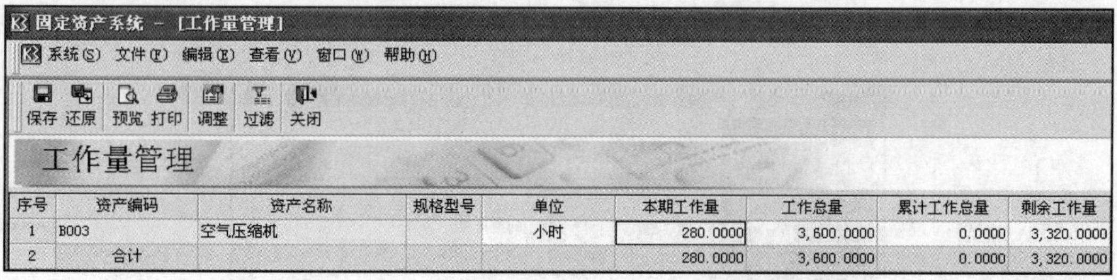

图 11-42

11.5.2 计提折旧

计提折旧主要根据固定资产卡片上的折旧方法生成计提折旧凭证。

（1）在主界面，单击“财务会计”→“固定资产管理”→“期末处理”，双击“计提折旧”，系统弹出“计提折旧”对话框，如图 11-43 所示。

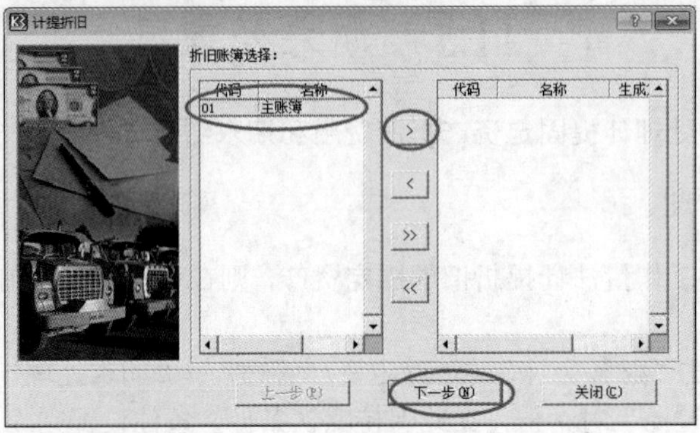

图 11-43

（2）选择“主账簿”后，单击“下一步”按钮，系统进入信息提示界面，如图 11-44 所示。

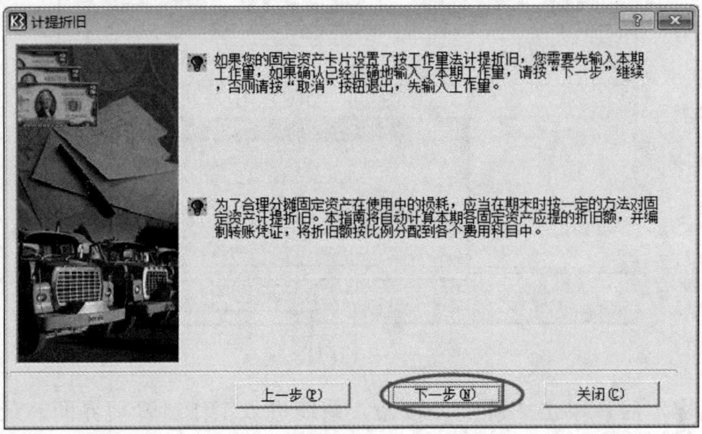

图 11-44

（3）单击“下一步”按钮，在弹出的界面中录入凭证摘要和凭证字，如图 11-45 所示。

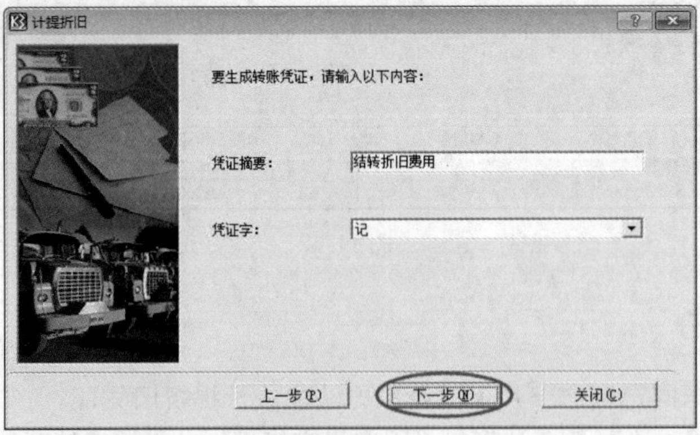

图 11-45

（4）单击“下一步”按钮，在弹出的界面中单击“计提折旧”按钮计算计提折旧，稍后系统提示计提折旧成功，如图 11-46 所示。

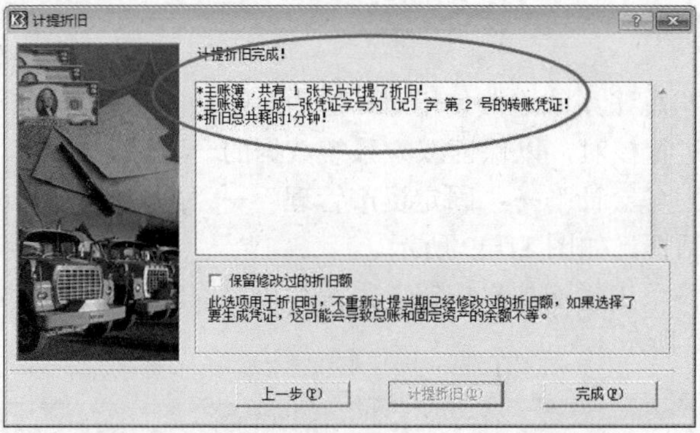

图 11-46

计提折旧生成的凭证可以在会计分录序时簿界面中进行管理：在凭证管理界面中单击工具栏上的“序时簿”按钮，系统进入会计分录序时簿界面，找到计提凭证进行相应的操作即可。此计提凭证在总账系统中也可以进行查询，但不能编辑。

11.5.3　折旧管理

折旧管理是对已计提折旧的金额进行查看和修改，修改后的数据会自动更改所提的计提折旧凭证金额。

在主界面，单击“财务会计”→“固定资产管理”→“期末处理”，双击“折旧管理”，系统弹出“过滤”对话框，条件设定后，单击“确定”按钮进入图 11-47 所示的界面。

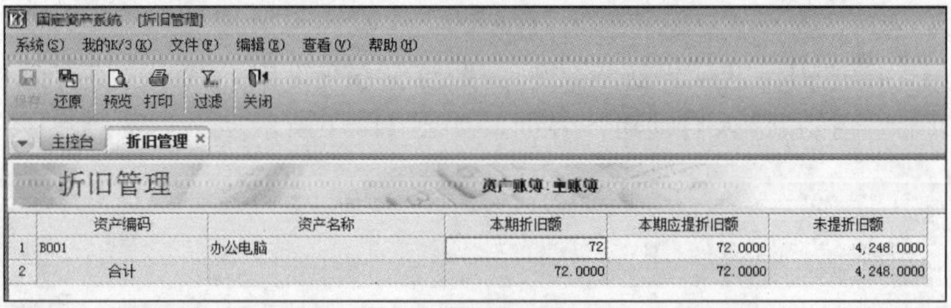

图 11-47

在“本期折旧额”中修改所需要的数据，单击“保存”按钮后，系统保存当前修改，并自动修改“计提折旧凭证”的数据。

11.5.4　工作总量查询

工作总量查询方法同前面报表，工作量汇总查询界面如图 11-48 所示。

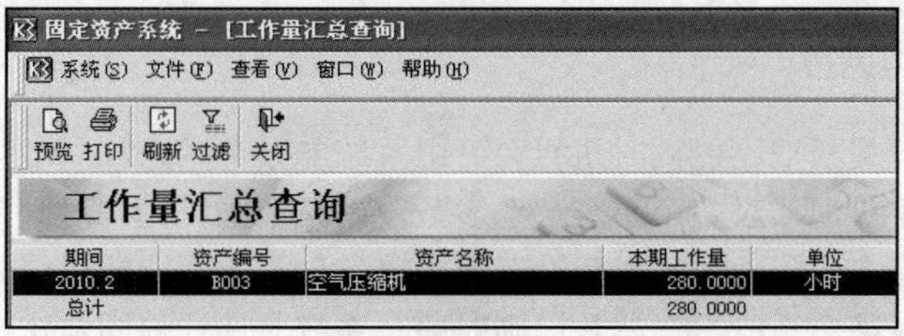

图 11-48

11.5.5 自动对账

固定资产管理系统与总账系统连接使用时，自动对账功能是将固定资产管理系统的业务数据与总账系统的财务数据进行核对，以保证双方系统数据的一致性。

在主界面，单击“财务会计”→“固定资产管理”→“期末处理”，双击“自动对账”，系统弹出“对账方案”对话框，如图11-49所示。

首先增加一个方案。单击“增加”按钮，系统弹出“固定资产对账”对话框，分别设置对账的会计科目，如图11-50所示。

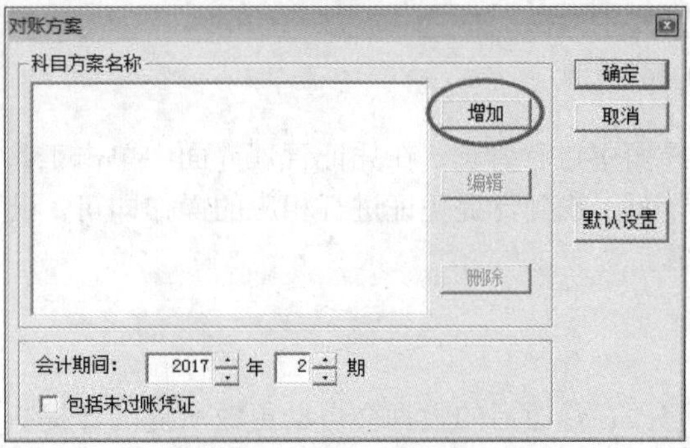

图11-49

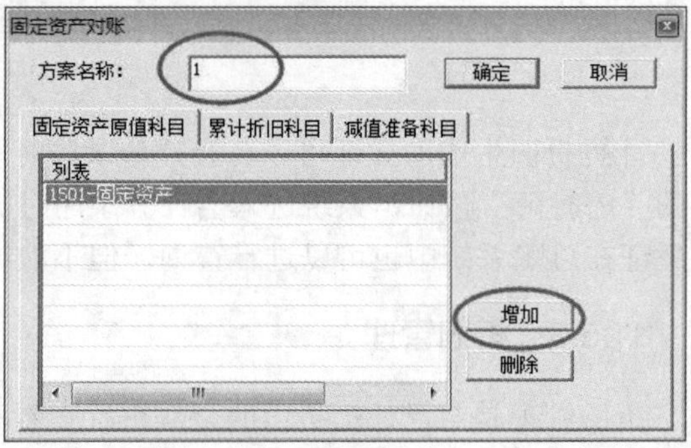

图11-50

录入方案名称，单击“增加”按钮，系统弹出提示对话框，单击“确定”按钮，并返回“对账方案”对话框，可以看到已经新增的方案名称。若对自动对账的方案不满意，可以对方案进行编辑和删除操作。

选中“1”方案，单击“默认设置”按钮，将当前方案设定为默认方案，选中“包括未过账凭证”，单击“确定”按钮进入自动对账界面，如图11-51所示。

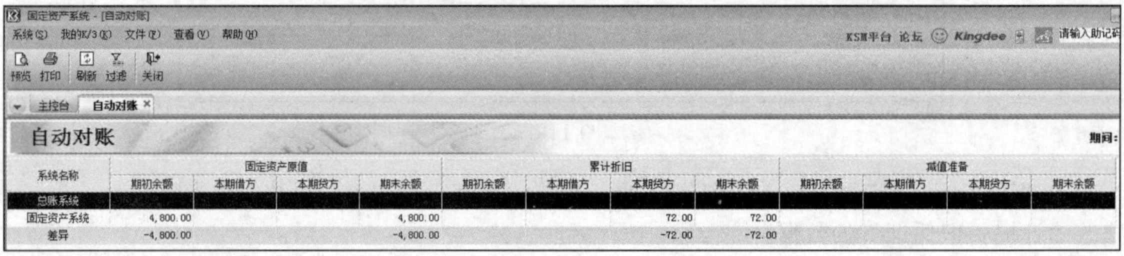

图11-51

注　自动对账时，建议审核并过账本期所有的固定资产业务凭证。

11.5.6 计提修购基金

计提修购基金和计提折旧不能同时进行，可由系统参数“不折旧（对整个系统）”进行控制。

如果没有选中“不折旧（对整个系统）”参数，则整个系统允许对固定资产计提折旧，但不允许对固定资产计提修购基金。因本账套没有选中该参数，故不能计提修购基金。

选中“不折旧（对整个系统）”参数，则对整个系统允许计提固定资产的修构基金，不允许计提固定资产折旧。

11.5.7　期末结账

期末结账在完成当前会计期间的业务处理结转到下一会计期间进行新的业务处理时进行，包括将固定资产的有关账务处理，如折旧或变动等信息转入已结账状态。已结账的业务不能再进行修改和删除操作。

（1）在主界面，单击“财务会计”→“固定资产管理”→“期末处理”，双击“期末结账”，系统弹出“期末结账”对话框，如图 11-52 所示。

（2）单击“开始”按钮，系统检测本期工作符合结账条件后，弹出“结账成功”提示对话框，单击“确定”按钮，结束期末结账工作。

系统提供反结账功能。在期末处理模块中，按住 Shift 键并双击“期末结账”按钮，系统弹出“期末结账”对话框，选中“反结账”并单击“开始”按钮即可完成反结账，如图 11-53 所示。

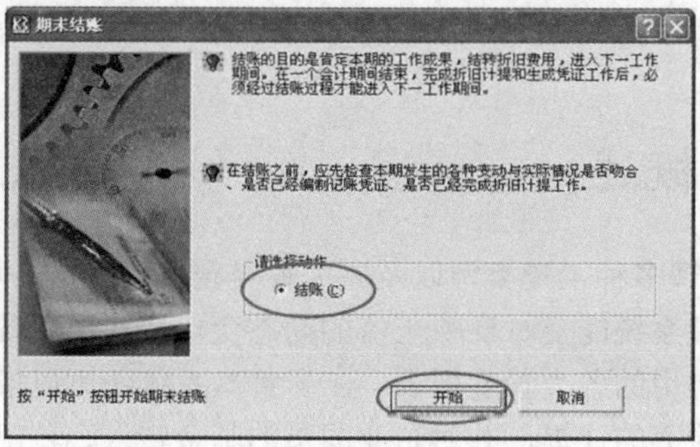

图 11-52

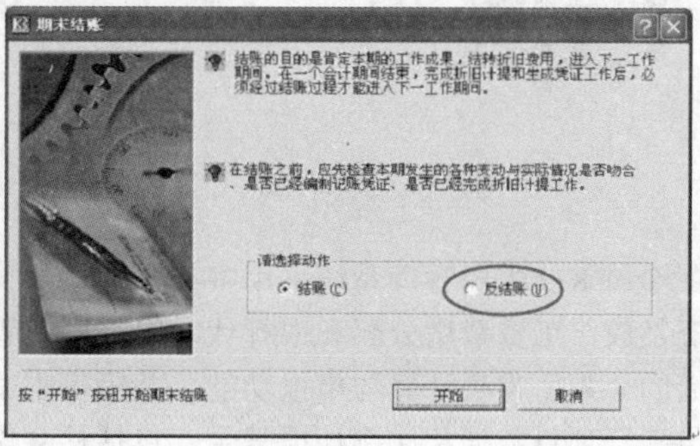

图 11-53

注　只有系统管理员才能进行反结账。

11.6　课后习题

（1）画出固定资产管理系统与其他模块之间的数据流向图。

（2）当期已进行变动的固定资产能否清理？

（3）固定资产清理的方法是什么？

（4）工作量管理在什么情况下可以不使用？

（5）固定资产管理系统反结账的方法和要求是什么？

第12章 工资管理

本章重点

- 工资类别管理
- 部门、职员管理
- 工资项目设置
- 项目公式定义
- 工资核算
- 工资报表
- 基金管理

12.1 概述

金蝶K/3工资管理系统采用多类别管理，可处理多种工资类型以及完成各类企业的工资核算、工资发放、工资费用分配和银行代发等。工资管理系统能及时反映工资的动态变化，实现完备而灵活的个人所得税计算与申报功能，并提供丰富实用的各类管理报表。工资管理系统还可以根据职员工资项目数据和比例计提基金，包括社会保险等的计提，并对企业职员的基金转入、转出进行管理。

1．使用工资管理系统需要设置的内容

- 公共资料设置。公共资料包括科目、币别、部门和职员等，公共资料是本系统所涉及的最基础资料，必须设置，否则在进行单据处理时会受到相应的限制。
- 工资管理系统参数详细设置。这是对该模块的参数进行详细设置。

2．工资管理系统可查询的报表

工资管理系统包括工资条、工资发放表、工资汇总表、工资统计表、银行代发表、职员台账表、职员台账汇总表、个人所得税报表、工资费用分配表、工资配款表、人员结构分析表和年龄工龄分析表等。

3．应用流程

应用流程如图12-1所示。

4．工资管理系统与其他系统间的数据流向

工资管理系统与其他系统间的数据流向如图12-2所示。

- 总账系统。总账系统接收工资管理系统生成的费用分配凭证。
- 报表系统。报表系统利用公式向导可以从工资管理系统中提取数据。
- HR系统。金蝶K/3人力资源管理系统与工资管理系统可共享一套基础资料，并且将绩效考核、考勤记录导入工资管理系统中，作为工资发放的依据。

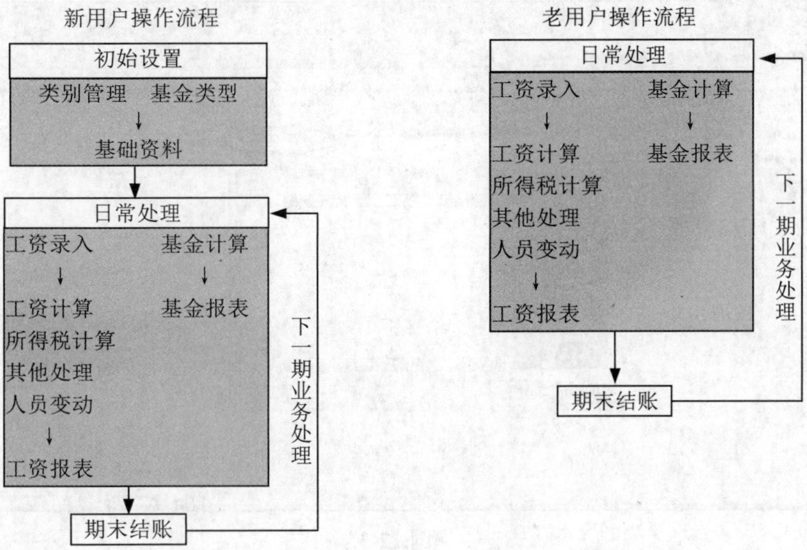

图 12-1

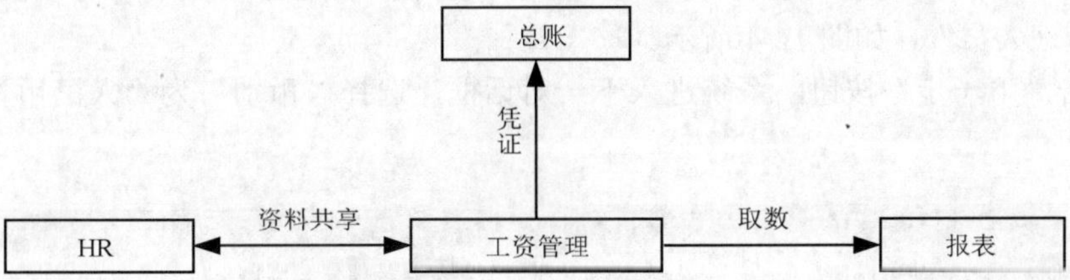

图 12-2

12.2　初始设置

初始设置主要包括类别管理和基础设置。

12.2.1　类别管理

为方便工资管理，可以将工资分成几种类别进行管理，如外籍人员、国内人员、管理人员和计件工资人员等。类别管理包括类别新增、编辑及删除等操作。

注　账套中至少要存在一个工资类别。

1．新建类别

下面以表 12-1 中数据为例，介绍类别新增方法。

表 12-1　工资类别

类别 1	管理人员
类别 2	计件工资

（1）以“吴晓英”的身份登录本账套。在主界面，单击“人力资源”→“工资管理”→“类别管理”，双击“新建类别”，系统弹出“打开工资类别”对话框，如图 12-3 所示。

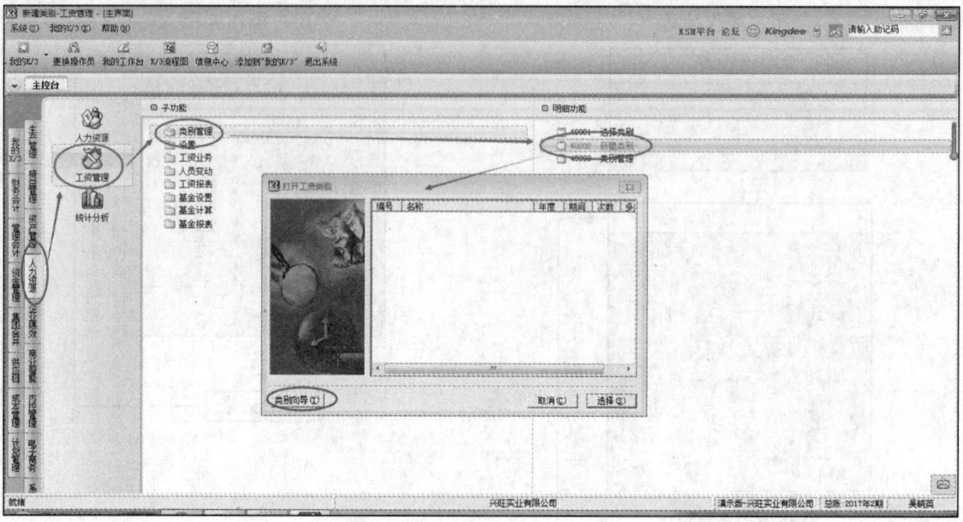

图 12-3

（2）单击对话框左下角“类别向导”按钮，系统弹出“新建工资类别”对话框，录入“类别名称”为“管理人员”，如图 12-4 所示。

（3）单击“下一步”按钮，系统进入下一对话框，选择“币别”为“人民币”，如图 12-5 所示。

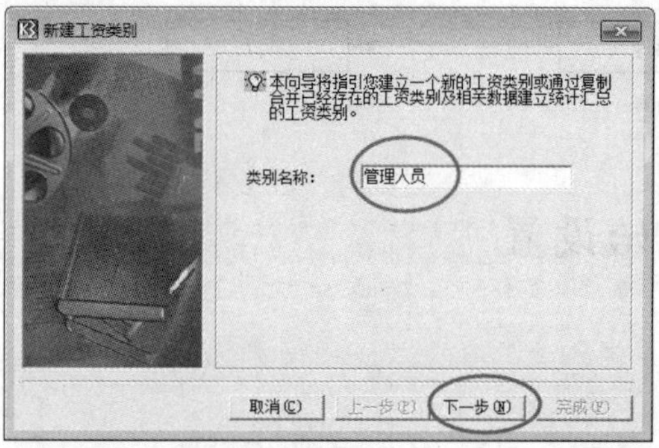

图 12-4

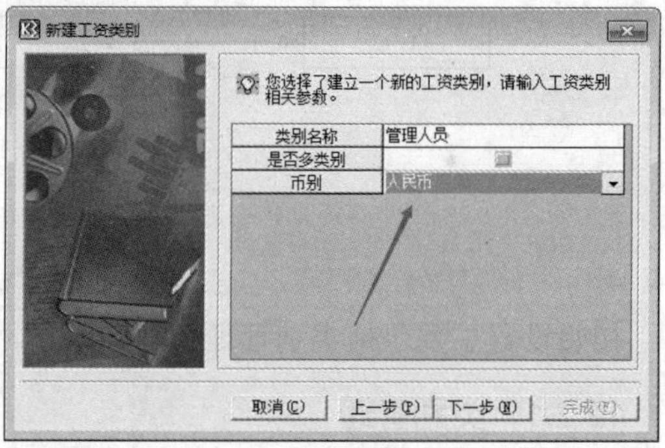

图 12-5

注　选中“是否多类别”，即当前类别为汇总工资类别；反之，为单一工资类别。

（4）单击“下一步”按钮，系统进入下一对话框，单击“完成”按钮保存当前类别。

（5）以同样的方法新增“计件工资”类别。

2．类别增删改的方法

类别管理包括对系统中的工资类别进行编辑或删除等操作。

（1）在主界面，单击“人力资源”→“工资管理”→“类别管理”，双击“类别管理”，系统弹出“工资类别管理”对话框，如图 12-6 所示。

（2）“浏览”选项卡用于显示系统中已有的工资类别。单击“编辑”选项卡，系统切换到编辑界面，如图 12-7 所示。

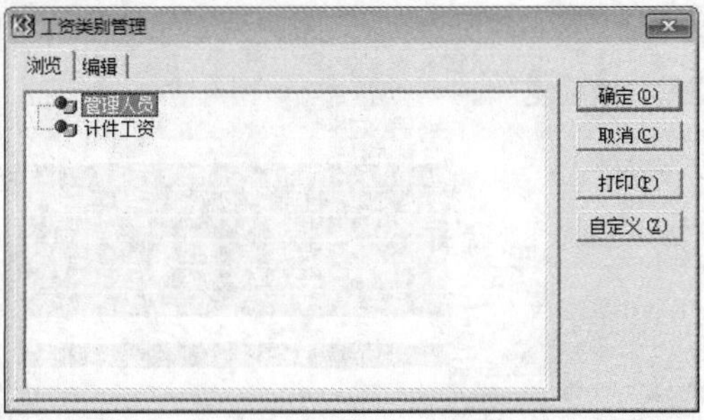

图 12-6

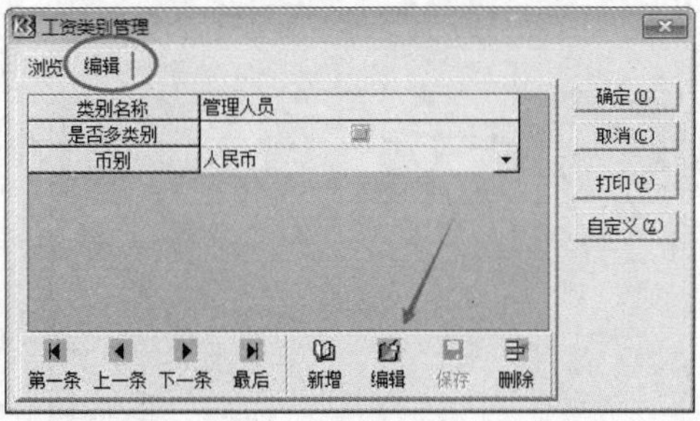

图 12-7

（3）在编辑界面：单击“编辑”按钮可以对当前选中的工资类别进行修改；单击“新增”按钮，可以新增类别；单击“保存”按钮保存当前修改；单击“删除”按钮，删除当前显示的工资类别。

3．选择类别

选择类别是选择当前要处理什么类别下的工资业务，如果要处理管理人员的工资业务，必须选择“管理人员”类别，如果要处理计件工资的工资业务，必须选择“计件工资”类别。

选择类别很重要，每次进入工资管理系统时都要求选择类别。

在主界面，单击“人力资源”→“工资管理”→“类别管理”，双击“选择类别”，系统弹出“打开工资类别”对话框，如图 12-8 所示。

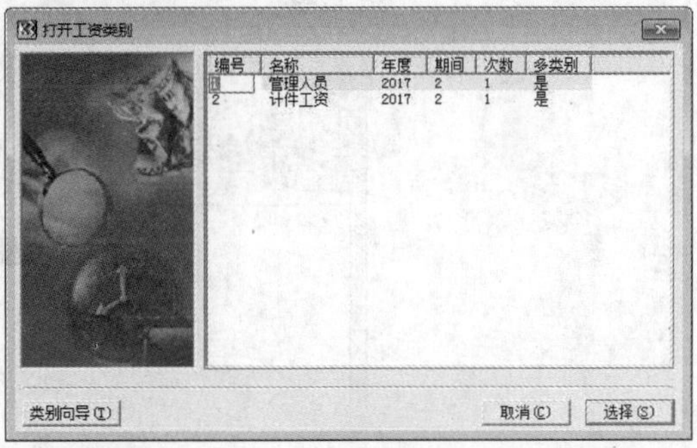

图 12-8

在对话框中选中要处理的工资类别，单击“选择”按钮即可。

12.2.2 基础设置

基础设置主要处理当前工资类别下的部门、职员、工资项目和公式定义等基础设置资料。应进行“管理人员”类别设置，选择类别“管理人员”。

1．部门管理

（1）在主界面，单击“人力资源”→“工资管理”→“设置”，双击“部门管理”，系统弹出“部门”窗口，如图 12-9 所示。在“部门”窗口可以直接新增或从外部导入部门资料。

（2）单击工具栏上的“导入”按钮，系统切换到导入界面，导入数据源选中“总账数据”，系统会显示基础资料中的部门信息，按住键盘上的 Shift 或 Ctrl 键选择部门信息，如图 12-10 所示。

单击界面左下角“导入”按钮，稍后系统将选中的部门资料隐藏，即表示导入成功。

注　导入数据源中工资其他类别是指从其他工资类别中导入部门信息。工资单一类别是指从某一个类别下导入部门信息。全选是选中界面右侧所显示的全部部门资料，全清是取消全部部门资料的选中。

（3）单击工具栏中的“浏览”按钮，系统切换到部门信息查看状态，刚才导入的部门资料如图 12-11 所示。

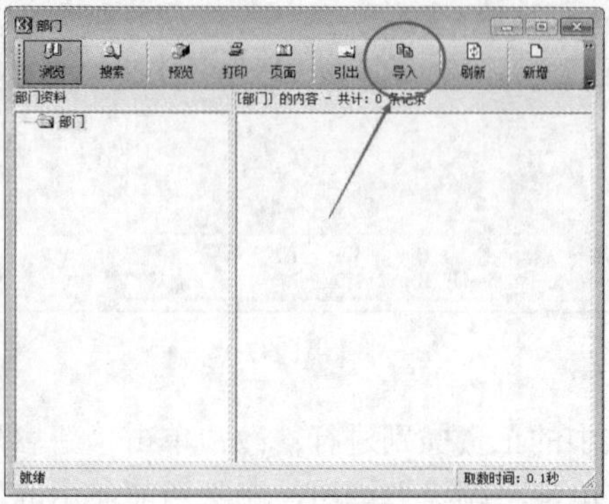

图 12-9

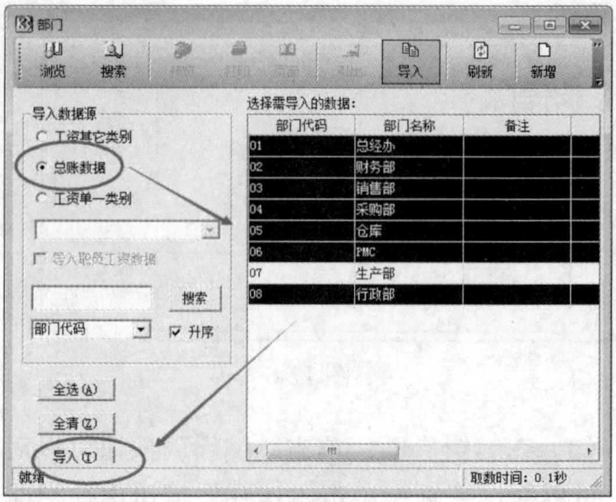

图 12-10

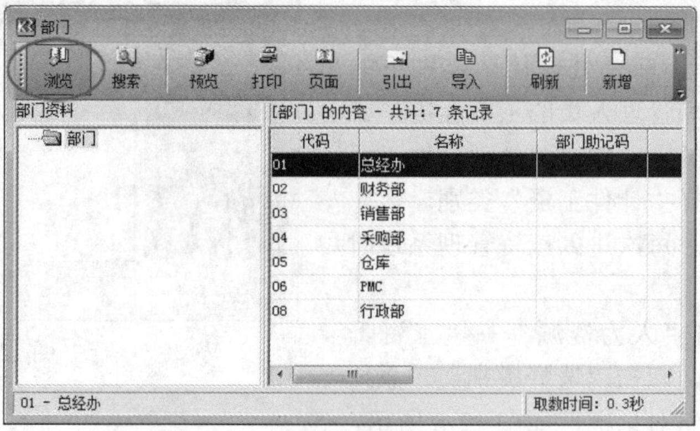

图 12-11

在部门浏览界面中可以对部门资料进行修改和删除，选中记录后单击相应按钮即可。单击“引出”按钮，可将部门资料引出为其他类型的文件。

2．币别管理

币别管理是对工资管理系统所涉及的币别进行管理。具体可参照第 3 章。

3．银行管理

若企业采用银行代发工资时，在银行管理中要录入银行名称，然后在职员管理中录入每位职员的“银行账号”，以方便输出相应的银行代发工资表。

（1）在主界面，单击“人力资源”→“工资管理”→“设置”，双击“银行管理”，系统弹出“银行”窗口，如图 12-12 所示。

（2）单击工具栏上的“新增”按钮，系统弹出“银行–修改”窗口。录入“代码”为“1”，录入“名称”为“招行”，“账号长度”设置为“8”，如图 12-13 所示。

4．职员管理

职员管理是将账套中需要进行工资计算的职员信息获取到相应的工资类别下。

（1）在主界面，单击“人力资源”→“工资管理”→“设置”，双击“职员管理”，系统弹出“职员”窗口，单击“导入”按钮，系统切换到导入数据界面。选中“总账数据”，系统会显示总账基础资料中的部门资料，按住键盘上的 Shift 或 Ctrl 键选中图 12-14 所示的职员信息。

图 12-12

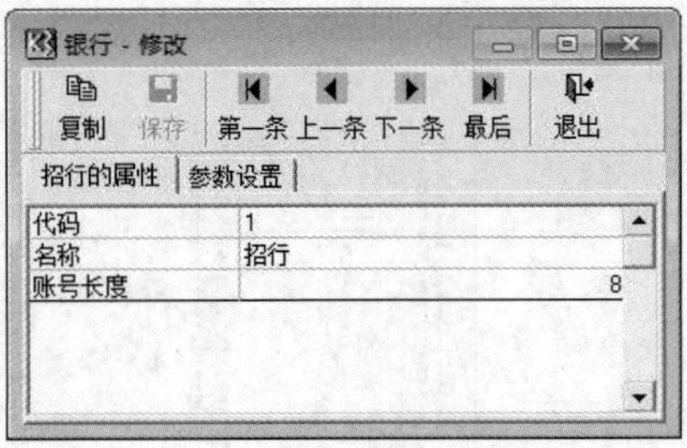

图 12-13

单击左下角“导入”按钮，稍后系统将隐藏导入的职员资料，即表示导入成功。

（2）修改肖志向和陈静的银行账号。单击“浏览”按钮，切换到职员界面，选中“肖志向”，单击工具栏上的“修改”按钮，系统弹出“职员–修改”窗口，在“银行名称”处选择“招行”，录入“个人账号”为“12345678”，如图 12-15 所示。

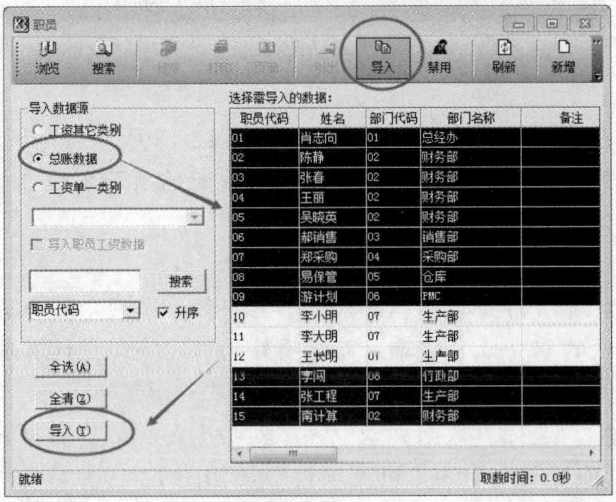

图 12-14

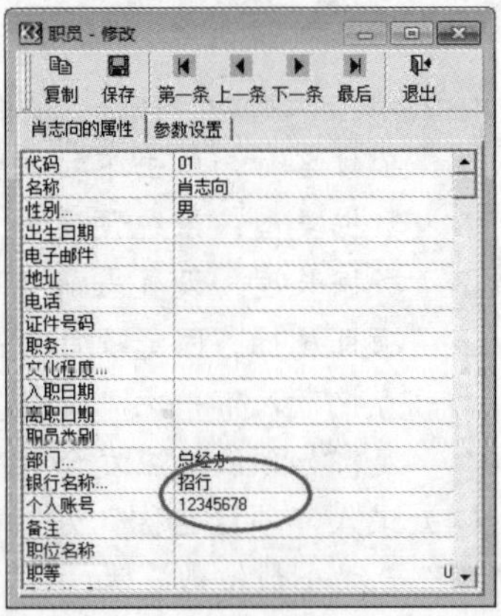

图 12-15

（3）单击“保存”按钮保存当前修改，单击“退出”按钮返回职员界面。以同样的方法修改“陈静”的个人资料，“银行名称”选择“招行”，“个人账号”为“23456789”。

5．项目设置

项目是工资管理中的重要组成部分，它是计算工资时需要的计算和判断数据。下面以表 12-2 中的数据为例介绍项目设置方法。

表 12-2　　　　新增项目

扣零实发	应税所得额	税率	扣除	计件工资

（1）在主界面，单击“人力资源”→“工资管理”→“设置”，双击“项目设置”，系统弹出“工资核算项目设置”对话框，如图 12-16 所示。

（2）在对话框中预设部分项目，选中后可以对其进行编辑或删除。选中“基本工资”项目，单击“编辑”按钮，系统弹出“工资项目-修改”对话框，修改项目属性为“固定项目”，如图 12-17 所示。单击“确定”按钮保存修改。

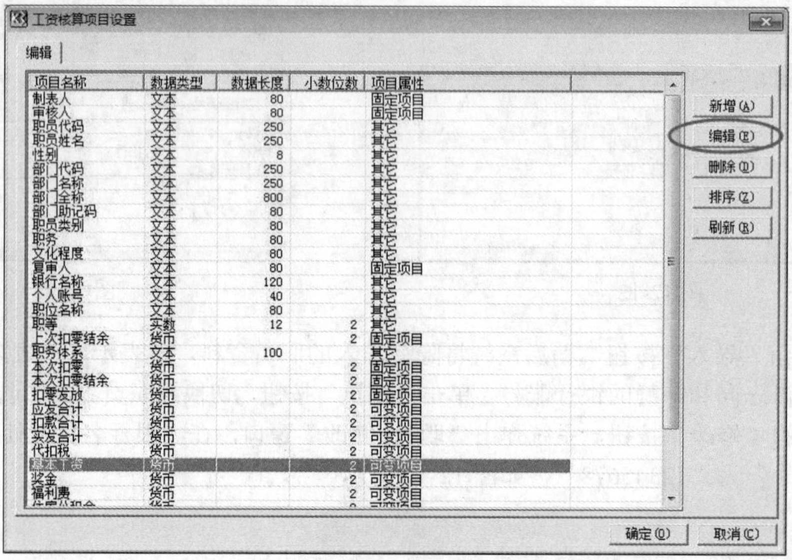

图 12-16

（3）单击“新增”按钮，系统弹出“工资项目–新增”对话框，如图 12-18 所示。

- 项目名称。单击下拉按钮可选择系统已有的项目，也可直接录入新的项目名称。
- 数据类型。系统预设为日期型和实数型等类型。
- 数据长度。设置当前项目的最大长度。
- 项目属性。固定项目为一般工资计算所需要的基本要素，不需要经常改变，其内容可以直接带入下一次工资计算，如预设的职员姓名项等。可变项目的内容随工资计算发生改变，如预设的应发合计项。

（4）录入“项目名称”为“扣零实发”，选择“数据类型”为“实数”，输入“数据长度”为“18”、“小数位数”为“2”，选择“项目属性”为“可变项目”，如图 12-19 所示。

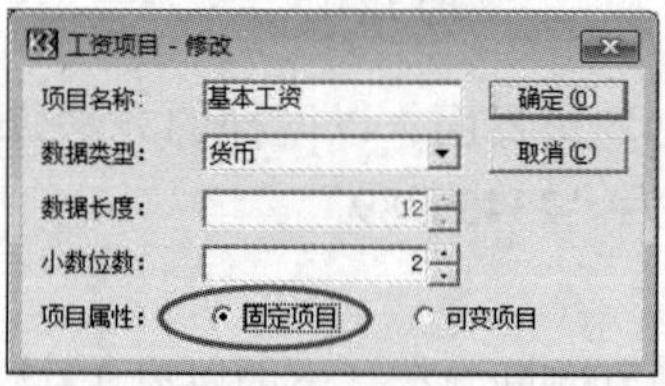

图 12-17

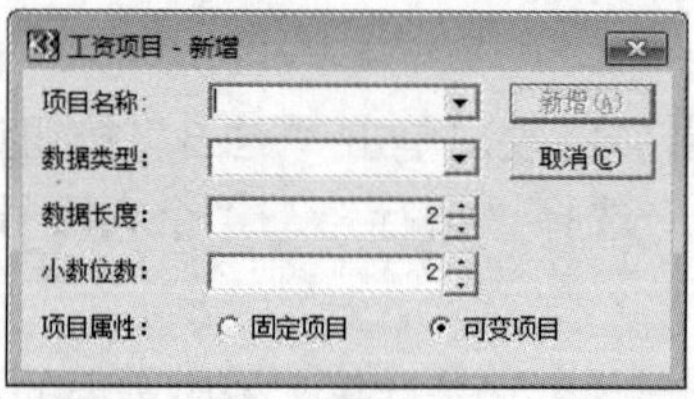

图 12-18

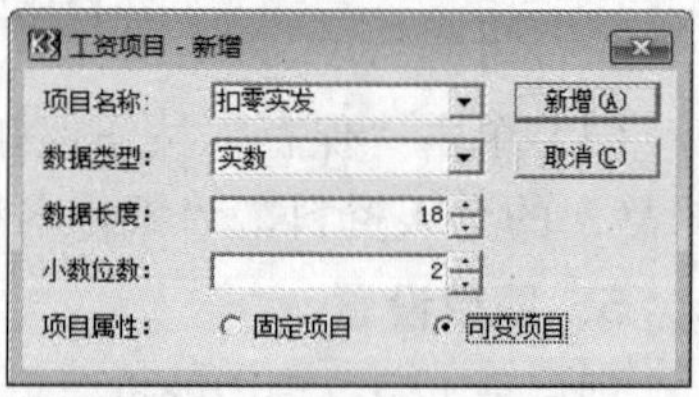

图 12-19

（5）单击“新增”按钮，系统保存新增项目并返回“工资核算项目设置”对话框，以同样的方法新增表格中的项目名称、数据类型、数据长度等，结果如图 12-20 所示。

（6）项目新增完成后，单击“确定”按钮返回主界面。

在以后的工作中，需要修改、新增项目时，可以随时使用该功能进行操作。

6. 扣零设置

扣零设置是设置扣除零钱，如实发工资为 2 345.58 元，可以设置工资发到元还是角，或者是 5 角以上的要发，5 角以下的下次发放等。

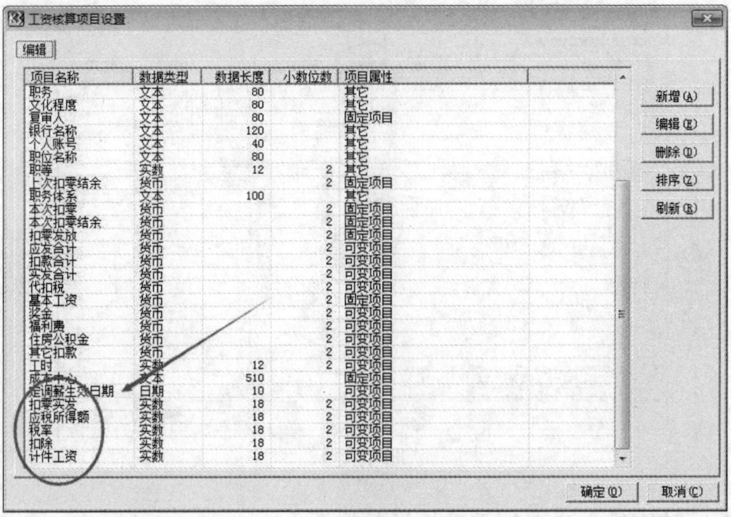

图 12-20

图 12-21

在主界面，单击“人力资源”→“工资管理”→“设置”，双击“扣零设置”，系统弹出“扣零设置”对话框，选择“扣零项目”为“实发合计”，录入“扣零标准”为“0.5”（5 角以上要发，5 角以下的下次再发），“扣零后项目”选择“扣零实发”，如图 12-21 所示。

单击“确定”按钮保存当前设置。

注　扣零的标准有 5、1、0.5、0.1 等数。

7．公式设置

公式设置是指建立当前工资类别下的工资计算公式。下面以表 12-3 中公式为例介绍公式设置的操作方法。

表 12-3　　　　“管理人员”类别下的公式

公式 1	应发合计=基本工资+奖金+福利费
公式 2	扣款合计 = 其他扣款 + 代扣税
公式 3	实发合计 = 应发合计 − 扣款合计
公式 4	扣零实发 = 扣零实发 + 扣零发放

（1）在主界面，单击“人力资源”→“工资管理”→“设置”，双击“公式设置”，系统弹出“工资公式设置”对话框，如图 12-22 所示。

“工资公式设置”对话框用于对工资计算公式进行管理。

- 公式名称。录入新增的名称或选择要查看、编辑的名称。
- 导入。从外部导入计算公式。
- 计算方法。显示所选择公式名称下的计算公式。
- 行选择。选中当前光标所在行的所有内容。
- 选择函数。选择系统中的函数。

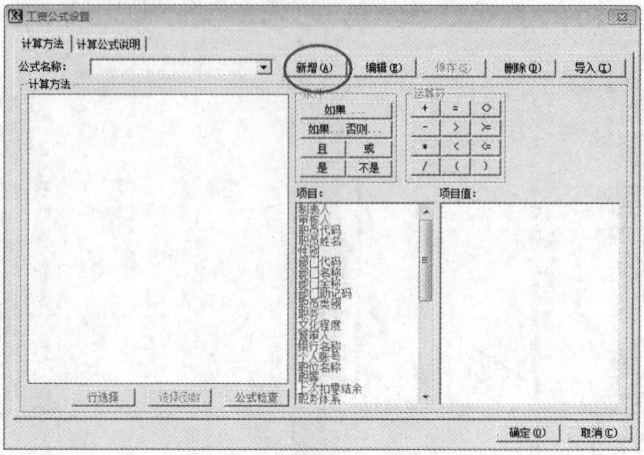

图 12-22

- 公式检查。对所建立公式的正确性进行检测。
- 条件。系统内部的判断条件。
- 运算符。计算公式经常用到的计算符号。
- 项目。将项目设置中所有建立的项目都显示出来，供选择。
- 项目值。项目值显示当前项目的内容。例如选中“部门”项目，右侧会自动显示当前工资类别下的所有部门。

（2）建立公式1。在“工资公式设置”对话框，首先单击“新增”按钮，对话框切换到可编辑状态。双击“项目”下的“应发合计”，单击“运算符”下的“=”，然后双击“项目”下的“基本工资”，单击“运算符”下的“+”，最后双击“项目”下的“奖金”，单击“运算符”下的“+”，双击“项目”下的“福利费”即可。

注 公式可手工录入，也可用上面的方法录入。手工录入时一定要注意所录入的项目是否存在。录入时一定要注意光标的位置，以防公式录入错误。修改公式的方法是：将光标移到要修改的位置，按键盘上的退格或删除键进行修改即可。

（3）建立公式2。光标在第一条公式最末，按下键盘上的Enter（回车）键，光标移动到第二行。首先双击“项目”下“扣款合计”，单击“运算符”下“=”，然后双击“项目”下“其他扣款”，单击“运算符”下的“+”，最后双击“项目”下“代扣税”即可。

（4）按照前面的设置方法将公式3～公式5录入对话框，之后，录入“公式名称”为“管理工资方法”，如图12-23所示。

（5）单击“公式检查”按钮可检查公式是否正确。单击“保存”按钮保存当前公式名称和计算方法的定义。

注 要修改公式，一定要先选中“公式名称”，然后单击“编辑”按钮，在“计算方法”下修改为正确公式，最后单击“保存”按钮。

8．其他设置

其他设置包含所得税设置、辅助属性和人力资源设置等。由于所得税已经编制公式，在此可不用操作。辅助属性和人力资源设置等在与金蝶K/3的HR系统同步使用时设置，在此不再对其进行介绍。

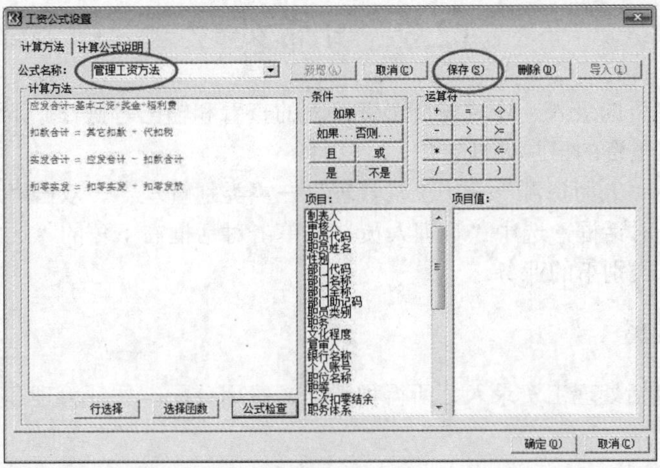

图 12-23

9．计件工资类别设置

前面小节重点讲述在“管理人员”类别下进行基础设置，下面讲解计件工资类别设置。在主界面，单击“人力资源”→“工资管理”→“类别管理”，双击“选择类别”，系统弹出“打开工资类别”对话框，选中“计件工资”，单击对话框右下角的“选择”按钮，表示当前要处理“计件工资”类别下的业务。

参照前面的方法导入部门和职员信息，并录入表 12-4 中的计算公式，“公式名称”为“计件计算方法”，如图 12-24 所示。

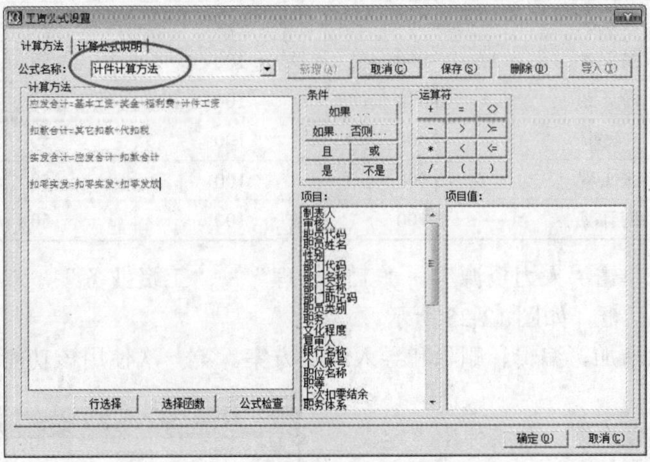

图 12-24

表 12-4　　“计件工资”类别下的计算公式

公式 1	应发合计=基本工资+奖金+福利费+计件工资
公式 2	扣款合计=其他扣款+代扣税
公式 3	实发合计=应发合计-扣款合计
公式 4	扣零实发=扣零实发+扣零发放

12.3 日常处理

日常处理包括工资的录入、计算以及工资报表的查看和输出等操作。下面以“管理人员”类别的工资为例，介绍工资的日常处理工作。

在主界面，单击“人力资源”→“工资管理”→“类别管理”，双击“选择类别”，系统弹出“打开工资类别”对话框，选中“管理人员”，单击对话框右下角的“选择”按钮，表示当前要处理“管理人员”类别下的业务。

12.3.1 工资业务

工资业务主要包括处理工资录入、所得税计算、费用分配、凭证管理和工资审核等操作。

1. 工资录入

下面以表12-5中数据为例介绍工资录入的方法。

表 12-5 工资数据

职员代码	职员姓名	基本工资	奖金	福利费	其他扣款
01	肖**	10 000	200	50	101.35
02	陈*	8 000	150	50	45.34
03	张*	6 500	100	50	20
04	王*	6 500	100	50	15
05	吴**	6 500	100	50	25
06	郝销售	6 000	100	50	67.89
07	郑采购	5 500	100	50	34.5
08	易保管	5 000	100	50	23.39
09	游计划	5 300	100	50	12
13	李闯	5 000	100	50	13
14	张工程	5 000	100	50	14
15	南计算	3 900	100	50	15

（1）在主界面，单击“人力资源”→“工资管理”→“工资业务”，双击“工资录入”，系统弹出“过滤器”对话框，如图12-25所示。

在对话框中可以增加、编辑、删除和导入过滤方案。第一次使用该功能时，要建立一个“过滤方案”。

（2）单击“增加”按钮，系统弹出“定义过滤条件”对话框，录入“过滤名称”为“1”，选择“计算公式”为“管理工资方法”，在“工资项目”中选中以下项目：职员代码、职员姓名、部门名称、银行名称、个人账号、上次扣零结余、本次扣零、本次扣零结余、扣零发放、应发合计、扣款合计、实发合计、代扣税、基本工资、奖金、福利费、其他扣款、扣零实发、审核人和制表人，如图12-26所示。

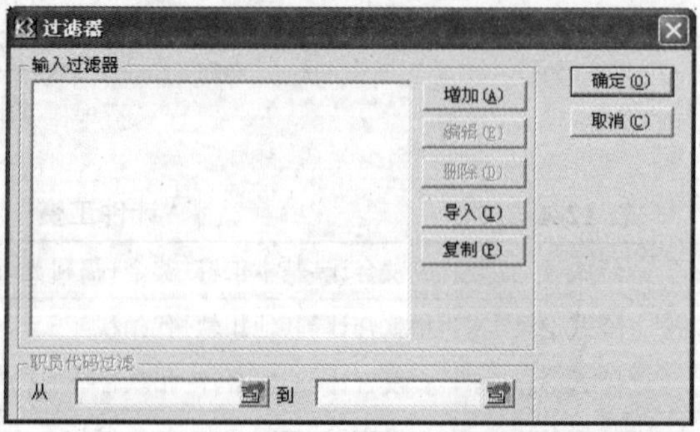

图 12-25

对话框中的“序号”是当前项目显示的列号，单击“上移”“下移”按钮，可以将所选中的项目移动到所要的序号处，选中“制表人”“审核人”项目，单击“下移”按钮，将此两项移到最后位置。

（3）单击“确定”按钮，系统弹出提示对话框，单击“确定”按钮，系统返回“过滤器”对话框，并显示刚才所增加的方案，如图 12-27 所示。

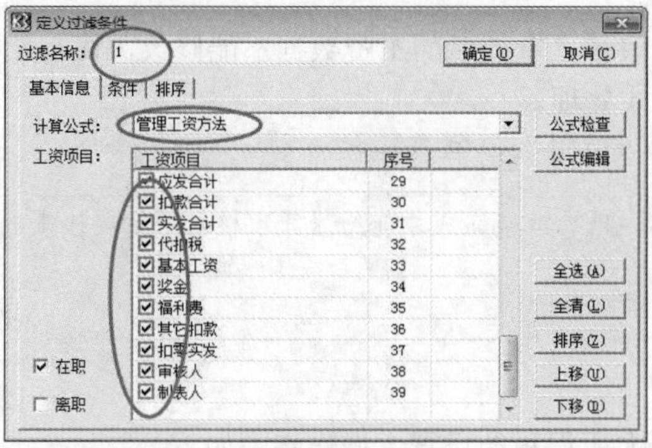

图 12-26

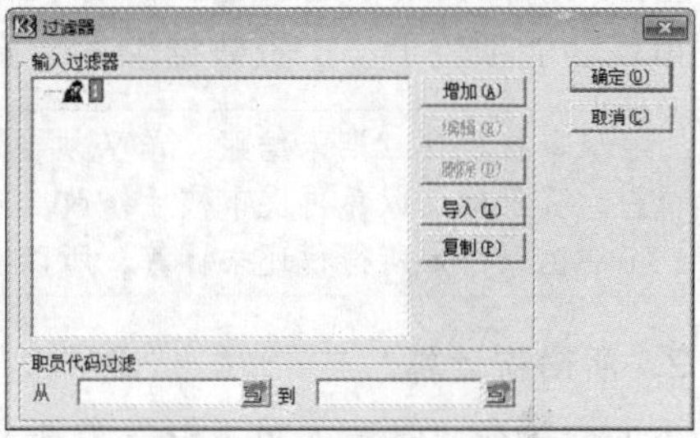

图 12-27

（4）选中“1”方案，单击“确定”按钮，系统进入“工资数据录入”窗口，如图 12-28 所示。

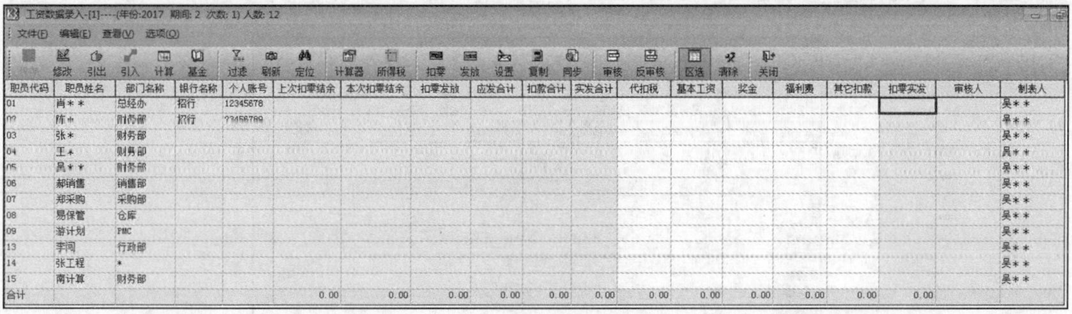

职员代码	职员姓名	部门名称	银行名称	个人账号	上次扣零结余	本次扣零结余	扣零发放	应发合计	扣款合计	实发合计	代扣税	基本工资	奖金	福利费	其它扣款	扣零实发	审核人	制表人
01	肖＊＊	总经办	招行	12345678														吴＊＊
02	陈＊	财务部	招行	23456789														吴＊＊
03	张＊	财务部																吴＊＊
04	王＊	财务部																吴＊＊
05	吴＊＊	财务部																吴＊＊
06	郝销售	销售部																吴＊＊
07	郑采购	采购部																吴＊＊
08	易保管	仓库																吴＊＊
09	游计划	PMC																吴＊＊
13	李闯	行政部																吴＊＊
14	张工程	*																吴＊＊
15	南计算	财务部																吴＊＊
合计					0.00	0.00	0.00	0.00	0.00	0.00	0.00	0.00	0.00	0.00	0.00	0.00		

图 12-28

窗口上的项目有两种颜色数据，黄色表示是由系统自动生成的，如职员代码、实发合计等，白色是可修改选项。

（5）录入表 12-5 中的数据。移动窗口下部的“滚动条”，移到相关项目，并录入数据，录入完成的窗口如图 12-29 所示。

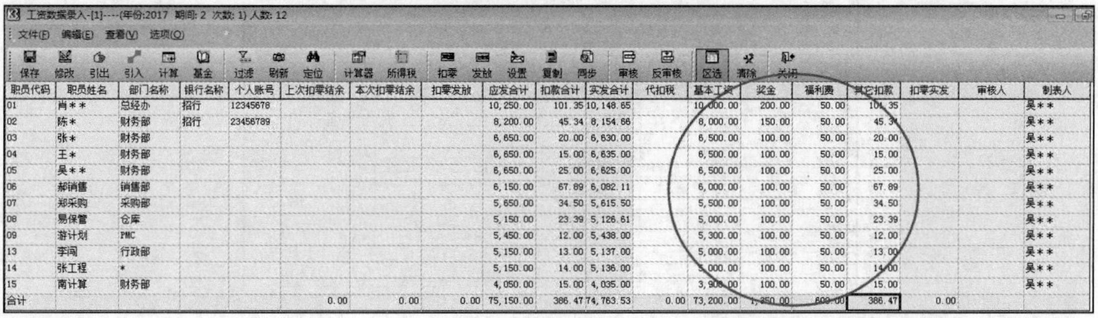

职员代码	职员姓名	部门名称	银行名称	个人账号	上次扣零结余	本次扣零结余	扣零发放	应发合计	扣款合计	实发合计	代扣税	基本工资	奖金	福利费	其它扣款	扣零实发	审核人	制表人
01	肖＊＊	总经办	招行	12345678				10,250.00	101.35	10,148.65		10,000.00	200.00	50.00	101.35			吴＊＊
02	陈＊	财务部	招行	23456789				8,200.00	45.34	8,154.66		8,000.00	150.00	50.00	45.34			吴＊＊
03	张＊	财务部						6,650.00	20.00	6,630.00		6,500.00	100.00	50.00	20.00			吴＊＊
04	王＊	财务部						6,650.00	15.00	6,635.00		6,500.00	100.00	50.00	15.00			吴＊＊
05	吴＊＊	财务部						6,650.00	25.00	6,625.00		6,500.00	100.00	50.00	25.00			吴＊＊
06	郝销售	销售部						6,150.00	67.89	6,082.11		6,000.00	100.00	50.00	67.89			吴＊＊
07	郑采购	采购部						5,650.00	34.50	5,615.50		5,500.00	100.00	50.00	34.50			吴＊＊
08	易保管	仓库						5,150.00	23.39	5,126.61		5,000.00	100.00	50.00	23.39			吴＊＊
09	游计划	PMC						5,450.00	12.00	5,438.00		5,300.00	100.00	50.00	12.00			吴＊＊
13	李闯	行政部						5,150.00	13.00	5,137.00		5,000.00	100.00	50.00	13.00			吴＊＊
14	张工程	*						5,150.00	14.00	5,136.00		5,000.00	100.00	50.00	14.00			吴＊＊
15	南计算	财务部						4,050.00	15.00	4,035.00		3,900.00	100.00	50.00	15.00			吴＊＊
合计					0.00	0.00	0.00	75,150.00	386.47	74,763.53	0.00	73,200.00	1,350.00	600.00	386.47	0.00		

图 12-29

（6）单击“保存”按钮保存工资。单击“编辑”→“重新计算”，系统会根据所设置的公式在相应项目下计算出新的结果。单击工具栏上的“扣零”按钮，系统进入扣零处理工作，请注意“扣零实发”与“实发合计”之间的对比。单击“发放”按钮，系统会将“上次扣零结余”加上“本次扣零”，如果超过扣零标准，则计算出“扣零发放”的数值，该数据自动加到“扣零实发”上。如果不够标准，则“上次扣零结余”加上“本次扣零”等于“本次扣零结余”，该结余数值会自动结转到下一期间。单击“保存”按钮保存修改。

为确保工资的正确性，需要对工资数据进行审核，审核后的工资数据不能修改，只有反审核后才能修改。工资审核通常是在“期末结账”前才处理。

审核功能项位于“工资数据录入”窗口中的“编辑”菜单下。

注 审核是在“期末结账”前必须要做的工作，只有审核完成才能结账。审核前一定要检查数据是否正确，以免再反审核后修改。
由于个人所得税还未计算，所以在此暂时不用审核。

2．所得税计算

下面介绍在“管理人员工资”类别下进行个人所得税的设置，操作步骤如下。

（1）单击“人力资源”→“工资管理”→“工资业务”，双击“所得税计算”，系统弹出“过滤”对话框，保持默认值，单击“确定”按钮弹出个人所得税数据录入界面，单击“方法”按钮，系统弹出“所得税计算”对话框，如图12-30所示。

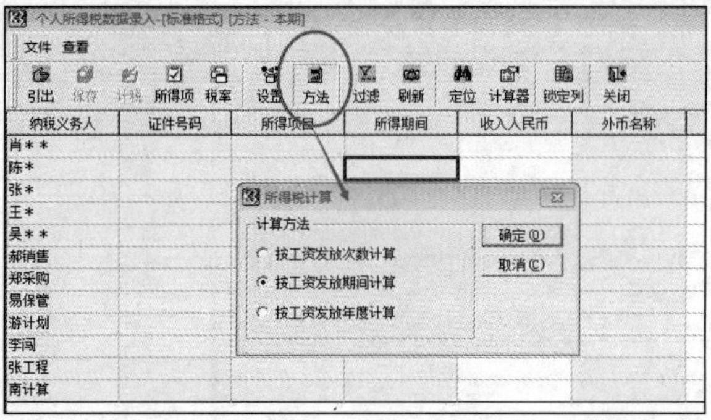

图12-30

（2）选中“按工资发放期间计算”，单击“确定”按钮返回录入界面，再单击“设置”按钮，系统弹出“个人所得税初始设置”对话框，切换到“编辑”选项卡，如图12-31所示。

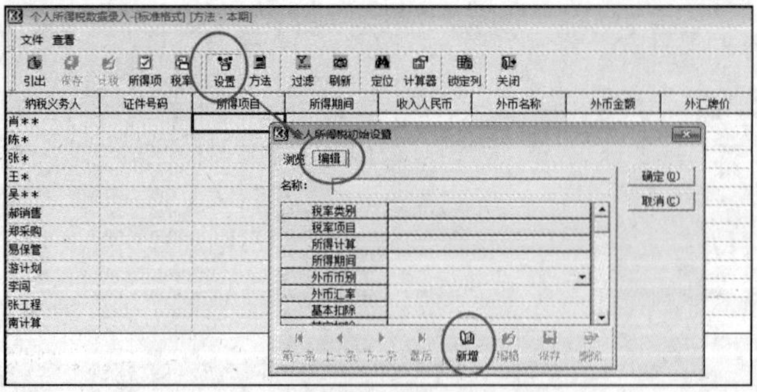

图12-31

（3）单击“新增”按钮，再单击“税率类别”右侧按钮，系统弹出“个人所得税税率设置”对话框，切换到“编辑”选项卡，单击“新增”按钮，系统弹出提示对话框，单击“是”按钮，系统将显示税率设置，“名称”录入“税率”，如图 12-32 所示。

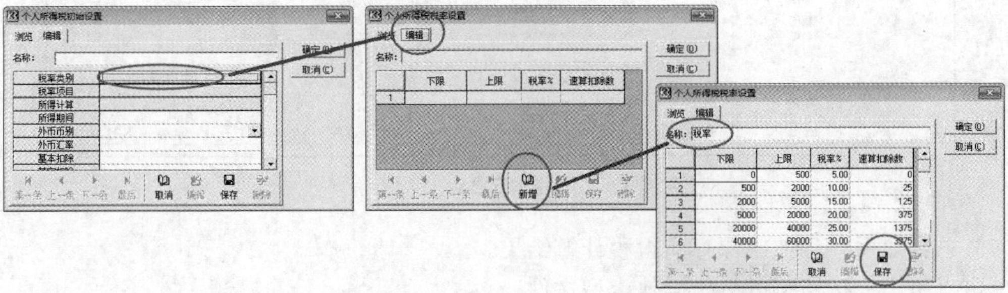

图 12-32

（4）单击“保存”按钮保存设置，单击“确定”按钮返回“个人所得税初始设置”对话框，请注意若“税率类别”旁的按钮显示“税率”字样，即表示设置成功。单击“税率项目”旁的按钮，系统弹出“所得项目计算”对话框，切换到“编辑”选项卡，单击“新增”按钮，在所得项目 1 选择“实发合计”，并选择“增项”，所得项目 2 选择“住房公积金”，并选择“减项”，“名称”录入“税项目”，如图 12-33 所示。

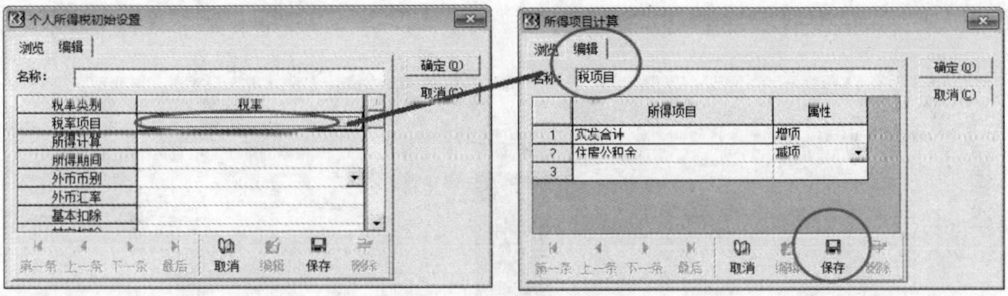

图 12-33

“增项”表示计算所得税的增项，而“减项”作为计算基础的减项，如住房公积金和社保费用等。

（5）单击“保存”按钮保存设置，单击“确定”按钮返回“个人所得税初始设置”对话框，请注意“税率项目”旁的按钮变化。单击“所得计算”旁的按钮，系统弹出“所得项目计算”对话框，双击“税项目”，设置后返回“个人所得税初始设置”对话框，“所得期间”录入“1-12”，“外币币别”选择“人民币”，“基本扣除”录入“3 500.00”，“名称”录入“个人所得税”，如图 12-34 所示。

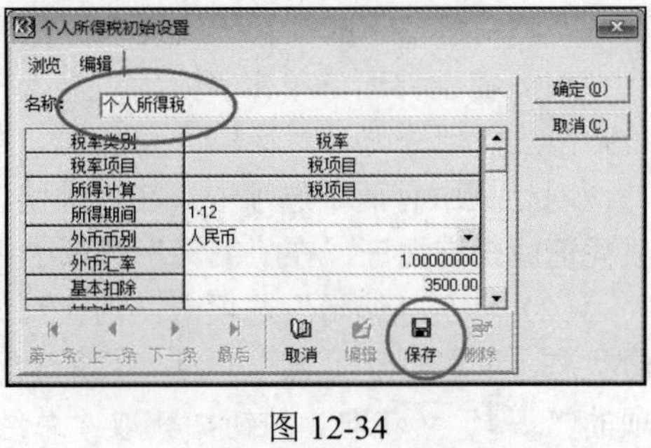

图 12-34

（6）单击“保存”按钮保存设置，单击“确定”按钮返回个人所得税数据录入界面，系统弹出提示对话框，单击“确定”按钮，系统获取数据成功后，再次弹出提示对话框，单击“确定”按钮，系统开始计算所得税，计算后的窗口如图 12-35 所示。

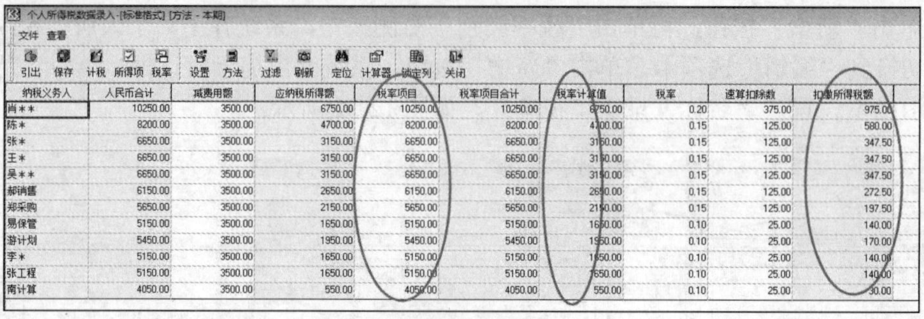

纳税义务人	人民币合计	减费用额	应纳税所得额	税率项目	税率项目合计	税率计算值	税率	速算扣除数	扣缴所得税额
肖＊＊	10250.00	3500.00	6750.00	10250.00	10250.00	6750.00	0.20	375.00	975.00
陈＊	8200.00	3500.00	4700.00	8200.00	8200.00	4700.00	0.15	125.00	580.00
张＊	6650.00	3500.00	3150.00	6650.00	6650.00	3150.00	0.15	125.00	347.50
王＊	6650.00	3500.00	3150.00	6650.00	6650.00	3150.00	0.15	125.00	347.50
吴＊＊	6650.00	3500.00	3150.00	6650.00	6650.00	3150.00	0.15	125.00	347.50
郝销售	6150.00	3500.00	2650.00	6150.00	6150.00	2650.00	0.15	125.00	272.50
郑采购	5650.00	3500.00	2150.00	5650.00	5650.00	2150.00	0.15	125.00	197.50
易保管	5150.00	3500.00	1650.00	5150.00	5150.00	1650.00	0.10	25.00	140.00
游计划	5450.00	3500.00	1950.00	5450.00	5450.00	1950.00	0.10	25.00	170.00
李＊	5150.00	3500.00	1650.00	5150.00	5150.00	1650.00	0.10	25.00	140.00
张工程	5150.00	3500.00	1650.00	5150.00	5150.00	1650.00	0.10	25.00	140.00
南计算	4050.00	3500.00	550.00	4050.00	4050.00	550.00	0.10	25.00	30.00

图 12-35

（7）单击“保存”按钮保存所得税计算结果。

单击“引出”按钮可以引出其他类型文件。

个人所得税计算后，并未在工资表中直接使用，只有在工资数据录入界面引入个人所得税数据，然后再进行工资计算，才是正确的工资数据。下面将刚才所计算的个人所得税数据引入工资表中，操作步骤如下。

单击“人力资源”→“工资管理”→“工资业务”，双击“工资录入”后弹出“过滤”对话框，选中“1”方案，单击“确定”按钮进入工资数据录入界面，注意此时“代扣税”列为空白，光标放置该列，单击工具栏上的“区选”按钮，再单击“代扣税”列头，选中整列使其反黑显示，单击“所得税”按钮，系统弹出提示对话框，选择“引入本期所得税”，单击“确定”按钮，引入所有职员个人所得税数据，如图 12-36 所示。单击“保存”按钮保存个人所得税数据的引入。

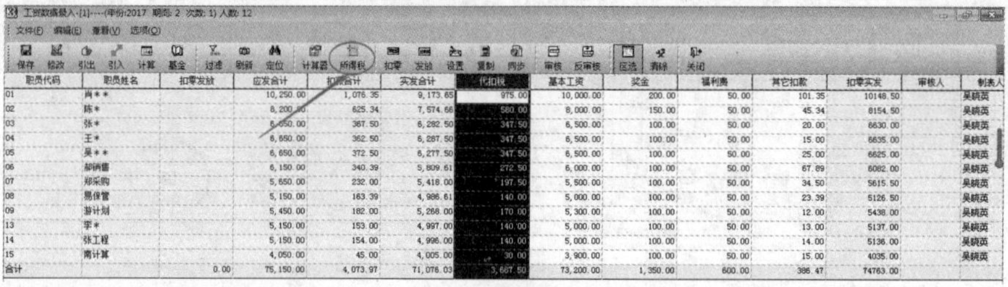

职员代码	职员姓名	扣零发放	应发合计	扣款合计	实发合计	代扣税	基本工资	奖金	福利费	其它扣款	扣零实发	审核人	制表人
01	肖＊＊		10,250.00	1,076.35	9,173.65	975.00	10,000.00	200.00	50.00	101.35	10148.50		吴晓英
02	陈＊		8,200.00	625.34	7,574.66	580.00	8,000.00	150.00	50.00	45.34	8154.50		吴晓英
03	张＊		6,650.00	367.50	6,282.50	347.50	6,500.00	100.00	50.00	20.00	6630.00		吴晓英
04	王＊		6,650.00	362.50	6,287.50	347.50	6,500.00	100.00	50.00	15.00	6635.00		吴晓英
05	吴＊＊		6,650.00	372.50	6,277.50	347.50	6,500.00	100.00	50.00	25.00	6625.00		吴晓英
06	郝销售		6,150.00	340.39	5,809.61	272.50	6,000.00	100.00	50.00	67.89	6082.00		吴晓英
07	郑采购		5,650.00	232.00	5,418.00	197.50	5,500.00	100.00	50.00	34.50	5615.50		吴晓英
08	易保管		5,150.00	163.39	4,986.61	140.00	5,000.00	100.00	50.00	23.39	5126.50		吴晓英
09	游计划		5,450.00	182.00	5,268.00	170.00	5,300.00	100.00	50.00	12.00	5438.00		吴晓英
13	李＊		5,150.00	153.00	4,997.00	140.00	5,000.00	100.00	50.00	13.00	5137.00		吴晓英
14	张工程		5,150.00	154.00	4,996.00	140.00	5,000.00	100.00	50.00	14.00	5136.00		吴晓英
15	南计算		4,050.00	45.00	4,005.00	30.00	3,900.00	100.00	50.00	15.00	4035.00		吴晓英
合计		0.00	75,150.00	4,073.97	71,076.03	3,667.50	73,200.00	1,350.00	600.00	386.47	74763.00		

图 12-36

3．费用分配

费用分配是指根据系统所设置的分配方案或计提方案生成凭证的过程。

例 12-1 将总经办、财务部、采购部和仓库下的“扣零实发”分配到“管理费用——工资”科目，将销售部下的“扣零实发”分配到“营业费用——员工工资”科目。

（1）在主界面，单击“人力资源”→“工资管理”→“工资业务”，双击“费用分配”，系统弹出“费用分配”对话框，如图 12-37 所示。

对话框中有两个选项卡，在“浏览”选项卡中可以查看系统中已有的分配方案，可以进行生成凭证或查询凭证，在“编辑”选项卡中可以对分配方案进行新增、编辑、删除等操作。

（2）单击“编辑”选项卡，切换到编辑界面，单击界面下部的“新增”按钮，系统切换到编辑状态，录入“分配名称”为“工资分配”、“摘要内容”为“工资分配”。单击第一行“部门”项的“”（获取）按钮，获取“总经办”，在“工资项目”处选择“扣零实发”项目，“费用科目”获取“5502.07-工资”科目，“工资科目”获取“2151-应付工资”科目；在第二行“部门”处获取“财务部”，其他同第一行；第三行“部门”获取“销售部”，“费用科目”获取“5501.05-员工工资”，其他同第一行；第四行、五行除部门外同第一行，设置完成的界面如图 12-38 所示。

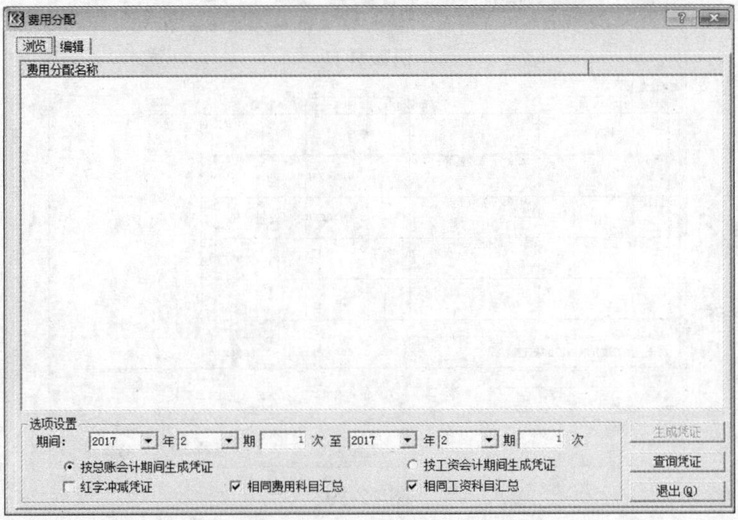

图 12-37

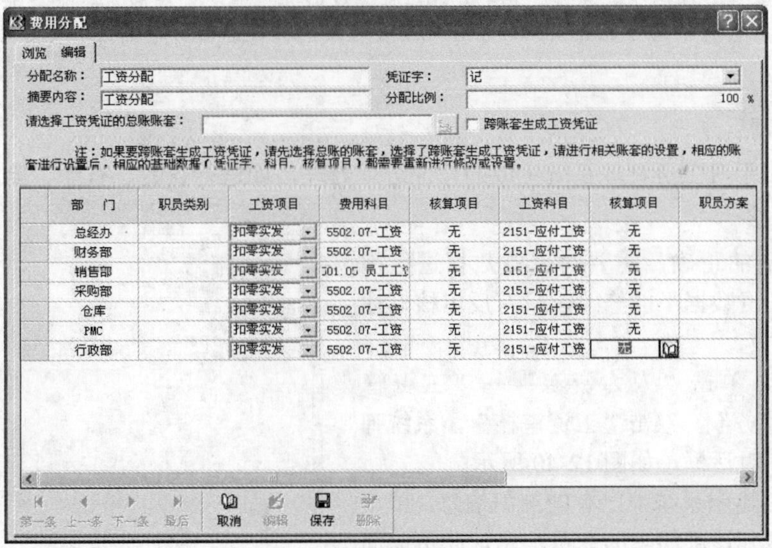

图 12-38

（3）单击“保存”按钮保存当前设置。若需修改、删除该方案，单击工具栏上的“编辑”或“删除”按钮即可。

注　若选中“跨账套生成工资凭证”，则需选择总账账套，设置后，系统生成的凭证会自动传递到所选择的账套中。

（4）将设定的方案生成凭证。单击“浏览”选项卡，切换到浏览界面，选中“工资分配”，选中“按工资会计期间生成凭证”，单击“生成凭证”按钮，系统弹出提示对话框，单击“确定”按钮。稍后系统弹出“信息”对话框，单击“关闭”按钮，然后单击“查询凭证”按钮，系统进入“凭证处理”窗口，双击该记录后，系统弹出“记账凭证-查看”窗口，如图 12-39 所示。

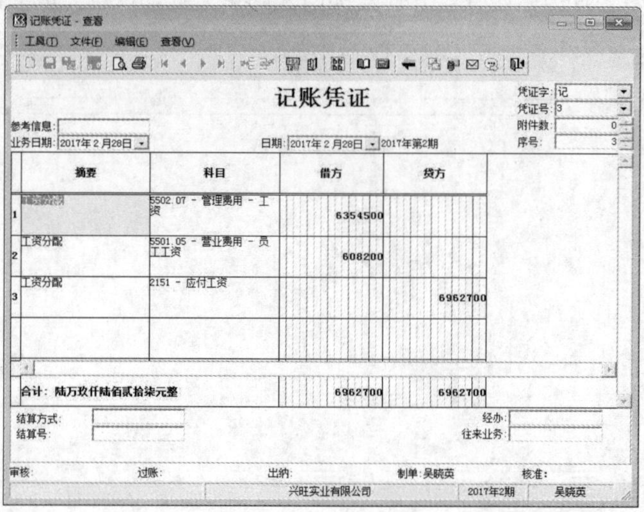

图 12-39

注 按总账会计期间生成凭证：表示分配工资生成的凭证的会计期间为总账系统所在的会计期间。按工资会计期间生成凭证：表示分配工资生成的凭证的会计期间为工资管理系统所在的会计期间。

4．凭证管理

凭证管理用于对工资管理系统生成的凭证进行处理，如进行查看、打印、删除等操作。

5．工资审核

为确保工资的正确，需要对工资数据进行审核，审核后的工资数据不能修改，只有反审核后才能修改。

在主界面，单击“人力资源”→“工资管理”→“工资业务”，双击“工资审核”，系统弹出“工资审核”对话框，如图 12-40 所示。

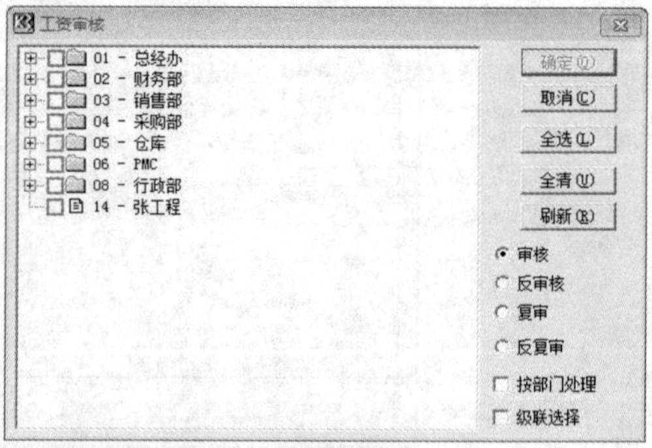

图 12-40

对话框左侧显示系统中已有的部门信息，单击“+”号，层层展开该部门下的职员信息，职员前面方框中打钩表示选中。

- 审核。选中该项，对话框左侧显示未审核过的职员信息。选中要审核的职员，单击“确定”按钮，如果稍后该职员记录隐藏，即表示审核成功。
- 反审核。选中该项，对话框左侧显示审核过的职员信息。选中要反审核的职员，单击“确定”按钮，如果稍后该职员记录隐藏，即表示反审核成功。
- 复审。工资复审必须在工资审核的基础之上进行。选中该项，对话框左侧显示未复审过的职员信息。选中要复审的职员，单击“确定”按钮，如果稍后该职员记录隐藏，即表示复审成功。
- 反复审。选中该项，对话框左侧显示复审过的职员信息。选中要反复审的职员，单击“确定”按钮，如果稍后该职员记录隐藏，即表示反复审成功。

- 按部门处理。选中该项，则在对话框左侧只能看到部门信息，不能看到职员信息。
- 级联选择。按层级关系选择。

注　反审核人和审核人、反复审人和复审人都应是同一个人。

12.3.2　人员变动

人员变动是指处理企业中职员的信息变动，如部门更换、职位变动等，这可以保证财务人员核算工资时的准确性。

（1）单击“人力资源”→“工资管理”→“人员变动”，双击“人员变动处理”，系统弹出“职员变动”窗口，单击“新增”按钮，系统弹出“职员”管理窗口，如图 12-41 所示。

（2）双击要变动的记录，系统返回“职员变动”窗口，选中后，单击“下一步”按钮，系统进入“职员变动”对话框，如图 12-42 所示，“职员项目”选择“部门”。

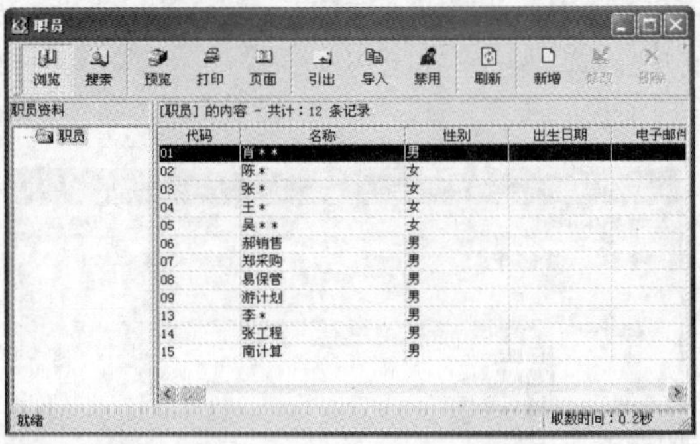

图 12-41

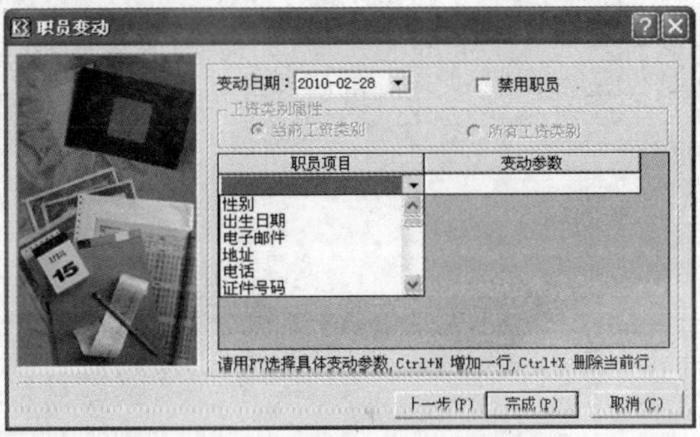

图 12-42

注　如果选中“禁用职员”，表示该职员以后不能进行工资业务的处理。

（3）按 F7 功能键获取“变动参数”为“总经办”，单击“完成”按钮，系统弹出变动成功提示，单击“确定”按钮返回主界面。

人员变动一览表是查询变动情况的报表。单击“人力资源”→“工资管理”→“人员变动”，双击“人员变动一览表”，系统弹出“过滤条件”对话框，设置好过滤条件后，单击“确定”按钮，系统进入“人员变动一览表”窗口。

人力资源异动查询：人力资源管理系统中职员发生变动后，如入职、转正、离职等，不同变动情况对应的工资计算起止时间要求不同。在工资管理系统中查询人力资源变动可以提示用户人事管理模块的内部变动和离职工作流审批通过的结果（包括生效日期）。用户可通过实时查看变动和离职的变动记录表，自主选择在哪个期间更新工资管理系统的职员资料，从而灵活地确定变动或离职人员的工资处理时间。

12.4　工资报表

金蝶 K/3 工资管理系统提供丰富的工资报表，有工资条、工资发放表及工资汇总表等报表。通过报表能全面掌握企业工资总额、分部门水平构成、人员工龄及年龄结构等，为制订合理的薪资管理提供详细的资料。工资报表的应用重点是过滤方案的设置和打印输出时纸张大小及方向的调整。下面以查询工资条为例，介绍工资报表的查询方法。

下面以输出“管理人员”类别下的工资条以及表 12-6 所示数据为例，介绍查询工资条的操作。

表 12-6　　工资条项目排列顺序

1	2	3	4	5	6	7	8	9	10	11	12	13	14	15	16
职员代码	职员姓名	部门名称	上次扣零结余	本次扣零	本次扣零结余	扣零发放	基本工资	奖金	福利费	应发合计	代扣税	其他扣款	扣款合计	实发合计	扣零实发

（1）在主界面，单击“人力资源”→“工资管理”→“工资报表”，双击“工资条”，系统弹出“过滤器”对话框，如图 12-43 所示。

- 标准格式。系统预设的标准过滤方案。
- 当期查询。查询当前工资会计期间的工资条。

（2）新增一个过滤方案。单击“增加”按钮，系统弹出“定义过滤条件”对话框，录入“过滤名称”为“工资条 1”，根据表 12-6 中数据选中相应工资项目，并单击“上移”“下移”按钮，按表中序号进行排列，设置完成的对话框如图 12-44 所示。

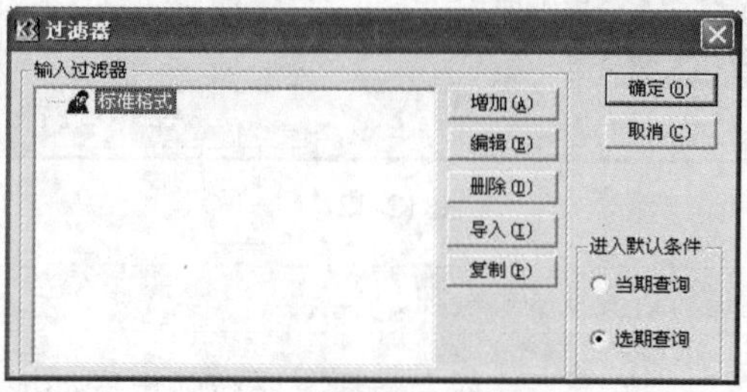

图 12-43

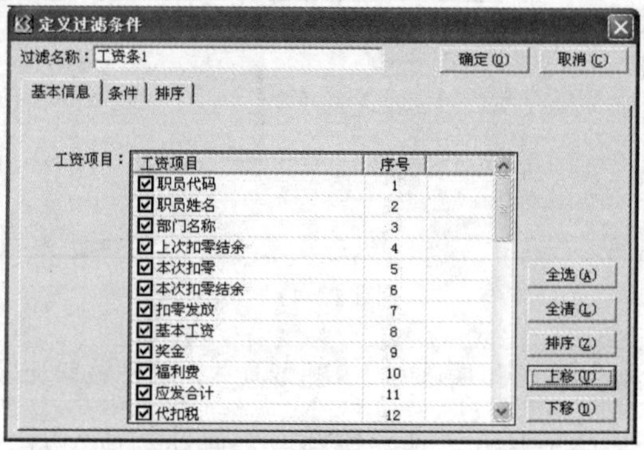

图 12-44

在“条件”选项卡可以设置过滤方案，在“排序”选项卡可以设置排序字段。

（3）单击“确定”按钮，系统弹出提示，单击“确定”按钮。新增“工资条 1”过滤方案，并返回“过滤器”对话框。选中“工资条 1”方案，单击“确定”按钮，系统弹出“工资条打印”对话框，如图 12-45 所示。

- 发放设置。选择工资条的会计年度、会计期间和发放次数。
- 字体设置。单击“更改文本字体”按钮可以进行数值和文本字体的修改，数据精度可以设置小数位。
- 显示设置。微调选中右下角项目的列宽和行高等。
- 过滤方案。重新选择过滤方案。
- 打印设置。设置打印时的打印机、纸张大小和方向等内容。
- 使用套打、套打设置。选中“使用套打”，则可以进行套打设置。
- 数据为零不打印工资项目。选中该项，当项目数据为 0 时不打印；反之，打印出来。

（4）单击“打印预览”按钮，系统进入“打印预览—工资表”窗口，如图 12-46 所示。

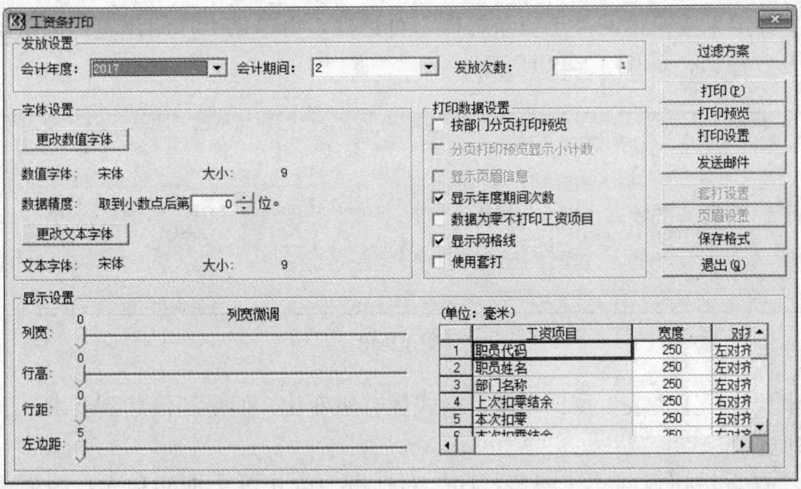

图 12-45

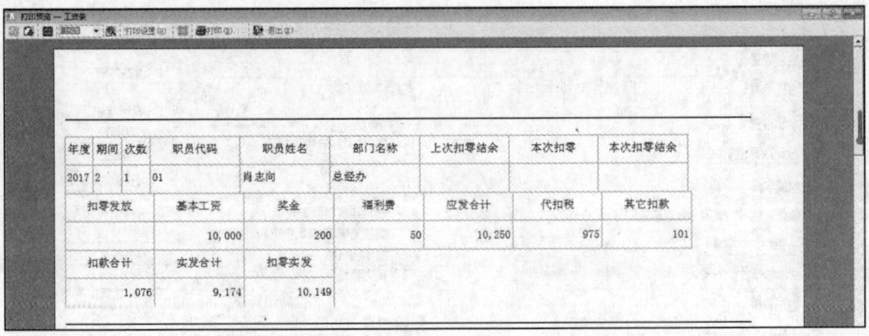

图 12-46

通过预览发现打印格式不美观，更改方法有 3 种：第 1 种是纸张方向选择“横向”；第 2 种是选择尽量大的纸张，如 A3 纸张；第 3 种是修改列的宽度。在此采用第 1 种和第 3 种方法。

（5）单击“关闭”按钮返回“工资条打印”对话框，单击“打印设置”按钮，系统弹出“打印设置”对话框，修改“方向”为“横向”，如图 12-47 所示。

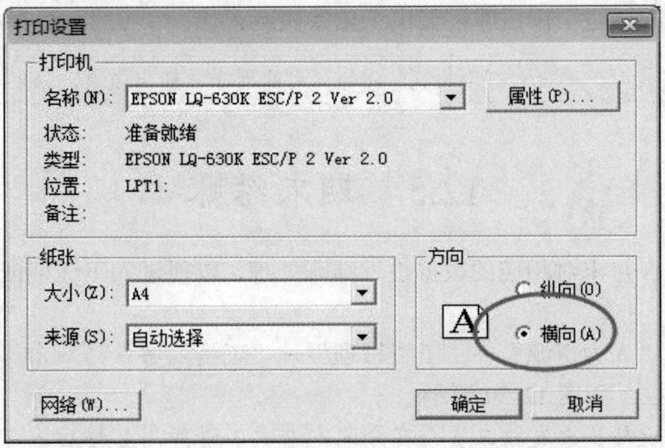

图 12-47

（6）单击“确定”按钮返回“工资条打印”对话框，再单击“打印预览”按钮，系统进入“打印预览—工资表”窗口，如图12-48所示。

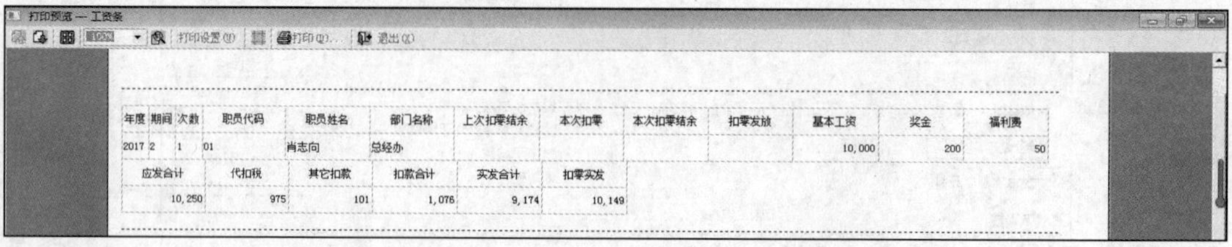

图12-48

通过“打印预览—工资表”窗口发现，格式虽有所变化，但是还没达到要求，下一步可以修改每一个项目的列宽。

（7）单击“”按钮返回“工资条打印”对话框，除年度、期间和次数的列宽不用修改外，其他项目宽度全部修改为“140”，如图12-49所示。

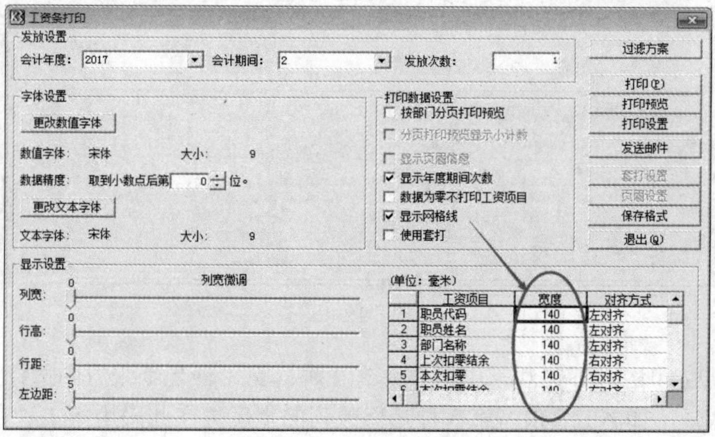

图12-49

（8）单击“打印预览”按钮，系统进入“打印预览—工资表”窗口，打印格式基本达到要求后，单击工具栏上的“打印”按钮即可输出工资条内容。

注　调整打印格式时，单击“打印预览”按钮，可随时查看输出效果，以供参考调整。

12.5 期末结账

期末结账主要是在月末对相应的数据进行结账处理，以便进入下一期或下一次工资发放时处理新的工资业务。

在主界面，单击“人力资源”→“工资管理”→“工资业务”，双击“期末结账”，系统弹出“期末结账”对话框，如图12-50所示。

- 本次。如果一月多次发放工资，在分配完本次工资费用数据后，可以采用本次结账方式进入本月下一次工资发放。
- 本期。一月内多次发放工资时，应先采用本次结账方式终结各次工资发放数据，然后把本期内多次工资数据结转，从而进入下一期工资发放。

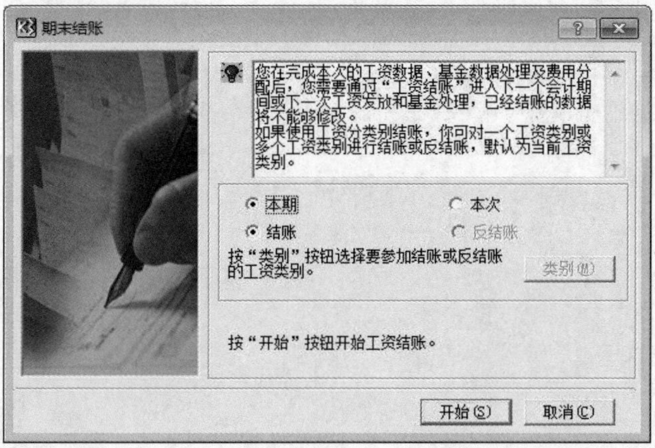

图 12-50

- 类别。选择要结账的工资类别。

在此选中“本期”，单击“开始”按钮即可完成结账工作。

注　（1）结账时，系统会自动复制每个类别下的固定工资项目数据。当对其中一个工资类别进行反结账操作时，若选取删除当前工资数据功能，则自动删除当前工资数据，而且其他所有工资类别也同时跟着反结账，并自动删除当前工资数据。

（2）工资管理系统的“系统参数”中设置工资结账前必须审核或者必须复审，则需要在结账前对工资数据进行审核或者复审，否则不给予结账处理。

系统同时提供了反结账功能，在“期末结账”对话框，选中“反结账”，单击“开始”按钮即可。

注　反结账时，如果未选中“删除当前工资数据”，则在反结账时，不删除已经存在的工资数据，这样再结账时，会保留修改过后的固定工资项目数据。

12.6　课后习题

（1）画出工资管理系统与其他模块之间的数据流向图。

（2）在什么时候使用“选择类别”？

（3）部门导入数据时有哪几种数据源？

（4）工资管理系统期末结账的基本条件是什么？

第13章 总　　账

本章重点

- 凭证录入
- 凭证审核
- 凭证查询
- 凭证过账
- 凭证打印
- 账簿、报表查询
- 往来管理
- 现金流量表
- 结账

13.1 概述

会计任务包括设置账户、填制凭证等，然后对其审核、记账，最后统计各种账表，这些都是金蝶K/3 ERP系统的基本功能。总账系统就是用来完成这些基本功能的。

总账系统是金蝶K/3的核心，可以进行凭证填制、审核和记账等工作，同时它接收来自各业务系统传递过来的凭证（如固定资产的计提折旧凭证）。总账系统在月末会根据转账定义自动生成结转凭证、自动结转损益凭证等。

总账系统根据填制的凭证自动生成相应的账簿报表，如总分类账、明细分类账和科目余额表等。

如果核算单位的账务非常简单，涉及往来款、库存等业务较少时，单独使用总账系统就可以实现财务核算的基本要求。

1．使用总账系统需要设置的内容

- 公共资料设置。公共资料是本系统所涉及的最基础资料，必须设置，否则在进行单据处理时会受到相应的限制。
- 总账系统参数详细设置。这是对该模块的参数进行详细设置。

2．总账系统可执行的查询与生成的报表

总账系统包括总分类账、明细分类账、数量金额明细账、数量金额总账、多栏账、核算项目分类总账、核算项目明细账、科目余额表、试算平衡表、日报表查询、摘要汇总表、核算项目余额表、核算项目汇总表、核算项目组合表、核算项目与科目组合表、科目利息计算表、调汇历史信息表和现金流量表。

3．总账系统每期的操作流程

新用户需从系统初始化开始。老用户则因已经完成初始设置，所以可直接处理日常业务。系统初始化结束以后，随着公司的业务开展，还有许多基础资料需要设置，如银行科目的新增、客

户和供应商的新增等，可以随时在凭证录入时进行处理，如图 13-1 所示。

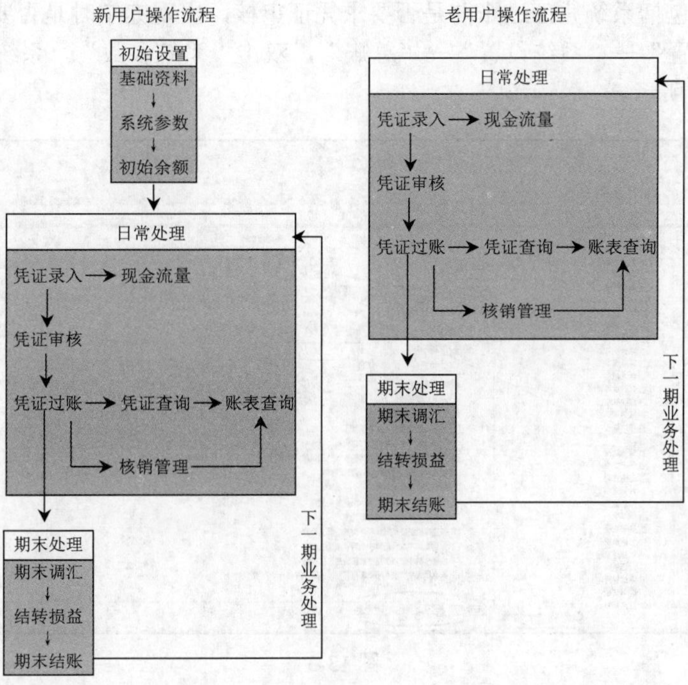

图 13-1

4．总账系统与其他系统间的数据流向

总账系统与其他系统间的数据流向反映总账系统与其他系统（或功能、模块）的数据传递关系，如图 13-2 所示。

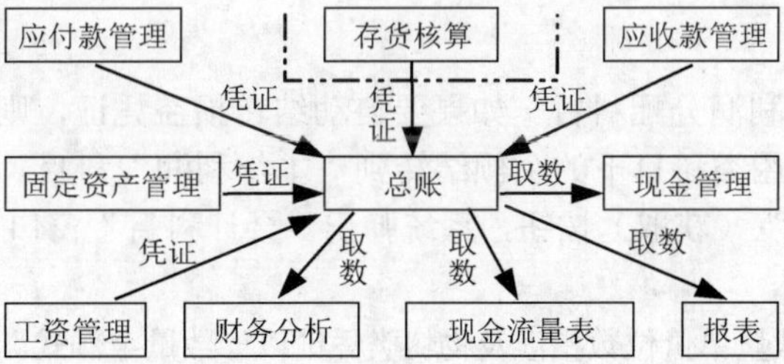

图 13-2

总账系统是金蝶 K/3 标准财务的核心，与其他业务系统通过凭证进行无缝连接，同时业务系统的凭证也可自行在总账系统中处理，并且报表、现金流量表和财务分析都可以从总账系统中取数。

13.2　初始设置

初始设置包括基础资料、系统参数和初始化数据录入。资料设置方法请参照第 3 章，本节重点讲解系统参数设置和初始化数据录入。

13.2.1　总账系统参数

总账系统参数包括系统凭证过账前是否要求凭证审核，出现赤字时是否要求提示等设置。

单击“系统设置”→“系统设置”→“总账”，双击“系统参数”，系统弹出“系统参数”对话框，如图13-3所示。

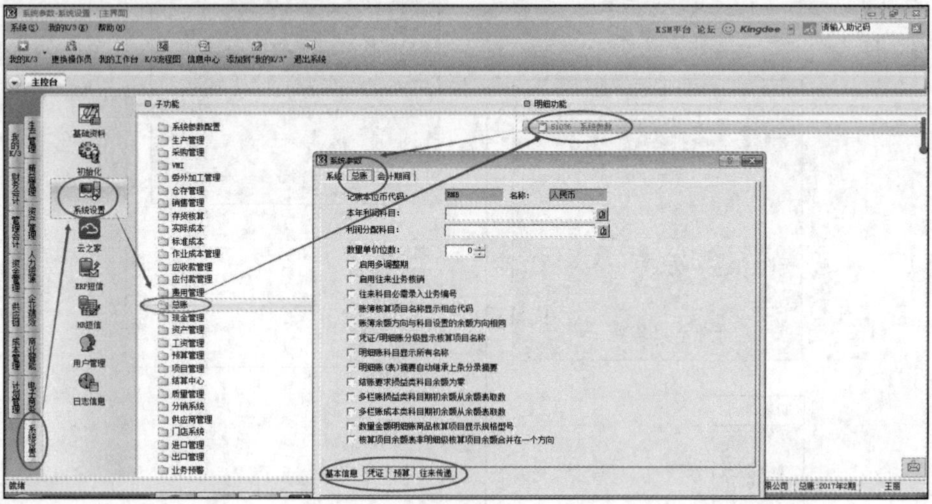

图13-3

“系统参数”对话框有系统、总账和会计期间3个选项卡。“系统”选项卡用于管理当前账套的基本信息，有公司名称、地址和电话信息；“总账”选项卡用于设置整个总账系统的参数；“会计期间”选项卡提供查看当前账套采用的会计期间方法，以及业务已经处理到的会计期间。

“总账”选项卡包含基本信息、凭证、预算和往来传递4个选项卡，各选项卡说明如下。

1．基本信息

（1）本年利润科目、利润分配科目。如果要自动结转损益凭证，则必须设置该项。当软件自动结转损益时会自动将损益类科目下的余额结转到“本年利润”科目。若不设置，则结转损益凭证须手工录入。单击“ ”（获取）按钮，系统弹出“会计科目”窗口，选择“本年利润”科目，单击“确定”按钮即可。

（2）数量单价位数。数量单价位数指涉及物料类凭证以“数量金额式”进行核算时，数量和单价的小数位数。

（3）启用往来业务核销。设置往来会计科目是否进行往来业务核销。选中该项，则录入该科目凭证时需录入业务编号，核销时系统会根据同一业务编号不同方向的发生额进行核销处理。该选项适用于单独使用总账系统的用户。

（4）往来科目必需录入业务编号。设置往来业务核算的会计科目在凭证录入时必须录入业务编号。该选项适用于单独使用总账系统的用户。

（5）账簿核算项目名称显示相应代码。账簿核算项目名称显示相应代码指设置控制预览、打印账簿时，是否显示核算项目的名称及相应代码。

（6）账簿余额方向与科目设置的余额方向相同。选中该项，则在账簿显示时，账簿的余额方向始终与同科目余额的方向一致，如果不同，则以负数显示；反之，当余额方向与科目设置的余额方向相反时，则显示科目余额的方向，金额始终为正数。

（7）凭证/明细账分级显示核算项目名称。选中该项，查看凭证/明细账时会分级显示核算项目名称。

（8）明细账科目显示所有名称。选中该项，在预览、打印明细账时显示该明细科目的全部内容，反之只显示最明细科目。

（9）结账要求损益类科目余额为零。选中该项，当总账结账时，如果损益类科目下有余额，则不能结账。

（10）多栏账损益类科目期初余额从余额表取数。选中该项，若多栏账制作时涉及损益类科目时，则期初余额从余额表中取数。

（11）核算项目余额表非明细级核算项目的余额合并在一个方向。选中，核算项目余额表按照其明细级核算项目的余额汇总后，如果既有借方余额又有贷方余额，需要以借贷方的差额填列，填列方向选取差额的正数方向。若同时选中“账簿余额方向与科目设置的余额方向相同”，则此选项的作用就会失效。

2. 凭证

单击“凭证”选项卡，切换到如图 13-4 所示的界面。

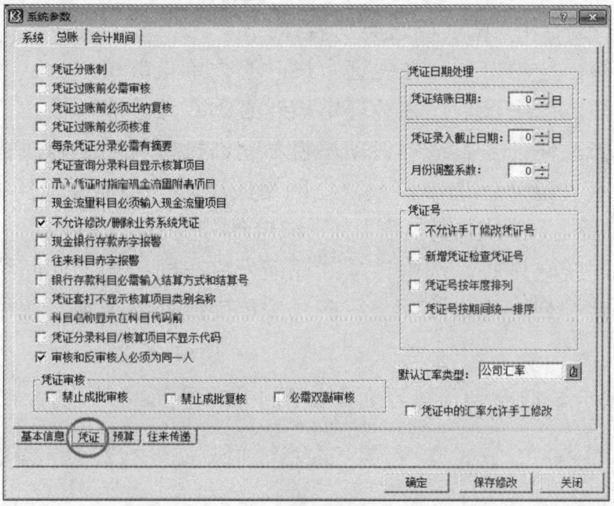

图 13-4

（1）凭证分账制。外币的处理有统账制和分账制两种。统账制下，每笔外币业务都必须折合为本位币进行记录；如果是分账制，则录入外币业务时，不需要进行外币折算，直接记录外币原币的金额即可。分账制一般应用于外币业务量较大的企业，对外币业务量较小的企业，一般采用统账制进行外币业务的处理。

统账制和分账制处理的不同，具体体现在凭证录入中。如果是统账制，一个凭证中不同的分录可以是不同的币别；如果是分账制，不同的分录必须是相同的币别。

（2）凭证过账前必需审核。为了保证凭证的正确性，凭证需要审核后才能过账。若不选中该项，则未审核的凭证也可以过账。建议选中。

（3）凭证过账前必须出纳复核。凭证需要出纳复核后才能过账。若不选中该项，则未复核的凭证也可以过账。

（4）凭证过账前必须核准。凭证需要核准后才能过账。若不选中该项，则未核准的凭证也可以过账。

（5）每条凭证分录必需有摘要。录入凭证时，每条分录必须有摘要，否则系统不予保存。

（6）录入凭证时指定现金流量附表项目。选中该项，则在凭证录入时，系统会提示录入现金流量附表项目；反之，可以不录入附表项目。

（7）现金流量科目必须输入现金流量项目。选中该项，当录入凭证时的会计科目有设置现金流量属性时，必须录入会计科目所属的现金流量项目。

（8）不允许修改/删除业务系统凭证。选中该项，如果有非总账模块录入的凭证，在总账模块中只能查看不能修改。

（9）现金银行存款赤字报警。选中该项，在录入凭证时，如果现金或银行类科目出现负值，系统会自动发出警告。

（10）往来科目赤字报警。选中该项，在录入凭证时，如果往来类科目出现负值，系统会自动发出警告。

（11）银行存款科目必须输入结算方式和结算号。选中该项，在凭证录入时，如果是银行科目的业务，则必须录入该业务的结算方式和结算号。

（12）凭证套打不显示核算项目类别名称。使用套打功能打印凭证时，如果有设置核算项目的会计科目，则打印时不打印核算项目的类别名称。

（13）禁止成批审核。选中该项，在凭证审核时必须单张审核。

（14）必需双敲审核。选中该项，在凭证审核时必须双敲才能审核。

（15）不允许手工修改凭证号。选中该项，将不允许操作员手工修改凭证号。

（16）新增凭证检查凭证号。选中该项，在网络应用时，不需要使用系统所分配的凭证号，自己录入凭证号即可；反之，新增的凭证号由系统自动分配。

（17）凭证号按期间统一排序。选中该项，凭证号将在同一会计期间统一排序。

（18）凭证号按年度排列。选中该项，凭证号按年度排列；否则，按每一会计期间排列。

3．预算

单击“预算”选项卡，切换到预算界面，如图 13-5 所示。

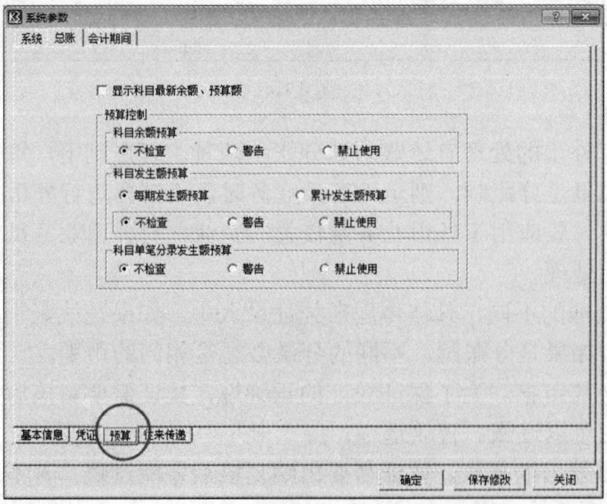

图 13-5

（1）显示科目最新余额、预算额。选中该项，在凭证录入时，会在新增凭证窗口左上角显示该科目的最新余额和发生额。

（2）预算控制。选中各项参数，则科目属性中有“预算”，且科目不符合预算时（大于最高预算或小于最低预算），科目录入可以有 3 种选择，即不检查、警告（可继续录入）和禁止使用。

4．往来传递

单击“往来传递”选项卡，切换到往来传递界面，如图 13-6 所示。

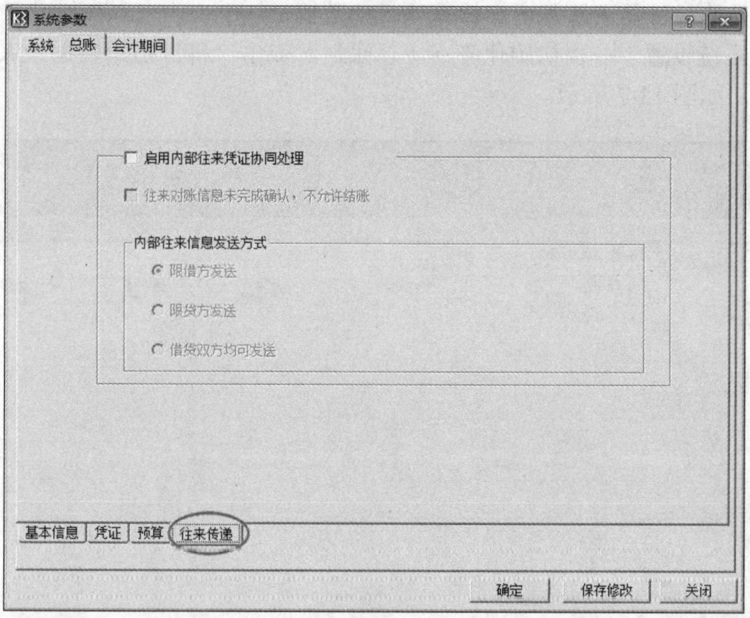

图 13-6

（1）启用内部往来凭证协同处理。选中，主控台的“内部往来协同处理”及相应的子功能“我方内部往来”及“对方内部往来”才可以使用。只有选中此项时，参数“往来对账信息未完成确认，不允许结账”与“内部往来信息发送方式”才可以选中。

（2）往来对账信息未完成确认，不允许结账。本期有内部往来信息未完成确认不允许结账，即本期还有我方或对方的内部往来信息处于“未确认”“未完全确认”状态时，期末不允许结账。默认状态为不选中。

（3）内部往来信息发送方式。内部往来信息发送方式提供 3 种选择，即限借方发送（默认选中）、限贷方发送、借贷双方均可发送。

该参数在子公司账套中不能选中，由集团账套统一控制。

例13-1　总账系统参数设置

读者可参照上面操作对总账系统参数进行如下设置。

（1）“本年利润”科目按 F7 功能键获取“3131 本年利润”科目，利润分配科目获取“3141”，数量单价位数设置为“4”。

（2）选中“结账要求损益类科目余额为零”“凭证过账前必需审核”“现金银行存款赤字报警”“往来科目赤字报警”“银行存款科目必需输入结算方式和结算号”“凭证号按期间统一排序”“显示科目最新余额、预算额”。

13.2.2 初始数据录入

公共资料设置和系统设置完成后，就可以录入初始数据。初始数据根据用户所需要使用的系统进行录入，如购买总账、报表系统，则只需录入各会计科目的期初余额、本年累计借方发生额和本年累计贷方发生额。若是在年初启用账套，则只需录入年初余额。

总账初始数据的设置重点是录入各会计科目的本年累计借方发生额、本年累计贷方发生额和期初余额，涉及外币的要录入本位币、原币金额，涉及数量金额辅助核算的科目要录入数量、金额，涉及核算项目的科目要录入各明细核算项目的数据。

（1）单击“系统设置”→“初始化”→“总账”，双击“科目初始数据录入”，系统进入初始余额录入界面，如图13-7所示。

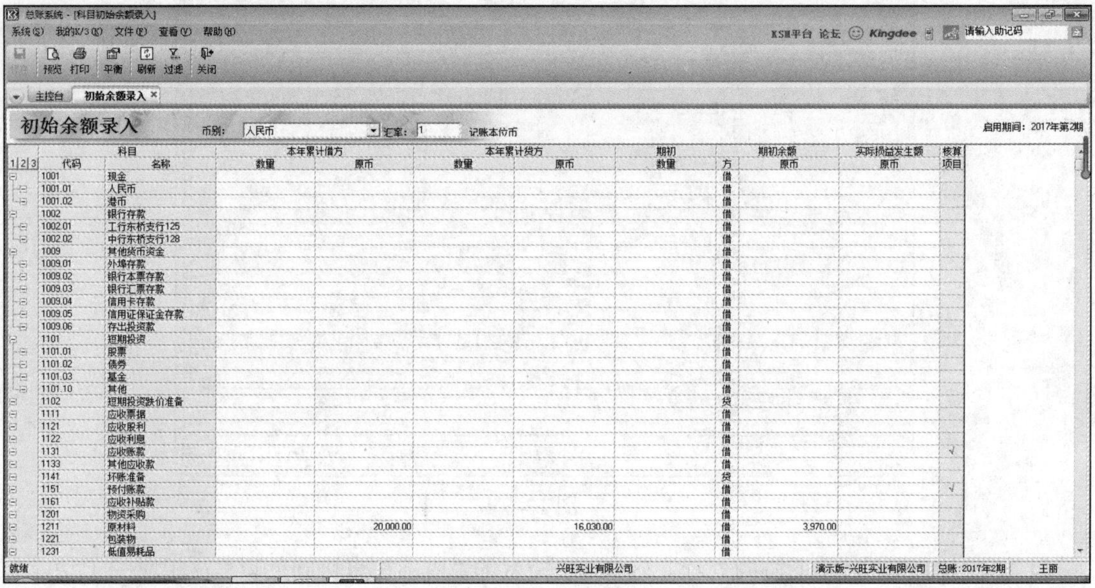

图13-7

说明

（1）录入数据时选择正确的“币别”，选择外币时系统会自动切换到外币录入界面。

（2）白色框表示可以录入数据，黄色框表示由明细数据汇总而得。

（3）核算项目上打钩，表示单击切换到“核算项目初始余额录入”窗口。

（4）有数量金额辅助核算的科目，选中时系统会自动切换到数量、金额录入状态。

（5）年初余额由以下计算公式得出：借方年初余额 = 期初余额+本年累计贷方发生额 − 本年累计借方发生额；贷方年初余额 = 期初余额+本年累计借方发生额 − 本年累计贷方发生额。

（2）单击“核算项目”处打钩位置对应的科目，系统弹出“核算项目初始余额录入”窗口，如图13-8所示。在“客户”项下获取客户档案后，在相应的位置下录入金额，录入完成，单击“保存”按钮保存，单击“关闭”按钮返回初始余额录入界面。

（3）单击有设置数量金额辅助核算科目的录入框，这时系统会自动将窗口切换为数量、金额录入状态。

（4）初始数据录入完成后须查看数据是否平衡，单击工具栏上的“平衡”按钮，稍后系统会弹出“试算借贷平衡”对话框，如图13-9所示。若试算不平衡，则返回初始余额录入界面检查数据，直到试算平衡为止。

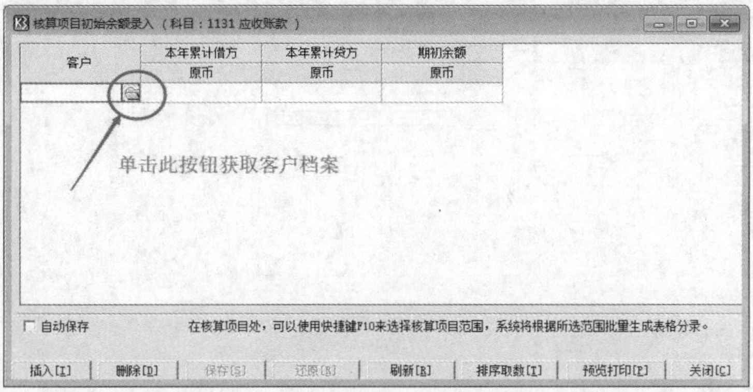

图 13-8

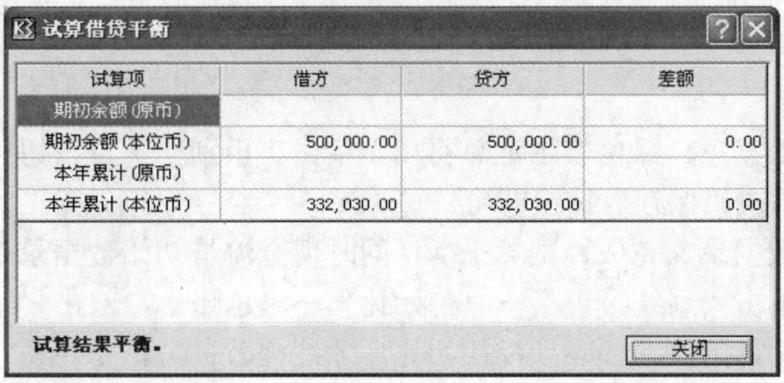

图 13-9

注　外币科目有初始数据时，试算平衡一定要选择“综合本位币”状态。

例 13-2　录入表 13-1 中的初始数据，试算平衡后结束初始化。

表 13-1　　初始化数据

科目代码	科目名称	本年累计借方	本年累计贷方	方向	期初余额
1001	库存现金	50000	45000	借	5000
1001.01	人民币	50000	45000	借	5000
1002	银行存款	238030	250000	借	488030
1002.01	工行东桥支行 125	238030	250000	借	488030
1211	原材料	20000	16030	借	3970
1243	库存商品	24000	21000	借	3000
3101	实收资本（或股本）	0	0	贷	500000
3101.01	肖志向	0	0	贷	250000
3101.02	王成明	0	0	贷	250000

（5）若需要通过总账系统下的现金流量功能查询现金流量表情况，并且当账套中为年中启用时，需要对启用前的现金流量数据进行录入，系统才能计算全年的现金流量表数据。

单击“系统设置”→“初始化”→“总账”，双击“现金流量初始数据录入”，系统进入现金流量初始余额录入界面，如图 13-10 所示。

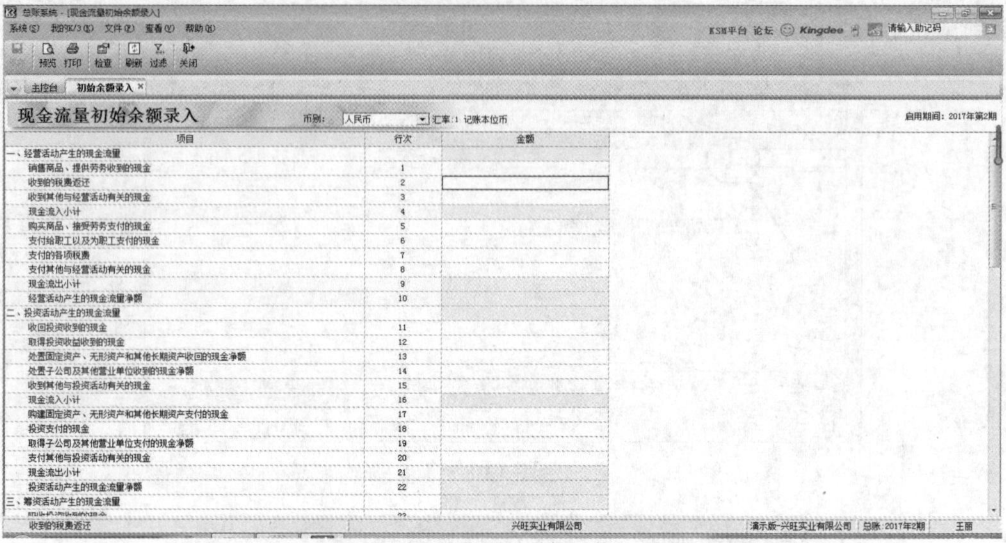

图 13-10

空白项目为可录数据项，绿色表示汇总得出，单击“币别”下拉按钮可以切换到不同的币别状态。录入完成后，单击“保存”按钮即可。

（6）当科目初始数据录入完成、试算平衡，同时现金流量初始数据录入完成后，可以结束初始化，并启用账套。单击“系统设置”→“初始化”→“总账”，双击“结束初始化”即可。结束初始化后要返回修改初始数据，必须反初始化后才能修改，方法是单击“系统设置”→“初始化”→“总账”，双击“反初始化”即可。

注　因本账套需与应收款、应付款管理及固定资产管理系统联合使用，并在同期间启用，建议在这些系统初始化结束后，再结束总账系统的初始化。

13.3　凭证处理

会计的基础工作是凭证处理，在金蝶 K/3 中通过录入和处理凭证（审核、修改凭证等），可以快速完成记账、算账、报账、结账、会计报表编制、证账表的查询和打印等任务。

凭证是会计核算系统中数据的主要来源，凭证的正确性直接影响整个会计信息系统的真实性、可靠性，因此必须保证凭证录入的准确。凭证处理工作包含凭证录入、审核、过账、查询、修改、删除和打印等操作。凭证处理时，会计科目可直接从科目表中获取并自动校验分录平衡关系，以保证录入数据的正确性。

下面以表 13-2 为例，详细介绍凭证处理过程。

表 13-2　　　2017-02-01 收向投资款**

日期	摘要	会计科目	借方金额	贷方金额
2017-02-01	实收投资款	1002.01-工行东桥支行 125	500 000	
	实收投资款	3101.01　肖**		500 000

13.3.1 凭证录入

凭证录入的重点是录入不同属性科目对应的内容，如科目有外币属性时怎样录入汇率，科目设有核算项目时怎样录入核算项目，科目设有辅助数量金额核算时怎样录入单价和数量等。

为体现不同人员操作有不同的权限，这里以“王丽”的身份登录“兴旺实业有限公司”账套进行操作。

1. 一般凭证录入

一般凭证是指会计科目属性没有设置辅助核算和外币核算的凭证，是日常账务处理中最简单，也是最能体现会计电算化中凭证录入过程的凭证。根据表 13-2 中数据进行一般凭证录入操作，步骤如下。

（1）在主界面，单击“财务会计”→“总账”→“凭证处理”，双击“凭证录入”，系统弹出凭证录入界面，如图 13-11 所示。

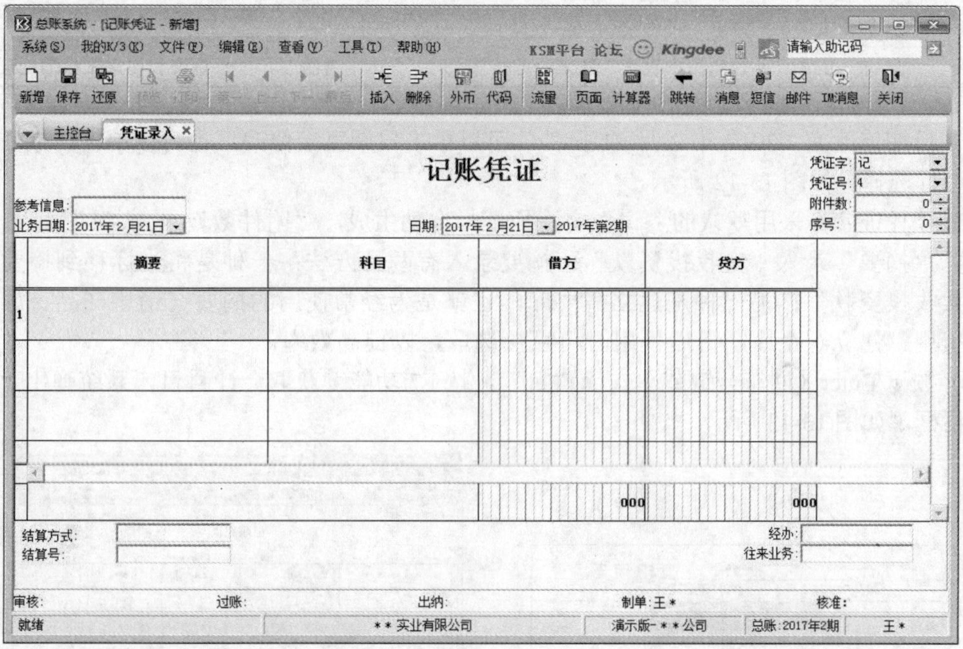

图 13-11

金蝶 K/3 系统的凭证录入界面为用户提供仿真录入界面，使用户更容易掌握凭证录入方法。凭证录入界面各项含义见表 13-3。

表 13-3 凭证录入界面项目

项目	说明
参考信息	凭证的辅助信息，可作为凭证查询的条件。可为空
业务日期	凭证录入日期，可修改
日期	凭证业务日期，单击下拉按钮可修改。日期只能是当前会计期间的日期或以后的日期，不能是以前的日期，如当前会计期间是 2006 年 2 月，则日期可以是 2006-02-01 以后的任意日期
凭证字	选择要使用的凭证字，如记、收、付、转等凭证字
凭证号	所选择凭证字下的第几号凭证，系统采用递增方式自动填充

续表

项目	说明
附件数	凭证的附件数，如有几张单据、发票等
序号	凭证的顺序号，系统自动生成
摘要	录入摘要内容，按F7功能键可获取摘要
科目	录入会计科目，一定是最明细科目。如在本账套中，收到10元人民币，录入时不能选择“1001–库存现金”，而一定要选择“1001.01–人民币”
借方	录入借方金额
贷方	录入贷方金额
合计	自动累加生成
结算方式	科目中录入的是银行科目时激活此项，包含支票、商业汇票等方式。若选中“总账参数”中的“银行存款科目必须输入结算方式和结算号”，则必须录入结算方式；反之可以不录
结算号	与结算方式对应的号码
经办	该笔业务的经办人，可为空
往来业务	录入的会计科目属性中设有“往来业务核算”时，录入业务编号，以供查询和往来账核销处理时使用

（2）日期修改为“2017年2月21日”。可以单击日期直接修改，也可以单击日期右侧的下拉按钮进行选择，如图13-12所示。

（3）“凭证字”采用默认的“记”字，凭证号自动生成，“附件数”录入“1”。

（4）“摘要”录入“实收投资款”。摘要录入有两种方法：一种是将光标移到摘要栏直接输入“实收投资款”；另一种是建立摘要库，也就是为经常使用的摘要（销售产品、应收货款和报销费用）建立一个库，日后使用时可直接选取，以提高效率。

（5）按下Enter（回车）键或单击“科目”，按F7功能键获取会计科目，系统弹出“会计科目”对话框，如图13-13所示。

图13-12

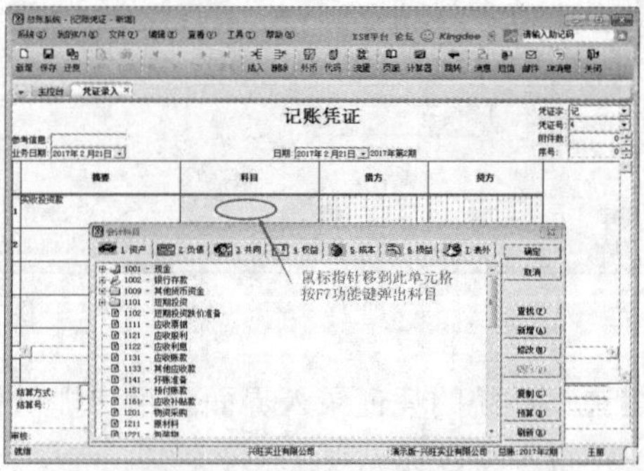

图13-13

在“会计科目”对话框中可以进行科目的新增、修改和删除等操作，若所选科目前有“+”号，则表示为非明细科目，单击“+”号可以展开明细科目。选中“1002.01—银行存款—工行东桥支行125”，单击“确定”按钮，系统会将所选中的科目引入凭证的“科目”项中，如图13-14所示。

（6）这时光标自动移动到左下角“结算方式”处，选择“支票”方式，录入“结算号”为“2017123”，如图13-15所示。

（7）单击“借方”金额栏，录入500 000元，如图13-16所示。

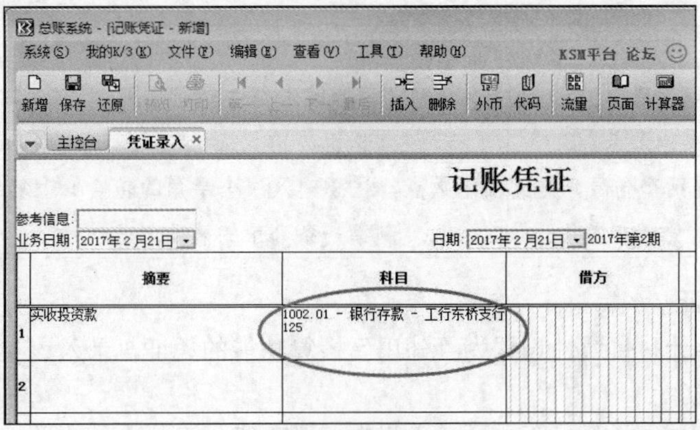

图 13-14

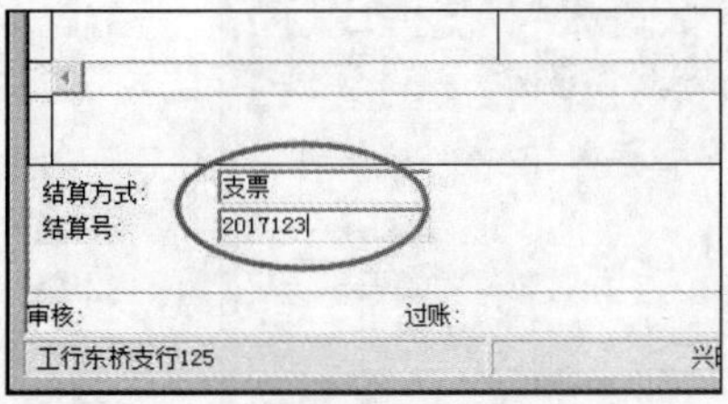

图 13-15

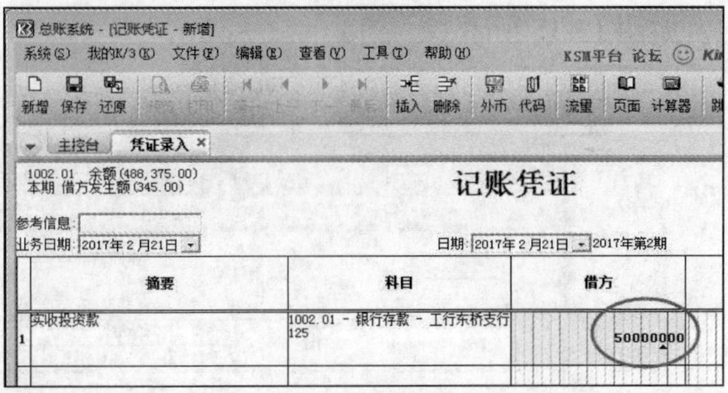

图 13-16

（8）按下 Enter 键，光标移动到第 2 条分录，“摘要”可按 F7 功能键获取“实收投资款”，在“科目”处按 F7 功能键获取“3101.01—实收资本（或股本）—肖志向”，录入贷方金额 500 000 元，第 2 条分录录入完成后的界面如图 13-17 所示。

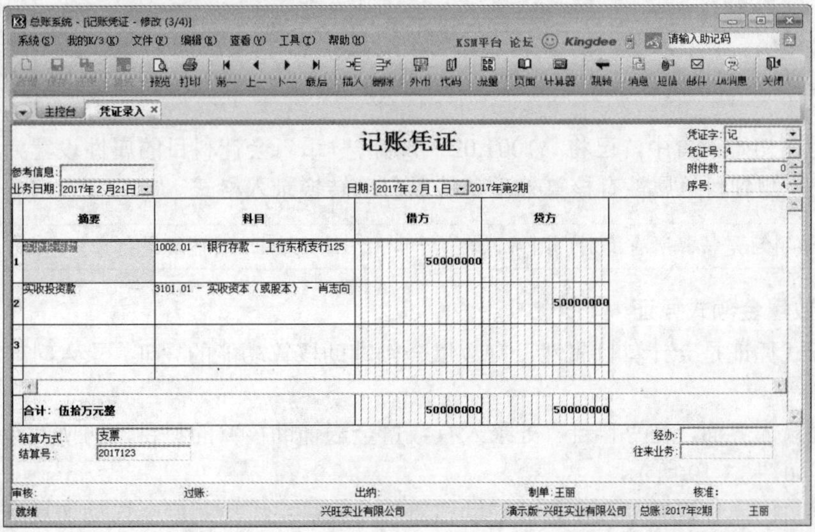

图 13-17

（9）单击“保存”按钮保存凭证。

录入凭证时的快捷键如下。

注 F7 键：获取代码　　Ctrl+F7 组合键：自动借贷平衡

F4 键：新增凭证　　F12 键：保存当前凭证

“..”（不是两个句号，是两个小数点，注意输入法全半角的转换）：复制上一分录的摘要。

“//”：当前凭证有多条分录时，只复制第一条分录的摘要。

2. 录入外币凭证

外币凭证是指会计科目属性设置为“外币”核算功能的凭证，录入该类凭证时重点是选择币别和设置汇率。

进入凭证录入界面，（若已在凭证录入界面，则单击工具栏上的“新增”按钮弹出一张空白凭证），在“科目”处按 F7 功能键获取“1001.02—现金—*币”，这时注意凭证录入界面格式的变化，如图 13-18 所示。

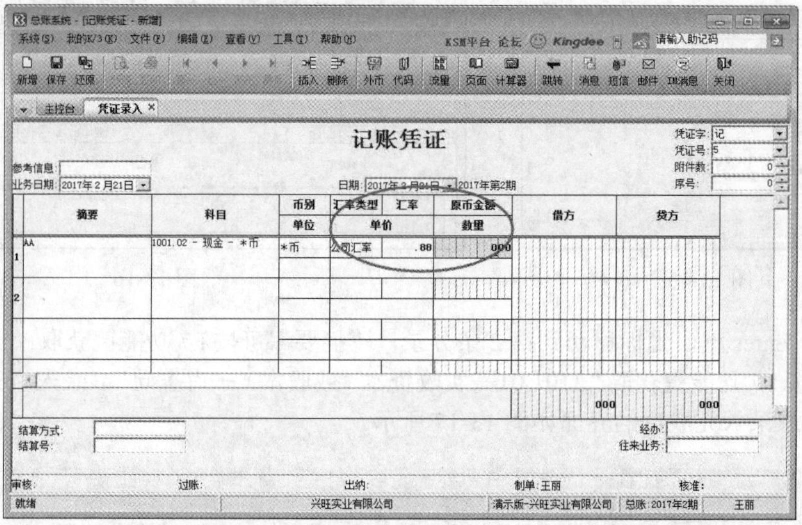

图 13-18

这是因为在初始设置中，已将“1001.02—现金—*币”会计科目的属性设置为外币核算中的“*币”，系统检测到科目属性有核算外币功能后自动转换录入格式。

注 若该科目是核算所有币别，则可以在“*币”位置处按 F7 功能键进行币别修改。

3. 录入数量金额式凭证

数量金额式凭证是会计科目属性设有数量金额辅助核算功能的凭证，录入时一定要输入单价和数量。

进入凭证录入界面，在“科目”处录入有数量金额辅助核算的科目，切换到数量金额格式凭证处理界面，如图 13-19 所示。

因为该科目的属性设有“数量金额辅助核算”功能，系统检测后会自动切换到数量金额录入状态。录入“单价”为“20”，录入“数量”为“50”，这时系统自动将“单价×数量”的乘积显示在借方金额栏，如图 13-20 所示。

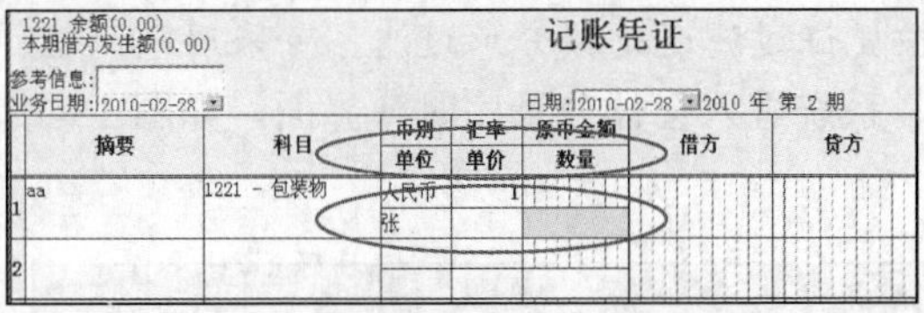

图 13-19

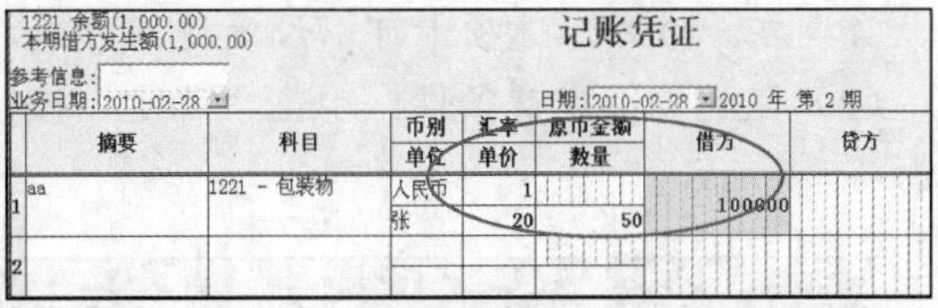

图 13-20

4．录入核算项目凭证

核算项目凭证是指会计科目属性设有辅助核算功能的凭证。录入时要正确选择“核算项目代码”。科目处获取设置核算项目功能的科目，按 Enter 键，这时光标会移动到界面下部核算项目处。当核算客户时，显示客户字样；当核算供应商时，显示供应商字样。按 F7 功能键系统弹出相应核算项目管理界面，双击所需要的记录，系统将所选中的项目引入凭证录入界面，请注意记账凭证科目处的变化。

注

（1）若科目属多个项目核算时，在科目项下会同时显示出来。

（2）设置核算项目的科目为“受控科目”时，必须由受控系统生成后，在总账系统中查看。

（3）本功能常用于部门核算和职员核算，如主营业务收入需要核算是哪位业务员所形成的收入时，可以将“主营业务收入”科目的修改为“职员”，则在每次涉及收入科目时，系统要求录入“职员”信息，这样可以有效地了解每一位业务员的业绩情况。

13.3.2　凭证查询

在凭证查询时，用户可以设置组合条件进行查询，如查询日期等于、大于或小于某个日期，查询客户在某个时间段的业务往来资料。查询时还可以将经常使用的查询条件以方案形式保存，以备下次查询使用。

（1）单击“财务会计”→“总账”→“凭证处理”，双击“凭证查询”，系统弹出“会计分录序时簿 过滤”对话框，如图 13-21 所示。

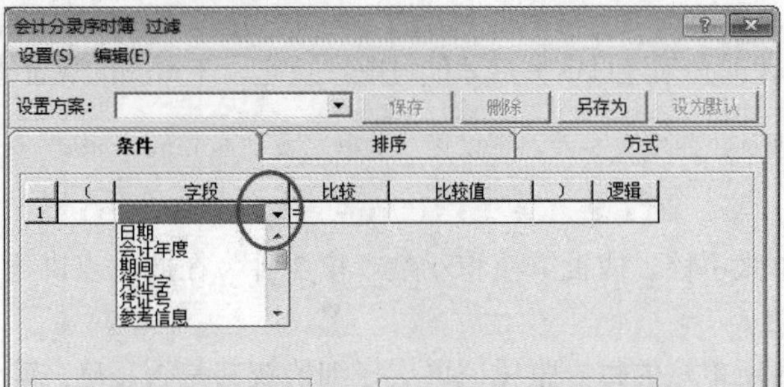

图 13-21

- 在“条件”选项卡中可以设置查询条件，如字段、比较、比较值和逻辑等。在此选项卡中可同时设置多个条件，并可查询不同审核和过账情况下的凭证。
- 在“排序”选项卡可以设置查询结果中凭证资料的排序方式，默认以时间先后次序排列。

- 在“方式”选项卡可以设置过滤方式，按凭证过滤还是按分录过滤，可采用默认值。

（2）在此先不设置条件，单击“确定”按钮，系统进入会计分录序时簿界面，如图 13-22 所示。

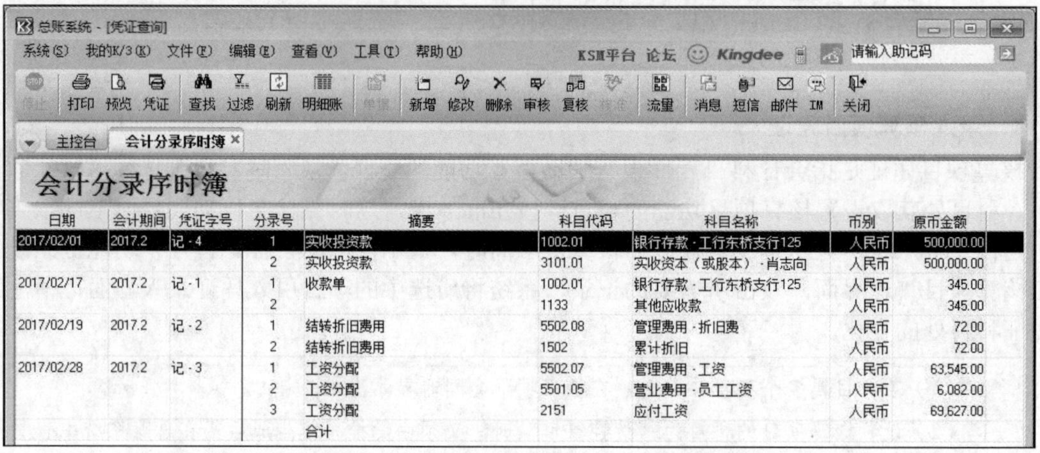

日期	会计期间	凭证字号	分录号	摘要	科目代码	科目名称	币别	原币金额
2017/02/01	2017.2	记 - 4	1	实收投资款	1002.01	银行存款 - 工行东桥支行125	人民币	500,000.00
			2	实收投资款	3101.01	实收资本（或股本）- 肖志向	人民币	500,000.00
2017/02/17	2017.2	记 - 1	1	收款单	1002.01	银行存款 - 工行东桥支行125	人民币	345.00
			2		1133	其他应收款	人民币	345.00
2017/02/19	2017.2	记 - 2	1	结转折旧费用	5502.08	管理费用 - 折旧费	人民币	72.00
			2	结转折旧费用	1502	累计折旧	人民币	72.00
2017/02/28	2017.2	记 - 3	1	工资分配	5502.07	管理费用 - 工资	人民币	63,545.00
			2	工资分配	5501.05	营业费用 - 员工工资	人民币	6,082.00
			3	工资分配	2151	应付工资	人民币	69,627.00
				合计				

图 13-22

在会计分录序时簿界面中可以对凭证进行查看、修改、删除或审核等操作。

13.3.3 凭证审核

记账凭证是登记账簿的依据，它的准确性是正确核算的基础。因此凭证记账前必须经专人审核，检查凭证输入是否有错误。会计制度规定，凭证的审核人与制单人不能为同一操作员。

凭证一旦进行审核，就不允许对其进行修改和删除，用户必须进行反审核操作后才能对凭证进行修改和删除。

金蝶 K/3 系统提供可以不经过审核就能过账的功能，设置方法是更改总账系统的系统参数。

在主界面，单击“系统设置”→“系统设置”→“总账”，双击“系统参数”，系统弹出“系统参数”对话框，单击“总账”选项卡再单击下方的“凭证”选项卡，如图 13-23 所示。选中“凭证过账前必需审核”，表示凭证必须经过审核后才能过账；反之，不审核的凭证也能过账。

注　只有系统管理员才能修改参数，可以以“陈静”或“Administrator”身份登录账套，他们都是系统管理员身份。

凭证审核方式有单张审核、成批审核和双敲审核 3 种。在此重点讲述前两种方法。

1. 单张审核

单张审核方式是对所审核的每一张凭证再次仔细检查其是否正确，确认无误即可审核。下面以审核第 1 号凭证为例，介绍单张审核的方法。

（1）以“陈静”身份登录本账套，查询凭证进入会计分录序时簿界面，不设置条件，将所有凭证显示出来。

（2）在会计分录序时簿界面，选中“记–1”号凭证，单击工具栏上的“审核”按钮，系统进入凭证录入界面；单击工具栏上的“审核”按钮，如果界面左下角的“审核”项显示审核人的名字，即表示审核成功，如图 13-24 所示。

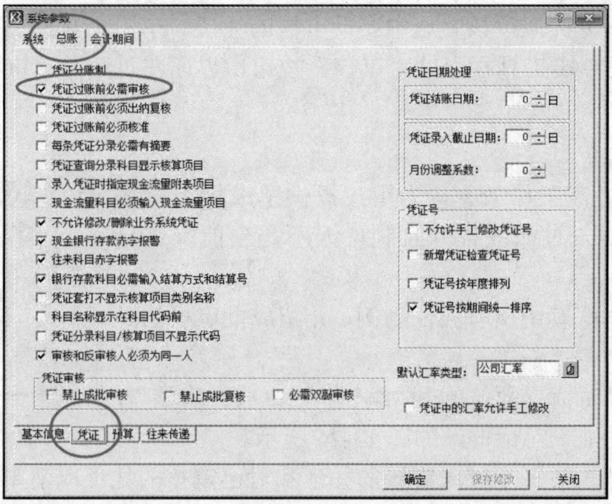

图 13-23

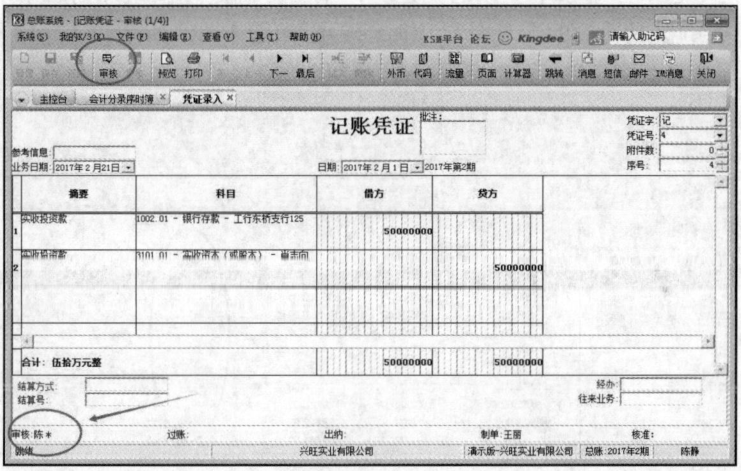

图 13-24

关闭凭证录入界面，在会计分录序时簿界面，查看凭证是否已经审核的方法是，按下键盘上的“→”键（向右移方向键），选择某审核项，若审核项有用户名，就表示该凭证是该用户审核的，如图 13-25 所示。

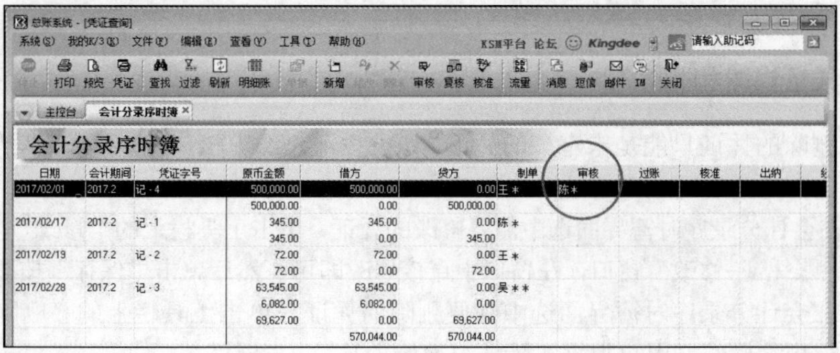

图 13-25

反审核（取消审核）类似审核。选中要反审核的凭证，单击工具栏上的“审核”按钮，系统弹出凭证录入界面，再单击工具栏上的“审核”按钮，界面左下角的“审核”处无用户名显示就表示反审核成功。

2．成批审核

金蝶 K/3 系统为提高工作效率，为用户提供了成批审核凭证的功能。此功能只对未过账凭证并且制单人不是当前操作员的凭证有效。

下面以成批审核本账套中所有凭证为例，介绍成批审核的操作方法。

（1）在会计分录序时簿界面，单击“编辑”→“成批审核”，系统弹出“成批审核凭证”对话框，如图 13-26 所示。

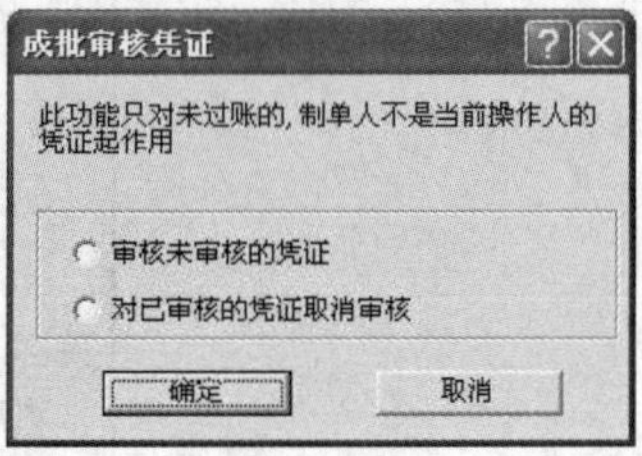

图 13-26

对话框中有两个选项——审核未审核的凭证和对已审核的凭证取消审核，两个选项只能选择其一。

（2）在对话框中选中“审核未审核的凭证”，单击“确定”按钮，稍后系统弹出提示，单击“确定”按钮。成批审核成功后的会计分录序时簿界面如图 13-27 所示。

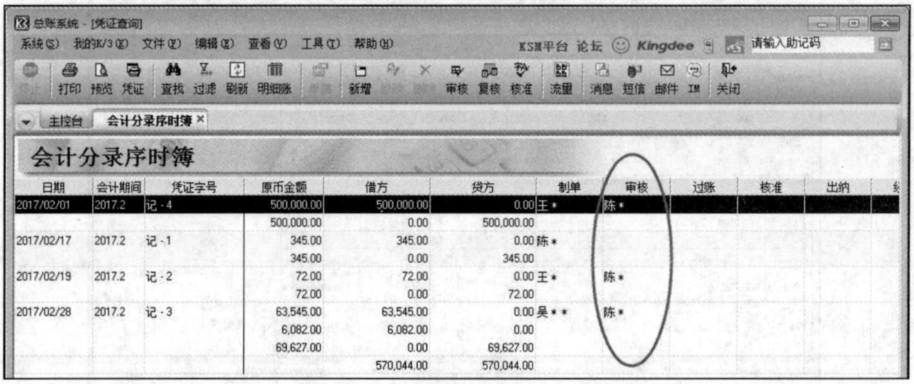

图 13-27

注

（1）已经提示审核成功的凭证，如果在会计分录序时簿界面中的“审核”选项中未显示审核人的名字，单击工具栏上的“刷新”按钮即可。

（2）成批反审核（取消审核）的方法是，在“成批审核凭证”对话框，选中“对已审核的凭证取消审核”，单击“确定”按钮。

13.3.4 凭证修改和删除

要修改或删除的凭证只能是未审核的凭证。如果凭证已经审核，删除和修改功能按钮呈灰色，不能使用，凭证一定要经过反审核后才能修改。

修改时，在会计分录序时簿界面选中需要修改的凭证，单击工具栏上的“修改”按钮，系统弹出该张凭证的“记账凭证-修改”窗口，在窗口中直接修改即可，然后单击“保存”按钮。

删除时，在会计分录序时簿界面选中需要删除的凭证，单击工具栏上的“删除”按钮，系统会提示是否进行删除操作，用户根据实际情况而定。

如果对作废凭证重新启用，单击“编辑”菜单下“恢复已删除凭证”按钮即可。

13.3.5　凭证打印

凭证正确处理后，可以将凭证打印出来，并装订成册妥善保管。凭证打印在会计电算化中也是财务业务资料的另一种备份形式。

金蝶 K/3 系统为用户提供两种凭证打印方式，一种是普通打印，另一种是套打打印。在此重点讲述普通打印的使用方法。

普通打印就是不使用套打功能进行格式设定的打印，具体步骤如下。

（1）先预览格式情况。在会计分录序时簿界面，单击“文件”→“打印凭证”→“打印预览”，系统弹出“打印预览—凭证”窗口，如图 13-28 所示。

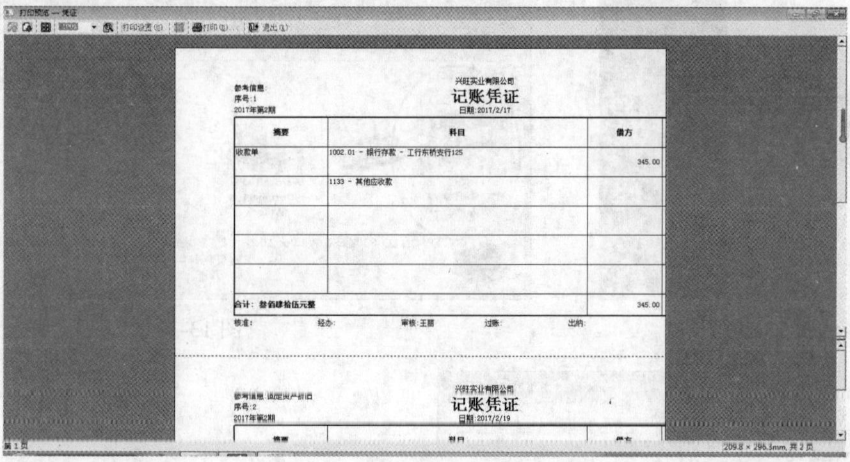

图 13-28

> **注**　预览时弹出“当前没有套打设置数据，请检查套打设置！”提示，单击“文件”→“打印凭证”→“使用套打”，表示取消套打功能，继续预览则为普通打印。

通过预览发现有如下 3 个问题。

① 纸张方向不对或纸张过大，怎么办？

② 若涉及外币和数量式的凭证怎样打印？

③ 如果不想打印参考信息等项目怎么办？

（2）设置打印纸张大小。假设使用 24cm×12cm 的打印纸，设置步骤如下。

① 确认打印机是否具有自定义纸张功能。

② 单击“开始”菜单下“所有程序”下的“设备和打印机”，如图 13-29 所示。

③ 系统弹出“设备和打印机”管理窗口，选中使用的打印机名称，再单击“打印服务器属性”按钮，如图 13-30 所示。

④ 系统弹出“打印服务器 属性”对话框，选中“创建新表单”，将“宽度”修改为“24.00cm”，“高度”修改为“12.00cm”（此数值由用户实际所使用的打印纸张大小设定）。“表单名称”录入“凭证纸”，如图 13-31 所示。

⑤ 单击“保存表单”按钮保存所设置的格式。单击“”按钮退出对话框。

（3）切换到金蝶 K/3 的“打印预览—凭证”窗口，单击窗口上部的“打印设置”按钮，系统弹出“打印设置”对话框，在对话框中可以选定打印机的名称、纸张大小和方向等，纸张大小选择先前设置的“凭证纸”，如图 13-32 所示。

图 13-29

图 13-30

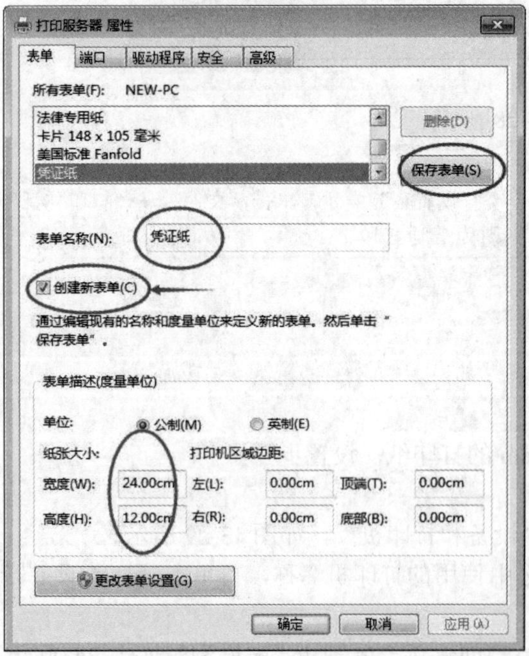

图 13-31

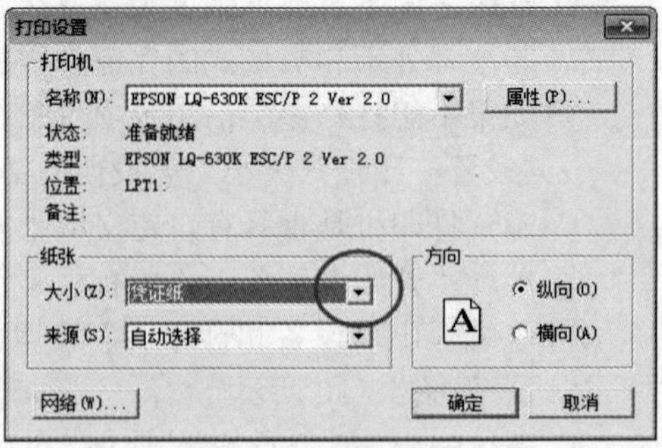

图 13-32

（4）单击“确定”按钮返回“打印预览—凭证”窗口，这时请注意打印格式的变换，如图 13-33 所示。

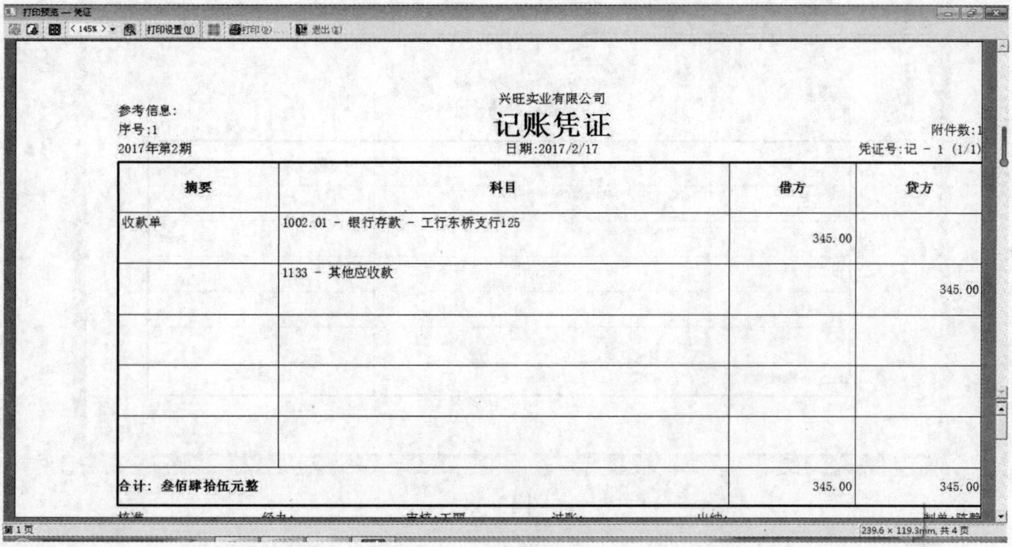

图 13-33

在预览窗口发现纸张高度太高，宽度也不合适，那么可以更改纸张大小（通常不采用，因纸张大小是固定数据）或调整分录的高度，在此采用第二种方法。

（5）单击“退出”按钮返回会计分录序时簿界面，单击“文件”→“打印凭证”→“页面设置”，系统弹出“凭证页面设置”对话框，单击“尺寸”选项卡，切换到尺寸界面，如图 13-34 所示。注意在界面右下角的单位选择。

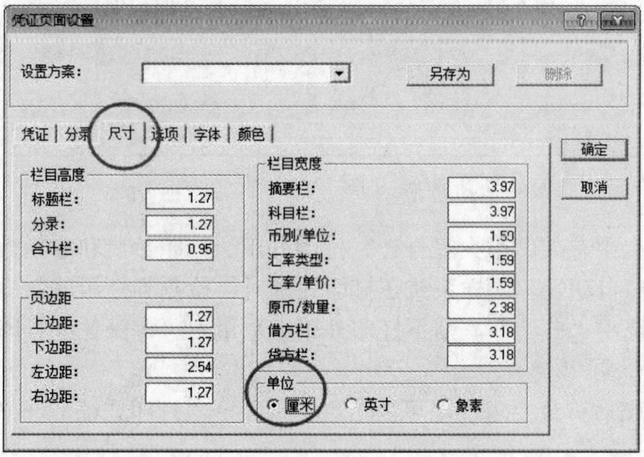

图 13-34

（6）选择“单位”为“厘米”，修改“栏目高度”下的“分录”高度为“1”，再把“币别/单位”“汇率类型”“汇率/单价”“原币/数量”修改为“1”，单击“确定”按钮，返回会计分录序时簿界面，再单击“文件”→“打印凭证”→“打印预览”，系统弹出“打印预览—凭证”窗口，如图 13-35 所示。

（7）设置凭证为外币/数量时的打印格式。在“凭证页面设置”对话框中切换到“选项”选项卡，如图 13-36 所示。

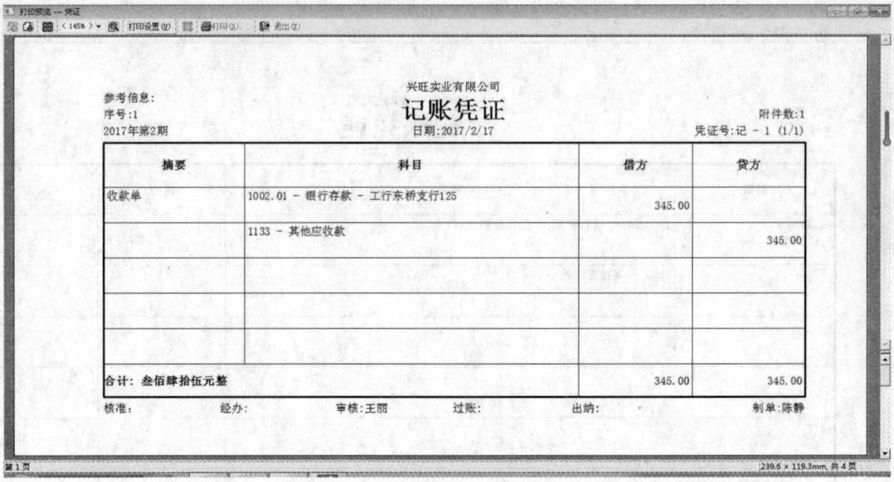

图 13-35

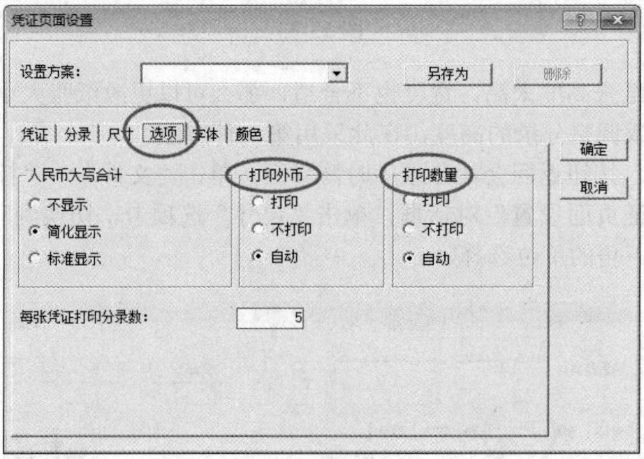

图 13-36

在“选项”选项卡中有人民币大写合计、打印外币、打印数量和分录数 4 个选项，打印外币和打印数量建议选中“自动”，这样系统在打印凭证时，检测到外币或数量时，会将外币和数量打印出来。如果没有选中“自动”，则不打印外币或数量。“每张凭证打印分录数”是指打印时一张凭证上打印几条分录。

（8）打印格式调整后符合要求，即可单击“文件”→“打印凭证”→“打印”进行凭证的打印输出。

注

（1）若使用的是演示版，则在打印时会显示“演示版”字样。

（2）在进行凭证页面设置时，请多次切换到“打印预览—凭证”窗口，查看设置的效果。

13.3.6 凭证过账

凭证过账是指系统根据已录入的凭证的会计科目将其登记到相关的明细账簿。只有本期的凭证过账后才能期末结账。凭证过账操作步骤如下。

（1）在主界面，单击“财务会计”→“总账”→“凭证处理”，双击“凭证过账”，系统弹出“凭证过账”对话框，如图 13-37 所示。

（2）在对话框中用户根据需要设置相应选项，在此采用默认值。单击“开始过账”按钮，稍后系统弹出过账情况信息，如图 13-38 所示。

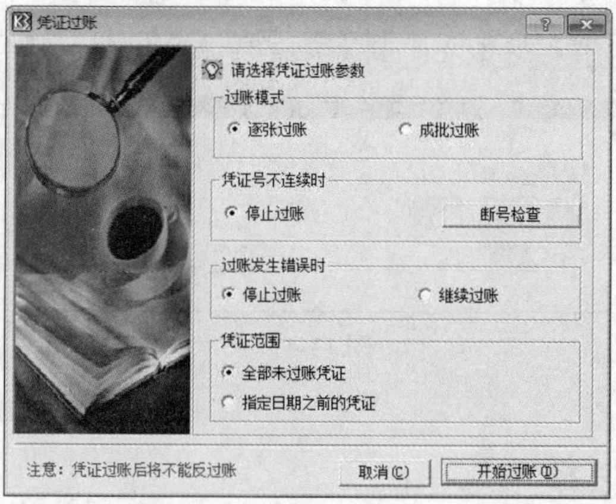

图 13-37

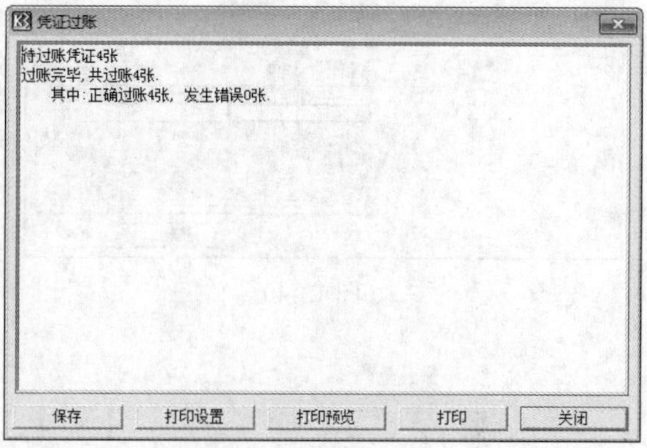

图 13-38

（3）单击“关闭”按钮，以凭证查询的方式进入会计分录序时簿界面查看是否过账完成，过账成功的凭证会在“过账”项目下显示过账人的用户名，如图 13-39 所示。

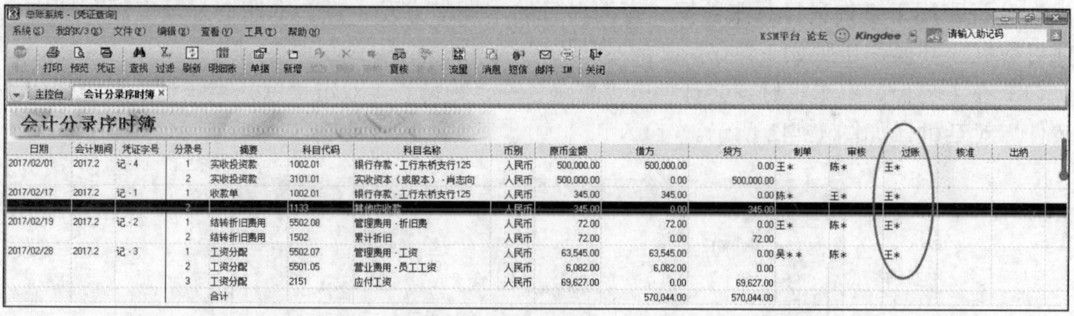

图 13-39

注　理论上已经过账的凭证不允许修改，只能采取补充凭证或红字冲销凭证的方式进行更正。因此，在过账前应该对记账凭证的内容仔细审核，系统只能检验记账凭证中的数据关系是否错误，而无法检查其业务逻辑关系。

在金蝶 K/3（V14.X）中已经没有反过账功能，需要自行安装相关插件才能有反过账功能。

13.3.7　凭证汇总

凭证汇总是指将满足条件的凭证汇总生成报表。

在主界面，单击“财务会计”→“总账”→“凭证处理”，双击“凭证汇总”，系统弹出“过滤条件”对话框，在对话框中设置汇总凭证的日期范围、科目级别和币别等，如图 13-40 所示。

选中“包含所有凭证字号”，单击“确定”按钮，系统进入凭证汇总表界面，如图 13-41 所示。

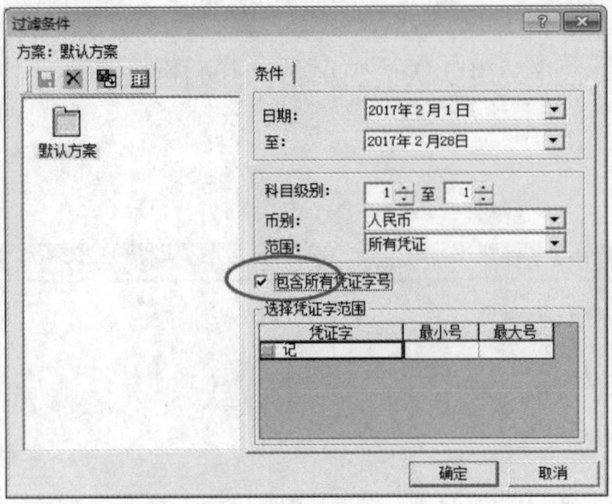

图 13-40

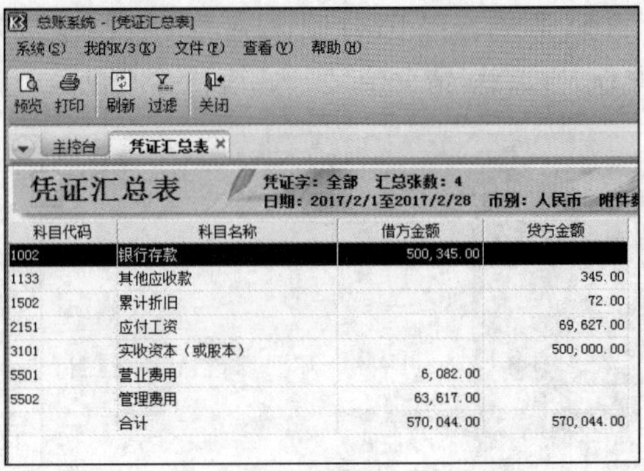

图 13-41

13.4 账簿

金蝶 K/3 为用户提供了详细的账簿查询功能，账簿有总分类账、明细分类账、数量金额总账、数量金额明细账、多栏账、核算项目分类总账和核算项目明细账等。下面以查询总分类账为例，介绍账簿的查询方法，其他账簿的查询方法可以参照总分类账内容。

总分类账用于查询科目总账数据，查询科目的本期借方发生额、本期贷方发生额和期末余额等项目数据。其操作步骤如下。

（1）在主界面，单击“财务会计”→“总账”→“账簿”，双击“总分类账”，系统弹出“过滤条件”对话框，如图 13-42 所示。

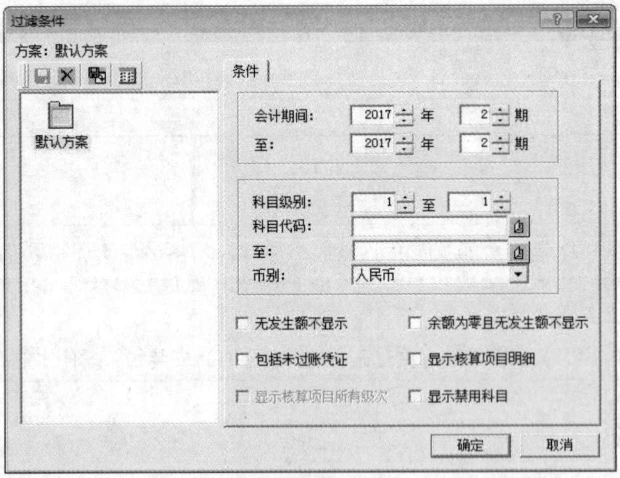

图 13-42

- 会计期间。设置要查询的会计期间范围。
- 科目级别。设置要查询什么级别的数据。
- 科目代码。设置查询的科目范围，按 F7 功能键获取会计科目。
- 无发生额不显示。选中该项，不显示在期间范围内没有发生业务的科目。

- 包括未过账凭证。选中该项，科目的汇总数据含有未过账凭证；反之，汇总数据只有已过账凭证。
- 余额为零且无发生额不显示。选中该项，不显示科目余额为零且在期间范围内无发生额的总账。
- 显示核算项目明细。选中该项，科目下有核算项目的显示核算项目明细数据，反之不显示。
- 显示核算项目所有级次。选中“显示核算项目明细”，再选中该项，当核算项目有分级时，核算项目显示到最明细；反之，只显示核算项目的第一级数据。
- 显示禁用科目。选中该项，若禁用科目下有数据也显示出来；反之，不显示。

（2）过滤条件保持默认值，单击“确定”按钮，系统弹出总分类账界面，如图 13-43 所示。

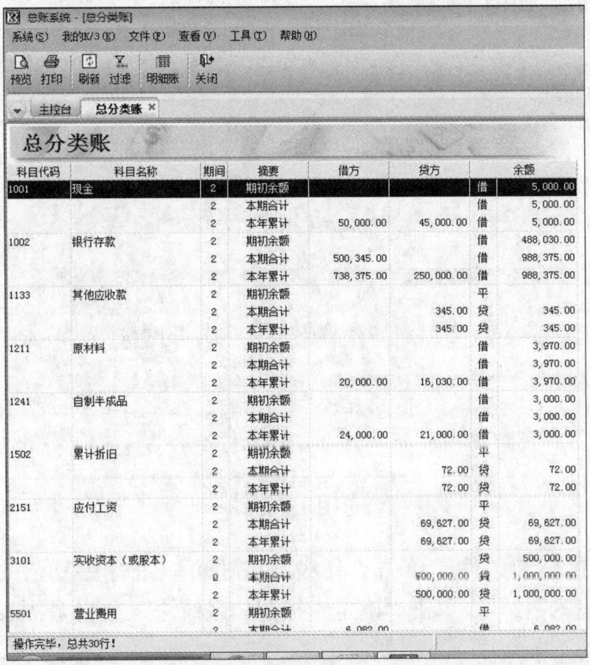

科目代码	科目名称	期间	摘要	借方	贷方		余额
1001	现金	2	期初余额			借	5,000.00
		2	本期合计			借	5,000.00
		2	本年累计	50,000.00	45,000.00	借	5,000.00
1002	银行存款	2	期初余额			借	488,030.00
		2	本期合计	500,345.00		借	988,375.00
		2	本年累计	738,375.00	250,000.00	借	988,375.00
1133	其他应收款	2	期初余额			平	
		2	本期合计		345.00	贷	345.00
		2	本年累计		345.00	贷	345.00
1211	原材料	2	期初余额			借	3,970.00
		2	本期合计			借	3,970.00
		2	本年累计	20,000.00	16,030.00	借	3,970.00
1241	自制半成品	2	期初余额			借	3,000.00
		2	本期合计			借	3,000.00
		2	本年累计	24,000.00	21,000.00	借	3,000.00
1502	累计折旧	2	期初余额			平	
		2	本期合计		72.00	贷	72.00
		2	本年累计		72.00	贷	72.00
2151	应付工资	2	期初余额			平	
		2	本期合计		69,627.00	贷	69,627.00
		2	本年累计		69,627.00	贷	69,627.00
3101	实收资本（或股本）	2	期初余额			贷	500,000.00
		[illegible]	本期合计		500,000.00	贷	1,000,000.00
		2	本年累计		500,000.00	贷	1,000,000.00
5501	营业费用	2	期初余额			平	
		2	本期合计	6,082.00		借	6,082.00

图 13-43

单击“过滤”按钮可以重新查询条件。选中有本期发生的科目记录，单击“明细账”按钮，可以查询到该科目发生的明细账情况，如图 13-44 所示。

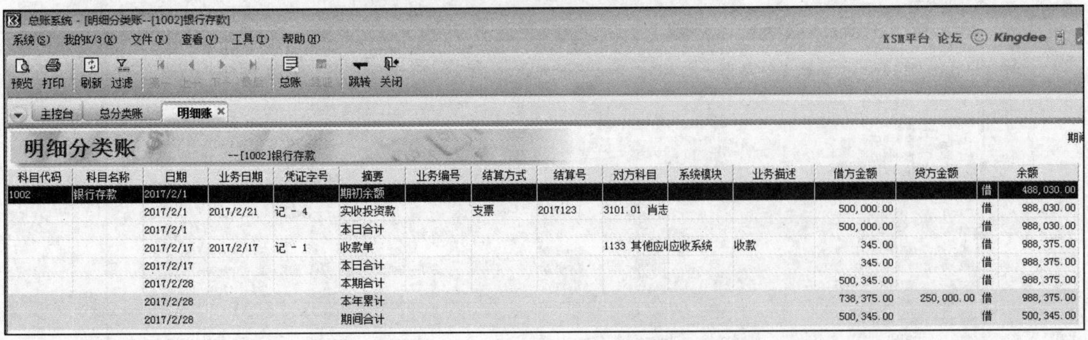

科目代码	科目名称	日期	业务日期	凭证字号	摘要	业务编号	结算方式	结算号	对方科目	系统模块	业务描述	借方金额	贷方金额		余额
1002	银行存款	2017/2/1			期初余额									借	488,030.00
		2017/2/1	2017/2/21	记 - 4	实收投资款		支票	2017123	3101.01 肖志			500,000.00		借	988,030.00
		2017/2/1			本日合计							500,000.00		借	988,030.00
		2017/2/17	2017/2/17	记 - 1	收款单				1133 其他应收款	应收系统	收款	345.00		借	988,375.00
		2017/2/17			本日合计							345.00		借	988,375.00
		2017/2/28			本期合计							500,345.00		借	988,375.00
		2017/2/28			本年累计							738,375.00	250,000.00	借	988,375.00
		2017/2/28			期间合计							500,345.00		借	500,345.00

图 13-44

13.5 财务报表

金蝶 K/3 系统为用户提供详细的财务报表查询功能。财务报表有科目余额表、试算平衡表、日报表查询、核算项目余额表、核算项目明细表、核算项目汇总表、核算项目组合表、科目利息计算表和调汇历史信息表等。下面以查询科目余额表为例，介绍报表的查询方法，其他报表的查询方法可以参照科目余额表，也可以参照作者的《金蝶 ERP-K/3 标准财务培训教程》一书。

通过科目余额表可查询账套中所有会计科目的余额情况，也可设置查询期间范围和查询级次等。

（1）在主界面，单击“财务会计”→“总账”→“财务报表”，双击“科目余额表”，系统弹出“过滤条件”对话框，如图 13-45 所示。

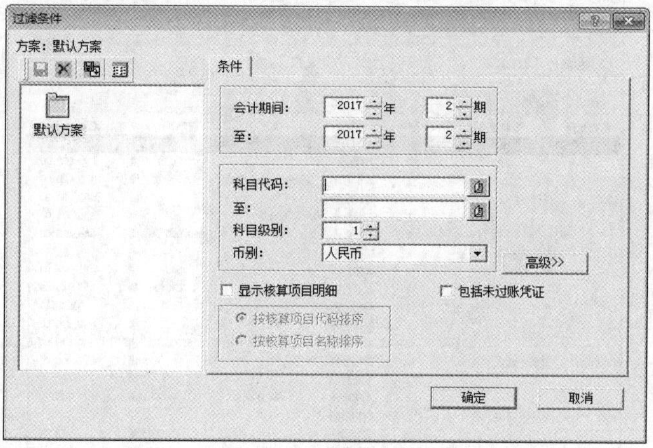

图 13-45

在对话框中可以设置查询条件，单击“高级”按钮可以进行更复杂的条件设置。

（2）“科目级别”设为“2”，单击“确定”按钮，系统进入科目余额表界面，如图 13-46 所示。

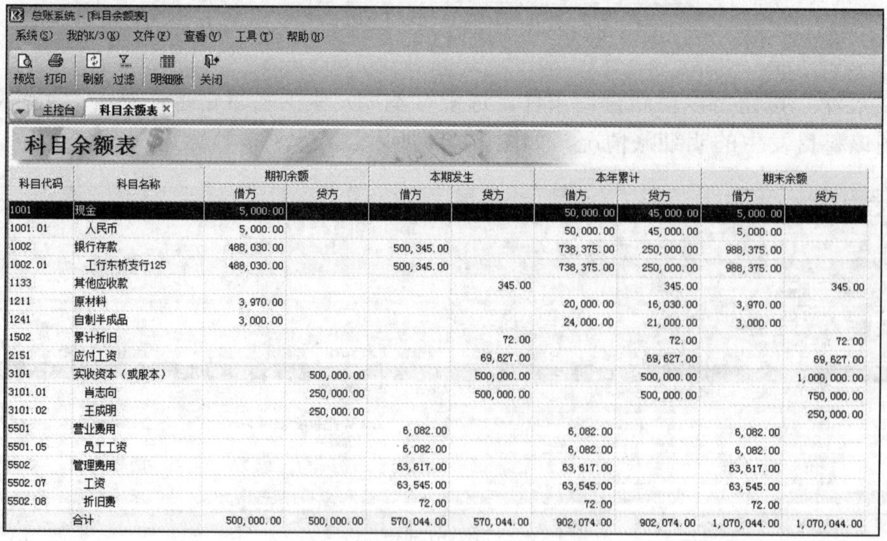

科目余额表

科目代码	科目名称	期初余额		本期发生		本年累计		期末余额	
		借方	贷方	借方	贷方	借方	贷方	借方	贷方
1001	现金	5,000.00				50,000.00	45,000.00	5,000.00	
1001.01	人民币	5,000.00				50,000.00	45,000.00	5,000.00	
1002	银行存款	488,030.00		500,345.00		738,375.00	250,000.00	988,375.00	
1002.01	工行东桥支行125	488,030.00		500,345.00		738,375.00	250,000.00	988,375.00	
1133	其他应收款				345.00		345.00		345.00
1211	原材料	3,970.00				20,000.00	16,030.00	3,970.00	
1241	自制半成品	3,000.00				24,000.00	21,000.00	3,000.00	
1502	累计折旧				72.00		72.00		72.00
2151	应付工资				69,627.00		69,627.00		69,627.00
3101	实收资本（或股本）		500,000.00		500,000.00		500,000.00		1,000,000.00
3101.01	肖志向		250,000.00		500,000.00		500,000.00		750,000.00
3101.02	王成明		250,000.00						250,000.00
5501	营业费用			6,082.00		6,082.00		6,082.00	
5501.05	员工工资			6,082.00		6,082.00		6,082.00	
5502	管理费用			63,617.00		63,617.00		63,617.00	
5502.07	工资			63,545.00		63,545.00		63,545.00	
5502.08	折旧费			72.00		72.00		72.00	
	合计	500,000.00	500,000.00	570,044.00	570,044.00	902,074.00	902,074.00	1,070,044.00	1,070,044.00

图 13-46

注　工具栏上的“明细账”按钮非常有用。通过该按钮可以查看科目的明细账，再通过明细账界面可以查看总账或凭证。

13.6 往来管理

往来管理提供核销管理、往来对账单和账龄分析表等功能。应用这些功能的前提是科目的属性必须设置为“往来业务核算”。修改“1131 应收账款”和“2121 应付账款”的属性，选中“往来业务核算”，同时不受控。

已设置“往来业务核算”的科目，在录入相关凭证时，系统会提示录入往来业务编号，如图 13-47 所示。

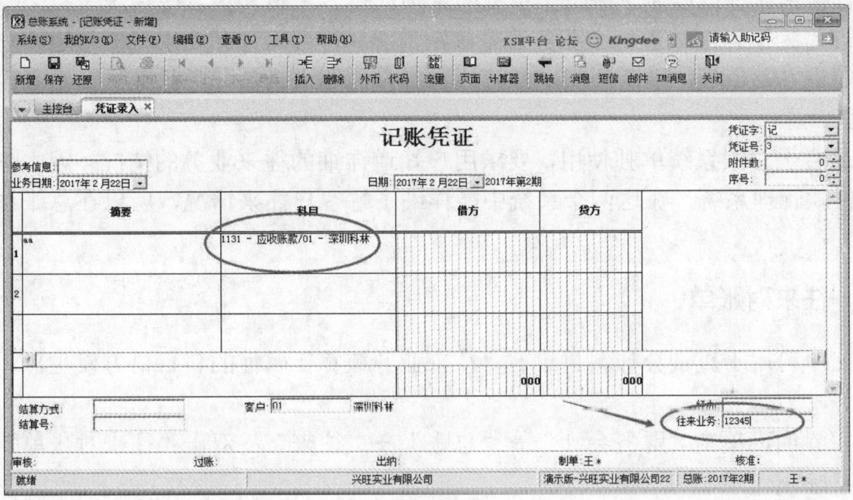

图 13-47

13.6.1　核销管理

要使用“核销管理”功能有 3 个前提。

（1）会计科目属性应包含“往来业务核算”选项。

（2）涉及往来业务核算科目的凭证，往来业务编号一定要录入（或按 F7 功能键获取）。因为核销的原理是根据同一业务编号、不同方向进行核销的。

（3）一定要选中总账参数中的“启用往来业务核销”。

因本账套初始没有设置往来业务核算，所以涉及应收、应付的凭证暂没有录入业务编号，在此只介绍原理不介绍操作。下面举例说明。

例 13-3　10 月 1 日销售 A 公司产品，分录如下。

借：应收账款——A 公司——123（业务编号）　　　RMB5 000

　　贷：主营业务收入　　　　　　　　　　　　　　RMB5 000

10 月 2 日销售 A 公司产品，分录如下。

借：应收账款——A 公司——131（业务编号）　　　RMB680

贷：主营业务收入　　　　　　　　　　　　　　RMB680

10 月 3 日销售 A 公司产品，分录如下。

借：应收账款——A 公司——133（业务编号）　　　　RMB1 000

贷：主营业务收入　　　　　　　　　　　　　　RMB1 000

假设 10 月 5 日收到 A 公司货款 5 500 元，分录如下。

借：银行存款　　　　　　　　　　　　　　　　RMB5 500

贷：应收账款——A 公司——123　　　　　　　　RMB5 000

贷：应收账款——A 公司——131　　　　　　　　RMB5 00

通过该张收款凭证分录可以知道，所收款项为 123 号单据的 5 000 元和 131 号单据的 500 元，并且 131 号单据还有 180 元尚未支付。

核销管理功能就是对上述凭证的同一会计科目、同一核算项目或同一业务编号，但是不同方向的金额进行核销处理，以便了解每张单据的款项已付、未付和欠款等情况。

核销管理是为了详细知道每个业务编号核销情况。若公司管理要求只要知道客户的本期借方发生额、本期贷方发生额，则两项相减即可知道客户的期末余额（欠款数），则不用业务编号进行核销管理。

该功能适合于总账系统单独使用，要求用户知道详细的往来业务的情况。因本账套中有使用应收款、应付款管理系统，在这两个系统中能详细了解客户往来情况，所以在总账系统就不必再重复管理。

13.6.2　往来对账单

往来对账单可用于查询会计科目设有“往来业务核算”属性的科目借方发生额、贷方发生额和余额。

（1）在主界面，单击“财务会计”→“总账”→“往来”，双击“往来对账单”，系统弹出“过滤条件”对话框，如图 13-48 所示。

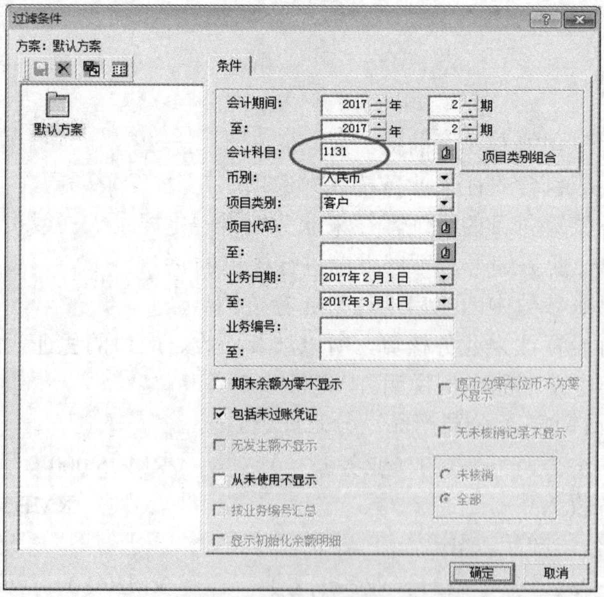

图 13-48

（2）“会计科目”按F7功能键获取“1131”，选择“项目类别”为“客户”，单击“确定”按钮，系统进入往来对账单界面，如图13-49所示。

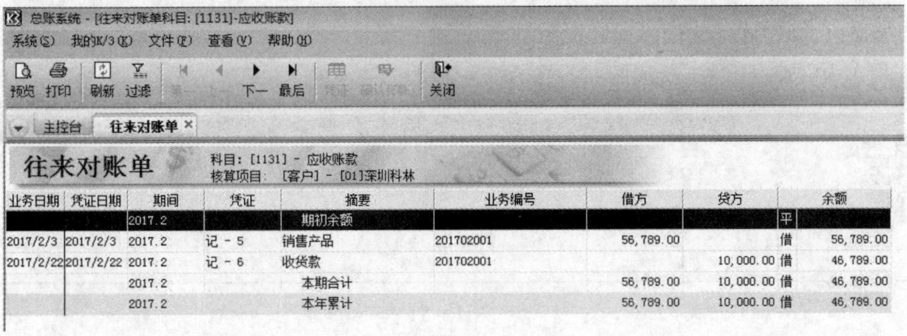

图13-49

若要查看其他客户的对账单，单击工具栏上的“上一”“下一”按钮进行查询。

13.6.3 账龄分析表

账龄分析表可用于对设有往来核算科目的往来款项余额的时间分布进行分析。

（1）在主界面，单击“财务会计”→“总账”→“往来”，双击“账龄分析表”，系统弹出“过滤条件”对话框，如图13-50所示。

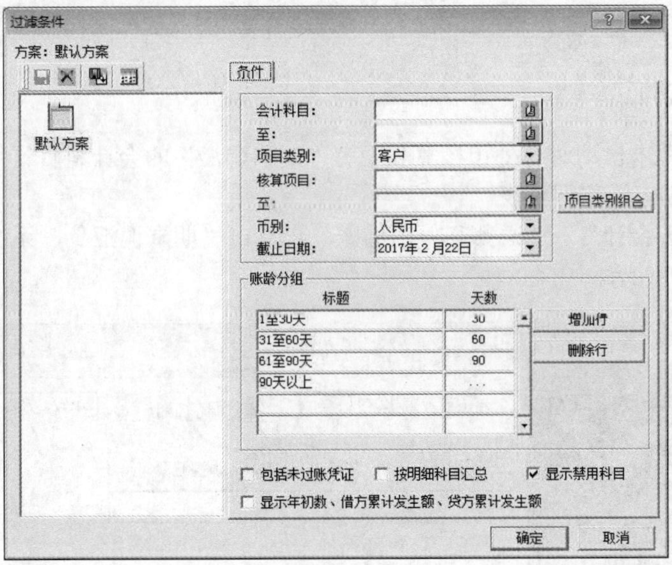

图13-50

- 会计科目。选择要查询的会计科目。为空时，系统会自动将设有往来业务核算的科目显示出来。
- 项目类别。必选项。
- 账龄分组。录入天数后，标题会自动更改，可增加或删除行。

（2）“项目类别”选择“客户”，单击“确定”按钮，系统进入账龄分析表界面，如图13-51所示。

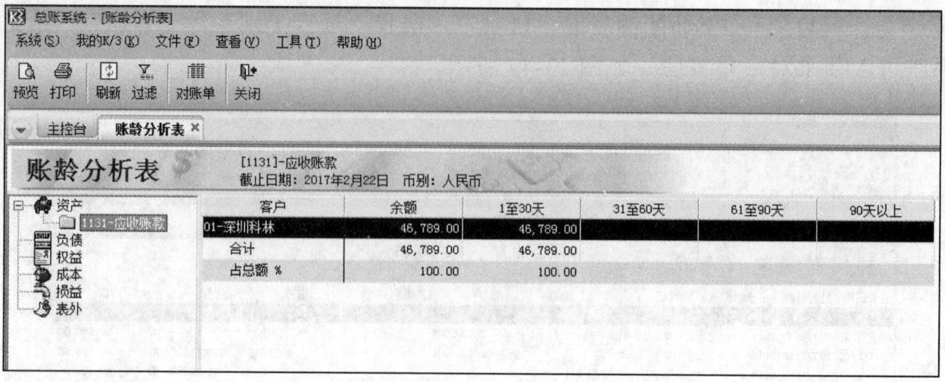

图 13-51

13.7 结账

本期凭证业务处理完成后，可以进行期末处理，即期末调汇、自动转账、结转损益和期末结账操作。

> 注
> （1）若用户单独使用总账系统，可以直接进行期末处理。若用户有与固定资产管理、应收款管理和应付款管理等系统连接使用，则建议业务系统先结账后再进行期末处理工作。
> （2）建议先编制资产负债表、损益表后，再进行期末结账。

13.7.1 期末调汇

期末调汇是在期末自动对有外币核算和设有“期末调汇”的会计科目计算汇兑损益，生成汇兑损益转账凭证及期末汇率调整表。

（1）单击“财务会计”→“总账”→“结账”，双击“期末调汇”，系统弹出“期末调汇”对话框，如图 13-52 所示。

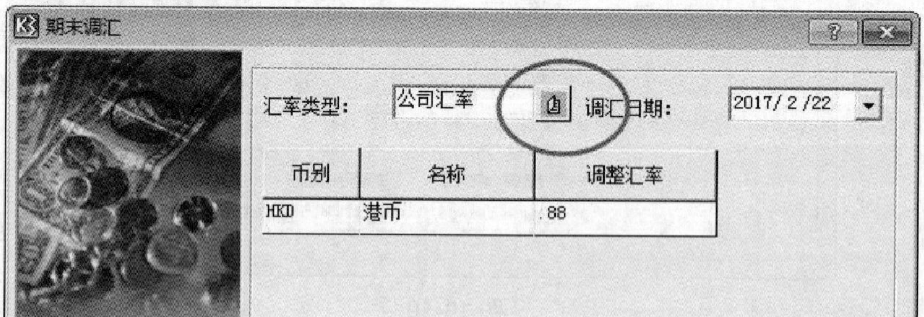

图 13-52

（2）假设调整汇率为“0.875”。建立调整汇率，单击对话框上部“汇率类型”旁的“获取”按钮，系统进入“汇率类型”窗口，如图 13-53 所示。

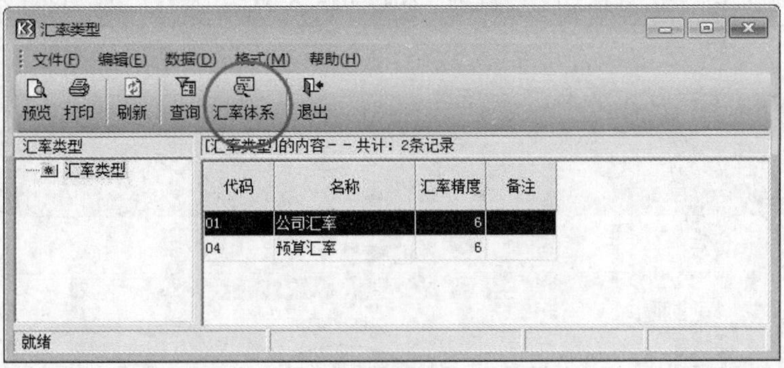

图 13-53

（3）单击工具栏上的“汇率体系”按钮，系统弹出“汇率体系”窗口，选择左侧的“公司汇率”项，则右侧显示“*币”的汇率情况，如图 13-54 所示。

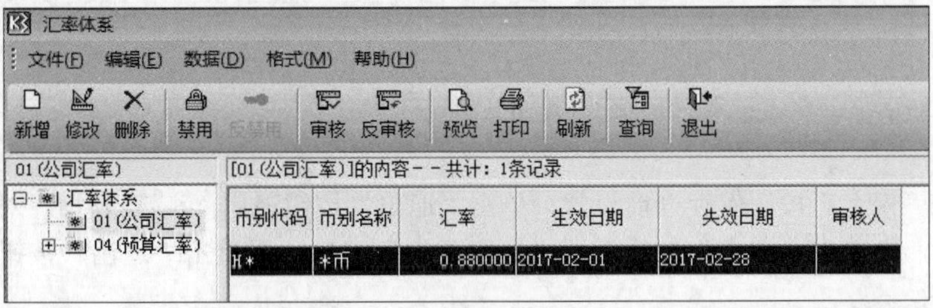

图 13-54

（4）选中右侧的汇率记录，单击“修改”按钮，系统弹出“汇率-修改”对话框，“失效日期”修改为“2017-02-27”，并保存，保存成功后如图 13-55 所示。

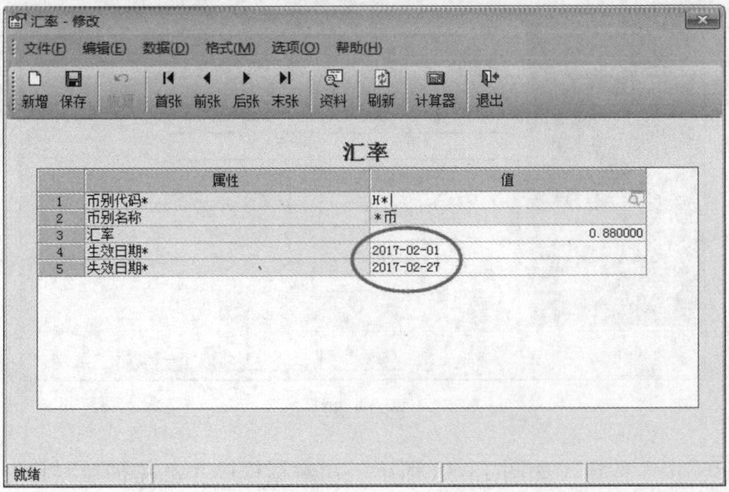

图 13-55

此处将失效日期修改为2017-02-27的目的是为建立2017-02-28的调整汇率挪出空间。

（5）单击“新增”按钮，系统弹出“汇率-新增”对话框，“币别代码”选择“H*”，“汇率”录入“0.875000”，“生效日期”设置为“2017-02-28”，“失效日期”设置为“2017-03-30”，如图13-56所示。

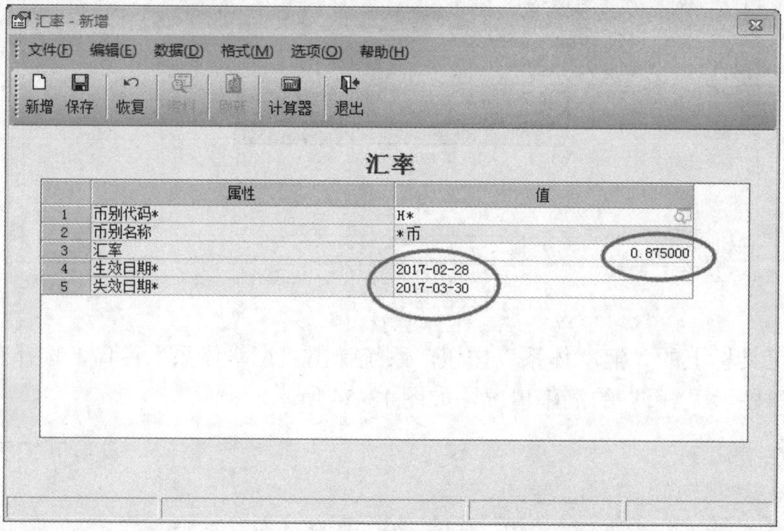

图13-56

（6）单击“保存”按钮保存当前设置，单击“退出”按钮退出“汇率-新增”对话框返回“汇率体系”窗口，再单击“退出”按钮返回“汇率类型”窗口，再单击“退出”按钮返回“期末调汇”对话框。

（7）为了获取新的汇率数据，单击“取消”按钮退出“期末调汇”对话框。再次双击“期末调汇”，系统进入“期末调汇”对话框，请注意此时的调整汇率已变更为“0.875”，如图13-57所示。

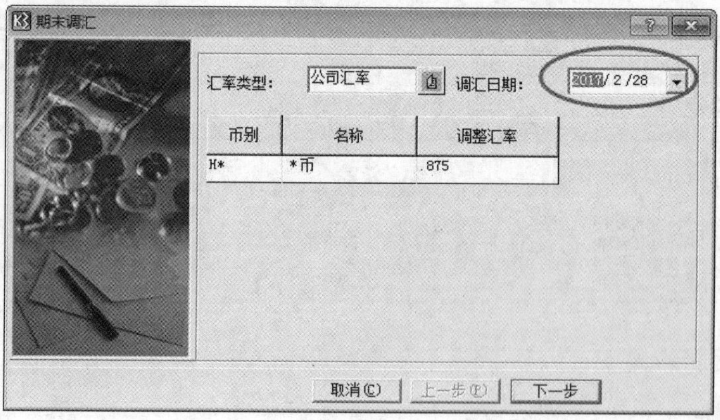

图13-57

（8）单击“下一步”按钮，如图13-58所示。在对话框中“汇兑损益科目”处按F7功能键选择“5503.03”科目，选择凭证字为“记”，录入凭证摘要为“结转汇兑损益”，如图13-58所示。

（9）科目获取成功，选中“汇兑收益”，单击“完成”按钮，稍后系统弹出提示“已经生成一张调汇转账凭证，凭证字号为：记-××”。

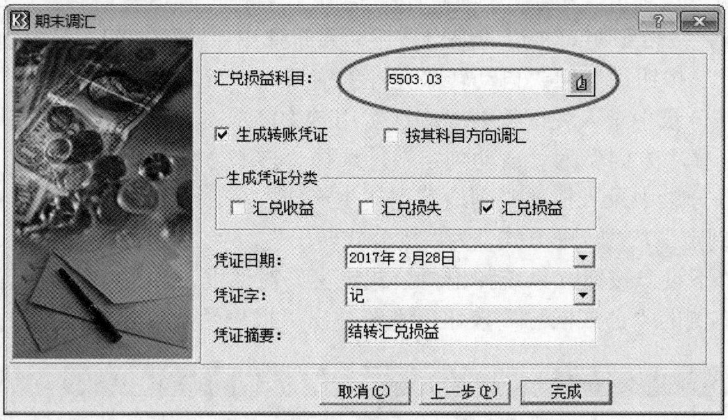

图 13-58

查看生成的凭证。单击“财务会计”→“总账”→“凭证处理”，双击“凭证查询”，在会计分录序时簿界面中可以查询到生成的凭证。

13.7.2　自动转账

期末转账凭证用于将相关科目下的余额转入另一相关科目下。例如将制造费用转入“生产成本”科目：可以直接录入，即查看相关科目下的余额，用“凭证录入”功能将余额转出；也可以使用自动转账功能，定义好转账公式，在期末只要选中要转账的项目，生成凭证即可，这样既简单又能提高效率。

下面以定义“制造费用转生产成本”的自动转账凭证为例，介绍自动转账的使用方法。

（1）在主界面，单击“财务会计”→“总账”→“结账”，双击“自动转账”，系统弹出“自动转账凭证”窗口，如图 13-59 所示。

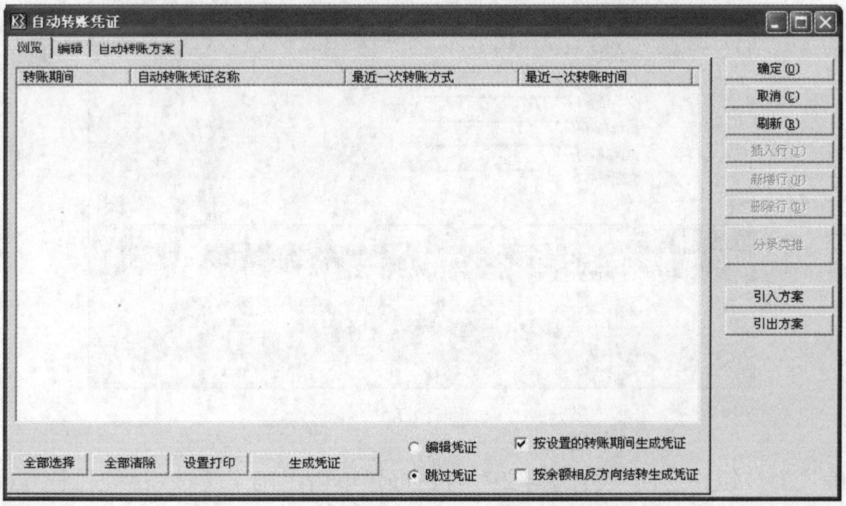

图 13-59

在“浏览”选项卡中可以查看已设置好的自动转账凭证。在“编辑”选项卡中可对自动转账凭证进行新增和编辑等操作。

（2）在“编辑”选项卡，单击“新增”按钮，录入名称“制造费用转生产成本”，选择机制凭证“自动转账”，按转账期间右边的编辑按钮，系统弹出“转账期间”设定窗口，单击“全选”按钮，单击“确定”按钮，返回“自动转账凭证”窗口。

（3）在第一条分录中录入凭证摘要“制造费用转生产成本”，“科目”获取“4101.01.03 制造费用转入”，选择“方向”为“自动判定”，选择“转账方式”为“转入”。

（4）在第二条分录中录入摘要“制造费用转生产成本”，“科目”获取“4105.01 伙食费”，“方向”为“自动判定”，“转账方式”为“按公式转出”，“公式方法”为“公式取数”，在“公式定义”处单击“下设”按钮，系统弹出“公式定义”对话框，如图 13-60 所示。

单击对话框右侧的“公式向导”按钮，系统弹出“报表函数”对话框，如图 13-61 所示。

图 13-60

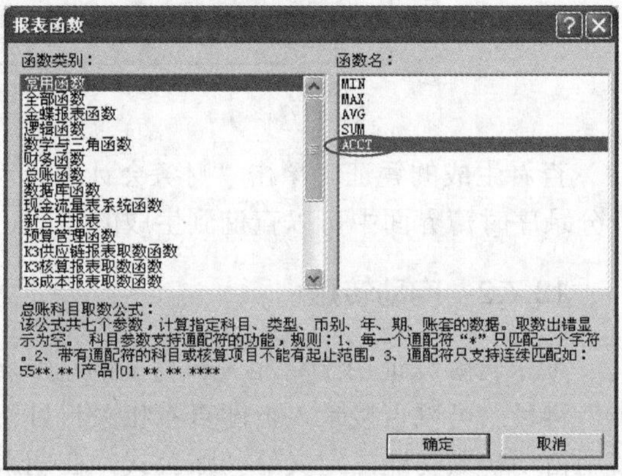

图 13-61

选中常用函数下的“ACCT”函数，单击“确定”按钮，系统进入函数表达式界面，“科目”获取“4105. 01”，“取数类型”获取“Y”，如图 13-62 所示。

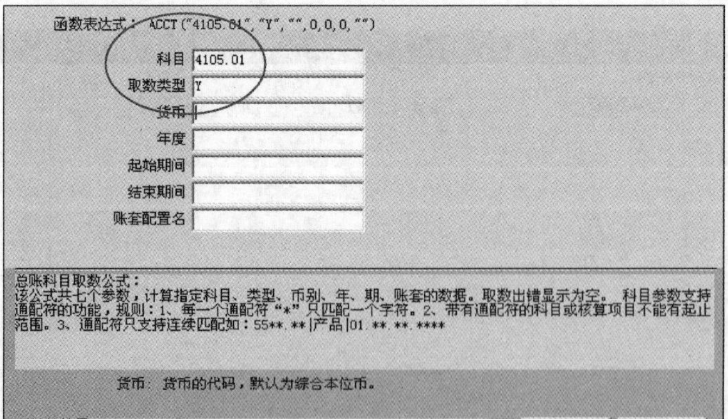

图 13-62

单击“确认”按钮，返回“公式定义”对话框，单击“确定”按钮，返回“自动转账凭证”窗口。

（5）按步骤（4）录入剩余的科目，结果如图 13-63 所示。

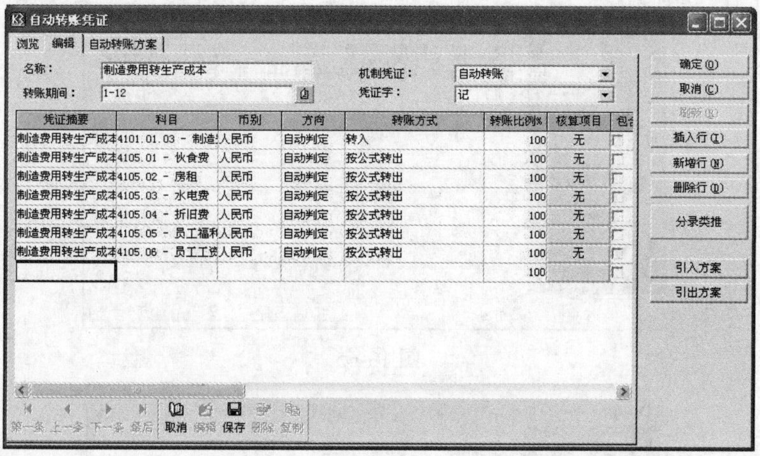

图 13-63

（6）单击“保存”按钮，并切换到“浏览”选项卡，选中刚才所建立的转账凭证，如图 13-64 所示。

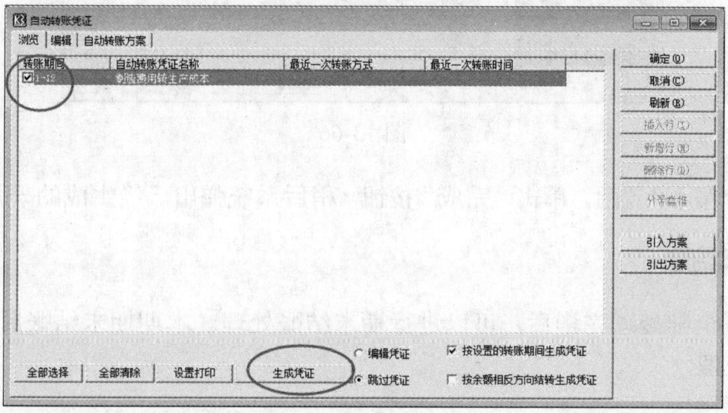

图 13-64

（7）单击“生成凭证”按钮，稍后系统弹出提示对话框。

（8）查看生成的凭证。单击“财务会计”→“总账”→“凭证处理”，双击“凭证查询”，设定过滤条件后进入会计分录序时簿界面中查询凭证。

13.7.3　结转损益

结转损益将损益类科目下的所有余额结转到“本年利润”科目下，并生成一张结转损益的凭证。

> **注**　在结转损益前，一定要将本期的凭证都过账，包括自动转账生成的凭证。

（1）在主界面，单击“财务会计”→“总账”→“结账”，双击“结转损益”，系统弹出“结转损益”对话框，如图 13-65 所示。

（2）单击“下一步”按钮，系统弹出损益类科目对应本年利润科目界面。

（3）单击“下一步”按钮，进入设置界面，如图 13-66 所示。

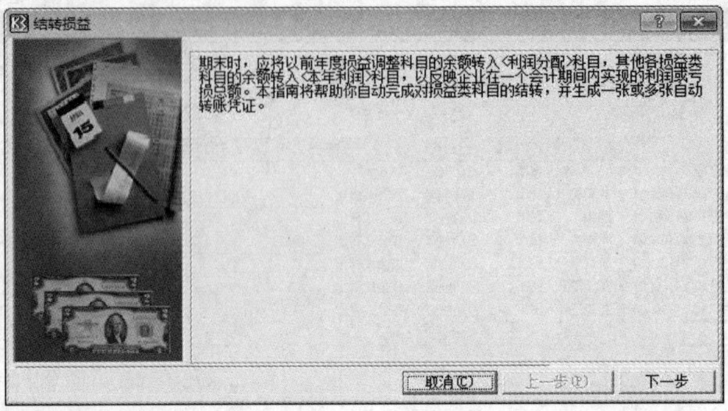

图 13-65

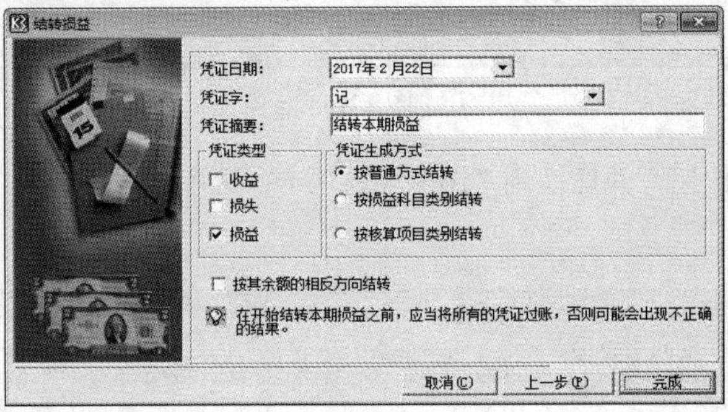

图 13-66

（4）根据实际情况设置后，单击“完成”按钮。稍后系统弹出已经生成的一张某字某号的凭证。

13.7.4 期末结账

本期会计业务全部处理完毕后，可以进行期末结账处理。本期期末结账后，系统才能进入下一期间进行业务处理。

注 期末结账的前提是本期所有凭证已过账完毕。

（1）在主界面，单击“财务会计”→“总账”→“结账”，双击“期末结账”，系统弹出“期末结账”对话框，如图 13-67 所示。

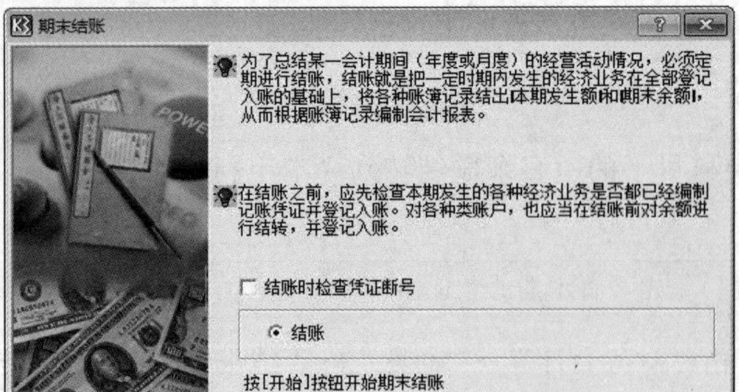

图 13-67

金蝶K/3系统为用户提供结账和反结账功能，选中“结账”，选中“结账时检查凭证断号”，则凭证中有断号时会弹出提示，提示用户是否结账。

（2）项目设置完成后，单击“开始”按钮即可结账。

注　因总账系统与固定资产管理、应收款和应付款管理等系统连接使用，所以一定要在固定资产管理、应收款和应付款管理等系统结账后才能进行总账系统的结账。

13.8　课后习题

（1）画出总账系统与其他模块之间的数据流向图。

（2）审核凭证时，对审核人有什么要求？

（3）在会计分录序时簿界面中选中要修改、删除的凭证，但是修改、删除功能是灰色，怎样处理，这两个功能才能使用？

（4）凭证打印方式有哪几种？

（5）本期有外币业务，在查看试算平衡表时不平衡，原因可能是什么？

（6）要应用往来管理下的功能，前提是什么？

（7）期末转账凭证有哪几种生成方式？

（8）总账模块期末结账的前提是什么？

第14章 现金管理

本章重点

- 现金日记账管理
- 存款日记账管理
- 银行对账单管理
- 票据管理

14.1 概述

现金管理系统主要处理企业中的日常出纳业务，包括现金业务、银行业务、票据管理及其相关报表和系统维护等内容。会计人员在该系统中可以根据出纳录入的收付款信息生成凭证并将其传递到总账系统。现金管理系统既可同总账系统连用，也可单独使用。

1．使用现金管理系统需要设置的内容

- 公共资料。公共资料包括科目、币别、供应商、客户、部门和职员等。公共资料是本系统所涉及的最基础资料，必须设置，否则在进行单据处理时会受到相应的限制。
- 系统设置资料。系统设置是针对该模块的参数进行再详细化设置。

2．现金管理系统可执行的查询与生成的报表

现金日报表、现金收付流水账、银行对账日报表、银行存款日报表、资金头寸表和到期预警表。

3．应用流程

现金管理系统应用流程如图14-1所示。

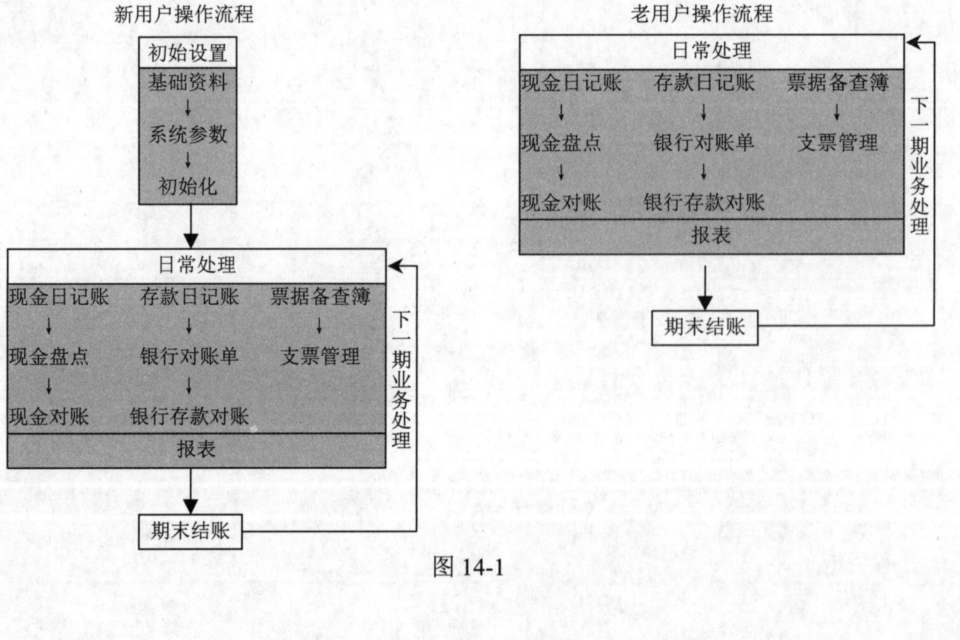

图14-1

新用户的使用需从系统初始化开始；老用户使用时因已经完成系统初始化设置，所以直接进行日常业务处理即可。

4．现金管理系统与其他系统的数据流向

现金管理系统与其他系统的数据流向如图 14-2 所示。

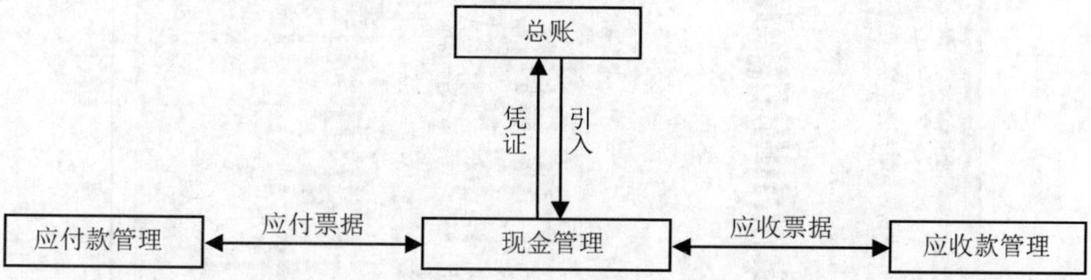

图 14-2

- 总账系统。现金管理系统从总账系统引入现金和存款日记账数据，根据录入的收付款数据生成凭证并传送到总账系统。
- 应收款管理系统。应收票据（指商业承兑汇票和银行承兑汇票）完全与应收款管理系统中的应收票据共享。票据是否共享通过应收款管理系统参数进行设置。
- 应付款管理系统。应付票据（指商业承兑汇票和银行承兑汇票）与应付款管理系统中的应付票据完全共享。票据是否共享通过应付款管理系统参数进行设置。

14.2　初始设置

初始设置包括基础资料、系统参数和初始化数据录入。公共资料设置方法请参照第 3 章，本节重点讲解系统参数设置和初始化数据录入。

14.2.1　现金管理系统参数

现金管理系统参数是针对现金管理系统设置的。

单击“系统设置”→“系统设置”→“现金管理”，双击“系统参数”，系统弹出“系统参数”对话框，如图 14-3 所示。

1．现金管理

- 启用会计年度。启用现金管理系统的会计年度。
- 启用会计期间。指定在会计年度中的某一会计期间启用现金管理系统。
- 当前会计年度。现金管理系统目前的会计年度。
- 当前会计期间。现金管理系统目前所在的会计期间。
- 预录入数据会计年度。现金管理系统预录入数据的会计年度。
- 预录入数据会计期间。现金管理系统预录入数据的会计期间。
- 现金汇率设置。有固定汇率和浮动汇率选择，并设置汇率的小数位。
- 银行汇率设置。有固定汇率和浮动汇率选择，并设置汇率的小数位。
- 启用支票密码。当支票核销时要求录入密码。
- 结账与总账期间同步。总账系统必须在现金管理系统结账后才可结账。

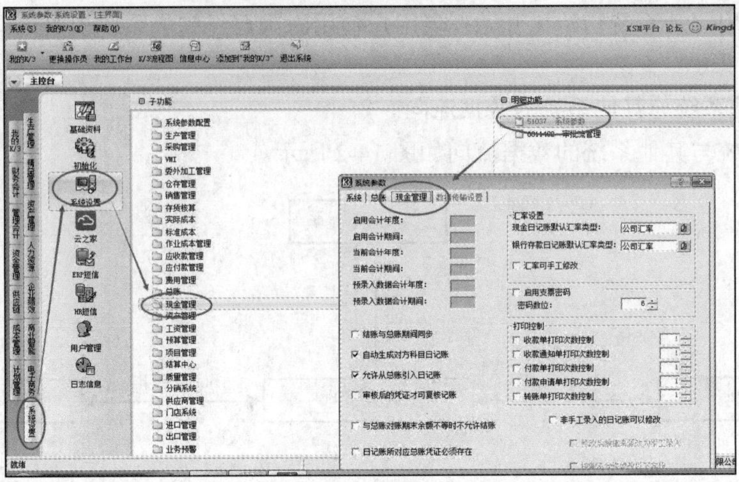

图 14-3

- 自动生成对方科目日记账。选中该项，在现金日记账中新增，对方科目有现金、银行存款科目时，自动生成该现金、银行存款科目的日记账；同样，在银行存款日记账中新增，对方科目有现金或银行存款科目时，也自动生成该现金或银行存款科目的日记账。
- 允许从总账引入日记账。选中该项，则表示可以从总账引入现金日记账和银行存款日记账。反之，则双击“总账数据-引入日记账”提示“没有选择‘允许从总账引入日记账’参数，禁止从总账引入日记账”，不可操作，同时现金日记账和银行存款日记账的引入按钮和文件菜单中从总账引入日记账都为灰色。
- 与总账对账期末余额不等时不允许结账。现金管理系统在结账时，系统判断银行日记账与现金日记账所有科目以及科目的所有币别与总账的对应科目和币别的余额是否相等，只有相等的情况下才允许结账。
- 审核后的凭证才可复核记账。选中该项，总账凭证经审核后才可复核记账；否则不能复核记账。
- 日记账所对应总账凭证必须存在。选中该项，录入日记账所对应凭证字号在总账中必须存在；反之，系统不判断录入日记账对应凭证字号在总账中是否存在。
- 提交网上银行的付款单，只有付款成功才可登账或发送。选中，提交网上银行的付款单，只有提交银行付款成功后才可登账或发送；否则系统不判断银行处理状态就可以登账或发送。

2. 现金管理系统参数设置

在此选中“结账与总账期间同步”。

> 注　财务工作的主要任务就是凭证处理，若应收款管理、应付款管理、固定资产管理等系统单独使用，则只能在总账系统中自行录入应收、应付等的业务凭证。这样数据不能共享，而且费时费力，所以建议各系统都与总账系统相连。

14.2.2 现金管理初始数据录入

现金管理初始数据涉及单位的“现金”科目和“银行存款”科目的引入，期初余额、累计发生额录入，银行未达账、企业未达账初始数据的录入和余额调节表的平衡检查、综合币的定义等内容。

1．科目维护

现金管理系统没有自己的科目，必须从总账系统中引入“现金”和“银行存款”科目。

（1）从总账系统中引入科目。

① 单击“基础资料”→“初始化”→“现金管理”，双击“初始数据录入”，系统进入初始数据录入界面，如图 14-4 所示。

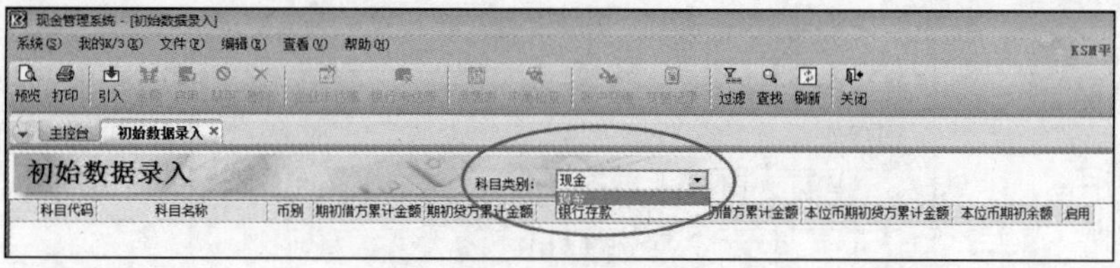

图 14-4

② 单击“编辑”→“从总账引入科目”，系统弹出“从总账引入科目”对话框，如图 14-5 所示。

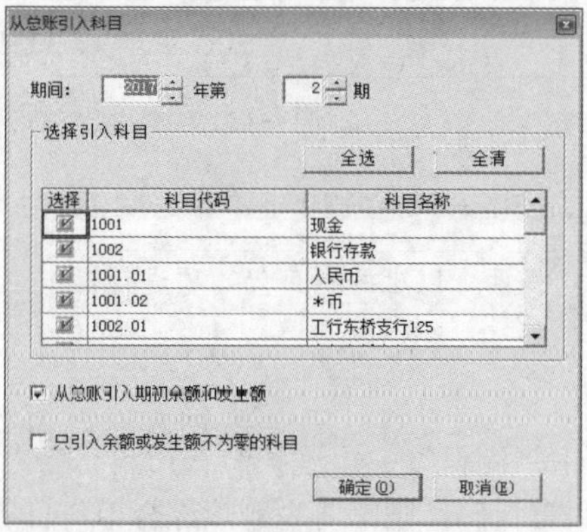

图 14-5

③ 采用默认值，单击“确定”按钮。稍后系统会将引入的数据显示在界面中，如图 14-6 所示。

图 14-6

注

（1）设置核算所有币别的科目，会自动分币别引入多个账户。

（2）从总账系统引入的科目，其科目属性必须有“现金科目”或“银行科目”，否则科目不能引入；引入时只引入总账系统中的明细科目。

（3）切换“现金”“银行存款”科目的方法是单击“科目类别”右侧的下拉按钮，属于“银行存款”科目的要填写好“银行账号”。

（4）引入科目时，系统会自动将数据引入，不用再从总账系统中引入余额。

（2）新增综合币科目。

综合币科目是多个科目的合并，是用来对多个科目和银行账户进行银行对账的手段。用户可以将多币别或多银行科目合并成本位币日记账，进行综合币科目的银行对账，编制综合币余额调节表。是否使用综合币科目可由用户根据自己的业务决定。

- 单击“编辑”→“新增综合币科目”，系统弹出“综合币科目”对话框，如图 14-7 所示。

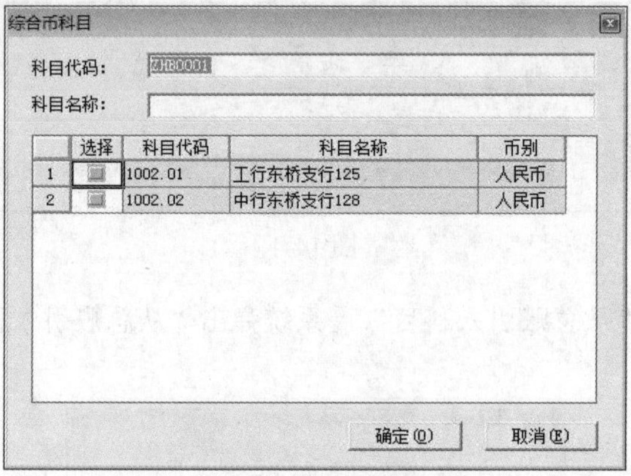

图 14-7

- 录入科目代码、科目名称，在选择栏目中单击要合并的科目代码项。

注 新增综合币科目要求选择两个以上的科目代码项进行操作。结束新增科目初始化时，必须引入余额。

（3）维护综合币科目。

新增综合币科目后，可单击“编辑”→“维护综合币科目”，修改综合币科目代码和科目名称。如果想修改综合币包括的科目代码，则需要先删除综合币科目后重新增加综合币科目。

（4）启用、禁用、删除。

结束初始化后，系统会自动将所有引入的科目默认为启用状态。如果暂时不需要使用，可以对其进行禁用设置，也可启用已被禁用的科目，将光标放置于已被禁用的科目上，单击“启用”按钮即可。

对不需要且没使用过的科目可以删除。将光标放置于想删除的科目上，单击“删除”按钮即可。

2．未达账

未达账设置包括企业未达账和银行未达账设置。

（1）企业未达账。

单击工具栏上的“企业未达账”按钮，系统切换到企业未达账界面，如图 14-8 所示。

- 选中未达账的科目，如“1002.01 工行东桥支行 125”，单击工具栏上的“新增”按钮，系统弹出“企业未达账−新增”对话框，如图 14-9 所示。必填项有科目、币别、日期、结算方式、借方金额和贷方金额。

（2）银行未达账。

- 在初始数据录入界面中，单击工具栏上的“银行未达账”按钮，系统切换到银行未达账界面，如图 14-10 所示。

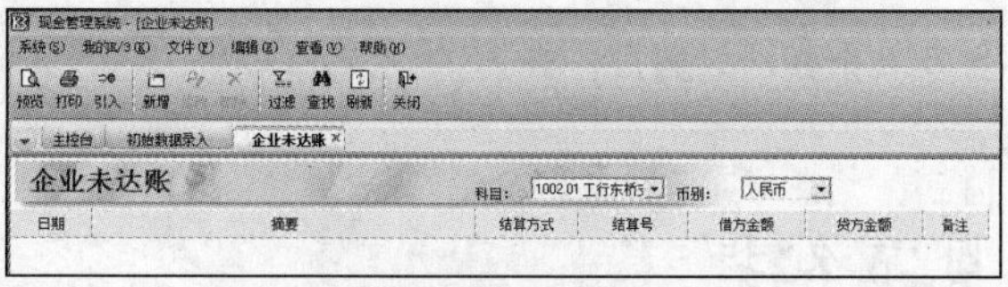

图 14-8

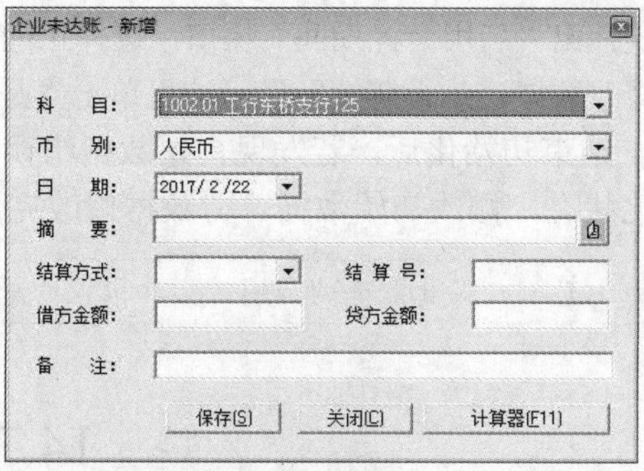

图 14-9

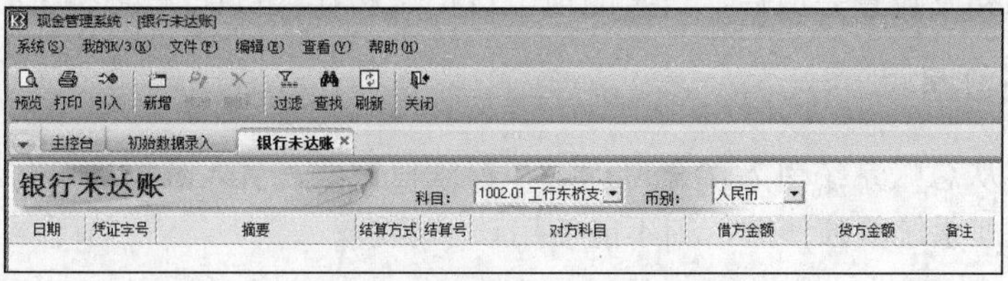

图 14-10

- 单击工具栏上的“新增”按钮，系统弹出“银行未达账–新增”对话框，如图 14-11 所示。必填项有科目、币别、日期、借方金额和贷方金额。

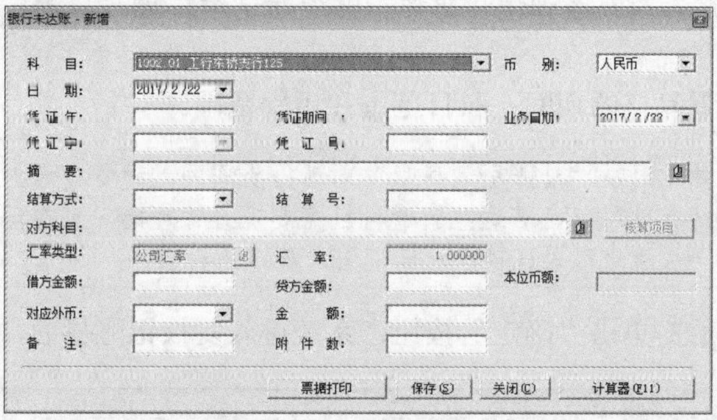

图 14-11

3．余额调节表

存在未达账时，企业银行存款日记账的余额和银行对账单的余额往往是不相等的，可以通过单击工具栏上的“余额表”按钮进行查看。

具体调整方法如下：银行存款日记账的余额+银行已收、企业未收的金额–银行已付、企业未付的金额=调整后（企业账面）余额；银行对账单的余额+企业已收、银行未收的金额–企业已付、银行未付的金额=调整后（银行对账单）余额。调整后两者的余额相等，表明企业银行存款日记账与银行对账单相符。

4．平衡检查

平衡检查是指检查所有的银行存款科目的余额调节表是否都平衡，系统会给予相应提示。

5．结束初始化

科目维护完成，所有的银行存款科目的余额调节表都平衡后，单击“编辑”→“结束初始化”，系统弹出“启用会计期间”窗口，选择正确的期间后单击“确定”按钮，系统提示“结束初始化后不能修改数据，是否继续？”，这里单击“是”按钮，系统稍后弹出“初始化完毕”提示。

结束初始化后，若发现初始数据错误，在启用当期可单击“编辑”→“反初始化”，回到初始化状态，修改初始数据。待数据修改完成后，再结束初始化。

注　初始化账套的启用时间和引入的总账科目及其余额的时间应一致。

14.3　日常处理

日常处理包括初始设置完成后，日常的现金日记账和存款日记账处理等工作。

14.3.1　总账数据

总账数据主要从总账系统引入现金日记账和存款日记账，引入数据后可与总账系统的数据进行对比。若现金管理系统单独使用，则不能使用该功能。

1. 复核记账

复核记账是将总账系统中有关现金和银行存款科目的凭证引入现金管理系统，省去手工录入日记账的烦琐。

（1）在主界面，单击“财务会计”→“现金管理”→“总账数据”，双击“复核记账”，系统弹出“复核记账”对话框，如图14-12所示。

在对话框中可以设置复核的期间、科目范围和币别范围。

图 14-12

注　科目范围是初始化时从“总账引入科目”对话框生成的。随着公司业务发展，可能会随时新增现金科目和银行存款科目，若这些新增科目需要现金管理时，可在现金管理系统的初始数据录入界面，通过“从总账引入科目”对话框引入新增的科目。

（2）选择科目范围后，单击“确定”按钮，系统进入复核记账界面，如图14-13所示。

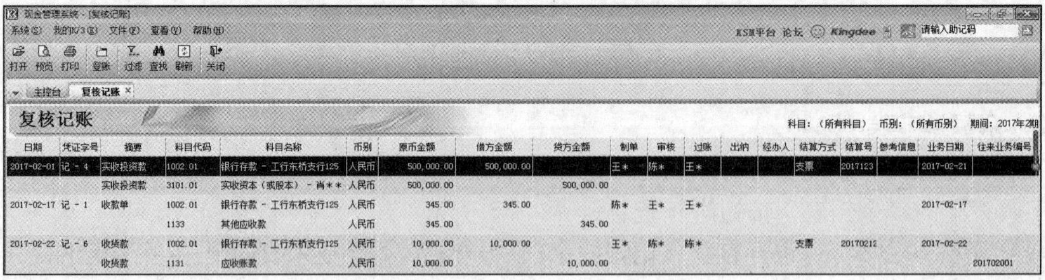

图 14-13

（3）登账设置。单击“文件”→“登账设置”，系统弹出“登账设置”对话框，如图14-14所示。

- 按现金科目、银行存款科目登账。选择按现金科目或银行存款科目登账，系统会根据凭证中的现金、银行存款科目的第一个对应科目登记日记账。凭证是一对一分录形式时，按两种登账方式引入的记账是相同的；凭证是一对多、多对一分录形式时，登录现金和银行存款对应的摘要、金额、对方第一科目等内容；凭证是多对多分录形式时，不论登录形式如何，登录现金、银行存款对应的摘要、金额，对方科目为第一科目。

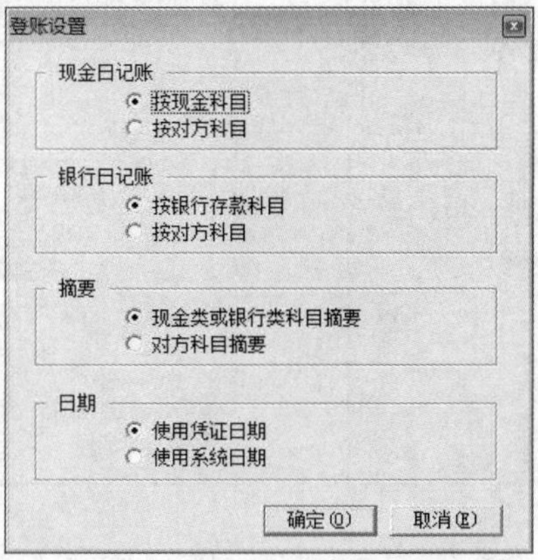

图 14-14

- 按对方科目登账。选择按对方科目登账，系统会根据凭证中现金、银行存款科目的所有对应科目登记日记账。凭证是一对一分录形式时，按两种登账方式引入的记账是相同的；凭证是一对多、多对一分录形式时，登录对方科目对应的摘要、金额或是现金、银行存款对应的摘要、金额，对方科目是第一科目；凭证是多对多分录形式时，不论登录形式如何，登录现金、银行存款对应的摘要和金额，对方科目为第一科目。
- 登账日期。登账日期方式有两种。使用凭证日期作为登账日期时，系统首先取凭证的业务日期，若业务日期为空，取凭证记账日期；若凭证日期和业务日期在相同月份，则取业务日期；若凭证日期和业务日期不在相同月份，则登账日期为凭证日期（月份加日“01”）。使用系统日期作为登账日期时，日记账取计算机当前日期。

“登账设置”保持不变。选中要复核的凭证，单击工具栏上的“登账”按钮，稍后系统隐藏该条记录，即表示登账成功。

2．引入日记账

引入日记账是从总账系统中引入现金日记账和银行存款日记账。

（1）在主界面，单击“财务会计”→“现金管理”→“总账数据”，双击“引入日记账”，系统弹出“引入日记账”对话框，如图 14-15 所示。选中现金日记账科目和银行存款日记账科目，并设置引入方式、日期和期间模式等条件。

（2）在“现金日记账”选项卡中保持默认设置，单击“引入”按钮，稍后系统弹出提示“引入现金日记账完毕”，应注意科目名称后的“状态”栏。

（3）切换到“银行存款日记账”选项卡，采用默认设置，单击“引入”按钮，稍后系统弹出引入成功提示。

3．与总账对账

与总账对账是指现金管理系统中的现金日记账、银行存款日记账与总账系统中的日记账进行核对，以保证现金管理系统的日记账和总账登账的一致性。

（1）在主界面，单击“财务会计”→“现金管理”→“总账数据”，双击“与总账对账”，系统弹出“与总账对账”对话框，如图 14-16 所示。

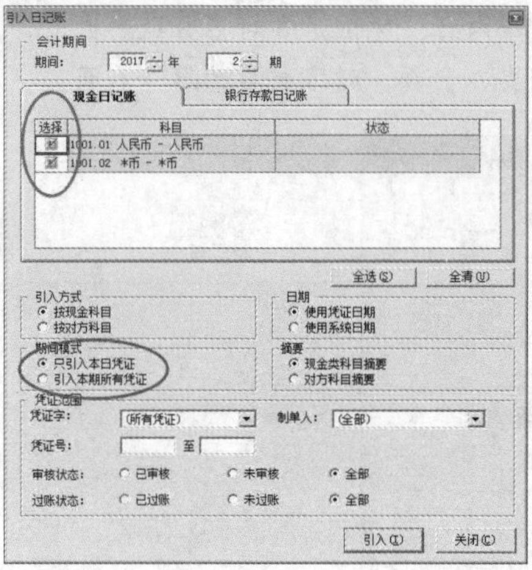

图 14-15

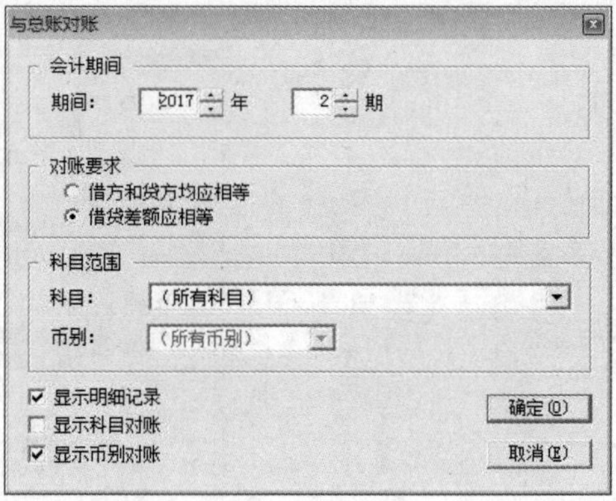

图 14-16

（2）选中“显示明细记录”和“显示科目对账”，单击“确定”按钮，系统进入与总账对账界面，如图 14-17 所示。

界面左侧显示已登记的日记账数据，右侧显示总账系统的日记账数据。

若要修改、删除日记账，选中后单击工具栏上的相应按钮即可。日记账修改后，单击工具栏上的“对账报告”按钮，可以重新查看对账情况。

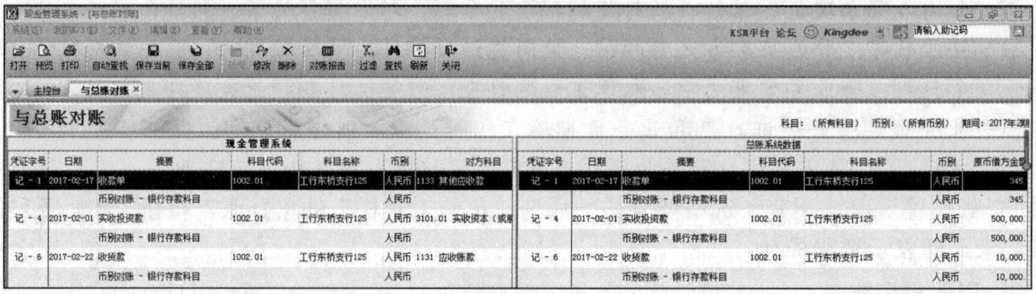

图 14-17

14.3.2 现金

现金模块主要处理现金日记账的新增、修改、盘点和对账等操作。

1. 现金日记账

现金日记账处理现金日记账的新增、修改、删除和打印等操作，具体步骤如下。

（1）在主界面，单击“财务会计”→“现金管理”→“现金”，双击“现金日记账”，系统弹出“现金日记账”对话框，如图 14-18 所示。在对话框中选择要过滤的期间和在报表中要显示的项目。

（2）保持默认设置，单击“确定”按钮，系统弹出现金日记账界面，如图 14-19 所示。若账套中有多个现金日记账科目，单

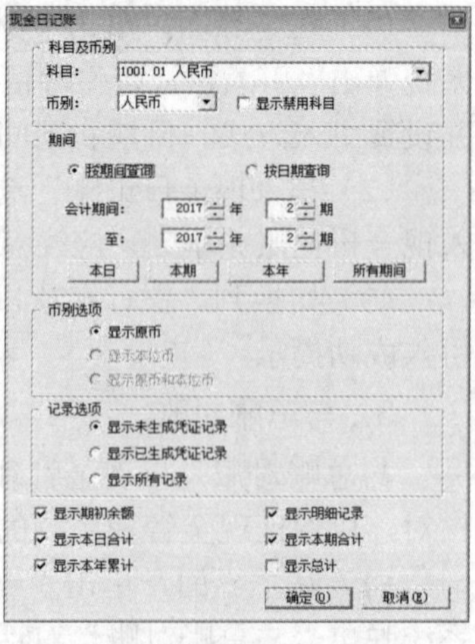

图 14-18

击工具栏上的“第一”“上一”“下一”“最末”按钮可进行不同科目数据的查看。

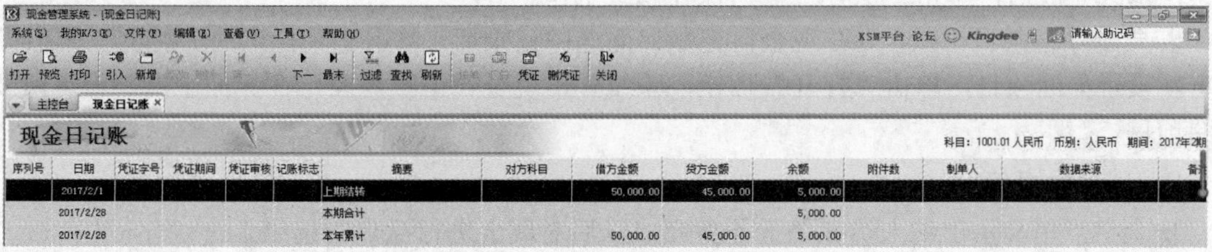

图 14-19

（3）现金日记账新增方式有 3 种。第 1 种是单击“总账数据”，双击“复核记账”；第 2 种是单击工具栏上的“引入”按钮，从总账系统引入现金日记账，该方式与单击“总账数据”，双击“引入日记账”操作相同；第 3 种是单击工具栏上的“新增”按钮，系统进入现金日记账录入界面，如图 14-20 所示。

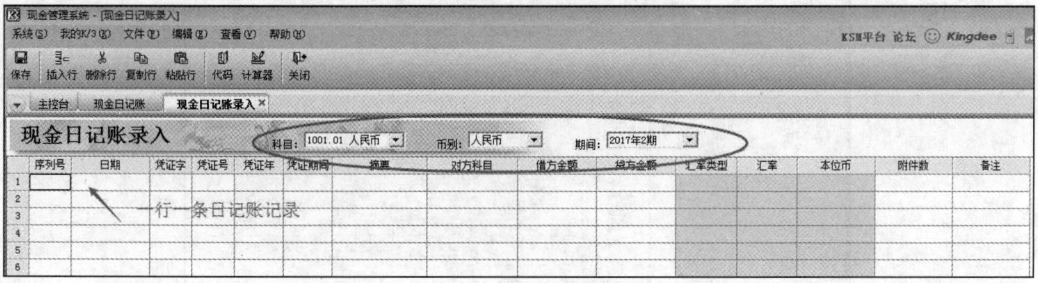

图 14-20

在界面中选择科目、币别和期间后，双击表格中的日期栏修改日期，录入现金日记账的凭证字、凭证号和对方科目等内容。录入完成后，单击工具栏上的“保存”按钮保存录入数据。单击“关闭”按钮，退出录入界面返回现金日记账界面。

注

（1）若单独使用现金管理系统，不用录入凭证字、凭证号及对方科目。

（2）以上录入界面称作多行录入界面。系统同时提供单张记录录入界面，前提是在现金日记账界面，去掉“编辑”菜单“多行输入”功能的选中。单击工具栏上的“新增”按钮，系统弹出“现金日记账–新增”对话框，如图 14-21 所示。

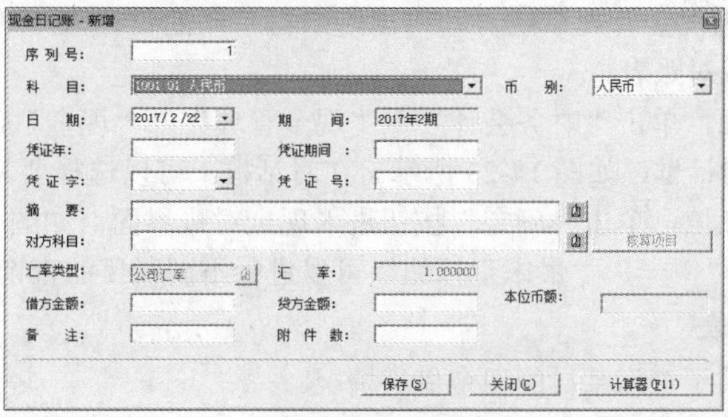

图 14-21

若要修改某条现金日记账的内容，则在现金日记账界面选中记录后，单击工具栏上“修改”按钮，修改完成后，单击“保存”按钮保存修改工作。

若要删除某条日记账，则在现金日记账界面选中记录后，单击工具栏上的“删除”按钮即可。若重新设置界面项目，单击“打开”按钮，系统弹出现金日记账界面，在界面中重新设置所要显示的项目。

2．现金盘点单

现金盘点单显示出纳人员在每天业务完成以后对现金进行盘点的结果。

下面以录入人民币的盘点单为例，介绍具体操作步骤。

（1）在主界面，单击“财务会计”→“现金管理”→“现金”，双击“现金盘点单”，系统进入现金盘点单界面，如图 14-22 所示。

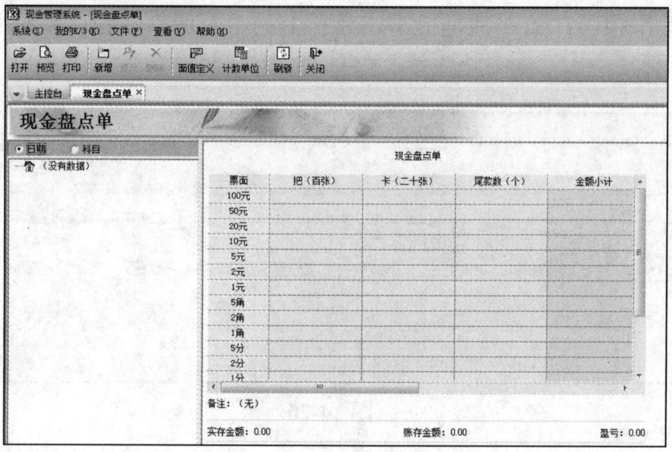

图 14-22

（2）单击工具栏上的“新增”按钮，系统弹出“现金盘点单–新增”窗口，选择现金科目，修改日期，在窗口中的相应位置录入数据。在录入数据时，一定要注意把握尾款数的含义。

（3）单击“保存”按钮保存录入数据，并返回现金盘点单界面，系统将刚才新增的盘点记录显示在界面上。

若要修改、删除某日的盘点单，选中界面左侧的日期或科目中的记录后，单击相应按钮即可。

3．现金对账

现金对账是指现金管理系统自动将出纳账与总账的日记账中的当期现金发生额和现金余额进行核对，并生成对账表。

（1）在主界面，单击“财务会计”→“现金管理”→“现金”，双击“现金对账”，系统弹出“现金对账”对话框，如图 14-23 所示。在对话框上可以选择要对账的科目和期间范围。

（2）保持默认值，单击“确定”按钮进入现金对账界面，如图 14-24 所示。单击工具栏上的“第一”“上一”“下一”“最末”按钮，可以进行不同科目的查询。

4．现金日报表

现金日报表用于查询某日的现金借贷情况。

在主界面，单击“财务会计”→“现金管理”→“现金”，双击“现金日报表”，系统弹出“现金日报表”对话框，选择要查询日报表的日期，单击“确定”按钮，系统进入现金日报表界面，如图 14-25 所示。

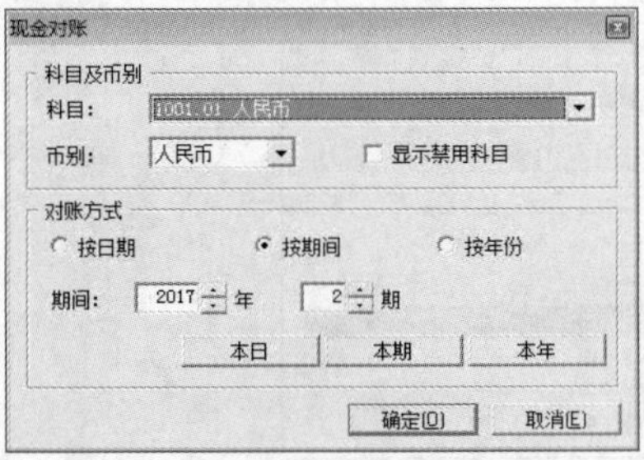

图 14-23

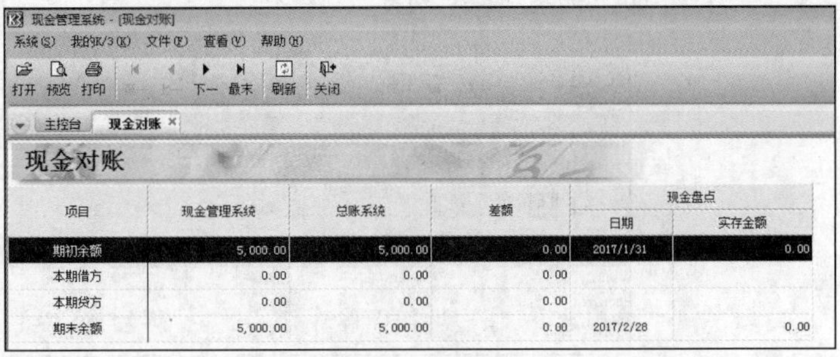

图 14-24

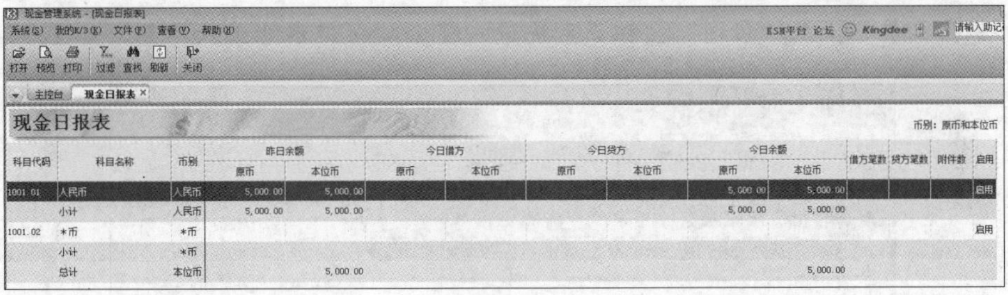

图 14-25

5．现金收付流水账

现金收付流水账是根据现金收付时间顺序登记的流水账。在现金收付流水账中，系统可以根据收付款信息直接生成凭证，并将其传递到总账系统。

- 在主界面，单击“财务会计”→“现金管理”→“现金”，双击“现金收付流水账”，系统弹出提示对话框，单击“确定”按钮，系统进入初始数据录入界面，在各项目下录入相应的金额，如图 14-26 所示。

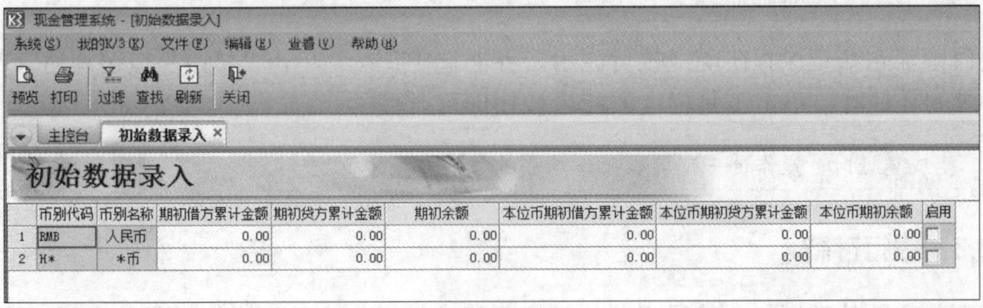

图 14-26

注　因为是第一次使用该功能，所以要初始化。

- 初始数据录入完成，单击“编辑”→“结束初始化”，系统弹出“启用会计期间”对话框，单击“确定”按钮，系统弹出提示，单击“确定”按钮结束初始化，稍后系统弹出结束成功的提示。
- 单击“关闭”按钮退出初始化窗口，双击“现金收付流水账”，系统弹出“现金收付流水账”对话框。“币别”选择“人民币”，单击“确定”按钮，系统进入现金收付流水账界面，如图 14-27 所示。

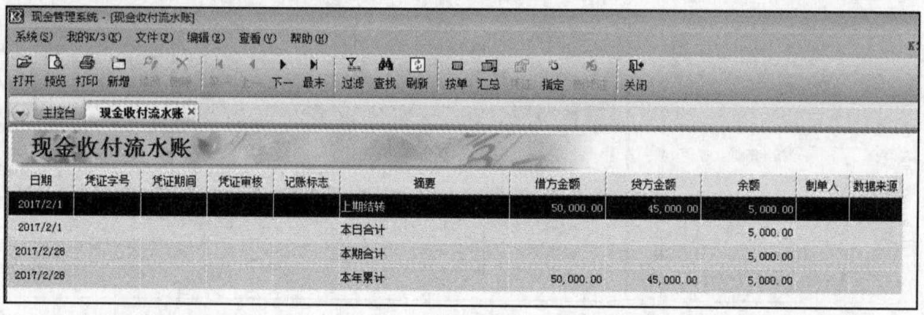

图 14-27

- 单击工具栏上的“新增”按钮，系统进入现金收付流水账录入界面，如图 14-28 所示。

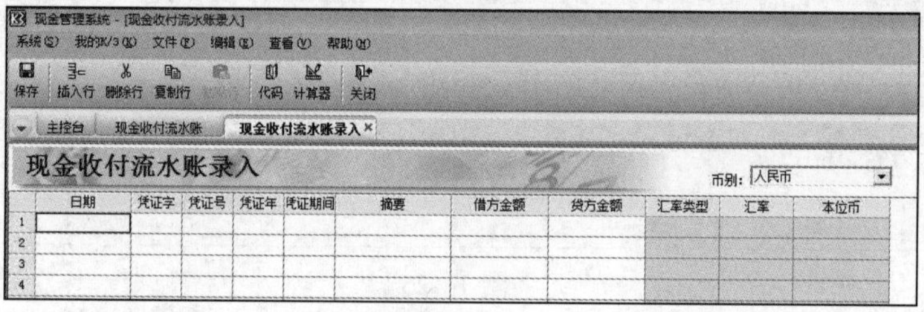

图 14-28

- 现金收付流水账的录入方法与现金日记账的直接新增类似，录入日期、凭证字、凭证号、摘要和金额等内容，录入完成后单击“保存”按钮保存录入资料。

注　录入的现金收付流水账若带有凭证字和凭证号，系统会自动检测该记录是否与总账系统中的记录相匹配，若不匹配，则不能保存。若录入的流水账经检测有凭证字和凭证号且可以保存，在返回的现金收付流水账界面，选中该条目，单击工具栏上的“按单”“汇总”按钮，则可以生成凭证传递到总账系统。

若要修改流水账记录，在现金收付流水账界面选中记录，单击“修改”按钮即可。若要查看、删除该记录的凭证时，单击工具栏上的相应按钮即可。

注　生成凭证时，操作员一定要有操作总账的凭证权限才行。

14.3.3 银行存款

银行存款主要处理银行存款日记账的新增、修改等操作，并与银行对账单进行对账。

1. 银行存款日记账

银行存款日记账处理银行存款科目日记账的新增、修改、删除和打印等工作。录入方法请参照“现金日记账”。

修改、删除银行存款日记账的方法是选中要进行修改或删除的记录，单击工具栏上的相应按钮即可。

“勾对”项目下显示“未勾对”，是指该条日记账暂未与银行对账单进行对账。

2．银行对账单

银行对账单是银行出具给企业的有关该企业银行账号在一定时间内的收支情况表，可与企业的银行存款日记账进行核对。银行对账单既可以是打印文本，也可以是数据文件。

现金管理系统提供两种录入银行对账单方式，一种是根据银行对账单的打印文本手工录入，另一种是从银行取得对账单数据文件（要求必须转化成文本文件，即扩展名为 TXT 文件），直接引入对账单。在本账套中讲述第一种方式。

单击“财务会计”→“现金管理”→“银行存款”，双击“银行对账单”，系统弹出“银行对账单”对话框，如图 14-29 所示。

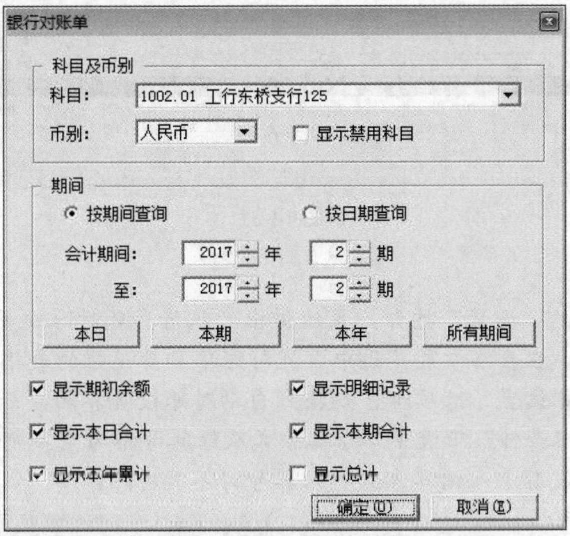

图 14-29

保持默认值，单击“确定”按钮，系统进入银行对账单界面，如图 14-30 所示。

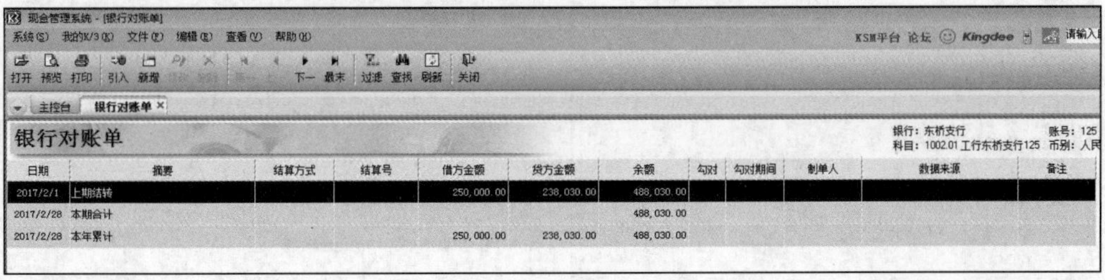

图 14-30

单击工具栏上的“新增”按钮，系统进入银行对账单录入界面，选择正确的科目、币别和期间，录入银行对账单。

3．银行存款对账

银行存款对账是指银行对账单与银行存款日记账进行核对。

（1）在主界面，单击“财务会计”→“现金管理”→“银行存款”，双击“银行存款对账”，系统弹出“银行存款对账”对话框，在对话框中可以设置要对账的科目、期间范围和是否包含已勾对记录等选项。

（2）保持默认设置，单击“确定”按钮，系统进入银行存款对账界面，如图 14-31 所示。界面上部是银行对账单，界面下部是银行存款日记账。

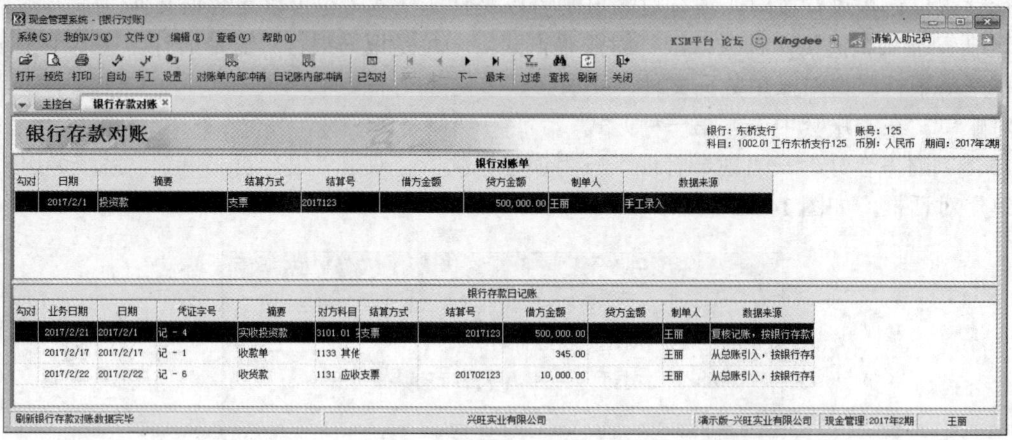

图 14-31

（3）对账设置。

- 单击工具栏上的“设置”按钮，系统弹出“银行存款对账设置”对话框，单击“表格设置”选项卡，在表格设置界面中设置对账单和日记账的表格位置，如图 14-32 所示。
- 单击“自动对账设置”选项卡，切换到自动对账设置界面，如图 14-33 所示。在界面中的“自动对账条件”下选中“结算方式及结算号都为空不允许对账”，则在对账时，系统中的记录没有录入结算方式和结算号时不能对账。

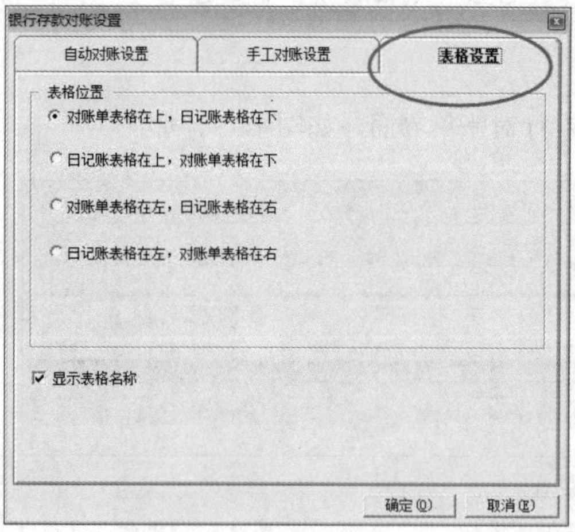

图 14-32

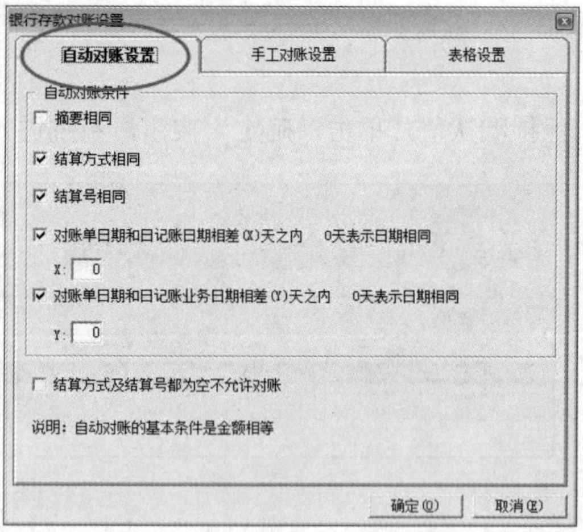

图 14-33

- 单击“手工对账设置”选项卡，如图 14-34 所示。手工对账一般是处理不能自动对账的记录，手工对账设置可以设置记录的查找条件，以便手工对账。
- 对账设置完成，单击“确定”按钮，返回银行存款对账界面。

（4）单击工具栏上的“自动”按钮，系统弹出“银行存款对账设置”对话框，对账条件保持不变，单击“确定”按钮，稍后弹出信息提示，单击“确定”按钮，系统返回银行存款对账界面，系统同时将已经对账的记录隐藏起来。

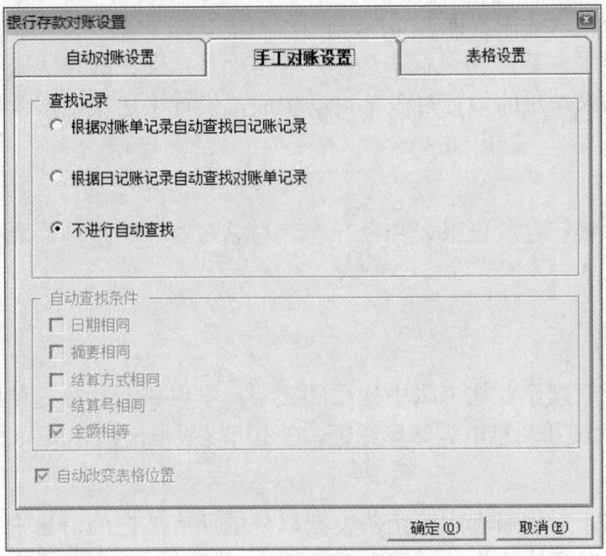

图 14-34

若要取消对账，在“已勾对记录列表”中，选中记录后单击“取消对账”按钮即可。单击“对账”按钮返回银行存款对账界面，单击“第一”“上一”“下一”“最末”按钮进行科目切换。

4．余额调节表

余额调节表是在对账完毕后，为检查对账结果是否正确或查询对账结果，系统自动编制的银行存款报表。

在主界面，单击“财务会计”→“现金管理”→“银行存款”，双击“余额调节表”，系统弹出“余额调节表”对话框，可以选择科目，保持默认查询条件，单击“确定”按钮，系统进入余额调节表界面，如图 14-35 所示。单击“第一”“上一”“下一”“最末”按钮，切换不同科目。

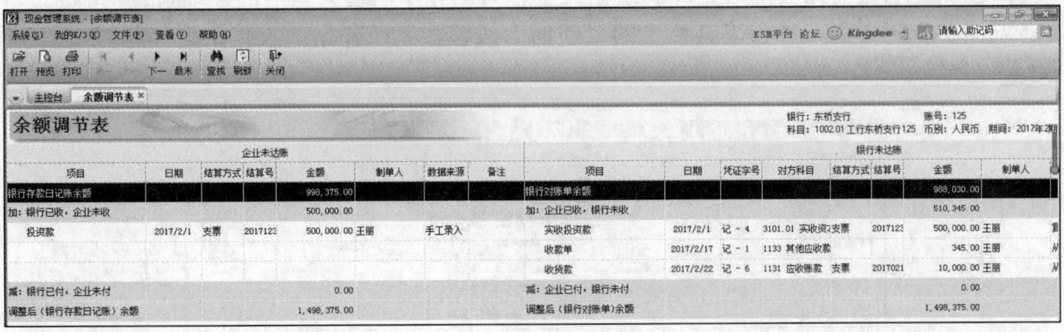

图 14-35

5．长期未达账

长期未达账可协助操作员查询长期未达账项，以辅助财会人员分析查找造成长期未达账的原因，避免资金丢失。

在主界面，单击“财务会计”→“现金管理”→“银行存款”，双击“长期未达账”，系统弹出“长期未达账”对话框，在对话框中可选择要查询的科目、会计期间和报表类型等内容。单击“确定”按钮进入长期未达账界面。

长期未达账分为企业未达账和银行未达账，凡是上月末存在的未达账全部形成本月的长期未达账。企业未达账根据未勾对的银行对账单自动生成，银行未达账根据未勾对的银行存款日记账自动生成。

6．银行存款报表

银行对账日报表、银行存款日报表和银行存款与总账对账的查询，请参照前面章节的报表查询方法。

14.3.4 票据

票据功能主要用于管理企业往来账中使用的支票、本票和汇票等各种票据，以及汇兑、托收承付、委托收款、贷记凭证和利息单等结算凭证，它还可以根据出纳人员录入的票据信息生成凭证。

1．票据备查簿

票据备查簿功能用于对本账套中除空头支票以外的所有票据的信息进行登记和管理。

在主界面，单击“财务会计”→“现金管理”→“票据”，双击“票据备查簿”，系统弹出“票据备查簿”对话框，可以设置要查询的日期和各种核销情况，设置完成后单击“确定”按钮，系统进入票据备查簿界面，如图 14-36 所示。

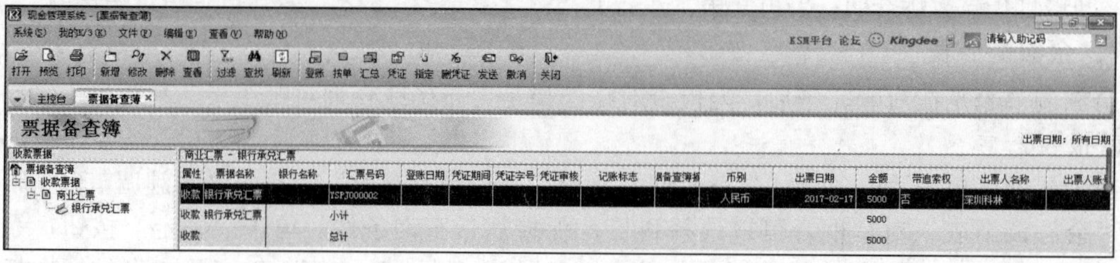

图 14-36

界面左侧显示当前账套中所建立的票据类型，右侧显示所选类型下的详细票据信息。

在票据备查簿界面，单击工具栏上的“新增”按钮，系统弹出“收款票据-新增”对话框，如图 14-37 所示。

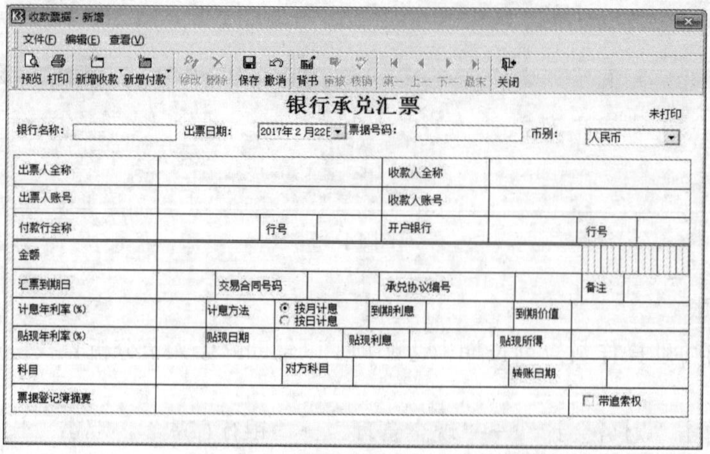

图 14-37

单击“新增收款”或“新增付款”按钮，系统弹出“票据类型”选择菜单，单击相应类型票据系统切换到该票据类型新增对话框。

系统提供以下票据，如表14-1所示。

表14-1　　票据

大类	票据类型	备注
收款票据	现金支票、转账支票、普通支票、不定额本票、定额本票、银行汇票、商业承兑汇票、银行承兑汇票、电汇凭证、信汇凭证、托收承付结算凭证、委托银行收款结算凭证、贷记凭证、利息单	
付款票据	现金支票、转账支票、普通支票、不定额本票、定额本票、银行汇票、商业承兑汇票、银行承兑汇票、电汇凭证、信汇凭证、托收承付结算凭证、委托银行收款结算凭证、贷记凭证	现金支票、转账支票和普通支票只能在支票管理中处理

当票据录入完成后，要更换操作员再次进入票据备查簿界面，选中要审核的票据，单击工具栏上的“审核”按钮，这时界面下“审核”处将显示审核人的名字，即表示审核成功；若取消审核，单击“编辑”→“反审核”即可。

下面介绍贴现、背书、删除操作。在票据备查簿界面，选中要贴现、背书的票据，单击工具栏上的“修改”按钮，系统弹出“修改”窗口，在贴现年利率和贴现日期处录入相应的内容，系统会自动算出贴现所得；在“修改”窗口，单击工具栏上的“背书”按钮，系统会切换到“背书”信息录入窗口。背书信息录入完成，单击“保存”按钮保存录入资料，单击“背书”按钮，系统切换到票据查看界面。

若要删除新增的票据，在票据备查簿界面，选中相应票据后，单击工具栏上的“删除”按钮即可。只有未审核的票据才能删除。

下面介绍核销操作。在票据备查簿界面，选中要核销的票据，单击工具栏上的“查看”按钮，系统弹出“查看”窗口，单击工具栏上的“核销”按钮，这时窗口下部的“核销”处会显示核销人的名字，即表示核销成功。若要取消核销工作，单击“编辑”→“反核销”即可。

下面介绍凭证管理操作。若票据要生成凭证，在票据备查簿界面，选中要生成凭证的票据，单击工具栏上的“按单”按钮，系统根据选中票据的金额弹出“记账凭证”窗口，修改记账凭证，单击“保存”按钮完成凭证的生成工作。

在票据备查簿界面选中多张要生成凭证的票据，单击工具栏上的“汇总”按钮，系统将按汇总方式生成凭证。

单击凭证、删除按钮，可以查看或删除选中票据所生成的凭证。单击“指定”按钮，系统可以指定其他业务系统生成的凭证（如在应收款、应付款管理系统和固定资产管理系统已经生成的凭证）。

注

（1）凭证管理工作只有具有凭证操作权限的用户才能使用。

（2）当票据备查簿管理的是商业承兑汇票和银行承兑汇票时，现金管理系统与应收款、应付款管理系统中的应收、应付票据完全共享。用户可在现金管理或应收款、应付款管理系统录入外来票据，这些票据会同时在另外的系统出现。这些系统启用后才同步，票据最好在一个系统录入（如现金管理系统），这更利于企业的管理和控制。初始化的信息必须在两个系统中分别建立。

2. 支票管理

支票管理功能是对企业的现金支票、转账支票和普通支票进行管理，以表14-2和表14-3中数据为例介绍支票管理方法。

表 **14-2** 购置支票

银行名称	币别	支票类型	支票规则	起始号码	结束号码	购置日期
工行东桥支行 125	人民币	现金支票	XW****	0001	0010	2017-02-08

表 **14-3** 领用支票

银行名称	支票号码	领用日期	领用部门	领用人	对方单位	使用限额	领用用途	预计报销日期
工行东桥支行 125	XW0001	2010-02-11	采购部	张琴	深圳南丰实业	1 000	付货款	2017-02-12

（1）购置支票。

① 以“张春”身份登录本账套。在主界面，单击“财务会计”→“现金管理”→“票据”，双击“支票管理”，系统进入支票管理界面，如图 14-38 所示。

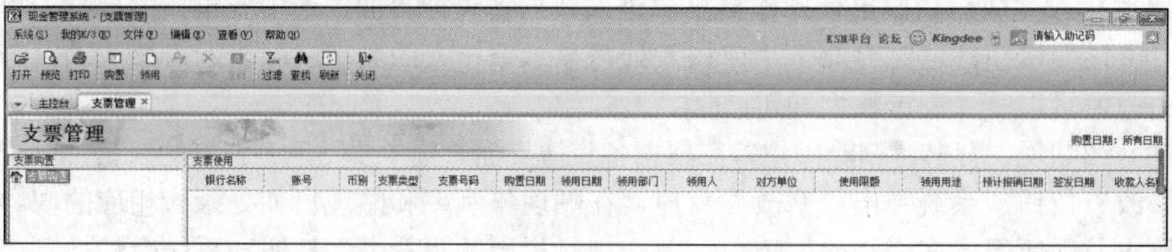

图 14-38

② 单击工具栏上的“购置”按钮，系统弹出“支票购置”窗口，如图 14-39 所示。

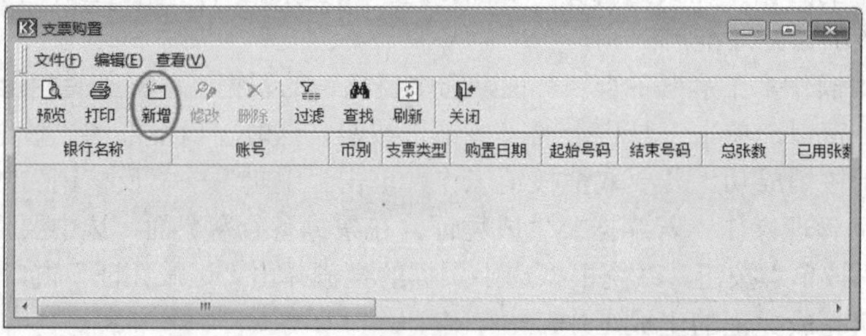

图 14-39

③ 单击工具栏上的“新增”按钮，系统弹出“新增支票购置”窗口，选中账号“工行东桥支行 125”，选择“支票类型”为“现金支票”，“支票规则”录入“XW****”，“起始号码”录入“0001”，“结束号码”录入“0010”，修改“购置日期”为“2017/2/8”，如图 14-40 所示。

④ 输入完成，单击“确定”按钮，系统保存当前录入资料并返回“支票购置”窗口，系统将新增的信息显示在窗口上，如图 14-41 所示。

若要修改、删除购置记录，单击相应按钮即可。

（2）支票领用。

① 在支票管理界面，选中要领用的支票购置记录，如图 14-42 所示。

② 单击工具栏上的“领用”按钮，系统弹出“支票领用”对话框，保持支票号码不变，录入“领用日期”为“2017/2/11”、“预计报销日期”为“2017/2/12”、“使用限额”为“1000.00”，获取“领用部门”为“采购部”、“领用人”为“郑采购”、“领用用途”为“付货款”、“对方单位”为“深圳南丰实业”，如图 14-43 所示。

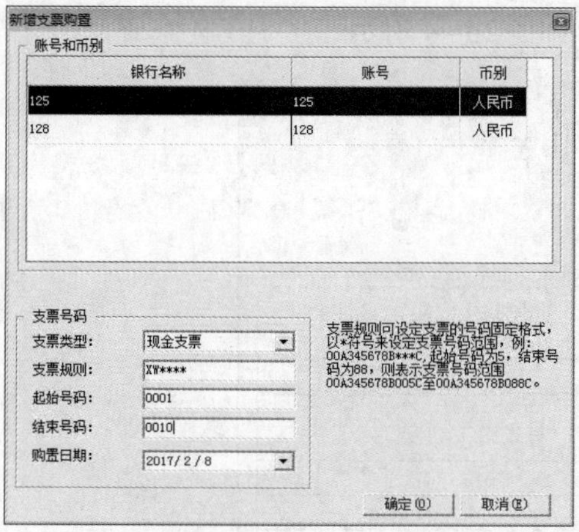

图 14-40

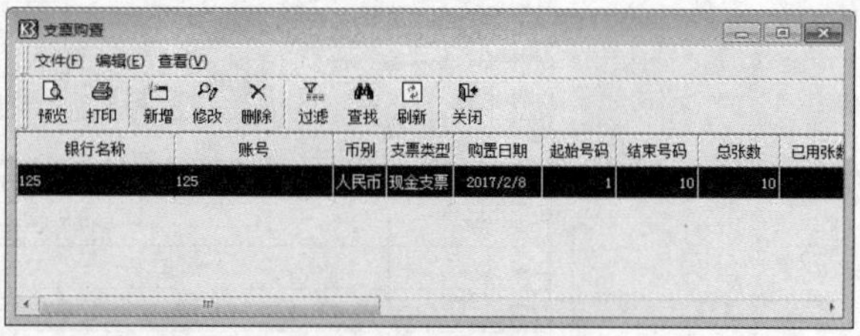

图 14-41

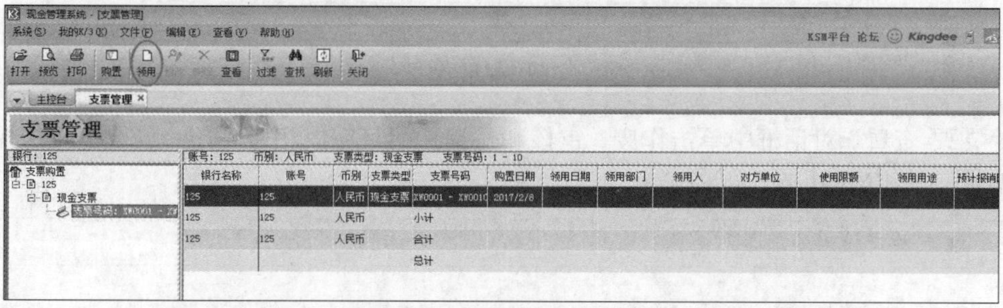

图 14-42

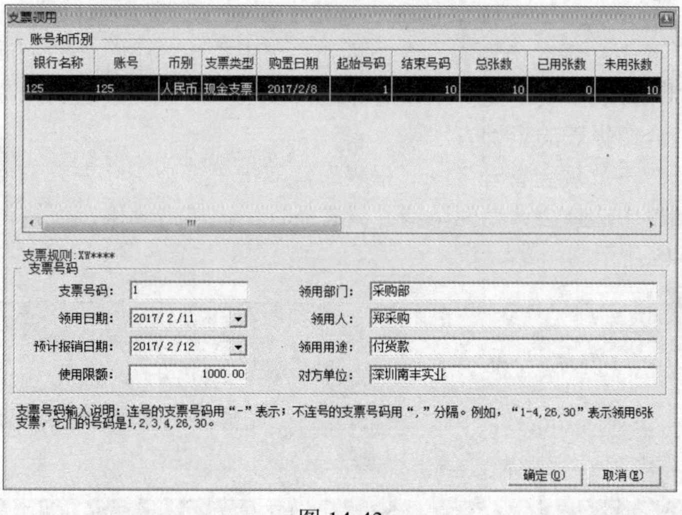

图 14-43

③ 单击“确定”按钮保存当前领用记录，系统弹出提示，单击“确定”按钮返回支票管理界面，同时在界面中显示领用的记录。

若要修改、删除领用记录，选中该记录后单击相应工具按钮即可。

（3）支票作废、审核与核销。

在支票管理界面，选中要作废、审核、核销的支票记录，如选中“XW0001”，单击工具栏上的“查看”按钮，系统弹出“支票-查看”对话框，如图14-44所示。

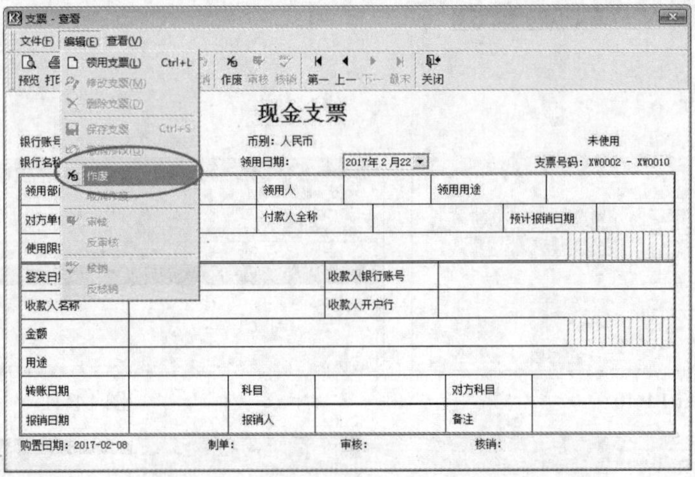

图14-44

在“支票-查看”对话框中单击作废、审核和核销按钮可完成相应功能，若取消相应操作，则单击“编辑”下相应的取消功能。

注　支票的审核人不能是制单人。

14.4　报表

报表包含资金头寸表和到期预警表。资金头寸表用于查阅各个日期或期间的资金（现金和银行存款）余额，到期预警表主要是提供应收商业汇票及应付商业汇票的到期预警功能。下面以查询资金头寸表为例，介绍报表的查询方法。

单击“财务会计”→“现金管理”→“报表”，双击“资金头寸表”，系统弹出“资金头寸表”对话框，在对话框中选择会计期间范围并设置条件后，单击“确定”按钮，系统进入资金头寸表界面，如图14-45所示。

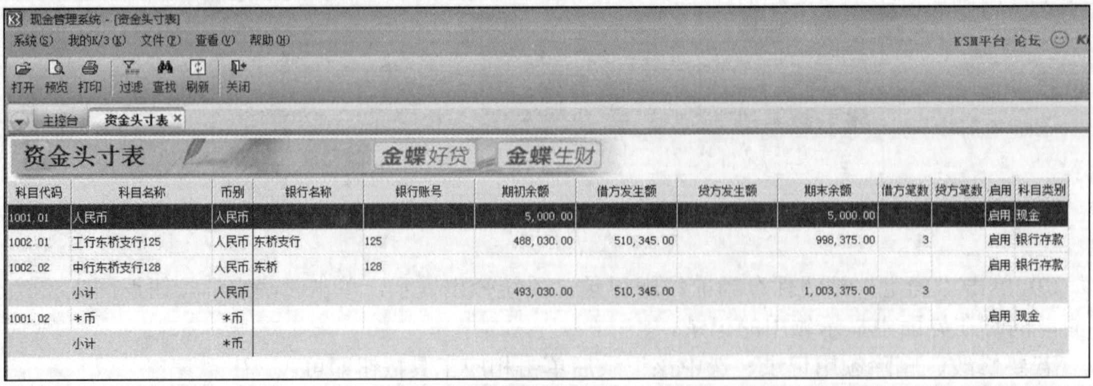

图14-45

14.5　期末结账

期末结账的目的是总结当前会计期间资金的经营活动情况。系统结账后才能进入下一会计期间进行日常业务的处理。

（1）在主界面，单击“财务会计”→“现金管理”→“期末处理”，双击“期末结账”，系统弹出“期末结账”对话框，如图 14-46 所示。

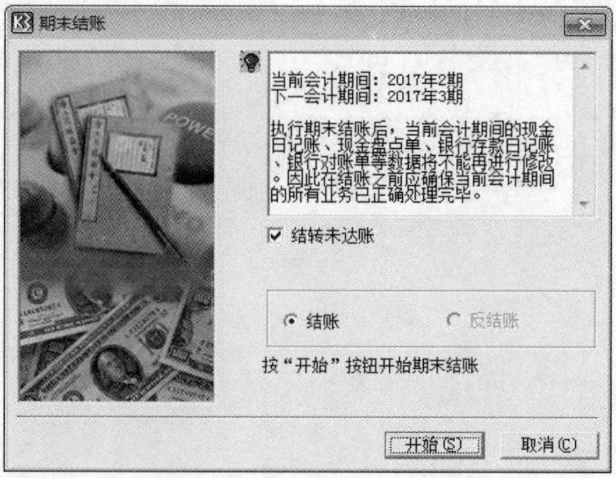

图 14-46

（2）选中“结账”，单击“开始”按钮，系统弹出提示对话框，单击“确定”按钮，稍后“期末结账”对话框显示结账成功。

“结转未达账”是将本期（包括以前期间转为本期）未勾对的银行存款日记账和未勾对的银行对账单结转到下一期。结转未达账的选项必须打钩，否则将造成下期余额调节表无法平衡。

系统同时提供反结账功能，操作方法与结账类似，在系统弹出“期末结账”对话框中选中“反结账”即可，只有系统管理员才能反结账。

注　进行反结账时，上期结转的银行存款日记账、银行对账单以及与这些记录进行勾对的银行存款日记账、银行对账单的勾对标志将被取消。结账返回上期后需要重新进行勾对。

14.6　凭证管理

凭证管理是指对现金管理系统生成的凭证进行管理，包括查看、修改、删除和审核等功能，操作方法与总账系统中凭证处理类似。本账套中现金管理系统没有生成凭证，在此不讲解该功能。

注　操作凭证管理功能时，操作员一定要有操作记账凭证的权限。

14.7　课后习题

（1）画出现金管理系统与其他模块之间的数据流向图。

（2）现金日记账新增方式有哪几种？

（3）现金日记账有哪几种录入格式？

（4）现金日记账在什么功能下处理生成凭证？

（5）银行对账单录入方式有哪几种？

（6）银行存款对账有哪几种方式？

（7）付款票据下的现金支票、转账支票和普通支票在什么模块中处理？

第15章　报表

本章重点

- 资产负债表
- 利润表
- 自定义报表
- 公式向导
- 报表打印

15.1　概述

金蝶 K/3 报表系统主要处理资产负债表、利润表等常用的财务报表，并可以根据管理需要自定义报表。报表系统还可以与合并报表系统连用，制作各种上报报表。

报表系统与总账系统连用时，可以通过 ACCT、ACCTCASH 及 ACCTGROUP 等取数函数从总账系统的科目中取数；与工资管理系统连用时，可以通过函数 FOG-PA 从工资管理系统中取数；与固定资产管理系统连用时，可以通过函数 FOG-PA 从固定资产管理系统中取数；与工业供应链系统连用时，可以通过函数从工业供应链系统中取数。

报表系统的界面显示为一个表格，操作与 Excel 类似。

报表系统没有初始设置和期末结账，主要用于报表生成、修改格式和修改公式，以及打印输出。

报表系统与其他系统的关系如图 15-1 所示。

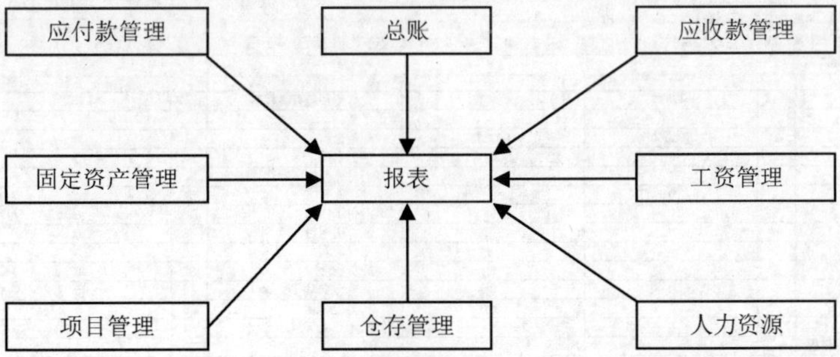

图 15-1

15.2　报表处理

报表系统为用户预设部分行业的报表模板，如资产负债表、利润表和利润分配表等。用户可以利用公式向导更改取数公式，也可以通过页面设置更改输出格式。查看报表的方法是一定要在所引入会计科目类型下查询报表，如本练习账套引入的是“企业会计制度科目”，所以报表要在“（行业）企业会计制度”下查看。下面以处理资产负债表为例，介绍报表的处理方法。

15.2.1 查看报表

（1）在主界面，单击“财务会计”→“报表”→“（行业）企业会计制度”，双击“企业会计制度资产负债表”，系统进入“报表系统—［企业会计制度资产负债表］”窗口，如图 15-2 所示。

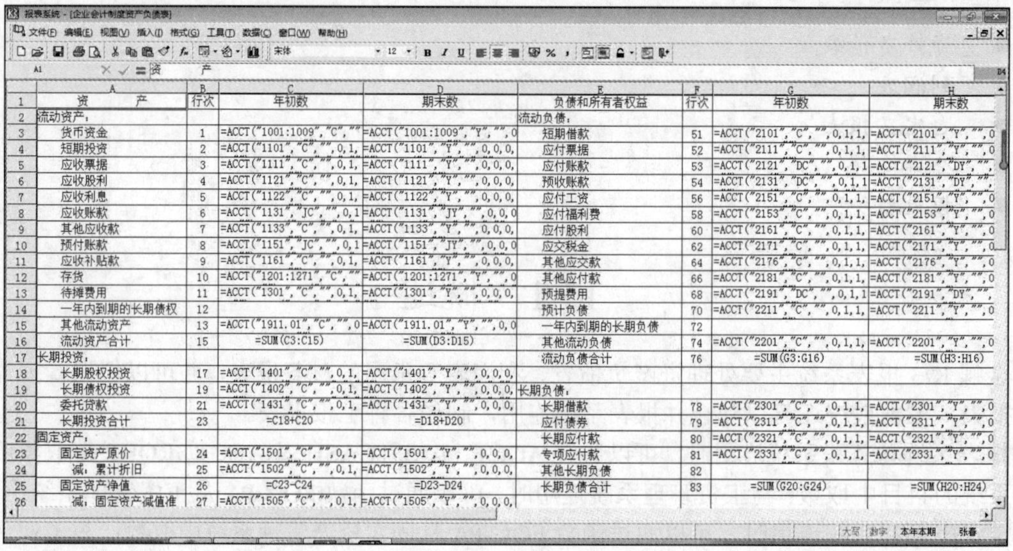

	A	B	C	D	E	F	G	H
1	资　　产	行次	年初数	期末数	负债和所有者权益	行次	年初数	期末数
2	流动资产：				流动负债：			
3	货币资金	1	=ACCT("1001:1009","C",""	=ACCT("1001:1009","Y","",0	短期借款	51	=ACCT("2101","C","",0,1,1,	=ACCT("2101","Y","",0
4	短期投资	2	=ACCT("1101","C","",0,1,	=ACCT("1101","Y","",0,0,0,	应付票据	52	=ACCT("2111","C","",0,1,1,	=ACCT("2111","Y","",0
5	应收票据	3	=ACCT("1111","C","",0,1,	=ACCT("1111","Y","",0,0,0,	应付账款	53	=ACCT("2121","DC","",0,1,1	=ACCT("2121","DY","",
6	应收股利	4	=ACCT("1121","C","",0,1,	=ACCT("1121","Y","",0,0,0,	预收账款	54	=ACCT("2131","DC","",0,1,1	=ACCT("2131","DY","",
7	应收利息	5	=ACCT("1122","C","",0,1,	=ACCT("1122","Y","",0,0,0,	应付工资	56	=ACCT("2151","C","",0,1,1,	=ACCT("2151","Y","",0
8	应收账款	6	=ACCT("1131","JC","",0,1	=ACCT("1131","JY","",0,0,0	应付福利费	58	=ACCT("2153","C","",0,1,1,	=ACCT("2153","Y","",0
9	其他应收款	7	=ACCT("1133","C","",0,1,	=ACCT("1133","Y","",0,0,0,	应付股利	60	=ACCT("2161","C","",0,1,1,	=ACCT("2161","Y","",0
10	预付账款	8	=ACCT("1151","JC","",0,1	=ACCT("1151","JY","",0,0,0	应交税金	62	=ACCT("2171","C","",0,1,1,	=ACCT("2171","Y","",0
11	应收补贴款	9	=ACCT("1161","C","",0,1,	=ACCT("1161","Y","",0,0,0,	其他应交款	64	=ACCT("2176","C","",0,1,1,	=ACCT("2176","Y","",0
12	存货	10	=ACCT("1201:1271","C",""	=ACCT("1201:1271","Y","",0	其他应付款	66	=ACCT("2181","C","",0,1,1,	=ACCT("2181","Y","",0
13	待摊费用	11	=ACCT("1301","C","",0,1,	=ACCT("1301","Y","",0,0,0,	预提费用	68	=ACCT("2191","DC","",0,1,1	=ACCT("2191","DY","",
14	一年内到期的长期债权	12			预计负债	70	=ACCT("2211","C","",0,1,1,	=ACCT("2211","Y","",0
15	其他流动资产	13	=ACCT("1911.01","C","",0	=ACCT("1911.01","Y","",0,0	一年内到期的长期负债	72		
16	流动资产合计	15	=SUM(C3:C15)	=SUM(D3:D15)	其他流动负债	74	=ACCT("2201","C","",0,1,1,	=ACCT("2201","Y","",0
17	长期投资：				流动负债合计	76	=SUM(G3:G16)	=SUM(H3:H16)
18	长期股权投资	17	=ACCT("1401","C","",0,1,	=ACCT("1401","Y","",0,0,0,				
19	长期债权投资	19	=ACCT("1402","C","",0,1,	=ACCT("1402","Y","",0,0,0,	长期负债：			
20	委托贷款	21	=ACCT("1431","C","",0,1,	=ACCT("1431","Y","",0,0,0,	长期借款	78	=ACCT("2301","C","",0,1,1,	=ACCT("2301","Y","",0
21	长期投资合计	23	=C18+C20	=D18+D20	应付债券	79	=ACCT("2311","C","",0,1,1,	=ACCT("2311","Y","",0
22	固定资产：				长期应付款	80	=ACCT("2321","C","",0,1,1,	=ACCT("2321","Y","",0
23	固定资产原价	24	=ACCT("1501","C","",0,1,	=ACCT("1501","Y","",0,0,0,	专项应付款	81	=ACCT("2331","C","",0,1,1,	=ACCT("2331","Y","",0
24	减：累计折旧	25	=ACCT("1502","C","",0,1,	=ACCT("1502","Y","",0,0,0,	其他长期负债	82		
25	固定资产净值	26	=C23-C24	=D23-D24	长期负债合计	83	=SUM(G20:G24)	=SUM(H20:H24)
26	减：固定资产减值准	27	=ACCT("1505","C","",0,1,	=ACCT("1505","Y","",0,0,0,				

图 15-2

（2）当前显示为“公式”状态，即可编辑和查询报表中所设置的公式情况。单击“视图”→“显示数据”，窗口切换到数据状态，再单击“数据”→“报表重算”，报表会根据预设的公式计算出各项目数据，计算结果如图 15-3 所示。

	A	B	C	D	E	F	G	H
1	资　　产	行次	年初数	期末数	负债和所有者权益	行次	年初数	期末数
2	流动资产：				流动负债：			
3	货币资金	1	500000	1003375	短期借款	51	0	0
4	短期投资	2	0	0	应付票据	52	0	0
5	应收票据	3	0	0	应付账款	53	0	0
6	应收股利	4	0	0	预收账款	54	0	0
7	应收利息	5	0	0	应付工资	56	0	69627
8	应收账款	6	0	46789	应付福利费	58	0	0
9	其他应收款	7	0	-345	应付股利	60	0	0
10	预付账款	8	0	0	应交税金	62	0	0
11	应收补贴款	9	0	0	其他应交款	64	0	0
12	存货	10	0	6970	其他应付款	66	0	0
13	待摊费用	11	0	0	预提费用	68	0	0
14	一年内到期的长期债权	12			预计负债	70	0	0
15	其他流动资产	13	0	0	一年内到期的长期负债	72		
16	流动资产合计	15	500000	1056789	其他流动负债	74	0	0
17	长期投资：				流动负债合计	76	0	69627
18	长期股权投资	17	0	0				
19	长期债权投资	19	0	0	长期负债：			
20	委托贷款	21	0	0	长期借款	78	0	0
21	长期投资合计	23	0	0	应付债券	79	0	0
22	固定资产：				长期应付款	80	0	0
23	固定资产原价	24	0	0	专项应付款	81	0	0
24	减：累计折旧	25	0	72	其他长期负债	82		
25	固定资产净值	26	0	-72	长期负债合计	83	0	0
26	减：固定资产减值准	27	0	0				

图 15-3

15.2.2　公式向导

在报表单元格中若显示“#科目代码错误”，表示该公式设置错误，则需要删除后再修改，或者需要在某单元格中设置一些公式，设置公式的方法如下。

下面以在 D2 设置取“1001 现金”的期末数为例，介绍公式向导使用方法。

（1）单击“视图”→“显示公式”，窗口切换到公式状态，将光标移至 D2 单元格，若该单元格为错误公式，按下键盘上的退格键，将公式删除。

（2）单击工具栏上的“fx（函数）”按钮，系统弹出“报表函数”对话框，如图 15-4 所示。

对话框左边显示函数类别，如取工资数据时选择“工资取数函数”，取报表数据时选择“金蝶报表函数”；对话框右边显示的是该类别下的所有函数名；对话框下部是对选中函数的解释。

（3）选中“金蝶报表函数”类别下的“ACCT”（总账科目取数公式，请注意对话框下部的解释）函数，单击“确定”按钮，系统弹出公式设置界面，如图 15-5 所示。

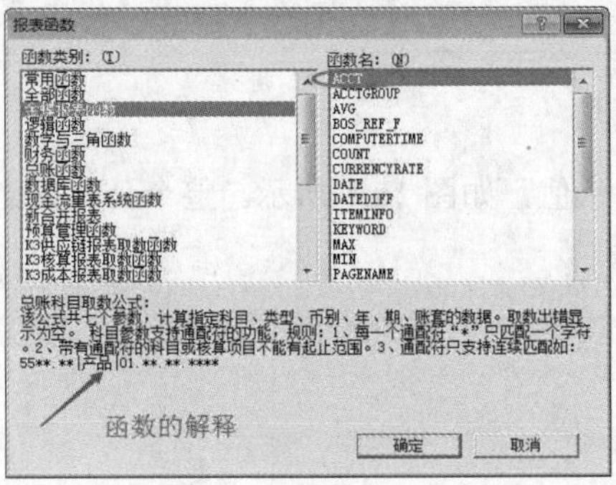

图 15-4

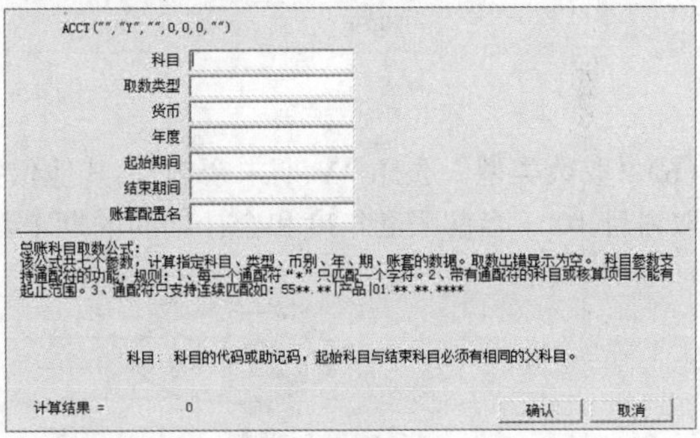

图 15-5

- 科目。要取什么科目下的数据，可以手工录入，也可以按 F7 功能键进入向导设置。
- 取数类型。按 F7 功能键弹出取数类型窗口，选择要取该科目下的何种数据，是期初数，还是期末数，或者是本年累计借方数据等。
- 货币。当科目下有多币别时，选择要取什么币别下的数据。
- 年度。手工录入取数的年度，默认为当前报表的会计年度。
- 起始期间。起始期间指起始的会计期间，默认为当前报表期间。
- 结束期间。结束期间指结束的会计期间，默认为当前报表期间。
- 账套配置名。账套配置名指取数账套名称，默认为当前账套。

（4）将光标移动到“科目”录入框，按 F7 功能键，系统弹出“取数科目向导”对话框，在“科目代码”处按 F7 功能键获取“1001”，单击“填入公式”按钮，系统将所设定的科目范围显示在“科目代码”处，如图 15-6 所示。

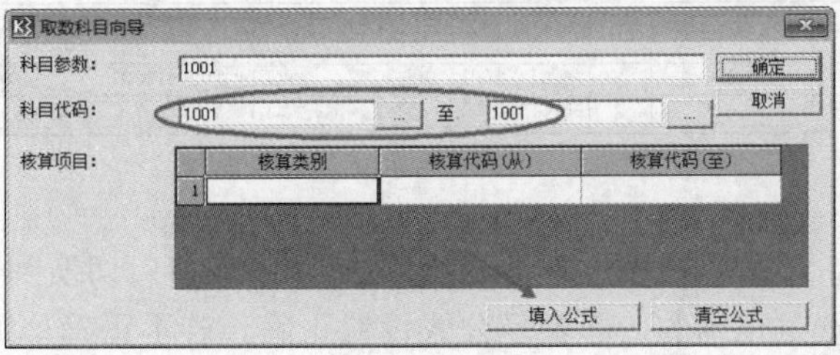

图 15-6

若选择的科目有核算项目时，可以设置只取某些范围核算项目的数据。

（5）科目范围设定完毕，单击“确定”按钮，返回公式设置界面。将光标移到“取数类型”处，按 F7 功能键，系统弹出取数类型选择列表，如图 15-7 所示。

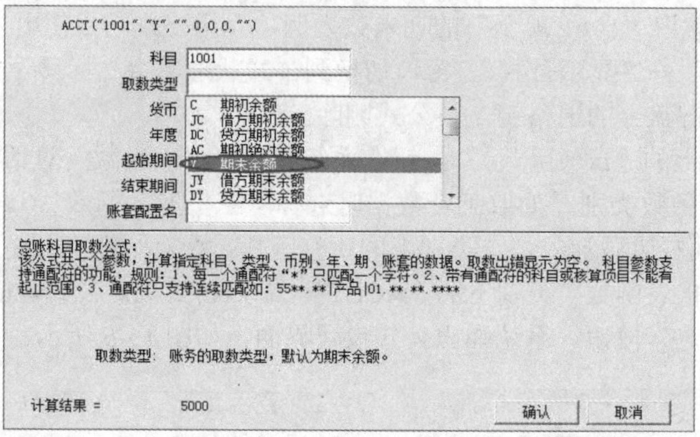

图 15-7

（6）“取数类型”选择“Y 期末余额”，其他保持默认值，如图 15-8 所示。整个公式的意思就是“取科目 1001 当前账套年度和会计期间的期末数”。

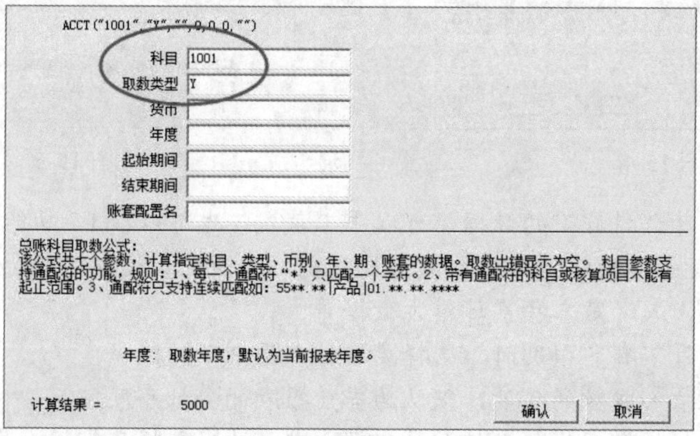

图 15-8

（7）单击“确认”按钮，系统将设定的函数公式引入报表窗口，如图 15-9 所示。

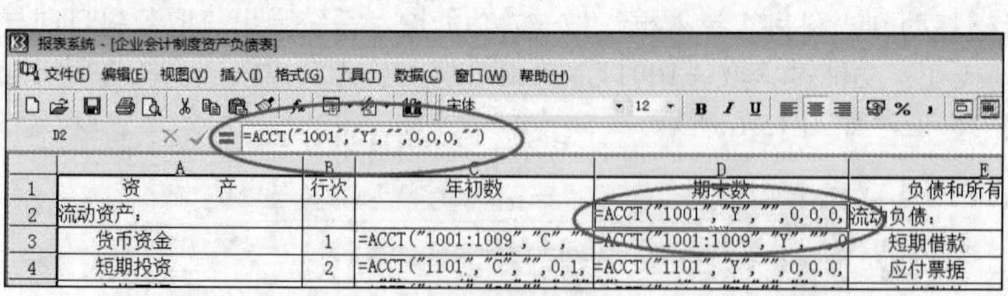

图 15-9

（8）公式设置完成，单击“视图”→“显示数据”，报表窗口切换到数据状态，如果 D2 单元格已经能取数，并且数据是正确的，即表示公式设置正确。若不正确，则返回按照前面步骤重新设置。

注　发现公式有错误时，要检查公式中的科目代码是否引用正确，如把没有的代码也引用进来，只要把错误代码修改为正确代码即可。若科目代码引用正确，则可能是多输入了某些字符，如空格、逗号或文字等，这些都不易查到，因此可以直接重新录入公式。

15.2.3　打印

报表输出时为求美观，要对报表格式进行设置，如列宽、行高、字体和页眉页脚等。下面以输出资产负债表为例介绍格式设置步骤。

（1）报表属性修改。报表属性功能是针对当前报表的格式进行设置，在报表设置时，既可以手工修改，也可以通过报表属性设置参数来修改。单击“格式”→“报表属性”，系统弹出“报表属性”对话框，如图 15-10 所示。

报表属性对话框主要管理报表的行列、外观、页眉页脚、打印选项和操作选项等。

- “行列”选项卡。“行列”选项卡包含总行数、总列数、冻结行数、冻结列数和缺省行高。
- “外观”选项卡。“外观”选项卡包含前景色、背景色、网格色、默认字体、变量底色和是否显示网格以及公式。
- “页眉页脚”选项卡。“页眉页脚”选项卡包含页眉页脚内容、编辑页眉页脚、编辑附注和打印预览。
- “打印选项”选项卡。“打印选项”选项卡包含标题行数、标题列数、是否彩打、是否显示页眉页脚以及表格、页脚是否延伸。选中页脚延伸，表示页脚定位于页面底部，反之页脚显示在表格后。
- “操作选项”选项卡。“操作选项”选项卡包含自动重算和人工重算。人工重算时，按 F9 功能键或单击“数据”→“报表重算”后才会重算。当编辑大量单元格公式并且计算较慢时，该选项较为适用。

（2）修改列宽。方法有两种：一种是拖动修改列宽，如修改 C 列的宽度，将光标移到 C、D 列之间的竖线位置，当光标变成↔箭头时按住左键拖动，将列宽拖动至适当位置即可；另一种是选定要修改的列，单击“格式”→“列属性”，系统弹出“列属性”对话框，如图 15-11 所示。此外分别将 C、D、G 和 H 列修改列宽为 250，对齐方式都为居中方式。

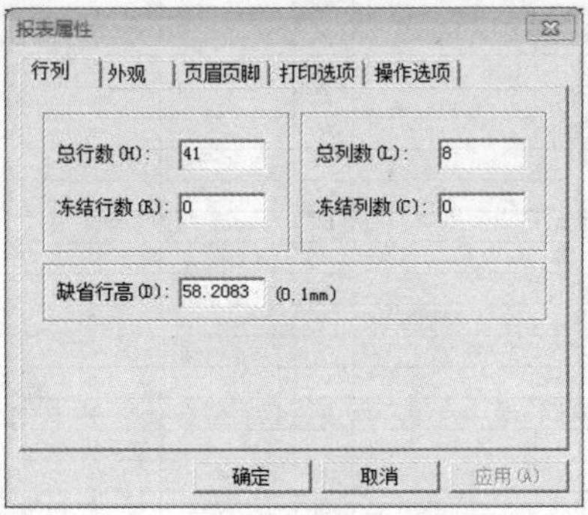

图 15-10

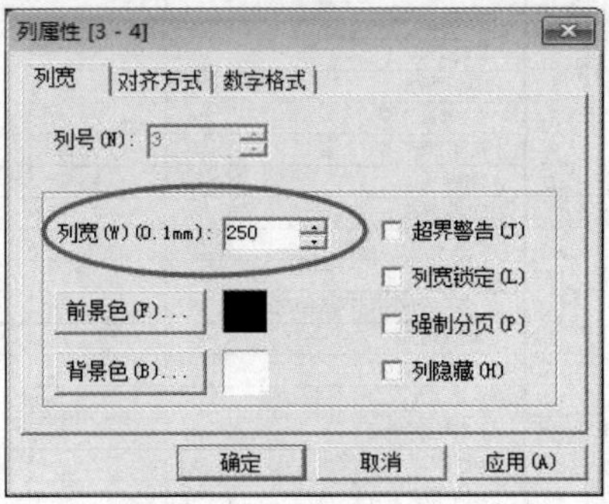

图 15-11

- “列宽”选项卡。设置当前列的宽度、颜色和超界警告等。
- “对齐方式”选项卡。设置当前列的文本对齐方式，与工具栏上的“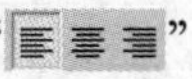”（对齐方式）按钮功能相同。
- “数字格式”选项卡。当前列为数值时，设置当前列的数值格式，如是否带千分号等。

（3）设置打印时使用的纸张大小和方向。单击工具栏上的“打印预览”按钮，系统进入“打印预览”窗口，发现该报表分两页输出，高度刚好，宽度还不够打印右侧的“负债和股东权益”。单击“打印设置”按钮，系统弹出“打印设置”窗口，将“方向”改为“横向”，单击“确定”按钮返回“打印预览”窗口，发现宽度满足要求，而高度不够。在这种情况下，有两种方式选择：一种是在“打印设置”窗口，选择“纸张大小”为“A3”；另一种是更改文字大小、单元格高度、宽度等设置，以使其能在一张 A4 纸上打印出来。

本练习采用第二种方式，“纸张大小”选择“A4”，“方向”为“横向”。

（4）更改字体大小。单击“退出”按钮，返回报表窗口。选定整个表格内容，如图 15-12 所示。

- 单击“格式”→“单元属性”，系统弹出“A1：H41 单元属性”对话框，如图 15-13 所示。

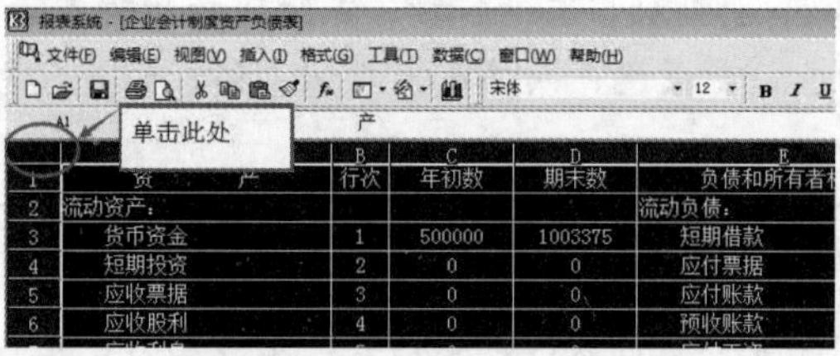

图 15-12

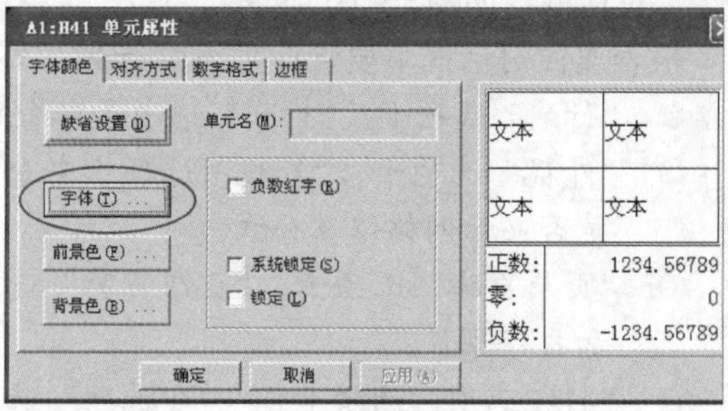

图 15-13

- 单击对话框中的“字体”按钮，系统弹出“字体”设置窗口，大小选择“小五”号。
- 单击“确定”按钮，返回“A1：H41 单元属性”对话框，再单击“确定”按钮返回报表窗口，报表中的所有内容字体已变小，如图 15-14 所示。

	A	B	C	D	E	F	G	H
1	资　　产	行次	年初数	期末数	负债和所有者权益	行次	年初数	期末数
2	流动资产：				流动负债：			
3	货币资金	1	500000	1003375	短期借款	51	0	0
4	短期投资	2	0	0	应付票据	52	0	0
5	应收票据	3	0	0	应付账款	53	0	0
6	应收股利	4	0	0	预收账款	54	0	0
7	应收利息	5	0	0	应付工资	56	0	69627
8	应收账款	6	0	46789	应付福利费	58	0	0
9	其他应收款	7	0	-345	应付股利	60	0	0
10	预付账款	8	0	0	应交税金	62	0	0
11	应收补贴款	9	0	0	其他应交款	64	0	0
12	存货	10	0	6970	其他应付款	66	0	0
13	待摊费用	11	0	0	预提费用	68	0	0
14	一年内到期的长期债权投资	12			预计负债	70	0	0
15	其他流动资产	13	0	0	一年内到期的长期负债	72		
16	流动资产合计	15	500000	1056789	其他流动负债	74	0	0
17	长期投资：				流动负债合计	76	0	69627
18	长期股权投资	17	0	0				
19	长期债权投资	19	0	0	长期负债：			
20	委托贷款	21	0	0	长期借款	78	0	0
21	长期投资合计	23	0	0	应付债券	79	0	0
22	固定资产：				长期应付款	80	0	0
23	固定资产原价	24	0	0	专项应付款	81	0	0
24	减：累计折旧	25	0	72	其他长期负债	82	0	
25	固定资产净值	26	0	-72	长期负债合计	83	0	0
26	减：固定资产减值准备	27	0	0				

图 15-14

（5）压缩行高。

① 全选整个表格，单击“格式”→“行属性”，系统弹出“行属性［1-41］”对话框，如图 15-15 所示。

② 取消“缺省行高”的选中，将“行高”修改为“38”，单击“确定”按钮，返回报表窗口。

（6）单击工具栏中的“打印预览”按钮，系统进入“打印预览—企业会计制度资产负债表”窗口，如图 15-16 所示。

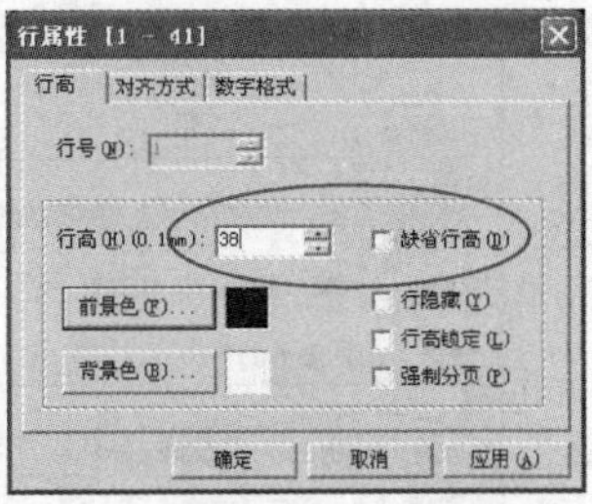

图 15-15

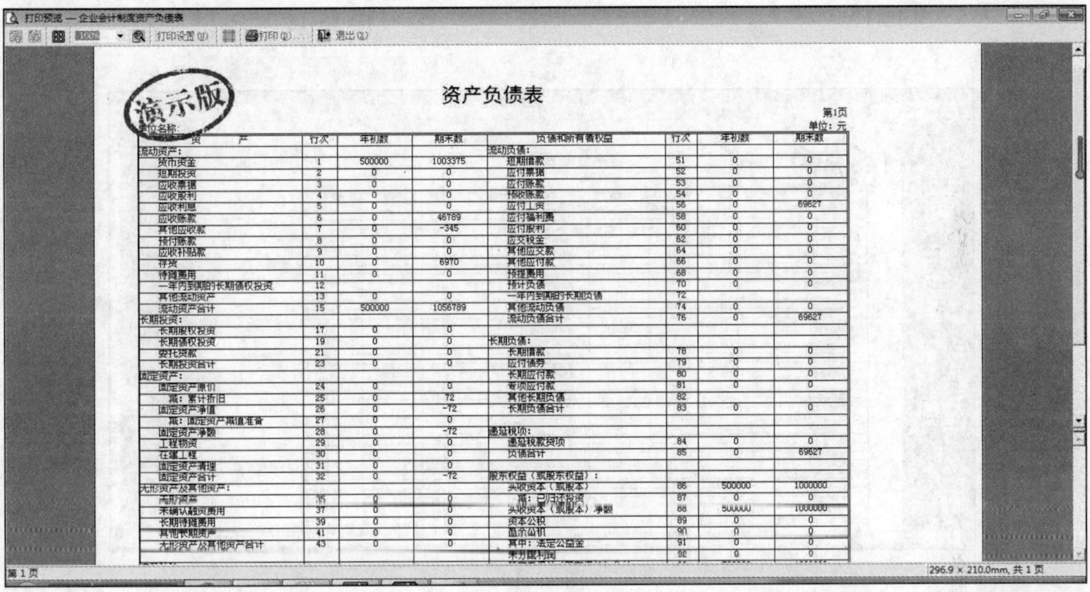

图 15-16

注　在做格式调整时，建议多使用“打印预览”功能，以查看格式。若字体、行高、列宽已经设到最小，还是不能满足要求，建议使用大的纸张进行打印或者分页打印。

（7）修改表头项目和页眉页脚。单击“打印预览”按钮发现，“编制单位”后无内容，添加“兴旺实业有限公司”。

① 单击“格式”→“表属性”，系统弹出“报表属性”对话框，切换到“页眉页脚”选项卡，如图 15-17 所示。

② 选中“单位名称”页眉，单击“编辑页眉页脚”按钮，系统弹出“自定义页眉页脚”对话框，在“单位名称：”后录入“兴旺实业有限公司”，光标移到两竖线间，单击工具栏上的“日期”按钮，插入日期函数，如图 15-18 所示。

③ 单击“确定”按钮，保存页眉修改，并返回“报表属性”对话框，单击“确定”按钮，保存所有页眉页脚的修改。

（8）单击工具栏上的“打印预览”按钮，系统进入“打印预览—企业会计制度资产负债表”窗口，如图 15-19 所示。预览后发现当前修改的报表已经基本符合输出要求。

注　因该报表的日期是计算机的日期，若要修改只需要修改计算机的系统日期即可。

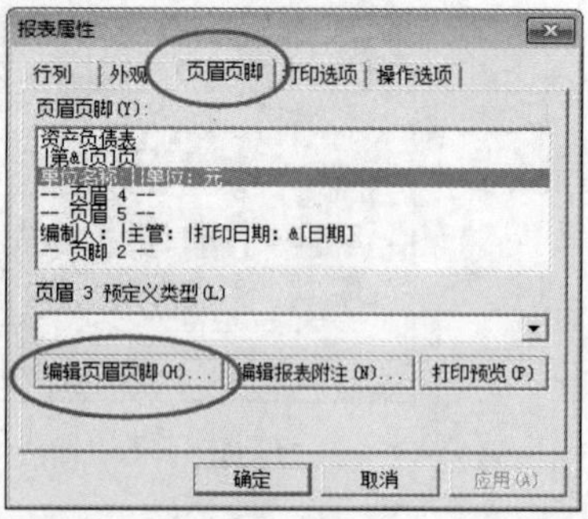

图 15-17

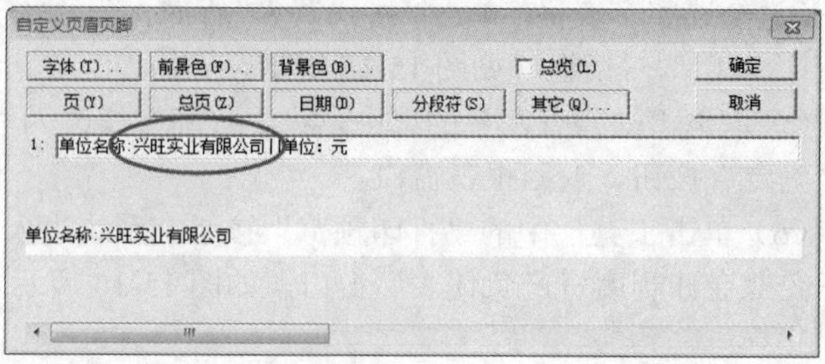

图 15-18

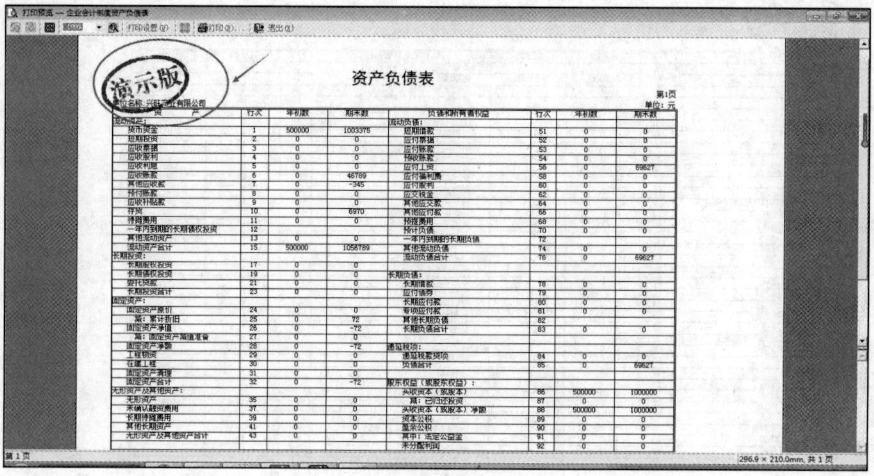

图 15-19

企业会计制度损益表请参照前面方法进行报表计算和格式调整。

15.3 课后习题

（1）画出报表系统与其他模块之间的数据流向图。

（2）自定义报表在什么状态下编辑？

（3）自定义应付账款报表。

附录 部分习题答案

第 1 章

（1）硬件和软件环境参见 1.3.1 小节。

（2）SQL Server 2000/2005/2008 其中一种。

（3）客户端不用安装数据库。

（4）一定先要备份好所需的账套，以免造成不必要的损失。

第 2 章

（1）账套是一个数据库文件，存放所有的业务数据资料，包含会计科目、凭证、账簿、报表和出入库单据等内容，所有工作都需要打开账套后才能进行。一个账套只能做一个会计主体（公司）的业务，金蝶 K/3 对账套的数量没有限制，也就是说一套金蝶 K/3 可以做多家公司的账。

（2）公司名称，以确定取什么账套名方便查看；模块，以选择合适的账套方案；启用日期，以确定启用之前的期初数据是否完成；币别，以确定本位币。

（3）金蝶 K/3 提供两种备份方法：一种是单次备份；另一种是自动批量备份，即一次备份多个账套，而且备份工作在后台定时执行，不用人工干预。

备份方式有 3 种。

① 完全备份。执行完整的数据库备份，也就是为账套中的所有数据建立一个副本。备份后，生成完全备份文件。

② 增量备份。记录上次完整数据库备份后对数据库所做的更改，也就是为上次完整数据库备份后发生变动的数据建立一个副本。备份后，生成增量备份文件。

增量备份比完全备份工作量小而且备份速度快，因此可以经常备份，以减少丢失数据的危险。

③ 日志备份。事务日志是自上次备份事务日志后对数据库执行的所有事务的记录。一般情况下，事务日志备份比数据库备份使用的资源少。因此可以经常创建事务日志备份以减少丢失数据的危险。

第 3 章

（1）会计科目是填制会计凭证、登记会计账簿、编制会计报表的基础。

（2）用户可以给明细的科目指定一个对应的受控系统。在用户录入应收款、应付款管理模块中的收付款等单据时，系统将只允许使用那些被指定为受控于应收款、应付款管理系统的科目。

（3）核算项目的特点如下。

① 具有相同的操作，如新增、删改、禁用、条形码管理、保存附件和审核等，并可以在单

据中通过按 F7 功能键进行调用等。

② 核算项目是构成单据的必要信息，如录入单据时需要录入客户、供应商、商品、部门和职员等信息。

③ 本身可以包含多个数据，并且这些数据需要以层级关系保存和显示。

第 4 章

（3）由于发票涉及财务核算，所以应收款管理模块需要启用后才能生成发票并保存。设置方法是：在主界面，单击“系统设置”→“系统设置”→“销售管理”，双击“系统设置”，系统弹出“系统参数维护”窗口，将“供应链整体选项”下的“若应收款、应付款管理系统未结束初始化，则业务系统发票不允许保存”的“√”去掉选中即可。

第 5 章

（2）工厂日历是指在自然月份的基础上，设置什么时候上班，什么时候休息，以便计划部门在做计划时将休息日因素考虑在计划日期中，这是物料需求计划模块展开“MRP 计算”的基础资料。

（3）物料关系、数量关系、时间关系。

第 6 章

（2）产品预测单是指企业为了满足市场和销售需要，根据公司以往的历史数据，如产品市场情况、以往年度或月份的产品销售情况，制订在未来一段时间内需要什么产品、需要多少数量的计划，以便公司安排生产什么产品、生产多少数量、什么时候生产完工的预测单据。产品预测单的作用是指导生产部门进行生产准备、生产，指导采购部门进行采购准备。

（3）详见 6.3.1 小节。

（4）MRP 计算后可以确定以下内容。

① 需要什么物料。

② 需要多少数量。

③ 什么时间采购或开工。

④ 什么时间到货或完工。

第 7 章

（3）在价格管理中设置。

第 8 章

（3）仓库调拨单是处理由于仓库变化，而不产生任何费用的物料转移存储位置的业务，如外购来料经质检不合格，需要调拨到待处理仓库进行再次核定再做处理，或零售公司从集团仓库将货物调拨到分公司的仓库的物料转移业务处理。仓库调拨单可以参照委外加工生产任务单和外购入库单等单据生成，若无源单据引用时，可以直接手工录入。

（4）仓库盘点流程如下。

① 首先新增1个盘点方案，确定盘点范围（要进行盘点的仓库和盘点截止日期），进行盘点账存数据备份。

② 输出盘点表。可以将盘点表打印，以备在实物盘点时书写正确的实存数；或者引出盘点数据（引出功能在物料盘点报告单中的“文件”菜单），提供给仓管人员进行盘点。

③ 实物盘点结束，录入盘点数据，或者把Excle格式的盘点结果数据引入。

④ 编制盘点报告单，系统进行账存数据与实存数据差异比较，再生成盘盈单、盘亏单。

第9章

（2）新增单据时，在单据序时簿或单据新增界面即时生成凭证；采用凭证模板，凭证处理时直接根据模板生成凭证；采用凭证处理时，以随机定义凭证科目的方式生成凭证。

（3）只有未审核的合同才能修改，已审核的合同只有在取消审核后才能修改。

（4）核销类型有7种：到款结算、预收款冲应收款、应收款冲应付款、应收款转销、预收款转销、预收款冲预付款和收款冲付款。核销方式有3种：单据、存货数量和关联关系。

（5）凭证过账是在总账系统中处理的。

（6）一定要有该客户的收款单，只有已审核但未生成凭证的收款单才可以参与坏账收回处理。

第10章

（3）不能。

（4）单击“供应链”→“存货核算”→“凭证管理”，双击“生成凭证”，系统进入“生成凭证”窗口。

第11章

（2）当期已进行变动的资产不能清理。

（3）在卡片管理界面中选中清理记录，单击工具栏上的“清理”按钮，系统弹出提示对话框。单击“是”按钮，系统弹出“固定资产清理-新增”对话框，在对话框中可以修改清理内容。单击“删除”按钮，可以取消该固定资产的清理工作。

（4）在账套中未设置折旧方法为“工作量法”的固定资产，可以不使用。

（5）在期末处理模块，按住Shift键并双击“期末结账”，系统弹出“期末结账”对话框，选中“反结账”并单击“开始”按钮即可完成反结账。反结账必须由系统管理员操作。

第 12 章

（2）每次进入工资管理系统时都要求选择类别，在不同工资类别切换时也要使用。

（3）3 种：从其他工资类别中导入部门信息；从总账模块中导入部门信息；从某一个类别下导入部门信息。

（4）所有工资数据审核通过。

第 13 章

（2）审核人不能与制单人相同。

（3）修改、删除功能是灰色，表示该凭证已审核，必须先反审核后才能进行修改、删除。

（4）两种，一种是普通打印，另一种是套打打印，使用套打时建议购买金蝶公司的专用套打纸。

（5）未选择“综合本位币”进行查询。

（6）要应用这些功能的前提是科目的属性必须设置“往来业务核算”。

（7）有两种处理方法：一种是直接录入，即查看相关科目下的余额，用“凭证录入”功能将余额转出；另一种是自动转账功能，定义好转账公式，在期末只要选中要转账的项目，生成凭证即可，这样既简单又能提高效率。

（8）本期所有凭证已经过账，与固定资产管理、应收款管理或应付款管理等系统连接使用时，固定资产管理、应收款或应付款管理等系统一定要先结账。

第 14 章

（2）3 种：第 1 种是单击“总账数据”，双击“复核记账”；第 2 种是单击工具栏上的“引入”按钮，从总账系统引入现金日记账，该方式与单击“总账数据”，双击“引入日记账”操作相同；第 3 种是单击工具栏上“新增”按钮。

（3）两种，一种是多行输入，另一种是单张输入。

（4）在“现金收付流水账”功能中可以生成凭证。

（5）两种。一种是根据银行对账单的打印文本手工录入，另一种是从银行取得对账单数据文件（要求必须转化成文本文件，即扩展名为 TXT 的文件），直接引入对账单。

（6）两种。自动对账和手工对账。

（7）在票据下的“支票管理”中处理。

第 15 章

（2）建议自定义报表在公式状态下编辑。